U0585893

中国学术档案大系

主编 陈文新

国学档案

陈卫星 主编　　　陈文新 审订

WUHAN UNIVERSITY PRESS
武汉大学出版社

图书在版编目(CIP)数据

国学档案/陈卫星主编;陈文新审订.—武汉:武汉大学出版社,
2011.11
中国学术档案大系/陈文新主编
ISBN 978-7-307-07382-1

Ⅰ.国…　Ⅱ.①陈…　②陈…　Ⅲ.国学—中国—文集
Ⅳ.Z126.27-53

中国版本图书馆 CIP 数据核字(2009)第 186558 号

责任编辑:朱凌云　李　炜　　　责任校对:黄添生　　　版式设计:马　佳

出版发行:**武汉大学出版社**　　(430072　武昌　珞珈山)
　　　　　(电子邮件:cbs22@whu.edu.cn　网址:www.wdp.com.cn)
印刷:武汉中远印务有限公司
开本:720×1000　1/16　　印张:32　字数:474千字　插页:2
版次:2011 年 11 月第 1 版　　2011 年 11 月第 1 次印刷
ISBN 978-7-307-07382-1/Z·98　　定价:63.00 元

目　　录

为晚清以降的国学思潮立此存照

——写在《国学档案》前面

陈文新

（一）

现代意义的"国学"概念，是晚清以来逐渐形成的。关于这种"国学"概念出现的背景，王淄尘《国学讲话》一书略有说明："庚子义和团一役以后，西洋势力益膨胀于中国，士人之研究西学者日益众，翻译西书者亦日益多，而哲学、伦理、政治诸说，皆异于旧有之学术。于是概称此种书籍曰'新学'，而称固有之学术曰'旧学'矣。另一方面，不屑以旧学之名称我固有之学术，于是有发行杂志，名之曰《国粹学报》，以与西来之学术相抗。'国粹'之名随之而起。继则有识之士，以为中国固有之学术，未必尽为精粹也，于是将'保存国粹'之称，改为'整理国故'，研究此项学术者称为'国故学'……"① 曹聚仁回顾这段历史时也说："'国学'这一名词，并不是古已有之的。乃是19世纪西学东渐以后，有些士大夫只怕'国粹'给欧风美雨吹掉了，乃要紧紧的保存起来，称之为'国学'，到了20世纪初，他们就在那儿提倡'国学'了。"②

不难看出，作为与"西学"对举的名词，"国学"的所指是中国固有的传统文化。然而，从晚清到民国，虽然人们一直用"国学"或"国粹"来指称中国传统文化，以标示传统文化与新学之间存在的巨大差异，但西学的巨大影响仍以不可阻挡之势渗透于物质生活和

① 王淄尘：《国学讲话》，上海：世界书局，1935年版，第3页。
② 曹聚仁：《我与我的世界》，北京：人民文学出版社，1983年版，第201页。

精神生活的方方面面，连"国学"本身也难幸免。章太炎1906年即在日本主持"国学讲习会"，应该算是较早讲"国学"的学者了，其所讲的主要内容结撰为1910年出版的《国故论衡》。《国故论衡》分三个部分，即小学、文学、诸子学。章太炎自己表白说："弟近所与学子讨论者，以音韵训诂为基，以周、秦诸子为极，外亦兼讲释典。盖学问以语言为本质，故音韵训诂，其管籥也；以真理为归宿，故周、秦诸子，其堂奥也。"（章太炎《致国粹学报社书》）虽有学者指出书中有些地方援引了西方哲学思想，但这只是局部①，总的来说全书还是保持了传统文化的理论基础、研究重心和方法特色。这本并不十分厚实的著作，"开近代研究诸子学之先河"，奠定了章太炎"由考证学到诸子学"的重要学术地位。② 1922年，章太炎再次在上海讲授"国学"，所讲内容由弟子记录整理并于当年公开出版，即《国学概论》。其主体内容也分三个部分，分别为"经学之派别"、"哲学之派别"、"文学之派别"。将"国学"分为经学、哲学和文学，其根据是什么，《国学概论》中并未阐述，但这一做法与传统学术的经、史、子、集四分法相去甚远，与《国故论衡》所述也大不相同。同一个作者，论述相同的对象，为何差别如此之大？究其原因，主要是西学的影响。在以实证主义和科学主义为主导的近代西方意识形态中，所谓"某某学"，指某一种学科，或某一门类有系统的知识结构。因此，当"国学"成为"学"，则不仅指中国传统文化本身，而且指研究中国传统文化的"学术"和"学科"，也就是有关中国传统文化的知识体系和结构，以及与这一知识体系相关的研究方法。《国故论衡》与《国学概论》的最大差异，正在于后者努力构建国学的

---

① 如梁启超在《中国近三百年学术史》中说："章太炎炳麟《国故论衡》中有《原名》、《明见》诸篇始引西方名学及心理学解《墨经》。其精绝处往往惊心动魄。"见梁启超：《中国近三百年学术史》，上海：复旦大学出版社1985年版，第361页。贺麟也说："《国故论衡》中有《明见》一篇，最富哲学识度。"见贺麟：《五十年来的中国哲学》，沈阳：辽宁教育出版社，1989年版，第5页。

② 郭湛波：《近五十年中国思想史》，上海：上海古籍出版社，2005年版，第47页。

体系结构，将国学分为经学、哲学、文学三种门类，再按这三种门类分出若干小的类别。这三种门类是否能完全涵盖国学的内容姑且不论，三种分类是否合理（如经学与哲学并列是否妥当）也暂不计较，但有一点是明确的，那就是章太炎在《国学概论》中试图让"国学"成为一门真正意义上的"学术"和"学科"。其实，章太炎并非完全排斥西学，他曾说过："中西学术本无通能，适有会合，亦庄周所谓射者非前期而中。"（章太炎《论朴学报书》）在《国学讲习会序》中，他更是明确表示："今之言国学者，不可不兼合新识。"

如果说章太炎《国学概论》的知识结构还只是受西学的潜在影响，而无论是从学理角度还是从工作便利的角度出发，各高等学府的国学研究机构都比章太炎更需要将"国学"梳理成一门"学问"。北京大学研究所国学门的定位是："凡研究中国文学、历史、哲学之一种专门知识者属之。"国学门分设文字学、文学、哲学、史学、考古学等五个研究室，另相继创立歌谣研究会、风俗调查会、整理档案会、古迹古物调查会、方言调查会等组织。清华大学国学研究院的章程规定："国学一科，其内容约为中国语言、历史、文学、哲学等。"时任清华国学研究院主任的吴宓在《研究院发展计划意见书》中补充说："本院所谓国学，乃取广义，举凡科学之方法，西人治汉学之成绩，亦皆在国学正当范围以内，故如方言学、人种学、梵文等，悉国学也。"① 燕京大学国学研究所确定的国学研究范围是历史、文学、哲学、文字学、考古学、宗教、美术。厦门大学国学院则分历史古物、博物（指动植矿物）、社会调查、医药、天算、地学、美术、哲学、文学、经济、法政、教育、神教、闽南文化等共 14 个研究组。

各国学研究机构各有特色，或此消彼长，或相互呼应，颇有声势。但是，人们没有注意，或是不屑于注意，从各国学研究机构下属组织和对国学理解的差异来看，"国学"究竟是什么"学"，是一个真真切切地存在着的大问题。朱自清曾严厉地批评说："我想'国

---

① 吴宓：《研究院发展计划意见书》，载《清华周刊》，1926 年 3 月 19 日，第 371 期。

学'这个名词，实在太含混，绝不便于实际的应用。"① 许啸天因此在其所编《国故学讨论集》一书中慨叹："中国莫说没有一种有系统的学问，可怜，连那学问的名词也还不能成立！如今外面闹的什么国故学、国学、国粹学，这种不合逻辑的名词，还是等于没有名词。"② 钱穆虽然著有《国学概论》，但他在该书弁言中也表示："'国学'一名，前既无承，将来亦恐不立。"③ 无论从哪个方面来说，"国学"与"有系统的学问"之间，的确存在不小的差距。

最近出版的詹杭伦《国学通论讲义》，作为一本高校教材，致力于构建国学的学科体系，该著认为："国学的文献载体是经、史、子、集，国学的学术门类是义理、考据、辞章和经世之学。从学科分类的角度来看，我们认为，国学以国学研究作为一级学科，以国学基础（小学）、国学方法、经学研究、诸子学研究、史学研究、集部研究、国学与宗教、国学与少数民族文化、国学与社会习俗、国学与出土文物、国学与海外汉学等作为二级学科。"④ 可以想见，经过慎重的研究和深入的探讨，在不久的将来，国学可以也完全应当作为一级学科出现在大学里。

（二）

20 世纪 90 年代兴起的"国学热"，如果以北京大学的《国学研究》创刊和《人民日报》等多家重要媒体关于"国学再次兴起"的宣传等事件发生的时间作为起点，迄今已有 15 年了。这 15 年里，值得关注的国学大事层出不穷。尤其是近年来，国学热潮从学术圈和文化圈步入社会公众视野，曾经处于社会文化边缘的"国学"，引起广泛的注意，并不时成为社会各界共同关注的焦点。

---

① 朱自清：《现代生活的学术价值》，见《朱自清全集》第 4 卷，南京：江苏教育出版社，1996 年版，第 198 页。

② 许啸天主编：《国故学讨论集》（上册），上海：上海书店，1991 年版，第 5 ~ 6 页。

③ 钱穆：《国学概论》，台北：商务印书馆，1997 年版，第 1 页。

④ 詹杭伦：《国学通论讲义》，北京：中国人民大学出版社，2007 年版，第 13 页。

2004 年 9 月，许嘉璐、季羡林、杨振宁、任继愈、王蒙等国内外 72 位学术界、文化界著名人士，在北京举行"2004 文化高峰论坛"，主题为"全球化与中国文化"。在论坛闭幕式上，通过并公开发布了《甲申文化宣言》，向海内外同胞、向国际社会表达他们的文化主张："我们确信，中华文化注重人格、注重伦理、注重利他、注重和谐的东方品格和释放着和平信息的人文精神，对于思考和消解当今世界个人至上、物欲至上、恶性竞争、掠夺性开发以及种种令人忧虑的现象，对于追求人类的安宁与幸福，必将提供重要的思想启示。"

《甲申文化宣言》的发表，蒋庆发起读经运动以及《原道》十周年纪念活动，被称为 2004 年中国文化保守主义回潮的三大标志性事件。《甲申文化宣言》经《中国青年报》等媒体转载后，多家媒体跟进报道，均对《宣言》给予了充分肯定。但学术界也出现了不少批评的声音，如袁伟时《评〈甲申文化宣言〉》①、王晓渔《正确的废话和一无所有》②、顾乃忠《评〈甲申文化宣言〉的学理基础》和《再评〈甲申文化宣言〉的学理基础》③ 等。在互联网上，支持者和批评者都发表了更多也更为激烈的言论。应该说，这些讨论昭示了比《甲申文化宣言》发表这一事件本身更为重要的意义，即中国传统文化的价值问题得到人民大众的普遍关心与参与，中国文化价值问题的确需要认真探讨，对其价值的审视需要更为全面的视角。

2005 年被媒体称为"国学年"。这一年里，中国人民大学组建了国学院，中国社会科学院成立了儒教研究中心，北京大学举办了"乾元国学教室"，"全球联合祭孔"活动由政府主办，"读经运动"日益声势浩大并有"私塾"出现，关于国学复兴的话题引起了各大

---

① 袁伟时：《评〈甲申文化宣言〉》，载《南方都市报》，2004 年 9 月 21 日。

② 王晓渔：《正确的废话和一无所有》，载《南方都市报》，2004 年 9 月 14 日。

③ 顾乃忠：《评〈甲申文化宣言〉的学理基础》，载《南京大学学报》，2006 年第 1 期；《再评〈甲申文化宣言〉的学理基础》，载《江苏行政学院学报》，2006 年第 4 期。

媒体的广泛关注。在这样的背景下,"国学"终于代替"传统文化"再次成为关键词。中国人民大学校长、孔子研究院名誉院长纪宝成先后发表文章《重估国学的价值》、《接续文脉 重振国学》、《重振国学》、《关于振兴国学的思考》①,回顾了国学的历史,肯定国学的现代价值,积极倡导振兴国学。在这些文章中,他反复强调,"一方面国学作为中华文明之根,直接关系着保持民族文化主体性、增强民族意识自觉性,其价值与地位怎么强调也不为过;另一方面,近代以来国学发展的道路崎岖坎坷,留下了非常沉痛的历史教训,其后遗症至今仍在我们的现实生活中产生消极的影响,于是,我们就合乎逻辑要提出一个重大的文化命题:如何在新的形势下赓续文脉,重建国学、振兴国学,使之在当代文化建设中发挥应有的作用。"显然,人大国学院的组建和纪宝成的系列文章并非某个人的心血来潮,它代表的是具有普遍意义的文化心理。随后,中山大学教授袁伟时在《新京报》发表长文《评纪宝成校长"重振国学"论》,批评纪宝成"重振国学"的主张。文中指出纪文存在三大"史实错误",有浓重的挖苦和讽刺意味(袁后来受到不少有失理性的言论攻击恐与此有一定关系)。其实细品袁文,袁伟时想表达的核心思想在于,他担心因经济的发展和国家实力的增强,"有的人头脑开始发热,极力煽动盲目自大的民族主义情绪,那是对国家前途和人民福祉非常不利的"。② 纪宝成主张办国学院和为"国学复兴"摇旗呐喊,并不一定是"盲目自大的民族主义情绪"在作怪,但袁伟时的担心源于对历史经验和教训的清醒认识,虽有太过之嫌却不无警示意义。

2006 年,在媒体和相关机构的导引下,"国学"全面进入公众视野。《光明日报》推出了"国学专版",刊载相关文化信息、学术论文以及有关知识等。全球最大的中文网站百度网站开通了全球第一个

---

① 纪宝成:《重估国学的价值》,载《南方周末》,2005 年 5 月 26 日;《接续文脉 重振国学》,载《人民日报》,2005 年 5 月 27 日;《重振国学》,载《新京报》,2005 年 6 月 1 日;《关于振兴国学的思考》,载《光明日报》,2005 年 6 月 7 日。

② 袁伟时:《评纪宝成校长"重振国学"论》,载《新京报》,2005 年 6 月 16 日。

国学搜索频道——"百度国学",百度网站负责人声称要将百度国学打造成"当代的四库全书"。最引人瞩目的国学事件是百度国学频道、国学网和中国人民大学国学院联合举办的"我心目中的国学大师"评选活动。该活动共选出了王国维、钱锺书、胡适、鲁迅、梁启超、蔡元培、章太炎、陈寅恪、郭沫若、冯友兰等"十大国学大师"。据报道,评选活动通过网络、邮寄、短信等方式,共收到来自两岸三地及海外华人120多万张选票,并引发了包括台湾、香港及海外华人学者在内的广泛讨论。2006年,思想界却仍然将注意力集中在2005年末发表的一篇文章——《关于重建中国儒教的构想》。《关于重建中国儒教的构想》是蒋庆2005年12月17日至18日在广东从化召开的"第一届全国儒教学术会议"上的发言,并刊发于中国社科院世界宗教所儒教研究中心所创办的刊物《中国儒教研究通讯》(第1期)。文章提出了"复兴中国儒教"的十项主张,认为"要重建中国儒教,必须建立新的科举制度与经典教育制度。在国民教育系统中,恢复中小学'读经科',将《四书》、《五经》教育作为基础课与语、数、英同列,大学则恢复'经学科',作为大学教育的基础课程。""除了'上行路线'之外,还必须辅之以'下行路线',即成立'中国儒教协会'"。"'中国儒教协会'成立后,将为儒教古籍等有形财产,以及包括孔子像等在内的无形财产申请专利保护。此后,凡以各种方式出版的营利性的儒教古籍,使用具有儒教内容与人物形象的商标、广告、公司企业名称、经贸商旅活动,以及以儒教内容为题材的营利性的文艺作品与影视作品,均需向'中国儒教协会'交税(政府代收)。"蒋庆所提出的"重建儒教"的构想,受到了来自学界和媒体等多方面的批评,被指为思想专制、争权夺利、结党营私等。批评者强调:儒学(或传统文化)不是"包治百病"的灵丹妙药,儒学(或传统文化)的复兴不能陷入民族主义的狂热,在现阶段的中国"重建儒教"缺少理性思考。

近几年,人们似乎不再"大而化之"地讨论应该如何对待传统的问题,而重读经典、重解经典悄然成风。于丹凭着"论语心得"红遍大江南北,算是一个妇孺皆知的例证。2007年3月初,中山大学博士生徐晋如等十名博士生联名在《天涯》发表《我们为什么要将反对于丹之流进行到底》，对近年来风头正劲的于丹进行批评，他们称"中国文化所面临的最大祸患不是来自外来文化的侵蚀，而是来自于那些打着振兴传统文化旗号的无知者"。于丹的回应是，所谓"论语心得"，即心有所得，自己所讲的内容不一定每句都正确，而目的在于提升大众对传统文化的热度，影响每个人去热爱中国的传统文化。而事件本身的影响迅速扩大，诸多学人发表了自己的意见。任继愈等学者认为，研究和普及《论语》需要各种角色，于丹的解读是一家之言，如果有错误，可以讨论批评，应该允许百家争鸣。而杜维明等人则明言，反对太离谱和肢解性的诠释。5月，山西人民出版社出版李零的《丧家狗——我读〈论语〉》，一个惊世骇俗的书名带出了一种颠覆的眼光，也带出了一场从学界到民间的风暴。李零认为，孔子不是圣，只是人，一个出身卑贱，却以古代贵族（真君子）为立身标准的人；一个好古敏求、学而不厌、诲人不倦，传递古代文化，教人阅读经典的人；一个有学问，却无权无势，敢于批评当世权贵的人；一个四处游说，替统治者操心，拼命劝他们改邪归正的人；一个古道热肠，梦想恢复周公之治，安定天下百姓的人。他很凄惶，也很无奈，唇焦口燥，颠沛流离，像条无家可归的流浪狗。一石激起千层浪，一时间，围绕"如何评价孔子"的问题争论不休。有学者认为"人造孔子"极富文化价值。而另外一些学者则认为，孔子全盘圣化的结果是使孔子从一个现实生活中活生生的人，变身为言谈举止、心理、思想、实践无不合道且毫无瑕疵的超凡入圣者。这些事件的发生，标示着国学已由少数人的研究课题变成了公众话题。

（三）

《国学档案》由三个部分组成：近一百年来能反映时代国学思潮的代表性文章以及对该文章的评介；近三十年国学论著提要；近三十年国学大事记。采用这样的安排，旨在以较短的篇幅和直观的方式揭示晚清以来的国学思潮发展面貌。

历史总是由一个个具体的环节组成的。《国学档案》精选16篇有关国学的文章，以反映百年国学思潮的变迁。这16篇文章，均出自在国学领域做出杰出成就的学者之手，他们对国学的认识和思考，对于今天的我们肯定不无启示意义。选文按文章写作的先后年代排序，其作者生活在不同的历史时期，因此，他们在进行思考时的历史背景、在特殊背景下的思考结果以及他们的观点所产生的影响，可以看作国学思潮发展进程中的一个个重要环节。如在 20 世纪初学术的新旧之争、中西之争和有用无用之争中，王国维指明"学无新旧"、"学无中西"、"学无有用无用"（王国维《国学丛刊序》）；章太炎在新的学术视野下写就《国学概论》，努力在"材料的积聚与剖解"的基础之上，去做"材料的组织与贯通"工作，将国学条理和系统化；在"古学要沦亡了"、"古书不久要无人能读了"的悲观呼声中，胡适认为"国学前途的黑暗与光明全靠我们努力的方向对不对"并倡导"整理国故"（胡适《国学季刊发刊宣言》）；针对国人认为"整理国故外，遂别无学问"的迷失，梁启超"以为研究国学有两条应走的大路"，一是"文献的学问"，二是"德性的学问"（梁启超《治国学的两条大路》）；在 20 世纪 80 年代"反传统"的思潮中，张岱年指出，"在否定旧传统的同时必然有所继承"，"文化的发展过程中，既有否定性，也有累积性"；季羡林更是认为东方文化和西方文化"这两大文化体系之间的关系也是互相学习的关系，仅就目前来看，统治世界的是西方文化，但从历史上来看，二者的关系是三十年河东，三十年河西"；汤一介通过回顾"五四"时期的思想论战、20 世纪 80 年代的"文化热"，强调 90 年代的"国学热"要考虑我们中华民族文化的特点，也要在全球意识观照下提倡"国学"，"国学"必须以世界文化发展的趋势为参照系才有意义；面对当前炙手可热的国学热潮，郭齐勇认为当前所谓"国学热"，其实是假热，因为强势的西化趋向的影响，百多年来文化观念与全民教育的某些失当，国人对于国学又相当地陌生、隔膜，国民对国语、国文、国学，对本国历史文化传统的常识还不甚了了，更谈不上在与国学相关的学术与技艺、道德价值与人生意义等方面有很好的修为（郭齐勇《时机与意义：国家的兴盛与国学的复兴》）。这些思考，写作于不同的历史时期，针对问题的不同侧面，对于如何对待和处理中国传统思想文化，确有发人深省和启人心智之功。这些在特定的历史时期所写的文章，不仅反映了学者们在特殊背景下的思考，也反映了特定历史时期的社会文化思潮。

除了上述将国学或传统文化本身作为论题的作品之外，也选取了一些论述传统文化某个重要方面的文章。如傅斯年《历史语言研究所工作之旨趣》，倡导"实证"，宣称"以自然科学看待历史语言之学"，可看作傅氏领导史学革命的纲领；陈寅恪《王静安先生遗书序》在王国维的"二重证据法"基础上，总结王国维的学术方法有所谓"三目"，一曰取地下之实物与纸上之遗文互相释证，二曰取异族之故书与吾国之旧籍互相补正，三曰取外来之观念与固有之材料互相参证，昭示了陈、王共同推崇且被后人乐于效法的学术研究方法；马一浮、熊十力、梁漱溟作为中国传统思想文化的重要继承者和现代儒学的重要开创者，其对儒学思想的发展和继承自是中国思想史和文化史的重要环节，从所选《论六艺该摄一切学术》、《读经示要·自序》、《佛儒异同论》可以窥见其学术思想之堂奥；任继愈《论儒教的形成》问世于 20 世纪 80 年代，其核心旨趣是："中国中世纪独霸的支配力量是不具宗教之名而有宗教之实的儒教"，此后的二十余年中，"儒教论"无论是在学术界还是在一般民众的思想意识中都一直占有重要位置。

每一篇选文之后都附有评介。除了介绍作者的生平等相关史料外，还着力陈述作者身处的历史环境、文化背景以及作者在国学研究方面的学术贡献和影响。作为正文的补充，评介突破了选文本身内容和文章写作年代的限制，以作者和作者学术影响为线索，可以陈述和勾勒与选文作者相关的学术史。如章太炎对古代学术传统的继承和新变、胡适引领的"整理国故"运动和"古史辨"运动的影响、傅斯年开启的"考辨派"、马一浮和熊十力等人开创的现代儒学等。而季羡林对传统文化的推崇、汤一介在全球文化背景下对传统文化的剖析以及郭齐勇对当代国学热潮的反思，更是近二十年来国学思潮的重要组成部分。

除了评介之外，还有作者的相关国学研究成果的介绍。凡与国学研究关系密切的成果尽量收录，力求全面，标明出版或编撰时间、出版地等信息，且按照时间先后顺序排列，全集或总集列于末尾。因为十六篇文章的作者均为在国学研究领域做出了卓著贡献的学者，因此，从相关国学研究成果既可看出他们对国学研究的贡献，也可以此作为进一步研究这些学者国学思想或国学成就的线索。

"近三十年国学论著提要"和"近三十年国学大事记"是对第一部分内容的补充。所收论著和大事均与国学思潮的发展变化相关，而与传统框架下的分支如经、史、子、集或小学等具体领域相关的内容则未予收入，目的是既直观地展示国学思潮发展的详细变化情形，又避免发生宽泛无边、篇幅臃肿的情况。

因国学本身的复杂性和其他种种原因，《国学档案》可能还有些地方不尽如人意，但可以肯定的是，这部书无论是对于学术界还是对于国学爱好者来说，都可以提供相当的便利。与当下一些漫无边际的国学著作相比，《国学档案》边界清晰，线索分明，史料丰富，评判简明，既体现出严肃的学术性，又表现出对读者分析和判断能力的尊重。这是一部内容厚实、开卷有益的书。

《国学丛刊》序

王国维

学之义不明于天下久矣！今之言学者，有新旧之争，有中西之争，有有用之学与无用之学之争。余正告天下曰：学无新旧也，无中西也，无有用无用也。凡立此名者，均不学之徒。即学焉，而未尝知学者也。

学之义广矣。古人所谓"学"，兼知行言之。今专以知言，则学有三大类：曰科学也，史学也，文学也。凡记述事物，而求其原因，定其理法者，谓之科学；求事物变迁之迹，而明其因果者，谓之史学；至出入二者间，而兼有玩物适情之效者，谓之文学。然各科学，有各科学之沿革。而史学又有史学之科学（如刘知幾《史通》之类），若夫文学，则有文学之学（如《文心雕龙》之类）焉，有文学之史（如各史文苑传）焉。而科学、史学之杰作，亦即文学之杰作。故三者非斠然有疆界，而学术之蕃变，书籍之浩瀚，得以此三者括之焉。凡事物必尽其真，而道理必求其是，此科学之所有事也。而欲求知识之真，与道理之是者，不可不知事物道理之所以存在之由、与其变迁之故，此史学之所有事也。若夫知识、道理之不能表以议论，而但可表以情感者，与夫不能求诸实地，而但可求诸想象者，此则文学之所有事。古今东西之为学，均不能出此三者。惟一国之民，性质有所毗，境遇有所限，故或长于此学而短于彼学。承学之子，资力有偏颇，岁月有涯涘，故不能不主此学，而从彼学。且于一学之中，又择其一部而从事焉。此不独治一学当如是，自学问之性质言之，亦固宜然。然为一学，无不有待于一切他学，亦无不有造于一切他学。故是丹而非素，主入而奴出，昔之学者或有之，今日之真知学、真为学者，可信其无是也。

夫然，故吾所谓学无新旧，无中西，无有用、无用之说，可得而详焉。何以言学无新旧也？夫天下之事物，自科学上观之与自史学上观之，其立论各不同。自科学上观之，则事物必尽其真，而道理必求其是。凡吾智之不能通而吾心之所不能安者，虽圣贤言之有所不信焉。虽圣贤行之有所不慊焉。何则圣贤所以别真伪也，真伪非由圣贤出也。所以明是非也，是非非由圣贤立也。自史学上观之，则不独事理之真与是者，足资研究而已，即今日所视为不真之学说，不是之制度风俗，必有所以成立之由，与其所以适于一时之故。其因存于邃古，而其果及于方来，故材料之足资参考者，虽至纤悉不敢弃焉。故物理学之历史，谬说居其半焉。哲学之历史，空想居其半焉。制度、风俗之历史，弁髦居其半焉。而史学家弗弃也。此二学之异也。然治科学者，必有待于史学上之材料。而治史学者，亦不可无科学上之知识。今之君子，非一切蔑古，即一切尚古。蔑古者，出于科学上之见地，而不知有史学。尚古者，出于史学上之见地，而不知有科学。即为调停之说者，亦未能知取舍之所以然，此所以有古今新旧之说也。

何以言学无中西也？世界学问，不出科学、史学、文学。故中国之学，西国类皆有之。西国之学，我国亦类皆有之。所异者，广狭、疏密耳。即从俗说而姑存中学、西学之名，则夫虑西学之盛之妨中学，与虑中学之盛之妨西学者，均不根之说也。中国今日，实无学之患，而非中学、西学偏重之患。京师号学问渊薮，而通达诚笃之旧学家，屈十指以计之，不能满也。其治西学者，不过为羔雁禽犊之资，其能贯串精博，终身以之如旧学家者，更难举其一二。风会杏塞，习尚荒落，非一日矣。余谓中西二学，盛则俱盛，衰则俱衰。风气既开，互相推助。且居今日之世，讲今日之学，未有西学不兴而中学能兴者；亦未有中学不兴而西学能兴者。特余所谓中学，非世之君子所谓中学；所谓西学，非今日学校所授之西学而已。治《毛诗》《尔雅》者，不能不通天文博物诸学；而治博物学者，苟质以《诗》《骚》草木之名状而不知焉，则于此学固未为善。必如西人之推算日食，证梁虞剧、唐一行之说，以明《竹书纪年》之非伪，由《大唐西域记》以发见释迦之支墓，斯为得矣。故一学既兴，他学自从之，此由学问之事，本无中西。彼鳃鳃焉虑二者之不能并立者，真不知世间有学问事者矣。

顾新旧中西之争，世之通人，率知其不然，惟有用、无用之论，则比前二说为有力。余谓凡学皆无用也，皆有用也。欧洲近世农、工、商业之进步，固由于物理、化学之兴。然物理、化学高深普偏之部，与蒸气、电信有何关系乎？动植物之学，所关于树艺、畜牧者几何？天文之学所关于航海、授时者几何？心理社会之学，其得应用于政治、教育者亦尠。以科学而犹若是，而况于史学、文学乎？然自他面言之，则一切艺术，悉由一切学问出。古人所谓不学无术，非虚语也。夫天下之事物，非由全不足以知曲，非致曲不足以知全。虽一物之解释，一事之决断，非深知宇宙人生之真相者，不能为也。而欲知宇宙、人生者，虽宇宙中之一现象，历史上之一事实，亦未始无所贡献。故深湛幽渺之思，学者有所不避焉；迂远繁琐之讥，学者有所不辞焉。事物无大小，无远近，苟思之得其真，纪之得其实，极其会归，皆有裨于人。类之生存福祉，己不竟其绪，他人当能竟之；今不获其用，后世当能用之，此非苟且玩愒之徒，所与知也。学问之所以为古今、中西所崇敬者，实由于此。凡生民之先觉，政治教育之指导，利用厚生之渊源，胥由此出，非徒一国之名誉与光辉而已。世之君子可谓知有用之用，而不知无用之用者矣。

以上三说，其理至浅，其事至明，此在他国所不必言，而世之君子犹或疑之，不意至今日而犹使余为此哓哓也。适同人将刊行《国学杂志》，敢以此言序其端。此志之刊，虽以中学为主，然不敢蹈世人之争论，此则同人所自信，而亦不能不自白于天下者也。

(1911 年)

【评　介】

王国维（1877—1927），字静安、伯隅，号观堂、永观，浙江海宁人，中国近代享有国际盛誉的著名学者，"甲骨四堂"之一。这位集史学家、文学家、美学家、考古学家、词学家、金石学家和翻译理论家于一身的学者，生平著述有《观堂集林》、《红楼梦评论》、《宋元戏曲史》、《人间词话》等60多种，批校古籍逾200种。

王国维家境清寒，幼年为科举考试而发愤苦读，16岁时曾中过秀才，22岁时，至上海《时务报》馆任书记校对。利用公余，他到罗振玉办的"东文学社"研习外交与西方近代科学，结识主持人罗振玉，并在罗振玉资助下于1901年赴日本留学。回国后先后执教于通州（今南通）师范学堂、江苏师范学堂，讲授哲学、心理学、伦理学等，后又埋头文学研究。1906年随罗振玉入京，任清政府学部总务司行走、图书馆编译等职。1911年辛亥革命后，随罗振玉居日本京都，从此以前清遗民自处。其时，在学术上潜心于甲骨文、金文、汉简等研究。1916年，应上海著名犹太富商哈同之聘，返沪任仓圣明智大学教授，并继续从事甲骨文、考古学研究。1922年受聘北京大学国学门通讯导师。1924，冯玉祥发动"北京政变"，驱逐溥仪出宫。王国维引为奇耻大辱，愤而与罗振玉等前清遗老相约投金水河殉清，因阻于家人而未果。1925年，王国维受聘于清华研究院，与梁启超、陈寅恪、赵元任并称为清华"四大导师"。1927年6月2日，国民革命军北上时，王国维留下"经此世变，义无再辱"的遗书，自沉于颐和园昆明湖。

王国维是近代中国最早运用西方哲学、美学、文学观点和方法剖析评论中国古典文学的开风气者，又是中国史学史上将历史学与考古学相结合的开创者。他较早在人文社会科学领域的学术研究中使用近代新理论和新方法，在文、史、哲方面都取得了划时代的成就，一向苛以誉人的鲁迅也认为"他才可以算一个研究国学的人物"。

1911年2月，罗振玉与王国维一起创办了《国学丛刊》，王国维的这篇序言即为此而作。罗、王所办的《国学丛刊》，是当时诸多国学刊物中的一种。清末民初，诸多有识之士"见新学小生之吐弃国学，惧国学之从此消灭"，创办国学报刊成为"保存国粹"重要手段，"刊发报章、用存国学"成为一种共识。1902年，梁启超即有谋创《国学报》的设想，但因条件不成熟未能如愿。已经出刊者，除罗振玉与王国维所办的《国学丛刊》外，邓实所主持的国学保存会会刊《国粹学报》于1905年创刊；1907年邓实与黄节等人又创办了《国粹丛编》；1908年吴仲、沈宗畸等人办有《国学萃编》，1914年

陈尔锡、吕学沅等人的国学扶危社主办了《国学》刊物，1915 年倪
羲抱等人的国学昌明社办有《国学杂志》。"五四"运动前后，大学
专门国学机构所办国学刊物则更多。这些刊物，除了刊登学术研究论
文以外，也刊登相关的思想评论，学界名流多积极撰稿，参与讨论，
社会反响强烈。思想的交锋自是激烈，其间的是是非非，就是事隔八
九十年的今天恐也难下定论。当然，不可否认的是，无论是学术研究
还是思想评论，这些深刻的洞察和睿智的思辨，为我们积累了一大批
值得珍视、值得清理的思想财富。

　　甲午战争以后，经过反思历史、图强思变的思想阵痛，举国风气
为之大变，传统文化因其弊习成为靶心，旧学"虚"而无用、于世
无补、亟待革除成为朝野上下救亡图存的共识，"废科举弃旧学"的
呼声越来越响亮。"凡宋学，汉学，词章小道，皆宜且束高阁"，取
而代之的，应该是有裨实用的"有用之学"，是日渐隆盛的"西学"，
是与"旧学"相对举的"新学"。与此相反，亦有人担心"华夏雕
（凋）瘁，国闻沦失，西来殊学，荡灭旧贯"，因而奔走呼号，组党
结社，印行报刊，讲学撰述，力矫此弊。1902 年，邓实在自己主编
的《政艺丛书》上发表了《论经学有关于国政》，认为"六经者，人
才之根本也；人才者，国家之命脉也。是故以经学成人才，以人才维
国运。古今兴亡，罔不由此"。他历数各个朝代的兴衰，并得出结
论："观东汉、唐之所以兴，秦、晋、六朝、五代、明之所以亡，
周、宋之所以亡而能存，然后叹经学之盛衰，关乎人才之得失。人才
之得失，系乎国祚之短长也。"这种观点不是个别代表，而是代表了
一种思潮。同时，亦有折中之见。晚清张之洞是政治家，也是学问
家，他一边倡导实业、兴办新式学堂，一边在《劝学篇》、《书目答
问》等著作中明确提出"中学为体，西学为用"的调和主张。因张
的社会地位和影响，"中体西用"之说被广为传诵，乃成耳熟之语。

　　在《国学丛刊序》中，王国维针对当时的学术"新旧之争"、
"中西之争"、"有用之学与无用之学之争"，提出了自己的看法——
"学无新旧也，无中西也，无有用无用也"。他熟谙传统，国学根基
深厚，对"旧学"之弊并非全无知觉，他深知治旧学者"或学问虽
博，而无一贯之系统；或愚疏自是，而不屑受后进之指挥，不过如商

彝周鼎，借饰观瞻而已"。认为年轻学人如果"既通外国之哲学文学，则其研究本国之学术，必有愈于当日之耆旧者矣"。(《教育小言十则》)尽管如此，王国维却从学术本身特点出发，指出学术无新旧，唯真理至上；而真理虽或与直接功利无干，但也决不是无益之物，"己不竟其绪，他人能竟之；今不获其用，后世当能用之"。因此，"事无大小、无远近，苟思之得其真，纪之得其实，极其会归，皆有裨于人类之生存福祉"。在"中国之政治学术几全为新说所统一"的年代，办国学刊物，且在国学刊物上作序，可能也有其矫弊纠偏之意，此论亦可看作为"旧学"张目之论调。但是，可贵的是，王国维作为一名长期从事传统文化研究且思想偏于保守的学者，从学术理路本身出发，对于"新学"与"旧学"、"有用之学"与"无用之学"的看法是辩证的，理性的，也是富有远见的。1919 年胡适在《论国故学——答毛子水》一文中也说："研究学术史的人更当用'为真理而求真理'的标准去批评各家的学术。学问是平等的。发现一个字的古义，与发现一颗恒星，都是一大功绩。况且现在整理国故的必要，实在很多。我们应该尽力指导'国故家'用科学的研究法去做国故的研究，不当先存一个'有用无用'的成见，致生出许多无谓的意见。"虽基调与王国维有所不同，但关于研究传统文化之"用"的看法，二人则完全一致。

对于学术的中西之别，王国维虽然坚持民族文化立场，但并不像一般意义的坚守传统的文化遗民一样表现出对西方文化与思想的排斥。在他看来，中学西学均是学术，讨论孰是孰非，孰轻孰重实是无谓，"中国今日（指作者写作之时——引者），实无学之患，而非中学西学偏重之患"。他认为学无中西，"中西二学，盛则俱盛，衰则俱衰，风气既开，互相推助。且居今日之世，讲今日之学，未有西学不兴而中学能兴者，亦未有中学不兴而西学能兴者。"王国维泯灭中西之学的界限，并非否认中学与西学的差别，而是意在消除滞碍，即中学西学不是相互对立而是相互融合，一盛俱盛，一衰俱衰，共同发展。身处 20 世纪初旧学与新学、中学与西学正处于艰难磨合、激进学人与保守学者尖锐对立的时代，这种兼收并蓄的胸怀和高瞻远瞩的学术眼光是何等难能可贵！陈寅恪提倡的"一方面吸收输入外来之学说，一方面不忘本来民族之地位"（《金明馆丛稿二编》），与王氏之说确有相通之处。"国粹派"坚持的是文化保守主义立场，但是并未局限于固执的守旧和狭隘民族主义，张扬的旗帜却也是"昌明国粹，融化新知"，从中明显可以看出王国维的重要影响。

王国维本人的学术研究，尽量贯通中西，使二者了无痕迹的融合。王国维的《红楼梦评论》立论"全在叔氏之立脚地"，用叔本华将悲剧分为三种的美学理论分析《红楼梦》，认为《红楼梦》是"悲剧中之悲剧"，这种迥异于传统的研究方法，开启了红学研究的新路径。《人间词话》以"有我之境"与"无我之境"品词，提出"境界说"，以及"写实派、理想派"、"真景物、真感情"、"词人者不失其赤子之心者也"、"一切文学余爱以血书者"等文学思想，实难厘清中学西学的成分各有几何。《屈子文学之精神》、《文学小言》等，都是运用叔本华、尼采、康德等人的哲学思想来探讨中国文学问题的名作。《论性》、《释理》、《孟子之伦理思想之一斑》、《孔子之学说》等，都是融贯西方哲学伦理学思想对传统文化的基根和内涵进行深入清理和考察。其他诸如《宋元戏曲史》、《殷卜辞中所见先公先王考》等，从深层理路来说，其实都可看出其融会中西的学术理念和学术视野。可以说，王国维的重大学术贡献，与他这种新旧融合、中西贯通的理念不无关系。

王国维是传统文人的重要代表，醉心于中国古代历史和文学等多个领域的研究，然而，他宣称和实践的正是革除"新学与旧学"、"中学与西学"、"有用之学与无用之学"的隔膜，坚持学术本位、真理至上的正确态度。王国维这种思想立场，一方面指明学术的"无用之大用"并非即时之用，惊醒了保守主义者狭隘的坚持以"振兴国学"作为救亡图存手段的迷梦，同时他又坚信传统文化研究的价值，努力融合中西文化，走出传统文化研究的新路，这直接影响了他身边的陈寅恪等许多重要学者，也直接影响到"国粹"一派。这种影响自然不仅限于彼时彼地，近百年来中国学术发展的历程，从某种意义上来讲，就是传统文化和西方文化的交融过程，即使到了今天，国学热潮有卷土重来之势，王国维的这种思想立场依然有着非常现实的指导意义：对学术史的反思是必要的，但要完全清理中西的界限，完全摆脱西学的干系，已不可能；弘扬本国传统思想文化是必要的，但是完全无视其他文化，唯我独尊，固步自封，显然也不是正确的心态。

不得不提到的是，在对政治制度变化的接受方面，王国维却相当地固执守旧，不愿有丝毫的变通。他对摇摇欲坠的清朝政府满怀深情，对革命深恶痛绝。1906 年，他曾担任清政府学部总务司行走、图书馆编译、名词馆协韵等职。辛亥革命发生以后，他随罗振玉东渡日本，拖着一条可以表明其心志且至死都没有剪掉的大辫子，以"清朝遗老"自居。1923 年，受废帝溥仪征召又出任"南书房行走"（五品），1924 年，冯玉祥部"逼宫"，命溥仪迁出紫禁城，王国维随驾前后，并因此自感"艰难困辱，仅而不死"，曾愤而投河，因家人阻止未果。1927 年，在国民革命军北上时，王国维留下"经此世变，义无再辱"的遗书投湖，自杀前还托罗振玉将"论政事疏"转交给溥仪，表明心迹。王国维投湖自尽，是国学史上一桩"谜案"，个中原因，众说纷纭，但无论如何，清王朝覆灭之后万念俱灰式的失落与绝望是核心因素。尽管如此，王国维在学术研究层面上，以学术观念、学术思路以及学术实践等多方面的成就极大地影响了 20 世纪初的中国传统学术研究，从一般民众到知名学人，多受启发，这是王国维对中国学术史不可或缺的重要贡献。

（张晋业）

王国维主要相关著述目录：

《〈红楼梦〉评论》，原载光绪三十年（1904）《教育丛书》第 8～13 期。

《曲录》，编成于光绪三十四年（1908）。

《人间词话》，原载光绪三十四年、三十五年（1908—1909）《国粹学报》第 48～50 期。

《宋元戏曲史》，一名《宋元戏曲考》，撰成于 1913 年 1 月。

《流沙坠简》，与罗振玉合作，成书于 1914 年，1916 年又有《流沙坠简考释补证》。

《殷周制度论》，撰成于 1917 年 9 月。

《观堂集林》，1923 年乌程蒋氏（汝藻）刻本。

《王国维遗书》，原名《海宁王静安先生遗书》，其中主要收有《观堂
　　集林》二十四卷、《静安文集》一卷、《观堂古今文考释》五卷、
　　《蒙鞑备录笺证》一卷、《观堂译稿》二卷、《人间词话》二卷、
　　《苕华词》一卷和《宋元戏曲考》等，商务印书馆石印本，1940
　　年。

《王国维先生全集》，台北大通书局，1976 年。

（张晋业　整理）

国学的本体和治国学的方法

章太炎

我在东京曾讲演过一次国学，在北京也讲演过一次，今天是第三次了。国学很不容易讲，有的也实在不能讲，必须自己用心去读去看。即如历史，本是不能讲的；古人已说"一部十七史从何处说起"，现在更有二十四史，不止十七史了。即《通鉴》等书似乎稍简要一点，但还是不能讲；如果只像说大书那般铺排些事实，或讲些事实夹些论断，也没甚意义。所以这些书都要靠自己用心去看，我讲国学，只能指示些门径和矫正些近人易犯的毛病。今天先把"国学概论"分做两部研究：

甲、国学的本体

　　一、经史非神话

　　二、经典诸子非宗教

　　三、历史非小说传奇

乙、治国学的方法

　　一、辨书籍的真伪

　　二、通小学

　　三、明地理

　　四、知古今人情的变迁

　　五、辨文学应用

甲、国学的本体

一、经史非神话

在古代书籍中，原有些记载是神话，若《山海经》、《淮南子》中所载，我们看了，觉得是怪诞极了。但此类神话，在王充《论衡》里已有不少被他看破，没有存在的余地了。而且正经正史中本没有那些话。如盘古开天辟地、天皇、地皇、人皇等，正史都不载。又如"女娲炼石补天"，"后羿射日"那种神话，正史里也都没有。经史所载，虽在极小部分中还含神秘的意味，大体并没神奇怪离的论调。并且，这极小部分的神秘记载，也许使我们得有理的解释：

《诗经》记后稷的诞生，颇似可怪。因据《尔雅》所释"履帝武敏"，说是他的母亲，足蹈了上帝的拇指得孕的。但经毛公注释，训帝为皇帝，就等于平常的事实了。

《史记·高帝本纪》说高祖之父太公，雷雨中至大泽，见神龙附高祖母之身，遂生高祖。这不知是太公捏造这话来骗人，还是高祖自造。即使太公真正看见如此，我想其中也可假托。记得湖北曾有一件奸杀案："一个奸夫和奸妇密议，得一巧法，在雷雨当中，奸夫装成雷公怪形，从屋脊而下，活活地把本夫打杀。"高祖的事，也许是如此。他母亲和人私通，奸夫饰做龙怪的样儿，太公自然不敢进去了。

从前有人常疑古代圣帝贤王都属假托，即如《尧典》所说"钦明文思安安，克明俊德……"等等的话，有人很怀疑，以为那个时候的社会，哪得有像这样的完人。我想，古代史家叙太古的事，不能详叙事实，往往只用几句极混统的话做"考语"，这种考语原最容易言过其实。譬如今人做行述，遇着没有事迹可记的人，每只用几句极好的考语。《尧典》中所载，也不过是一种"考语"，事实虽不全如此，也未必全不如此。

《禹贡》记大禹治水，八年告成。日本有一博士，他说："后世凿小小的运河，尚须数十年或数百年才告成功，他治这么大的水，哪得如此快？"因此，也疑禹贡只是一种奇迹。我却以为大禹治水，他不过督其成，自有各部分工去做；如果要亲身去，就游历一周也不能，何况凿成！在那时人民同受水患，都有切身的苦痛，免不得合力去做，所以"经之营之，不日成之"了。《禹贡》记各地土地腴瘠情形，也不过依报告录出，并不必由大禹亲自调查的。

太史公作《五帝本纪》，择其言尤雅驯者，可见他述的确实。我们再翻看经史中，却也没载盘古、三皇的事，所以经史并非神话。

其他经史以外的书，若《竹书纪年》、《穆天子传》，确有可疑者在。但《竹书纪年》今存者为明代伪托本，可存而不论，《穆天子传》也不在正经正史之列，不能以此混彼。后世人往往以古书稍有疑点，遂全目以为伪，只是错了！

二、经典诸子非宗教

经典诸子中有说及道德的，有说及哲学的，却没曾说及宗教。近代人因为佛经及耶教的圣经都是宗教，就把国学里的"经"，也混为一解，实是大误。"佛经"、"圣经"的那个"经"字，是后人翻译时随意引用，并不和"经"字原意相符。经字原意只是一经一纬的经，即是一根线，所谓经书只是一种线装书罢了。明代有线装书的名目，即别于那种一页一页散着的八股文墨卷，因为墨卷没有保存的价值，别的就称做线装书了。古代记事书于简。不及百名者书于方，是多一简不能尽，遂连数简以记之。这连各简的线，就是"经"。可见"经"不过是当代记述较多而常要翻阅的几部书罢了。非但没有宗教的意味，就是汉时训"经"为"常道"，也非本意。后世疑经是经天纬地之经，其实只言经而不言天，便已不是经天的意义了。

中国自古薄于宗教思想，此因中国人都重视政治。周时诸学者已好谈政治，差不多在任何书上都见他们政治的主张。这也是环境的关系：中国土地辽广，统治的方法，急待研究，比不得欧西地小国多，没感着困难。印度土地也大，但内部实分着许多小邦，所以他们的宗教易于发达。中国人多以全力着眼政治，所以对宗教很冷淡。

老子很反对宗教，他说："以道莅天下，其鬼不神。"孔子对于宗教，也反对，他虽于祭祀等事很注意，但我们味"祭神如神在"的"如"字的意思，他已明白告诉我们是没有神的。《礼记》一书很考究祭祀，这书却又出自汉代，未必是可靠。

祀天地社稷，古代人君确是遵行，然自天子以下，就没有与祭的身分。须知宗教是须普及于一般人的，耶稣教的上帝，是给一般人膜拜的；中国古时所谓天，所谓上帝，非人君不能拜，根本上已非宗教了。

九流十家中，墨家讲天、鬼，阴阳家说阴阳生克，确含宗教的臭味，但墨子所谓天，阴阳家所谓"龙"、"虎"，却也和宗教相去很远。

就上讨论，我们可以断定经典诸子非宗教。

三、历史非小说传奇

后世的历史，因为辞采不丰美，描写不入神，大家以为是记实的；对于古史，若《史记》、《汉书》，以其叙述和描写的关系，引起许多人的怀疑：

《刺客列传》记荆轲刺秦王事，《项羽本纪》记项羽垓下之败，真是活龙活现。大家看了，以为事实上未必如此，太史公并未眼见，也不过如《水浒传》里说武松、宋江，信手写去罢了。实则太史公作史择雅去疑，慎之又慎。像伯夷、叔齐的事，曾经孔子讲及，所以他替二人作传。那许由、务光之流，就缺而不录了。项羽、荆轲的事迹，昭昭在人耳目，太史公虽没亲见，但传说很多，他就可凭着那传说写出了。《史记》中详记武略，原不止项羽一人；但若夏侯婴、周勃、灌婴等传，对于他们的战功，只书得某城，斩首若干级，升什么官，竟像记一笔账似的，这也因没什么特别的传说，只将报告记了一番就算了。如果太史公有意伪述，那么《刺客列传》除荆轲外，行刺的情形，只曹沫、专诸还有些叙述，豫让、聂政等竟完全略过，这是什么道理呢？《水浒传》有百零八个好汉，所以施耐庵不能个个描摹，《刺客列传》只五个人，难道太史公不能逐人描写么？这都因荆轲行刺的情形有传说可凭，别人没有，所以如此的。

"商山四皓"一事，有人以为四个老人哪里能够使高祖这样听从，《史记》所载未必是实。但须知一件事情的成功，往往为多数人所合力做成，而史家常在甲传中归功于甲，在乙传中归功于乙。汉惠免废，商山四皓也是有功之一，所以在《留侯世家》中如此说，并无可疑。

史书中原多可疑的地方，但并非像小说那样的虚构。如刘知幾《史通》曾疑更始刮席事为不确，因为更始起自草泽时，已有英雄气概，何至为众所拥立时，竟羞惧不敢仰视而以指刮席呢？这大概是光武一方面污蔑更始的话。又如史书写王莽竟写得同呆子一般，这样愚呆的人怎能篡汉？这也是汉室中兴对于王莽当然特别贬斥。这种以成败论人的习气，史家在所不免，但并非像小说的虚构。

考《汉书·艺文志》已列小说于各家之一，但那只是县志之类，如所谓《周考》、《周纪》者。最早是见于《庄子》，有"饰小说以干县令"一语，这所谓小说，却又指那时的小政客不能游说六国侯王，只能在地方官前说几句本地方的话。这都和后世小说不同。刘宋时有《世说新语》一书，所记多为有风趣的魏晋人的言行，但和正史不同的地方，只时日多颠倒处，事实并非虚构。唐人始多笔记小说，且有因爱憎而特加揄扬或贬抑者，去事实稍远。《新唐书》因《旧唐书》所记事实不详备，多采取此等笔记。但司马温公作《通鉴》对于此等事实必由各方面搜罗证据，见有可疑者即删去，可见作史是极慎重将事的。最和现在小说相近的是宋代的《宣和遗事》，彼记宋徽宗游李师师家，写得非常生动，又有宋江等三十六人，大约《水浒传》即脱胎于此书。古书中全属虚构者也非没有，但多专记神仙鬼怪，如唐人所辑《太平广记》之类，这与《聊斋志异》相当，非《水浒传》可比，而且正史中也向不采取。所以正史中虽有些叙事很生动的地方，但绝与小说传奇不同。

乙、治国学的方法

一、辨书籍的真伪

对于古书没有明白哪一部是真，哪一部是伪，容易使我们走入迷途，所以研究国学第一步要辨书籍的真伪。

四部中间，除了集部很少假的，其余经、史、子三部都包含着很多的伪书，而以子部为尤多。清代姚际恒《古今伪书考》，很指示我们一些途径。

先就经部讲：《尚书》现代通行本共有五十八篇，其中只有三十三篇是汉代时的"今文"所有，另二十五篇都是晋代梅颐所假造。这假造的《尚书》，宋代朱熹已经怀疑他，但没曾寻出确证，直到清代，才明白地考出，却已雾迷了一千多年。经中尚有为明代人所伪托，如《汉魏丛书》的《子贡诗传》系出自明丰坊手。诠释经典之书，也有后人伪托，如孔安国《尚书传》、《郑氏孝经注》、《孟子孙奭疏》之类，都是晋代的作品。不过"伪古文尚书"、"伪孔传"，比较的有价值，所以还引起一部分人一时间的信仰。

以史而论：正史没人敢假造，别史中就有伪书。《越绝书》，汉代袁康所造，而托名子贡。宋人假造《飞燕外传》、《汉武内传》，而列入《汉魏丛书》。《竹书纪年》本是晋人所得，原已难辨真伪，而近代通行本，更非晋人原本，乃是明人伪造的了。

子部中伪书很多，现在举其最著者六种，前三种尚有价值，后三种则全不足信。

（一）《吴子》：此书中所载器具，多非当时所有，想是六朝产品。但从前科举时代把他做"武经"，可见受骗已久。

（二）《文子》：《淮南子》为西汉作品，而《文子》里面大部分抄自《淮南子》，可见本书系属伪托，已有人证明他是两晋六朝人做的。

（三）《列子》：信《列子》的人很多，这也因这本书做得不坏，很可动人的原故。须知列子这个人虽见于《史记·老庄列传》，但书中所讲的，多取材于佛经，"佛教"在东汉时始入中国，哪能在前说到？我们用时代证他，已可水落石出。并且列子这书，汉人从未有引用一句，这也是一个明证。造列子的也是晋人。

（四）《关尹子》：这书无足论。

（五）《孔丛子》：这部书是三国时王肃所造。《孔子家语》一书也是他所造。

（六）《黄石公三略》：唐人所造。又《太公阴符经》一书，出现在《黄石公三略》之后，系唐人李筌所造。

经、史、子三部中的伪书很多，以上不过举个大略。此外，更有原书是真而后人参加一部分进去的，这却不能疑他是假。《四子书》有已被参入的。《史记》中也有，如《史记》中曾说及扬雄，扬在太史公之后，显系后人加入，但不能因此便疑《史记》是伪书。

总之，以假为真，我们就要陷入迷途，所以不可不辨别清楚。但反过来看，因为极少部分的假，就怀疑全部分，也是要使我们彷徨无所归宿。如康有为以为汉以前的书都是伪书，都被王莽、刘歆改篡过，这话也只有他一个人这样说。我们如果相信他，便没有可读的古书了。

二、通小学

韩昌黎说："凡作文章宜略识字。"所谓"识字"，就是通小学的意思。作文章尚须略通小学，可见在现在研究古书，非通小学是无从下手的了。小学在古时，原不过是小学生识字的书，但到了现代，虽研究到六七十岁，还有不能尽通的。何以古易今难至于如此呢？这全是因古今语言变迁的缘故。现在的小学，是可以专门研究的，但我所说的"通小学"，却和专门研究不同，因为一方面要研究国学，所以只能略通大概了。

《尚书》中《盘庚》、《洛诰》，在当时不过一种告示，现在我们读了，觉得"诘屈聱牙"，这也是因我们没懂当时的白话，所以如此。《汉书·艺文志》说："《尚书》直言也。"直言就是白话。古书原都用当时的白话，但我们读《尚书》，觉得格外难懂，这或因《盘庚》、《洛诰》等都是一方的土话，如殷朝建都在黄河以北，周朝建都在陕西，用的都是河北的土话，所以比较的不能明白。《汉书·艺文志》又说，"读《尚书》应用《尔雅》"，这因《尔雅》是诠释当时土话的书，所以《尚书》中于难解的地方，看了《尔雅》就可明白。

总之，读唐以前的书，都非研究些小学，不能完全明白。宋以后的文章和现在差不多，我们就能完全了解了。

研究小学有三法：

一、通音韵 古人用字，常同音相通，这大概和现在的人写别字一样。凡写别字都是同音，不过古人写惯了的别字，现在不叫他写别字罢了。但古时同音的字，现在多不相同，所以更难明白。我们研究古书，要知道某字即某字之转讹，先要明白古时代的音韵。

二、明训诂 古时训某字为某义，后人更引申某义转为他义。可见古义较狭而少，后义较广而繁。我们如不明白古时的训诂，误以后义附会古义，就要弄错了。

三、辨形体 近体字中相像的，在篆文未必相像，所以我们要明古书某字的本形，以求古书某字的某义。

历来讲形体的书，是《说文》，讲训诂的是《尔雅》，讲音韵的书，是《音韵学》。如能把《说文》、《尔雅》、《音韵学》都有明确的观念，那么，研究国学就不至犯那"意误"、"音误"、"形误"等弊病了。

宋朱熹一生研究《五经》、《四子》诸书，连寝食都不离，可是纠缠一世，仍弄不明白。实在，他在小学没有功夫，所以如此。清代毛西河事事和朱子反对，但他也不从小学下手，所以反对的论调，也都错了。可见通小学对于研究国学是极重要的一件事了。清代小学一门，大放异彩，他们所发见的新境域，着实不少！

三国以下的文章，十之八九我们能明了，其不能明了的部分，就须借助小学。唐代文家如韩昌黎、柳子厚的文章，虽是明白晓畅，却也有不能了解的地方。所以我说：看唐以前的文章，都要先研究一些小学。

桐城派也懂得小学，但比较的少用工夫，所以他们对于古代书中不能明白的字，便不引用，这是消极的免除笑柄的办法，事实上总行不去的。

哲学一科，似乎可以不通小学，但必专凭自我的观察，由观察而发表自我的意思，和古人完全绝缘，那才可以不必研究小学。倘仍要凭藉古人，或引用古书，那么，不明白小学就要闹笑话了。比如朱文公研究理学（宋之理学即哲学），释"格物"为"穷至事物之理"，便召非议。在朱文公原以"格"可训为"来"，"来"可训为"至"，"至"可训为"极"，"极"可训为"穷"，就把"格物"训为"穷物"。可是训"格"为"来"是有理，辗转训"格"为"穷"，就是笑话了。又释"敬"为"主一无适"之谓（这原是程子说的），他的意思是把"适"训作"至"，不知古时"适"与"敌"通，《淮南子》的主"无适"实是"无敌"之谓，"无适"乃"无敌对"的意义，所以说是"主一"。

所以研究国学，无论读古书或治文学哲学，通小学都是一件紧要的事。

三、明地理

近顷所谓地理，包含地质、地文、地志三项，原须专门研究的。中国本来的地理，算不得独立的科学，只不过做别几种（史、经）的助手，也没曾研究到地质、地文的。我们现在要研究国学，所需要的也只是地志，且把地志讲一讲。

地志可分两项：天然的和人为的。天然的就是山川脉络之类。山自古至今，没曾变更。大川若黄河，虽有多次变更，我们在历史上仍可以明白考出，所以，关于天然的，比较地容易研究。人为的就是郡县建置之类。古来封建至秦改为郡县制度，已是变迁极大，数千年来，一变再变，也不知经过多少更张。那秦汉时代所置的郡，现在还能大略考出，所置的县就有些模糊了；战国时各国的地界，也还可以大致考出，而各国战争的地点和后来楚汉战争的地点，却也很不明白了。所以，人为的比较地难以研究。

历来研究天然的，在乾隆时有《水道提纲》一书。书中讲山的地方甚少，关于水道，到现在也变更了许多，不过大致是对的。在《水道提纲》以前，原有《水经注》一书，这书是北魏人所著，事实上已用不著，只文采丰富，可当古董看罢了。研究人为的，有《读史方舆纪要》和《乾隆府厅州县志》。民国代兴，废府置县，新置的县也不少，因此更大有出入。在《方舆纪要》和《府厅州县志》以前，唐人有《元和郡县志》，也是研究人为的，只是欠分明。另外还有《大清一统志》、《李申耆五种》，其中却有直截明了的记载，我们应该看的。

我们研究国学，所以要研究地理者，原是因为对于地理没有明白的观念，看古书就有许多不能懂。譬如看到春秋战国的战争和楚汉战争，史书上已载明谁胜谁败，但所以胜所以败的原因，关于形势的很多，就和地理有关了。

二十四史中，古史倒还可以明白，最难研究的，要推《南北史》和《元史》。东晋以后，五胡闯入内地，北方的人士多数南迁。他们数千人所住的地，就侨置一州，侨置的地方，大都在现在镇江附近，因此有南通州、南青州、南冀州的地名产生。我们研究《南史》，对于侨置的地名，实在容易混错。元人灭宋，统一中国，在二十四史中就有《元史》的位置。元帝成吉思汗拓展地域很广，关于西北利亚和欧洲东部的地志，《元史》也有阑入，因此使我们读者发生困难。关于《元史地志》有《元史译文证补》一书，因著者博证海外，故大致不错。

不明白地理而研究国学，普通要发生三种谬误。南北朝时南北很隔绝。北魏人著《水经注》，对于北方地势，还能正确，记述南方的地志，就错误很多。南宋时对于北方大都模糊，所以福建人郑樵所著

《通志》，也错得很多。——这是臆测的谬误。中国土地寥阔，地名相同的很多，有人就因此纠缠不清。——这是纠缠的错误。古书中称某地和某地相近，往往考诸实际，相距却是甚远。例如：诸葛亮五月渡泸一事，是大家普遍知道的，泸水就是现今金沙江，诸葛亮所渡的地，就是现在四川宁远。后人因为唐代曾在四川置泸州，大家就以为诸葛亮五月渡泸是在此地，其实相去千里，岂非大错吗？——这是意会的错误。至于河阴、河阳当在黄河南北，但水道已改，地名还是仍旧，也容易舛错的。

我在上节曾讲过"通小学"，现在又讲到"明地理"，本来还有"典章制度"也是应该提出的，所以不提出者，是因各朝的典章制度，史书上多已载明，无以今证古的必要。我们看那一朝史知道那一朝的典章制度就够了。

四、知古今人情的变迁

社会更迭地变换，物质方面继续地进步，那人情风俗也随着变迁，不能拘泥在一种情形的。如若不明白这变迁的理，要产生两种谬误的观念。

一、道学先生看做道德是永久不变，把古人的道德，比做日月经天，江河行地，墨守而不敢违背。

二、近代矫枉过正的青年，以为古代的道德是野蛮道德。原来道德可分二部分：普通伦理和社会道德。前者是不变的，后者是随着环境变更的。当政治制度变迁的时候，风俗就因此改易，那社会道德是要适应了这制度这风俗才行。古今人情的变迁，有许多是我们应该注意的！

第一，封建时代的道德，是近于贵族的；郡县时代的道德，是近于平民的。这是比较而说的。《大学》有"欲治其国者，先齐其家"一语，《传》第九章里有"其家不可教而能教人者，无之"一语，这明是封建时代的道德。我们且看唐太宗的历史，他的治国，成绩却不坏，世称贞观之治，但他的家庭，却糟极了，杀兄、纳弟媳。这岂不是把《大学》的话根本打破吗？要知道古代的家和后世的家大不相同。古代的家，并不只包含父子夫妻兄弟这等人，差不多和小国一样，所以孟子说："千乘之家百乘之家。"在那种制度县之下，《大学》里的话自然不错，那不能治理一县的人，自然不能治理一省了。

第二，古代对于保家的人，不管他是否尸位素餐，都很恭维。史家论事，对于那人因为犯事而灭家，不问他所做的是否正当，都没有一句褒奖。《左传》里已是如此，后来《史》、《汉》也是如此。晁错创议灭七国，对于汉确是尽忠，但因此夷三族，就使史家对他生怪了。大概古代爱家和现代爱国的概念一样，那亡家也和亡国一样，所以保家是大家同情的。这种观念，到汉末已稍稍衰落，六朝又复盛了。

第三，贵族制度和现在土司差不多，只比较的文明一些。凡是王家的人，和王的本身一样看待。他的兄弟在王去位的时代都有承袭的权利。我们看《尚书》到周公代成王摄政，觉得很可怪。他在摄政时代，也俨然称王。在《康诰》里有"王若曰孟侯朕其弟小子封"的话，这王明是指周公。后来成王年长亲政，他又可以把王号取消。《春秋》记隐公、桓公的事，也是如此。这种摄政可称王，退位可取消的情形，到后世便不行。后世原也有兄代弟位的，如明英宗被掳、景泰帝代行政事等。但代权几年，却不许称王；既称王，却不许取消的。宋人解释《尚书》，对于这些没有注意到，所以强为解释，反而愈释愈使人不能解了。

第四，古代大夫的家臣，和天子的诸侯一样，凡是家臣对于主人有绝对服从的义务。这种制度，西汉已是衰落一些，东汉又复兴盛起来。功曹、别驾都是州郡的属官。这种属官，既要奔丧，还要服丧三年，俨有君臣之分。三国时代的曹操、刘备、孙权，他们虽未称王，但他属下的官对于他都是皇帝一般看待的。

第五，丁忧去官一件事在汉末很通行，非但是父母三年之丧要丁忧，就是兄弟姊妹期功服之丧也要丁忧。陶渊明诗有说及奔妹丧的，潘安仁《悼亡诗》也有说及奔丧的，可见丁忧的风在那时很盛。唐时此风渐息，到明代把他定在律令，除了父母丧不必去官。

总之，道德本无所谓是非，在那种环境里产生适应的道德，在那时如此便够了。我们既不可以古论今，也不可以今论古。

五、辨文学应用

文学的派别很多，梁刘勰所著《文心雕龙》一书，已明白罗列，关于这项，将来再仔细讨论，现在只把不能更改的文体讲一讲。

文学可分二项：有韵的谓之诗，无韵的谓之文。文有骈体、散体的区别，历来两派的争执很激烈：自从韩退之崛起，推翻骈体，后来散体的声势很大。宋人就把古代经典都是散体，何必用骈体做宣扬的旗帜。清代阮芸台起而推倒散体，抬出孔老夫子来，说孔子在《易经》里所著的文言系辞，都是骈体的。实在这种争执，都是无谓的。

依我看来，凡简单叙一事不能不用散文，如兼叙多人多事，就非骈体不能提纲。以《礼记》而论，同是周公所著，但《周礼》用骈体，《仪礼》却用散体，这因事实上非如此不可的。《仪礼》中说的是起居跪拜之节，要想用骈也无从下手。更如孔子著《易经》用骈，著《春秋》就用散，也是一理。实在，散、骈各有专用，可并存而不能偏废。凡列举纲目的以用骈为醒目，譬如我讲演"国学"列举各项子目，也便是骈体。秦汉以后，若司马相如、邹阳、枚乘等的骈文，了然可明白。他们有以序叙繁杂的事，的确是不错。后来诏诰都用四六，判案亦有用四六的（唐宋之间，有《龙筋凤髓判》），这真是太无谓了。

凡称之为诗，都要有韵，有韵方能表达情感。现在白话诗不用韵，即使也有美感，只应归入散文，不应算诗。日本和尚娶妻食肉，我曾说他们可称居士等等，何必称做和尚呢？诗何以要有韵呢？这是自然的趋势。诗歌本来脱口而出，自有天然的风韵，这种韵，可达那神妙的意思。你看，动物中不能言语，他们专以幽美的声调传达彼等的感情，可见诗是必要有韵的。"诗言志，歌永言，声依咏，律和声"，这几句话，是大家知道的。我们仔细讲起来，也证明诗是必要韵的。我们更看现今戏子所唱的二黄西皮，文理上很不通，但彼等也因有韵的原故。

白话记述，古时素来有的，《尚书》的诏诰全是当时的白话，汉代的手诏，差不多亦是当时的白话，经史所载更多照实写出的《尚书·顾命篇》有"奠丽陈教则肄肄不违"一语，从前都没能解这两个"肄"字的用意，到清代江艮庭始说明多一"肄"字，乃直写当时病人垂危舌本强大的口吻。《汉书》记周昌"臣期期不奉诏"、"臣期期知其不可"等语，两"期期"字也是直写周昌口吃。但现在的白话文只是使人易解，能曲传真相却也未必。"语录"皆白话体，原始自佛家，宋代名儒如二程、朱、陆亦皆有语录，但二程为河南人，朱子福建人，陆象山江西人，如果各传真相，应所纪各异，何以语录皆同一体例呢？我尝说，假如李石曾、蔡子民、吴稚晖三先生会谈，而令人笔录，则李讲官话，蔡讲绍兴话，吴讲无锡话，便应大不相同，但记成白话文却又一样。所以说白话文能尽传口语的真相，亦未必是确实的。

（1922 年）

【评　介】

章太炎（1869—1936），初名学乘，后改名炳麟，字枚叔。后因羡慕明末清初著名学者顾炎武的为人，遂更名绛，号太炎。浙江余杭人。章太炎是清末民初民主革命家、思想家，是近代中国历史上的重要人物。同时，他也是一位著名学者。在学术上，他涉猎广泛，经学、哲学、文学、文字学、音韵学、逻辑学等方面都有一定建树。一生著述颇丰，约 400 余万字，文字多古奥难懂。

章太炎出生于书香门第，少从外祖父朱有虔读经，后从父亲章濬读律诗及科举文字，但 15 岁时因赴县童子试犯癫痫病而绝意科举。22 岁入杭州诂经精舍，师从经学大师俞樾。1896 年末，至上海《时务报》任职。任职期间因指斥康有为学说"狂悖恣肆，造言不经"，与报馆中康氏门人发生冲突，辞职回杭州，先后任《经世报》撰述、《实学报》主笔、《译书公会报》主笔。1898 年被聘为《时务报》主笔，因参加维新运动被通缉，流亡日本，在日首次会见孙中山。1901 年，赴苏州任教于东吴大学，但因清政府的追查再次东渡日本，与孙中山"定交"。1903 年 3 月应蔡元培之邀，赴上海任教于爱国学社。因发表《驳康有为论革命书》并为邹容《革命军》作序，触怒清廷，被捕入狱。1904 年与蔡元培等合作，发起光复会。1906 年 6 月出狱后，孙中山迎其至日本，参加同盟会，任同盟会机关报《民报》总编辑和发行人。9月，在日举办"国学讲习会"。1908年开始，为留日学生开设国学讲习，先后讲授《说文解字》、《庄子》、《楚辞》、《尔雅义疏》、《广雅疏证》等。1910年2月，光复会重建于东京，章太炎为会长。1911年上海光复后回国，参与新政府的组织事宜，主编《大共和日报》，并任孙中山总统府枢密顾问，后被袁世凯聘为总统府高级顾问。1912年5月，共和党组建，黎元洪为理事长，章太炎当选为理事，后共和党宣告独立，章"暂行总理"。章后又脱离共和党，被袁世凯任命为东三省筹边使。次年赴长春就任，后因宋教仁被刺参与讨袁，被禁于寓所，于寓所开设国学会，讲授小学、文学、史学、玄学等。1916年袁死后获释，次年在上海发起亚洲古学会。张勋等拥溥仪复辟，章又随孙中山离沪赴粤，发起护法运动，广东非常国会选举孙中山为大元帅，组织护法军政府，章氏被任命为护法军政府秘书长，参与联络护法运动。自此国事动荡，章太炎奔命于各省及军阀首府之间。1922年4月，应江苏省教育会之邀，在沪讲授国学。1926年，任上海国民大学校长，并在国学系授课。1933年，国学会在苏州成立，章太炎名列会籍。次年秋，由上海迁居苏州，并在苏州发起章氏国学讲习会。1935年，章氏讲习会开讲，章太炎所主编的《制言》杂志也于是年创刊。1936年6月14日，因鼻衄病和胆囊炎，太炎先生不幸病逝。弥留之际，留给家人的遗言是："设有异族入主中夏，世世子孙毋食其官禄。"其去世后，在北京的章门弟子又单独为先生举行了追悼会，且发过这样一则《通启》："先师章太炎先生不幸于本年六月十四日卒于江苏吴县，先生为革命元勋，国学泰斗，一旦辞世，薄海同悲。"

　　章太炎一生，"七被追捕，三入牢狱，而革命之志，终不屈挠"，但他既满腔热情地投身于革命事业，又勤于钻研学问；既写作了大量时评和政论文，也撰写了大量学术论著。章太炎不仅是"革命元勋"，也完全担当得起"国学泰斗"的赞誉，故鲁迅以"有学问的革命家"来评价章太炎。章太炎"少时治经，谨守朴学"，又经过了诂经精舍八年的苦读，国学功底相当深厚。1903年因故系狱，他发出了"上天以国粹付余"，死后"支那闳硕壮美之学"，"遂斩其统绪"的感慨。1914年被袁世凯软禁，他又有"吾死以后，中夏文化亦亡矣"的哀叹。无论是在国外还是国内，除去奔走革命事业，讲学及著述是他最重要的也是他最愿意做的工作。章太炎博通群经，著述繁富，主要学术著作有《訄书》、《国故论衡》、《古文尚书拾遗》、《春秋左传读叙录》、《检论》、《广论语骈枝》、《菿汉微言》、《齐物论释》、《新方言》、《小学答问》、《文始》等，其经学研究成就尤为卓著，被称为"近代最后一位古文经学大师"。

章太炎 1922 年 4 月至 6 月应江苏省教育会之邀在上海讲授国学，该次讲学共分十讲，其内容依次为：国学之本体；治国学之法；国学之派别；经学之派别；哲学之派别；文学之派别；国学之进步。当时《申报》所载《省教育会通告》说："自欧风东渐，竞尚西学，研究国学者日稀，而欧战以还，西国学问大学来华专事研究我国旧学者，反时有所闻，盖亦深知西之新学说或已早见于我国古籍，借西方之新学，以证明我国之旧学，此即为中国文化沟通之动机。同人深惧国学之衰落，又念国学之根柢最深者，无如章太炎先生，爰特敦请先生莅会，主讲国学。"足见章太炎其时威望之高和声誉之隆。章门弟子曹聚仁将演讲记录下来并系统整理，于当年 11 月交由上海泰东书局出版，书名定为《国学概论》。

在第一章中，章太炎意在阐明国学的具体内容和治国学的方法。书中所选《国学的本体和治国学的方法》即是此章，题目为编选者所加。国学的内容，按章太炎在此章所涉及全书的阐述范围，则为传统的"经史子集"。事实上，章太炎 1906 年在日本主持"国学讲习会"时，所讲内容"共分六种：一，诸子学；二，文史学；三，制度学；四，内典学；五，宋明理学；六，中国历史"。前后思想变化不大，这也符合章太炎的对于传统文化的一贯态度。章太炎在《国学讲习会序》中曾说："夫国学者，国家所以成立之源泉也。吾闻处竞争之世，徒恃国学固不足以立国矣。而吾未闻国学不兴而国能自立者也。吾闻有国亡而国学不亡者矣，而吾未闻国学先亡而国仍立者也。故今日国学之无人兴起，即将影响于国家之存灭。"事实上，就章太炎本人来说，传统文化已深入骨髓，成为他生命的重要组成部分，他为革命一生奔走，源动力还是在于对国家、对民族的深挚情感。因此，他坚守"国学"这块最后的文化阵地，不遗余力地弘扬传统文化。在辛亥革命前夕，章太炎以中国固有的传统学术文化为"国学"，检阅悠久历史的积淀，对民族革命，可以起到一定的舆论导向作用；"五四"前后，新文化与旧思想尖锐对立，有的重新鼓吹"孔教会"，有的提倡"全盘西化"，章太炎痛感"国是日非"，重新演说国学，也是时势所至。

尽管是这样，章太炎宣传国学、提倡国学，且反对"旧体西用"，认为"主张体用主辅说者，而彼或未能深抉中西学术之藩，其所言适足供世人非驴非马之观，而毫无足以餍西方之意"。但他并非固步自封，完全杜绝西学。《国学讲习会序》中曾言："今之国学者，不可不兼合新识。"他也多次说过"斟酌西法，则而行之"之类的话。1910年初，章太炎也出版了一本国学著作《国故论衡》，该书在民国初年拥有的读者相当多，影响很大，曾列入当时的北京大学教授给学生推荐的重点阅读书目，据说北大学生也以阅读《国故论衡》为荣。从《国故论衡》到《国学概论》，除了更浅近通俗外，还有一个重要的区别，就是后者更符合现代的学科分类思想，更加条理化。《国故论衡》内容分作"上卷小学十篇"、"中卷文学七篇"、"下卷诸子学九篇"。其中"小学"占有相当大的比重，而"文学"部分内容依次为"原经"、"明解故"、"论式"、"论诗"、"正赍送"，真正属于现代文学观念的仅是"论诗"一节。而《国学概论》除了第一章总论讲"国学本体及治国学的方法"，最后一章讲"国学的进步"算是余论部分，主体是中间的三章，分别讲"经学的派别"、"哲学的派别"、"文学的派别"。在中国传统文化中归纳出"哲学"，在20世纪20年代，的确是受西学的影响。"文学"这一部分，在分类时为周全计，将经、子、史也列入文学，但所具体论述"大概指集部而言"，这颇近似于现代的文学观念，与《国故论衡》所论"文学"自是大不相同。

就治国学方法而言，第一章中所述辨书籍真伪、通小学、明地理、知古今人情变迁、辨文学应用等五种，则是章太炎治学心得的总结，这些方法也是研究传统文化者的重要津梁。曹聚仁在《国学概论》一书前所作的《小识》里说："任在何时何地的学者，对青年们有两种恩赐：第一，他运用精利的工具，辟出新境域给人们享受；第二，他站在前面，指引途径，使人们随着轨道上走。因此可以说：学者是青年们的慈母，慈母是兼任伺育和扶持两种责任的。"当是注意到了章太炎在讲国学时注意给后学为学的方法和途径。就是今天，这些研究传统文化的方法，仍值得借鉴和学习。

第二章至第四章分别为"经学的派别"、"哲学的派别"、"文学的派别"，梳理和归纳了中国经学、哲学、文学的发展历史脉络。除了历史的梳理之外，章太炎在这些文字中表达了对于经学、哲学、文学发展的看法。最后一章"国学之进步"，实际上是一个总结。章太炎认为"中国学术，除文学不能有绝对的完成外，其余的到了清代，已渐告成，告一结束"。国学的进步途径是，"一，经以比较知原求进步；二，哲学以直观自得求进步；三，文学以发情止义求进步"。

《国学概论》1922 年在上海出版，很受读者的欢迎。据知情人记载，"这一部《概论》，从沪版到渝版，已经刊了三十二版，港版也印了五回，最近还有几种翻印的版，总在十万部，该算是最销行的一种"（曹聚仁《国学十二讲》）。章太炎的学术影响，自然也不仅限于一般读者。胡适虽标榜"条理系统"地"整理国故"，但治学方法以及对传统文化的理解，"均曾受章太炎的影响"（陈平原《中国现代学术之建立——以章太炎、胡适之为中心》），顾颉刚在《〈古史辨〉自序》中也承认听过章太炎的讲学之后，对其"佩服极了。……自愿实心实意做他的学徒"。而且，他多次开馆讲学，桃李满园，近代众多文化名人，皆出自章门，如马裕藻、许寿裳、朱希祖、钱玄同、吴承仕、周作人、刘文典、沈兼士等。这些弟子中不少人后来都先后占据北京大学的讲台，章氏的影响力更进一步得到彰显。与章同辈的梁启超认为，"在此清学蜕分与衰落期中，有一人焉能为正统派大张其军者，曰：余杭章炳麟"。胡适在为上海《申报》五十周年纪念专刊所撰长文《五十年来中国之文学》中，称太炎先生是"清代学术史的押阵大将"。这些赞誉，精当地表述了章太炎的学术地位和影响。

（张晋业）

章太炎主要相关著述目录：

《章氏丛书》，上海右文社，1915 年。

《訄书》，上海 1900 年刻本。

《国学讲习会略说》，东京秀光社，1906 年。

《国学振起社讲义》，东京秀光社，1906 年。

《国故论衡》，东京秀光社，1910 年。

《章太炎文钞》，上海中华图书馆，1914 年。

《太炎学说》，四川观鉴庐，1920 年。

《章太炎的白话文》，泰东图书馆，1921 年。

《国学概论》，泰东图书馆，1922 年。

《章太炎国学讲演集》，平民印书局，1922 年。

《章太炎先生学术论著手迹选》，北京师范大学出版社，1986 年。

《章太炎政论选集》，中华书局，1977 年。

《章太炎全集》（1—6 卷），上海人民出版社，1982—1986 年。

（张晋业　整理）

治国学的两条大路

梁启超

诸君，我对于贵会，本来预定讲演的题目，是《古书之真伪及其年代》。中间因为有病，不能履行原约。现在我快要离开南京了，那个题目不是一回可以讲完，而且范围亦太窄。现在改讲本题，或者较为提纲挈领于诸君有益罢。

我以为研究国学有两条应走的大路：

一、文献的学问。应该用客观的科学方法去研究。

二、德性的学问。应该用内省的和躬行的方法去研究。

第一条路，便是近人所讲的"整理国故"这部分事业。这部分事业最浩博最繁难而且最有趣的，便是历史。我们是有五千年文化的民族，我们一家里弟兄姊妹们，便占了全人类四分之一，我们的祖宗世世代代在"宇宙进化线"上头不断地做他们的工作，我们替全人类积下一大份遗产，从五千年前的老祖宗手里一直传到今日没有失掉。我们许多文化产品，都用我们极优美的文字记录下来。虽然记录方法不很整齐，虽然所记录的随时散失了不少，但即以现存的正史、别史、杂史、编年、纪事本末、法典、政书、方志、谱牒，以至各种笔记、金石刻文等类而论，十层大楼的图书馆也容不下。拿历史家眼光看来，一字一句，都藏有极可宝贵的史料。

又不独史部书而已，一切古书，有许多人见为无用者，拿他当历史读，都立刻变成有用。章实斋说："六经皆史。"这句话我原不敢赞成，但从历史家的立脚点看，说"六经皆史料"，那便通了。既如此说，则何止六经皆史，也可以说诸子皆史，诗文集皆史，小说皆史。因为里头一字一句都藏有极可宝贵的史料，和史部书同一价值。我们家里头这些史料，真算得世界第一个丰富矿穴。从前仅用土法开采，采不出什么来，现在我们懂得西法了，从外国运来许多开矿机器了。这种机器是什么？是科学方法。我们只要把这种方法运用得精密巧妙而且耐烦，自然会将这学术界无尽藏的富源开发出来，不独对得起先人，而且可以替世界人类恢复许多公共产业。

这种方法之应用，我在我去年所著的《历史研究法》和前两个月在本校所讲的《历史统计学》里头，已经说过大概。虽然还有许多不尽之处，但我敢说这条路是不错的，诸君倘肯循着路深究下去，自然也会发出许多支路，不必我细说了。但我们要知道，这个矿太大了，非分段开采不能成功，非一直开到深处不能得着宝贝。我们一个人一生的精力，能够彻底开通三几处矿苗，便算了不得的大事业。因此我们感觉着有发起一个合作运动之必要，合起一群人，在一个共同目的共同计划之下，各人从其性之所好以及平时的学问根底，各人分担三两门作窄而深的研究，拼着一二十年工夫下去，这个矿或者可以开得有点眉目了。

此外，和史学范围相出入或者性质相类似的文献学还有许多，都是要用科学方法研究去。例如：

（一）文字学　我们的单音文字，每一个字都含有许多学问意味在里头。若能用新眼光去研究，做成一部《新说文解字》，可以当作一部民族思想变迁史或心理进化史读。

（二）社会状态学　我国幅员广漠，种族复杂。数千年之初民的社会组织，与现代号称最进步的组织，同时并存。试到各省区的穷乡僻壤，更进一步入到苗子番子居住的地方，再拿二十四史里头蛮夷传所记的风俗来参证，我们可以看见现代社会学者许多想象的事项，或者证实，或者要加修正。总而言之，几千年间一部竖的进化史，在一块横的地平上可以同时看出，除了我们中国以外恐怕没有第二个国了。我们若从这方面精密研究，真是最有趣味的事。

（三）古典考释学　我们因为文化太古，书籍太多，所以真伪杂陈，很费别择；或者文义艰深难以索解。我们治国学的人，为节省后人精力而且令学问容易普及起见，应该负一种责任，将所有重要古典，都重新审定一番，解释一番。这种工作，前清一代的学者已经做的不少。我们一面凭借他们的基础，容易进行；一面我们因外国学问的触发，可以有许多补他们所不及。所以从这方面研究，又是极有趣味的事。

（四）艺术鉴评学　我们有极优美的文学美术作品。我们应该认识它的价值，而且将鉴赏的方法传授给多数人，令国民成为"美化"。这种工作，又要另外一帮人去做。我们里头有性情近于这一路的，便应该以此自任。

以上几件，都是举其最重要者。其实文献学所包含的范围还有许多，就是以上所讲的几件，剖析下去，每件都有无数的细目。我们做这类文献学问，要悬着三个标准以求到达：

第一求真　凡研究一种客观的事实，须先要知道它"的确是如此"，才能判断它"为什么如此"。文献部分的学问，多属于过去陈迹，以讹传讹失其真相者甚多。我们总要用很严谨的态度，仔细别择，把许多伪书和伪事剔去，把前人的误解修正，才可以看出真面目来。这种工作，前清"乾嘉诸老"也曾努力过一番；有名的清学正统派之考证学便是。但依我看来，还早得很哩。他们的工作，算是经学方面做的最多，史学子学方面便差得远，佛学方面却完全没有动手呢。况且我们现在做这种工作，眼光又和先辈不同，所凭借的资料也比先辈们为多。我们应该开出一派"新考证学"，这篇大殖民地，很够我们受用咧。

第二求博　我们要明白一件事物的真相不能靠单文孤证便下武断。所以要将同类或有关系的事情网络起来贯穿比较，愈多愈妙。我们可以用统计的精神做大量观察。我们可以先立出若干种"假定"，然后不断的搜罗资料，来测验这"假定"是否正确。若能善用这些法门，真如韩昌黎说的"牛溲马勃，败鼓之皮，兼收并蓄，待用无遗"。许多前人认为无用的资料，我们都可以把它废物利用了。但求博也有两个条件。荀子说"好一则博"；又说"以浅持博"。我们要做博的工夫，只能择一两件专门之业为自己性情最近者做去，从极狭的范围内生出极薄来。否则件件要博，便连一件也博不成。这便是好一则博的道理。又，满屋散钱，穿不起来，虽多也是无用。资料越发丰富，则驾驭资料越发繁难，总须先求得个"一以贯之"的线索，才不致"博而寡要"。这便是以浅持博的道理。

第三求通　好一固然是个求学的主要法门。但容易发生一种毛病，这毛病我替它起个名叫做"显微镜生活"。镜里头的事物看得纤细周备，镜以外却完全不见。这样子做学问，也常常会判断错误。所以我们虽然专门一种学问，却切不要忘却别门学问和这门学问的关系；在本门中，也常要注意各方面相互之关系。这些关系，有许多在表面上看不出来的，我们要用锐利的眼光去求得它。能常常注意关系，才可以成通学。

以上关于文献学，算是讲完，两条路已言其一。此外则为德性学。此学应用内省及躬行的方法来研究，与文献学之应以客观的科学方法研究者绝不同。这可说是国学里头最重要的一部分，人人应当领会的。必走通了这一条路，乃能走上那一条路。

近来国人对于知识方面，很是注意，整理国故的名词，我们也听得纯熟。诚然，整理国故，我们是认为急务，不过若是谓除整理国故外，遂别无学问，那却不然。我们的祖宗遗予我们的文献宝藏，诚然足以傲世界各国而无愧色，但是我们最特出之点，仍不在此。其学为何？即人生哲学是。

欧洲哲学上的波澜，就哲学史家的眼光看来，不过是主智主义与反主智主义两派之互相起伏。主智者主智，反主智者即主情、主意。本来人生方面，也只有智、情、意三者。不过欧人对主智特别注重，而于主情、主意，亦未能十分贴近人生。盖欧人讲学，始终未以人生为出发点。至于中国先哲则不然。无论何时代何宗派之著述，凤皆归纳于人生这一途，而于西方哲人精神萃集处之宇宙原理、物质公例等等，倒都不视为首要。故《荀子·儒效》篇曰："道，仁之隆也。……非天之道，非地之道，人之所以道也。"儒家既纯以人生为出发点，所以以"人之所以为道"为第一位，而于天之道等，悉以置诸第二位。

而欧西则自希腊以来，即研究他们所谓的形而上学，一天到晚，只在那里高谈宇宙原理，凭空冥索，终少归宿到人生这一点。苏格拉底号称西方的孔子，很想从人生这一方面做工夫，但所得也十分幼稚。他的弟子柏拉图，更不晓得循着这条路去发挥，至全弃其师传，而复研究其所谓天之道。亚里士多德出，于是又反趋于科学。后人有谓道源于亚里士多德的话，其实他也不过仅于科学方面有所创发，离人生毕竟还远得很。迨后斯端一派，大概可与中国的墨子相当，对于儒家，仍是望尘莫及。一到中世纪，欧洲全部统成了宗教化。残酷的罗马与日耳曼人，悉受了宗教的感化，而渐进于迷信。宗教方面，本来主情意的居多，但是纯以客观的上帝来解决人生，终竟离题尚远。后来再一个大反动，便是"文艺复兴"，遂一变主情、主意之宗教，而代以理智。近代康德之讲范畴、范围，更过于严谨，好像我们的临"九宫格"一般。所以他们这些，都可说是没有走到人生的大道上去。直到詹姆士、柏格森、倭铿等出，才感觉到非改走别的路不可，很努力地从体验人生上做去，也算是把从前机械的唯物的人生观，拨开几重云雾。但是真果拿来与我们儒家相比，我可以说仍然幼稚。

总而言之，西方人讲他的形而上学，我们承认有他独到之处。换一方面，讲客观的科学，也非我们所能及。不过最奇怪的，是他们讲人生也用这种方法，结果真弄到个莫明其妙。譬如用形而上学的方法讲人，绝不想到是从人生的本体来自证，却高谈玄妙，把冥冥莫测的上帝来对喻。再如用科学的方法讲，尤为妙极。试问人生是什么？是否可以某部当几何之一角、三角之一边？是否可以用化学的公式来化分、化合，或是用几种原质来造成？再如达尔文之用生物进化说来讲人生，征考详博，科学亦莫能摇动，总算是壁垒坚固；但是果真要问他人之所以异于禽兽者安在？人既自猿进化而来，为什么人自人而猿终为猿？恐怕他也不能给我们以很有理由的解答。

总之，西人所用的几种方法，仅能够用之以研究人生以外的各种问题，人，决不是这样机械易懂的。欧洲人却始终未彻悟到这一点，只盲目地往前做，结果造成了今日的烦闷，彷徨莫知所措。盖中世纪时，人心还能依赖着宗教过活；及乎今日，科学昌明，赖以醉麻人生的宗教，完全失去了根据。人类本从下等动物蜕化而来，哪里有什么上帝创造？宇宙一切现象，不过是物质和他的运动，还有什么灵魂？来世的天堂，既不可凭，眼前的利害，复日相肉迫。怀疑失望，都由之而起，真正是他们所谓的世纪末了。

以上我等看西洋人何等可怜！肉搏于这种机械唯物的枯燥生活当中，真可说是始终未闻大道。我们不应当导他们于我们祖宗这一条路上去吗？以下便略讲我们祖宗的精神所在。我们看看是否可以终身受用不尽，并可以救他们西人物质生活之疲敝。

我们先儒始终看得知行是一贯的，从无看到是分离的。后人多谓知行合一之说，为王阳明所首倡，其实阳明也不过是就孔子已有的发挥。孔子一生为人，处处是知行一贯。从他的言论上，也可以看得出来。他说"学而不厌"，又说"为之不厌"，可知"学"即是"为"，"为"即是"学"。盖以知识之扩大，在人努力的自为，从不像西人之从知识方法而求知识。所以王阳明曰："知而不行，是谓不知。"所以说这类学问，必须自证，必须躬行，这却是西人始终未看得的一点。

又儒家看得宇宙人生是不可分的，宇宙绝不是另外一件东西，乃是人生的活动。故宇宙的进化，全基于人类努力的创造。所以《易经》曰："天行健，君子以自强不息。"又看得宇宙永无圆满之时，故易卦六十四，始《乾》而以《未济》终。盖宇宙"既济"，则乾坤已息，还复有何人类？吾人在此未圆满的宇宙中，只有努力地向前创造。这一点，柏格森所见的，也很与儒家相近。他说宇宙一切现象，乃是意识流转所构成，方生已灭，方灭已生，生灭相衔，方成进化。这些生灭，都是人类自由意识发动的结果。所以人类日日创造，日日进化。这意识流转，就唤作精神生活，是要从内省直觉得来的。他们既知道变化流转，就是宇宙真相，又知道变化流转之权，操之在我。所以孔子曰："人能弘道，非道弘人。"儒家既看清了以上各点，所以他的人生观，十分美渥，生趣盎然。人生在此不尽的宇宙当中，不过是蜉蝣、朝露一般，向前做得一点是一点，既不望其成功，苦乐遂不系于目的物，完全在我，真所谓"无人而不自得"。有了这种精神生活，再来研究任何学问，还有什么不成？

那么，或有人说，宇宙既是没有圆满的时期，我们何不静止不做，好吗？其实不然。人既为动物，便有动作的本能，穿衣吃饭，也是要动的。既是人生非动不可，我们何妨就我们所喜欢做的、所认为当做的做下去？我们最后的光明，固然是远在几千万年几万万年之后，但是我们的责任，不是叫一蹴而就地达到目的地，是叫我们的目的地，日近一日。我们的祖宗，尧，舜，禹，汤，孔，孟……在他们的进行中，长的或跑了一尺，短的不过跑了数寸，积累而成，才有今日。我们现在无论是一寸半分，只要往前跑才是。为现在及将来的人类受用，这都是不可逃的责任。孔子曰："士不可以不弘毅，任重而道远，仁以为己任，不亦重乎？死而后已，不亦远乎？"所以我们虽然晓得道远之不可致，还是要努力地到死而后已。故孔子是"知其不可而为之者"。正为其知其不可而为，所以生活上才含着春意。若是不然，先计较他可为不可为，那么，情志便系于外物，忧乐便关乎得失；或竟因为计较利害的原故，使许多应做的事，反而不做。这样，还哪里领略到生活的乐趣呢？

再其次，儒家是不承认人是单独可以存在的。故"仁"的社会，为儒家理想的大同社会。"仁"字，从二、人，郑玄曰："仁，相人偶也"。（《礼记注》）非人与人相偶，则"仁"的概念不能成立。故孤行执异，绝非儒家所许。盖人格专靠各个自己，是不能完成。假如世界没有别人，我的人格，从何表现？譬如全社会都是罪恶，我的人格受了传染和压迫，如何能健全？由此可知人格是个共同的，不是孤零的。想自己的人格向上，唯一的方法，是要社会的人格向上。然而社会的人格，本是各个自己化合而成。想社会的人格向上，唯一的方法，又是要自己的人格向上。明白这个，意力和环境提携，便成进化的道理。所以孔子教人"己欲立，而立人；己欲达，而达人"。所谓立人、达人，非立、达别人之谓，乃立、达人类之谓。彼我合组成人类，故立、达彼，即是立、达人类。立、达人类，即是立、达自己。更用取譬的方法，来体验这个达字，才算是"仁之方"。其他《论语》一书，讲仁字的，屡见不一见。

儒家何其把仁字看得这么重要呢？即上面所讲的，儒家学问，专以研究"人之所以道"为本，明乎仁，人之所以道自见。孟子曰："仁也者，人也；合而言之，道也。"盖仁之概念，与人之概念相涵，人者，通彼我而始得名。彼我通，乃得谓之仁。知乎人与人相通，所以我的好恶，即是人的好恶。我的精神中，同时也含有人的精神。不徒是现世的人为然，即如孔孟远在二千年前，他的精神，亦浸润在国民脑中不少。可见彼我相通，虽历百世不变。儒家从这一方面看得至深且切，而又能躬行实践，"无终食之间违仁"，这种精神，影响于国民性者至大。

即此一份家业，我可以说真是全世界唯一无二的至宝。这绝不是用科学的方法可以研究得来的，要用内省的工夫，实行体验。体验而后，再为躬行实践，养成了这副美妙的仁的人生观，生趣盎然地向前进。无论研究什么学问，管许是兴致勃勃。孔子曰"仁者不忧"，就是这个道理。不幸汉以后这种精神便无人继续的弘发，人生观也渐趋于机械。八股制兴，孔子的真面目日失。后人日称"寻孔颜乐处"，究竟孔颜乐处在哪里，还是莫名其妙。我们既然诵法孔子，应该好好保存这份家私——美妙的人生观，才不愧是圣人之徒啊！

此外我们国学的第二源泉，就是佛教。佛，本传于印度，但是盛于中国，现在大乘各派，五印全绝。正法一派，全在中国。欧洲人研究佛学的甚多，梵文所有的经典，差不多都翻出来。但向梵文里头求大乘，能得多少？我们自创的宗派，更不必论了。像我们的禅宗，真可算得应用的佛教，世间的佛教间，的确是印度以外才能发生，的确是表现中国人的特质，叫出世法与入世法并行不悖。他所讲的宇宙精微，的确还在儒家之上。说宇宙流动不居，永无圆满，可说是与儒家相同。曰："一众生不成佛，我誓不成佛。"即孔子立人、达人之意。盖宇宙最后目的，乃是求得一大人格实现之圆满相，绝非求得少数个人超拔的意思。儒、佛所略不同的，就是一偏于现世的居多，一偏于出世的居多。至于他的共同目的，都是愿世人精神方面，完全自由。

现在自由二字，误解者不知多少。其实人类外界的束缚，他力的压迫，终有方法解除，最怕的是"心为形役"，自己做自己的奴隶。儒、佛都用许多的话来教人，想叫把精神方面的自缚，解放净尽，顶天立地，成一个真正自由的人。这点，佛家弘发得更为深透，真可以说佛教是全世界文化的最高产品。这话，东西人士，都不能否认。此后全世界受用于此的正多。我们先人既辛苦地为我们创下这份产业，我们自当好好地承受。因为这是人生唯一安身立命之具。有了这种安身立命之具，再来就性之所近的，去研究一种学问，那么，才算尽了人生的责任。

诸君听了我这夜的演讲，自然明白我们中国文化，比世界各国并无逊色。那一般沉醉西风，说中国一无所有的人，自属浅薄可笑。《论语》曰："人虽欲自绝，其何伤于日月乎？多见其不知量也！"这边的诸同学，从不对于国学轻下批评，这是很好的现象。自然，我也闻听有许多人讽刺南京学生守旧，但是只要旧的是好，守旧又何足诟病？所以我很愿此次的讲演，更能够多多增进诸君以研究国学的兴味！

（1923 年）

【评 介】

梁启超（1873—1929），字卓如，一字任甫，号任公，别号饮冰室主人，又号饮冰子、哀时客、中国之新民等，广东新会人，近代著名思想家、政治活动家、知名学者。梁启超自幼在家接受传统教育，5 岁开始读"四书"，"八岁学为文，九岁能缀千言"（《三十自述》），12 岁补博士弟子员，17 岁中举。1890 年从师于康有为，决定弃去旧学。戊戌变法前，与康有为一起联合各省举人发动"公车上书"运动，协助康有为创办《中外纪闻》（后更名《万国公报》），又在上海与黄遵宪一起办《时务报》并自任主笔，并在报上发表《变法通议》为变法做宣传。1898 年戊戌变法，受光绪召见，奉命进呈所著《变法通议》，赏六品衔，负责办理京师大学堂译书局事务。变法失败后，与康有为一起流亡日本，于日本横滨创办《清议报》，发表《戊戌政变记》初稿等。1899 年梁启超在《饮冰室合集》、《夏威夷游记》中大力倡导"诗界革命"，提出"以旧风格含新意境"的诗歌理论。1902 年，创办《新民丛报》，发表《新民说》、《新史学》、《保教非所以尊孔论》、《论中国学术思想变迁之大势》、《中国地理大势论》、《论佛教与群治之关系》等。同年又创办《新小说》，发表《论小说与群治之关系》，倡"小说界革命"，创作政治小说《新中国未来记》。在日期间，梁启超先后著成《子墨子学说》、《墨子之论理学》、《中国法理学发达史论》、《王荆公》、《管子传》等多种。1911 年辛亥革命后回国，入共和党，因支持袁世凯，参与将民主党、共和党和统一党合并，改建为进步党，以与国民党争势，他当选为进步党理事，后出任司法总长。袁世凯称帝，梁又赴两广参加反袁斗争。1917 年，段祺瑞内阁成立，梁出任财务总长兼盐务总署督办；不久段氏政府被迫下台，梁辞职自此退出政坛。此后，梁启超再次进入学术高产期，先后著有《中国佛教史》、《清代学术概论》、《墨经校释》、《墨子学案》、《中国历史研究法》、《中国近三百年学术史》、《辛稼轩先生年谱》等。其间，先后在清华学校、南开大学、东南大学等多所高校讲学，另受社会各种团体邀请赴全国各地讲学多次，足迹遍至济南、南京、上海、南通、长沙、武汉、天津、苏州等。1925 年，受聘清华大学国学研究院导师，并兼任京师图书馆馆长。1929 年 1 月 29 日，梁启超病逝于北平协和医院。

梁启超于学术研究涉猎广泛，是百科全书式的学术大师，他在史学、文学、哲学、政治学、经济学、法学、新闻学、教育学等十几个领域均有建树，研究重点为先秦诸子、清代学术、史学和佛学。其中，以史学研究成绩最著，他先后撰写了《中国史叙论》和《新史学》，批判封建史学，发动了"史学革命"；《论中国学术思想变迁之大势》、《清代学术概论》、《墨子学案》、《中国历史研究法》、《中国近三百年学术史》等重要著作，均是史学经典。

1923 年 1 月 9 日，梁启超应邀赴南京东南大学国学研究所讲演，《治国学的两条大路》即此次讲演的内容，此文后刊载于同月 23 日的《时事新报·学灯》。《治国学的两条大路》总结治国学的两条路径：一是文献学的学问；二是德性的学问。根据梁启超的阐述，文献学的学问，是"用客观的科学方法去研究"，即"近人所讲的整理国故这部分事业"；德性的学问，是"用内省和躬行的方法去研究"，即知行合一的人生哲学。

在中国的"旧学"遭到普遍的轻视甚至唾弃的时候，梁启超于1919 年游历欧洲，在欧洲的所见所闻，使他以新的视角重新审视中国的传统文化。这一点，他在《欧游心影录》中有过说明。梁启超对法国的社会党人说起孔子的"四海之内皆兄弟"、"不患寡而患不均"，讲到中国古代的井田制度，以及墨子的"兼爱"、"寝兵"，他们无不感到非常惊讶。法国哲学家蒲陀罗（Boutreu）告诫梁启超说："你们中国，着实可爱可敬。我们祖宗裹块鹿皮，拿把石刀在野林里打猎的时候，你们不知已出了几多哲人了。我近来读些译本的中国哲学书，总觉得他（它）精深博大，可惜老了，不能学中国文，我望中国人总不要失掉这分家当才好。"这次欧游经历，使梁启超对中国传统文化的态度有了很大的改变。他认识到，中国文化在世界文化的舞台上有自己的独特价值，有发挥光大之必要，但资料丰富庞杂，必须加以整理，这是中国人对世界的义务。经过思考，他总结出弘扬中国传统文化的四部曲："第一步，要人人存一个尊重爱护本国文化的诚意；第二步，要用那西洋人研究学问的方法去研究他（它），得他（它）的真相；第三步，把自己的文化综合起来，还拿别人的补助他（它），叫他（它）起一种化合作用，成了一个新文化系统；第四步，把这新系统往外扩充，叫人类全体都得着他（它）好处。"（梁启超《欧游心影录》）可以看出，这种思想，与刘师培等文化保守派的态度有所区别，刘氏等人基本沿袭清末国粹主义的复古精神，意在"追摹国故"，"以图挽救"；而梁启超意在整理和改造。这与后来胡适所提出的"整理国故、再造文明"暗合，故梁启超在这篇演讲中，再次强调了治国学的基本途径之一，是"用客观的科学方法去研究"，即"近人所讲的整理国故这部分事业"，明眼人一望即知，此所指即胡适的主张。

事实上，梁启超是"整理国故"的得力战将，其文献整理工作，涉及范围之广，令人惊叹。经其考辨或整理的古籍，有《易经》、《尚书》、《诗经》、"三礼"、《论语》、《孝经》、《尔雅》、《孟子》、《韩非子》、《墨子》、《史记》、《楚辞》等共计三十余种，经史子集四部均有涉及。梁启超还积极参与"古史辨"运动，积极参与讨论和撰写相关论著，《古史辨》第四册和第五册收录了他的《墨子年代考》、《论老子书作于战国之末》、《阴阳五行说的来历》等八篇文章。其中不少文章是不刊之论，在当时就产生了较大影响。除了强调"求真"（古籍的整理和考辨），梁启超还强调"求博"和"求通"。梁启超在《中国历史研究法（补编）》中也多次说到，读史有两种方式，一种是解剖式，一种是鸟瞰式。解剖式的方法"在知底细，令读者于一章书或一件事能得一个彻始彻终的了解。好像用显微镜细察苍蝇，把苍蝇的五脏六腑看得丝丝入骨"；鸟瞰式的方法"在知大概，令读者于全部书或全盘事能得一个明了简单的概念，好像乘飞机飞空腾跃，在半空中俯视一切，看物摄影都极其清楚不过"。前者是微观，后者是宏观。梁启超虽然重视局部微观研究，强调"不治一学则已，既治一学，则第一步须先将此学之真相，了解明确"（《清代学术概论》），但他并不认为治学仅止于此；相反，他对仅埋头史料整理的学术方式深感担忧，后悔自己对此过于强调而给后学者以不好影响。他说，"我从前著《中国历史研究法》，不免看重了史料的搜集和别择，以致有许多人跟着往捷径走，我很忏悔。现在讲《广中国历史研究法》（即《中国历史研究法》补编）特别注重大规模的做史，就是想挽救已弊的风气之意。"梁启超自己在研究中更是注意"求博"和"求通"，他年轻时在日本就有撰写《中国通史》的雄伟计划，并陆续写出了《太古及三代载记》等近二十万言，晚年又拟出了《中国文化史》的写作大纲并撰写了《社会组织篇》近七八万言。虽因英年早逝，未能全部完成，但是这种学术追求方向是明确的。

除了"文献学的学问"，梁启超用更大的篇幅阐述"德性的学问"。早年的梁启超，对中国传统文化既有肯定又有批评，而对西方文化则基本上持肯定态度，觉得"须将世界学说为无限制的尽量输入"，主张通过东西文明的"结婚"，来"为我家育宁馨儿以亢我宗"。但欧游之后，梁启超有了更为全面的视角，看法也发生了巨大转变。他认识到，中国文化也有许多优秀的地方，西方文化也有不少弊端。他亲身体会到，欧洲人过于相信"科学万能"，"把一切内部生活、外部生活，都归到物质运动的'必然法则'之下"，以为这样黄金世界指日可待，但是"欧洲人做了一场科学万能的大梦，到如今却叫科学破产起来"。中国文化正好与其相反，虽在形而上诸方面不及西方文化，但是却与人生紧密相关联。梁在《为创立文化学院事求助于国中同志》一文中宣称："启超确信我国儒学家之人生哲学，为淘养人格至善之鹄，全世界无论何国，无论何派之学说，未见其比，在今日有发挥光大之要。启超确信先秦诸子及宋明理学，皆能在世界学术上占有重要位置，亟宜爬罗其宗别，磨洗其面目。启超确定佛教为最崇贵最圆满之宗教，其大乘教理，尤为人类最高文化之产物，而现代阐明传播之责任，全在我中国人。"西方文化愈发展，组织系统愈精密，离人却愈远；中国文化重视"德行"，讲究知行合一，自始至终与人生紧密相关。对中国文化真正的精髓，完全用科学的方法是不能领悟的；用内省的功夫去体验，再躬身实践，才能得其真谛。

显然，与"文献学的学问"相比较，"德性的学问"是中国传统文化的精华所在，是更高层次的学问。但随着西学东渐的步伐加快，西学的影响也日益深入人心，"德性的学问"渐被遗忘，"文献学的学问"成为治学的唯一途径。深谙中国传统文化的梁启超看到这一弊端所在，他强调指出，中国文化"知行合一"的精神，是"全世界独一无二的至宝"，只有用"内省"和"躬行"的办法去研究，才能得其精妙，才能使中国文化得到进一步弘扬。可惜的是，梁启超的意见并未得到应有的重视，近百年来中国传统文化的研究者似乎在"文献学的学问"这条大道上越走越远，而"德性的学问"成了全无用处的累赘，弃若敝屣，虽可用"得失互见"一语蔽之，但终究离中国传统文化本身越来越远。

《治国学的两条大路》发表于 1923 年，是时梁启超经历了维新变法、流亡日本、游历欧洲等对他的思想产生重要影响的大事情，思想更加成熟。梁启超反对"《三传》束阁，《论语》当薪"的洋奴式西学接受行为，且"最恶人引古事以证西政，谓彼所长，皆我所有"的可笑言论，但不可否认的是，向西方学习是他的一贯主张。然而，他也清楚地看到了欧洲经过工业革命之后，一切物质化的倾向，甚至哲学也纳入到物质的轨道，结果却证明"科学万能"不过是一场迷梦而已。通过对中西文化的对比，他对东西方文化有了更全面的认识："东方的学问，以精神为出发点，西方的学问，以物质为出发点，救知识饥荒，在西方找材料；救精神饥荒，在东方找材料。"于是，梁启超先后提出了"中西会通"说、"中西结婚"说和"中西化合"说，希望通过中西文化的交流、会通、融合，从而创造一种"不中不西，亦中亦西"的新文化。

因梁启超的个人声望和活动能力，他的这种文化主张影响很大。曹聚仁说："近五十年间，中国每一知识分子都受过梁启超的影响，

此语绝无例外。"（曹聚仁《文坛五十年》）梁漱溟也说，梁启超的
"势力之普遍，为其前后同时任何人物——如康有为、严几道（严
复）、章太炎、章行严（章士钊）、陈独秀、胡适之等等——所不及。
我们简直没有看见过一个人可以发生像他那样广泛而有力的影响。"
（梁漱溟《忆往谈旧录》）梁启超在当时及身后对中国思想界的影响
可想而知。除了文化主张，梁启超的学术研究也影响深远。张荫麟认
为，梁氏"论周秦诸子，其论管子、墨翟，其论商鞅，其论王安石、
论孔教、论佛教，皆一扫传统观念，而为吾人大多数对于此诸家之观
念之所基"，"民国六七年后'新汉学'（实即国故整理运动）之兴
起，先生盖导其源矣"（张荫麟《近代中国学术史上之梁任公先
生》）。胡适的《中国哲学史大纲》也是在梁启超的影响下形成的，
胡曾公开表示："《中国学术思想变迁之大势》也给我开辟了一个新
世界，使我知道《四书》、《五经》之外中国还有学术思想。……在
二十五年前，这是第一次用历史的眼光来整理中国旧学术思想，第一
次给我们一个学术史的见解。"（胡适《四十自述》）

　　梁启超的思想影响和学术影响肯定远远不止于上述这些方面，但
《治国学的两条大路》代表了梁启超对于传统文化的基本态度，指明
了传统文化研究的基本途径。在反思百年中国传统文化研究所取得的
成就和失误时，梁启超的观点值得我们深思。

（陈卫星）

梁启超主要相关著述目录：

《论中国学术思想变迁之大势》，载《新民丛报》1902 年 3 月至 1904
　　年 12 月第 3 ~ 58 号。

《饮冰室诗话》，载《新民丛报》1902 年 3 月至 1907 年 11 月第 4 ~
　　95 号。

《中国地理大势论》，载《新民丛报》1902 年 4 月至 6 月第 6 ~ 9 号。

《中国专制政治进化史论》，载《新民丛报》1902 年 5 月至 1904 年 6
　　月第 8 ~ 49 号。

《子墨子学说》（一名《墨学微》），载《新民丛报》1904 年 6 月至

12 月第 49~58 号；收入《（分类精校）饮冰室文集》。

《中国法理学发达史论》，载《新民丛报》1906 年 3 月至 4 月第
　　77~78 号。

《论中国成文法编制之沿革得失》，载《新民丛报》1906 年 5 月至 7
　　月第 80~82 号。

《王荆公》，广智书局，1908 年。

《学与术》，载《国风报》1911 年 6 月第 15 期。

《盾鼻集》，商务印书馆，1916 年。

《欧游心影录》，载《晨报》1920 年 3 月 6 日至 8 月 17 日。

《中国佛教史》，收入《饮冰室文集·专集》第 14 册。

《清代学术概论》，商务印书馆，1921 年。

《老孔墨以后学派概观》，收入《饮冰室合集·专集》第 11 册。

《墨子学案》，商务印书馆，1921 年。

《从发音上研究中国文字之源》，载《东方杂志》1921 年 11 月第 18
　　卷第 21 号。

《墨经校释》，商务印书馆，1922 年。

《大乘起信论考证》，载《东方杂志》1922 年 10 月至 12 月第 19 卷第
　　19~23 号。

《屈原研究》，载《时事新报·学灯》1922 年 11 月 9 日至 15 日。

《历史统计学》，载《时事新报·学灯》1922 年 11 月 17 日。

《阴阳五行说之来历》，载《东方杂志》1923 年 5 月第 20 卷第 10 号。

《先秦政治思想史》，商务印书馆，1923 年。

《陶渊明》，商务印书馆，1923 年。

《国学入门书要目及其读法》，载《清华周刊》1923 年 5 月第 281 期。

《要籍解题及其读法》（初名《群书概要》），载《清华周刊》1923 年
　　10 月至 1924 年 3 月第 288~305 期。

《中国历史研究法》，商务印书馆，1924 年。

《戴东原哲学》，载《晨报副镌》1924 年 1 月 24 日至 25 日。

《近代学风之地理的分布》，载《清华学报》1924 年 6 月第 1 卷第 1
　　期。

《佛家经录在中国目录学之位置》，载《图书馆学季刊》1926 年 3 月

第 1 卷第 1 期。

《中国近三百年学术史》，民志书店，1926 年。

《先秦学术年表》，收入《饮冰室合集·专集》第 18 册。

《古书真伪及其年代》，收入《饮冰室合集·专集》第 24 册。

《儒家哲学》，收入《饮冰室合集·专集》第 24 册。

《辛稼轩先生年谱》，收入《饮冰室合集·专集》第 22 册。

《饮冰室文集》（何天柱编），广智书局，1903 年。

《（分类精校）饮冰室文集》，广智书局，1905 年。

《饮冰室全集》，商务印书馆，1916 年。

《（乙丑重编）饮冰室文集》（梁廷灿编），中华书局，1926 年。

《饮冰室合集》（林志钧编），中华书局，1936 年。

《梁启超全集》（张品兴主编），北京出版社，1999 年。

《〈饮冰室合集〉集外文》（夏晓虹辑），北京大学版社，2005 年。

（陈卫星　整理）

《国学季刊》发刊宣言

胡　适

　　近年来，古学的大师渐渐死完了，新起的学者还不曾有什么大成绩表现出来。在这个青黄不接的时期，只有三五个老辈在那里支撑门面。古学界表面上的寂寞，遂使许多人发生无限的悲观。所以有许多老辈遂说，"古学要沦亡了！""古书不久要无人能读了！"

　　在这个悲观呼声里，很自然的发生一种没气力的反动的运动来。有些人还以为西洋学术思想的输入是古学沦亡的原因；所以他们至今还在那里抗拒他们自己也莫名其妙的西洋学术。有些人还以为孔教可以完全代表中国的古文化；所以他们至今还梦想孔教的复兴；甚至有人竟想抄袭基督教的制度来光复孔教。有些人还以为古文古诗的保存就是古学的保存了；所以他们至今还想压制语体文字的提倡与传播。至于那些静坐服乱，逃向迷信里去自寻安慰的，更不用说了。

　　在我们看起来，这些反动都只是旧式学者破产的铁证；这些行为，不但不能挽救他们所忧虑的国学之沦亡，反可以增加国中少年人对于古学的藐视。如果这些举动可以代表国学，国学还是沦亡了更好！

　　我们平心静气的观察这三百年的古学发达史，再观察眼前国内和国外的学者研究中国学术的现状，我们不但不抱悲观，并且还抱无穷的乐观。我们深信，国学的将来，定能远胜国学的过去；过去的成绩虽然未可厚非，但将来的成绩一定还要更好无数倍。

　　自从明末到于今，这三百年，诚然可算是国学昌明时代。总括这三百年的成绩，可分这些方面：

　　（一）整理古书。在这方面，又可分三门。第一，本子的校勘；第二，文字的训诂；第三，真伪的考订。考订真伪一层，乾嘉的大师（除了少数学者如崔述等外）都不很注意；只有清初与晚清的学者还肯做这种研究，但方法还不很精密，考订的范围也不大。因此，这一方面的整理，成绩比较的就最少了。然而校勘与训诂两方面的成绩实在不少。戴震、段玉裁、王念孙、阮元，王引之们的治"经"，钱大昕、赵翼，王鸣盛、洪亮吉们的治"史"，王念孙、俞樾、孙诒让们的治"子"；戴震、王念孙、段玉裁、邵晋涵、郝懿行、钱绎、王筠、朱骏声们的治古词典：都有相当的成绩。重要的古书，经过这许多大师的整理，比三百年前就容易看的多了。我们试拿明刻本的《墨子》来比孙诒让的《墨子闲诂》，若拿二徐的《说文》来比清儒的各种《说文》注，就可以度量这几百年整理古书的成绩了。

（二）发现古书。清朝一代所以能称为古学复兴时期，不单因为训诂校勘的发达，还因为古书发现和翻刻之多。清代中央政府，各省书局，都提倡刻书。私家刻的书更为重要：丛书与单行本；重刊本，精校本，摹刻本，近来的影印本。我们且举一个最微细的例。近三十年内发现与刻行的宋元词集，给文学史家添了多少材料？清初朱彝尊们固然见着不少的词集；但我们今日购买词集之便易，却是清初词人没有享受过的福气了。翻刻古书孤本之外，还有辑佚书一项，如《古经解钩沉》、《小学钩沉》、《玉函山房佚书》和《四库全书》里那几百种从《永乐大典》辑出的佚书，都是国学史上极重要的贡献。

（三）发现古物。清朝学者好古的风气不限于古书一项；风气所被，遂使古物的发现，记载，收藏，都成了时髦的嗜好，鼎彝，泉币；碑版，壁画，雕塑，古陶器之类：虽缺乏系统的整理，材料确是不少了。最近三十年来，甲骨文字的发现，竟使殷商一代的历史有了地底下的证据，并且给文字学添了无数的最古材料。最近辽阳河南等处石器时代的文化的发现，也是一件极重要的事情。

但这三百年的古学的研究，在今日估计起来，实在还有很多缺点。三百年的第一流学者的心思精力都用在这一方面，而究竟还只有这一点点结果，也正是因为有这些缺点的缘故。那些缺点，分开来说，也有三层：

（一）研究的范围太狭窄了。这三百年的古学，虽然也有整治史书的，虽然也有研究子书的，但大家的眼光与心力注射的焦点，究竟只在儒家的几部经书。古韵的研究，古词典的研究，古书旧注的研究，子书的研究，都不是为这些材料的本身价值而研究的。一切古学都只是经学的丫头！内中固然也有婢作夫人的；如古韵学之自成一种专门学问，如子书的研究之渐渐脱离经学的羁绊而独立。但学者的聪明才力被几部经书笼罩了三百年，那是不可讳的事实。况且在这个狭小的范围里，还有许多更狭小的门户界限。有汉学和宋学的分家，有今文和古文的分家；甚至于治一部《诗经》还要舍弃东汉的郑笺而专取西汉的毛传。专攻本是学术进步的一个条件；但清儒狭小的研究范围，却不是没有成见的分工。他们脱不了"儒书一尊"的成见，故迷信汉人，而排除晚代的学者。他们不知道材料固是越古越可信，而见解则是后人往往胜过前人；所以他们力排郑樵、朱熹而迷信毛公、郑玄。今文家稍稍能有独立的见解了；但他们打倒了东汉，只落得回到西汉的圈子里去。研究的范围的狭小是清代学术所以不能大发展的一个绝大原因。三五部古书，无论怎样绞来挤去，只有那点精华和糟粕。打倒宋朝的"道士《易》"固然是好事，但打倒"道士《易》"跳过了魏晋人的"道家《易》"，却回到两汉的"方士《易》"，那就是很不幸的了。《易》的故事如此；《诗书》、《春秋》、《三礼》的故事也是如此。三百年的心思才力，始终不曾跳出这个狭小的圈子外去。

（二）太注重功力而忽略了理解。学问的进步有两个重要方面：一是材料的积聚与剖解；一是材料的组织与贯通。前者须靠精勤的功力，后者全靠综合的理解。清儒有鉴于宋明学者专靠理解的危险，所以努力做朴实的功力而力避主观的见解。这三百年之中，几乎只有经师，而无思想家；只有校史者，而无史家；只有校注，而无著作。这三句话虽然很重，但我们试除去戴震、章学诚、崔述几个人，就不能不承认这三句话的真实了。章学诚生当乾隆盛时（乾隆，一七三六——一七九五年；章学诚，一七三八——一八〇〇年），大声疾呼的警告当日的学术界道："今之博雅君子，疲精劳神于经传子史，而终身无得于学者，正坐……误执求知之功力，以为学即在是尔。学与功力实相似而不同。学不可以骤几，人当致攻乎功力，则可耳。指功力以为学，是犹指秫黍以为酒也。"（《文史通义》，《博约》篇）

他又说："今日学者风气，征实太多，发挥太少，有如蚕食叶而不能抽丝。"(《章氏遗书》,《与汪辉祖书》)古人说:"鸳鸯绣取从君看,不把金针度与人。"单把绣成的鸳鸯给人看,而不肯把金针教人,那是不大度的行为。然而天下的人不是人人都能学绣鸳鸯的;多数人只爱看鸳鸯的而不想自己动手去学绣。清朝的学者只是天天一针一针的学绣,始终不肯绣鸳鸯。所以他们尽管辛苦殷勤的去做,而在社会的生活思想上几乎全不发生影响。他们自以为打倒了宋学,然而全国的学校里读的书仍旧是朱熹的《四书集注》、《诗集传》、《易本义》等书。他们自以为打倒了伪古文《尚书》,然而全国村学堂里的学究仍旧继续用蔡沈的《书集传》。三百年第一流的精力,二千四百三十卷的《经解》,仍旧不能替换朱熹一个人的几部启蒙小书! 这也可见单靠功力而不重理解的失败了。

(三)缺乏参考比较的材料。我们试问,这三百年的学者何以这样缺乏理解呢?我们推求这种现象的原因,不能不回到第一层缺点——研究的范围过于狭小。

宋明的理学家所以富于理解,全因为六朝唐以后佛家与道士的学说弥漫空气中,宋明的理学家全都受了他们的影响,用他们的学说作一种参考比较的资料。宋明的理学家。有了这种比较研究的材料,就像一个近视眼的人戴了一副近视眼镜一样;从前看不见的,现在都看见了;从前不明白的,现在都明白了。同是一篇《大学》,汉魏的人不很注意他,宋明的人忽然十分尊崇他,把他从《礼记》里抬出来,尊为《四书》之一,推为"初学入德之门"。《中庸》也是如此的。宋明的人戴了佛书的眼镜,望着《大学》、《中庸》,便觉得"明明德""诚""正心诚意""率性之谓道"等等话头都有哲学的意义了。清朝的学者深知戴眼镜的流弊,决意不配眼镜;却不知道近视而不戴眼镜,同瞎子相差有限。说《诗》的回到《诗序》,说《易》的回到"方士《易》",说春秋的回到《公羊》,可谓"陋"之至了;然而我们试想这一班第一流的才士,何以陋到这一田地,可不是因为他们没有高明的参考资料吗?他们排斥"异端";他们拿着一部一切经音义,只认得他有保存古韵书古词典的用处;他们拿着一部子书,也只认得他有旁证经文古义的功用。他们只向那几部儒书里兜圈子;兜来兜去,始终脱不了一个"陋"字,打破这个"陋"字,没有别的法子，只有旁搜博采，多寻参考比较的材料。

以上指出了这三百年古学研究的缺点，不过是随便挑出了几桩重要的。我们的意思并不要菲薄这三百年的成绩；我们只想指出他们的成绩所以不过如此的原因。前人上了当，后人应该学点乖。我们借鉴于先辈学者的成功与失败，然后可以决定我们现在和将来研究国学的方针。我们不研究古学则已；如果想提倡古学的研究，应该注意这几点：

（一）扩大研究的范围。

（二）注意系统的整理。

（三）博采参考比较的材料。

怎样扩大研究的范围呢？"国学"在我们的心眼里，只是"国故学"的缩写。中国的一切过去的文化历史，都是我们的"国故"；研究这一切过去的历史文化的学问，就是"国故学"，省称为"国学"。"国故"这个名词，最为妥当；因为他是一个中立的名词，不含褒贬的意义。"国故"包含"国粹"；但他又包含"国渣"。我们若不了解"国渣"，如何懂得"国粹"？所以我们现在要扩充国学的领域，包括上下三四千年的过去文化，打破一切的门户成见；拿历史的眼光来整统一切，认清了"国故学"的使命，是整理中国一切文化历史，便可以把一切狭陋的门户之见都扫空了。例如治经，郑玄、王肃在历史上固然占一个位置，王弼、何晏也占一个位置，王安石、朱熹也占一个位置，戴震、惠栋也占一个位置，刘逢禄、康有为也占一个位置。段玉裁曾说：

校经之法，必以贾还贾，以孔还孔，以陆还陆，以杜还杜，以郑还郑，各得其底本，而后判其义理之是非。……不先正《注》，《疏》，《释文》之底本，则多诬古人。不断其立说之是非，则多误今人。……（《经韵楼集》，《与诸同志书论校书之难》。）

我们可借他论校书的话来总论国学；我们也可以说：整治国故，必须以汉还汉，以魏晋还魏晋，以唐还唐，以宋还宋，以明还明，以清还清；以古文还古文家；以今文还今文家；以程朱还程朱，以陆王还陆王，各还它一个本来面目，然后评判各代各家个人的义理的是非。不还他们的本来面目，则多诬古人，不评判他们的是非，则多误今人。但不先弄明白了他们的本来面目，我们决不配评判他们的是非。

这还是专为经学哲学说法。在文学的方面，也有同样的需要。庙堂的文学固可以研究，但野草的文学也应该研究。在历史的眼光里，今日民间小女唱的歌谣，和《诗三百篇》有同等的位置；民间流传的小说，和高文典册有同等的位置，吴敬梓、曹霑和关汉卿、马东篱和杜甫、韩愈有同等的位置。故在文学方面，也应该把《三百篇》还给西周、东周之间的无名诗人，把《古乐府》还给汉、魏、六朝的无名诗人，把唐诗还给唐，把词还给五代、两宋，把小曲杂剧还给元朝，把明清的小说还给明清。每一个时代，还他那个时代的特长的文学，然后评判他们的文学价值。不认明每一个时代的特殊文学，则多诬古人而多误今人。

近来颇有人注意戏曲和小说了；但他们的注意仍不能脱离古董家的习气。他们只看得起宋人的小说，而不知道在历史的眼光里，一本石印小字的《平妖传》和一部精刻的残本《五代史平话》有同样的价值，正如《道藏》里极荒谬的道教经典和《尚书》《周易》有同等的研究价值。

总之，我们所谓"用历史的眼光来扩大国学的范围"，只是要我们大家认清国学是国故学，而国故学包括一切过去的文化历史。历史是多方面的：单记朝代兴亡，固不是历史；单有一宗一派，也不成历史。过去种种，上自思想学术之大，下至一个字，一只山歌之细，都是历史，都属于国学研究的范围。

（二）怎样才是"注意系统的调整"呢？学问的进步不单靠积聚材料，还须有系统的整理。系统的整理可分三步说：

（甲）索引式的整理。不曾整理的材料，没有条理，不容易检寻，最能消磨学者有用的精神才力，最足阻碍学术的进步。若想学问进步增加速度，我们须想出法子来解放学者的精力，使他们的精力用在最经济的方面。例如一部《说文解字》，是最没有条理系统的：向来的学者差不多全靠记忆的苦工夫，方才能用这部书。但这种苦工夫是最不经济的；如果有人能把《说文》重新编制一番（部首依笔画，每部的字也依笔画，）再加上一个检字的索引（略如《说文通检》或

《说文易检》,）那就可省许多无谓的时间与精力了，又如一部《二十四史》，有了一部《姓氏韵编》，可以省多少精力与时间？清代的学者也有见到这一层的；如章学诚说：

窃以典籍浩繁，闻见有限；在博雅者且不能悉究无遗，况其下乎？校雠之先，宜尽取四库之藏，中外之籍，择其中之人名地名官阶书目，凡一切有名可治有数可稽者，略仿《佩文韵府》之例，悉编为韵；乃于本韵之下，注明原书出处，及先后篇第：自一见再见，以至数千百，皆详注之；藏之馆中，以为群书之总类。至校书之时，遇有疑似之处，即名而求其编韵，因韵而检其本书，参互错综，即可得其至是。此则渊博之儒穷毕生年力而不可究殚者，今即中才校勘可坐收于几席之间，非校雠之良法欤？（《校雠通义》）

当日的学者如朱筠、戴震等，都有这个见解，但这件事不容易做到，直到阮元得势力的时候，方才集合许多学者，合力做成一部空前的《经籍籑诂》，"展一韵而众字毕备，检一字而诸韵皆存，寻一训而原书可识"（王引之序）；"即字而审其义，依韵而类其字，有本训，有转训，次序布列，若网在纲"（钱大昕序）；这种书的功用，在于节省学者的功力，使学者不疲于功力之细碎，而省出精力来做更有用的事业。后来这一类的书被科场士子用作夹带的东西，用作抄窃的工具，所以有许多学者竟以用这种书为可耻的事。这是大错的。这一类"索引"式的整理，乃是系统的整理的最低而最不可少的一步；没有这一步的预备，国学止限于少数有天才而又有闲空工夫的少数人；并且这些少数人也要因功力的拖累而减少他们的成绩。偌大的事业，应该有许多人分担去做的，却落在少数人的肩膀上：这是国学所以不能发达的一个重要原因。所以我们主张，国学的系统的整理的第一步是提倡这种"索引"式的整理，把一切大部分的书或不容易检查的书，一概编成索引，使人人都能用古书。人人能用古书，是提倡国学的第一步。

（乙）结账式的整理。商人开店，到了年底，总要把这一年的账结算一次，要晓得前一年的盈亏和年底的存货，然后继续进行，做明年的生意。一种学术到了一个时期，也有总结账的必要。学术上结账的作用有两层：一是把一种学术里已经不成问题的部分整理出来，交给社会；二是把那不能解决的部分特别提出来，引起学者的注意。使学者知道何处有隙可乘，有功可立，有困难可以征服。结账是（一）结束从前的成绩，（二）预备将来努力的新方向。前者是预备普及的，后者是预备继长增高的。古代结账的书，如李鼎祚的《周易集解》，如陆德明的《经典释文》，如唐宋的《十三经注疏》，如朱熹的《四书》、《诗集传》、《易本义》等，所以都在后世发生很大的影响，全是这个道理。三百年来，学者都不肯轻易做这种结账的事业。二千四百多卷的《清经解》，除了极少数之外，都只是一堆"流水"烂账，没有条理，没有系统；人人从"粤若稽古""关关雎鸠"说起，人人做的都是"杂记"式的稿本！怪不得学者看了要"望洋兴叹"了；怪不得国学有沦亡之忧了。我们试看科举时代投机的书坊肯费整年的功夫来编一部"《皇清经解》缩本编目"，便可以明白索引式的整理的需要；我们又看那时代的书坊肯费几年的功夫来编一部"《皇清经解》分经汇纂"，便又可以明白结账式的整理的需要了。现在的学问多了，学者的精力与时间更有经济的必要了。例如《诗经》，两千多年研究的结果，究竟到了什么田地，很少有人说得出的，只因为两千年的《诗经》烂账至今还不曾有一次的总结算。

宋人驳了汉人，清人推翻了宋人，自以为回到汉人；至今《诗经》的研究，音韵自音韵，训诂自训诂，异文自异文，序说自序说，各不相关联。少年的学者想要研究《诗经》的，伸头望一望，只见一屋子的烂账簿，吓得吐舌缩不进去，只好叹口气，"算了罢！"《诗经》在今日之所以渐渐无人过问，是少年人的罪过呢？还是《诗经》的专家的罪过呢？我们认为，我们要想少年学者研究《诗经》，我们应该把《诗经》这笔烂账结算一遍，造成一笔总账。《诗经》的总账里应该包括这四大项：

（A）异文的校勘：总结王应麟以来直到陈乔纵、李富孙等校勘异文的账。

（B）古韵的考究：总结吴棫、朱熹、陈第、顾炎武以来考证古韵的账。

（C）训诂：总结毛公、郑玄以来直到胡承珙、马瑞辰、陈奂两千多年训诂的账。

（D）见解（序说）：总结《诗序》、《诗辨妄》、《诗集传》、《伪诗传》、姚际恒、崔述、龚橙、方玉润……等两千年猜谜的账。

有了这一本总账，然后可以使大多数的学子容易踏进"《诗经》研究"之门：这是普及。入门之后，方才可以希望他们之中有些人出来继续研究那总账里未曾解决的悬账：这是提高。《诗经》如此，一切古书古学都是如此。我们试看前清用全力治经学，而经学的书不能流传于社会，倒是那几部用余力做的《墨子闲诂》、《荀子集解》、《庄子集解》一类结账式的书流传最广。这不可以使我们觉悟结账式的整理的重要吗？

（丙）专史式的整理。索引式的整理是要使古书人人能用；结账式的整理是使古书人人能读：这两项都是结账国学的设备。但我们曾在上文中主张，国学的使命是要使大家都懂得中国的过去的文化史；国学的方法是要用历史的眼光来整理一切过去的文化的历史。国学的目的是要做成中国的文化史。国学的系统的研究，要以此为归宿。一切国学的研究，无论时代的古今，无论问题大小，都要朝着这一个大方向走。只有这个目的可以整统一切材料；只有这个任务可以容纳一切努力；只有这种眼光可以破除一切门户畛域。

我们理想中的国学研究，至少有这样的一个系统。

中国文化史：

一　民族史

二　语言文字史

三　经济史

四　政治史

五　国际交通史

六　思想学术史

七　宗教史

八　文艺史

九　风俗史

十　制度史

这是一个总系统。历史不是一件人人都能做的事；历史学家须要有两种必不可少的能力：一是精密的功力，一是高远的想象。没有精密的功力，不能做搜求和评判史料的工夫，没有高远的想象力，不能构造历史的系统。况且中国这么大，历史这么长，材料这么多，除了分工合作之外，更无他种方法可以达到这个大目的。但我们又觉得，国故的材料太纷繁了，若不先做一番历史的整理工夫，初学的人实在无所下手，无从入门。后来的材料也无所统属；材料无所统属，是国学纷乱烦碎的重要原因。所以我们主张，应该分这几个步骤：

第一，用现在力所能搜集考订的材料，因陋就简的先做成各种专史，如经济史，文学史，哲学史，数学史，宗教史……之类。这是一些大间架，他们的用处只是要使现在和将来的材料有一个附丽的地方。

第二，专史之中，自然还可分子目，如经济史可分时代，又可分区域；如文学史、哲学史可分时代，又可分宗派，又可专治一人；如宗教史可分时代，可专制一教，或一宗派，或一派中的一人。这种子目的研究是学问进步必不可少的条件，治国学的人应该各就"性之所近而力之所能勉者"，用历史的方法和眼光去担任一部分的研究。子目的研究是专史修正的唯一源头，也是通史修正的唯一源头。

（三）怎样"博采参考比较的材料"呢？向来的学者误认"国学"的"国"字是国界的表示，所以不承认"比较的研究"的功用。最浅陋的是用"附会"来代替"比较"：他们说基督教是墨教的绪余，墨家的"巨子"即是"矩子"，而"矩子"即是十字架！……附会是我们应该排斥的，但比较的研究是我们应该提倡的。有许多现象，孤立的说来说去，总说不通，总说不明白；一有了比较，竟不须解释，自然明白了。例如一个"之"字，古人说来说去，总不明白；现在我们懂得西洋文法学上的术语，只须说某种"之"字是内动词（由是而之焉），某种是介词（贼夫人之子），某种是指物形容词（之子于归），某种是代名词的第三身用在目的位（爱之能勿劳乎），就都明白了。又如封建制度，向来被那方块头的分封说欺骗了，所以说来说去，总不明白；现在我们用欧洲中古的封建制度和日本的封建制度来比较，就容易明白了。音韵学上，比较的研究最有功效。用广东音可以考《侵覃》各韵的古音，可以考古代入声各韵的区别。近时西洋学者如 Karlgren，如 Baron von Stael-Holstein，用梵文原本来对照汉文译音的文字，很可以帮助我们解决古音学上的许多困难问题。不但如此：日本语里，朝鲜语里，安南语里，都保存有中国古音可以供我们的参考比较。西藏文自唐朝以来，读音虽变了，而文字的拼法不曾变，更可以供我们的参考比较，也许可以帮助我们发现中国古音里许多奇怪的复辅音呢。制度史上，这种比较的材料也极重要。懂得了西洋的议会制度史，我们更可以了解中国御史制度的性质与价值；懂得了欧美高等教育制度史，我们更能了解中国近一千年来的书院制度的性质与价值。哲学史上，这种比较的材料已发生很大的助力了。《墨子》里的《经上下》诸篇，若没有印度因明学和欧洲哲学作参考，恐怕至今还是几篇无人能解的奇书。韩非、王莽、王安石、李贽……一班人，若没有西洋思想作比较，恐怕至今还是沉冤莫白。看惯了近世国家注重财政的趋势，自然不觉得李觏、王安石的政治思想的可怪了。懂得了近世社会主义政策，自然不能不佩服王莽、王安石的见解和魄力了。《易系辞传》里"易者，象也"的理论，得柏拉图的"法象论"的比较而更明白；荀卿书里"类不悖，虽久同理"的理论，得亚里士多德"类不变论"的参考而更易懂。这都是很明显的例。至于文学史上，小说戏曲近年忽然受学者的看重，民间俗歌近年渐渐引起学者的注意，都是和西洋文学接触比较的功效，更不消说了。此外，如宗教的研究，民俗的研究，美术的研究，也都是不能不利用参考比较的材料的。

以上随便举的例，只是要说明比较参考的重要。我们现在治国学，必须要打破闭关孤立的态度，要存比较研究的虚心。第一，方法上，西洋学者研究古学的方法早已影响日本的学术界了，而我们还在冥行索涂的时期。我们此时正应该虚心采用他们的科学的方法，补救我们没有条理系统的习惯。第二，材料上，欧美日本学术界有无数的成绩可以供我们的参考，比较，可以给我们开无数新法门，可以给我们添无数借鉴的镜子。学术的大仇敌是孤陋寡闻，孤陋寡闻的唯一良药是博采参考比较的材料。

我们观察这三百年的古学史，研究这三百年的学者的缺陷，知道他们的缺陷都是可以补救的；我们又返观现在古学研究的趋势，明白了世界学者供给我们参考比较的好机会，所以我们对于国学的前途，不但不抱悲观，并且还抱无穷的乐观。我们认清了国学前途的黑暗与光明全靠我们努力的方向对不对。因此，我们提出这三个方向来做我们一班同志互相督责勉励的条件：

第一，用历史的眼光来扩大国学研究的范围。

第二，用系统的整理来部勒国学研究的材料。

第三，用比较的研究来帮助国学的材料的整理与解释。

（1923 年）

【评　介】

胡适（1891—1962），原名嗣穈，学名胡洪骍，字希彊，参加"庚款"留学考试时改名适，字适之，安徽绩溪人。胡适 5 岁开蒙，在家乡接受了 9 年的传统私塾教育，打下了十分厚实的旧学基础。14 岁前往上海求学，先后就学于梅溪学堂、中国公学等新式学校，初步接触了西方的思想文化。1908 年 7 月，18 岁的胡适开始主编《竞业旬报》，前后近三年时间。1910 年考中"庚子赔款"留美官费生，赴美后先入康奈尔大学农学院，主修农科，后转入文学院，修哲学、经济、文学。1915 年获文学学士学位后，又进入哥伦比亚大学哲学系，师从哲学家杜威，攻读哲学博士学位。1917 年完成博士学位论文《中国古代哲学方法之进化史》（学林出版社 1983 年以中文出版时易名为《先秦名学史》），但口试未获通过。后回国，应北京大学校长蔡元培之邀，任北大教授。1918 年加入《新青年》编辑部，撰文反对封建主义，宣传个性自由、民主和科学，积极提倡"文学改良"和白话文学，成为当时新文化运动的重要人物。"五四"时期，与李大钊等人展开"问题与主义"辩难；又参加了与张君劢等展开的"科玄论战"。在北大除了担任教授职务外，胡适还先后担任了英文部教授会主任（1918）、教务长（1919）、英文学系主任（1922）、文学院院长兼中国文学系主任（1931）、校长（1946）等职。其间一度中途因故离开北大，曾出任上海光华大学教授、上海中国公学校长兼文学院院长等。除了教学活动外，胡适还参与了大量社会政治活动。1938 年，国民政府曾先后任命胡适为国民参政会参政员、驻美全权大使。胡适曾以驻美大使和国民代表的身份旅居美国多年，直至 1946 年正式就任北京大学校长。1948 年胡出席"行宪国大"，欲参加总统候选人。1949 年又赴美，从事国民外交，后多次往返于台湾和美国。1958 年返台，出任台湾"中央研究院"院长等多种职务。1962 年 2 月，胡适因心脏病猝发去世。

胡适是颇有建树的哲学家、文学家和史学家。他的哲学研究和文学研究，都取得了令人瞩目的成就。《中国哲学史大纲》和《白话文学史》两部重要著作虽并未全部完成，但在哲学和文学研究领域建立了学术范式，奠定了现代学科的根基。此外，他首创"考证派"新红学，重修禅宗史，以及用历史演进法来研究中国章回小说，都是开一代新风，功不可没。晚年的《水经注》疑案研究，用力颇深，自成新说。

更重要的是，胡适是白话文运动的理论奠基人，五四启蒙运动的重要思想家，同时，他还是一位声名显赫的自由主义斗士和文化名流。五四时期，胡适连续撰写《历史的文学观念论》、《建设的文学革命论》等文，提倡"国语的文学，文学的国语"，并相继完成《国语文法概论》、《白话文学史》等著作，对白话文取代文言文而成为现代中国人重要的思想和交流工具起到了决定性作用。在理论倡导的同时，他还创作和出版了中国文学史上第一部白话新诗集《尝试集》。在新文化运动全过程中，胡适努力输入新思想，引导舆论，开启民智。其《文学改良刍议》、《易卜生主义》、《贞操问题》，当年都是振聋发聩之作。难能可贵的是，胡适的一生，坚决保持一位知识分子的独立批判精神，从"问题与主义"之争，到《争自由的宣言》，到《人权与约法》，再到主办《独立评论》，都曾在思想界掀起巨大波澜，引起社会各界广泛关注，其间曾因言论激烈受到国民政府的警告，但他不改本色。

《〈国学季刊〉发刊宣言》原载《国学季刊》第 1 期，该刊 1923 年 1 月在北京创刊，主要刊载国内外学者的国学研究成果。这虽为一篇发刊词，但胡适在文中涉及了关于中国传统文化的基本态度、研究传统文化的目的、传统文化研究的思路和方法等多个基本问题。这些观点，与正统思想相左之处甚多，在当时就引起了强烈反应，并直接或间接地引发了广泛而热烈的争论，而且，从长远来看，这些富有前瞻性的思考和有极强针对性的论断，为近百年来中国传统文化的现代转型奠定了理论根基，开启了中国传统文化研究的新路。

1919 年 12 月，胡适在《新青年》上发表了《新思潮的意义》，批判了"国粹保存主义"，公开表明自己对于传统文化的态度："现在有许多人自己不懂得国粹是什么东西，却偏要高谈'保存国粹'……现在许多国粹党，有几个不是这样糊涂懵懂的？这种人如何配谈国粹？若要知道什么是国粹，什么是国渣，先须要用评判的态度，科学的精神，去做一番整理国故的工夫。"所以，他认为，"我们对于旧有的学术思想有三种态度。第一，反对盲从；第二，反对调和；第三，主张整理国故"。在《〈国学季刊〉发刊宣言》中，胡适再次强调："国学在我们的心眼里，只是'国故学'的缩写。中国的一切过去的文化历史，都是我们的'国故'；研究这一切过去的历史文化的学问，就是'国故学'，省称为'国学'。'国故'这个名词，最为妥当；因为他是一个中立的名词，不含褒贬的意义。'国故'包含'国粹'；但他又包含'国渣'。我们若不了解'国渣'，如何懂得'国粹'？"在这样的思想指导下，胡适提出了"研究问题，输入学理，整理国故，再造文明"的主张。胡适自己身体力行，不遗余力。他投入巨大精力进行国学研究，写下多篇扎实深入的学术文章，创办国学刊物，推动古史讨论，拟出"最低限度的国学书目"向青年学人推荐……在"整理国故"口号的感召下，从 20 世纪 20 年代起，"整理国故"在学术界和思想界颇成风潮。国学教育和研究机构竞相设立，青年后学踊跃投考；以国学为主题的刊物大量涌现，一些报刊则开辟国学专栏，大量国学著作出版面世；国学社团大量出现，参与人数也由少到多。自 1922 年北京大学成立文科研究所国学门之后，清华大学、厦门大学、燕京大学、齐鲁大学、东南大学等相继组建国学研究所或国学院，还有不少的大学成立了国学系和国学专修科，还有的地方开办了专门的国学专修馆或国学专修学校。从名教授到普通学生，无不以研究、谈论国故为时髦，"整理国故"运动在大江南北如火如荼地开展起来。

胡适坚持以客观和理性的态度对待传统文化，这种态度是中性的，不带有褒贬意义，但在另一方面，胡适因自己的西方文化教育背景，看到了并指出中国传统文化中的许多不足。他认为，"整理就是从乱七八糟里面寻出一个条理脉络来；从无头无脑里面寻出一个前因后果来；从胡说谬解里面寻出一个真意义来；从武断迷信里面寻出一个真价值来"（胡适《新思潮的意义》）。"整理国故"的目的是，"用精密的方法，考出古文化的真象，用明白晓畅的文字报告出来，叫有眼的都可以看见，有脑筋的都可以明白。这是化黑暗为光明，化臭腐为神奇，化玄妙为平常，化神圣为凡庸，这才是重新估定一切价值。他的功用可以解放人心，可以保护人们不受鬼怪迷惑"（胡适《整理国故与"打鬼"》）。在这样的指导思想下，胡适提出了"研究问题，输入学理，整理国故，再造文明"的口号。这种思想作为"反传统主义"的代表，给了五四学人和激进的青年们打倒旧文化的最好理由，也成了五四文化运动的精神旗帜。这当然可以说明，胡适思想在五四运动时期的重要影响。但同时还应当注意到的是，胡适的所谓"反传统"思想，是建立在对传统文化的客观观察的基础上，而且，所指也是通过"整理"来"改造"，而非全面打倒。其实，胡适明确意识到，"如果对新文化的接受不是有组织的吸收形式，而是采取突然替换的形式，因而引起旧文化的消亡，这确实是全人类的一个重大损失。因此，真正的问题可以这样说：我们应该怎样才能以最有效的方式吸收现代文化，使它能同我们的固有文化相一致、协调和继续发展？"（胡适《先秦名学史》）胡适还专门撰文《充分世界化与全盘西化》，来阐述他的这一观点，并重点申述他的本意并非"全盘西化"。从历史事件上来讲，胡适的"整理国故，再造文明"对五四新文化运动的确起到了推波助澜的作用，但是从学理上来说，这并非胡适的初衷。

在《〈国学季刊〉发刊宣言》中，胡适还总结了清代三百年学术的成就，认为这三百年的成绩表现在"整理古书"、"发现古书"、"发现古物"三个方面。事实上，胡适对于清儒的朴学方法是相当推崇的，他说："浅学的人只觉得汉学家斤斤的争辩一字两字的校勘，以为'支离破碎',毫无趣味。其实汉学家的工夫,无论如何琐碎,却有一点不琐碎的元素,就是那点科学的精神。"他将清儒的方法概括为"(1)大胆的假设,(2)小心的求证。"(《清代学者的治学方法》)也就是说,胡适对清儒的推崇,是因为其符合"大胆的假设、小心的求证"的科学方法。与其说是推崇清儒,不如说是对"科学方法"的推崇。他还多次表示,自己的对中国古代小说的种种考证的目的是"要读者学得一点科学精神,一点科学态度,一点科学方法"。用"大胆假设、小心求证"的"科学方法"来整理国故,虽然胡适认为源自清儒,但也是胡适的发掘和总结。在这种方法的指导下,"整理国故"运动在短期内就取得了许多丰硕而重要的成果。胡适本人的古典小说考证、中国古代文学史、中国古代思想史和《水经注》的研究,都可看作这种研究方法的注脚。

这一方法,虽然在具体的学术研究过程中,可能会因先入为主的成见,使"大胆假设"或许在一开始就将研究者带入歧途,这一点也常为学人所诟病。但是,应该看到,在特定的历史时期,将科学精神引入传统学科,为传统的学术研究注入了新鲜空气,使传统学术研究焕发出新的活力,而且,为现代学术研究方法的推进和学术规范的建立奠定了坚实的基础,开山之功,实不可没。曹聚仁于1925年曾将国学研究分作三类:北京大学国学研究所是"赛先生的国学",无锡国学专修馆为"冬烘先生之国学",上海国学专修馆为"神怪先生之国学"。在20世纪乃至21世纪的今天,"赛先生的国学"研究方法仍是最重要的方法之一。

此外,胡适也指出清代学术的不足:"研究的范围太狭窄"、"太注重功力而忽略了理解"、"缺乏参考比较的材料"。基于这种判断,胡适提出了整理国故的具体步骤。一是"用历史的眼光来扩大国学研究的范围",突破传统朴学仅把义理之辨的儒学经典作为研究对象的狭窄范围,拓宽视野,丰富研究对象;二是"用系统的整理来部勒国学研究的资料",具体提出"索引式整理"、"结账式整理"和"专史式的整理"三种具体操作方法;三是"用比较的研究来帮助国学的材料的整理与解释",即借鉴域外的研究方法和材料。按步骤来说，则整理国故有四个具体步骤：第一步是"条理系统的整理"，第二步是"寻出每种学术思想怎样发生，发生之后有什么影响效果"，第三步是"用科学的方法，作精确的考证，把古人的意义弄得明白清楚"，第四步是"综合前三步的研究，各家都还他一个本来面目，各家都还他一个真价值"。（《新思潮的意义》）。

其实，1921 年 7 月胡适在东南大学（南京）及南京高师暑期学校作了题为《研究国故的方法》的演讲，也对其学术方法扼要地进行过概括，概言之，即要有"历史的观念"、"疑古的态度"、"系统的研究"和"整理"。值得一提的是，胡适"宁可疑而错，不可信而错"的"疑古态度"，直接影响和导致了中国近代史学声势浩大的疑古思潮。1917 年，胡适在北京大学讲中国古代哲学史，截断众流，"丢开唐、虞、夏、商，径从周宣王以后讲起"，在北大引起震动。因为从科学的态度来看，这些上古史存在很多问题，许多地方都是不可证实的，因此值得怀疑，不能全信。1923 年，胡适在其所编的《读书杂志》上，发表了其学生顾颉刚的《与钱玄同先生论古史书》，提出对中国古史的怀疑，认为古史是"层累地造成的"，黄帝、尧、舜、禹都是后人编造出来的，靠不住。接着便有钱玄同表示赞成的答书，而柳诒徵、张荫麟、胡堇人则提出疑问和反对，彼此驳难答辩，还有王国维、梁启超、傅斯年、钱穆、冯友兰等人参与发表意见，展开关于古史的大讨论，历时九个月。胡适最后发表《古史讨论的读后感》，支持顾颉刚，提倡怀疑精神。这场学术讨论，引起了对中国上古史持久不衰的争论和研究，使这一领域的研究大大深化。经胡适的总结和提倡，疑古精神在当时中国的史学界和思想界占了主导地位，对古史、古书的怀疑和考辨，竟形成了一种风气。钱玄同甚至从1925 年 8 月起，不再姓钱，而改以"疑古玄同"为名了，可见当时风气之一斑。从 1926 年第 1 册《古史辨》出版，到 1941 年第 7 册出版之后，古史辨运动才暂告一段落，在"疑古"为主导思想的学术研究和学术讨论中，涌现出了大量至今仍大放异彩的成果。更重要的是，这种疑古精神，是五四时代思想解放的一种表现，对于打破人们对古书、古史的迷信与盲从，勇于拨正束缚思想的传统观念与偏见，具有不可估量的积极作用。当我们回顾疑古思潮的批判精神，惊讶于古史辨运动中所取得的学术成就，感叹疑古精神对中国学术发展深远的内在影响时，不能不追溯至胡适近乎偏执的"宁可疑而错，不可信而错"的"疑古态度"。

以胡适为主要代表的学者在传统文化研究中引入科学精神，开创了传统学术研究的新天地。正是研究路径和方法上的根本性变化，使中国学术研究走上了新的道路，出现了新的面貌。回顾中国近百年的学术研究史，这样的巨变影响已经持续近百年，而且还将继续。其影响之深远，可能是前贤们也未曾料到的。

（陈卫星）

胡适主要相关著述目录：

《中国哲学史大纲》卷上，上海商务印书馆，1919 年。

《中国哲学史大纲》卷中，北京大学出版部，1919 年。

《章实斋先生年谱》，上海商务印书馆，1922 年。

The Development of the Logical Method in Ancient China（古代中国哲学方法之进化史）. Shanghai, The Oriental Book Co. , 1922.（中文版题为《先秦名学史》，上海学林出版社，1983 年。）

《五十年来之中国文学》，上海申报馆，1924 年。

《戴东原的哲学》，上海商务印书馆，1927 年。

《白话文学史》上卷，上海新月书店，1928 年。

《中国中古思想史长编》，上海中国公学油印本，1930 年。

《胡适文存》，上海亚东图书馆，1930 年。

《神会和尚遗集》，上海亚东图书馆，1930 年。

《淮南王书》，上海新月书店，1931 年。

《中国中古思想史提要》，北京大学出版部，1931 年。

《胡适论学近著》，上海商务印书馆，1935 年。

《中国章回小说考证》，大连实业印书馆，1942 年。

《胡适文存》四集合印本，台北远东图书公司，1953 年。

《中国新文学运动小史》，台北启明书局，1958 年。
《胡适作品集》（37 卷），台北远流出版公司，1986 年。
《胡适精品集》（16 卷），光明日报出版社，1998 年。

（陈卫星　整理）

历史语言研究所工作之旨趣

傅斯年

历史学和语言学在欧洲都是很近才发达的。历史学不是著史；著史每多多少少带点古世中世的意味，且每取伦理家的手段，作文章家的本事。近代的历史学只是史料学，利用自然科学供给我们的一切工具，整理一切可逢着的史料，所以近代史学所达到的范域，自地质学以至目下新闻纸，而史学外的达尔文论，正是历史方法之大成。欧洲近代的语言学，在梵文的发见影响了两种古典语学以后才降生，正当18、19世纪之交。经几个大家的手，印度日耳曼系的语言学已经成了近代学问最光荣的成就之一，别个如赛米的系、芬匈系，也都有相当的成就，即在印度支那语系也有有意味的揣测。19世纪下半叶的人们又注意到些个和欧洲语言全不相同的语言，如黑人的话等等，"审音之功"更大进步，成就了甚细密的实验语音学。而一语里面方言研究之发达，更使学者知道语言流变的因缘，所以以前比较言语学尚不过是和动物植物分类学或比较解剖学在一列的，最近一世语言学所达到的地步，已经是生物发生学、环境学、生理学了。无论综比的系族语学，如印度日耳曼族语学等等，或各种的专语学，如日耳曼语学、芬兰语学、伊斯兰语学等等，在现在都成大国。本来语言即是思想，一个民族的语言即是这一个民族精神上的富有，所以语言学是一个大题目，而直到现在的语言学的成就也很能副这一个大题目。在历史学和语言学发达甚后的欧洲是如此，难道在这些学问发达甚早的中国，必须看着它荒废，我们不能制造别人的原料，便是自己的原料也让别人制造吗？

论到语言学和历史学在中国的发达是很引人寻思的。西历纪元前两世纪的司马迁，能那样子传信存疑以别史料，能作八书，能排比列国的纪年，能有若干观念比19世纪的大名家还近代些。北宋的欧阳修一面修《五代史》，纯粹不是客观的史学，一面却作《集古录》，下手研究直接材料，是近代史学的真功夫。北南宋的人虽然有欧阳修的《五代史》，朱熹的《纲目》，是代表中世古世的思想的，但如司马光作《通鉴》，"遍阅旧史，旁采小说"，他和刘攽、刘恕、范祖禹诸人能利用无限的史料，考定旧记；凡《通鉴》和所谓正史不同的地方，每多是详细考定的结果。可惜长篇不存在，我们不得详细看他们的方法，然尚有《通鉴考异》说明史料的异同。宋朝晚年一切史料的利用，及考定辨疑的精神，有些很使人更惊异的。照这样进化到明朝，应可以有当代欧洲的局面了，不幸蒙元之乱，明朝人之浮夸，不特不进步，或者退步了。明清之交，浙东的史学派又发了一个好端涯，但康熙以后渐渐地熄灭，无论官书和私著，都未见得开新趋向，这乃由于满族政府最忌真史学发达之故。语言学中，中国虽然没有普日尼，但中国语本不使中国出普日尼，而中国文字也出了《说文解字》。这书虽然现在看来只是一部没有时代观念，不自知说何文解何字的系统哲学，但当年总是金声玉振的书，何况还有认识方言的辚轩使者？古代的故事且少论，论近代：顾炎武搜求直接的史料订史文，以因时因地的音变观念为语学，阎若璩以实在地理订古记载，以一切比核辨证伪孔，不注经而提出经的题目，并解决了它，不著史而成就了可以永远为法式的辨史料法。亭林、百诗这样对付历史学和语言学，是最近代的：这样立足便是不朽的遗训。不幸三百年前虽然已经成就了这样近代的一个遗训，一百多年前更有了循这遗训的形迹而出的好成就，而到了现在，除零零星星几个例外以外，不特不因和西洋人接触，能够借用新工具，扩张新材料，反要坐看修元史修清史的做那样官样形式文章，又坐看章炳麟君一流人尸学问上的大权威。章氏在文字学以外是个文人，在文字学以内做了一部《文始》，一步倒退过孙诒让，再步倒退过吴大澂，三步倒退过阮元，不特自己不能用新材料，即是别人已经开头用了的新材料，他还抹杀着。至于那部《新方言》，东西南北的猜去，何尝寻扬雄就一字因地变异作观察？这么竟倒退过二千多年了。

推绎说去，为什么在中国的历史学和语言学开了一个好的端绪以后，不能随时发展，到了现在这样落后呢？这原故本来显然，我们可以把一句很平实的话作一个很概括的标准：

（一）凡能直接研究材料，便进步；凡间接地研究前人所研究或前人所创造之系统，而不繁丰细密地参照所包含的事实，便退步。上项正是所谓科学的研究，下项正是所谓书院学究的研究。在自然科学是这样，在语言学和历史学亦何尝不然？举例说，以《说文》为本体，为究竟，去作研究的文字学，是书院学究的作为。仅以《说文》为材料之一种，能充量地辨别着去用一切材料，如金文，甲骨文等，因而成就的文字学，乃是科学的研究。照着司马子长的旧公式，去写纪表书传，是化石的史学。能利用各地各时的直接材料，大如地方志书，小如私人的日记，远如石器时代的发掘，近如某个洋行的贸易册，去把史事无论巨者或细者，单者或综合者，条理出来，是科学的本事。科学研究中的题目是事实之汇集，因事实之研究而更产生别个题目。所以有些从前世传来的题目经过若干时期，不是被解决了，乃是被解散了，因为新的事实证明了旧来问题不成问题，这样的问题不管它困了多少年的学者，一经为后来发现的事实所不许之后，自然失了它的成为问题的地位。破坏了遗传的问题，解决了事实逼出来的问题，这学问自然进步。譬如两部《皇清经解》其中的问题是很多的，如果我们这些以外不再成题目，这些以内不肯捐弃任何题目，自然这学问是静止的，是不进步的。一种学问中的题目能够新陈代谢，则所得结果是可以层层堆积上去，即使年代久远，堆积众多，究竟不觉得累赘，还可以到处出来新路，例如很发达的天文、物理、化学、生物等科目；如果永远盘桓于传留的问题，旧题不下世，新题不出生，则结果直是旋风舞而已，例如中国的所谓经学中甚多题目，如西洋的哲学。所以中国各地零零碎碎致力于历史或语言学范围内事的人也本不少，还有些所谓整理国故的工作，不过每每因为所持住的一些题目不在关键中，换言之，无后世的题目，或者是自缚的题目，遂至于这些学问不见奔驰的发展，只表昏黄的残缺。

（二）凡一种学问能扩张它研究的材料便进步，不能的便退步。西洋人研究中国或牵连中国的事物，本来没有很多的成绩，因为他们读中国书不能亲切，认中国事实不能严辨，所以关于一切文字审求、文籍考订、史事辨别等等，在他们永远一筹莫展。但他们却有些地方比我们范围来得宽些。我们中国人多是不会解决史籍上的四裔问题的，丁谦君的《诸史外国传考证》，远不如沙万君之译外国传。玉连之解《大唐西域记》，高几耶之注《马哥博罗游记》，米勒之发读回纥文书，这都不是中国人现在已经办到的。凡中国人所忽略，如匈奴、鲜卑、突厥、回纥、契丹、女真、蒙古、满洲等问题，在欧洲人却施格外的注意。说句笑话，假如中国学是汉学，为此学者是汉学家，则西洋人治这些匈奴以来的问题岂不是虏学，治这学者岂不是虏学家吗？然而也许汉学之发达有些地方正借重虏学！又如最有趣的一些材料，如神祇崇拜、歌谣、民俗，各地各时雕刻文式之差别，中国人把他们忽略了千百年，还是欧洲人开头为规模的注意。零星注意，中国向来有的。西洋人作学问不是去读书，是动手动脚到处寻找新材料，随时扩大旧范围，所以这学问才有四方的发展，向上的增高。中国文字学之进步，正因为《说文》之研究消灭了汗简，阮吴诸人金文之研究识破了《说文》，近年孙诒让、王国维等之殷文研究更能继续金文之研究。材料愈扩充，学问愈进步，利用了档案，然后可以订史，利用了别国的记载，然后可以考四裔史事。在中国史学的盛时，材料用得还是广的，地方上求材料，刻文上抄材料，档库中出材料，传说中辨材料。到了现在，不特不能去扩张材料，去学曹操设"发冢校尉"，求出一部古史于地下遗物，就是"自然"送给我们的出土的物事，以及敦煌石藏、内阁档案，还由他毁坏了好多，剩下的流传海外，京师图书馆所存摩尼经典等等良籍，还复任其搁置，一面则谈整理国故者人多如鲫，这样焉能进步？

（三）凡一种学问能扩充它作研究时应用的工具的，则进步；不能的，则退步。实验学家之相竞如斗宝一般，不得其器，不成其事，语言学和历史学亦复如此。中国历来的音韵学者审不了音，所以把一部《切韵》始终弄不甚明白，一切古音研究仅仅以统计的方法分类，因为几个字的牵连，使得分类上各家不同，即令这些分类有的对了，也不过能举其数，不能举其实，知其然不知其所以然。如钱大昕论轻唇舌上古为无之，乃自重唇舌头出，此言全是，然何以重唇分出一类为轻唇，舌头分出一类为舌上，竟不是全部的变迁，这层道理非现在审音的人不能明白，钱君固说不出。若把一个熟习语音学的人和这样一个无工具的研究者比长短，是没法子竞争的。又如解释隋唐音，西洋人之知道梵音的，自然按照译名容易下手，在中国人本没有这个工具，又没有法子。又如西藏、缅甸、暹罗等语，实在和汉语出于一语族，将来以比较言语学的方法来建设中国古代言语学，取资于这些语言中的印证处至多，没有这些工具不能成这些学问。又如现代的历史学研究，已经成了一个各种科学的方法之汇集。地质、地理、考古、生物、气象、天文等学，无一不供给研究历史问题者之工具。顾亭林研究历史事迹时自己观察地形，这意思虽然至好，但如果他能有我们现在可以向西洋人借来的一切自然科学的工具，成绩岂不更卓越呢？若干历史学的问题非有自然科学之资助无从下手，无从解决。譬如《春秋经》是不是终于获麟，《左氏经》后一段是不是刘歆所造补，我们正可以算算哀公十四年之日食是不是对的，如不对，自然是伪作，如对了，自然是和获麟前春秋文同出史所记。又譬如我们要掘地去，没有科学资助的人一铲子下去，损坏了无数古事物，且正不知掘准了没有，何如先有几种必要科学的训练，可以一层一层地自然发现，不特得宝，并且得知当年入土的踪迹，这每每比所得物更是重大的智识。所以古史学在现在之需用测量本领及地质气象常识，并不少于航海家。中国史学者先没有这些工具，哪能使得史学进步，无非靠天帮忙，这里那里现些出土物，又靠西洋人的腿，然而却又不一定是他们的脑袋，找到些新材料而已。整理自己的物事的工具尚不够，更说不上整理别人的物事，如希拉（希腊）艺术如何影响中国佛教艺术，中央亚细亚的文化成分如何影响到中国的物事，中国文化成分如何由安西西去，等等。西洋的东方学者之拿手好戏，日本近年也有竟敢去干的，中国人目前只好拱手谢之而已。

由上列的三项看来，除几个例外算，近几世中中国语言学和历史学实不大进步，其所以如此自是必然的事实。在中国的语言学和历史学当年之有光荣的历史，正因为能开拓的用材料，后来之衰歇，正因为题目固定了，材料不大扩充了，工具不添新的了。不过在中国境内语言学和历史学的材料是最多的，欧洲人求之尚难得，我们却坐看它毁坏亡失。我们着实不满这个状态，着实不服气就是物质的原料以外，即便学问的原料，也被欧洲人搬了去乃至偷了去。我们很想借几个不陈的工具，处治些新获见的材料，所以才有这历史语言研究所之设置。

我们宗旨第一条是保持亭林、百诗的遗训。这不是因为我们震慑于大权威，也不是因为我们发什么"怀古之幽情"，正因为我们觉得亭林、百诗在很早的时代已经使用最近代的手段，他们的历史学和语言学都是照着材料的分量出货物的。他们搜寻金石刻文以考证史事，亲看地势以察古地名。亭林以语言按照时和地变迁的这一个观念看得颇清楚，百诗于文籍考订上成么一个伟大的模范著作，都是能利用旧的新的材料，客观地处理实在问题，因解决之问题更生新问题，因问题之解决更要求多项的材料。这种精神在语言学和历史学里是必要的，是充足的。本这精神，因行动扩充材料，因时代扩充工具，便是唯一的正当路径。

宗旨第二条是扩张研究的材料。

第三条是扩张研究的工具。这两层的理由上文中已叙说，不再重复了。这三件实在是一句话，没有客观的处理史学或语言学的题目之精神，即所谓亭林、百诗的遗训者，是不感觉着扩充材料之必要，且正也扩充不了，若不扩张工具，也不能实现这精神，处置这材料。

关于我们宗旨的负面还有几句话要说。

（一）我们反对"国故"一个观念。如果我们所去研究的材料多半是在中国的，这并不是由于我们专要研究"国"的东西，乃是因为在中国的材料到我们的手中方便些，因为我们前前后后对于这些材料或已经有了些研究，以后堆积上研究去方便些，好比在中国的地质或地理研究所所致力的，总多是些中国地质地理问题；在中国的生物研究所所致力的，总多是些中国生物问题；在中国的气象研究所所致力的，总是些中国各地气象观察。世界中无论哪一种历史学或哪一种语言学，要想做科学的研究，只得用同一的方法，所以这学问断不以国别成逻辑的分别，不过是因地域的方便成分工。国故本来即是国粹，不过说来客气一点儿，而所谓国学院也恐怕是一个改良的存古学堂。原来"国学"、"中国学"等等名词，说来都甚不详，西洋人造了支那学"新诺逻辑"一个名词，本是和埃及脱逻辑亚西里亚逻辑同等看的，难道我们自己也要如此看吗？果然中国还有将来，为什么算学、天文、物理、化学等等不都成了国学，为什么国学之下都仅仅是些言语、历史、民俗等等题目？且这名词还不通达，取所谓国学的大题目在语言学或历史学的范围中的而论，因为求这些题目的解决与推进，如我们上文所叙的，扩充材料，扩充工具，势必至于弄到不国了，或不故了，或且不国不故了。这层并不是名词的争执，实在是精神的差异的表显。

（二）我们反对疏通，我们只是要把材料整理好，则事实自然显明了。一分材料出一分货，十分材料出十分货，没有材料便不出货。两件事实之间，隔着一大段，把他们联络起来的一切涉想，自然有些也是多多少少可以容许的，但推论是危险的事，以假设可能为当然是不诚信的事。所以我们存而不补，这是我们对于材料的态度；我们证而不疏，这是我们处置材料的手段。材料之内使它发见无遗，材料之外我们一点也不越过去说。果然我们同人中也有些在别处发挥历史哲学或语言泛想，这些都仅可以当作私人的事，不是研究的工作。

（三）我们不做或者反对所谓普及那一行中的工作。近百年中，拉丁文和希腊文在欧洲一般教育中之退步，和他们在学问上之进步，恰恰成正比例，我们希望在中国也是如此。现在中国希望制造一个新将来，取用材料自然最重要的是欧美的物质文明，即物质以外的东西也应该取精神于未衰败的外国。历史学和语言学之发达，自然于教育上也有相当的关系，但这都不见得即是什么经国之大业不朽之盛事，只要有十几个书院的学究肯把他们的一生消耗到这些不生利的事物上，也就足以点缀国家之崇尚学术了——这一行的学术。这个反正没有一般的用处，自然用不着去引诱别人也好这个。如果一旦引了，不特有时免不了致人于无用，且爱好的主观过于我们的人进来时，带进了些乌烟瘴气，又怎么办？

这个历史语言研究所，本是大学院院长蔡先生委托在广州的三人筹备的，现在正计划和接洽应举的事，已有些条随着人的所在小小动手，却还没有把研究所的大体设定。稍过些时，北伐定功，破虏收京之后，这研究所的所在或者一部分在广州，一部分在北京，位置的方便供给我们许多工作进行的方便。我们最要注意的是求新材料。第一步想沿京汉路，安阳至易州，安阳殷墟以前盗出之物并非彻底发掘，易州邯郸又是燕赵故都，这一带又是卫邶故城。这些地方我们既颇知其富有，又容易达到的，现在已着手调查及布置，河南军事少静止，便结队前去。第二步是洛阳一带，将来一步一步的西去，到中央亚细亚各地，就脱了纯中国材料之范围了。为这一些工作及随时搜集之方便，我们想在洛阳或西安、敦煌或吐鲁番、疏勒，设几个工作站。"有志者事竟成"！因为广州的地理位置，我们将要设置的研究所要有一半在广州。在广州的四方是最富于语言学和人类学的材料，汉语将来之大成全靠各种方言之研究，广东省内及邻省有很多种的方言，可以每种每种的细细研究，并制定表式，用语音学帮助，作比较的调查。至于人类学的材料，则汉族以外还有几个小民族，汉族以内，有几个不同的式和部居，这些最可宝贵的材料怕要渐渐以开化和交通的缘故而消灭，我们想赶紧着手采集。我们又希望数年以后能在广州发达南洋学。南洋之富于地质生物的材料，是早已著名的了；南洋之富于人类学材料，现在已渐渐为人公认。南洋学应该是中国人的学问，因为南洋在一切意义上是"汉广"。总而言之，我们不是读书的人，我们只是上穷碧落下黄泉，动手动脚找东西！

现因我们研究所之要求及同人之祈向，想次第在两年以内设立下列各组；各组之旨趣及计划，以后分列刊印。

一、文籍考订；

二、史料征集；

三 、考古；

四、人类及民物；

五、比较艺术。

以上历史范围。

六、汉语；

七、西南语；

八、中央亚细亚语；

九、语言学。

以上语言范围。

历史学和语言学发展到现在，已经不容易由个人作孤立的研究了，它既靠图书馆或学会供给它材料，靠团体为它寻材料，并且须得在一个研究的环境中，才能大家互相补其所不能，互相引会，互相订正，于是乎孤立的制作渐渐地难，渐渐地无意谓，集众的工作渐渐地成一切工作的样式了。这集众的工作中有的不过是几个人就一题目之合作，有的可就是有规模的系统研究。无论范围大小，只要其中步步都是做研究工夫的，便不会流成"官书"的无聊。所有这些集众工作的题目及附带的计划，后来随时布白。希望社会上欣赏这些问题，并同情这样工作的人多多加以助力！果然我们动手动脚得有结果，因而更改了"读书就是学问"的风气，虽然比不得自然科学上的贡献较为有益于民生国计，也或者可以免于妄自生事之讥诮罢？我们高呼：

一、把些传统的或自造的"仁义礼智"和其他主观，同历史学和语言学混在一气的人，绝对不是我们的同志！

二、要把历史学语言学建设得和生物学地质学等同样，乃是我们的同志！

三、我们要科学的东方学之正统在中国！

（1928 年）

【评　介】

傅斯年（1896—1950），山东聊城人。在 11 岁时就通读了《十三经》。1913 年夏，考入北京大学预科，1916 年升入本科。是五四新思潮的学生领袖，曾创办《新潮》刊物，在五四大游行中担任总指挥。1919 年北京大学毕业后，先到英国入伦敦大学，学习的学科有心理学、物理学、化学、数学等。1923 年由英国去德国，入柏林大学，修习物理学和比较语言学。1926 年冬，傅斯年回国，任广州中山大学教授、文学院院长，还兼任历史、国文两系系主任。1928年，任中央研究院历史语言研究所所长。在祖国大陆期间，他曾兼任许多职务，其中有：社会学研究所所长（1933 年），中央博物院筹备主任（1933 年），代中央研究院干事和总干事（1937 年），北京大学代理校长（1945年秋）。1947年6月，赴美养病。1948年上半年当选为中央研究院院士。8月由美回国。是年冬，历史语言研究所迁台湾。1949年1月，就任台湾大学校长。1950年12月20日，因脑溢血病逝，享年54岁。

20世纪上半叶，是中国新学术筚路蓝缕，继而开疆拓土、并为大国，以至大师辈出的辉煌年代。傅斯年就是这个时代的杰出历史学大师之一。

傅斯年在学术史上的伟绩以创办并主持中央研究院历史语言研究所（以下简称史语所）著称。本篇《历史语言研究所工作之旨趣》（以下简称《旨趣》）既是史语所研究工作的纲领，又充分体现了傅斯年独具只眼的史学思想和敢为天下先的学术勇气。傅斯年在历史语言研究所1928年年度报告书中说："中央研究院设置之意义，本为发达近代科学，非为提倡所谓固有学术。故如以历史语言之学承固有之遗训，不欲新其工具，益其观念，以成与自然科学同列之事业，即不应于中央研究院设置历史语言研究所，使之与天文、地质、物理、化学等同伦。今者决意设置，正以自然科学看待历史语言之学。""此虽旧域，其命维新。材料与时增加，工具与时扩充，观点与时推进，近代欧洲之历史语言学，其受自然科学之刺激与补助，昭然若揭。以我国此项材料之富，欧洲人为之羡慕无似者，果能改从新路，将来发展，正未有艾。"主旨是要将历史学、语言学建设成具有自然科学性质的学科。

"史学便是史料学"，是傅斯年史学思想的核心命题。命题的提出有以下两方面的原因。

一是因于旧史学的反思。照傅斯年看来，中国古代史学有重视材料的传统。他赞扬司马迁作《史记》"传信存疑以别史料，能作八书，能排比列国的纪年"；欧阳修作《集古录》"下手研究直接材料，是近代史学的真功夫"；司马光"诸人能利用无限的史料"撰《资治通鉴》。由于"明人的浮夸"，"满族政府最忌真史学发达"，使得古人重视材料的传统中断了，史学也因之在原有的水平上退步了。

二是受德国历史学家兰克史学观念的影响。傅斯年在留学德国以前，在北大受学于胡适这位看重实证，主张用科学方法整理国故的实用主义大师。傅斯年在《新潮》撰文介绍读书入门途径，宣讲治学方法的重要性，希望建立一种摆脱传统史学束缚的、客观的、实证的、近代的"科学史学"。到德国以后，兰克实证主义史学观给傅斯年极大影响。兰克深信史学可以而且必须客观化，其中不能掺入一丝一毫个人的主观见解，并认为重视史料，把史料分类摆出来就是历史。历史是超然物外，不偏不倚的，历史学就是史料学。

傅斯年认为，中国史学要发展，取得进步，必须在古已有之的重视材料的基础上更进一筹，同时必须引用西方，特别是兰克实证史学方法，才有可能。故而在《旨趣》里，傅斯年以"近代的历史学只是史料学"为核心宗旨，希望史语所同仁共同遵循建立的这样一套研究规范。这套规范也可以说是傅斯年历史学思想的系统体现。

与此相关，他在《史学方法导论》一文中说道："史学的对象是史料，不是文辞，不是伦理，不是神学，并且不是社会学。史学的工作是整理史料，不是做艺术的建设，不是做疏通的事业，不是去扶持或推倒这个运动，或那个主义。"他认为，史学这门纯然史料学的工作，是完全客观的，不能像伦理学之类一样涉及治史者的思想价值观念，须就材料言材料，就史料言史料。由于史料是过去真实历史的直接证据，所以不能掺入个人主观的成分。《旨趣》说："我们反对疏通，我们只是要把材料整理好，则事实自然显明了。一分材料出一分货，十分材料出十分货，没有材料便不出货。两件事实之间，隔着一大段，把他们联络起来的一切涉想，自然有些也是多多少少可以容许的，但推论是危险的事，以假设可能为当然是不诚信的事。所以我们存而不补，这是我们对于材料的态度；我们证而不疏，这是我们处置材料的手段。材料之内使它发见无遗，材料之外我们一点也不越过去说。"把材料考证精确了，让材料说话，历史的真实自然显明；不但不能越出客观的材料妄下结论或断语，即使把没有确切证据的两件事实联络起来，或加以推论，或加以解释式的疏通，也有悖于客观的实证方法。所以他批评欧阳修"修《五代史》，纯粹不是客观的史学"。

在这方面，傅斯年认为历史学具有自然科学特性，或者说必须用自然科学的手段研究历史，处理历史材料。"现代的历史学研究，已经成了一个各种科学的方法之汇集。地质、地理、考古、生物、气象、天文等学，无一不供给研究历史问题者之工具。""利用自然科学提供给我们的一切工具，整理一切可逢着的材料，所以，近代史学所达到的范域，自地质学以至目下的新闻纸，而史学外的达尔文论，正是历史方法之大成。"事实上近代勃兴的自然科学正是以发展的实证哲学为理论基础的，傅斯年因此十分看重历史研究中的材料问题。在傅斯年看来："凡能直接研究材料，便进步。凡间接地研究前人所研究或前人所创造之系统，而不繁丰细密地参照所包含的事实，便退步。"材料是科学研究的证据，这种因直接研究材料而进步的科学，乃是自然科学的本事，也是傅斯年倡导的历史学、语言学的基本方法："仅以《说文》为材料之一种，能充量地辨别着去用一切材料，如金文，甲骨文等，因而成就的文字学，乃是科学的研究。照着司马子长的旧公式，去写纪表书传，是化石的史学。能利用各地各时的直接材料，大如地方志书，小如私人的日记，远如石器时代的发掘，近如某个洋行的贸易册，去把史事无论巨者或细者，单者或综合者，条理出来，是科学的本事。"

与此相应，傅斯年强调在历史学研究中扩大运用新材料。他号召同仁"上穷碧落下黄泉，动手动脚找东西"，不仅是要求在做某一具体研究时要尽可能地搜检材料，而且因为凡一种学问能扩张它研究的材料便进步，不能的则退步。这样的材料除了传统的文献资料和文字资料外，地下埋葬的古文字、古器物，地上遗留的庙宇建筑、石刻雕塑，流传的民俗、传说、观念、信仰，以及各民族的语言文字，档案、笔记、小说、戏曲、诗文、宗教典籍等一切文字的记录，都纳入其范围。这就大大扩大了历史研究中材料的内涵，摆脱了从文献到文献的陈旧研究方式。从宏观历史观念看，傅斯年在研究工作中运用新材料的思想还不仅仅限于扩大史料问题，而且关涉历史学的对象范围观念的更新。它的实际效应是破除了历史仅仅是帝王将相、王朝兴衰的正史旧观念，而将民族、宗教、民俗、语言文字、文学艺术、内阁档案、敦煌遗物等皆视作历史学研究对象或领域。

为了有效利用新材料，傅斯年特别重视研究手段的创新。他说："凡一种学问能扩充它作研究时应用的工具的，则进步；不能的，则退步。实验学家之相竞如斗宝一般，不得其器，不成其事，语言学和历史学亦复如此。"傅斯年说的是要引入自然科学的方法于语言学和历史学的研究中。"现代的历史学研究，已经成了一个各种科学的方法之汇集。地质、地理、考古、生物、气象、天文等学，无一不供给研究历史问题者之工具。"例如要知道《春秋》上记录的日食是否正确，就运用天文学的知识，通过计算加以解决。"以前比较言语学尚不过是和动物植物分类学或比较解剖学在一列的，最近一世语言学所达到的地步，已经是生物发生学、环境学、生理学了。"这是说将自然科学的方法引入史学领域，加以改造，使之成为史学方法。如统计学方法本来是一种数学方法，用于史学研究，就成为一种有效的史学方法。

傅斯年是中国现代学术的领军人物。1928 年起，傅斯年把主要精力都倾注于学术行政，创建并长期主持了中国第一个史学研究专门机构历史语言研究所，业绩辉煌。在他连任的 22 年里（至 1950 年病逝止），汇聚并成就了近世实证最有成绩的一大群史学名家。胡适说傅斯年实行了英国培根所讲的"集团研究"的方法，"培根三百年前的理想，到了一百多年前才由世界上一般先进国家慢慢地做到"，孟真在中国做到了(《傅孟真先生的思想》)。

傅斯年做的"集团研究"最著名的工作就是安阳殷墟的发掘。19 世纪末，安阳小屯殷墟因发现甲骨文而闻名后，人们蜂拥而至，聚众私掘，使殷墟现场遭到很大破坏。傅斯年遂由历史语言研究所考古组正式组织人员去小屯发掘。从 1928 年到 1937 年，殷墟发掘大小共进行 15 次。傅斯年在百忙中，数次亲到小屯视察指导。此外，他又以历史语言研究所与山东、河南两省地方政府分别组成古迹研究会，发掘了山东城子崖和两城镇遗址，河南浚县辛村卫国基地，汲县山彪镇和辉县琉璃阁东周墓地以及永城造律台等遗址。抗战爆发后，时局动荡，历史语言研究所仍坚持考古发掘，先后组成几支考察团，发掘了云南大理、苍洱地区的古代遗址，四川彭山汉代崖墓及成都前蜀王建墓，又在河西走廊和关中地区进行调查发掘，获得了大量的考古资料，在中国考古学史上写下了辉煌的一页。

作为历史学家，傅斯年在上古史等方面取得了卓越的成就。其代表作有《夷夏东西说》、《周东封与殷遗民》、《大东小东说》、《姜原》、《论所谓五等爵》，皆极具突破性、首创性和非凡的历史眼光，足以使之荣膺史学大师的称号。美籍华人历史学、考古学家张光直教授评其《夷夏东西说》说："傅先生是一位历史天才，是无疑的。他的《夷夏东西说》一篇文章奠定他的天才地位是有余的。这篇文章以前，中国古史毫无系统可言。傅先生说自东汉以来的中国史，常分南北，但在三代与三代以前，中国的政治舞台……地理形势只有东西之分，而文化亦分为东西两个系统。自傅先生夷夏东西说出现之后，新的考古资料全部是东西相对的：仰韶—大汶口，河南龙山—山东龙山，二里头（夏）—商，周—商、夷。……《夷夏东西说》不是很长的一篇文章，但是有了这篇文章以后，历史学家看中国历史便有了一个与前不同的角度。这样的文章可以说是有突破性的。""他的东西系统成为一个解释整个中国大陆古史的一把总钥匙。"

（何锡光）

傅斯年主要相关著述目录：

《论哲学门隶属文科之流弊》，《北京大学日刊》1918 年 8 月 10 日。

《社会革命：俄国式的革命》，《新潮》1919 年第 1 期。

《中西史学观点之变迁》，《傅斯年档案》，台北"中央研究院历史语言研究所"。

《中国近三百年对外来文化之反应》，《傅斯年档案》，台北"中央研究院历史语言研究所"。

《周东封与殷遗民》，《傅斯年全集》第三册，台湾联经出版公司，1980 年。

《夷夏东西说》，《傅斯年全集》第三册，台湾联经出版公司，1980 年。

《大东小东说》，《傅斯年全集》第三册，台湾联经出版公司，1980 年。

《性命古训辨证》，《傅斯年全集》第二册，台湾联经出版公司，1980
    年。
《中国近三百年对外来文化之反应》，《傅斯年档案》，台北"中央研
    究院历史语言研究所"。
《先秦文籍的演化》，《傅斯年档案》，台北"中央研究院历史语言研
    究所"。
《中西史学观点之变迁》，《中国文化》1995 年第 12 期。

（何锡光　整理）

王静安先生遗书序（存目）

陈寅恪

【评　介】

陈寅恪（1890—1969），江西修水人。早年留学日本及欧美，先后就读于德国柏林大学、瑞士苏黎世大学、法国巴黎高等政治学校和美国哈佛大学。1925 年受聘清华学校研究院导师，是清华著名四导师（王国维、梁启超、陈寅恪、赵元任）之一。后任清华大学中文、历史系合聘教授，兼任中央研究院理事、历史语言研究所研究员、第一组主任及故宫博物院理事等，其后当选为中央研究院院士。1937 年七七事变后，先后任教于西南联合大学、香港大学、广西大学和燕京大学。1939 年被选为英国皇家学会通讯院士。1942 年被教育部聘为教授。1946 年回清华大学任教。1948 年南迁广州，任岭南大学教授，1952 年后为中山大学教授。1955 年后任中国科学院哲学社会科学学部委员。

1949 年第 91 期《岭南大学校报》有一则关于聘陈寅恪为该校教授的消息更可见其家世、生平及学术之概：

"陈教授，名诗人陈散原（即三立）先生之哲嗣，曾在巴黎、柏林各大学研究，精通十余国文字。西洋汉学家伯希和等曾从陈先生学中国史，壮年即享盛名。民十五年，与梁启超、王国维、赵元任先生同任清华大学国学研究院教授（本校王力先生亦出其门下）。迄今共任清华教授廿余年。中间有一年（1942）由英国牛津大学聘为正教授，此为我国罕有之荣誉。终之以健康关系归国。陈先生以史学驰名海内外，尤精于隋唐史，同时亦以家学渊源，又精于唐诗；且以精通梵文之故，又常讲授佛典翻译文学。其博学为学术界所公认。去年国立中央研究院院士选举，陈先生荣膺院士之选。"

王国维是中国现代开学术风气的大家。他在历史学、甲骨学、古文字学、哲学、文学、边疆史地、古典文献学等方面取得了卓越的成就。陈寅恪对王国维不仅在学术、私谊上同好，而且在思想价值观念方面志趣相投。1927年王国维在昆明湖自沉，在向王国维遗体告别时，陈寅恪对其行三跪九叩大礼以表敬意。同时送挽联，撰《王观堂先生挽词》，第二年又撰《清华大学王观堂先生纪念碑铭》，与本篇《王静安先生遗书序》，并为深致哀忱，对王国维生平遭际、学术成就、思想感情、价值意趣加以评骘的著名文字。

《王静安先生遗书序》写于1934年，距王国维去世已七阅春秋。陈寅恪、王国维同为国学巨擘，学问人生、感情衷曲之谐合，自然惺惺惜惜，"英雄所见略同"，其评价王国维转移风气、领先学界的造诣，以及个人立身出处的怀抱、心志，也就不同凡响，具宏大渊深的气局。

陈寅恪认为，像王国维这样的"大师巨子"的出现，将"关系于民族盛衰学术兴废"两方面。在"关系于民族盛衰"方面，是一"在能承继先哲将坠之业，为其托命之人"。

陈寅恪在《王观堂先生挽词序》里，借解释王国维的死因，把王国维的死同中国文化在清末至20世纪20年代的社会政治变化结合起来加以说明："吾中国文化之定义，具于《白虎通》三纲六纪之说，其意义为抽象理想最高之境，犹希腊柏拉图所谓 Idea 者。若以君臣之纲言之，君为李煜，亦期之以刘秀；以朋友之纪言之，友为郦寄，亦待之鲍叔。其所殉之道，所成之仁，均为抽象理想之通性，而非具体之一人一事。……近数十年来，自道光之季迄乎今日，社会经济之制度以外族之侵迫，致剧疾之变迁，纲纪之说，无所凭依，不待外来学说之掊击，而已销沉沦丧于不知觉之间。虽有人焉，强聒而力持，亦终归于不可救疗之局。盖今日之赤县神州，值数千年未有之巨劫奇变；劫竟变穷，则经文化精神所凝聚之人，安得不与之共命运而同尽，此观堂先生所以不得不死，遂为天下后世所极哀而深惜者也。"陈寅恪毕竟是生于清末之人，对于三纲六纪的伦理，尤为重视。他又是具有深邃历史观念的人，敏锐地察觉到"纲纪之说，无所凭依"。纲纪是古代儒家的伦理学原则及其行为规范。陈寅恪以为王国维当此"巨劫奇变"，"不可救疗之局"，也即"吾国三十年来，人世之巨变至异"之局，明知作为中国文化的抽象的理想境界无以再现，而只能坐视其消沉沦丧。陈寅恪在这里视王国维抱持的"三纲六纪"是为其安身立命的观念形态的价值，就是视王国维为"能承继先哲将坠之业，为其托命之人"。

王国维、陈寅恪都是身历新旧社会交替之人，其思想价值观念，也有不仅如"三纲六纪"者。《清华大学王观堂先生纪念碑铭》说："士之读书治学，盖将以脱心志于俗谛之桎梏，真理因得以发扬。思想而不自由，毋宁死耳。……先生以一死见其独立自由之意志，非所论于一人之恩怨，一姓之兴亡。"是言知识分子做学问的目的在于求真，发现、发扬真理，使自己的独立自由之意志摆脱现实的世俗社会政治价值观念的束缚。这种见解，无疑是曾沐浴欧风美雨的陈寅恪的夫子自道。但陈寅恪以此诠说王国维的必死之因，就是因其强烈的时代感受而发。本篇说："寅恪以谓古今中外志士仁人，往往憔悴忧伤，继之以死。其所伤之事，所死之故，不止局于一时间一地域而已。盖别有超越时间地域之理性存焉。而此超越时间地域之理性，必非其同时间地域之众人所能共喻。"这里说的"超越时间地域之理性"，应当就是"独立之精神，自由之思想"的另一说法。此种独立自由之意志受新旧社会交替、价值观念剧变之"俗谛"的侵逼，以至现实社会政治的威压而不得发扬，则作为人的基本生存价值荡然无存，个人势必不堪其生，故不得不死。

在关系"学术兴废"方面，陈寅恪认为王国维"能开拓学术之区宇，补前修之未逮，故其著作可转移一时之风气，而示来者以轨则"，故得成为一代"大师巨子"。

20 世纪早期的学术界，由于欧美哲学思想的渗化，许多著名学人都受"实证"观念的熏染。胡适亲炙美国实用主义大师杜威，顾颉刚在实用主义上获益于胡适；陈寅恪、傅斯年受德国兰克实证主义影响颇深，而王国维则从此前的严复那里接受实证方法。这些与人们秉承的清代考据学无征不信、严于求是的传统结合，便形成那一时代学术界新风弥漫，大师辈出的显著特色。

陈寅恪总结、概括王国维在学术方法论上的成就有所谓"三目"，其中的前二目即：一曰取地下之实物与纸上之遗文互相释证，二曰取异族之故书与吾国之旧籍相互补正。这里的"释证""补正"的手段或方法是实证，但其研究对象和其使用的材料就是王国维以前的学坛所没有的。对此，陈寅恪在《陈垣〈敦煌劫余录〉序》里说："一代之学术，必有其新材料与新问题。取用此材料，以研求问题，则为此时代学术之新潮流。治学之士，得预此潮流者，谓之预流。其未得预者，谓之未入流。此古今学术史之通义，非闭门造车之徒所能同喻者也。"王国维正是这样的"预流"者。他利用在河南安阳新出土不久的甲骨文，以及金文等文字材料，在上古史和考古学上取得了振聋发聩、令人耳目一新的辉煌成就。这一方法，实即他在《古史新证》里提出的"二重证据法"。王国维以为："吾辈生于今日，幸于纸上之材料外，更得地下之新材料。由此种材料，我辈固得据以补正纸上之材料，亦得证明古书之某部分全为实录，即百家不雅驯之言，亦不无表示一面之事实。此二重证据法，惟在今日始得为之。"其代表作《殷卜辞中所见先公先王考》就是"取地下之实物与纸上之遗文互相释证"的范例。他利用先秦文献与甲骨卜辞互相印证的方法，考证出卜辞中所见的殷商祖先的名号，证明《世本》、《史记》中有关殷商先王先公世系的记载是可信的，由此对晚清、民国以来的疑古思潮予以反驳，使人们对于古代史书中有关早期历史的记载不再一概怀疑，"使世人知殷墟遗物之有裨于经史二学者有如斯也"。王国维的《鬼方昆夷猃狁考》也是同类之作，是利用甲骨文、西周金文证明《易》、《诗》等书记载的"鬼方、昆夷、猃狁"是华夏族人对匈奴人的称谓。

至于"取异族之故书与吾国之旧籍相互补正"，则"凡属于辽金元史事及边疆地理之作，如《萌古考》及《元朝秘史之主因亦儿坚考》等是也"。这一类研究，系利用王国维所说的"中国境内之古外族遗文"，对中国古代有关西北边少数民族历史的研究。陈寅恪提到的《元朝秘史》一书，系用畏兀儿体蒙古文写成的元朝历史。《观堂集林》卷十三至十六集中收载了这类研究篇章，即"辽金元史事及边疆地理之作"。

王国维一生治学分三个时期。早年，他主要从事西方哲学的研究，介绍康德、尼采与叔本华思想于中国。至 1905 年后，由哲学而转攻文学、美学、戏曲。1911 年起改而治古史、古文字、训诂、音韵、西北地理及辽金元史。陈寅恪说的"三目"之"三曰取外来之观念，与固有之材料相互参证，凡属于文艺批评及小说戏曲之作，如《红楼梦评论》及《宋元戏曲考》、《唐宋大曲考》等是也"，包括著名的《人间词话》，都属于王国维早期和 1905 年后的著述。王国维这类成果的意义在于，在中国学术史上较早运用西方美学、哲学思想研究中国古代小说，创立现代的中国文学评论，并且首先引入西方历史观念研究古代戏曲，都是现代文艺学上的开山之作。

陈寅恪的上述评议准确地评价了王国维。陈寅恪本人不但学术志趣与之符同，学术成就也与之类似。他在《赠蒋秉南序》述其学术生涯与态度说："凡历数十年，遭逢世界大战者二，内战更不胜计，其后失明膑足，栖身岭表，已奄奄垂死，将就木矣。默念平生，固未尝侮食自矜、曲学阿世，似可告慰友朋。"陈寅恪的研究范围涵盖了历史、宗教、语言、文化、文学、敦煌学、古典文献学诸领域，所用文史互证的研究方法治魏晋南北朝史和诗文互证方法研究唐代文学，尤其是其特擅，皆具卓见深识，其著论多为现代学术史上的经典之作，在诸多新领域的深度和广度上都开拓、刷新了中国学术的面貌，为后人留下了繁富深厚的学术遗产。

（何锡光）

陈寅恪主要相关著述目录：

《元白诗笺证稿》，上海古籍出版社，1978 年。
《赠蒋秉南序》，《寒柳堂集》，上海古籍出版社，1980 年。
《韦庄秦妇吟校笺》，《寒柳堂集》，上海古籍出版社，1980 年。
《俞曲圆先生病中呓语跋》，《寒柳堂集》，上海古籍出版社，1980 年。
《论隋末唐初所谓"山东豪杰"》，《金明馆丛稿初编》，上海古籍出版社，1980 年。

《书世说新语文学类钟会撰四本论始毕条后》，《金明馆丛稿初编》，
　　上海古籍出版社，1980 年。

《述东晋王导之功业》，《金明馆丛稿初编》，上海古籍出版社，1980
　　年。

《陶渊明之思想与清谈之关系》，《金明馆丛稿初编》，上海古籍出版
　　社，1980 年。

《论李栖筠自赵徙卫事》，《金明馆丛稿二编》，上海古籍出版社，
　　1980 年。

《李德裕贬死年月及归葬传说辨证》，《金明馆丛稿二编》，上海古籍
　　出版社，1980 年。

《武曌与佛教》，《金明馆丛稿二编》，上海古籍出版社，1980 年。

《梁译大乘起信论伪智恺序中之真史料》，《金明馆丛稿二编》，上海
　　古籍出版社，1980 年。

《逍遥游向郭义及支遁义探源》，《金明馆丛稿二编》，上海古籍出版
　　社，1980 年。

《王静安先生遗书序》，《金明馆丛稿二编》，上海古籍出版社，1980
　　年。

《清华大学王观堂先生纪念碑铭》，《金明馆丛稿二编》，上海古籍出
　　版社，1980 年。

《王观堂先生挽词》，《金明馆丛稿二编》，上海古籍出版社，1980
　　年。

《隋唐制度渊源略论稿》，上海古籍出版社，1980 年。

《唐代政治史述论稿》，上海古籍出版社，1980 年。

《柳如是别传》，上海古籍出版社，1980 年。

（何锡光　整理）

论六艺该摄一切学术

马一浮

何以言六艺该摄一切学术？约为二门：一、六艺统诸子；二、六艺统四部。（诸子依《汉志》，四部依《隋志》。）

甲、六艺统诸子

欲知诸子出于六艺，须先明六艺流失。《经解》曰："《诗》之失愚，《书》之失诬，《乐》之失奢，《易》之失贼，《礼》之失烦，《春秋》之失乱。"学者须知，六艺本无流失，"学焉而得其性之所近"，俱可适道。其有流失者，习也。心习才有所偏重，便一向往习熟一边去，而于所不习者便有所遗，高者为贤、知之过，下者为愚、不肖之不及，遂成流失。佛氏谓之边见，庄子谓之往而不反，此流失所从来，便是"学焉而得其习之所近"，慎勿误为六艺本体之失，此须料简明白。

《汉志》："诸子十家，其可观者九家。"其实九家之中，举其要者，不过五家，儒、墨、名、法、道是已。出于王官之说，不可依据，今所不用。[《学记》曰："师严然后道尊，道尊然后民知敬学。是故君之所不臣于其臣者二：当其为尸，则弗臣也；当其为师，则弗臣也。大学之礼，虽诏于天子，无北面，所以尊师也。"此明官、师有别，师之所诏并非官之所守也。《周礼》司徒之官有"师氏掌以媺诏王"，"保氏掌谏王恶"。凡"王举则从，听治亦如之"。师氏"使其属率四夷之隶，各以其兵服守王之门外，且跸"。保氏"使其属守王闱"。此如后世侍从之官。郑注《冢宰》"以九两系邦国之民"，"师以贤得民"，"儒以道得民"，乃以诸侯之师氏、保氏当之，变保为儒，此实于义乖舛，不可从。《论语》："温故而知新，可以为师矣。"又语子夏："汝为君子儒，毋为小人儒。"此所言师、儒，岂可以官目之邪？《七略》旧文"某家者流出于某官"，亦以其言有关政治，换言之，犹曰某家者可使为某官。如"雍也，可使南面"云尔，岂谓如书吏之抱档案邪？如谓道家出于史官，今《老子》五千是否周之国史？墨家出于清庙之守，今墨书所言并非笾豆之事。此最易明。吾乡章实斋作《文史通义》，创为"六经皆史"之说，以六经皆先王政典，守在王官，古无私家著述之例，遂以孔子之业并属周公，不知孔子"祖述尧舜，宪章文武"，乃以其道言之。若政典，则三王不同礼，五帝不同乐，且孔子称《韶》《武》，则明有抑扬，论十世，则知其损益，并不专主于"从周"也。信如章氏之说，则孔子未尝为太卜，不得系《易》；未尝为鲁史，亦不得修《春秋》矣。《十翼》之文，广大悉备，太卜专掌卜筮，岂足以知之；笔削之旨，游、夏莫赞，亦断非鲁史所能与也。"以吏为师"，秦之弊法，章氏必为回护，以为三代之遗，是诚何心！今人言思想自由，犹为合理。秦法"以古非今者族"，乃是极端遏制自由思想，极为无道，亦是至愚。经济可以统制，思想云何由汝统制？曾谓三王之治世而有统制思想之事邪？惟《庄子天下篇》则云："古之道术有在于是者，某某闻其风而说之。"乃是思想自由自然之果。所言"道德不一，天下多得一察焉以自好"，"各为其所欲以自为方"，"道术将为天下裂"，乃以"不该不遍"为病，故庄立道术、方术二名。（非如后世言方术当方伎也。）是以道术为该遍之称，而方术则为一家之学。谓方术出于道术，胜于九流出于王官之说多矣。与其信刘歆，不如信庄子。实斋之论甚卑而专，固亦与公羊家孔子改制之说同一谬误。且《汉志》出于王官之说，但指九家，其叙六艺，本无此言，实斋乃以六艺亦为王官所守，并非刘歆之意也。略为辨正于此，学者当知。] 不通六艺，不名为儒，此不待言。墨家统于《礼》，名、法亦统于《礼》，道家统于《易》。判其得失，分为四句：一，得多失多。二，得多失少。三，得少失多。四，得少失少。例如道家体大，观变最深，故老子得于《易》为多，而流为阴谋，其失亦多，"《易》之失贼"也。（贼训害。）庄子《齐物》，好为无端厓之辞，以天下不可与庄语，得于《乐》之意为多，而不免流荡，亦是得多失多，"《乐》之失奢"也。（奢是侈大之意。）墨子虽非乐，而《兼爱》《尚同》实出于《乐》，

《节用》、《尊天》、《明鬼》出于《礼》，而《短丧》又与《礼》悖。《墨经》难读，又兼名家，亦出于《礼》，如墨子之于《礼》、《乐》，是得少失多也。法家往往兼道家言，如《管子》、《汉志》本在道家，韩非亦有《解老》、《喻老》，自托于道。其于《礼》与《易》，亦是得少失多。余如惠施、公孙龙子之流，虽极其辩，无益于道，可谓得少失少。其得多失少者，独有荀卿。荀本儒家，身通六艺，而言"性恶""法后王"是其失也。若诬与乱之失，纵横家兼而有之，然其谈王伯皆游辞，实无所得，故不足判。杂家亦是得少失少。农家与阴阳家虽出于《礼》与《易》，末流益卑陋，无足判。观于五家之得失，可知其学皆统于六艺，而诸子学之名，可不立也。

乙、六艺统四部

何以言六艺统四部？今经部立《十三经》、《四书》，而以小学附之，本为未允。六经唯《易》、《诗》、《春秋》是完书；《尚书》今文不完，古文是依托；《仪礼》仅存《士礼》；《周礼》亦缺冬官；《乐》经本无其书，《礼记》是传，不当遗大戴而独取小戴；《左氏》、《公》、《穀》三传亦不得名经；《尔雅》是释群经名物；唯《孝经》独专经名，其文与《礼记》诸篇相类；《论语》出孔门弟子所记；《孟子》本与《荀子》同列儒宗，与二戴所采曾子、子思子、公孙尼子七十子后学之书同科，应在诸子之列，但以其言最醇，故以之配《论语》。然曾子、子思子、公孙尼子之言亦醇，何以不得与《孟子》并？（二戴所记曾子语独多，后人曾辑为《曾子》十篇。《中庸》出子思子，《乐记》出公孙尼子，并见《礼记正义》，可信。然《礼记》所采七十子后学之书多醇。《大学》不必定为曾子之遗书，必七十子后学所记则无疑也。二戴兼采秦汉博士之说，则不尽醇。此须料简。）今定经部之书为宗经论、释经论二部，皆统于经，则秩然矣。（宗经、释经区分，本义学家判佛书名目，然此土与彼土著述大体实相通，此亦门庭施设，自然成此二例，非是强为差排，诸生勿疑为创见。孔子晚而系《易》，《十翼》之文，便开此二例，《象》、《彖》、《文言》、《说卦》是释经，《系传》、《序卦》、《杂卦》是宗经。寻绎可见。）六艺之旨，散在《论语》，而总在《孝经》，是为宗经论。《孟子》及二戴所采曾子、子思子、公孙尼子诸篇，同为宗经论。《仪礼·丧服传》子夏所作，是为释经论。三传及《尔雅》亦同为释经论。《礼记》不尽是传，有宗有释。《说文》附于《尔雅》，本保氏教国子亦六书之遗。如是则经学、小学之名可不立也。诸子统于六艺，已见前文。

其次言史。司马迁作《史记》，自附于《春秋》，《班志》因之。纪传虽由史公所创，实兼用编年之法；多录诏令奏议，则亦《尚书》之遗意。诸志特详典制，则出于《礼》，如《地理志》祖《禹贡》，《职官志》祖《周官》，准此可推。纪事本末则左氏之遗则也。史学巨制，莫如《通典》《通志》《通考》，世称"三通"，然当并《通鉴》计之为四通。编年纪事出于《春秋》，多存论议出于《尚书》，记典制者出于《礼》。判其失亦有三：曰诬，曰烦，曰乱。知此，则知诸史悉统于《书》、《礼》、《春秋》，而史学之名可不立也。

其次言集部。文章体制流别虽繁，皆统于《诗》、《书》。《汉志》犹知此意，故单出"诗赋略"，便已摄尽。六朝以有韵为文，无韵为笔，后世复分骈散，并弇陋之见。"《诗》以道志，《书》以道事。"文章虽极其变，不出此二门。志有浅深，故言有粗妙；事有得失，故言有纯驳。思知言不可不知人，知人又当论其世，故观文章之正变而治乱之情可见矣。今言文学，统于《诗》者为多。《诗·大序》曰："治世之音安以乐，其政和；乱世之音怨以怒，其政乖；亡国之音哀以思，其民困。"三句便将一切文学判尽。《论语》曰："诵《诗》三百，授之以政，不达。""虽多，亦奚以为？"可见《诗》教通于政事。"《书》以道事"，《书》教即政事也，故知《诗》教通于《书》教。《诗》教本仁，《书》教本知。古者教《诗》于南学，教《书》于北学，即表仁知也。《乡饮酒义》曰："向仁""背藏"，"左圣""右义"。藏即是知。（"知以藏往"，故知是藏义。）教《乐》于东学，表圣；教《礼》于西学，表义。故知、仁、圣、义，即是《诗》、《书》、《礼》、《乐》四教也。前以六艺流失判诸子，独遗《诗》教。"《诗》之失愚"，唯屈原、杜甫足以当之，所谓"古之愚也直"。六失之中，唯失于愚者不害为仁，故《诗》教之失最少。后世修辞不立其诚，浮伪夸饰，不本于中心之恻怛，是谓"今之愚也诈"。以此判古今文学，则取舍可知矣。两汉文章近质，辞赋虽沉博极丽，多以讽喻为主，其得于《诗》、《书》者最多，故后世莫能及。唐以后，集部之书充栋，其可存者，一代不过数人。至其流变，不可胜言，今不具讲。但直抉根原，欲使诸生知其体要咸统于《诗》、《书》，如是则知一切文学皆《诗》教、《书》教之遗，而集部之名可不立也。

上来所判，言虽简略，欲使诸生于国学得一明白概念，知六艺总摄一切学术，然后可以讲求。譬如行路，须先有定向，知所向后，循而行之，乃有归趣。不然则博而寡要，劳而少功，泛泛寻求，真是若涉大海，茫无津涯。吾见有人终身读书，博闻强记而不得要领，绝无受用，只成得一个书库，不能知类通达。如是又何益哉？复次当知讲明六艺不是空言，须求实践。今人日常生活，只是汩没在习气中，不知自己性分内本自具足一切义理。故六艺之教，不是圣人安排出来，实是性分中本具之理。《记》曰："天尊地卑，万物散殊，而礼制行矣；流而不息，合同而化，而乐兴焉。""礼者，天地之序。""乐者，天地之和。"故曰："礼乐不可斯须去身。""仁者见之谓之仁，知者见之谓之知，百姓日用而不知。"自性本具仁智，由不见，故日用不知，溺于所习，流为不仁不知。《礼》、《乐》本自粲然，不可须臾离，由于不肯率由，遂至无序不和。今人亦知人类须求合理的生活，亦曰正常生活，须知六艺之教即是人类合理的正常生活，不是偏重考古，徒资言说而于实际生活相远的事。今所举者，真是大辂椎轮，简略而又简略，然祭海先河，言语之序，亦不得不如此。

（1938 年）

【评 介】

马一浮（1883—1967），幼名福田，后改为浮。字一浮，号湛翁，晚年自署蠲戏老人或蠲叟。浙江绍兴人。于 1883 年生于成都（其父马廷培时任四川仁寿县令），6 岁随父亲回浙江。马氏天资聪慧，少有学名，乡里誉为神童。16 岁应县试，名列第一（同试者还有周树人、周作人兄弟），名声大振。浙江富绅汤寿潜器重马一浮，故以女妻之。先生 20 岁时妻病亡，甚伤之，以至终身未再娶。戊戌变法后，先生接受新学（西学，时谓国学为旧学），于 1899 年到上海学英文、法文和日文，于 1901 年与谢无量、马君武共创《二十世纪翻译世界》月刊，译介西方文化，以期唤醒国人，振兴中华。1903 年，赴美国圣路易斯留学生监督公署任中文文牍，工作之余，他广泛研读了亚里士多德、但丁、拜伦、莎士比亚、斯宾塞、达尔文、卢梭、黑格尔、马克思等人的文学与哲学著作，还翻译了《日尔曼社会主义史》和《法国革命党史》等著作。于此期间，他还西游柏林，习德语，并将德文版《资本论》第一次带回中国。1904 年，先生赴日留学，研读《资本论》、《浮士德》等西文著作，从日文译意大利人所著的《政治罪恶论》刊于《民立报》。1905 年回国后，混乱的国情时局和不古的人心使先生悲伤不已，从此无意于仕进，隐居杭州西子湖畔读书。尤其是住在杭州广化寺和永福寺时他遍读文澜阁四库全书，大大丰富了他的学养，使他对传统文化有了更深入的理解，并发下弘愿，要以"学术救国"，期以儒家之德道来改变世道人心，以"破邪显正"。

自此始，至 1937 年抗战爆发前的三十多年里，马一浮一直都过着隐居读书的生活。在这期间，他曾被教育总长蔡元培聘为教育部秘书长，到职不到半月，就以"我不会做官，只会读书，不如回西湖"为由辞之。后又多次拒绝北大校长蔡元培、陈大齐等礼聘。马一浮以其道德文章深受学林敬重。著名学者梁漱溟、熊十力、马叙初、汤用彤、朱光潜、苏曼殊、李叔同等与先生多有交往。1937 年抗战爆发，马一浮改其隐居读书的生活，接受时任浙江大学校长竺可桢先生的礼聘，在南下避难途中，先后于广西宜山、江西泰和公开讲学，以期培养一批有强烈道德责任感，能"起敝扶衰"，能挽救民族危亡的学人。两次讲学的内容，则被整理成《泰和会语》和《宜山会语》。在《泰和会语》中，马一浮首次提出并初步阐释了他三十年来思考的成果——"六艺统摄一切学术"的观点。

1939 年马一浮入川，在四川乐山创办复性书院（民国三大书院之一，另有梁漱溟在北培创办的勉仁书院，张君劢在大理创办的民族文化书院），出任书院主讲兼总纂。开讲六经大义，进一步完善和发展其在《泰和会语》中提出的"六艺论"。并选刻古书，培养人才。此期讲稿被结集出版，名为《复性书院讲录》。1946 年马一浮随书院东迁返杭。1952 年他接受上海市长陈毅的聘请，任上海文物保管委员会委员。1953 年被聘为浙江省文史馆馆长。解放后多次受到毛泽东、周恩来的接见。1966 年"文化大革命"开始，马一浮受到很大的迫害，终于郁积成疾，于 1967 年病逝。

马一浮先生博通四部，犹精经子二部；并深研佛学义海，妙悟禅宗；还旁通六书，善篆隶行草，有书法作品集传世；又是著名诗人，有多部诗集出版；可谓集传统文化之大成。除此外，先生还精通英、法、德、日等多国语言。总之，先生学识渊博，德业精深，被梁漱溟先生誉为"千年国粹，一代儒宗"，是现代儒学的开创者之一，和梁漱溟、熊十力一起被誉为"儒门三圣"。

先生之学，有清晰之体系，即"六艺该摄一切学术"，而"六艺统摄于一心"。在《泰和会语》里，先生初次提出了他的国学观："国学者，六艺之学也。"对这一论点，作者主要以《楷定国学名义：国学者六艺之学也》、《论六艺该摄一切学术》、《论六艺统摄于一心》、《论西来学术亦统于六艺》等四篇文章对之作出较为系统的阐释。

作者首先对"国学"的概念进行了界定。他说："今人以吾国固有的学术名为国学，意思是别于外国学术之谓。此名为依他起，严格说来，本不可用。今为随顺时人语，故暂不改立名目。然既依固有学术为解，亦太觉广泛笼统，使人闻之，不知所指为何种学术。照一般时贤所讲，或分为小学、经学、诸子学、史学等类，大致依四部立命。然四部之名本是一种目录，犹今图书馆之图书分类法耳。"（《楷定国学名义：国学者六艺之学也》）在这段内容里，先生对其时社会上流行的"国学"一词的名称和内容两方面进行了否定。首先认为"国学"一词是为区别外国学术（西学或新学）而产生的新名词，是因外缘而生的虚名，故"本不可用"。其次他认为以我国故有学术作为"国学"的内涵太过笼统和模糊，同时他对当时一些以四部（经史子集）作为国学内涵的分法进行了批评（此或对章太炎先生而言的）。

那么他所理解的"国学"又是怎样的呢？他说："国学者，即是六艺之学，用此代表一切固有学术，广大精微，无所不备。"六艺之学即是国学的内涵。而"六艺"即是《诗》、《书》、《礼》、《乐》、《易》、《春秋》，乃儒家之六经。他认为六经是我国二千多年来一切学术文化的源头，其他一切学术皆源于六艺，只是其支流而已。故"六艺可以该摄诸学，诸学不能该摄六艺"（《楷定国学名义：国学者六艺之学也》）。

儒家六艺何以能统摄一切学术，对此马一浮先生在《论六艺该摄一切学术》一文中作出了详细的解答。原因之一即是"六艺统诸子"。先生认为诸子之学出于六艺。认为诸子之中，"举其要者，不过五家，儒、墨、名、法、道是已"。而此五家皆源于六艺。儒家以六艺为源，自不待言。"墨子虽非乐，而《兼爱》、《尚同》实出于《乐》，《节用》、《尊天》、《明鬼》出于《礼》。"即言墨家源于六经之《礼》与《乐》二经。又如，他认为"道家体大，观变最深，故老子得《易》为名"，认为道家源于《易》。其他名家、法家亦如此。只是各家作为六艺之支流，对六经所得皆不全，各有自己的不足之处。如道家重《易》太过而沦为阴谋家。其他家亦如此。而这也正说明六艺之学才是源，是大全，而诸子之学只是流，是偏、狭，故只有六艺才足以该摄诸学。

原因之二，即"六艺统四部"。就经部言，他说："今经部立十三经、四书，而以小学附之，本为未允。"此分法不妥之原因在于它不能突出源流、主次关系，就此他认为应将经部内容按源流分为经、宗经论和释经论三部分（取法佛教之经、论分法）。后两者皆源于经。如《左传》、《公羊传》和《穀梁传》因其内容以阐释经义为主，应列入释经论一目，而不得称经，《尔雅》亦如此。而"六艺之旨，散在《论语》，而总在《孝经》，是为宗经论"（《论六艺统摄一切学术》）。认为"《论语》大义，无往而非六艺之要"（《复性书院讲录》之《论语大义一》），《论语》从各个方面体现着六艺之宗旨，而非仅对某一经之具体阐释，故应纳入宗经论中。其他皆类此。经马一浮如此一分,经部条理秩然。

其次诸子统于六艺,前已论及。

再次史部亦应统于六艺。如说《史记》编年之手法源于《春秋》,其所录各种诏令、奏议则亦《尚书》之遗意,各种典章制度出于《礼》等,可知史部出于六艺明矣。而集部皆出于《诗》、《书》。因"'《诗》以道志,《书》以道事.'文章虽极其变,不出此二门"(同上)。至此可明"六艺统四部"。

马一浮先生进而还认为:"六艺不唯统摄中土一切学术,亦可统摄现在西来一切学术。举其大概言之,如自然科学可统于《易》,社会科学(或人文科学)可统于《春秋》。因《易》以明天道,凡研究自然界一切现象者皆属之;《春秋》明人事,凡研究人类社会的一切组织形态者皆属之……今人以数学、物理为基本学科,是皆《易》之支与流裔……文学、艺术统于《诗》、《乐》,政治、法律、经济统于《书》、《礼》……宗教虽信仰不同,亦统于《礼》,哲学……本体论近于《易》,认识论近于《乐》,经验论近于《礼》……"(《泰和会语·论西来学术亦统于六艺》)。故西方学科分类虽细,但皆可纳入六艺之列,其各个学科皆为六艺之支流而已。由此可知,在马老先生的思想里,无论中学还是西学,皆可统摄于儒家六艺之学,故"六艺该摄一切学术"。

那么他提出"六艺该摄一切学术"这一国学观的目的是什么呢?这可能有两方面的原因。一是他对当时社会上流行的尚西学,主张全盘西化,以致"六经久成束阁"的侮圣毁经思潮的不满所致。希望通过自己的努力,能够挽救吾国固有文学术,能"振之于厄绝之余"。(《书札》之《与刘百闵一》)先生有"为往圣继绝学"之志。二是"欲使诸生于国学得一明白概念,知六艺总摄一切学术,然后可以讲求。譬如行路,须先有定向,知所向后,循而行之,乃有归趣,不然则……若涉大海,茫无津涯。"(《论六艺统摄一切学术》)即为学者找一条"讲求"之途,"讲"是求学,"求"是学之目的——求心、求性、求道、求践履。即通过对元典(六艺)的回归,进而以元典为基础,踏上儒家"成人"之路,最终完成一种道德人格的建构。这即是马一浮所说的六经存在的两种形态:"经字就字义言，是线装书……就义理言，则是常道，所谓人伦日用之间所当行者也。""有六经之迹，有六经之本。六经之本是心性，六经之迹是文字。六经的文字亦是心性的流露，不是臆造出来的。"（《马一浮全集》第三册）这里的"迹"即是末，意谓六经之存在有本末之分。本是六经所蕴含的道德心性、人伦日用之常道；末则是语言文字、书本。学者之志趣应是透过六经文字文本去感悟其中蕴含的心性道德，以成就自我的心性人格之建构。

关于六经中存有的道德精神旨趣，马一浮引用了《礼记·经解》的部分内容予以说明。"孔子曰：入其国其教可知也，其为人也，温柔敦厚，诗教也；疏通知远，书教也；广博易良，乐教也；絜静精微，易教也；恭俭庄敬，礼教也；属辞比事，春秋教也。"并曰："自来说六艺，大旨莫简于此。有六艺之教，斯有六艺之人。"（《泰和会语·楷定国学名义》）即言学《诗》可以使人温柔敦厚，学《书》可以使人知识通达而有远见，学《乐》可以使人心性平和、宽广、朴实善良，学《易》可以使人纯洁文静而又细心，学《礼》可以使人恭敬节俭庄重谦虚，学《春秋》可以使人善于言说和判断。由上可知，通过对六艺的学习，可以提高人的智识与德性，促使人进行自我人格的提升与完善，最终成为一个"正当的人"。

马一浮还认为，"以六德言之，《诗》主仁，《书》主知，《乐》主圣，《礼》主义，《易》明大本是中，《春秋》明达道是和"（《论六艺统摄于一心》）。即言六艺本身兼具仁智圣义中和六德，而此六德也是人本身就具有的——"六艺之教，不是圣人安排出来，实是性分中本具之理"。此六德乃吾人本心自性具足的，乃吾人之良知、良能。故马一浮曰："六艺统摄于一心。"（《泰和会语·论六艺统摄于一心》）而对六艺之学习，就是"以为激发吾身本具之德性，使吾自觉本心之善端"，以明真心见本性，从而实现对自我本然之善的回归，以做一个真真实实的人，一个"正当的人"。

无法回避的问题是，人之性德本是圆满具足的，正如孟子所谓的人性本善，那为什么又要学六经呢？为什么要用对六艺的学习来实现自我人性之建构呢？原来，是人心出了问题！马一浮先生所处的时代是一个"人心晦盲闭塞，人欲横流"的时代，是一个"溺于所习，

流为不仁不知"、"无序不和"的时代。在此时代里，天下人"惟在
徇物肆欲而不知率性循理"，人性之善端，伦理道德早已被私欲所吞
没，对社会的腐败，人心的堕落，先生有着深刻的感受，在先生的
《上留田行》和《五噫》二诗里，对此有充分的表现：

> 野鸟饥食骷髅，上留田！平地生出王侯，上留田！民命贱如
> 蚍蜉，上留田！出门但见戈矛，上留田！大雪已没九州，上留
> 田！昨日观会，烹羊与牛，上留田！今日兄弟变为冤仇，上留
> 田！翻复皆用汝谋，上留田！狐狸不守一丘，上留田！日出东方
> 明月光西流，上留田！满堂举酒相酬，上留田！祝尔万岁千秋，
> 上留田！（《上留田行》）

> 力田不遇丰年，噫！治国不用仁贤，噫！养子尽如鹰鹯，
> 噫！掘井谁及见泉，噫！服药不得上仙，噫！（《五噫》）

一切是非黑白都颠倒了，一切道德伦理秩序已荡然无存，人们那
本来具足的仁义善端也被各种恶劣的社会习俗所遮蔽，人们的本真心
已为习见所掩盖，人们丧失了自我，人与兽之间仅存的那一点区别不
复显现，人，沉沦为兽了。那么，如何来改变这种现实呢？如何让人
重新找回自我呢？如何让人成为"正当的人"并"正当的生活"呢？
马一浮先生认为只有学习，学习六艺。"学问之道无他，在变化气
质，去其习染而矣。"（《复性书院讲录·学规》）通过对六艺的学习
来去除各种习染，敞亮本心。也即"破习即以显性"。正如禅师们所
谓"拨开乌云见日月"。随着真心的呈现，从而渐渐实现对本真自我
的回归——复性，实现自我人格的重建，此即"成己"。按传统儒家
的要求，不仅要成己，还要成人。那就是还要帮助别人——国人甚至
全人类都找回真实的自我，做一个正当的人。而这一切皆是奠基于对
六艺的学习之上的。"故今日欲弘六艺之道，并不是狭义的保存国
粹，单独的发挥自己民族精神而止，是要使此种文化普遍的及于全人
类，革新全人类习气上之流失，而复其本性之善，全其德性之真，方
是成己成物，尽己之性，尽人之性，方是圣人之盛德大业。"（《泰和
会语·论西来学术亦统于六艺》）于此可见先生之弘愿，更可见出先

生对民族文化的强烈自信心和崇高的期望。

（张华林）

马一浮主要相关著述目录：

《泰和会语》，复性书院木刻本，1940 年。

《宜山会语》，复性书院木刻本，1940 年。

《复性书院讲录（1939—1942）》，复性书院木刻本，1940 年。

《尔雅台答问》，复性书院木刻本，1940 年。

《濠上杂著》，复性书院木刻本，1940 年。

《太极图说赘言》，复性书院木刻本，1940 年。

《尔雅台答问补编》，复性书院木刻本，1940 年。

《蠲戏斋诗全集》（全三册），自由出版社（台北），1965 年。

《马一浮先生遗稿初编》，陆宝千编，广文书局（台北），1992 年。

《马一浮先生遗稿续编》，陆宝千编，广文书局（台北），1998 年。

《马一浮先生遗稿三编》，丁敬涵编，广文书局（台北），2002 年。

《马一浮集》（全三册），虞万里、丁敬涵、马镜泉等校点，浙江古籍
    出版社，1996 年。

（张华林　整理）

读经示要·自序

熊十力

　　读经问题，民初以业，常起伏于一般人之脑际，而纷无定论。余虽念此问题之重要，而无暇及此。且世既如斯，言之无益，不如其已。去年责及门诸子读经。诸子兴难。余为笔语答之，惧口说易忘也。初提笔时，只欲作一短文，不见写来感触渐多，遂成一书。六经究万有之原，而言天道。天道真常，在人为性（此克就人言之耳），在物为命（此言命者有二义：一、流行曰命。言天道流行，至健而无息也。二、物所受曰命。物禀天道而生，即一一物皆天道呈显。不可说天道超脱万有而独在也。此中言物，亦摄人。言命，亦即性。命以所受言，性谓人物所以生之理。言异，而其实一也）。性命之理明，而人生不陷于虚妄矣。（第一讲首释道）顺常道而起治化。则群变万端，毕竟不失贞常。（通万变而不可易者，仁也。）知变而不知常，人类无宁日也。（今世列强，社会与政治上之改革，与机械之发明，可谓变动不居矣。然人类日习于凶残狡诈，强者吞弱，智者侵愚。杀机日炽，将有人类自毁之忧。而昏乱之群，复不思自存自立之道。且以其私图，而自伤同气，尤为可悯。盖今之人，皆习于不仁，即失其所以为人之常遂，宜其相残无已也。第一讲以九义明治化，通万变而贞于大常，实六经之摄要。）《大学》三纲八目，总括群经。（三纲八目，范围天地之化而不过，曲成万物而不遗。此为常道不可易。）儒行十有五儒，归本仁道。（行不一，而同于仁。仁，常道也。）凡此，皆为第一讲所提揭。经为常道，庶几无疑。夫常道者，万变所自出也。（本书道字，略有二义：一谓宇宙本体，乃万化之原也。二谓凡事理之当然，通古今中外而无可或易者，亦名常道。如《大学》三纲八目，立内圣外王之极则。由此而体道。由此而修学。由此而致治。由此而位天地，育万物，赞化育。此便是当然。不可异此而别有道。天下言道者，或有从事明明德，而不务新民与止至善，是佛家小乘也。大乘誓度众生，而以人间世为生死海，只求度脱，而无齐治平之盛业，吾儒之外道也。致知而疏于格物，宋明学有遗憾也。格物而不务致良知，即难言诚正，西学未立大本也。大学为常道无可疑。又如儒行十五，总不外己立立人，己达达人。此亦是当然。若不务立达，便自暴自弃，而不可为人矣。又如革故创新，必行之以至公至明至诚至信。是变动之必本常道也。不能公明诚信，而言革新，则失常道，自取乱亡而已。略举三例，余可推知。然道字之义虽有二，而第二义实依第一义以立，究竟无二也。）天地密移矣。（天地大物也。世俗见为恒存。其实，诸天与员与，刻刻移其故而新生。参看《新唯识论》。）而所以成其清宁者，未有改移也。（老子云，天得一以清，地得一以宁。一者，绝对义，谓常道也。天曰清，地曰宁，皆以其德性言也。天地由道而或，道则真常无可改移也。）人事屡迁矣。（群变万端，不可胜穷。）而于济必本公诚焉，无可苟渝也。（常变革之任，而不公不诚，未有能立事而不乱亡者，公诚，常道也。事势万变，而事之成，必由常道。一国之事如此，国际尤然。）死生诚大变矣，而存顺殁宁之理，谁云可变。（人皆禀道而为性命。其存也，必顺保性命之正，而无成罔。其殁也，乃全其性命，而无余憾。故张子云存顺殁宁。）是故学术千途万辙，必会归常道，而后为至。知不极乎知常（知常亦云见道），只是知识，而不足言一切智智（一切智智，借用佛典名词，若泛释之，亦可云最高的智慧）。老氏曰：不知常，妄作凶（不见道者，徇私欲而灭天理，所作皆迷妄，故凶），斯笃论也。夫不悟常道，则万物何由始，人极何由立，万事何由贞，皆其智之所不及也。学不究其原，理不究其至，知不会其通，则未能立大本以宰百为，体大常而御万变（则未能三字一气贯下）；欲免于妄作之凶，其何得乎！第一讲直明经为常道（以经明示常道故，道言经为常道），无时可离，无地可离，无人可离。奈何吾国后生，自弃宝物，不肯是究。嗟尔违常，云胡不思。第二讲言治经态度，必远流俗，必戒孤陋，尚志以立基，砭名以固志。持以三畏，然后志定而足以希圣。圣者道全德备，而大通无碍。故读经希圣，非可专固自封也。今当融贯中西，平章汉宋，上下数千年学术源流得失，略加论定。由是寻晚周之通轨。辟当代之弘基。定将来之趋向，庶几经术可明，而大道其昌矣。第三讲略说六经大义。仲尼祖述尧舜，宪章文武。其发明内圣外王之道，莫妙于《大易》、《春秋》。《诗》、《书》、《礼》、《乐》，皆与二经相羽翼。此讲特详二经。二经通，而余经亦可通也。议者或谓余实以《新论》说经（《新论》，其云《新唯识论》），是而然矣。夫《易》、《春秋》虽并称，而汉人相传，《易》为五经之源，比《春秋》尤尊矣。惜乎汉师乱以术数，宋儒略于思辨。（宋学注重体认，于人生日用践履间，修养功夫最紧切。修养深，而私欲尽，真体现，即真理不待外索，而炯然自识，孔子谓之默识，宋儒说为体认，佛氏亦云自证。余尝谓先哲尚体认，而西哲精思辨。体认自是哲学之极诣。然若忽略思辨。则不得无病。宋学终不免拘滞偏枯等病，由于忽略思辨功夫，而其道未宏也。）易道晦塞，二千余年。余造《新论》，自信于羲皇神悟之画，尼山幽赞之文，冥搜密察，远承玄旨。真理昭然天地间，悟者同悟，迷者自迷。余非敢以己意说经，实以所悟，证之于经而无不合。岂忍自陷诬经谤圣之罪哉！如上三讲，结集成书。肇始于六十揽揆之辰，毕事于寇迫桂黔之日。（甲申正初起草，迄秋冬之际而毕。）念罔极而哀凄，痛生人之迷乱。空山夜雨，悲来辄不可抑。斗室晨风，兴至恒有所悟。上天以斯文属余：道时屯难，余忍无述。呜呼！做人不易，为学实难。吾衰矣。有志三代之英，恨未登乎大道（言未能登斯世于大道也，用顾宁人语）。不忘百姓之病，徒自托空言。天下后世，其有怜余之志，而补吾不逮者。

(1945 年)

【评 介】

熊十力（1885—1968），原名继智、升恒、定中，字子贞（或子真），后改名十力。1885 年生于湖北省黄冈县上巴河张家湾。家贫，八九岁时便为邻家牧牛，以所得谷物补家用。10 岁时随父就学，初读《三字经》，一天就精熟于心，后续学四书五经。12 岁时，父亲病逝。在父亲临终前，熊十力誓曰："儿无论如何，当敬承大人志事，不敢废学。"此后一边放牛，一边读书自学。15 岁（1899 年）至何圣木先生处就读，半年后出走，游学乡间，先后结识王汉、何自新等有识之士（王、何二人后皆为革命烈士），谈学论世，图天下事。自此至 34 岁的十多年里，熊十力积极参与革命运动，先后加入日知会、同盟会，组织黄冈军学界讲习社，并参与武昌起义等。34 岁（1918年）时，熊十力因对党人之竞权争利、身心伪诈等社会现实灰心失望，认为革政不如革心，遂慨然弃政向学，决心专力于学术，导人群以正见。于此年出版了《熊子真心书》。1920 年，经梁漱溟介绍，入欧阳竟无大师主持的南京内学院学佛二年。1922 年应蔡元培之聘为北大特约讲师，讲授《唯识学概论》，开始构思新唯识论哲学体系。1932 年写出《新唯识论》文言文本，初步确立了其哲学体系。随即因此书观点而与内学院诸师友、太虚大师等展开争鸣。1937 年因七七事变入川。1939 年应马一浮先生邀，任复性书院主讲。1940 年任教于梁漱溟创办的北培勉仁书院。1945 年，熊十力又一巨著《读经示要》杀青。中华人民共和国成立后，熊十力讲学日少，主要过着独处著述生活，先后写出《论六经》、《原儒》、《体用论》、《明心篇》、《乾坤衍》等哲学巨著，并编印了《新唯识论》删简本。熊十力还积极参加了全国政协会议，被选举为二、三、四届全国政协委员。1966 年文革开始，熊十力先生在耄耋之年里，被红卫兵抄家批斗，在街上示众受辱，身心俱受摧残，心境极为悲凉，1968 年，熊十力先生在"中国文化亡了"、"中国文化亡了"的哀叹中凄凉地死去。

熊十力先生是 20 世纪中国最具原创性和影响力的思想家。他的体用论是整个当代新儒学思潮的滥觞，也构成了当代新儒学思潮的基本思想构架，并因此奠定了现代新儒学思潮的哲学基础。他那渊深厚博严密而又宏大的哲学思想体系，以及他那"禅的机趣、道的自然与儒的真性"精神人格（郭齐勇语），使他成了新儒家学者们的偶像。在这种思想精神和人格的感召下，其弟子牟宗三、唐君毅、徐复观等沿着熊十力先生所开创的方向，把现代儒学的研究推向一个更高的高峰。故熊十力先生被称为现代儒学"三圣之一",确是实至名归。

《读经示要》是熊十力先生最富盛名的代表作之一。它是熊十力先生 1945 年在北培勉仁书院为学生讲解六经时所作,也是熊十力先生写作的第一部系统地研究论述儒家哲学思想的著作。对此书的内容,熊十力先生在该书《自序》中作了简明的论述。

序文首先就该书的第一卷《经为常道不可不读》的内容作了简要的论述。熊十力说:"六经究万有之原,而言天道。"这里的"原"是本原,即言六经直探万有之本原,能揭示万有之本质,而此本原即是天道。进而对天道做出说明:"天道真常,在人为性……在物为命。(此言命者有二:一、流行曰命。言天道流行,至健而无息也;二、物所受曰命。物禀天道而生,即一一物皆天道呈显。不可说天道超脱万有而独在也。此中言物,亦摄人。言命,亦即性。命以所受言,性谓人物所以生之理。言异,而其实一也。)性命之理明,而人生不陷于虚妄矣。"

此一段内容为卷一甚至全书内容之基点。而此处又是熊十力先生对《中庸》之"天命之谓性,率性之谓道"一句自出己意的阐释。对此,熊十力先生又解曰:"无声无臭曰天,以其为万物之统体而言也。流行曰命,从其赋物而言也。(熊十力先生注曰:流行即是体显为用,即起变化,而成万物也。)"这里熊氏以天为万物之体,故从体言曰天,就此体之发用而言,则是命。而熊氏哲学之间架即是体用不二,是即体即用。故天即命,合言之曰天命。而天命之发用、流行,即是万物,故言"天命遍成万物"。故万物皆"秉天道而生,即一一物皆天道呈显",是天道运化之现象,因此天道是万物(包括人)得以存在的依据,是万物之体,是万物之本质、根源,万物则是其现象,是用。而体用一如,天道不在万物之外,而在万物之中,万物不能离此体而存在,它们是一不是二,不能把天道和万物打成两截。此即熊氏所言之"功用以外,无有实体","即现象即真实","学者向大用流行之外别求实体"(《体用论》)。因物物皆有一实体,如朱熹所谓之"物物一太极",所以现象之每一物皆是一圆满自足之存在者,它既是现象,又是本体(或实体)。

熊氏又曰："民之秉彝曰性，依其在人而言也。"结合"天道真常，在人为性，在物为命"，可知人之所禀之性与物之所禀之性皆为天道，人和物在本质上是一致的，也即熊十力先生所谓"道者，吾人禀之以有生，万物禀之而成形，故人与万物同体，无二本故也"。曰性、曰命，只是"言异而其实一也"，皆是天道本体向下落实在人或物上之性。以人为例，"自人之性言之，则有分类，自人之性言之，则人人各得此天命全体，而实无可分"。物亦类此。人和万物皆是天道真常的体现，是天命大用之流行。因人与天道关系仍是一种现象与真实、用与体的关系，两者是二而一的，因而每一个人在本质上和物一样，皆是一个圆满自足、真实无妄的存在者，是一个天命大全的承载者，因此每一人、物就其本质而言，其伦常日用皆是一种本原性的存在态势，是天道或天命的当下开展。因此人或物的每一刻的存在，在本质上应是本真的。故熊氏曰："日用无非本原呈露，斯曰道。""大用流行，即是真体呈现。"如此，最最平常的生活，其实也就是最最真实的生活，也是最富生命真常、最活泼泼的生命力活动，于是，日常的生活也就是最有意义的生活，因为它与道为一。如禅师们所说的挑水砍柴即是禅，《中庸》所谓"极高明而道中庸"。而这种生活中的主体——人也就是具足完满的，是真实无妄的、本然的存在，这种存在即是诚，是性也、命也、天也、道也。在此基础上的"率性"，即是依循天命——事物之本性而行，也就是自自然然地生活。不违背本性去行。用熊氏的话说，即："率性之谓道者，谓率由乎性，即性已显，率由者，谓日用操存之际，一切皆顺性之发，而不至拘于形骸以妨碍其性也。有一毫私欲，便是拘形骸所致，非其性也。"人所要做的，只是使其视、听、言、动皆符合其本性。与本性合，便是诚，便与天道、天命本体合，则其行为自然无不"中节"，而恰到好处。对此熊十力先生以例言之，曰："如以孝言，父母小杖则受，大杖则走，此乃天理自然中节处。"此即是天人合一，反之，则是"不知常，妄作，凶"。

这种现象即真实，伦常日用即本体的体用不二的思想，为人的当下存在找到了一个合理的意义归宿：最高的终极意义就在当下的生活世界中，不必另在生活或现象之外的彼岸去寻求意义、究竟。从而使人的生命存在变得具体、活泼而又充实。基于此，先生反对佛教的执空（抛弃现实现象，而到彼岸去寻求超越的真如本体），也反对西方文化之执有，执着于现象界，而忽略内在之本体，所谓往而不返者也。在熊十力先生的影响下，这一体用不二思想被牟宗三等进一步系统化，以至成了整个现代新儒家思想之基本构架。

明了天道、性命和万物（包括人）间的这层关系，则可使"人生不陷于虚妄矣"。也因此"顺常道而起治化，则群变万端，毕竟不失贞常"。这里的"常道"即是熊氏所谓的本心、天道、性、理、仁、德等。也就是本体，只是"随义差别，则有多名"而已。"治化"则由我及人，是立已立人，达己达人；"顺常道而起治化"，实质就是"率性"，是"日用操存之际，一切皆顺性之发"，并将这一个体的存在态势向外推广、扩充，由己及人，由己及物，最终实现人与人，与万物，与宇宙大生命的融会贯通。

天道性命之理及其与人伦日用之关系，和读经有何联系，熊老先生进行了反复说明："经者，常道也。夫常道者，包天地，通古今，无时而不然也，无地而可易也。""夫六经者，上明天道，下详人事、物理，所谓六通四辟，小大精粗，其运无乎不在者也。""夫六经广大，无所不包通，而穷极万化之真源，则大道恒常，人生不可不实体之也，若乃群变无常，敷宣治理，莫妙于经。"等等。先生认为六经是天道性命等常道的载体，是人事物等的本原，是广涵大千世界之真常，具有至高无上的地位。

那么，六经为什么可以做到这些，为什么具如此崇高的地位呢？对此，熊十力先生道："畏圣人言者，如六经之言，皆修齐治平诚正格致之大道，字字皆从天命自性中流出，故其言无有虚妄。"又曰："盖儒学，自孔子承古代圣帝明王展转传授之学脉，而发挥光大之，结集六经，永为宝典，诸子百家，俱从经出，而各有创获。"乃言六经所载，乃圣人之言，是孔子对古圣帝明王之精神血脉之继承。圣人乃体道之人，是穷究天道性命之理，直探宇宙大生命之本原的人，是已达到天人合一的最高境界的人，而六经之言语内容无一不是从他们精神生命之本原流出来的。圣人们对天道人事、宇宙人生之生命感悟之结晶，是以它们皆是至诚、至真、至慧之言语。所以先生一再强调经者，常道，不可不读。学者要体悟自性，探究宇宙人生之大本大原，则"必赖读经，以资引发，而后有成"。

先生这里对经学的强调，对以经学重建人之道德心性的强调，当是对其时世道人心败坏，虚浮西学流行，而传统经学被束之高阁的社会时代风气的反驳。

这里需要说明的是，熊十力先生所言之经学，也即是他心目中的国学。如他在《读经示要》卷一中说："经世经学已亡（按：先生以为自清儒讲经而经亡），士之慧敏者，或以考核名专家，或以文辞称巨子，而大儒竟不得，国学建而无师，乃必然之事也。"即以国学指经学。进而又言："中土学术，依过去情形言，可分义理、经济、考据、辞章四科。"经分析论证后，先生说："四科之学，无一不原本六经。""四科之繁，可以六经摄尽。"此即认为国学即经学，而经学又可涵涉义理、经济、考据、辞章四科，亦可统摄经史子集四部。而经学又即儒学，其儒学也即仁学。如此，其国学观便与其挚友马一浮先生所论之"六艺该摄一切学术"，而"六艺统摄于一心"的国学观有一致之处了；而与章太炎等人的国学观自是大不相同。

先生还提出"今当融贯中西，平章汉宋"的学术思想。先生认为全盘西化派和国粹派都未能真正弄懂自己所主张的文化精神。他说："凡主张西化或外化诸文，大抵皆零碎之谈。"故流于琐屑和肤浅。以至"对于西洋人所以成功现代化者，其根本精神为何，今后之动向又将如何？此皆吾人所欲知者，诸君子却未能注意及此"。主西化者对此类问题未曾回答，可能也不能回答。另一方面，他对国粹派也进行了批评。认为他们虽"情钟国粹，而不知何者为粹"。连基本的辨别鉴识能力都不具备，空喊口号无益。又曰："近时唱本位文化者，又于中外都无所知，而虚无以自树。"以至"空言儒学，而实不知儒学为何学"。此"本位文化者"即国粹派，先生认为他们多盲目崇尚国学、儒学，但对儒学本身的理解却不够。对于这种状况，熊氏认为，应以客观而冷静地看到中西双方"因环境各有不同……其学术思想之发展，必不能完全一致，此有孤往，彼或忽视，彼所擅精，此实未逮，畸轻畸重，寸长尺短，此为事势之所必不能免者"。即言中西文化各有所长，各有所短，这是不可避免的。因此，面对中西文化之争的这一状况，正确的态度应是在加强对双方学术思想尽可能准确、全面、深入的理解的基础上，"自当以本国思想为根底，以外国思想为资助，吸收外人之长，以去吾国固有之短，亦当考察外人之短，而发挥吾国固有之长供其借鉴"。(《论六经》) 即以己为主，取长补短，以至"融会贯通"。所以"中西学术，合之两美，离之两伤"(《十力语要初续》)。

熊十力先生对中西学术的这种态度，是非常客观和理智的，是广大包容的。事实上他自己正是这样做的（其哲学思想蕴含有西哲柏格森的生命哲学，又有极重的大乘空宗的唯识学思想）。更重要的是，这一融贯中西的学术观为其弟子们所继承，成了新儒家思想发展的方向，如新儒家第二代传人牟宗三、唐君毅，第三代杜维明、成中英等，无不融贯中西；使新儒学具有了广阔的国际视野、胸襟和内蕴，从而为新儒家思想把继往与开新完美地结合、落实下来，为新儒家思想突破儒家文化圈而走向世界打下了坚实的基础。

熊十力先生对汉学和宋学的评论也很精彩。先生对汉学家（或称考据家，以清乾嘉学派为主）的治经方式多有批评。如"清儒之自负讲明经学者，实所以亡经学也"。且文中多次申言："自清儒讲经而经亡。"究其原因，则为"考据家仅通六经之训诂名物而已，而曰圣人之道在是，曾不思畏圣言高远，吾实未得其旨也。吾之疏解，皆似之而非也。则窃圣言以自文，而无所畏矣"。先生认为训诂名物乃文字之学，而非经学之根本，经学之根本应是"涵养德慧，发扬人格"。先生虽批评汉学家之繁琐与失本，但对于他们的功绩亦绝不忽视。他说道："夫清儒解经，正音读，通训诂，考制度，辨名物，其功已博矣。若其辑佚书，征考古义，精校勘，订正伪误，深究语言文字之学，而使之成为独立之科学，其嘉惠后学固不浅。号于清儒长处，何可否认？"可谓实事求是。对于宋学，特别是陆王心学，先生继承较多，论析也极精细，此不赘言。

总之，熊十力在儒家哲学、佛教哲学、中国思想文化史等方面，均有重大建树，特别是在重建新儒学和儒家哲学本体论方面创获颇多。其哲学思想以儒为宗，糅合佛学，和佛教大乘空宗法相唯识之学，建立起了自己的哲学体系。先生的哲学对现当代新儒家有重大的影响，牟宗三、唐君毅、徐复观等第二代新儒学大家，均出于熊十力之门，第三代新儒学学者任沿着先生所开示的哲学方向继续发展。在20世纪中国哲学的发展历史上，熊十力因其重大建树和久远影响，占有极其重要的地位。

（张华林）

熊十力主要相关著述目录：

《心书》，自印本，1918 年刊行。

《唯识学概论》，北京大学出版组刊行，1923 年。

《因明大疏删注》，上海商务印书馆，1926 年。

《唯识学概论》，北京大学出版部刊行，1926 年。

《尊闻录》，自印本，1930 年夏刊行。

《唯识论》，公孚印刷所刊行，1930 年。

《新唯识论》（文言本），浙江省立图书馆刊行，1932 年。

《破破新唯识论》，北京大学出版部，1933 年。

《十力论学语辑略》，北京出版社，1935 年。

《佛家名相通释》，北京大学出版社，1937 年。

《中国历史讲话》，自印本，1938 年秋刊行。

《新唯识论》（语体本），重庆商务印书馆，1944 年。

《读经示要》，重庆南方印书馆刊行，1945 年。

《十力语要》，自印本，1947 年秋刊行。

《十力语要初续》，香港东升印务局，1949 年。

《韩非子评论》，香港人文出版社，1949 年。

《摧惑显宗记》（又名《申述新论旨要平章儒佛摧惑显宗记》），大众书局，1950 年。

《与友人论张江陵》，自印本，1950 年冬刊行。

《论六经》，大众书局，1951 年。

《原儒》，上海龙门联合书局，1956 年。

《体用论》，上海龙门联合书局，1958 年。

《明心篇》，上海龙门联合书局，1959 年。

《乾坤衍》，自印本，1961 年底刊行。

《存斋随笔》，未刊手稿，1963 年底撰成。

《熊十力全集》，湖北教育出版社，2001 年。

（张华林　整理）

中国哲学与未来世界哲学

冯友兰

本世纪初以来，中国的社会、政治局面尽管看来混乱，可是中国的精神生活，特别是哲学思维，却有了伟大的进步。这并不出人意外。中国的混乱，是中国社会性质由中世纪向现代转变的一个方面。在这场转变中，造成了新旧生活方式之间的真空，传统的生活方式已经古老废弃，新的生活方式仍然有待于接受。这样的真空，十分不便于实际日常生活，但是很有利于哲学，哲学总是繁荣于没有教条或成规约束的人类精神自由运动的时代。

在转变时期，过去的一切观念、理想，都要重新审查，重新估价，在这点上一律平等，哪个也不能要求比别个具有更大的权威。进行重新审查、重新估计的人是哲学家，他由此达到的观点，要比自限于单一思路的人高得多。

在中国现在进行的转变中，哲学家们特别幸运，因为自本世纪初以来，他们重新审查、估价的对象，不仅有他们自己的过去的观念、理想，而且有西方的过去和现在的观念、理想。欧洲、亚洲各个伟大的心灵所曾提出的体系，现在都从新的角度，在新的光辉照耀下，加以观察和理解。随着哲学中新兴趣的兴起，老兴趣也复兴了。在这种形势下，如果当代中国思想竟无伟大的变革，倒是非常可怪了。

变革已经发生，速度很快。许多观点已经表达出来了，只是又被后来的观点取而代之，后来的观点则是更多地研究和理解西方哲学的结果。我自己的观点也会被取而代之，虽然如此，我还是把它表达出来，说明中西哲学如何可以互相补充，以及在这种互相补充中，中国思想如何对未来世界哲学可以有所贡献。我只讲两点：一点是哲学使用的方法，一点是由哲学达到的理想人生。

中西哲学必有某种根本的相似之点，否则就没有理由把它们都叫做哲学。分析它们的相似之点时，我基本上限于它们的形上学学说，或限于有形上涵义的认识论学说，因为只有在这里最容易对中西哲学进行比较。在西方哲学中我提出两个主要传统，柏拉图传统和康德传统，以供讨论，并与中国哲学中两个主要传统，儒家和道家传统，进行比较。柏拉图传统和儒家传统，代表着形上学中可以称为本体论的路子；而康德传统和道家传统就其形上学或其哲学的形上学涵义而论，代表着可以称为认识论的路子。有一点强烈地吸引着我，就是，尽管形上学的目的是对经验作理智的分析，可是这些路子全部各自达到"某物"，这"某物"在逻辑上不是理智的对象，因而理智不能对它作分析。这不是因为理智无能，而是因为"某物"是这样的东西：对它作理智的分析就陷入逻辑的矛盾。

本体论的路子，开始于区别事物的性质与事物的存在。正如柏拉图学说的当代解释者乔治·桑塔耶纳所说："像公理一样自明的是：事物若没有性质就没有存在；只有有某种性质的事物才能存在。但是存在就有变化，或有变化之虞；事物能够变形，或换句话说，事物可以丢掉一个本质而拾起另一个本质。"这个路子展现出关于本质的逻辑同一性和永恒性，这些当然都是理智的对象。但是，拾起本质、丢掉本质的那个"存在"又是什么？理智在分析某一事物时，将其性质一一抽去，抽至无可再抽，只觉得总还剩下"某物"，它没有任何性质，但是具有任何性质的事物都靠它才存在。

这个"某物"，在柏拉图学说中叫做"买特"（matter）；柏拉图说它"能接受一切形式"，所以"不可以有形式"。"买特"不可分析，不是因为理智无能，而是因为凡是可以分析者一定具有某种性质。凡是具有性质者就不是叫做"买特"的"某物"了。

有些哲学家不喜欢柏拉图这个"买特"概念，想说"事件"或"物质"，在作为"材料"的意义上，才是宇宙最后的存在。但是这样的想法不是严格的理智分析。我得说，这些哲学家是错在把某些代表实际科学知识的实证观念，当成最后的了，这些实证的观念不是逻辑分析得出的形式的观念。"事件"或"材料"不过是另一类的事物，还需要进一步的分析。即使接受"事件"的说法，可是一个事件或一块材料又得分解为无性质的"某物"加上某性质。

中国哲学中的儒家，从它最初之日起，就尊重"名"，认为名代表人类行为的原则或德性的本质。儒家学说这一方面的形上学涵义，在朱熹的体系中发挥至极。朱熹体系成为中国正统的国家哲学，是从十三世纪起，到二十世纪初辛亥革命将帝制连同国家哲学一起推翻为止。若将朱熹的形上学体系与柏拉图的形上学体系加以比较，就会对这两位伟大哲学家的相似之处有很深的印象。不过朱熹并不认为实际世界只是理（Ideas）的不完全的摹本，而无宁是理的具体实现。在这方面，朱熹是沿着柏拉图的伟大门徒亚里士多德的路线活动的。①

正像本体论的路子开始于区分事物的形式和质料，认识论的路子区分知识的形式和质料，后者正是康德所做的事。照康德说，知识的形式，如时间、空间，以及传统逻辑讨论的诸范畴，都是人的认识能力中固有的。靠这种能力人能够有知识。但是人的知识所包含的仅仅是其形式之内的东西，因而与形式混合在一起，不能分开。在理想中与这些形式有区别的东西可以叫做知识的质料，但是它究竟是什么，人不得而知。这就是康德所说的"自在之物"，或"本相"（noumenon），人不能知道它，人只能知道"现相"（phenomenon）。人不能知道"自在之物"，并非因为人的智力不足，而是因为，如果叫做"自在之物"的东西当真可知，它就必然也只是另一个现相，而不是"自在之物"。

因此康德主张，有个"界线"存在于知与未知之间——未知的意思不是尚未知，而是不可知。康德说，界线"看来就是占满的空间（即经验）与空虚的空间（我们对它毫无所知，即本相）的接触点"。他继续说，"不过'既然界线本身是一个肯定的东西，它既属于在它里面所包含的东西，又属于存在于既定的总和以外的天地，因此它也仍然是一个实在的肯定认识，理性只有把它自身扩展到这个界线时才能得到这种认识，但不要打算越过这个界线"。

就一个方面说，中国哲学中的道家与康德之说相同。道家也区分可知与不可知。儒家认为，名代表原则或本质，原则或本质是实际世

---

① 参阅冯友兰：《朱熹哲学》，布德（Derk Boddep）英译，载《哈佛亚细亚研究学报》1942 年 7 期，第 1～51 页（中文原文载《清华学报》七卷二期）。

界中事物的标准；道家则认为，名代表主观的区别，主观的区别是人类的智力所造成的。"名言"这个名词是道家常用的。"言"是语言，用"名言"这个名词，道家将"名"归结为语言的事，这就必然与知识相联。人的知识只能通过名言。但是名言背后、名言之外，是什么呢？那就是"某物"，它在原则上，根据定义，是不可知的。用康德的术语说，那个某物在界线的彼岸，可以描述为"虚"（void）。这恰好就是道家用来描述界线彼岸的词。道家惯于将界线彼岸描述为"无"，意思是 not-being，为"虚"，意思是 void。

我只说在一个方面道家与康德相同，在另一个方面道家则与康德不同。在伦理学，或康德称为道德形上学方面，他十分吻合儒家，特别是他的"无上命令"之说及其形上学基础，更为吻合。但是专就区分可知与不可知而论，康德与道家十分吻合。

但是，即使在这一方面，他们之间也有很大差别。康德似乎看出，靠纯粹理性的帮助，没有越过界线的道路。在他的体系中，不论纯粹理性做出多大努力去越过界线，它也总是留在界线的此岸。这种努力有些像道家说的"形与影竞走"。但是看来道家却用纯粹理性真地越过界线走到彼岸了。道家的越过并非康德所说的辩证使用理性的结果，实际上这完全不是越过，而无宁是否定理性。否定理性，本身也是理性活动，正如自杀的人用他自己的一个活动杀他自己。

由否定理性，得到道家所说的"混沌之地"。若问：由否定理性，是否真正越过了界线？此问没有意义。因为照康德与道家所说，这个界线是理性自己所设。随着理性的否定，也就不再有要越过的界线了。在事实上，越过界线就是取消界线。若问：越过或取消界线之后，有何发现？此问亦没有意义。因为照康德与道家所说，辨认一物不过是理性的功能。随着理性的否定，也就无所谓辨认了。

在道家看来，康德常用的"自在之物"这个名词，是一个十足误人的名词，因为它有肯定的意义，给人以错误的印象，好比说，我面前这张桌子只是一个假象，真正的桌子却在它的背后，那才是"自在之物"。当然，越过界线的东西不能用象"桌子"这样的词来描述，但是也不能用象"真正的"这样的术语来指称。它只能用否定的名词来表示。最后，连这个否定的符号也必须自身否定之。因此，谁若对道家有正确的理解，谁就会看出，到了最后就无可言说，只有静默。在静默中也就是越过界线达到彼岸。这就是我所谓的形上学的负的方法，道家使用得最多。禅宗也使用它。禅宗是在道家的影响之下在中国发展起来的佛教的一个宗派。

换句话说，描述，在根本上，是知识和理智的任务，但是在界线彼岸的东西根据定义是在知识和理智之外。想要描述彼岸的东西，就是想要用语言说出不可能也不应该用语言表达的东西。不能说它是什么，只能说它不是什么。这就是负的方法的精髓。

从知识和理智的观点看，负的方法表达的是否定的观念，一个X，一个表示人所不知的东西的符号。如果它也算是观念，就只是否定的观念。但是在越过界线时，连否定的观念也要放弃。一旦已经越过了界线，人就不仅没有"否定的观念"而且没有"否定"的观念。

在这里我们得到真正的神秘主义。从道家和禅宗的观点看，西方哲学中虽有神秘主义，还是不够神秘。西方的神秘主义哲学家大都讲上帝，讲人与上帝合一。但是上帝，既然全知全能，实质上就是一个理智的观念。人只要还有一个或多个理智的观念，就还在"界线'的此岸。

另一方面，逻辑分析的方法，我称之为形上学的正的方法，在中国哲学中从未充分发展。例如，朱熹的体系中，起推理的结论虽与西方哲学中的柏拉图学说有很多相似之处，其辩论和证明则远远不够充分。道家反对知识和理智，所做的辩论和证明也是如此。在这一方面，中国哲学家有许多东西要向西方学习。

过去二十年中，我的同事和我，努力于将逻辑分析方法引进中国哲学，使中国哲学更加理性主义一些。在我看来，未来世界哲学一定比中国哲学更理性主义一些，比西方传统哲学更神秘主义一些。只有理性主义和神秘主义的统一才能造成与整个未来世界相称的哲学。这是我想在此肯定的第一点。

也许要问一个问题：所谓越过"界线"，对人生会有什么实际效果？这个问题的答案，将我引到我的第二点，它涉及由哲学达到的理想人生。

象印度哲学许多派别那样的哲学会说，人达到不可言说、不可思议之境，便与所谓绝对实在同一，这种同一的状态叫做"涅槃"。人一旦达到涅槃，便能解说"个人不死"。个人不死，西方的人以为乐，印度的传统以为苦。中国哲学不如此极端。按中国传统，越过界线的实际效果，是提高我想称为的人的生活境界，以改进人生。

我在《新原人》一书中曾说，人与其他动物的不同，在于人做事时，能理解他在做什么，并能自觉他正在做它。他在做的事对于他的意义，正是这种理解和自觉给予的。由此给予他各种不同活动的各种不同的意义。这些意义的整体，构成我所称的他的生活境界。

不同的人可以做相同的事，但是根据他们不同程度的理解和自觉，这些事对于他们可以有不同的意义。每个人都有他自己的生活境界，与其他任何人的都不完全相同。不过撇开这些个人的差异，我们可以将各种不同的生活境界划分为四个概括的等级，从最低的说起，它们是：自然境界，功利境界，道德境界，天地境界。

一个人可以单纯地只做他的本能或其社会风俗习惯引导他做的事。象儿童和原始人，他对所做的可能并不自觉，或对他正在做的并无很多理解。这样，他所做的事，对于他若有意义，也是极少。他的生活境界，我称为"自然"境界。

或有人可能意识到他自己，做一切事都是为了他自己。这不是说他一定是不道德的人。他可以做某些事，其后果是利他，其动机是利己，他所做的一切对他自己都有功利的意义，他的生活境界，我称为"功利"境界。

再有人会进而理解，有社会存在，他是社会的成员。社会构成整体，他是这个整体的一部分。照这种理解，他做一切事都是为了社会利益，以道德命令为无上命令。在道德一词最严格的意义上，他是真正道德的人，他所做的是道德行为。他所做的一切都有道德的意义。因此，他的生活境界，我称为"道德"境界。

最后有人进而理解，在作为整体的社会以外，还有更大的整体，这就是宇宙。他不仅是社会的成员，同时还是宇宙的成员。本着这种理解，他做一切事都是为了宇宙利益。他理解他做的事的意义，自觉他正在做他做的事这件事。这种理解和自觉为他构成更高的生活境界，我称为"天地"境界。

这四种生活境界，前两种是实是的人的产物，后两种是应是的人之所有。前两种是自然赐予，后两种是精神的创造。自然境界最低，接着是功利境界，然后是道德境界，最后是天地境界。其所以如此，是因为自然境界几乎不需要理解和自觉，而功利、道德境界则需要多一些，天地境界需要最多。道德境界是道德价值的境界，天地境界是可以称为超道德价值的境界。

按照中国哲学的传统，一般地说哲学，特殊地说形上学，其功用是帮助人达到精神创造的那两种生活境界。天地境界必须看成哲学境界，因为若非通过哲学得到对宇宙的某种理解，就不可能达到天地境界。但是道德境界也是哲学的产物。道德行为并不单纯是符合道德律的行为，道德的人也不是单纯养成一定的道德习惯的人。他的行为，他的生活，必须含有对相关的道德原则的理解；否则他的生活境界简直可能是自然境界。哲学的任务就是给予他这种理解。

在中国哲学中，道家强调在最高的生活境界中可能有的快乐和幸福。但是在儒家看来，提高人的生活境界到最高境界，不光是个快乐和享受的问题，而是实现人之所以为人者。一个人，作为某种特殊一类的人，例如工程师或政治家，可能是完人。而作为人则可能不是完人。只有在最高的生活境界中人才是完人。哲学的功用是训练人成为完人，完人的最高成就，是与宇宙合一。

但是宇宙不能是理性的对象。在哲学中我们称为宇宙者是一切存在的总体。它相当于道家所说的"大一"。照他们所说，由于大一是一，所以不可言说、不可思议。当我们说"大一"时，已经是二了：一个是所说的大一，一个是说大一的说。

用现代逻辑的话说，当我们思一切存在的总体时，我们是在反思，因为我们是要把我们自身和我们的思都包括在总体之中。但是当我们思总体时，在我们的思中的总体在逻辑上就不包括思总体的这个思。所以我们所思的总体不是一切存在的总体。严格地说，一切存在的总体，是思的一个观念，但是思这样的观念，将欲得之，必须失之，而将欲失之，必先得之。

在《理想国》中，柏拉图说，哲学家必须从感性世界的"洞穴"提高到理智的世界。如果哲学家在理智世界，也就是在天地境界。可是生活在天地境界的人，其最高成就是他自身宇宙同一。刚才我们说过，宇宙不能是理性或理智的对象。所以人自身与宇宙同一时，人也就否定理智，这与"越过界线"情形相同。

个人与宇宙同一，在斯宾诺莎学说中是对上帝的理智的爱。他也似乎说上帝是一切存在的总体。但是如果上帝真是一切存在的总体，它就不能是爱的对象，正如它不能是理性的对象。人不可能爱它，除非人自身与它同一。这个同一，必须由否定理智来完成，因为只有否定理智，人才能实现与不能是理智或理性的对象者同一。可是这个同一就是理智的爱，因为理智的否定本身就是理智的活动。斯宾诺莎没有把这一点讲清楚。

"越过界线"的人，化入"混沌之地"。但是这个化，必须经过理性而否定理性来实现。否则所得的生活境界不是第四种，而是第一种，不是最高，而是最低。在一种意义上，赤子处在威廉·詹姆士称之为纯粹经验的状态，也是生活的"混沌之地"。但是赤子并未化于那里，只不过是在那里。赤子生活在自然境界，自然境界是自然的赐予，不是精神的创造。为什么在越过界线之前，必须对界线有清楚的理解，道理就在此。为了消除理性，必须充分运用理性。为什么真正的神秘主义之前必须有真正的理性主义，为什么负的方法必须结合正的方法，道理就在此。

主张否定理性的哲学，看起来似乎一定是出世的。并非必然如此，虽然一个真正的哲学不可能仅只是入世的。它是出世的，在于试图消除人的自私和卑鄙，但是这并不必意味着排除对世间日常事务的兴趣。一个真正的哲学家既是出世的，又是入世的，强调在人类生活的日常事务中实现最高的生活境界。

实现这个实现，是中国哲学传统的主要目的和主要问题。在我的《新原道（中国哲学之精神）》一书中，曾力求说明，这个问题一直是中国哲学进展的中心，从孔子时代直到现在。

天地境界中的人，中国哲学称之为"圣人"，圣人并不能作出奇迹，也无须试作。他做的事不多于常人，但是具有较高的理解，他所做的事就有不同的意义。换句话说，他在"明"的状态中做他做的事，别人在"无明"状态中做他们做的事。这是他的理解的结果，构成最高的生活境界，由他在人生日常行事中实现之。按照中国的传统，这就是由哲学实现的理想人生。

中国哲学对人生启示的就只是这个公开的秘密。它不过是将人生当作一个自然的事实，努力在精神上改进它，以求使之尽量地好。这里并非简单地是一套道德说教或宗教教条，如有些人设想的。这里是一种年代久远的尝试，要改变日常生活的意义和价值，使之具有在最好意义上的最高价值。这说明为什么，通贯中国历史，哲学能指导精神生活而毫无超自然主义，又能指导实际生活而不低级庸俗。中国若能对未来世界哲学作出贡献，那就是这个公开的秘密：就在日常生活之内实现最高的价值，还加上经过否定理性以"越过界线"的方法。

（1948 年）

【评　介】

冯友兰（1895—1990），河南省唐河县人。1915 年毕业后考入北京大学文科中国哲学门。1919 年 11 月在美国纽约哥伦比亚大学研究院学习西方哲学。1923 年获哲学博士学位后回国，担任中山大学文科主任。先后任燕京大学教授、清华大学教授兼文学院长。1937 年抗战爆发后，冯友兰随清华大学南迁，任西南联大文学院院长。1941 年 11 月至 1942 年 4 月执教于云南大学。1946 年 8 月，冯友兰受邀于美国宾夕法尼亚大学任该校客座教授。1948 年当选中央研究院院士。1949 年后任北京大学一级教授，1955 年当选中国科学院社会科学部学部委员，第四届全国人大代表，第五、六、七届全国政协常委。1990 年 11 月 26 日病逝于北京，享年 95 岁。

作为著名哲学家，冯友兰是现代新儒家的代表人物之一，"新理学"的创立者。

20 世纪上半叶是中国民族主义的自觉与倡扬时期，也是中国学术界在"对西方的反应"过程中渗入民族主义感情的年代。面对帝制覆灭，旧制度行将就木而以主权在民为重心的新制度的兴起，礼教纲常及其思想价值观念土崩瓦解的巨变之局，冯友兰的思想也不可避免地打上这个时代的民族主义烙印。本篇《中国哲学与未来世界哲学》就相当明显地表现了与其整个哲学思想相一致的民族主义倾向。

本篇第四段讲了写作此文的旨趣："一点是哲学使用的方法，一点是由哲学达到的理想人生。"前者是有关方法论、认识论问题，后者是有关价值论问题。正是在所谓"理想人生"的价值认同和趋向上，冯友兰表现了他强烈的"中国哲学"趋向。

本篇首先从本体论的"形上学"问题上比较中西哲学的同异。"形上学"又称形而上学，这里指超越感觉、经验之外的思辨，是人们以阐明事物的超验的理由和其终极价值为内容的一种精神活动。

冯友兰说，人们试图认知的"某物"概念等同柏拉图学说中的"买特"，是一种不能加以分析的哲学命题。人们如果希望用"物质"或"质料"解说"某物"或"买特"，会"陷入逻辑的矛盾"，这是由于"某物"或"买特"本身"没有任何性质"，若加之以人的分析，就会使之在实证观念下成为具有一定性质的"物质"或"质料"。与西方这种看法对照，中国哲学以朱熹尊重"名"的形上学为其"至极发展"，它体现着"人类行为的原则或德性的本质"，并且实际世界是这样的本质的"理"的"具体实现"。冯友兰在这个问题上说得十分简略。何谓"名"？中国古代有名家，《汉书·艺文志》说："名家者流，盖出于礼官。古者名位不同，礼亦异数。"儒家的礼最讲究"名"；礼之异数，其名也异，是为礼之实（尊卑长幼贵贱等级名分）与礼之节文；既然冯友兰将此种"名"视为形上学，则"将其一一抽去，抽至无可再抽"，出于礼官的名家之名就势必只剩下纯粹的形上学的"名"；由于此"名""体现着人类行为的原则或德性的本质"，又由理学大师朱熹发挥到极至，故其还原的内涵就是帝王专制时代的礼制之"名"——三纲五常、兵、刑之类。

在讨论"柏拉图传统和儒家传统代表着形上学中本体论路子"后，冯友兰进而讨论"康德传统和道家传统就其形上学或其哲学的形上学涵义"的"认识论路子"。

康德讲的"自在之物"又译作"物自体"，由于"人的知识所包括的仅仅是其形式之内的东西，因而与形式混合在一起，不能分开"，所以不可知。这种不可知的"自在之物"有两个方面，一个是属于对象、客体方面的，即客观物质世界的本质；另一方面是主体，即"先验演绎"中与"先验对象"相对峙的"先验自我"，亦即作为"统觉综合统一"的"自我意识"。这个先验的"自我"作为形式和功能存在于经验的意识中。康德说："很明显，我不能作为一个对象去认识那必需以之为认识任何对象的前提的东西。"（《纯粹理性批判》）因为"先验自我"是时间的根源，但它本身不在时间之中，从而也就不属于任何经验现象领域，所以它也是一个"不可知"的"自在之物"——作为感性来源和认识界限的独立存在，即在认识范围之外，在此意义上它本是一种"超验对象"。

这样，人类认识的知和未知（不可知）、此岸和彼岸之间就存在一个"界线"，即"接触点"。人类的理性认识只能在可知与此岸的范围内，而不能到达不可知的彼岸世界。

可以把冯友兰比较中国道家和康德相似处与其在《新原道》里的相关论述参看。冯先生说，"道家是经过名家的思想而又超过之的"。"所谓有与无，实则就是有名与无名的简称。""在道家的系统中，道可称为无，天地万物可称为有。""'无名，天地之始；有名，万物之母'这两个命题，只是两个形式命题，不是两个积极命题。这两个命题，并不报告什么事实，对于实际也无所肯定。道家以为，有万物，必有万物所由以生存者。万物所由以生存者，无以名之，名之曰道。道的观念，亦是一个形式的观念，不是一个积极的观念。这个观念，只肯定一万物所由以生成者。至于此万物所由以生成者是什么，它并没有肯定。"所谓道，有两层意思，一层是指一切事物所由以生成者，另一层意思是指对于一切事物所由以生成者的知识。而道若借助言语阐释，则会与一般知识相关联，就会产生"道"非"道"的情况。与此相应，"名言"之后、之外的"东西"，就是康德所说的位于人类认识彼岸世界的"虚"。

冯友兰接着论道家与康德的不同点：道家通过否定理性走到"物自体"，到达"混沌之地"。《庄子·应帝王》说："南海之帝为倏，北海之帝为忽，中央之帝为混沌。倏与忽时相遇于混沌之地，混沌待之甚善。倏与忽谋报混沌之德，曰：'人皆有七窍以视听食息，此独无有，尝试凿之。'日凿一窍，七日而混沌死。"如此看来，冯友兰说的"混沌之地"就是不可知、彼岸的物自体境界。其认识的路径是静默，类似禅宗的"顿悟"，通过灭绝言语、文字、主体的阐释，最终导致"没有'否定'的观念"，达到（或感触到）彼岸的"物自体"。冯友兰的这种推演其实际上是要达到道家"绝圣弃智"的境界。道家的"绝圣弃智"旨在反对当时儒家的圣人，而倡导顺应自然，"处无为之事，行不言之教"（《老子》二章）；反对人为的造作，尤其是儒家提出的仁、义、礼、智、忠、孝等道德。老子认为儒家所倡导的道德，是对大道的破坏，而理想的人格应当是完全符合大道的，因此提出"绝圣弃智，民利百倍；绝仁弃义，民复孝慈；绝巧弃利，盗贼无有"（《老子》十九章）。但冯友兰没有在这个问题上阐说道家"绝圣弃智"反对儒家的内容，这是他作为新儒家一员在价值观认取上的深思熟虑的呈露。其有关"生活四境界"的论述就是这方面的直接表现。

经过本体论、认识论的中西比较后，冯友兰得到了道家和禅宗式的"真正的神秘主义"。他同时认为中国式的神秘主义有其缺乏逻辑分析的不足之处，所以要致力引入西方的逻辑分析方法，以推进中国哲学的理性化；由于经过理性的逻辑的否定，使中国哲学比西方哲学更神秘，以造成"理性主义和神秘主义的统一"的与整个未来世界相称的哲学。

这种哲学的关键点是：在本体论上肯定以儒家、朱熹"代表人类行为的原则或德性的本质"，再从认识论上运用康德"十分吻合儒家"的"道德形上学方面"，以及道家的"否定理性"对儒家的本体论内涵加以认取。

冯友兰据此导入认识论和价值观合一的生活境界的议论。他认为中国哲学是要提高生活境界，以改进人生。他说的四种生活境界，有是否需要理解和是否自觉的区别，以此判别所谓自然属性的人（"前两种是实是的人的产物"）和（儒家）伦理道德化以及具有"天地境界"的人（"后两种是应是的人之所有"）。何以自然属性的人不足道？因为在否定理性之前要经过一个"充分运用理性"阶段，即先要认取儒家以至朱熹的礼制伦理道德价值观阶段，故未经否定理性，未经儒家伦理道德的训教，就不具备所谓"道德境界"。何以伦理道德化的人，即冯友兰认为的"人之所以为人者"比自然属性的人为优？因为他符合儒家"提高人的生活境界到最高境界"。冯友兰抱持的儒家的伦理价值观在这里凸显了。

如是，哲学的任务就是指导、训练人进入道德、天地境界。这种境界惟有所谓"完人"，即在儒家伦理、道家经过否定理性到达"混沌之地"的视域中才能达到，是为与宇宙合一的状态。

由于道家的道不可言说，并且"总体"即大一，须预设，不可加入人的意识，否则会陷于主体混入如同绝对精神的那种状态。人若要与宇宙、总体同一，必须否定理智。"越过界线"的人，化入"混沌之地"，要通过理性而否定理性而达致，否则所达到的生活境界只在第一层次；所谓赤子就是处于第一层次，"纯粹经验的状态"——自然属性的人。

"通过理性"，是希图运用上面说过的西方逻辑方法对儒家以至朱熹以礼制为核心的伦理思想进行逻辑论证，建立为系统的体系。在此基础上又要"否定理性"，则是更进一步，希图运用道家的默想，以"越过界线"，化入"混沌之地"，达致"出世的，在于试图消除人的自私和卑鄙"的致用目的。处于这里边的人有大众"常人"和"圣人"的区别，其间的转换关系是："他（圣人）做的事不多于常人，但是具有较高的理解，他所做的就有不同的意义。他（圣人）在'明'的状态中做他所做的事，别人在'无明'状态中做他们做的事。"言下之意是，圣人至圣，天纵聪明，无所不能，无所不包，能虚能实，能阴能阳，亦开亦阖，亦退亦进，或纵或横，或左或右，上之下之，内之外之，圣心独运，不但能在（"通过"）理性的状态下，即在系统的儒家思想的指导下实施统治（"在'明'的状态中做他所做的事"），而且能在经由否定理性，让"他们"即常人认取"无明"，从而不辨黑白，不论是非，泯得失，忘生死，无私欲，"不知不识，顺帝之则"，自觉接受统治，因为"他不仅是社会的成员，同时还是宇宙的成员"，"他做一切事都是为了宇宙的利益"，即最高统治者的统治利益。

冯友兰的《中国哲学简史》认为，中国哲学的任务，就是把关于入世和出世的哲学命题统一成一个合命题。如何统一起来，是中国哲学所求解决的问题。求解这个，是中国哲学的精神。中国哲学的任务，就是使人有"内圣外王"的人格。内圣，是就其修养的成就说；外王，是就其在社会上的功用说。由于哲学的主题是内圣外王之道，所以学哲学不单是要获得这种知识，而且是要养成这种人格。

冯友兰又在《中国哲学的精神》里讨论从即世间与出世间看中国哲学的精神问题："中国哲学所注重的是社会，不是宇宙，是人伦日用，不是地狱天堂，是人的今生，不是人的来世。中国哲学求一种最高底境界，但又是不离乎人伦日用的。这种境界，就是即世间而出世间的。这个问题的解决，是中国哲学的贡献。"

这些说法，同冯友兰建立的比"西方传统哲学更神秘主义"的世界未来哲学，具有相同的伦理学目的。

（何锡光）

冯友兰主要相关著述目录：

《人生理想之比较研究》（又名《天人损益论》），1923 年在杜威等的
　　指导下完成的博士论文。

《哲学在现代中国》，1934 年在布拉格召开的"第八次国际哲学会
　　议"作的学术报告。

《中国哲学简史》，美国麦克米伦公司，1948 年。

《论孔丘》，人民出版社，1975 年。

《中国哲学史》（二卷本），《三松堂全集》第二、第三卷，河南人民
　　出版社，1988 年。

《新理学》，《贞元六书》，华东师范大学出版社，1996 年。

《新事论》，《贞元六书》，华东师范大学出版社，1996 年。

《新世训》，《贞元六书》，华东师范大学出版社，1996 年。

《新原人》，《贞元六书》，华东师范大学出版社，1996 年。

《新原道》,《贞元六书》,华东师范大学出版社,1996 年。

《新知言》,《贞元六书》,华东师范大学出版社,1996 年。

《中国哲学史新编》(七卷本),人民出版社,1998 年。

《三松堂全集》(共十四册)河南人民出版社,2001 年。

（何锡光　整理）

中国思想通俗讲话·道理

钱 穆

一

今先讲第一论题，即"道理"两字。道理两字，在中国社会，已变成一句最普通的话。我们可以说，中国思想之主要论题，即在探讨道理。我们也可说，中国文化，乃是一个特别尊重道理的文化。中国历史，乃是一部向往于道理而前进的历史。中国社会，乃一极端重视道理的社会。中国民族，乃一极端重视道理的民族。因此中国人常把道理两字来批判一切。如说这是什么道理？道理何在？又如问，你讲不讲道理？这一句质问，在中国人讲来是很严重的。又如说大逆不道，岂有此理，那都是极严重的话。道理二字，岂不是普遍存在于中国现社会人人之心中与口中，而为中国人所极端重视吗？但中国人如此极端重视的所谓道理，究竟是什么一种道理呢？这不值得我们注意来作一番探讨吗？

依照常俗用法，"道理"二字，已混成为一名，语义似乎像是指一种规矩准绳言。在中国人一般思想里，似乎均认为宇宙（此指自然界）乃至世界（此指人生界），形上及于形下，一切运行活动，均该有一个规矩准绳，而且也确乎有一个规矩准绳，在遵循着。但此项规矩准绳的具体内容是什么呢？我们人类的知识能力，又何从而认识此项规矩准绳呢？这正是中国思想史上所郑重提出而又继续不断讨论的一个大问题。

若我们进一步仔细分析，则"道"与"理"二字，本属两义，该分别研讨，分别认识。大体言之，中国古代思想重视道，中国后代思想则重视理。大抵东汉以前重讲道，而东汉以后则逐渐重讲理。《宋史》有《道学传》，而后人则称宋代理学家。今天我们通俗讲话，则把此两字联结起来，混成为一观念。这正是两三千年来中国思想家所郑重提出而审细讨论的一个结晶品。

二

现在依次先讲"道"。道究竟指的是什么呢？《庄子》说："道行之而成。"这犹如说，道路是由人走出来的。唐代韩愈在《原道》篇里说："由是而之焉之谓道。"这是说，道指的由这里往那里的一条路。可见道应有一个向往的理想与目标，并加上人类的行为与活动，来到达完成此项理想与目标者始谓之道。因此道，必由我们之理想而确定，必又由我们之行动而完成。人之行动，必有其目的，由于实践了整个历程而到达此目的，若再回头来看，此整个历程便是道。因此道，实乃是人生欲望所在，必然是前进的，是活动的，又必然有其内在之目的与理想的。

由是演绎开来说，道是行之而成的。谁所行走着的，便得称为谁之道。因此道可得有许多种。如说天道，地道，鬼神之道，人道等是。即就人道言，既是由是而之焉之谓道，则由此至彼，也尽可有好多条相异不同的道。而且由此至彼，由彼至此，皆可谓之道，于是遂可有相反对立之道。故说王道，霸道，大道，小道，君子之道，小人之道，尧舜之道，桀纣之道，皆得称为道。譬如说，你走你的路，我走我的路。孔子说："道不同，不相为谋。"《中庸》又说："道并行而不相悖。"

而且道有时也可行不通，孔子说："道不行，乘桴浮于海。"这是指大道言。子夏说："虽小道，必有可观者焉，致远恐泥。"这是指小道言。《易经》又说："君子道长，小人道消。小人道长，君子道消。"因有相反对立之道，故若大家争走着那一条，这一条一时便会行不通。于是又有所谓有道与无道。无道其实是走了一条不该走的道，那条该走的道反而不走，这等于无路可走，故说无道。

以上述说了道字大义。何以说先秦思想重于讲道呢？如《论语》、《孟子》多言道，六经亦常言道，少言理。庄老也重言道，所以后世称之为道家。但《庄子》书中已屡言理，惟《庄子》书中的理字，多见于外杂篇。在《内篇》七篇，只有《养生主》"依乎天理"一语。若说《庄子》外杂篇较后出,则理的观念,虽由道家提出,而尚在晚期后出的道家。又如《韩非子·解老篇》:"道者,万物之所然也,万理之所稽也。"《管子·君臣篇》:"顺理而不失之谓道。"上引两语,都可归入晚期道家。他们都提到理字,与道字并说,但理字的地位显然在道字之下。

又如《易·系辞》:"易简而天下之理得。"《说卦传》:"穷理尽性以至于命。"乃及《小戴礼·乐记》篇:"天理灭矣。"此为经籍中言及理字之最要者。然《易传》与《小戴记》本非正经,皆属晚出,殆亦受道家影响。而后汉郑康成注《乐记》"天理灭矣"一语,云:"理犹性也。"可见直至东汉儒家,他们心中,还是看重性,看重道,而理字的观念,尚未十分明白透出,因此遂把性来解释理。许叔重《说文解字》曰:"理,治玉也。"又谓:"知分理之可相别异也。"玉不琢不成器,玉之本身,自有分理,故需依其分理加以琢工。孔门儒家重人,不重天,故仅言道不言理。但到宋儒,乃亦重言理字,却说"性即理",才开始把上引"理犹性也"一语倒转过来,把理来解释性。这是中国古代和后代人对理字的观念看得轻重不同一个绝好的例证。此外如高诱《淮南子·原道训》注,说:"理,道也。"《吕氏春秋·察传篇》注,说:"理,道理也。"可见汉儒一般都对理字观念不清楚,看得不重要,因此都把道来解释理。但到宋儒则都把理来解释道。

三

开始特别提出一"理"字,成为中国思想史上一突出观念,成为中国思想史上一重要讨论的题目者,其事始于三国时王弼。王弼注《易经》,说:"物无妄然,必有其理。"这是说宇宙间一切万物,决不是随便而成其为这样的,宇宙万物,必有其一个所以然之理。天地间任何一事物,必有其所以然,而决不是妄然的。妄然即是没有其所以然之理,而随便地成为这样了。当知庄老亦只言自然,这一理字,乃经王弼特别提出,在《易经》本书中,并不曾如此说。即在《易·系辞传》也只说:"一阴一阳之谓道",又说:"形而下者谓之器,形而上者谓之道。"这是说宇宙间一切万物,皆由阴阳之气聚散分合,而才有形象之万殊。有形象的便谓之器，故器是形而下。至于那气如何由阴转阳，由阳转阴，如何聚散分合，那些运行活动，则只是一项过程。过程是变动不居的，是去而不留的，是无形象可指的。因此说它是形而上，而此形而上者则是道。《易·系传》只说到如此，而王弼却于《易经》原有的道的观念之外，另提出一理的观念来，说宇宙万物，各有它一个所以然之理。这是一个新观点，而在后来的中国思想史上，却演生出大影响。

王弼又接着说："统之有宗，会之有元。故自统而寻之，物虽众，则知可以执一御也。由本以观之，义虽博，则知可以一名举也。"这是说，宇宙间万事万物，既各有一个所以然之理，而万事万物又不胜其复杂，既是每一事物有每一事物之理，岂不理也成为很多很复杂吗？但王弼的意思并不然。他说，事物之理好像很多很复杂，但若我们把它编排起来，会合起来，便成为一个元（即是同一的起始），一个宗（即同一的归宿），由是才见得宇宙万事万物，在其背后，有一个最原始最基本的理，为宇宙一切万象所由生。这真是一番了不起的大理论，后来的中国思想家，遂多转移目光，注意到这一问题上。

郭象注《庄子》，也说："物无不理，但当顺之。"以前道家着重在道字，故老子说："道生之，德畜之。"又说："人法地，地法天，天法道。"宇宙万物皆生于道，故宇宙万物皆当法于道，即依顺于道。而郭象则说，宇宙万物皆有理，故当依顺于理。这在说法上，便有些不同。王弼、郭象是魏晋时代的道家，其实已可说他们是新道家，与先秦庄老道家有不同。其次我们要提到稍后佛门中大和尚竺道生，即后代有名的生公。他也说："理不可分，悟语极照，以不二之悟，符不分之理，谓之顿悟。"他说理不可分，这即是王弼所谓"统之有宗，会之有元"了。从前人只说求道明道，而竺道生则转移重点来说悟理。他在佛法中惊天动地的"顿悟"之说，原来是根据于理不可分的观点上。而后来在唐代的华严宗，又演变出事理无碍，事事无碍的理论来。既是宇宙间每一事物之后面各有一个理，而那些理又是可以统宗会元，合一不分的，则自然可见事理无碍，甚至于事事无碍了。既是事理无碍，事事无碍，则何必有形上形下之分，又何必有人世出世之别？于是佛法便渐转成世法，而开启出后代宋儒的理学来。

宋儒称为理学家，他们重视理的观念，不问可知。所以朱子说："合天地万物而言，只是一个理。有此理，便有此天地，若无此理，便亦无此天地。"朱子这一番话，好像是重述了王弼意见，只是把王弼的文言翻译成语体。若论其内容涵义，朱子、王弼之间，可说没有大分别。所以朱子又说："今日格一物，明日格一物，一旦豁然贯通，众物之表里精粗无不到，吾心之全体大用无不明。"朱子这一番话，又很像竺道生。格物虽是渐，而悟理则属顿。惟其理一而不可分，所以有一旦豁然贯通之悟境，而众物之表里精粗可以无不到，吾心之全体大用可以无不明。试问朱子与竺道生所说，又有何甚大的分别呢？

所以理字观念的提出，虽由先秦道家已开始，而直要到魏晋新道家，始发挥得精彩。佛家也因把握了这一观点而阐扬出新佛法，而后来的宋明儒，他们注重理字，显已融进了道佛两家观点，因此造成了儒、释、道三教合一的新儒学。

四

以上约略说明了东汉以上中国思想偏重在讲道，魏晋以下中国思想偏重在讲理，而简单地举出些实证。至于更详细的证明，大家可向书本上自己寻求，我想是可以无需再多说了。

根据上述说法，我们若要和别人讲道理，若要讲我们中国人所传统重视的道理，自然该懂得一些中国思想史的大概内容了。现在让我再进一步，把此"道""理"两字，根据中国传统思想，来作一更细的比较。

道是行之而然的，即是要人走了才有路，没人走，即不成为是路。因此道是可以选择的，如我爱向这边走，你爱向那边走。若有某一条路容易走得通，于是人人尽走向那一条，积而久之，这便成为大道了。因此大话道是常然的，又可说是当然的。譬如吃饭后需休息，不休息常易发胃病，因此饭后休息是当然。因其当然而大家如此，则成为常然。至于理，则是一个所以然。为何生胃病？因其饭后不休息，这是所以然。既有所以然，便连带有必然。饭后不休息，便必然会发胃病。此项所以然与必然，我们则说是理。所以道是教人该怎样，理是告诉人必这样。为何该这样呢？因其是常常这样的。可以说，常然之谓道。又可说，当然之谓道。而理则是必然这样的。如二加二等于四，此之谓数理，但只能说是数之理如此，却不能说它是数之道。又如基督教徒宣扬耶稣教言，我们称之为传道，称之为播道，却不能说是传理或播理。可见即在今天常俗用语，"道""理"两字，也分别得很清楚。

惟其理是事物之所以然，所以理应该先事物而存在。譬如二加二等于四，此是一数理，即在人类没有明白这一数理之前，那项数理早该已存在。又如苹果落地，此是一物理，我们又称之为万有引力之理，但在牛顿没有发明出此万有引力之理以前，那理也早该已存在。因此理也可说是本然的，而道则待人行之而始然，并不是本然。故二加二等于四，是数理。若我先有两个，想凑成四个，则必再加上两个，那种再加上两个来凑成四个的行为与活动，则可说是道。所以道是须待行为而始完成的，因此道字的观念里，必然已加进了某种的事业行为与活动。至于理，则不需有事业，不需有行为与活动，而早已存在着。

因此道可以创造，孔子说："人能宏道，非道宏人。"若没有人的活动与行为，即就没有道。既如此，道何能来宏大人，只是人在宏大道。浅言之，道路是由人开辟修造的，人能开辟修造一条便利人的道，故说人能宏道。但纵使有了这条道，若人不在此道上行，则仍等于没有这条道，而这条道也终必荒灭了。所以说非道宏人。惟其如此，所以既说宏道，又说行道、明道、善道。总之，道脱离不了人事，脱离不了人的行为与活动。没有道，可以辟一条。道太小，可以放宽使之成大道。道之主动在于人。

但理则不然，人只能发现理，发明理，却不能创造理。从前人不懂飞机之理，现在给人发现了、发明了。但人最多也只能发明此飞机之理，并不能说人创造了飞机之理。因飞机之理，乃飞机之所以然，在没有飞机以前，应该先已有了飞机之理之存在。人类只能依据此早已存在的飞机之理来创造出飞机，但人类不能因想造飞机，先创造一飞机之理。一切创造皆得依于理，不能于无理处创造出理来。因此，道是待人来创辟来完成的，其主动在于人。而理则先事物而存在，不待于人之创，其主动不在人。因此，理先在，一成不变。道创生，变动不居。这是道与理之间一很大的不同点。

再言之，理是规定一切的，道是完成一切的。求完成，不限于一方法，一路线，所以道属于多，可以变。而规定一切的理，则是惟一的，绝对的，不变的。即就以茶或咖啡解渴之例来说，茶可以解渴，咖啡也可以解渴，所以或些地区喝茶，或些地区饮咖啡。解渴之道多端，尽可以不同，但论其所以能解渴之理则是一。茶与咖啡之所以能解渴，则有同一理存在。所以道虽多端，而理则一致。道虽可变，而理则前定。在人类未有发明茶与咖啡作为饮料之前，而如何始可以解渴之理则早已存在。人类发明了饮茶与喝咖啡之后，对于此项解渴之理之存在，则并没有增添。在未发明茶与咖啡以前，对于此项解渴之理之存在，也并没有减少。因此，理是不受摇动的，而道则是尽可变通的。只要合乎解渴之理，将来除却茶与咖啡外，人类还尽可发明新饮料。惟其理是惟一的，绝对的，不变的，所以通常俗话也只说合理与不合理。简言之，则只是对不对。合了便对，不合便不对。不合于解渴之理，即不解渴。不合于起飞之理，即不起飞。而道则可以多端，容许变通，所以我们通常也只说近于道，或远于道，或说违道不远，却不说合道与不合道。

五

现在我们试再进一步，另换一方向讲。理先事物而存在，惟一而不可变。我们虽不能创造理，却能发现理，发明理。换言之，理则是可知的。因理既然早已在那里，而且又是老在那里而不变，因此我们今天容或不知有此理之存在，而慢慢地终可知。格物穷理之学，即由此而建立。而道则根本并不在那里，尚有待于某一主动者之由行动来创出道，而道又可常常变，因此道属不可知。譬如他渴了，你哪能知道他必然会找到饮料，又哪能知道他必然会喝茶而不饮咖啡呢？此又是理与道之间一绝大不同处。

上面说，理前定先在而可知，但人又何从来认识此先万物而已存在已决定之理呢？其实此话也只是一理，在人类智识是无法认取此理而予以证实的。在人类，只认为宇宙间一切事物均有其所以然之理，在宇宙间，则并无无理而存在之事物，事物决不能无理而出现。既然事物出现，必然附有理，因此我们说理先事物而存在。若理不先事物而存在，岂不在宇宙间可以出现无理之事物？若此宇宙，容许有无理而出现而存在之事物，则此宇宙，可能有多角之圆形，可能没有生而死，一切不可想像。明天的宇宙，可能变成一绝不可知的宇宙，人类将不能一日安心居住在此宇宙间。将无处可用心，并亦无所措手足。所幸者，则在此宇宙间一切事物，均有一所以然之理。纵使人类今日智识尚有许多说不出的理，但一切事物则老是这般存在着，好待人慢慢去思索，去探求，去发现。而且既然每一事物都有理，则最先必出于一大理。此一大理，在宋儒则称之为"天理"。

何以说宇宙一切理，最先必出于一理？因宇宙间若有两理或两理以上，则此两理必然形成两宇宙，而且此两宇宙将会永远冲突，则仍是一不能安住，不可想像之宇宙。因此宇宙只是一完整的，故此形成此宇宙之理，其最先也必然只是一个理。我们只可说"道并行而不相悖"，却不能说"理并在而不相悖"。若不相悖，则可会通，仍然是一理。因此，就理言，宇宙间必有理存在，而且像是先事物而存在，并且统宗会元，该是只有一个理，即天理，最大而无所不包之理，老是如此存在着。否则若不先有此一理存在，又或并不止一理存在，又或虽存在而仍可变，则此宇宙到底为一不可想像者，到底将不能使人一日安心居，并亦不能活下去。因此就人类理智言，必然该信此宇宙，有一前定先在而终极为人可知之理存在着。宋儒提出"天理"一观念，又提出"理先气而存在"的观念，大意只如此。其实此一说法，则仍只是一纯抽象之理，而无法具体求实证。这一说法，其实在王弼时早已说尽了，即在宋儒也逃不出王弼所说之范围。因此一说法，仅只是理当如此而止，无法具体说。具体说了，则又落到事象上，并非此先宇宙而存在的绝对惟一的大理。

六

讲到此处，不免又要牵连到另一新问题。宇宙万物同一理，但并不同一道。有些道属于人，但有些道则并不属于人。此等不属于人之道，就整个宇宙论，显见比人道的范围更伟大，因此也更重要。中国古人则混称凡此等道为"天道"。而天又是个什么呢？此又是一不可知。《孟子》说："莫之为而为者谓之天。"我们明见有此等道，但不知此等道之背后主动者是谁，于是统归之于天。人生则是从可知（人道）而进向于不可知（天道），也可说，乃由于不可知（天道）而产生出可知（人道），而可知则永远包围在不可知（天道）之内。换言之，天之境界高出于人，而人又永不能逃离天。因此人求明道、行道、善道、宏道，必先知道之有不可知，此乃孔孟儒家所谓知天知命之学。

所谓知天知命，浅言之，则是须知其有不可知。此一理论，道家庄周，亦如是主张。但人心不肯老包围在此不可知之内，总想穿破此不可知，而达成为可知。老子即抱此想法。故老子乃试把道的地位倒装在天之上，他说："人法地，地法天，天法道，道生天地。"但那生天地之道，又是谁在背后作主动呢？这一问，不能不回答，不能不解决。于是老子又说："道法自然。"在老子之意，他只说，道只是自己在如此，背后更没有主动，故称之为自然。既属道自己在如此，则不须再求谁是其主动者。然就上述道字涵义说，道必该在其背后有一个主动。若说道自己在如此，道法自然，则道之本身，似乎已没有一个规矩准绳了。道法自然之说，究是太无把柄，难于捉摸，所以又逼出王弼来，改提出一个理字，使问题较易于解决。

因天道虽不可知，而天理则可知。道之背后应有一个主动者，而理则是一切事物之所以然，在理之背后更不必求其一主动。这一说法，落到宋儒，便说得更清楚。朱子说："帝是理为主。"这是说，纵使是上帝，也得依照理，故理便成为上帝的主宰了。若说上帝能创造世界，创造万物，但上帝也得依照于理而创造。上帝创造了世界，但不能创造此创造世界之理。理规定了一切，同时也可以规定了上帝，因此上帝也只能遵照此理去创造出世界。或者你可说，上帝本身即是此创造世界之理，但上帝的地位，最高也仅能至此而止。故朱子要说，理即是上帝，上帝也由理为主了。因此宋儒说天理，那是理的地位高过了天。天理的天字，只成为理字的形容词，与古人说天道绝不同。

若说天道，则是天在那里走它的路，行它的道。如日月循环、寒暑往来，太阳下去，月亮上升，夏天完了，冬天来到，这是天在那里行它的路。但我们只能知道天在如此行，却不知天究竟要行向何处去，而且也保不住它是否永远如此般行。换言之，天是否有意志，有计划，它的意志与计划究竟是怎样呢？这是一不可知。但若说自然，固然天的不可知的问题可以不存在，但自然也该有一个理，我们不能说自然便了，更不问它理。在此上，郭象思想便不如王弼。因郭象注《庄子》，重视自然更胜过了理。而老子思想，也不如庄周。因庄周言道，还保留有一天，而老子想把那天轻淡地抹去，而仅存有一道。《易系传》则承续老子思想，也只存有一道，不再有天了。因此才逼出王弼来。现在再说到理，则显见与道不同。因理是先定而不变的。正如此刻，诸位听我讲话，究竟不知道我下面定要讲一些什么。但若看我演算草，则几乎可以不必看，只要懂得了公式，答数一定可得。不论是你演或我演，若不如此答，则准是演算者错了。

七

我们如此讲，岂不是宋儒的穷理精神，已远胜过先理秦儒的明道精神吗？这却又不尽然。讲到这里，则又须牵进到另一问题上去。我们只听说"天道""人道"，却不曾听人说"物道"。我们也只听说"天理""物理"，却很少有人说"人理"。可见若注重在讲道，则天与人对立。若注重在讲理，则成为天与物对立。人只包在物之内，不见有它自主自行的地位。若论天道，天属不可知，因此天的地位高了，而人的地位也随而高。若论天理，天属可知，不仅天的地位低了，而人的地位也随而低。因道之背后必有一主动，人类自身亦为道之主动，而有所谓人之道。因此"天""人"对立，而人的地位自高了。由于天人对立而可以求达天人相通，天人合一的境界，那是古代中国人求能明道之最高一境界。至于万物，则并不能主动，因此不能有物之道，物之道则包括在天道之内了。至于理，它是先在那里规定一切，主宰一切的。人也得受理之规定与主宰，因此人也包括在物之内而仅成为一物。因此只有天理物理，"天""物"对立，另外更没有人的地位了。而且天也只成为一物，也在受理之规定与支配。如是则天地万物合成一体，只有理高出于其上。

如是讲来，唯理的世界，其实只是一唯物的世界。不仅没有上帝，而且也没有人。此宇宙则仅是一理在主宰而支配着，而此理又只有在物上去求，所以说"格物穷理"。所以此唯理的世界，其实仍是人类所不能忍受的世界。因此，偏重道与偏重理，必然会形成两种宇宙观，与两种人生观。道的宇宙，是在创造过程中，有多种可能的变动，而且有些处尽可由人来作主。理的宇宙，则先已规定了，在此规定中，无法有变动，谁也不能另有主张，另有活动之余地。

然则哪一种看法对了呢？我想，照中国人看法，即是照中国思想史来讲，宇宙本可有此两种的看法。从某一角度看，此宇宙是动的，能创造，许人插手作主的。另从某一角度看，此宇宙是定的，被规定了，不许人插手作主的。宇宙如此，人生也如此。再换言之，此一宇宙，有些是可知的，而有些则终极不可知。此宇宙决不是全不可知，但也决不是全可知。此宇宙决不是全不可改造，但也决不是全可改造的。此宇宙是被限定的，而在其被限定之内，却有无限的可能。宇宙如此，人生亦如此。

我想中国人所讲宇宙人生的大道理，应该是如上所述的。因此我们若要问，这一个世界，照中国人看法，究竟是道的世界呢？抑还是理的世界？则不如说这一世界乃是道理合一相成的世界。不过古代中国人，在道字的观念上，多用了些思想。而后代中国人，则在理字的观念上，多用了些思想。因此，王弼、郭象虽与庄、老立说有异，而毕竟是大处仍相通。程颐、朱熹虽与孔、孟立说有异，而毕竟也是大处仍相通。而孔、孟与庄、老，也仍有其大处之相通，这便成其为中国思想之共通性。

八

现在我们若把中国思想来和西方欧洲人思想相比，让我们仅从粗大处看，我想，中国人讲道，有些处颇近于西方宗教的精神。而中国人讲理，则有些处颇近于西方科学的精神。此只如耶稣教传道，不能说传理，物理学不能称物道学，即可见。在中国人思想，相信此整个宇宙，应该有一个内在当然之道在遵循着，也应该有一个主宰，虽为人类智识之所不可知，而人类仍可就其所知而上通于此不可知，而使此二者之合一而相通，这便是中国人的宗教精神之所在。

中国人又相信此宇宙有一个必然之理在规定着，而此项必然之理，就人类智识，可以随时随地于每一事物而研讨穷格之，以达于豁然大通之一境，此即中国人的科学精神之所在。在中国没有自创的宗教而爱讲道，中国没有现代西方那一套完整的科学而爱讲理。在西方，宗教和科学，分道扬镳，各走一端，正苦无法调和。而在中国则认为道即理，理即道。道与理，虽有时应分言之，而有时又常合言之，似乎虽可以而不必严格分。若我们依照朱子"格物穷理"的精神直推下去，就成为科学。若我们依照孔子"天生德于予，知我者其天乎"的精神直推下去，也就成为宗教。正因为中国人抱着一种"道理合一相成"的宇宙观，因此宗教和科学的界线，在中国思想里，也就融会调和，不见有甚大的冲突。兹再大体比较言之，似乎中国人更重讲道，而西方人则偏向于求理。

在西方中古时期，因于宗教精神之太偏于一条路上发展，而彼方遂有所谓黑暗时代之出现。最近两百年来，又因于新科学之突飞猛进，仍是太偏发展，而与社会人文脱了节，又引生出种种毛病。更有一辈思想家，试想把自然科学方面的种种律令，来推测整个宇宙，于是唯物论哲学风行一时。若就中国思想观点来评判，那是只见了理世界，而不见有道世界。仍然只见了此宇宙之一面相，而忽略了另一面。尤其是他们试将自然科学的律令，应用到人文界。其最极端者，如马克思的唯物辩证法，与其纯经济的历史观，一切皆属命定必然，个人的地位也全抹杀了。他不知在人类社会中，个人的因素占有重要的成分。而人类的一切活动与创造，在此有限宇宙的规定中，还容许有无限之可能。他重视了物理，忽略了人道。如我上面所讲，他是把在天的观念中所应有的人的成分抹去了，而仅留着物的成分。最多是只见天理，没有见天道。因此，又把天的观念中之神的成分，即为人类智识中所不可知的那一面抹去了。

只有在中国，不纯粹讲理智，不认为纯理智的思辨，可以解答一切宇宙秘奥。中国人认定此宇宙，在理的规定之外，尚有道的运行。

人性原于天，而仍可通于天，合于天。因此在人道中，亦带有一部分神的成分。在天，有部分可知，而部分不可知。在人，也同样地有部分可知，而部分不可知。而在此不可知之部分中，却留有人类多方活动之可能。因此宇宙仍可逐步创造，而非一切前定。这有待于人之打开局面，冲前去，创辟一新道。此等理念，即带有宗教精神，而非纯科学观者所肯接受。这是中国全部思想史所不断探讨而获得的一项可值重视的意见。

（1955 年）

【评　介】

钱穆（1895—1990）原名恩，字宾四，后改名穆。钱家世居江苏省无锡。钱穆先生家世贫苦，幼时丧父，中学毕业即无力求学，以自学成家。钱穆自 1912 年始任小学、中学教员。1930 年，由顾颉刚推介，入北平燕京大学执教，从此跻身学术界。抗战以前，钱穆任燕京大学、北京大学、清华大学、北平师范大学教授，讲授先秦及近三百年学术史。抗战时，钱穆随北大南迁，先后在西南联合大学、成都齐鲁大学、嘉定武汉大学、遵义浙江大学、华西大学、四川大学等校主讲文史课程。抗战胜利后，他曾执教于昆明五华书院、云南大学、无锡江南大学、广州私立华侨大学。钱穆于 1949 年移居香港，并与唐君毅等创建新亚书院，任院长。20 世纪 50 年代，他曾获香港大学名誉法学博士称号。60 年代，他曾应邀讲学于美国耶鲁大学，获耶鲁大学名誉人文学博士称号，也曾讲学于马来西亚大学。钱穆 1967 年定居台北，曾被选为台湾"中央研究院"院士，台北"中国历史学会"理监事，任台北"故宫博物院"特聘研究员。1990 年 8 月 30 日卒于台北。

钱穆先生博通经史文学，擅长考据，一生勤勉，著述不倦。毕生著书七十余种，另有大量学术论文，共约一千七百万字。在中国文化和中国历史的通论方面，多有创获，尤其在先秦学术史、秦汉史、两汉经学、宋明理学、清代与近世思想史等领域，造诣甚深。是 20 世纪中国最著名的史学家、新儒家之一。

钱穆一生与甲午战败以来的时代忧患共终始。面对国难深重，外患纷乘，他的著作的字里行间浸透了深厚的民族悲情和历史意识，充满了对过去的思念与敬意，对未来的企盼与信心。面对旧制度将灭而新制度代兴，旧思想观念陵替而新思想观念渐化渐成，作为浸染浓厚儒家思想的人，势必感到 20 世纪中国文化面临的困境，即价值系统的崩溃，意义结构的解体，以至精神世界的危机。因此在钱先生学术人生中，价值生命的呼应与存在的实感，渗透在他的学问、业绩、演讲、著作之中。

本篇是其《中国思想通俗讲话》"道理""性命""德行""气运"四讲的第一讲。

他在《自序》里提出，世有先知先觉者，当以其"先知觉后知"，"先觉觉后觉"。先知先觉之人有责任"以彼少数思想家之心灵，发掘出多数心灵之内蕴，使其显豁呈露，而辟出一多数心灵之新境界"。这种新境界思想的价值核心是儒家的礼制。"礼由群众来，由群众之蹈常袭故来，由群众之德性之所好所安来。"由于"群众非真有知，特群众有诚"，须待圣人行中庸之道，"造于精微，成于高明"，方可达致"本诸身，征诸庶民，考诸三王而不谬，建诸天地而不悖，质诸鬼神而无疑，百世以俟圣人而不惑"的"大知识"、"大思想"之境。

钱穆在他 1935 年的《先秦诸子系年》里把先秦诸子学说看成一个有序的系统，将诸子之间的思想及学派之间的学术和师友关系联系、贯通起来加以考察。本篇"道理"也分别就道、理的关系从历代诸子入手进行剖析。

钱穆的想法是很明确的，道、理可看做中国人社会、历史活动以至世界、宇宙的所以行、所以知的规矩准绳。

在道一方面，道是人生以欲望为动力，经由人的实践、活动向理想、目标前行的过程。推而广之，则有天道、地道、鬼神之道。在社会政治历史活动中，道表现为王道、霸道，大道、小道，君子之道、小人之道，尧舜之道、桀纣之道等一系列相反、对立之道。活动的过程中，如果人们拥挤于道，或争夺于道，就可能出现君子、小人之道互为消长的情况；如果误认非道为道，则"道不行"，于是就有有道和无道的现象产生。钱穆认为先秦诸子多言"道"而较少言"理"，汉儒"一般都对理字观念不清楚，看得不重要，因此都把道来解释理"。

在理一方面，三国时王弼注《周易》开始从哲学的角度提出"理"："物无妄然，必有其理。"王弼以为："统之有宗，会之有元。故自统而寻之，物虽众，则知可以执一御也。由本以观之，义虽博，则知可以一名举也。"这是说，宇宙间万事万物，既各有一个所以然之理，而万事万物又纷繁万端；尽管事物之理看似十分繁复，但若加以绎理，统而观之，就可看到宇宙万事万物，在其背后，有一个最原始最基本的理，为宇宙一切万象所由生，此理"便成为一个元（即是同一的起始），一个宗（即同一的归宿）"。这个理的概念经过郭象、竺道生到宋儒，最后发展成理学的理。

道是由人践行的，故可以选择。理是事物之所以然，故理乃先天而在，犹如宋儒说"理在气先"。道可以选择，又由人践行，故可发挥人的主观能动性以明道，并使道变得美善。在这里，不是"道之大原出于天，天不变，道亦不变"，而是理先验而存在，一成不变，规定一切，绝对而唯一。然人"不能创造理"，"只能发现理，发明理"，故宋儒大倡格物、致知、穷理。尽管如此，人的认识能力终究有限，只可能探知一事一物之理，而无法穷究宇宙、人生、社会一切的终极之理。此一终极之理叫天理。它"统宗会元"，"先气而存在"，是"一纯抽象之理，而无法具体求实证"。

钱穆认为，关于道，有所谓"天道"、"人道"而无"物道"；关于理，有所谓"天理"、"物理"而无"人理"。在道一方面，由于"天属不可知"，所以人随着天的地位而提高了。在理一方面，由于"天属可知"，所以人随着天的地位而下降了，但因天、人对立，人的地位又提高了。人为万物之一，理先于天、物而存在，并主宰天、物，世界因而成为唯理的、人类所不能忍受的世界。在这种情况下，人的认识因为偏重道与偏重理，必然会形成两种宇宙观，与两种人生观。前者"由于天人对立而可以求达天人相通，天人合一的境界，那是古代中国人求能明道之最高一境界"。后者由于"天、物对立，另外更没有人的地位了。而且天也只成为一物，也在受理之规定与支配。如是则天地万物合成一体，只有理高出于其上"。

这样的理念该如何看待并区分其优劣呢？钱先生认为，在中国人眼中"世界乃是道、理合一相成的世界"。这中间，"中国人讲道，有些处颇近于西方宗教的精神。而中国人讲理，则有些处颇近于西方科学的精神"。借助演绎类推，钱先生得出的中国"精神"的明白趋向就是："若我们依照朱子'格物穷理'的精神直推下去，就成为科学。若我们依照孔子'天生德于予，知我者其天乎'的精神直推下去，也就成为宗教。"

以此视角观照中西方精神，钱先生似乎认为西方人把"道""理"完全视作二途，冰炭水火，互不相容，就必定陷入认识以至社会的困境。西方人近世主要走的是"唯理"的重视物质世界的道路，"重视了物理，忽略了人道"，"只见天理，没有见天道，因此，又把天的观念中之神的成分，即为人类智识中所不可知的那一面抹去了"。

钱先生的这种看法在近代以来的知识分子中相当普遍，诸如西方人重物质轻精神，重科技轻人文，富于生活贫于思想，尊功利贱人生目标，主纵欲乏节制，重争斗轻和谐，重征服自然轻天人合一，有个人自觉无礼教纲常等皆是。对于这一切"病态"的疗救方法，也可以说是对中国的未来发展补偏救弊的方法，就是运用以儒家礼制精神为重心的中国文化价值观去挽狂澜于万一。有可能，这是一种想当然的杞人之忧。其思想方法上的来源，系中国人自古以来的一个根深蒂固的思维习性，即象性思维。

先秦的《周易》所蕴涵的思想或哲理在本质上是象性的，其所包孕的哲理，无论其大小精粗，无论其事关自然、社会还是人生，都不是用抽象的概念，而是透过"象"来呈示。认知对象是象性的，认知的方式或曰工具是象性的，阐释认知的结果的形态也是象性的。六十四卦卦形只是一种象征性的定位、示现、指代符号：表示象性意义的具体所在，而不是纯粹抽象意义的符号，因为所观之象和所阐述的象性哲理都具有较大程度上的象性直观性。自此之后的老、庄、儒、法诸子，以至后世的各色人物，大抵持此象性思维方式看待、观察、处理社会、政治、人生诸种事务。这一现象就是今人常说的中国人多偏重感性，而缺乏理性的特征表现之一。人们时常把有关价值观意义上的内容混入对自然，对人的精神世界以及对社会政治的认识中。在思维过程中，在逻辑概念本身没有得到证实的前提下展开想象，这常常表现为注重整体而忽视问题、对象的分化和分析，注重直观而较少考虑逻辑与实证，习惯于类比，满足于笼统地看待事物而边界不清，缺乏定量、定性的研究。这些造成了象性思维的根本缺陷：无视研究手段、研究方法、理论系统的完备和可操作性，从而导致认识成果的不确定和随意性。

钱先生本篇的立论基点是用演绎思维方式会通诸子，在价值观念上认同、归于宋儒，进而发挥想象以预示"中国精神"可能的未来。其间在道与理，几种"道"与几种"理"，道、理合一等三方面的诸种概念及其转换关系上多有象性思维的想象痕迹。例如，宋儒讲的格物、致知的对象不过为"理"所涵盖的昔圣先贤的"人文精神"，钱先生却以为这一"穷格"之的路径体现了"中国人的科学精神之所在"。须知"君子不器"，"君子谋道不谋食"，"去食去兵，民无信不立"，是孔子恒言，"玩物丧志"，"奇淫技巧"，更是宋明理学家的口头语，其中包含的理念是与科学精神背道而驰的。如此看来，本篇的有些论断确实有值得商榷之处。

（何锡光）

钱穆主要相关著述目录：

《刘向歆父子年谱》，《燕京学报》，1930 年。

《中国思想史》，台北"中国文化出版事业委员会"，1952 年。

《宋明理学概述》，台北"中国文化出版事业委员会"，1953 年。

《人生十论》，香港人生出版社，1953 年。

《庄老通辨》，香港新亚研究所，1957 年。

《湖上闲思录》，香港人生出版社，1960 年。

《中国历史研究法》，香港孟氏教育基金会，1961 年。

《史记地名考》，香港太平书局，1962 年。

《中国文学讲演集》，香港人生出版社，1963 年。

《中国文化精神》，台北三民书局，1971 年。

《中华文化十二讲》，台北三民书局，1968 年。

《先秦诸子系年》，商务印书馆，2001 年。

《中国近三百年学术史》，商务印书馆，2005 年。

《国学概论》，商务印书馆，2007 年。

《中国文化史导论》，商务印书馆，2007 年。

《钱宾四先生全集》，台北联经出版事业公司 1994 年开始出版，分甲
编思想学术、乙编文史学术、丙编文化论著，共 54 册。

（何锡光　整理）

儒佛异同论（存目）

梁漱溟

【 评 介 】

梁漱溟（1893—1988），原名焕鼎，字寿铭、萧名、漱溟，后以其字行世，祖籍广西桂林。1893 年出生于北京。1906 年入顺天中学堂读书。1907 年，开始读梁启超主编的《新民丛报》和《新小说》等出版物。1911 年，中学毕业。毕业前参加京津同盟会。1912 年任《民国报》编辑兼外勤记者。总编辑孙炳文为其拟"漱溟"作笔名，开始读佛典。1916 年蔡元培聘请他到北京大学任教。1917 年欲往衡山出家为僧，未能成志。12 月 5 日到北京大学任教，为哲学门三年级讲授印度哲学概论。1918 年 3 月，在北大哲学门研究所开始讲授佛教哲学。1918 年 10 月，在研究所开设孔子研究。1918 年 11 月，在北大出版部出版《印度哲学概论》。1919 年开始写作《东西文化及其哲学》。1923 年在北京大学开设"孔家思想史"课程。1929 年秋，赴河南辉县参与筹办村治学院。1929 年 11 月，发表《河南村治学院旨趣书》。1946 年，任民盟秘书长，参与国共和谈。1949 年，晋谒贡嘎上师，领取无上大手印，接受灌顶。自 1949 年 8 月初至 9 月初，与罗庸、谢无量等在重庆北碚缙云山上修习藏密功法。1949 年 11 月，《中国文化要义》出版。1988 年，在北京逝世。

梁漱溟是著名的思想家、哲学家、教育家、社会活动家，主要研究人生问题和社会问题，现代新儒家的早期代表人物之一，有"中国最后一位儒家"之称。

20 世纪 30 年代以前，中国各界有识之士惩于积弱积贫，纷纷据其所见，提出各种救国之道，诸如科学救国、实业救国、教育救国、学术救国、文化救国、医学救国、宗教救国、艺术救国等不一而足。梁漱溟作为著名社会活动家，他希望通过乡村建设的途径以救治中国社会积重难返的顽疾，并进行了有益的尝试。

梁漱溟认为中国社会系一村落社会，不适宜走"资本"的道路，倒可以和"社会主义"接轨。建设此村落社会，要做三件事，"均产"、"公田"、"合作"。将此三事做好了，"社会主义"就顺利实现了。对于摆在人们面前的强国富民的工商之道和"自然自足"的农业之道，他坚持这样的态度：工商道路有违于农业文明传统，有悖于"村落社会"秩序，为中国根本前途计，中国宁可牺牲"富裕"与"强盛"。这种村落社会理想源自他的儒家思想观念。他的设想是借鉴中国传统的"乡约"文化，设计农村社会的基层组织"乡农学校"。"乡农学校"由四部分人构成：校董会（负责行政管理），校长（督导），教员（外来者），学生（乡民）。这样的"乡学"具有教育和组织的功能。教育的目的乃是改造乡村文化，乡村文化的改造有了希望，中国文化改造即可迎刃而解。梁漱溟在他的名作《东西文化及其哲学》中指出，西方文化是主利的文化，东方文化则是主善的文化，这是中国文化本质与文化制度的根基，也是中国社会经济制度的根基。梁漱溟在这样的判断之上，形成他的儒家"社会主义"思想。他认为中国主善的思想存在于古代"乡约"中，这其中"有一个标准的礼俗"。在这"礼俗"中，"善是一个无穷的时时在开展中的"。"善"将在他设计的"新社会"中得到"永远的开展"，从而形成新社会的道德基础与精神动力。

本篇《儒佛异同论》写作于1966年，即使是同佛教教义做比较，也仍然灌注着他早年的社会理想。

梁漱溟认为，儒佛二家在"对人而说话"和"所说内容为自己生命上一种修养的学问"两方面有其相同之处。儒佛二家于人生虽有"苦"、"乐"的根本认识之异，但只是因着眼点在"人生两面"与"人生两极"而产生差异："后一面（高于动物）与前一极（高级）为儒家之学所自出，而从前一面（动物）与后一极（低级）展开就产生了佛家之学。"

人们要怎样才能脱离苦境而到达乐境呢？梁漱溟以为在儒家方面，一是须等到将来，因为人类的这种乐境乃是"人类未来文化在古代中国之早熟品。它原应当出现于方来之社会主义社会中。出现过早，社会环境不适于其普及发展"。二是经由个人的修养，"或多或少有以自拔于前文所云低级者，其生活中苦之感受便为之减少，或且有以自乐焉"。

关于后者产生作用的原理，梁漱溟认为人之苦乐感受因"客观条件引起来却决定于主观一面之感受如何，非客观存在而不可易者"，是言世俗人和高明有修养之士苦乐感不同，在于心之滞与畅。这一点与佛家《般若心经》所云"度一切苦厄"者相通。佛家说的"破二执、断二取"，"自性圆满，无所不足"，是脱离执着离贪欲、苦乐的有效途径。这种执着来源于人的第七层意识，即末那识。末那识是意识的根本，其本质是恒审思量。因为它是执取第八识（阿赖耶识）的种子而执着为"我"，使意识生起自我意识，所以末那识又称为"我识"。末那识属于潜意识的范围，它本身并不造作善恶之业，但因它执着自我，所以成为一切众生自私自利的根源，并由此而形成烦恼的根本。如果自"为我"上除却第七识，则可依次消除一切"有执"以至现实生命活动中的色、受、想、行、识"五蕴"，这就可能到达脱离执着以离贪欲、苦乐的境界。

梁漱溟进而比较、申论入世的儒家和出世的佛家在修养实践上的异同："两家同为在人类生命上自己向内用功进修提高的一种学问，然在修养实践上，儒家则笃于人伦，以孝弟慈和为教，尽力于世间一切事务而不息；佛徒却必一力静修，弃绝人伦，屏除百事焉。"佛家一定要依仗"静修"以达致破除意识上的"俱生我执"——人们深陷其中的坚固认识。比如人们意识上认为有时间、空间，就被时间、空间的观念束缚。身处其中，时间、空间被人们的感官认定，也被人们意识全盘接受的科学、真理等认定为既定的现实。这就是佛教说的俱生我执。如果觉性通达所有时间、所有空间，证到了觉性，谁就能不生不灭，通达无碍，从而破除"俱生我执"。在这方面，儒家修养实践的积极意义，源自意识上"不落执著"。"儒家所谓'四毋'既无俱生执、分别执之深浅两层，似只在其分别意识上不落执着，或少所执着而已。在生活上儒者一如常人，所取、能取宛然现前，不改其故。盖于俱生我执固任其自然而不破也。"儒佛二家所以达致宇宙本体的途径不同，根源在于二者对宇宙本体认识的差异。"佛家旨在从现有生命解放出来，实证乎宇宙本体，如其所云'远离颠倒梦想，究竟涅槃'（《般若心经》文）者是。儒家反之，勉于就现有生命体现人类生命之最高可能，彻达宇宙生命之一体性，有如《孟子》所云'尽心、养性、修身'以至'事天、立命'者，《中庸》所云'尽其性'以至'赞天地之化育'、'与天地参'者是。"换言之，儒家为人世之术，必以现实社会政治的道德、人伦为参天尽化的"宇宙"之终极，故重人事；佛家为出世之道，必以泯除包括意识在内的现世万法，方能"解放生命"而脱却涅槃之境，故重精神。

人乃万物之灵，如果加之以修养，达到"心为形主，以形从心"的认识境界，则心与现实式的"宇宙"同体、相通。梁漱溟眼中的儒家的胸怀与孟子所说的浩然之气有其共同之处："其为气也，至大至刚，以直养而无害，则塞于天地之间。其为气也，配义与道。"若加以理念的推演或扩大，则儒家那些"不破俱生我执而俱生我执却不为碍者"就能做到："先人后己，先公后私，以至大公无私，舍己而为人，或临危可以不惧，或临财可以不贪，或担当社会革命世界革命若分内事，乃至慷慨捐生、从容就义而无难焉。"

当然，梁漱溟所言更多的是一种观念，或一种理想，它与现实或实践存在距离："一切学问皆以实践得之者为真，身心修养之学何独不然。凡实践所未至，皆比量猜度之虚见耳。吾文泰半虚见之类，坦白自承，幸读者从实践中善为裁量之，庶免贻误。"也就是说，这种理想是否为真，得经受实践的考量。

梁漱溟同时认识到儒家不是宗教，而宗教具有"超越知识界限，打破理智冷酷，辟出一超绝神秘的世界来，使他的希望要求范围更拓广，内容更丰富，意味更深长，尤其是结果更渺茫不定"的广泛社会作用。这并不意味着儒家的社会作用会降低，因为儒家的礼乐制度及思想于社会风俗人心为不可少，其社会作用与宗教有其相似之处。儒家思想观念价值产生宗教作用的根本点在于，它能消除人在社会活动的演进中所产生的"理智"。"理智之在人，原为对付外物处理生活之一工具；分别、计较、营谋、策划是其所长。然由是而浑融整个的人生乃在人们生活中往往划分出手段、方法与目的，被打断为两截，而以此从属于彼，彼则又有所从属，如是辗转相寻，任何一件事的意义和价值仿佛都不在其本身。其倾欹乎外而易致动摇者实为此。"是说人若纯然依赖理智，会在人的价值、目的、意义上陷入理智的手段与方法中，从而迷失方向。以此人就要借助儒家礼乐提供的调和人的情感作用以避免理智之弊。"人类远高于动物者，不徒在其长于理智，更在其富于情感。情感动于衷而形着于外，斯则礼乐仪文之所从出而为其内容本质者。儒家极重礼乐仪文，盖谓其能从外而内以诱发涵养乎情感也。必情感敦厚深醇，有发抒，有节蓄，喜怒哀乐不失中和，而后人生意味绵永乃自然稳定。"

为什么呢？儒家的礼为人规定尊卑长幼贵贱等级的不可逾越的名分，乐从另一方面淡化礼制加于人的差别，调和人的感情，使人在礼乐的作用下各安其位，各得其所，因而各得其乐。"他（孔子）给人以整个的人生。他使你无所得而畅快，不是使你有所得而满足；他使你忘物，忘我，忘一切，不使你分别物我而逐求。怎能有这大本领？这就在他的礼乐。"语云："人芝兰之室，久而不闻其香，则与之化矣；入鲍鱼之肆，久而不闻其臭，亦与之化矣。"积久之渐，习惯成自然，浑浑噩噩，麻木不仁，"人的生命时时在情感流行变化中，便释然不累于物耳。生死祸福，谁则能免？但得此心廓然无所执着，则物来顺应，一任其自然，哀乐之情而不过焉，即在遂成天地大化之中而社会人生于以稳定"。由于"佛家是走宗教的路，而儒家则走道德的路。宗教本是一种方法，而道德则否。道德在乎人的自觉自律；宗教则多转一个弯，俾人假借他力，而究其实此他力者不过自力之一种变幻"，而儒家"礼乐使人处于诗与艺术之中，无所谓迷信不迷信，而迷信自不生，有宗教之用而无宗教之弊"，则儒佛二家异同优劣不言自明。

（何锡光）

梁漱溟主要相关著述目录：

《究元决疑论》，《东方杂志》，1916 年 9 月。

《印度哲学概论》，北大出版部，1918 年。

《东方学术概观》，巴蜀书社，1986 年。

《勉仁斋读书录》，人民日报出版社，1988 年。

《梁漱溟问答录》，湖南出版社，1992 年。

《中国文化要义》，学林出版社，1996 年。

《东西文化及其哲学》，商务印书馆，1999 年。

《梁漱溟先生讲孔孟》，广西师范大学出版社，2003 年。

《乡村建设理论》，上海人民出版社，2006 年。

《人生的艺术》，陕西师范大学出版社，2007 年。

《梁漱溟全集》（1~8 卷），山东人民出版社，1989—1993 年。

（何锡光　整理）

论儒教的形成（存目）

任继愈

【评　介】

任继愈（1916—2009），山东省平原县人。1934 年考入北京大学哲学系，1938 年毕业。1942 年于昆明西南联合大学北大文科研究所研究生毕业，留北京大学哲学系任教。历任北京大学哲学系讲师、副教授、教授。1964 年，受毛泽东、周恩来等领导人的委托组建中国社会科学院世界宗教研究所，先后担任中国社会科学院世界宗教研究所所长、名誉所长。"文革"期间，曾被送往河南信阳干校接受"教育"，"文革"结束后回到宗教研究所工作。1987 年至 2005 年 1 月，任国家图书馆馆长，现任国家图书馆名誉馆长，另兼任中国社会科学院研究生院博士生导师、中国宗教学会名誉会长、中国哲学史学会会长、中国西藏佛教研究会会长、中国无神论学会会长等职。作为学术界的代表，曾连续当选为第四、五、六、七、八届全国人大代表。

任继愈一生致力于中国哲学史和思想史研究，在儒学、佛教、道教等领域均有重要贡献。他是新中国成立后较早利用用马克思主义研究中国古代哲学的学者之一，成就也最为显著。他主编的《中国哲学史》（四卷本）从 20 世纪 60 年代开始，一直是中国许多大学哲学系的基础教材，影响了几代学人。70 年代，他又主编了《中国哲学发展史》（七卷本）。在中国传统哲学研究领域，他还首先提出了"儒教"学说，引起学界强烈反响。

在佛教研究领域，他的贡献也是卓越的。他是新中国较早从事佛教研究的学者，从 20 世纪 50 年代开始，他就把佛教哲学思想作为中国哲学的重要组成部分来加以研究。从那时起，他开始连续发表研究佛教哲学的文章，受到毛泽东等国家领导人的高度重视。此外，他还涉足道教研究领域，先后出版了《中国道教史》、《道藏提要》等著作，这些研究成果，为道教的深入研究提供了更好的平台。在宗教研究方面，他始终坚持以科学无神论为思想基础的马克思主义宗教观，坚持宗教研究中的马克思主义立场，坚持用无神论思想批判形形色色的有神论，抵制各种打着科学和民族文化旗号的迷信活动。在他的领导下，创办了以宣传无神论为宗旨的杂志《科学与无神论》。

从 20 世纪 80 年代开始，任继愈还先后领导了规模浩大的《中华大藏经》和《中华大典》的整理、编纂工作，如果全部完成，总计字数将达到 10 亿余字。这些大规模的传统文化的资料整理工作，无论对当今的文化建设还是对后世的文化传承，都有着不可估量的价值。

任继愈主要著作有《汉唐佛教思想论集》、《老子新译》、《中国哲学史论》、《任继愈学术论著自选集》、《墨子与墨家》、《任继愈禅学论集》等，主编《中国哲学史》、《中国哲学发展史》、《中国佛教史》、《中国道教史》、《道藏提要》、《宗教大辞典》、《佛教大辞典》等。

《论儒教的形成》发表于《中国社会科学》1980 年第 1 期。在 20 世纪 80 年代初，虽然经过了思想解放，学术思想相对开始活跃，但学术研究还未从政治意识形态中取得独立地位。在历史研究中，马克思唯物史观仍然是最重要的方法论，社会分析仍立足于统治阶级与被统治阶级的矛盾和对立。《论儒教的形成》同样打上了鲜明的特殊时代的印记。但是，在论点上，这篇文章打破了思想界所公认的"中国无宗教"的藩篱，大胆抛出了"儒教是宗教"的言论，且论证了中国的"儒学"是如何一步步成为"儒教"的。通过回溯历史和定性分析，文章认为，"宋明理学的建立，标志着中国儒教的完成。它信奉的是'天地君亲师'，把封建宗法制度与神秘的宗教世界观有机地结合起来。其中君亲是中国封建宗法制度的核心。天是君权神授的神学依据，地是作为天的陪衬，师是代天地君亲立言的神职人员，拥有最高的解释权。……中国中世纪独霸的支配力量是不具宗教之名而有宗教之实的儒教"。除了这篇文章，任继愈还有《从儒家到儒教》、《中国哲学与中国宗教》、《儒教的特点及其发展阶段》、《儒家个性与宗教共性》、《儒教是人伦日用的神学》、《佛教向儒教靠拢》、《要重视儒教的研究》、《具有中国民族形式的宗教——儒教》等多篇学术著作，详细阐述了"儒教是宗教"的观点。他从儒教的发展与演变、个性与共性，历史与现实等各个方面，透辟地分析了儒家思想在中国的宗教性特质。他认为，宗教之所以是宗教，有它的本质部分和外壳部分，本质是信仰与追求，外壳是信奉对象、诵读经典的组织形式。儒家作为中国的传统宗教，其本质部分就是提倡禁欲、重"忠孝"，尊"三纲"；而其外壳部分则是，信奉"天地君亲师"，这符合宗教外壳的组织形式。

任继愈所提出的"儒教说"，从根本上改变了对中国传统文化性质的认识，是中国传统文化研究的重要突破。"儒教是宗教"的提出，在学术界可谓一石激起千层浪，不但"当时反对者众，响应者几无一人"（李申《中国儒教史·自序》），而且有许多知名学者，如冯友兰、梁漱溟、张岱年等都提出了有理有据的批评。如梁漱溟就认为，儒家一不谈生死，二不谈鬼神，所以决不是宗教。张岱年认为儒家是"以德育代替宗教"的传统。由此，引发了绵延二十多年的"儒学与儒教"哲学大讨论。多年来，"儒教说"虽还有持反对意见者，但逐渐得到一些学术界同仁的理解和赞同。在此基础上，任还依据历史事实，将中国佛教思想和道教思想纳入中国哲学发展的主流，同儒教一起构成承载中国传统文化的三大基石。这些学术贡献，虽然也遭到过质疑，但越来越被多数人所接受。可以这样说，20世纪80年代以来的中国传统文化者基本上都接受和赞同儒、释、道是中国文化的主要组成部分这种看法。在有些场合，这种看法似乎已经成为了不辩自明的公理。

传统文化越被人们所重视，儒家文化也就倍受推崇，"儒教说"就有更多的追随者。近年来，有些学者提出"儒教就是中国文化和中华文明的载体，是中华民族道德精神与生命信仰的体现，儒教与中华民族、中国国家的命运紧密相连：儒教兴则华族兴中国兴，儒教衰则华族衰中国衰。今天中国要实现中华民族的伟大复兴，必须伴随中国儒教的伟大复兴，不可能中国儒教式微衰落而中华民族复兴强大。中华民族伟大复兴的根本标志是中华文明的伟大复兴，而中华文明的伟大复兴就是中国儒教的伟大复兴，只有在中国全面复兴了儒教，我们才能说中华文明得到了复兴"（蒋庆《关于重建中国儒教的构想》）。这一观点，不仅认同中国几千年发展进程中的"儒教"，认为"儒教"是中国的文化命脉，而且还认为儒教的存亡或发展与否，直接关系到中华民族的兴衰。此论不乏信奉者，与此相应的读经、讲学、研讨活动也频频开展，大有蔓延之势。当然，也招致了为数不少的批评，甚至是尖刻的讽刺。

回顾任继愈的"儒教说"，我们也不难看出，虽然他对"儒教"是否存在的问题论证和总结得有理有据，但对"儒教"的感情色彩是消极的。《论儒教的形成》提道，"宋明以后的儒教，提倡忠君孝亲、尊孔读经、复古守旧，都是文化遗产中的糟粕，是民族精神的赘疣"，"儒教本身就是宗教，它给中国历史带来了具有中国封建宗法社会特点的宗教神权统治的灾难。"对于儒教对于现代社会的发展所能发挥的作用，文章认为："儒教带给我们的是灾难、是桎梏、是毒瘤，而不是优良传统。它是封建宗法专制主义的精神支柱，它是使中国人民长期愚昧落后、思想僵化的总根源。有了儒教的地位，就没有现代化的地位。为了中华民族的生存，就要让儒教早日消亡。"稍迟一年发表的《儒教的再评价》再次强调，"儒教所起的主导作用对于今天的新中国的前进也是一种严重的思想阻力，甚至也是社会阻力。"这种态度，存在于特定历史时期，是特定文化思潮的一种具体表现。当时在知识分子中最有影响的《读书》杂志在 1980 年第 11 期刊出了名为"与传统的封建文化告别"的重要文章，文中宣称："负着传统文化的沉重枷锁，中华民族将永无振兴之时。"随后甚至出现了"告别传统"、"全盘西化"的呼声。20 世纪 80 年代初期开始的文化热，反思传统，推崇个人主义和自由主义，总体来说对传统文化是持否定态度的。

任继愈对儒教所持的态度，与今天大力"复兴儒教"的呼声形成鲜明对比。前者看到了传统文化作为强势整体，对个体存在一定的压制，有时可能会沦为独裁、专制、残暴的帮凶。而后者对社会发展历史的进程考察不足，以想当然的方式将儒教复兴和中华民族的复兴建立绝对关联，存在一定的盲目性。两种意见都有自己的道理，但可能都存在一定的偏颇，但如果能有全面认识，则可以免于执于一端。

《论儒教的形成》发表于 20 世纪 80 年代初，不免还残留有时代文化特征的烙印。受时代文化思潮的影响，文章对儒教的批判有过激之处。儒教可能有陈腐、守旧、专制、残酷的一面，但是，也有奋发、向上、创造、和谐的另一面，仅以其中的一面来进行是非评判可能有失偏颇。近年有关儒学和儒教的问题争论很多，也很深入，虽然也有各执一端的倾向，但总体来说，视角更为全面，态度更加客观。任继愈先后在 2007 年 3 月 12 日的《北京日报》和 2007 年 4 月 26 日的《中国文化报》上发表了《再谈儒家和儒教》、《再谈儒学》等文章，表示"我们要建设新文化，传统文化是重要的资源。继承传统文化优秀成果的历史责任要我们担当。改革开放以来，世界影响着我们，我们也影响着世界。对传统文化，需要认真研究。为了实现这一目标，弄清儒教是不是宗教还不是最重要的，虽然这也是继承传统文化优秀成果的一个方面。最重要的是要弄清哪些是精华，应该继承发扬；哪些已经过时，需要更正修改。这个工作，五四时代就在做，但只能算是开头"。作为知名学者，表明这种态度，既是对当下盲目鼓吹"复兴儒教"的警醒，也是对过去轰轰烈烈批儒批孔态度的一种反思。

（陈卫星）

任继愈主要相关著述目录：

《老子今译》，古籍出版社，1956 年。

《中国哲学史》，人民出版社，1963 年；2003 年（修订）。

《汉唐佛教思想论集》，人民出版社，1973 年。

《老子新译》，上海古籍出版社，1978 年。

《中国哲学史论》，上海人民出版社，1981 年。

《中国哲学发展史》（主编），人民出版社，1983—1998 年。

《中国佛教史》（主编），中国社会科学出版社，1988 年。

《中国道教史》，上海人民出版社，1989 年。

《任继愈学术论著自选集》，北京师范学院出版社，1991 年。

《道藏提要》（主编），中国社会科学出版社，1991 年。

《老子全译》，巴蜀书社，1992 年。

《任继愈学术文化随笔》，中国青年出版社，1996 年。

《墨子与墨家》，商务印书馆，1998 年。

《宗教大辞典》（主编），上海辞书出版社，1998 年。

《中国文化大典》，山西教育出版社，1999 年。

《中国藏书楼》，辽宁人民出版社，2000 年。

《竹影集（任继愈自选集）》，新世界出版社，2002 年。

《佛教大辞典》（主编），江苏古籍出版社，2002 年。

《任继愈禅学论集》，商务印书馆，2005 年。

《皓首学术随笔·任继愈卷》，中华书局，2006 年。

《国家图书馆藏敦煌遗书（第 1~72 册）》（主编），北京图书馆出版社，2005—2007 年。

（陈卫星　整理）

说"国学"（存目）

张岱年

【评　介】

张岱年（1909—2004），字季同，别号宇同，直隶（今河北）献县人，北京大学哲学系教授，著名哲学家。张岱年1909年5月出生于北京，3岁随母回河北老家，7岁进村塾读书，12岁到北京师范大学附属小学上学。1928年，考入清华大学，因故退学；后又考入北京师范大学教育系。大学期间，先后发表了《关于老子年代的一假定》、《先秦哲学中的辩证法》、《秦以后哲学中的辩证法》、《辩证法与生活》、《辩证法的一贯》、《世界文化与中国文化》等文章。1933年，张岱年于北京师范大学毕业，经冯友兰先生和金岳霖先生推荐，被聘为清华大学哲学系助教。1937年日军大举侵华，开始蛰居读书。1943年，至私立中国大学任教。1946年，清华大学复校，任清华大学哲学系副教授。1951年任清华大学教授，1952年高等院校调整，调任北京大学哲学系教授，一直从事中国哲学的教学和研究工作。1958年始，在政治运动中被打成"右派"，多次派往农村劳动改造。1970年返回北京，从事相关教学工作。1978年开始重新发表论文，同年任新成立的"中国哲学史学会"会长，并先后兼任中华孔子学会会长、名誉会长、清华大学思想文化研究所所长等职务。1982年起，张岱年先后出版了《中国哲学发微》、《中国哲学史史料学》、《中国哲学史方法论发凡》、《求真集》、《玄儒评林》、《中国伦理思想研究》、《中国古典哲学概论范畴要论》等重要著作。2004年4月24日，张岱年先生因患心肌梗塞引起心脏衰竭，不幸辞世。

张岱年自 20 岁开始，涉猎中西，未及 30 岁即著有《中国哲学大纲》，此后又著有《天人五论》（即《哲学思维论》、《知实论》、《事理论》、《品德论》、《天人简论》），对宇宙人生，有独到见解。40 岁以后潜心从事中国哲学史研究，努力运用马克思主义观点和方法研究中国哲学问题，对中国古代唯物主义和辩证思维多有阐发。如认为中国自古就有一个唯物主义传统，每个时代都有唯物论者。汉代王充的"疾虚妄"、南朝范缜论"神灭"、北宋张载提出"凡象皆气"，明清两代对张载气化学说的继承等，均可看作唯物论的不同论述方式。中国辩证思维从孔子讲"辨惑"、道家讲"反衍"，《易经》讲"一阴一阳谓之道"、"刚柔相推而生变化"，就形成了传统，内涵极其深邃。《先秦哲学中的辩证法》、《秦以后哲学中的辩证法》、《颜李之学》、《中国思想源流》、《关于新唯物论》、《辩证唯物论的知识论》、《辩证唯物论的人生哲学》等重要文章，反映了他的这些深入思考。

《说"国学"》一文发表于 1989 年。在 20 世纪 80 年代初开始兴起的文化热中，公共知识分子满怀热情，以"新启蒙主义"自处，"输入新知"成为时尚，出现了对中国传统文化的反思潮流。与此同时，源自西方的"文化学"再度得到特别关注，传统文化的反思潮流逐渐被学术界的"文化研究"和"文化比较研究"所代替，形成了新的文化热潮。1983 年 12 月，中国社会科学院近代史研究所和复旦大学历史系中国思想文化史研究室共同主办的《中国文化研究集刊》编辑部和联合国科教文组织《人类科学文化史》中国编委会邀集国内学术界著名学者在复旦大学召开了"中国文化史研究学者座谈会"，众多知名学者与会。1984 年 3 月，复旦大学出版社出版了《中国文化研究集刊》（第一辑）。同年 12 月上海中青年理论工作者召开了"全国首届东西方文化比较研讨会"，并成立"上海东西方文化比较研究中心"。随后，北京成立了"中国文化书院"，武汉成立了"文化研究沙龙"等。1985 年上半年，中国文化书院在北京举办了第一期"中国文化讲习班"，著名学者诸如梁漱溟、冯友兰、张岱年、任继愈、李泽厚等相继登台主持或讲演，产生了很大的影响。此后，《文汇报》、《光明日报》相继开辟了"中国传统文化和现代化"、"关于中国传统文化"的专栏，出版界出版了一批文化系列丛书，如山东文艺出版社的"文化哲学丛书"（1986）、上海人民出版社的"文化新视野丛书"（1987）、浙江人民出版社的"比较文化丛书"（1987）、光明日报出版社的"现代文化丛书"（1988）、浙江人民出版社的"世界文化丛书"（1988）等。这些文化活动，对"文化热"起到了推波助澜的作用。

在《说"国学"》一文中，张岱年明确表示，"近几年来，'反传统'成为国内的时髦口号，然而鼓吹反传统的论者对于传统并无真正的研究，同时反传统者也正是继承了一部分传统"。他认为"今天研究国学，不但要整理前人已经做出的成绩，还应推陈出新，在前人成果的基础之上更向前进"。对于中国传统文化的态度，张岱年始终坚决反对全盘西化论，亦不赞同国粹主义，提出了"文化综合创新论"的见解。所谓综合，一是"中西文化之综合"，即中国传统文化的优秀内容与近代西方的文化成果的综合；二是中国固有文化中不同学派的综合，"包括儒、墨、道、法各家的精粹思想的综合以及宋元明清以来理学与反理学思想的综合"。"文化综合创新论"的首要条件便是要把我们传统文化的"家底"摸清楚，否则难谈综合创新。"文化综合创新论"，得到了学界的普遍赞同。

1991 年，张岱年主编了一套"国学丛书"，其中有《五行大义研究》、《国学今论》、《谶讳论略》、《天学真原》、《魏晋玄谈》、《歧黄医道》、《先秦儒学》、《宋明理学》、《汉字略说》、《道经总论》、《象数与义理》、《墨学通论》、《古籍的阐释》、《公羊学引论》、《古典兵略》、《明清启蒙学术流变》、《庄子哲学辨析》等，共计二十余本。在每本书前，有张岱年撰写的序言，这个序言代表了他对国学所持态度的立论基础："中华民族屹立于世界东方，创造了灿烂光辉的中国文化，对于世界文化作出了巨大的贡献。古语云：'国有与立。'（《左传·昭公元年》'国于天下，有与立焉。'）我们中国必有其足以立国的思想基础。这立国的思想基础即是中国传统学术中的精湛思想。中国古代哲学是世界三大哲学传统之一，先秦哲学可以与西方古希腊哲学媲美，宋明哲学的成就超过西方中世纪的经院哲学；中国的文学艺术亦独具特色。二十年代曾经有人认为中国没有自然科学，然而近年英国著名科学史家李约瑟撰写了多卷本的《中国科学技术史》，证明中国古代自然科学曾经达到较高的水平。……我们现在研究国学，要采取分析的态度。中国传统学术的内容，可以说是瑕瑜互见、精粗并存。其中既有符合客观实际的真知灼见，至今犹能给人以深切的启迪；亦有违背客观实际的谬妄之说。我们研究传统学术，要去粗取精，去伪存真。"

诞生于 20 世纪 90 年代初的《国学丛书》，贯彻了张岱年的文化主张。与 20 世纪 80 年代的各种 "文化丛书" 相比较而言，《国学丛书》更多地将视线投向中国文化本身，对传统文化表现出更多的是探究、弘扬而非反思的姿态。这一转变，如果从历时的角度来看，体现了中国文化思考方向上的一个重要转折。此后的 1992 年，北京大学成立中国传统文化研究中心；1993 年 5 月，北大中国传统文化研究中心创办的大型学术刊物《国学研究》年刊第一卷出版。同年，另一本刊物《传统文化与现代化》创刊（张岱年任主编），从刊物名称上就可见出其侧重与倾向。与此相互呼应的是，江西百花洲文艺出版社编印了大型丛书 "国学大师丛书"，学术界出版了研究传统文化的《中国文化研究》、《东方》、《寻根》等多种刊物，相关单位分别拟定了编印 "四库存目丛书"、"续修四库全书"、"传世藏书" 等大型古籍整理规划。

1993 年 8 月 16 日，《人民日报》以整版篇幅刊登了《国学，在燕园悄然兴起》的文章，编者还特意加上按语："国学的再次兴起，是新时期文化繁荣的一个标志。" 随后，《光明日报》、《文汇报》、中央电视台等媒体也进行了相关报道。经媒体的渲染，"国学" 成为公众事件，引起了广泛关注，并由此引发了各种讨论。1994 年第 6 期《哲学研究》上，曾刊登一篇署名文章提出了批评："一些人宣扬中国需要孔夫子、董仲舒，需要重构与马克思主义并列的中国哲学新体系。""不排除有人企图以 '国学' 这一可疑的概念，来达到摒社会主义新文化于中国文化之外的目的。" 1995 年 2 月，香港中文大学《二十一世纪》上发表的赵毅衡的《"后学" 与中国新保守主义》，认为当时的所谓 "国学复兴" 是 "一个强大的新保守主义思潮正在中国知识界翻卷起来"，这种新保守主义为俗文化崇拜制造舆论，将使整个中国知识界 "走上媚俗之路"。同年第 5 期的《哲学研究》上刊登的《五四精神与传统文化学术座谈会述评》也表示极大不满："新儒学和国学目前热过了头。一些昔日频繁出入马克思主义武库的人如今已幡然易帜，一些昔日的全盘西化论鼓吹者也加入到海外势力的文化保守主义大合唱中。"针对各种意见，1995年第5期的《中国社会科学院研究生院学报》专门开辟了《国学与时代精神》的讨论专栏，刊发的第一篇文章就是张岱年的《国学与时代》。文章正面回应了各种批评意见。针对复古的批评，文章表示，"从事实上看，全国研究国学的人其实只是少数愿坐冷板凳的人，这些坐冷板凳的人，虽有些历史兴趣，但是大多数并无提倡复古之想。对于复古主义的苗头加以迎头痛击是必要的，提出警告也有积极意义，但是客观上大多数人与国学有点关系的学者尚无复古的意向。"对于文化保守主义的批评，文章也进行了阐明，提出国学研究"是为了中国新文化的建设。一个文明民族必须具有自知之明，既要了解本民族文化之所长，也要了解本民族文化之所短。国学研究有助于民族的自我认识"。该文还进一步表明研究国学的重要意义在于世界文化的多元和互补："关于世界文化与中国文化的前途问题，我赞同文化多元论。在历史上，东方文化与西方文化相互辉映。……未来的世界文化必将是众多具有特色的文化共同繁荣的集合体。"应该说，这些言论，既是对误解的澄清和说明，也是坚持进行传统文化研究的决心和信心的一种表述。正是有这样一批不畏风雨"愿坐冷板凳的人"，传统文化研究才得以薪火相传，传统文化才能代代传承。

从专业角度来讲，张岱年是一位哲学家，但是，他的视野不仅限于哲学，他时时关心着中国传统文化的兴衰存亡，并愿为此付出不懈的努力。正是有了像张岱年一样有着强烈文化使命感的一批批学人的不懈努力，产生于20世纪90年代初的国学热，经历了十多年各种或冷或热的抑扬褒贬，在21世纪仍然成为学术界和思想界的焦点。

（陈卫星）

张岱年主要相关著述目录：

《中国哲学大纲》，中国大学讲义，1943 年；商务印书馆，1958 年。

《中国唯物主义思想简史》，中国青年出版社，1957 年。

《中国伦理思想发展规律的初步研究》，科学出版社，1957 年。

《中国哲学发微》，山西人民出版社，1982 年。

《中国哲学史史料学》，三联书店，1982 年。

《中国哲学史方法论发凡》，中华书局，1983 年。

《求真集》，湖南人民出版社，1985 年。

《玄儒评林》，湖南人民出版社，1985 年。

《真与善的探索》，齐鲁书社，1988 年。

《文化与哲学》，教育科学出版社，1988 年。

《中国伦理思想研究》，上海人民出版社，1989 年。

《中国古典哲学概念范畴要论》，中国社会科学出版社，1989 年。

《中国文化传统简论》（合著），浙江人民出版社，1989 年。

《中国文化与文化论争》（合著），中国人民大学出版社，1990 年。

《国学今论》（合著），辽宁教育出版社，1991 年。

《中华思想大辞典》（主编），吉林人民出版社，1991 年。

《孔子大辞典》（主编），河南人民出版社，1994 年。

《张岱年全集》（第 1—8 卷），河北人民出版社，1997 年。

《中国文史百科》（主编），浙江人民出版社，1998 年。

《宇宙与人生》，上海文艺出版社，1999 年。

《文化与价值》，新华出版社，2004 年。

《张岱年文集》（第 1—6 卷），清华大学出版社，1989—1995 年。

（陈卫星　整理）

从宏观上看中国文化

季羡林

最近几年，在全国范围内，掀起了一股"文化热"的高潮。这是完全可以理解的。我们国家的社会主义建设发展到了今天这个地步，在接受十几年来的经验和教训的基础上，大家都认识到，文化建设的任务已经提到议事日程上来了。我想大家都会同意，人类历史上任何社会，都不能专靠科技来支撑，物质文明与精神文明同步建设。我们今天的社会也决不能是例外。

在众多的讨论中国传统文化与现代化问题的论文和专著中，有很多很精彩的具有独创性的意见。我从中学习了不少的非常有用的东西。我在这里不详细去叙述。我只有一个感觉，这就是，讨论中国文化，往往就眼前论眼前，从几千年的历史上进行细致深刻的探讨不够，从全世界范围内进行最广阔的宏观探讨更不够。我个人觉得，探讨中国文化问题，不能只局限于我们生活于其中的这几十年、近百年，也不能局限于我们居住于其中的九百六十万平方公里。我们必须上下数千年，纵横数万里，目光远大，胸襟开阔，才能更清楚地看到问题的全貌，而不至于陷入井蛙的地步，不能自拔。总之，我们要从历史上和地理上扩大我们的视野，才能探骊得珠。

我们眼前的情况怎样呢？从十九世纪末叶以来，我们就走了西化的道路。当然，西化的开始还可以更往前追溯，一直追溯到明末清初。但那时规模极小，也没有向西方学习的意识，所以我不采取那个说法，只说从十九世纪末叶开始。从中国社会发展的需要来看，从全世界文化交流的规律来看，这都是不可避免的。近几百年以来，西方文化，也就是资本主义文化，垄断了世界。资本主义统一世界市场的形成，把世界上一切国家都或先或后地吸收过去。这影响表现在各个方面。不但在政治、经济方面到处都打上了西方的印记，在文学方面也形成了"世界文学",从文学创作的形式上统一了全世界,在科学、技术、哲学、艺术等等方面,莫不皆然。中国从前清末叶到现在,中间经历了许多惊涛骇浪、帝国统治、辛亥革命、洪宪窃国、军阀混战、国民党统治、抗日战争、解放战争,一直到中华人民共和国建立后的社会主义初级阶段,我们西化的程度日趋深入。到了今天,我们的衣、食、住、行,从头到脚,从里到外,试问哪一件没有西化?我们中国固有的东西究竟还留下了多少?我看,除了我们的一部分思想感情以外,我们真可以说是"全盘西化"了。

我并不认为这是一件坏事。我认为,这是一件天大的好事。无论如何,这是一件不可抗御的事。我一不发思古之幽情,二不想效法九斤老太;对中国自然经济的遭到破坏,对中国小手工业生产方式的消失,我并不如丧考妣,惶惶不可终日。我认为,有几千年古老文明的中国,如果还想存在下去,就必须跟上世界潮流,决不能让时代潮流甩在后面。这一点,我想是绝大多数的中国有识之士所共同承认的。

但是,事情还有它的另外一面,它也带来了不良后果。这最突出地表现在一些人的心理上。在解放前,侨居上海的帝国主义者在公园里竖上木牌,上面写着"华人与狗不许入内"。这是外来的侵略者对我们中华民族的污辱。这是容易理解的。但是,解放以后,我们号称已经站起来了,然而崇洋媚外的心理并未消失。古已有之,于今为烈,这是十分令人痛心的事。五十年代曾批判过一阵这种思想,好像也并没有收到预期的效果。到了十年浩劫,以"四人帮"为首的一帮人,批崇洋媚外,调门最高,态度最"积极"。在国外读过书的知识分子,几乎都被戴上了这顶帽子。然而,实际上真正崇洋媚外的正是"四人帮"及其爪牙自己。现在,"四人帮"垮台已经十多年了,社会上崇洋媚外的风气,有增无减。有时简直令人感到,此风已经病入膏肓。贾桂似的人物到处可见。多么爱国的人士也无法否认这一点。有识之士悠然忧之。这种接近变态的媚外心理,我无论如何也难以理解。凡是外国的东西都好,凡是外国人都值得尊敬,这是一种反常的心理状态。中国烹调享誉世界。有一些外国食品本来并不怎么样;但是,一旦标明是舶来品,立即声价十倍,某一些味觉顿经改造的人们,蜂拥而至,争先恐后。连一些外国朋友都大惑不解,只有频频摇头。

在这样的情况下，要来谈中国文化，真正是戛戛乎难矣哉。在严重地甚至病态地贬低自己文化的氛围中，人们有意无意地抬高西方文化，认为自己一无是处，只有外来的和尚才会念经。这样怎么能够客观而公允地评价中国文化呢？我的意思并不是要说，要评价中国文化，就必须贬低西方文化。西方文化确有它的优越之处。十九世纪后半叶，中国人之所以努力学习西方，是震惊于西方的船坚炮利。在以后的将近一百年中，我们逐渐发现，西方不仅是船坚炮利，在精神文明和物质文明方面，他们都有许多令人惊异的东西。想振兴中华，必须学习西方，这是毫无疑问的。二十年代，就有人提出了"全盘西化"的口号。今天还有不少人有这种提法或者类似的提法。我觉得，提这个口号的人动机不完全一样的。有的人出于忧国忧民的热忱，其用心良苦，我自谓能充分理解。但也可能有人别有用心。这问题我在这里不详细讨论。我只想指出，人类历史证明，全盘西化（或者任何什么化）理论上讲不通，事实上办不到。但这并不影响我们向西方学习，这是决不能改变的。如果我们固步自封，回到老祖宗走过的道路上去，那将是非常危险的。

但是，我始终认为，评价中国文化，探讨向西方文化学习这样的大问题，正如我在上面已经讲过的那样，必须把眼光放远，必须把全人类的历史发展放在眼中，更必须特别重视人类文化交流的历史。只有这样，才能做到公允和客观。我是主张人类文化产生多元论的。人类文化决不是哪一个国家或民族单独创造出来的。法西斯分子有过这种论调，他们是别有用心的。从人类几千年的历史来看，民族和国家，不论大小，都或多或少地对人类文化宝库做出了自己贡献。这恐怕是一个历史事实，是无法否认掉的。同样不可否认的事实是，每一个民族或国家的贡献又不完全一样。有的民族或国家的文化对周围的民族或国家产生了比较大的影响，积之既久，形成了一个文化圈或文化体系。根据我个人的看法，人类自从有历史以来，总共形成了四个大文化圈：古希腊、罗马一直到近代欧美的文化圈，从古希伯来起一直到伊斯兰国家的闪族文化圈，印度文化圈和中国文化圈。在这四个文化圈内各有一个主导的、影响大的文化，同时各个民族或国家又是互相学习的。在各个文化圈之间也是一个互相学习的关系。这种相互学习就是我们平常所说的文化交流。我们可以毫不夸大地说，文化交流促进了人类文化的发展，推动了社会前进。

倘若我们从更大的宏观上来探讨，我们就能发现，这四个文化圈又可以分为两大文化体系：第一个文化圈构成了西方大文化体系；第二、三、四个文化圈构成了东方大文化体系。"东方"在这里既是地理概念，又是政治概念，即所谓第三世界。这两大文化体系之间的关系也是互相学习的关系。仅就目前来看，统治世界的是西方文化。但是从历史上来看，二者的关系是三十年河东，三十年河西。

人类历史上曾出现过许多文化，欧洲史学家早有这个观点，最著名的代表是英国历史学家汤因比。他在他的巨著《历史研究》里（索麦维尔节录，曹未风等译，上、中、下三册，1986 年第 5 次印刷，上海人民出版社），从世界历史全局出发，共发现了二十一个或二十三个文化（汤因比称之为社会或者文明）：西方社会、东正教社会（又可以分为拜占庭和俄罗斯两个东正教）、伊朗社会、阿拉伯社会、印度社会、远东社会（又可以分为中国和朝鲜、日本两部分）、古希腊社会、叙利亚社会、古印度社会、古代中国社会、米诺斯社会、印度河流域社会、苏末社会、赫梯社会、巴比伦社会、埃及社会、安第斯社会、墨西哥社会、尤卡坦社会、玛雅社会、黄河流域古代中国文明以前的商代社会（见原书上册，43 页）。

汤因比明确反对只有一个社会——西方社会这一种文明统一的理论。他认为这是"误入歧途"，是一个"错误"。虽然世界各地的经济和政治的面貌都已经西化了，其他的社会（文明）大体上仍然维持着本来的面目。文明的河流不止西方这一条（原书上册，第 45 ~ 48 页）。

汤因比在本书的许多地方，另外在自己其他著作，比如《文明经受着考验》（沈辉等译，1988 年第一版，浙江人民出版社）中，提出了一个观点：文明发展有四步骤：起源、生长、衰落、解体。在《文明经受着考验》（10 ~ 11 页）中，他提到了德国学者斯宾格勒的名著《西方的沉落》，对此书给了很高的评价，也提到了斯宾格勒思想方法的局限性。在《历史研究》的结尾处（429 ~ 430 页），他

写道:

> 当作者进行他的广泛研究时发现他所搜集到的各种文明大多数显然已经是死亡了的时候，他不得不作出这样的推论：死亡确是每个文明所面对着的一种可能性，作者本身所隶属的文明也不例外。

他对每一个文明都不能万岁的看法是再明确不过的了。

了解了我在上面谈到的这些情况，现在再来看中国文化，我们的眼光就比以前开阔多了。在过去相当长的历史时期内，中国文化对世界文化的发展产生了影响，这是我们的骄傲，这也是一个历史事实。汤因比对此也有所论述，他对中国过去的文化有很好的评价。但是，到了后来，我们为什么忽然不行了呢？为什么现在竟会出现这样崇洋媚外的思想呢？为什么西方某一些人士也瞧不起我们呢？我觉得，在这里，我们自己和西方一些人士，都缺少历史的眼光。我们自己应该避免两个极端：一不能躺在光荣的历史上，成为今天的阿Q；二不能只看目前的情况，成为今天的贾桂。西方人应该力避一个极端，认为中国什么都不行，自己什么都行，自己是天之骄子，从开天辟地以来就是如此，将来也会永远如此。

那么，我们应该怎么办呢？我们东西双方都要从历史和地理两个方面的宏观上来看待中国文化，决不能囿于成见，鼠目寸光，只见片段，不见全体；只看现在，不看过去，也不看未来。中国文化，在西方人士眼中，并非只有一个看法，只有一种评价。汉唐盛世我不去讲它了，只谈十六十七世纪以后的情况，也就能给我们许多启发。这一段时间，在中国是从明末到清初，在欧洲约略相当于所谓"启蒙时期"。在这期间，中国一方面开始向西方学习；另一方面，中国的文化也大量西传。关于这个问题，中西双方都有大量的记载，我没有可能，也没有必要一一加以征引。方豪在他的《中西交通史》（华冈出版有限公司，1977 年第 6 版，第 5 册，《明清之际中西文化交流史》下）中有比较详细而扼要的介绍。我在下面利用他的资料介绍一下在这期间中国文化流向西方的情况。

中国经籍之西传

"四书"、"五经"在中国历史上有至高无上的权威。如果中国经籍西传,首当其冲的理所当然地就是这些书。明朝万历二十一年(1593年),利玛窦将"四书"译为拉丁文,寄还本国。天启六年(1626年),比人金尼阁将"五经"译为拉丁文,在杭州刊印。到了清朝,殷铎泽与郭纳爵合译《大学》为拉丁文,康熙元年(1662年)刻于建昌。殷氏又将《中庸》译为拉丁文,于康熙六年(1667年)和康熙八年(1669年)分别刻于广州及印度果阿。《论语》之最早译本亦出殷、郭二人之手,亦为拉丁文。康熙二十年(1681年),比教士柏应理返回欧洲。康熙二十六年(1687年)在巴黎发刊其著作《中国之哲学家孔子》。中文标题虽为《西文四书解》,但未译《孟子》,名实实不相符。康熙二十六年(1687年),奥国教士白乃心用意大利文写的《中国杂记》出版。康熙五十年(1711年),布拉格大学图书馆出版卫方济用拉丁文翻译的"四书"及《孝经》、《幼学》,1783年至1786年译为法文。卫氏又以拉丁文著《中国哲学》,与上书同时同地刊出。白晋著有拉丁文《易经大意》,未刊。康熙四十年(1701年),白晋自北京致书德国大哲学家莱勃尼兹,讨论中国哲学及礼俗。现在梵蒂冈图书馆中尚藏有西士研究《易经》之华文稿本十四种,宋君荣曾译《书经》,刘应译《礼记》的一部分。康熙末年,马若瑟节译《书经》、《诗经》。康熙四十六年(1707年),马若瑟自建昌府致函欧洲,讨论儒教。雷孝思参加绘制《皇朝一统舆地全图》,对中国古籍亦有研究。傅圣泽有《道德经评注》,为拉丁文及法文合译稿本。他又用法文译《诗经》。赫苍璧于康熙四十年(1701年)来华,亦曾从事翻译《诗经》。

到了雍正乾隆年间,中籍西译继续进行。宋君荣所译之《书经》于乾隆三十五年(1770年)刊于巴黎。他还研究中国经籍之训诂问题。孙璋为后期来华耶稣会神父中最精通汉学者。他所译拉丁文《诗经》附有注解。他又译有《礼记》,稿成未刊。蒋友仁制作圆明园中的喷水池,为人所艳称。他又深通汉籍,用拉丁文译有《书经》、《孟子》等书。乾隆时有一个叫钱德明的人,精通满汉文,译有《盛京赋》，并研究我国古乐及石鼓文等，他是西人中最早研究我国苗族及兵学者。乾隆四十年（1775 年）在北京著《华民古远考》，列举《易经》、《诗经》、《书经》、《春秋》及《史记》为证。乾隆四十九年（1784 年），又在北京刊印《孔子传》，为钱氏著作中之最佳者。此外，他还有《孔门弟子传略》，以乾隆四十九年（1784 年）或次年刊于北京。韩国英译有《大学》及《中庸》，又著有《记中国人之孝道》。韩氏可能是十九世纪前西人研究我国经籍的最后一人。他的本行是生物学。

从明末到乾隆年间，中国经籍之西传，情况大体如上。既然传了过去，必然产生影响。有的影响竟与热心翻译中国经书之耶稣会神父的初衷截然相违。我在下面介绍方豪一段话：

介绍中国思想至欧洲者，原为耶稣会士，本在说明彼等发现一最易接受"福音"之园地，以鼓励教士前来中国，并为劝导教徒多为中国教会捐款。不意儒家经书中原理，竟为欧洲哲家取为反对教会之资料。而若辈所介绍之中国康熙年间之安定局面，使同时期欧洲动荡之政局，相形之下，大见逊色；欧洲人竟以为中国人乃一纯粹有德性之民族，中国成为若辈理想国家，孔子成为欧洲思想界之偶像（五，197 页）。

中国俗话说："搬起石头砸自己的脚。"颇与此相类了。

受中国经籍影响的，以法、德两国的哲学家为主，英国稍逊。举其荦荦大者，则有法国大哲学家笛卡尔等。法国百科全书派也深受中国思想之影响。在德国方面，启蒙时期的大哲学家斯宾诺莎、莱勃尼兹等，都直接受到了笛卡尔的影响，间接受到中国影响。康德认为，斯宾诺莎的泛神论完全受的是老子的影响。莱勃尼兹 21 岁就受到中国影响。后与闵明我、白晋订交，直接接受中国思想。1697 年，莱氏的拉丁文著作《中国近事》出版。他在书中说："在实践哲学方面，欧洲人实不如中国人。"有人认为，康德的哲学也受了中国哲学的影响，特别宋儒理学。

中国经籍西传，不但影响了欧洲哲学，而且也影响了欧洲政治。在德国，莱勃尼兹与华尔佛利用中国哲学推动了德国的精神革命。在法国，思想家们则认为中国哲学为无神论、唯物论与自然主义。这三者实为法国大革命之哲学基础。百科全书派全力推动革命的发展。法国大革命实质上是反宗教之哲学革命。法国的启蒙运动，也是以反宗教为开端。形成这种反宗教的气氛者，归根结蒂是中国思想传播的结果。法国大革命前夕，中国趣味在法国以及整个欧洲广泛流行。宫廷与贵族社会为中国趣味所垄断。而宫廷与贵族又是左右法国政治的集团。则中国趣味对法国政治之影响，概可想见了。

百科全书派把反宗教和鼓吹革命的思想注入所撰写的百科全书中。他们与中国文化有深刻的接触。但因认识中国之渠道不同，对中国的意见也有分歧。孟德斯鸠与卢梭谈的多是欧洲旅客的游记等，对中国遂多有鄙薄之论。荷尔巴旭、伏尔泰、波勿尔、魁斯奈等等，所读多是耶稣会士之报告或书札，对中国文化多有钦慕之意。孟德斯鸠著《法意》第一卷第一章，给法律下定义，提出"万物自然之理"，主张"有理斯有法"，完全是宋儒思想。伏尔泰七岁即在耶稣会士主办的学校中受教育，对中国文化无条件地赞赏，在自己的小礼拜堂中，供孔子画像，朝夕礼拜。他认为，孔子所说："仅为极纯粹之道德，不谈奇迹，不涉玄虚。"他说："人类智慧不能获得较中国政治更优良之政治组织。"又说："中国为世界最公正最仁爱之民族。"他还根据《赵氏孤儿》写了一部《中国孤儿》。狄德罗对中国有批评意见，但认为中国文化在各民族之上。卢梭承认中国为文明最高古国，但他认为文明并非幸福之表记，中国虽文明，而不免为异族所侵凌，他是"文明否定论者"。中国思想除了影响了上述的哲学家之外，还影响了所谓政治经济学上的"重农学派"。这一学派以自然法代替上帝的功能。他们倡导"中国化"，不遗余力，甚至影响了国王路易十五。英国经济学家亚当·斯密受了法国思想家的影响，在《原富》一书中应用中国材料颇多。

在德国，中国影响同样显著。大文豪歌德是一个突出的代表。哲学家也深受中国思想影响。莱勃尼兹、斯宾诺莎，上面已经谈到。其他哲学家、康德、费希特、谢林、黑格尔等，都受了莱勃尼兹的影响，也可以说，间接受了中国影响。叔本华哲学中除了有印度成分外，也受了朱子的影响。

中国美术之西传

随着中国哲学思想之西传，中国美术也传入欧洲。欧洲美术史上的洛可可时代约始于1760年，即乾隆二十五年，至18世纪末而未衰。此时中国美术传入，产生了显著影响。在绘画上重清淡之色彩。在建筑上力避锐角方隅，多用圆角。在文学上则盛行精致的小品。在哲学上采用模棱两可的名词。这与流行于当时的"中国趣味"或"中国风"是分不开的。

中国情趣表现在许多方面，首先是在园林布置方面。欧洲人认为，中国园艺兼有英、法二国之长。他们说，中国园艺匠心独运，崇尚自然，不像欧洲那样整齐呆板。于是中国式的庭园一时流行于欧洲各国，法国、英国、德国等地都出现了中国庭园的模仿物，遗迹至今尚能见到。

中国绘画也传入欧洲，主要是中国的山水画和人物画，在瓷器上表现最为突出。有一些画家也作有中国情趣的绘画，比如孤岛帆影、绿野长桥之类。据说梵高也学过中国泼墨画。

除了绘画之外，中国用具也流行欧洲。轿顶围的质料与颜色，受到中国影响。中国扇子、镜子传入欧洲。17世纪后半叶，法国能制绸。中国瓷器西传，更不在话下。同时中国瓷器也受到西洋影响。

明末至清朝乾隆年间中国经籍和美术西传的情况大体上就是这个样子。

我现在举一个说明西方人如何看待中国文化的具体的例子。我想举德国最伟大的诗人歌德，他的一生跨越十八十九两个世纪，是非常关键的时期。他在1827年1月31日同爱克曼谈话时说道：

> （中国传奇）并不像人们所猜想的那样奇怪。中国人在思想、行为和感情方面几乎和我们一样，使我们很快就感到他们是我们的同类人，只是在他们那里一切都比我们这里更明朗，更纯洁，也更合乎道德。在他们那里，一切都是可以理解的，平易近人的，没有强烈的情欲和飞腾动荡的诗兴……他们还有一个特点，人和大自然是生活在一起的。你经常听到金鱼在池子里跳

跃，鸟儿在枝头歌唱不停，白天总是阳光灿烂，夜晚也总是月白风清。月亮是经常谈到的，只是月亮不改变自然风景，它和太阳一样明亮。……还有许多典故都涉及道德和礼仪。正是这种在一切方面保持严格的节制，使得中国维持到几千年之久，而且还会长存下去（《歌德谈话录》，朱光潜译，人民文学出版社，1978 年版，112 页）。

这是歌德晚年说的话，他死于 1832 年。他死后没有过多少年，欧洲对中国的调子就逐渐改变了。据我个人多年的观察与思考，这与发生在 1840 年的鸦片战争有关。在这以前，中国这个天朝大国，虽然已经有点破绽百出，但仍然摆出一副纸老虎的架势，吓唬别人，欺骗自己。鸦片战争一下子把这只纸老虎戳破，真相暴露于光天化日之下。西方对中国的政治、经济，进而对中国文化逐渐贬低起来。他们没有历史观点，以为从来就是这个样子，中国从来就没有好过。他们自己的老祖宗所说的一些话和所做的一些事，他们也忘了个一干二净。随着他们科学技术的发展，政治、经济的发展，环顾海内，唯我独尊，气焰万丈了。

第一次世界大战给他们敲了一下警钟。他们之中的有识之士开始反思。于是出了像斯宾格勒《西方的没落》这样发人深思的书，可惜好景不长。到了 20 年代末 30 年代初，法西斯思潮抬头，把西方文化，特别是所谓"北方"文化捧上了天，把其他文化贬得一文不值。中国人在法西斯分子眼中成了劣等民族，更谈不到什么欣赏中国文化了。不久就爆发了第二次世界大战，比第一次大战还要残酷，还要野蛮。这又一次给西方敲了警钟。西方有识之士又一次反思，汤因比可以作为代表。预言已久的第三次世界大战，始终没有爆发。虽然在全球范围内大大小小的战争从未停止过，大家总算是能够和平共处了。到了今天，人类共同的公害，比如人口问题、粮食问题、污染问题、土地问题等等，一个个被认识得越来越清楚。两个超级大国似乎也认识到，靠武力征服世界的美梦是不现实的，他们似乎也愿意和平共处了。在这样的情况下，人们要怎样来认识西方文明，怎样来认识东方文明——中国文明，怎样来认识文化交流，就非常值得我们注意了。

我在上面提到的英国历史学家汤因比，对中国文化和中国未来的作用有自己的看法。在同日本宗教活动家池田大作的谈话中（见《展望21世纪——汤因比与池田大作对话录》苟春生、朱继征、陈国樑译，国际文化出版公司，北京，1985年），他详细阐述了自己的看法。为了把他的观点介绍得明确而翔实起见，我想在这里多引用他的一些话。汤因比说：

因此按我的设想，全人类发展到形成单一社会之时，可能就是实现世界统一之日。在原子能时代的今天，这种统一靠武力征服——过去把地球上的广大部分统一起来的传统方法——已经难以做到。同时，我所预见的和平统一，一定是以地理和文化主轴为中心，不断结晶扩大起来的。我预感到这个主轴不在美国、欧洲和苏联，而是在东亚。

由中国、日本、朝鲜、越南组成的东亚，拥有众多的人口。这些民族的活力、勤奋、勇气、聪明，比世界上任何民族都毫无逊色。无论从地理上看，从具有中国文化和佛教这一共同遗产来看，或者从对外来近代西欧文明不得不妥协这一共同课题来看，他们都是联结在一条纽带上的。并且就中国人来说，几千年来，比世界任何民族都成功地把几亿民众，从政治文化上团结起来。他们显示出这种在政治、文化上统一的本领，具有无与伦比的成功经验。这样的统一正是今天世界的绝对要求。中国人和东亚各民族合作，在被人们认为是不可缺少和不可避免的人类统一的过程中，可能要发挥主导作用，其理由就在这里。

如果我的推测没有错误，估计世界的统一将在和平中实现。这正是原子能时代唯一可行的道路。但是，虽说是中华民族，也并不是在任何时代都是和平的。战国时代和古代希腊以及近代欧洲一样，也有过分裂和抗争。然而到汉朝以后，就放弃了战国时代的好战精神。汉朝的开国皇帝刘邦重新完成中国的统一是远在纪元前202年。在这以前，秦始皇的政治统一是靠武力完成的。因此在他死后出现了地方的国家主义复辟这样的反动。汉朝刘邦把中国人的民族感情的平衡，从地方分权主义持久地引向了世界主义。和秦始皇带有蛊惑和专制性的言行相反，他巧妙地运用处世才能完成了这项事业。

将来统一世界的人，就要像中国这位第二个取得更大成功的统一者一样，要具有世界主义思想。同时也要有达到最终目的所需的干练才能。世界统一是避免人类集体自杀之路。在这一点上，现在各民族中具有最充分准备的，是两千年来培育了独特思维方法的中华民族。不是在半个旧大陆，而是在人们能够居住或交往的整个地球，必定要实现统一的未来政治家的原始楷模是汉朝的刘邦。这样的政治家是中国人？日本人？还是越南人？或者朝鲜人？

池田说：

> 从两千年来保持统一的历史经验来看，中国有资格成为实现统一世界的新主轴。您这一说法，在考虑今后世界问题时，具有极为重要的启示（294—295 页）。

这两位著名的国际活动家，主要是从历史上和政治上谈论了中国的和世界的未来，其中也涉及文化。他们的意见，我觉得非常值得注意。至于我自己是否完全同意他们的意见，那是一个次要的问题。重要的是，在目前我们国内有那么一小撮人，声嘶力竭地想贬低中国，贬低中国文化，贬低中国的一切，在这样的时候，有像汤因比这样的通晓世界历史发展规律的大学者，说出了这样的意见，至少可以使这些人头脑清醒一下。你不是说月亮是外国的圆吗？你们中间不是有人竟认为中国连月亮都没有吗？现在有外国人来说，中国有月亮，中国的月亮也是圆的，而且圆得更美妙了。这一小撮人不是应该好好地反思一下吗？这一些人也许根本不知道汤因比是何许人。但那没有关系。他们最怕外国人，反正汤因比是外国人，这一点是错不了的。对这些人来说，这一点也就够了。我绝非听了外国人说中国月亮圆而飘飘然忘乎所以，把久已垂下的尾巴又翘了起来。中国的月亮也有阴晴圆缺，并不总是亮而圆的。但这是另一个问题。我们目前当务之急是全面地、实事求是地从最大的宏观上来考虑中国文化在世界上已经起过的作用和将来能够起的作用。在这样的时刻，兼听则明，汤因比和池田大作的意见是值得我们深思的。

对于人类文明前途的问题，我也曾胡思乱想过一些。我现在想从哲学上或者思想方法上来谈一谈我的想法。西方哲学或者思想方法是分析的，而东方的则是综合的。这两种方法异曲同工，各臻其妙。这已几乎是老生常谈，没有不同的看法。但是，对于分析的前途则恐怕是仁者见仁，智者见智。首先一个问题是：能不能永恒地分析下去？庄子说："一尺之棰，日取其半，万世不竭。"从理论上和逻辑上来讲，这是毫无问题的。但是，对具体的东西的分析，比如说对原子的分析，能不能越分越细，以至万世不竭呢？西方的自然科学走的就是分析的道路。一直到今天，这一条路是走得通的。现在世界上的物质文明就来源于此。这是事实，不容否认。但是，这一条路是否能永远走下去呢？在这里有两种意见：一种认为可以永远走下去，越分析越小，但永不能穷尽。一种认为不行，分析是有尽头的。我自己赞同后一种意见。至于我为什么赞同后者，我认为，这不是一个理论问题，而是一个实践问题。我自己解释不了，我也不相信别人的解释。只有等将来的实践来解答了。

我觉得，目前西方的分析已经走得够远了。虽然还不能说已经到了尽头，但是已经露出了强弩之末的端倪。照目前这样子不断地再分析下去，总有一天会走到分析的尽头。那么，怎么办呢？我在上面已经说过，东西两大文化体系的关系从几千年的历史上来看是三十年河东，三十年河西。现在球已经快踢到东方文化的场地上来了。东方的综合可以济西方分析之穷，这就是我的信念。至于济之之方究竟如何，有待于事物（其中包含自然科学）的发展来提供了。

我从宏观上看中国文化，结果就是这样。希望有识之士共同来讨论。

（1989 年）

【评 介】

季羡林（1911—2009），著名东方学家、梵文学家，中国东方学的奠基人。曾任中国科学院哲学社会科学部委员、北京大学副校长、北京大学南亚研究所所长。1911 年 8 月 6 日出生于山东省清平县（现改为临清市）农村，在济南上小学和中学，19 岁同时考取清华大学和北京大学，后入清华大学西洋文学系专修德文。1934 年清华大学西洋文学系毕业，应邀回母校山东省立济南高中任国文教员。同年 9 月赴德国入哥廷根大学，主修印度学，并学习梵文、巴利文、吐火罗文，以及俄文、南斯拉夫文、阿拉伯文等。1937 年兼任哥廷根大学汉学系讲师。1941 年哥廷根大学毕业，获哲学博士学位。在德期间发表论文多篇，获得国际学术界高度评价。1946 年回国，受聘为北京大学教授兼东方语言文学系主任，任职至 1983 年（"文化大革命"期间除外）。1956 年当选为中国科学院哲学社会科学部委员，1978 年任北京大学副校长和北京大学与中国社会科学院合办的南亚研究所所长，1988 年任中国文化书院院务委员会主席。社会兼职有国务院学位委员会委员，国家语言文字工作委员会委员，中国外国文学学会会长，中国比较文学学会名誉会长，中国敦煌吐鲁番研究会会长，中国大百科全书外国文学卷副主编、语言卷主编，中国外语教学研究会会长，中国民族古文字研究会名誉会长，中国南亚学会会长，德国哥廷根科学院《新疆吐鲁番出土佛典的梵文词典》顾问，冰岛大学《吐火罗文与印欧语系研究》顾问等，曾当选为第二、三、四、五届全国政协委员和第六届全国人大常委。因其杰出的学术贡献和广泛影响，2006 年曾入选中央电视台"感动中国年度人物"。

季羡林学贯中西，精通英语、德语、梵语、巴利语、吐火罗文、俄语、法语，从事东方文化和中外文化交流研究逾半个多世纪，研究涉及佛教梵文、吐火罗文、印度古代文学、印度佛教史、中国佛教史、中亚佛教史、糖史、中印文化交流史、中外文化交流史、中西文化之差异和共性、美学和中国古代文论、德国及西方文学、比较文学及民间文学等领域，在印度古代语言、中印佛教史、吐火罗文译释、中印文化交流史等方面造诣尤深，研究领域之广、取得成就之大、中外影响之深远令人惊叹，在国内外享有盛誉。他还是印度国家文学院名誉院士，伊朗德黑兰大学荣誉博士，曾获得印度瓦拉那西（贝那勒斯）梵文大学最高荣誉奖"褒扬奖"和德国哥廷根大学毕业后 50

年博士在国内外做出杰出贡献的金奖。主要著作有《中印文化关系史论集》、《罗摩衍那初探》、《印度古代语言论集》、《糖史》、《吐火罗文〈弥勒会见记〉译释》（英文版）；主要译著有马克思著《论印度》，《安娜·西格斯短篇小说集》，印度古代大史诗《罗摩衍那》（七卷）以及《沙恭达罗》、《优哩婆湿》、《五卷书》、《家庭中的泰戈尔》等；主编的著作有《四库全书存目丛书》、《传世藏书》、《神州文化集成》、《东方文化集成》等。据不完全统计，新时期以来，季羡林撰写了近三百篇学术论文，出版了十几部学术著作，一生著述的总字数达 1200 万余。汤一介曾公开表示，中国在 20 世纪中叶以来，只有季羡林先生，能算得上"真正的国学大师"。

《从宏观上看中国文化》一文写作于 1989 年，分别发表于 1989 年《高校理论战线》第 2 期和《北京大学学报》第 3 期。文章再次探讨"中国传统文化与现代化"这一热点问题，通过历史追溯和理论分析，认为我们已经走上了西化的道路，但是"西方的分析"已经露出了强弩之末的端倪，"东方的综合可以济西方分析之穷"。东方文化和西方文化"这两大文化体系之间的关系也是互相学习的关系，仅就目前来看，统治世界的是西方文化。但从历史上来看，二者的关系是三十年河东，三十年河西"。这代表了季羡林在如何对待东西方文化这一问题上的一贯主张。在另一篇文章《21 世纪：东方文化的时代》（1992）中，季羡林再次表示，现代性的西方文化过分强调竞争，已经显示出诸多弊端，东方文化将在未来岁月显示出魅力。"在西方，从伽利略以来的四百年中，西方的自然科学走的是一条分析的道路，越分越细，现在已经分析到层子（夸克），而且有人认为分析还没有到底，还能往下分。东方人则是综合思维方式，用哲学家的语言说，即是西方是一分为二，东方是合二为一。""西方形而上学的分析已快走到尽头，而东方寻求整体的综合必将取而代之。以分析为基础的西方文化也将随之衰微，代之而起的必然是以综合为基础的东方文化。"此外，季羡林还先后发表了《再论东方文化》（载《群言》1991 年第 5 期）、《东方文化与东方文学》（载《文艺争鸣》1992 年第 4 期）、《"天人合一"新解》（载《传统文化与现代化》1993 年第 1 期）等多篇文章阐述他的这一观点。

"河东河西说"和"东风压倒西风说"表达的是一种历史的、宏观的看法，也是对长期以来统治世界的"欧洲中心主义"的积极反拨，引起了理论界和舆论界的广泛关注，在学术界引起强烈反响。同时，也受到了不少质疑。如周志良的《是取代还是融合？》（载《争鸣》1992 年第 6 期）、伍铁平的《21 世纪西方文化会让位于东方文化吗？》（载《争鸣》1994 年第 1 期）、李慎之的《辨同异合东西——中国文化前景展望》（载《东方》1994 年第 3 期）和《全球化与中国文化》（载《太平洋学报》1994 年第 2 期）等文章均提出了反对意见。季羡林将这场争论喻为"无匾之争"（两个近视眼争论匾上的字，其时匾还没挂出来），其实他对西方文化给予了高度的肯定，对中国西化的历史也予以了充分认同，但他同时看到了西方文化面临的深刻危机，希望在西方文化已经达到的基础上，利用东方文化解决西方文化所面临的困境，把人类文化提高到一个前所未有的高度。在《我的学术总结》中，季羡林说："由西方文化产生出来的科学技术，在辉煌了二三百年，主宰了世界，为人类谋了很大的福利之后，到了今天，其弊端日益暴露，比如大气污染、臭氧层空洞、环境污染、淡水资源匮乏、生态平衡破坏、新疾病层出不穷，如此等等，哪一个问题不解决都能影响人类生存的前途……这位'赛先生'确实获得了一部分成功，获得了一些真理，这是不能否认的。但是，通向真理的道路，并不限于这一条。东方的道路也同样能通向真理。这一个事实，刚才露出了端倪，还没有被广大群众所接受，至于后事如何，21 世纪便可见分晓。"他所提出的"河东河西说"意在表达一种文化自信，提出一种通向真理的可能性。

季羡林的主要学术领域以"东方学"来概括可能更为准确，但是他对中国传统文化充满信心，给予充分肯定，使越来越多的人关注"国学"，为 20 世纪 90 年代"国学热"的兴起创造了理论基础和舆论条件。

2004 年 9 月 5 日，在北京举行的"2004 文化高峰论坛"上，由许嘉璐、季羡林、任继愈、杨振宁、王蒙等发起，70 位专家学者联盟提议，向海内外同胞发表了《甲申文化宣言》，向海内外同胞和国际社会表达了中国文化界在全球化背景下的文化主张。《宣言》称：

"华夏 56 个民族共同创造的中华文化，至今仍是全体中国人和海外华人的精神家园、情感纽带和身份认同。应当认识到，中华文化五千年生生不息、绵延不断的重要原因，在于她是发生于上古时代多个区域、多个民族、多种形态的文化综合体。她不但有自强的力量，而且有兼容的气度、灵变的智慧。我们应当与时俱进，反思自己的传统文化，学习和吸收世界各国文化的优长，以发展中国的文化。我们确信，中华文化注重人格、注重伦理、注重利他、注重和谐的东方品格和释放着和平信息的人文精神，对于思考和消解当今世界种种令人忧虑的现象，对于追求人类的安宁与幸福，必将提供重要的思想启示。"由中国科学界、学术界、文化界、艺术界知名人士来共同发表宣言，在媒体和公众的解读中成了"中国文化的宣言"，得到了海内外的广泛关注。

《甲申文化宣言》的思想实质，是坚信中国传统文化的价值，希望中国文化能更好地得到发展，能发挥更重要的作用。这一思想，与季羡林多年前所撰写《从宏观上看中国文化》等系列文章中表达的思想倾向十分一致。但是，比较《甲申文化宣言》与《从宏观上看中国文化》的写作背景和影响，二者似又略有不同。《从宏观上看中国文化》一文撰于 20 世纪 80 年代末，对"文化热"的成绩充分肯定的同时，也提出了一些警示，即在"文化热"中所出现的"严重地甚至病态地贬低自己文化的氛围"，在这种氛围中，"人们有意无意地抬高西方文化，认为自己一无是处，只有外来的和尚才会念经"。可以说，这是对 80 年代"文化热"中得失的总结，同时也对中国文化发展思路提出自己的看法。从某种意义上说，季羡林等老一辈学者秉持对传统文化价值的坚定信念并为之不断付出努力，为 90 年代初"国学热"兴起创造了条件，以更长远的眼光来看，也为中国文化的复兴大业奠定了一些基础。《甲申文化宣言》发表于 2004 年，是继 1935 年王新命等十教授的《中国本位的文化建设宣言》，与牟宗三、徐复观、张君劢、唐君毅《为中国文化敬告世界人士宣言》之后的第三份文化宣言。虽同样强调中国传统文化的"本位主义"，但《甲申文化宣言》是在世界性的文化多元的前提下，要求重新评估和重建文化传统，弘扬中华传统文化的核心价值；说明中国有权利

"自主选择接受、不完全接受或在某些具体领域完全不接受外来文化因素";呼吁"保护各国、各民族的文化传统,实现公平的多种文化形态的表达与传播"。在文化的全球化成为趋势和潮流,中国传统文化在新的时期焕发出新活力,价值得到一定的展现,《宣言》的主张正是基于对本国文化充分的了解、对中国传统文化的发展前景有着足够的信心。正因为《甲申文化宣言》的主张,宣言的发表作为文化事件,同 2004 年的"蒋庆读经与龙场会讲"、"官祭孔子"等共同成为该年份"文化保守主义思潮"的代表性事件,2004 年甚至被称作"文化保守主义年"。"文化保守主义"赢得了相当多的赞同者和追随者,虽还无法准确地描述其影响的深远或浅近,但可以看到的是,伴随着对"文化保守主义"的热烈讨论,在许多城市已经掀起了"读经热","国学热"也再次得以升温。

仅以《从宏观上看中国文化》等系列文章和《甲申文化宣言》来看,以"文化保守主义"来看待季羡林的文化主张似乎没有错。然而,通过这些文化主张,更应该看到季羡林作为一名知识分子的立场、责任和担当。季羡林曾说:"中国知识分子是一种很奇怪的群体,是造化小儿加心加意创造出来的一种'稀有动物'。几千年的历史可以证明,中国知识分子最关心时事,最关心政治,最爱国。这最后一点,是由中国历史环境所造成的。在中国历史上,没有哪一天没有虎视眈眈伺机入侵的外敌。历史上许多赫然有名的皇帝,都曾受到外敌的欺侮。老百姓更不必说了。存在决定意识,反映到知识分子头脑中,就形成了根深蒂固的爱国心。'天下兴亡,匹夫有责',不管这句话的原形是什么样子,反正它痛快淋漓地表达了中国知识分子的心声。在别的国家是没有这种情况的。然而,中国知识分子也是极难对付的家伙。他们的感情特别细腻、锐敏、脆弱、隐晦。他们学富五车,胸罗万象。有的或有时自高自大,自以为'老子天下第一'……中国古代知识分子贫穷落魄的多。有诗为证:'文章憎命达。'文章写得好,命运就不亨通;命运亨通的人,文章就写不好。中国知识分子有源远流长的爱国主义传统,是世界上哪一个国家也不能望其项背的。"这样的知识分子,必须有清醒的责任意识和高尚的德性操持,以其广博的学识和智慧的思想穿透现实问题并进行预先警示。季羡林本人就是这样一名知识分子。身处全球化时代，东方知识分子面对本土文化西方化和本土文化的失语，是任何一个有责任意识的清醒的学者都不得不面对的窘况。季羡林强调尊重差异性文化，是在全球文化转型的语境中，重新确立被西方中心话语压抑的中国文化形象。中国文化的全球化不应是西方化，而应该向人类展现出"东方智慧"，使得东方智慧在整个世界文化发展中成为新世纪社会文化的有效资源，并由此展开东西方文化的真正对话。从这个意义上，我们可能可以更清楚地看到季羡林作为中国知识分子的责任感，可能更容易理解他坚持"文化保守主义"的苦心孤诣。

（张伶俐）

季羡林主要相关著述目录：

《中印文化关系史论丛》，人民出版社，1957 年。

《印度简史》，湖北人民出版社，1957 年。

《1857—1859 年印度民族起义》，人民出版社，1958 年。

《五卷书》，季羡林译，人民文学出版社，1959 年。

《优哩婆湿》，［印］迦梨陀婆著、季羡林译，人民文学出版社，1962 年。

《罗摩衍那》，［印］蚁垤著、季羡林译，人民文学出版社，1980—1984 年。

《沙恭达罗》，［印］迦梨陀娑著、季羡林译，人民文学出版社，1980 年。

《中印文化关系史论文集》，三联书店，1982 年。

《印度古代语言论集》，中国社会科学出版社，1982 年。

《印度两大史诗评论汇编》，中国社会科学出版社，1984 年。

《〈大唐西域记〉今译》，陕西人民出版社，1985 年。

《中外文学书目答问》，中国青年出版社，1986 年。

《东方文化史话》（主编），黄山书社，1987 年。

《佛教与中印文化交流》，江西人民出版社，1990 年。

《印度古代文学史》（主编），北京大学出版社，1991 年。

《南亚东南亚论丛》（主编），中国社会科学出版社，1989 年。

《比较文学与民间文学》，北京大学出版社，1991 年。

《东方文学辞典》（主编），吉林教育出版社，1992 年。

《中印文化交流史》，新华出版社，1993 年。

《东方文学史》（主编），吉林教育出版社，1995 年。

《敦煌学大辞典》（主编），上海辞书出版社，1998 年。

《禅和文化与文学》，商务印书馆国际有限公司，1998 年。

《书山屐痕（季羡林自选集）》，山东教育出版社，1998 年。

《大唐西域记校注》，（唐）玄奘、（唐）辩机原著，季羡林等校注，
中华书局，2000 年。

《季羡林集》，中国社会科学出版社，2000 年。

《季羡林论中印文化交流》，新世界出版社，2006 年。

《季羡林论佛教》，华艺出版社，2006 年。

《皓首学术随笔》，中华书局，2006 年。

《禅与文化》，中国言实出版社，2006 年。

《佛教十五题》，中华书局，2007 年。

《论范曾》（与叶嘉莹等合著），北京大学出版社，2007 年。

《吐鲁番柏孜克里克石窟出土汉文佛教典籍》（主编），文物出版社，
2007 年。

《季羡林文集（第 1～24 卷）》，江西教育出版社，1995—1998 年。

《季羡林学术精粹》（分别为中国思想与跨文化卷、佛教与语言卷、
中外文化交流卷、比较文学与文化卷，共四卷），山东友谊出版
社，2006 年。

（张伶俐　整理）

古今东西之争与中国现代文化的发展

汤一介

文化的发展大体总是通过"认同"与"离异"两个不同的阶段来进行的。"认同"表现为与主流文化的一致和阐释，是文化在一定范围内向纵深发展，是对已成模式的进一步开掘，同时表现为对异己力量的排斥和压抑，其作用在于巩固主流文化已经确立的界限与规范，使之得以巩固和凝聚。"离异"则表现为批判和扬弃，即在一定的时期内，对主流文化的否定和怀疑，打乱既成的规范和界限，对被排斥的加以兼容，把被压的能量释放出来，因而形成对主流文化的冲击乃至颠覆，这种"离异"作用占主导地位的阶段就是文化转型期。

在文化转型时期对传统文化往往并存着三种力量：即文化的保守主义派、文化的自由主义派和文化的激进主义派。这里我们使用"保守主义"、"自由主义"和"激进主义"仅仅是就其对过去传统文化的态度这个意义上说的，并无其他意义。因此对这三派都不包含褒或者贬的意思。在文化转型时期，这三种力量并存于同一框架中，它们之间的张力和搏击正是推动文化以及社会前进的重要契机。当然，我们也要注意在不同历史情况下，它们对文化的发展有着不同的意义。而在相当一个时期，许多人往往认为，在文化转型时期只有"激进主义"对文化的发展才有推动作用，而"自由主义"特别是"保守主义"则是阻碍文化向前发展的。这个看法，我认为是不正确的，或者说至少是值得我们再重新讨论的。

20 世纪以来，中国社会一直处于剧烈动荡之中，从文化上看它也正是一个重大的转型时期。从 1919 年五四运动前后（或者说更早一些，从 19 世纪末）一直到今天，中国文化由于种种原因一直处在转型时期。这个文化转型时期由于社会的剧变和动荡，因此使中国文化呈现为极其复杂，甚至可以说是难以理清的局面。但是我们大体可以说，五四时期以李大钊、陈独秀等为代表的激进主义派，以胡适、丁文江等为代表的自由主义派，先是以严复、杜亚泉，后是经梁漱溟、张君劢、《学衡》为代表的保守主义派，无非都是面对中国社会的急剧变化和世界文化的大动荡这同一问题，而显示出不同的反应和不同的思考层面。这些问题不外是："如何对待传统文化（中学）"、"如何接受西方文化（西学）"，"如何构建自己的新文化"等等，这样就在激进主义派、自由主义派和保守主义派之间在文化问题上引起了激烈的争论，这就是中国文化百年来存在的"古今中西之争"。

五四时期的激进主义与自由主义派曾一度联合举起"反传统"的大旗，提倡"科学与民主"，向传统的正统文化（主要是儒家文化）开火。在五四运动前，李大钊就说："简单一句话，Democracy就是唯一的权威，现代的时代就是 Democracy 的时代。"陈独秀说："近代欧洲之优于他族，科学之兴，其功不在人权论下，若舟车之两轮焉。"自由主义的胡适也说："我很不客气地指摘我们的东方文化，热烈地颂扬西方近代文明……我们必须承认我们自己……不但物质机械上不如人，不但政治制度不如人，并且道德不如人，知识不如人，文学不如人，音乐不如人，艺术不如人，身体不如人。"陈独秀、胡适等如此激烈地反对传统文化，主要是有见于当时的中国社会之落后，政治之腐败，长期受西方列强之欺辱，而又见于西方各国国势之强盛，社会之稳定，所以他们认为，中国要富强必须学习西方，发动一次启蒙运动来彻底批判旧的文化传统，这就是说，当时的激进主义和自由主义派认为所谓"中学"都是古代的（或前现代的）过了时的东西，而只有"西学"是适合现代社会需要的"今学"。我们可以说，这实质上是一种"全盘西化论"，如果把它和十九世纪后半期张之洞等人提出的"中学为体，西学为用"相比，陈独秀等人主张的可以说是"西学为体，西学为用"了，陈独秀等人的这种全盘反传统思潮，在当时无疑对打破旧的传统的束缚起着极其重大的冲击作用，为中国社会的"启蒙"奠定了基础。尽管它有着某些负面作用（如绝对化的思想倾向、"科学万能"的科学主义、"文化决定论"的成分等等），但它在历史上的积极意义则是应该充分肯定的。

但未经几时，1920 年梁启超自欧洲回来，发表了《欧游心影录》，认为经第一次世界大战后西方文化已陷于绝境，而东方文化或者可以拯救世界，他对近世以来以"科学"为代表的西方文化进行了猛烈的抨击，说："欧洲人作了一场科学万能的大梦，到如今都叫起科学破产来，这便是最近思潮变迁的一个大关键。"梁启超《欧游心影录》的发表，无疑是对五四运动"反传统"和鼓吹"西化"的反动。它无异于是"中学"向"西学"的挑战，为五四运动后东西方文化的论战拉开了序幕。

1921 年夏，梁漱溟作《东西方文化及其哲学》的演讲，这可以说是保守主义派对五四运动以来"反传统"、提倡"西化"的第一次认真的反思。在他的《东西方文化及其哲学》中，梁漱溟认为，中国应该引进西方文化，让"科学与民主"也在中国得到充分发展，他说："（科学与民主）这两种精神完全是对的，只能无批判无条件地承认……怎样引进这两种精神实在是当今所急的；否则，我们将永远不配谈人格，我们将永远不配谈学术"。所以他反复申明："我们提倡东方文化与旧头脑的拒绝西方文化不同。"但梁漱溟同时对西方文化进行了批评，并主张把中国原有的文化精神拿出来。他认为，在不远的将来是中国文化的复兴，它如同西方文化在经过漫长的中世纪之后的复兴一样。因此，梁漱溟的文化观的重点当然不在"反传统"而是考虑在西方文化的冲击下，如何重新把中国文化精神恢复和发扬起来。

稍候，有《学衡》派，该派的主要人物大多是 20 世纪 20 年代初从美国哈佛大学回国的留学生，如梅光迪、吴宓、汤用彤、胡先骕等，他们受到当时在哈佛大学流行的新人文主义思潮的影响，提出"昌明国粹，融化新知"的口号。这批留美学生当然不能说他们对西方文化不了解，甚至正是通过他们才把西方文化中某些极有意义的思潮介绍到中国来。不过我们也要看到这些学者大都同样有着中国传统文化的素养。

梁漱溟和《学衡》派都不是盲目反对西学者，但他们都反对新文化运动的"反传统"，而且颂扬中国传统文化，并认为人类文化发展的前途是东方文化（中国文化）的兴起。因此，他们与新文化运动的激进主义、自由主义的争论，从一个方面看包含"中学"与

"西学"之争。在当时的情况下，他们或者不能算为创造中国新文化的主流派，但也绝不能认为他们对中国新文化只起负面作用。照我看，当时的保守主义派至少起了对一味"反传统"思潮的牵制作用，使得激进主义特别是自由主义派不能完全贯彻他们的"全盘西化"论。

1923 年发生了"科学与玄学论战"，它是五四新文化运动以来东西文化论战的继续，是一次新文化运动的主流派与非主流派的大冲突。这次论战仍是激进主义和自由主义与保守主义的对垒。以张君劢为代表的玄学派似乎失利，但这次论战却给人们留下了许多应该认识思考的问题。例如，"科学"是否有其限制，"科学"成为一种"主义"即"科学主义"，是否与科学精神相违背？"人生观"的含义如何，是否与"科学"全无关系？但这场争论就其性质来说仍然是"东西古今"之争，张君劢主张复活"新宋学"，而丁文江则主张西方的"科学方法是绝对不受限制的"，并且批评张君劢所主张者无非是"中体西用"的翻版。这次论战参加者甚广，除张君劢、丁文江外，主要人物还有自由主义派的胡适和激进主义派的陈独秀、瞿秋白等。经过这次论战，其结果新文化运动的两主流派也宣告分裂了。原来新文化运动的两主流派（激进主义与自由主义派）虽在反对专制主义的旧文化与旧道德，提倡"科学与民主"上是一致的，但他们的思想基础上却都不相同。特别是自由主义派主张用改良的方法，而激进主义则主张用"大破坏"即"革命"的方法。因此，自 20 年代中期后，在中国文化界就出现了三方鼎立的局面。

从 20 年代中期到 30 年代中期，在中国思想文化界各种论战不断，有哲学问题论战，有中国社会性质和社会史论战，有东西文化论战（即"全盘西化"与"本位文化"论战）等等。哲学问题论战是一九二七年后在张东荪叶青之间的论战，它反映了自由主义派与激进主义派的矛盾与斗争。中国社会性质与社会史论战是发生在一九二九年至一九三五年之间。这次论战，激进主义、自由主义、保守主义各派均有人参加。东西文化论战是由一九三五年萨孟武、何炳松等十教授发表《中国本位文化建设宣言》引起的，它主要反映自由主义派与保守主义派的争论。在《宣言》发表后，接着各地学者召开了一系列的"中国本位文化建设座谈会",从而引起一场本位文化与全盘西化的大论战。五四运动时期的激进派和自由派的代表人物实际上都有"全盘西化"的立场,他们认为,不能不承认中国文化无论哪一方面,都比不上西方文化,故不能不彻底全盘西化。胡适此期间提出了可以用"充分西化"或"充分世界化"来代替"全盘西化",但在他对"本位文化"批评时,仍可以看出他的"全盘西化"的立场,他在一篇《编辑后记》中说:"我是完全赞成陈序经先生的全盘西化论的。"十教授《宣言》中说:"中国在文化领域消失了,中国政治形态、社会组织和思想内容与形式已经失去它的特征……要使中国在文化领域中抬头,要使中国的政治、社会和思想都具有中国特征,必须从事于中国本位文化的建设。"他们并且说:他们的"本位文化建设"是"不守旧,不盲从,根据中国本土,采取批判态度"云云。这些话看起来平实公正,但它的矛头无疑是指向"反传统"的"西化派"的。所以胡适在其《试评所谓"中国本位文化建设"》中说:"我们不能不指出,十教授口口声声舍不得'本位文化',他们笔下尽管宣言'不守旧',其实还是他们的守旧心理在作怪","正是'中学为体西学为用'的最新式的化妆表现"。从当时"本位文化"和"全盘西化"的争论看,他们仍是"古今东西之争":"本位文化"派所强调的是民族文化的特征,而忽视了当时文化发展的时代性;而"全盘西化"派又只是把眼光盯在文化发展的时代性上,而全然忘记了文化的民族性和文化的继承性。或者是把东西之争看成是与古今无甚关系,或者是把东西之争等同于古今之争。因此,这一讨论并没有能对中国文化的发展起多大推动作用。

从以上论战,我们可以看出,无论是激进派、自由派或保守派都还没有能在创造中国新文化上作出重要的贡献。同时这三派也没有哪一派在中国社会中取得公认的支配地位,因而中国文化仍然处在多元对峙的格局中。这样一种情况,当然和当时中国社会的客观环境分不开,但是否也可以使我们得出这样一个看法:这些论战的意义虽然不能否定,可是由于当时各派并没有来得及对一些争论的问题作深入研究,而难免陷入为争论而争论,或者受着当时某些政治势力所左右,所以虽然提出了一些应受到重视的问题,但并没有能为中国文化的发展提供较大意义的资源。

从 30 年代中期到 40 年代中期，这十多年可以说是中国学术文化发展的一个重要时期。在这时期中产生了一批对中国学术文化有深远影响或者建构出比较有影响思想体系的代表人物。例如，激进主义派方面郭沫若、侯外庐等：郭沫若对甲骨文、金文和中国社会史的研究，侯外庐对中国社会和思想史的研究都作出了一定程度的贡献。自由主义派方面有胡适、陈序经、张东荪、金岳霖等：胡适这一时期在美国，因此在学术文化上贡献较少，但他的《说儒》纠正了他过去对儒家的偏见，在禅宗研究上也多少有所贡献；陈序经的"全盘西化"理论就是在这一时期完成的，可以说对"全盘西化"作了全面的论证；张东荪完成了他的"多元认识论"体系，他是中国现代哲学家中最早建立知识论体系的学者之一；金岳霖写出了相当严密的《论道》和《知识论》，前者是他的形上学，后者是他的知识论。保守主义派方面有熊十力、冯友兰、贺麟等：熊十力完成了他的哲学体系《新唯识论》，他的学说为中国现代新儒学奠定了基础；冯友兰不仅写出了颇有影响的《中国哲学史》，而且用西方哲学新实在论的方法完成了"新理学"体系，写出了"贞元六书"；贺麟利用他的有关德国哲学的知识来解释中国哲学，对陆王心学有重要发挥，他的《近代唯心论简释》、《知行合一新论》表现了其学贯中西的特点。另外还有一大批学者可以说他们是现代中国的国学大师，他们与过去的国学大师不同，他们不仅仅是融铸古今，而且能会通中西，因此，他们的著作可以说是划时代的，现在人们研究他们所涉及的领域，还必须通过他们研究的成果，才可以有所前进。他们的一些著作已为海内外学术界公认为权威性著作，例如陈寅恪关于南北朝和隋唐史的研究；陈垣关于传入中国的外来宗教史和文献的研究；汤用彤关于中国佛教史和魏晋玄学的研究；董作宾关于甲骨文和殷商史的研究。此外还有钱穆在中国历史和中国文化史的研究上同样为中外学术界所瞩目。因此，我可以说这十多年是迄今为止中国学术文化发展的最有成绩的时期之一，是一个出了许多有价值的学术文化成果的时期，是一批学者企图创造中国哲学新体系的时期。究其原因或可归为以下数点：（1）各种思想（激进主义、自由主义、保守主义派的各种思想）

得以较少受政治因素的干扰，能在较为平等的基础上自由发挥；（2）由于民族危机，使许多有良知的学者们不得不关心自己国家民族的命运，故而对中国文化自身建构有着强烈的责任感；（3）从五四新文化运动以来，经过各种论战，使一批学者逐渐意识到，要解决中国文化发展问题，创造新文化，必须对中国文化的各个方面作深入研究，形成体系，而不能只抓住一两个问题争论不休；（4）从五四以来，西方文化大量输入，中国已有一批学者在国外做过长期研究，因此对西方文化也较以前有更深的了解。同时又受到西方文化的影响而使一些学者有了"为学术而学术"的要求。其中，我认为最重要的一条则是学者们能在比较自由的条件下和较少地受政治干扰的环境下从事他们的创作。"自由"是创造力。学术自由言论自由是发展学术文化最根本的条件。同时我们也看到，在这十年中，中国学术正在朝着中西结合的方向发展着。许多学者在努力寻求会通中西文化的道路，那些把"中学"看成是完全过了时的对现代社会无甚价值的观点和认为继承传统就要绍述"周公之兼三王，孔子之集大成，孟子之拒邪说"的盛业的国粹主义思想虽不能说已绝迹，但是影响不大了。因此，我们或者可以说，半个多世纪以来的"中西古今"之争或者可以因而走上健康、合理的发展道路。但在文化转型时期，由于社会的急剧变化，致使文化的发展往往是出乎人们意料之外的曲折与复杂。

一九四九年后，中国大陆社会发生了巨大变化，中国大陆的文化随之发生了异乎寻常的变化。当时所谓"一边倒"的"全盘苏化"的指导思想，这实际上也是一种"全盘西化"的变种。在文化领域可以说是激进主义独领"风骚"的时期。当时要求学术文化以斯大林的《辩证唯物主义与历史唯物主义》为经典；以马克思、恩格斯《共产党宣言》中的两个"决裂"为指导，即"所谓""共产主义革命就是要同传统的所有制关系实行最彻底的决裂；所以毫不奇怪，它在自己发展的进程中要同传统的观念实行最彻底的决裂。"在此同时，对人文学科又特别要求认真学习和领会日丹诺夫三个报告的精神：即《关于西方哲学史座谈会上的发言》、《在联共（布）中央召开的苏联音乐工作者会议上的谈话》、《关于〈星〉及〈列宁格勒〉两杂志的报告》。因此，一切文化领域都受到来自苏联斯大林主义极左思潮的严重影响。在哲学中特别强调唯物主义与唯心主义的斗争，唯心主义是反动的，唯物主义是进步的，从而把孔子、孟子、老子、庄子等等一些对中国文化作出重要贡献的哲学家都作为批判对象。在历史学中提出"以论代史"或"以论带史"，先验地规定一些条条框框，再片面地找一些个别历史事实来作歪曲的论证，违背了历史理论应该根据历史事实的原则；文学艺术则强调文学的"党性"原则，从而往往使文学艺术成为美化现行政策的工具。文化上的激进主义派成为中国大陆学术文化界的统治力量，并发动了一次又一次的学术文化批判运动，一大批在学术文化上作出过重要贡献的学者都遭到过批判。自由主义派被作为资产阶级思想的代表人物受到批判，保守主义被作为封建思想受到批判。这样的结果，造成了中国大陆的文化与世界文化的隔绝，同时也使中国文化出现了断层。这种学术文化的批判运动随着政治形势有时激烈些，有时缓和些。一九六六年，发生了无产阶级文化大革命，它一方面对人类的优秀文化肆意践踏，大搞所谓"破四旧"；另一方面又对某些封建专制主义的东西大加提倡和颂扬，例如对法家专制思想的颂扬。但是无论如何，从一九四九至一九七六年虽然是文化上的激进主义一统天下，在文化问题上"古今中西"之争并未解决，无非是"西学"的一种和"中学"的一种激进主义相结合依靠政治力量把自由主义派和保守主义派作为批判的对象罢了。但是，在那种历史条件下文化上的激进主义在学术文化上是不可能有什么重大的突破性的建树。如果说，在学术文化上尚有可说者，我们可以看到仍有少数学者以坚持学术自由的立场，而使中国文化传统不致完全断绝；或者因某些学者的努力而能在文献的整理与发掘上作出贡献，这些方面我们也应给以肯定。另外也还应注意到，虽然这一时期激进的极左教条主义占据统治地位，但是仍然有些学者由于直接阅读马克思、恩格斯的著作，而对"唯物史观"的重要原理有正确的了解，从而对中国历史和社会的分析作出某些有意义的结论。

　　一九七六年秋，结束了如一场恶梦般的无产阶级文化大革命。一九七八年冬破除了两个"凡是"，提出"实践是检验真理的唯一标准"，接着中国共产党召开了第十一届三中全会，会议提出了"破除迷信，解放思想，实事求是，向前看"的口号。在这种条件下，学术文化界开始对封闭人们思想的极左教条进行冲击对一些"放之四海而皆准"的"真理"提出怀疑和批评。激进主义统一天下的局面开始被冲破了。

与此同时，中国共产党提出"以经济建设为中心"，实现四个现代化的纲领，和"改革开放"的方针，它无疑是针对"以阶级斗争为纲"和"闭关自守"的一个路线上的大转变。学术文化界当然是拥护这一方针和路线的。但同时鉴于历史的经验，只把"现代化"限于工业、农业、科学技术和国防层面是否又会使我们再一次失去实现全面现代化的时机。于是不少学者提出，"现代化"除了科学技术和经济管理的现代化外，还应包含政治的现代化和思想观念的现代化，以求得中国大陆的社会由"传统"走向"现代"。这里所说的"传统"既包括几千年形成的"旧传统"，也包括几十年形成的"新传统"。这样从一九八五年起，在中国大陆出现了以讨论中国文化走向为主题的"文化热"。在整个"文化热"中，有三个学术团体或者可以说代表三种不同对待"传统文化"的思潮：一是二十一世纪研究院，它的前身是《走向未来》丛书的作者和编辑们，这批学者是属于"反传统"的激进主义派，他们不仅批判几千年的旧传统，而且特别着力批判几十年来形成的新传统，并认为这两种传统的结合形成了统治的意识形态。第二个是《文化：中国与世界》丛书编委会的学者们。他们适应改革开放的要求，主张引进西方的人文主义，提倡自由思想，以破除几千年来的专制主义和当前把思想意识形态化为目标，为此他们出版了《新知文库》和《学术文库》，翻译和介绍西方当代的各种学术文化思想。第三是中国文化书院。中国文化书院同仁的思想颇不一致，有属于激进主义派的包遵信，也有属于自由派的乐黛云，但更多的学者则是维护几千年来的传统，对传统文化抱着同情理解的态度，它们虽不是"反传统"派，但也决不是没有看到几千年来的传统文化对中国社会的负面作用。我这里介绍的是北京学术界在"文化热"中的三派情况，照我看全国大致也是一样。我们可以发现，对"文化热"起着推动作用的三派仍然是分为激进主义、自由主义、保守主义，他们讨论的问题仍然是"古今中外"之争，争论的焦点是如何对待"传统"的问题，不过这个"传统"不仅包括"旧传统",同时也包括"新传统"。正是由这三派形成的文化上的张力,把中国文化推上了一新的发展阶段。特别是这三派对文化问题的观点虽然在走向上不同,但却能比较理智地进行讨论,并在批判几十年来形成的教条主义上有着共识,因此,也就形成了前所未有的在推动中国文化发展上的合作关系。我认为,这无疑应是中国学术界一种非常可贵的经验。但一九八九年以后"文化热"宣告终结,到一九九三年,"国学热"在中国大陆悄然兴起。反观一九七九到一九八九年的 10 年间,或者可以说是二十世纪中国学术文化发展的又一取得重要成果的时期,无疑它打破了多年来的教条主义极左思潮的独领风骚的局面,实际上推动了中国文化朝着适应世界文化多元化发展的总趋势方向发展。因此,对这一段中国文化的走向和取得的成果的任何否定都是错误的。

二十世纪九十年代悄然兴起的"国学热"如何走向,可能还得有一段时间才能看清。照我看,可能有两种不同的走向,一是能真正把中国传统文化放在整个世界文化发展的总趋势中来考察,使得中国文化的真精神和现时代的时代要求接轨,这将是中国文化走出困境唯一的出路。但是,从历史的经验和目前发展的趋势看,也有另外一种可能,这就是"国学热"离开学术的轨道而意识形态化,从而背离某些学者热心弘扬中国民族文化的初衷。我是比较早提倡"国学"的,但我是在这样一个背景下提倡"国学",即在全球意识的观照下提倡"国学"。第二次世界大战后,随着"西方中心论"的消退,整个世界文化呈现出多元化发展趋势。如果孤立地、盲目地提倡国学,很可能使中国文化游离于世界文化发展潮流之外。当然我们要考虑我们自己文化的特点,因为我们的文化是多元中的一元,这是没有问题的。可这种考虑必须在全球意识下来考虑才有意义。如果不这样,我们就又会自己封闭了自己,重新滑入狭隘的民族主义、国粹主义的陷坑,拒绝一切,排斥一切,又错过一次进入现代的机会。这是很危险的。

百多年来,在中国文化的发展问题上一直存在着"古今东西"之争,也就是说中国的知识界一直都关注着中国社会如何走向现代、如何使中国文化重振辉煌。我们从已走过的这段历史是否能得到某些有益的经验呢？我认为可以归为以下三点：

（一）在文化转型时期，在学术文化领域，学术文化的发展往往是多元的，正是由于有激进主义、自由主义和保守主义并存，在这三种力量的张力与搏击的推动下，学术文化才得以发展。正是不同趋向的文化合力推动着文化的进步。在文化的激进主义、自由主义和保守主义并存的情况下，由于具体形势的不同就不能用一种凝固的教条的价值标准判断他们的高下，特别是不能用某种外加的意识形态的标准判断他们的高下，这样学术文化才能比较健康发展。也就是说，我们应对这三重力量在不同情况下对中国文化发展的不同作用作客观的、不带偏见的评价，这样才可以对一个世纪以来的中国文化发展的历史作出合理的、合乎实际的分析。我们应该看到，激进主义派在文化转型时期的一定阶段往往起着打破已僵化的旧的传统，开创文化发展的新局面；而保守主义派则可以起着使传统不至于断绝，而使民族文化传统有得以继往开来的可能；自由主义派则可以起着为文化的发展提出新的问题和新的思考层面，而有利于文化朝着多元化方向发展。所以对这三派的功过都应根据具体历史条件作出实事求是的分析。同时我们还应注意到，文化转型时绝不是一个短的时期，春秋战国到西汉儒家思想成为正统，定于一尊，是经过了三四百年；魏晋到隋唐也经过了三四百年；从十九世纪末到现在不过一百多年，因此很可能还得有一个相当的时期中国文化才可以走出转型期，形成适应世界文化发展趋势的中华民族的新的文化传统。

（二）百多年来中国文化所存在的"古今中西"之争，我认为这个问题上存在着两种偏向：一种观点认为"中西"之争都是"古今"之争，全盘西化派大都持此种看法；另一种观点认为"中西"之争都是"古今"之争，国粹派大都持此观点。在当时的争论中，"中西"之争确有"古今"的问题，例如要不要"科学与民主"的问题，"三纲五常""三从四德"等是否适合现代化社会的要求以及维护专制制度的礼乐制度等等，这些问题是要不要走出"前现代"，它是"古今"之争的问题，是属于时代性的问题。但并不是"中西"问题都和"古今"问题有关，例如孔子的"性命与天道"的问题，"天人合一"、"知行合一""以德抗位"、"和为贵"、"和而不同"等等，特别是以内在超越为特征的人的主体意识这些问题并不因其与西方文化不同，也不因其时代的变迁而失去其意义，它们完全可以随着我们民族文化的发展而"苟日新，日日新，又日新"。因此，我们可以说，正是中国文化中有这些深远意义的哲学观点和对这些观点的新的诠释，我们的民族文化才可以在现时代文化发展的总趋势中发挥特殊的积极作用。今日之世界联系非常密切，无论哪一个国家或民族都不能不关注当今人类社会所面临的共同问题，这就是"和平与发展"的问题，所以世界文化的进程只能是在全球意识下文化多元化的发展。"全球意识"这是个时代性的问题，这是一个文化发展的"共性"问题；"文化的多元化发展"是各个民族文化所表现的民族特色的问题，这是一个文化发展的"个性"问题。在现今任何民族文化的发展都应体现"共性"与"个性"、"时代性"与"民族性"的结合。百年来中国文化的"古今中西"之争很可能都是由于没有正确解决文化发展的时代性与民族性、共性与个性引起的。

（三）从中国百多年来的文化发展史上，"古今中西"之争也常常表现为把"启蒙"、"救亡"与"学术"分割开来，或者认为由于"救亡"压倒了"启蒙"而妨碍了文化的启蒙；或者认为"启蒙"、"救亡"影响了"学术"的自由发展；或者认为"为学术而学术"对社会进步起着消极的作用等等。我认为这些观点都只是看到了问题的一面，而中国学术文化的发展不仅需要"启蒙"，而且必须关注现实社会问题和国家民族的命运，同时也应允许"为学术而学术"、"为艺术而艺术"。中国知识分子自古以来对自己的民族和文化都抱有一种社会责任感和历史使命感，无论希望由"边缘"进入"中心"，还是远离"中心"而甘愿"边缘化"，只要对民族文化发展有意义都应肯定。现在，我希望中国知识界应该有更广的胸怀，在发展中国文化的过程中，既可以坚持自己选择的发展方向，也应尊重别人选择的发展方向，可以"和而不同"，这也许更符合中国文化的"中庸之道"的精神，为中国学术文化界树立一种新的风尚。

（1994 年）

【评　介】

汤一介（1927—　），天津人，原籍湖北省黄梅县，北京大学哲学系教授，知名学者。1927 年 1 月生于天津，自幼随父亲汤用彤先生辗转于天津、南京、北平、昆明等地，幼承庭训，未尝间断。1951年毕业于北京大学哲学系。毕业之前，参加中共北京市委党校学习，并留该校任教员，1956 年回到北京大学哲学系，作为父亲汤用彤先生的助手，协助整理其著作。后一直工作于北京大学至今。1990 年获加拿大麦克玛斯特大学（McMaster University）荣誉博士学位。现任北京大学中国哲学与文化研究所所长，博士生导师。社会兼职主要有中国文化书院院长、国际中国哲学会主席（1992—1994）、中国哲学史学会顾问、中华孔子学会副会长、中国东方文化研究会副理事长、中国炎黄文化研究会副会长、国际价值与哲学研究会理事、国际儒学联合会顾问、国际道学联合会副主席等。主要著作有《郭象与魏晋玄学》、《魏晋南北朝时期的道教》、《魏晋玄学论讲义》、《早期道教史》、《佛教与中国文化》、《中国传统文化中的儒道释》、《儒道释与内在超越问题》、《和而不同》、《中国文化与中国哲学》、《新轴心时代与中国文化的建构》等。

在中国传统文化研究方面，汤一介对魏晋南北朝的学术思想、中国宗教、中国传统哲学范畴等问题有独到研究，尤以后者的成就为学术界所关注。他提出中国哲学常以三个基本命题来表达对真善美的观点，这就是"天人合一"（讨论"真"的问题，即宇宙人生的根本问题）、"知行合一"（讨论"善"的问题，即做人的根本道理）、"情景合一"（讨论"美"的问题，即审美境界的问题），而"知行合一"与"情景合一"这两个命题是由"天人合一"展开而对宇宙人生不同侧面的表述。他认为中国哲学以"天人合一"为基础，因此无论是儒家、道家还是中国化的佛教宗派都是以"内在超越"为特征的哲学体系，这和西方哲学（包括基督教哲学）以"外在超越"为特征很不相同。他还进一步指出，在中国哲学中"知"就不仅仅是"知识"的问题，而且是"良知"的问题（知道什么是"善"，什么是"恶"，如王阳明说"知善知恶是良知"）；"知"必须"行"，中国哲学史中的哲学家大都有很强烈的社会责任感和历史使命感，他们的理想是"内圣外王"，"圣人"（即道德高超的人）最宜于作"王"（最高的统治者），这可以说是中国哲学的道德教化论或者说是一种政治哲学。这些论断，对中国古代哲学问题进行了全新的阐释，很有见地，发前人所未发。

汤一介不仅在传统文化研究领域辛勤耕耘，还积极投身中国传统文化的传播事业。在20世纪80年代中期的"文化热"中，北京有三个学术团体影响很大，一个是《走向未来丛书》编委会，后来在这个基础上成立了"二十一世纪研究院"；另一个是《文化：中国与世界》编委会，出版了"学术文库"和"新知文库"；还有一个就是"中国文化书院"。汤一介积极参与推动文化传播的活动，在1984年中国文化书院成立时，他被推举为院长，以中国文化书院为依托，做了大量的文化普及传播工作。20世纪90年代的"国学热"兴起，汤一介也是国内较早提倡"国学"的学者之一，为中国传统文化的复兴起到了重要的推动作用。

汤一介一直关注传统文化的当下价值问题，努力探索当下中国文化的当代价值、对待传统文化的正确思路、经济全球化与文化多元化等热点问题。他一贯推崇中国古代文化的当代价值，认为虽然社会在不断发展，思想文化在不断更新，但古代思想家提出和思考的问题，他们思想的智慧之光，并不因时间而成为过去，有些他们思考问题的思路以及理念是万古常新的。如他多次强调儒家思想中的智慧，可以成为解决当今人类所面临的重大问题的资源。第一，人与自然的关系。西方自笛卡尔后就讲"主客二分法"，一直主张认识自然，利用自然，让自然为人类服务，所谓"人类中心论"。结果发展到现在，人破坏了自然。但中国不一样，中国传统文化讲"天人合一"。人与天是不能分离的，有了人，天的使命就在于人。孔子讲知天命，同时畏天命。要敬畏天，不能随便破坏自然，要知道敬畏自然。《易》也讲天人关系，"推天道以明人事"就是这个道理。第二，人与人的关系。儒家学说的核心就是伦理道德。《大学》讲修齐治平："自天子以至于庶人，壹是皆以修身为本。其本乱而未治者否矣。"自己对自己有要求，才能处理好人与人、人与社会的关系。第三，人的自身问题。人的身心问题有内外两个方面。现在社会问题多，原因之一就是人的个人的内部外部问题没有解决好。这个问题儒家同样有很多有价值的资源。宋明理学提出"孔颜乐处"的命题，就是追求人的身心内外的和谐。孔子说："知之者不如好之者，好之者不如乐之者。"达到这个境界，人的身心内外就和谐了。国家之间、民族之间的矛盾问题，都是人与人之间关系没处理好造成的。（汤一介《儒家思想是我们民族精神之所在》）

　　《古今东西之争与中国现代化的发展》是汤一介在 1994 年于中国台湾召开的"两岸文化思想与社会发展学术研讨会"上的发言稿，后收入《汤一介学术文化随笔》（中国青年出版社，1996 年）。该文注意到，在文化转型时期，传统文化往往并存着"文化保守主义"、"文化自由主义"、"文化激进主义"三种力量，这三种力量的相互制衡和互补，构成文化以及社会推进的动力。以历史为线索，文章全面回顾了 20 世纪中国思想史上多次有关中国传统文化的思潮，并给予了有穿透力的分析，尤其是"五四"时期的思想论战、80 年代的"文化热"、90 年代的"国学热"等文化现象，剖析透彻，发人深省。

　　文章重新审视"五四"新文化运动，认为有些学者把后来在学术文化领域发生的极左教条主义和把学术政治意识形态化和全盘否定传统的错误全都归之于五四运动，是不实事求是和不公正的。他认为五四运动对传统的批评虽有这样那样的问题，但它提倡"科学与民主"，批判旧传统中对国家走向现代的种种阻碍，为中国社会的"启蒙"奠定基础，对于中国文化的发展有着正面的不可抹杀的价值。

　　对于 20 世纪 80 年代出现的"文化热"，现在有一种看法，认为当时"文化热"的"反传统"是激进的、轻率的，"有思想无学术"。作为有过亲身经历的当事人之一，汤一介不同意这种意见，他认为这种看法是由于对 80 年代的文化讨论不了解，或者是出于某种偏见，80 年代是我国刚刚走向改革开放，打破封闭僵化的思想无疑是当务之急，因此，关心中国如何走向现代的学者提出如何"从传统走向现代"，这种站在时代要求的思考，正是中国知识分子所具有的历史使命感和社会责任感的具体和非常富有时代意义的表现，这种精神应该得到充分肯定和发扬。

对于20世纪90年代出现的"国学热"，他强调要考虑我们中华民族文化的特点，但是也要在全球意识观照下提倡"国学"，"国学"必须以世界文化发展的趋势为参照系才有意义。他认为第二次世界大战后，随着"西方中心论"的消退，整个世界文化呈现出多元化的发展趋势，这有益于文化的健康发展，孤立地、盲目地提倡"国学"，很可能使中国文化再次游离于世界文化发展的潮流之外，可能又会再次自己封闭自己，重新滑入狭隘民族主义和国粹主义的陷坑。他指出，"国学热"有两种可能的走向，一是真正把中国传统文化放在整个世界文化发展的总趋势中来考察，使中国文化的真精神和现时代的要求接轨，这才是中国文化走出困境唯一的出路。但从历史的经验和目前发展的某种趋势看，也有另外发展的可能，或者是"国学热"离开了学术的轨道而政治意识形态化，或者是仅仅注意某些细小具体问题的"考证"，认为只有这才叫"学术"，才合乎所谓"学术规范"，这都可能背离弘扬中国传统文化的初衷。

除了分析"五四"时期的思想论战、20世纪80年代的"文化热"、90年代的"国学热"等特殊时期的文化现象，文章也梳理了20世纪三四十年代中国学术发展的黄金时期、解放后的"全盘苏化"时期、六七十年代的"文化大革命"时期的不同文化发展趋向以及与之相对应的文化思潮。通过清理一百多年来中国文化发展问题上一直存在着的"古今东西"之争，文章总结关于文化发展的历史经验：一是在学术文化领域，不同趋向的文化合力推动着文化的进步，应根据具体历史条件作实事求是的分析，不能用外加的意识形态标准判断其高下；二是文化的发展应体现"个性"与"共性"，"时代性"与"民族性"的结合，不偏执一端，才能很好地解决"古今中西"的问题；三是中国学术文化的发展不仅需要"启蒙"，也必须关注现实社会问题和国家民族的命运，同时也应允许"为学术而学术"、"为艺术而艺术"。

作为知名学者，汤一介还多次在不同场合谈到如何对待中国传统文化的问题，他认为，任何民族的生存发展必须自觉地植根在自身文化土壤之中，只有对自身文化充分地理解和认识，保护和更新，它才能适应社会健康、合理发展的要求，才有能力吸收和消化其他民族的优秀文化。在这全球化的时代，有生命力的文化必定是民族的又是世界的，它既具有民族的特殊价值，又具有全球的普世价值。但是他同时也指出，在经济全球化与文化多元化的今天，尤其要注意充分吸收其他民族的优秀文化，这是由于任何文化要在历史长河中有重大发展，必须不断地吸收其他民族文化，在互相交流与对话中才能得到适时的更新。在历史上，中华文化有着吸收外来印度佛教文化的宝贵经验，应该受到重视。在今天全球化时代，面对西方强势文化，只有善于吸收和融合西方和其他各世族文化，才能使中华文化更具有世界意义。（汤一介《新轴心时代的希望》）他很赞同费孝通先生"各美其美，美人之美，美美与共，天下大同"的说法，并明确指出："但我们要记住，不能只要国学。只讲国学，我们就孤立自己了。所谓 21世纪是中国的世纪等提法是不对的。要'美美与共'，要共同享受美好的文化。欧洲文化中心论破产了，不能再搞中国文化中心论。这是不明智的，也做不到。"（汤一介《国学与二十一世纪》）今天"国学热"方兴未艾，有关传统文化的各种高论此起彼伏，汤一介这种全球化的文化视野和冷静客观的态度，可资借鉴和参考。

值得一提的是，2003 年年底，汤一介所主持的大型古籍整理项目——《儒藏》编纂与研究被列入教育部哲学社会科学研究重大攻关项目和全国社科基金 2004 年重大项目。这项工程的第一部分包括500 本 9700 多卷 1.5 亿字儒家典籍的《儒藏》精华本，将用 6 年时间以有校勘记的竖排繁体标点排印本形式出版；第二部分《儒藏》大全本收入 5000 部 10 亿字儒家典籍，再加上子项目 10 卷本《中国儒学史》、《儒藏总目》、100 种《儒家思想与典籍研究丛书》，出版需时 10 年。完成这一工程总共需耗时 16 年。这一浩大的文化工程，将全面搜集和系统整理中国历史上与儒家文化思想相关的历史典籍，对于中华古代文化的保护和传承有着不可估量的重大意义。

（陈卫星）

汤一介主要相关著述目录：

《郭象与魏晋玄学》，湖北人民出版社，1983 年；北京大学出版社，
　　2000 年（增订本）。

《魏晋南北朝时期的道教》，陕西师范大学出版社，1988 年。

《中国传统文化中的儒道释》，中国和平出版社，1989 年。

《中国文化与中国哲学》，三联书店，1990 年。

《儒道释与内在超越问题》，江西人民出版社，1991 年。

《佛教与中国文化》，宗教文化出版社，1999 年。

《非实非虚集》，华文出版社，1999 年。

《中国儒学文化大观》，北京大学出版社，2001 年。

《和而不同》，辽宁人民出版社，2001 年。

《早期道教史》，昆仑出版社，2006 年。

《魏晋玄学论讲义》，鹭江出版社，2006 年。

《国学举要（含医卷、术卷、史卷、艺卷、文卷、儒卷、佛卷、道卷
　　等共 8 卷）》（主编），湖北教育出版社，2006 年。

《新轴心时代与中国文化的建构》，江西人民出版社，2007 年。

《哲学与人生》，中国广播电视出版社，2007 年。

（陈卫星　整理）

时机与意义：国家的兴盛与国学的复兴

郭齐勇

什么是国学？国学包含几个层面？国学只是精英文化吗？为什么当前社会上对国学有迫切的需求或一定的热度？当前国学是真热吗？国学与国家的文化安全有什么关系？国学与和谐社会的建构有什么关系？国学与本国在国际上的政治、经济、军事、文化之地位及文化输出有什么关系？本文试图回答上述问题，略抒己见，以就教于各位。

一、何谓国学？试说国学及其草根性

我们现在所说的国学，包括中华传统文化的各方面，例如包括中华各民族从古代到今天的蒙学读物、衣冠文物、习俗、礼仪、语言、文字、天学、地学、农学、医学、工艺、建筑、数学与数术方技、音乐、歌舞、戏剧、绘画、书法、思想、心理、信念等。国学中包含有大量的社会、民俗、制度、生活世界的内涵，特别反映在历史、文学、艺术、哲学、宗教方面，同时又是中华人文精神之根，是我们民族的终极信念的所在，是安身立命之本。国学是开放的，包含了历朝历代消化吸收了的各种外来文化。

作为传统学术的国学，如按传统图书与学术之分类是经、史、子、集四部，或义理、考据、辞章之学的三路向等。经学是国学中的重中之重，因为经学中包含有大量的社会史的内涵。我还是认同晚清"穷治语言文字以通经学"的学风。"五四"以来，我们对经学与理学有太多的误解。

我想强调的是，国学不仅仅指传统学术，尤其指其中所蕴含的文化价值与民族精神。国学当然是相对于西学而言的。在清末民族危机与西学大量进入中国以前，没有国学这一说法。国学这一概念从上一世纪初年被章太炎们从日本引入之时起，就含有振兴民族精神与弘扬

中国文化的道德理性、宗教精神与人文传统，来振兴国族、复兴国家、增强自主精神与自信力，以与东西方列强相抗衡之意，也含有批判或救治世界的西化、工业化、商业化、功利化的弊病之意。可见，国学不仅仅是学问或学术的概念，而且还是民族性与民族魂的概念。清末民初的国粹派思想家们所谓"学亡则亡国，国亡则亡族"，即是主张通过保文化学术来救国家民族。①

有人把国学与汉学同等或并列看待，尤为不当。外国人研究汉学（今天叫中国学）与本国人研究国学有很大区别，不可等量齐观。外国人只看重饾饤枝节而忽略内蕴精神，他们视汉学（或中国学）为纯客观对象，而本国人对国学自然地投入主观情感，怀抱温情与敬意的心态，而且身体力行。

所以，今天我们谈国学，我以为，大约有这么几个层面：

第一是常识层面，即国家民族历史文化的 ABC。针对几代人国学素养的不足，面对媚俗的大众文化的冲击，对国民特别是青少年进行国学初步的教育已是十分紧迫之事。这需要家庭教育、学校教育与社会教育的配合。

第二是学术与技艺层面，即传统文化各门类各方面，包括地方文化、民间技艺、学术传统之传承。要通过微观精细地研究，抢救、整理与继承绝学，古为今用，推陈出新，这需要国家与社会投入资金，养一些甘坐冷板凳的专门家，尤其要培养新生代，并造成代代相传的机制、环境、氛围。

第三是道德价值与人生意义的层面。国学根本上是教人如何做人，如何安身立命。例如《论语》、《孟子》，按梁启超的说法，是两千年国人思想的总源泉，支配着中国人的内外生活，其中有益身心的圣哲格言，一部分久已在我们全社会形成共同意识，我们既做这社会

---

① 章太炎说："夫国学者，国家所以成立之源泉也。吾闻处竞争之世，徒恃国学固不足以立国矣；而吾未闻国学不兴而国能自立者也。吾闻有国亡而国学不亡者矣；而吾未闻国学先亡而国仍立者也。故今日国学之无人兴起，即将影响于国家之存灭，是不亦视前世为尤岌岌乎？"（《民报》第七号《国学讲习会·序》）

的一分子，总要彻底了解它，才不致和共同意识生隔阂。① 今天我们提倡国学，主要是提倡理想人格的追求，克服工具理性的片面膨胀所导致的人文精神的萎缩或失落。

第四是民族精神，或国魂与族魂的层面。提倡国学与吸纳西学并不矛盾。对于祖国传统文化的价值理念、生存智慧、治国方略，我们体认得越深，发掘得越深，我们拥有的价值资源越丰厚，就越能吸纳外来文化的精华，越能学得西方文化之真，这才能真正使中西或中外文化的精华在现时代的要求下相融合，构建新的中华文明。一味贬损、伤害中国文化之根，无益于西方精神价值的引进与融铸，无益于新的现代文明的建设。正如鲁迅所说："外之既不后于世界之思潮，内之仍弗失固有之血脉"②；也如陈寅恪所说："一方面吸收输入外来之学说，一方面不忘本来民族之地位"③；任何民族的现代化都不可能是无本无根的现代化；失去民族之本己性、个性的现代化，绝对不是成功的现代化。

学习国学更重要的是把握中华人文精神与价值理念，了解中华民族与中华文化融会的过程，及其可大可久的所以然，堂堂正正地做一个中国人。

国学并不只属于文化精英。实际上，国学具有平民化与草根性的特点。在我们的老百姓中，包括不识字或文化水平不高的像我的祖父母、父母亲那样的人，包括"文革"后期，1968 年至 1970 年我在湖北天门县杨场公社插队落户时周围的农民老乡，我当工人时到两湖、浙江几家大工厂培训两年间遇到的一些工人师傅，我们的小学、中学、大学的老师们，所有这些人以不言之教与言教影响其子弟与周围人的精神的东西，主流的价值仍然是友善、仁爱、孝慈、正直、良心、为人着想，堂堂正正地做人做事。老百姓接受的并影响他人的生

---

① 参见梁启超：《国学入门书要目及其读法》及《治国学杂话》，俱见《胡适文存二集》，亚东图书馆 1934 年版。

② 见鲁迅《文化偏至论》，此时鲁迅还是章太炎的门生和"国学振起社"的成员。

③ 陈寅恪：《冯友兰〈中国哲学史〉审查报告》，见冯著《中国哲学史》，商务印书馆 1934 年版。

活哲学，是带有儒家文化密码的蒙学读物与民谚民谣中的仁慈善良，廉洁勤谨，忠于职守，与人为善，德福一致，"勿以善小而不为，勿以恶小而为之"，"老吾老以及人之老，幼吾幼以及人之幼"等，例如《三字经》、《百家姓》、《千字文》、《弟子规》和《四书》的一些内容。

但是，五四以来，作为中国人的国民性的负面的或所谓丑陋的中国人等等的揭露，有些过头，伤害了我们的民族性。尔虞我诈，内斗内耗，我们出现过一些丑恶的现象（其实西方也有），但人们往往就会把账算在国民性上，或要中国文化、儒家文化承担责任。我觉得我们要把中华民族文化的真髓，养育、凝聚老百姓的真诚的理念，作为中华民族这样一个多民族国家的族群认同、文化认同与伦理共识的仁爱思想，浩然正气，正道直行，人格修养等等，大大地弘扬出来。我不认为这是高头讲章。比方说，老百姓中，其实有很多相互关爱的品格与事例，我们要把这些日用而不知的民间留存的仁爱忠信、仁义礼智信等的道德资源加以保护、拓展。例如武昌区吴天祥副区长，长期关爱人民群众，有很多感人事迹。又比方我是 1966 届高中毕业生，我与同学们 1968 年下乡的时候，我们是抱着尖锐斗争的心态下去的，以为我们是革命派，下去是去斗争地富反坏右的。结果乡亲们慢慢地化解了我们的仇恨心理，为批斗对象（多为冤案或地富子女）讲好话，以温情在物质上、精神上关爱我们这些离开城市与家庭的知青。他们家里的鸡蛋、蔬菜很少，但总是送给我们吃。在田间劳动，他们告诉我们不要蛮干，不要一口气就把一辈子的饭吃掉了，要我们学会保护自己，又教会我们干农活的技巧。慢慢的，我们就懂得人间的温情。我小的时候，也亲眼目睹自己的父母也是在家里的生活非常艰难的时候，节衣缩食，对邻居与逃荒讨饭的灾民予以接济。我觉得仁爱不仅是一种理想性的东西，而且是在民间有根源的活的东西。我们现在要有一种文化自觉，把这些百姓日用而不知的、有生命力的、有内蕴的价值启导出来。

二、体制内的教育是西化的，所谓国学热只能是假热

一方面，民间存留着很多善根，国学确有草根性；另一方面，我

们又不能不看到，由于社会巨变所发生的诸多新问题，特别是强势的西化趋向的影响，百多年来文化观念与全民教育的某些失当，国人对于国学又相当地陌生、隔膜。

首先，我们看常识层面。今天我们很多大学生与研究生，不知祖国历史文化的一些常识，不知《四书》、《老子》、《庄子》为何物，更不要说中学生了。有一位博士生寄贺卡给导师，竟称之为"先师"。社会上更是如此。张艺谋是大文化人了，但他导演的《黄金甲》中，周润发饰演的帝王竟对医官说"你的内人"云云不通的话。我们有的大学教师常说"我的夫人"云云，不知"夫人"是尊称别人的太太的。有一专门纠正世人用语的杂志说"食色，性也"是孟子说的（有的大报竟然照登，其实这是《孟子》一书记载的告子的看法，孟子批评了这一看法）。还有很多。

其次，我们看学术与技艺层面。传统文化各门类、各方面，包括民间技艺，经史子集等的传承上，有相当大的断层。五四以来，片面的、平面的西化思潮和教育、学术结构与体制，使得我们这一代甚至前后几代人逐渐丧失了解读前现代文明（或文献）的能力。令我汗颜的是，包括我在内的目前在大学教中国文史哲的所谓教授们，如果人家顺手拿一册未经整理的旧籍古书让我们读，很可能有些字认不得，有些句子断不了，有些典故不知道，有些篇章读不下来。近些年来，我与同事们之所以在武汉大学创办小型国学试验班（本科生已办了六届，硕士生有两届），就是想整合文史哲各系老师的力量，三个臭皮匠，顶个诸葛亮，大家互补，共同努力，以"小班授课，原典教学"的方式，试图培养一点点读古书的种子。因为靠我们这些教授们曾经接受过的、半个世纪以来通行的、分科式的、只学概论通史、不读原著经典的教育方式，我们民族的将来，很可能没有能够读通古书的人。

第三，我们看道德价值与人生意义的层面。现在有些为人父母者如何教育孩子呢？我曾在公共汽车上看到有的年轻父母当着孩子的面逃票、与老人抢座位、骂人，毫不避讳，有的甚至教唆孩子斗狠，打别人的孩子，所谓免得吃亏云。我们本来是礼仪之邦，但我们的留学生或旅行团走到世界各地都会发生不文明、不礼貌，甚至有辱国格、人格的事情。2006 年 9 月，我在美国亲眼看到一些用公费旅游的干部，在公共场所不守公德的丑态。由于爱喧哗，聚众打牌到半夜，有的美国旅店宾馆干脆把中国旅客与其他国家旅客隔开安排。还有一些大学生面对生活贫困、就业压力，或恋爱、婚姻、家庭问题等，经不起挫折、坎坷，极个别人自杀或出现精神疾病，并不都是心理上的病症，根本上还是人生观、价值观的问题，责任感的问题，生活的信念与态度的问题。

第四，我们看国魂与族魂的层面。可悲的是，有很多知识分子以居高临下的不屑的挑剔的态度，轻慢的语气，以先入之见或自己的所谓"逻辑"或文字游戏的方式，横加肢解传统文化，以为西方的从古到今都有理性，完美得很，中国的从古到今都无理性，糟糕得很。他们不是全面理解思想系统及其背景与特性，而是由这种立场或情感出发，抓住只言片语，拉来就打或贬。对于自己民族的文化及其经典，应有起码的尊重，起码的虚心的态度。为什么其他国家的知识分子不必提出"同情的理解"或"了解之同情"，或没有类似的问题，而唯独我们国家、民族的知识分子必须面对这一问题？那是因为人家没有妖魔化、丑化自己的文明及其经典，没有把今人的责任推到祖宗头上去，也没有单一的直线的进化论、进步观，而我们自鸦片战争以来，把国际国内政治、经济、军事的问题，国势的问题简约化为文化的问题，一古脑儿都要传统文化来负责，要孔孟来负责，又把文化问题简约化为进步与落后的二分法，因此把传统与现代打成两橛。实际上孔仁孟义、礼乐文明不仅不构成中国人走上现代的阻碍，相反是一种宝贵的资源与助力。这种不健康的心态与学风，乃严肃的学术研究之大敌，且谬种流传，误人子弟，贻祸青年。

近年来，随着我国的经济实力、政治地位的提升，随着人们对传统文化与现代化的关系的理解有了多维向度，全社会上对国学有了迫切的需求或一定的热度。例如，继武汉大学之后，中国人民大学、厦门大学也开办了国学班①；公私企业的经营管理者由热衷于学习西方式的管理转过来学习古代哲学智慧与管理方略，一些 MBA、EMBA、总裁班等更多地转向学习中国经典来丰富人生；不少民间人士开拓更多的空间，创造条件让儿童在记忆力最好的时期诵读一点经典，打一点童子功。这都是十分可喜的现象，虽然遭到不少非议。国学随着国力的增强，到了发展的最好契机。

但是，当前国学是真热吗？国民对国语、国文、国学，对本国历史文化传统的常识还不甚了了；体制内的，从幼儿到博士的受教育的制度安排，基本上是西化的，青少年学习英语的时间与精力大大超过了学习母语、国文的时间与精力，而体制内有关中国历史文化的教育又非常薄弱；如此，我们有什么理由侈谈"国学热"？所谓"国学热"并非真热，其实是假热，只是一些表面现象而已。有的只是敲敲边鼓，只是自发与偶然的现象。

试看我们的教育。幼儿与中小学教育中的中国文化教育应是基础的基础。因此，全社会都应当重视对幼儿、小学生和中学生加强中华民族历史知识与人文精神的教育。不然，大学人文教育就根本没有办法做好。此外，中学文理分科的问题，作为高考的附属物，理应有更加合理的解决方案。从公民的文化教养与民族的文明发展来看，中学生的文理分科是应当为法律所禁止的。同样的，我国应当为民族传统文化的承传立法，或者说，应当在法律上规定，必须对幼儿与小、中、大学生进行传统语言与文化的教育，维护民族语言与文化的纯洁与尊严，必须改变目前青少年学英语的时间、精力大大超过学习母语的状况。

母语、国学的教育是国本，不可动摇。十多年来，我一直在批评一种现象，即中国大陆地区的各层次教育中，忽视母语的教育，忽视本土文化 ABC 的教育，把英语、西方文化教育看得比母语、本土文化的教育更为重要，完全是数典忘祖！现在中国的大众文化已是美国

---

① 教育部与国务院学位委员会尚没有"国学"这个专业的名称、代码与编号，目前国学本科生与研究生招生只能挂靠在别的专业上。也就是说，"国学"在体制内的教育中还不具有合法性，至少是没有户口吧！

文化的殖民地，美国大片横行无忌。反过来看一看法国及欧洲一些国家，他们严格限制大众媒体把英语节目或所谓美国大片肆无忌惮地播放，他们是有限制的。法国知识界不断批评、指导法国的传媒与文化界，法国政府也十分自觉地捍卫法兰西语言的纯洁性与法兰西文化的尊严。相反，我们都失职了！我不是反对学习西方，相反，我是积极主张拥抱西方文明的，我当院长，在本院的教学中，我为以西文学习西方经典创造了很好的条件。我们开办的国学试验班、中西比较哲学国际班，都是开放的，有些课程也用英文上，请外国学者上。但我认为，这一定得有一个界限，即中国的教育（从幼儿园到博士生），宪法与法律允许的中国教育，一定要以母语与本土文化为主导和主要内容。我们现在讲自主创新，讲建立自主创新型国家，首先振兴的应是中国自己的文化传统。中国人靠什么走向世界？中国人的精神文化中当然包含着几千年来与外来文化的融合，中国文化当然是变动着的文化。但中国之为中国，中国文化之为中国文化，一定有自己内在性的东西，有主导性与主体性的常道。这是不可动摇的。因此，我反对所谓"双语教学"的提法，甚至有的大学提倡"全英语教学"，那是应当禁止的，是违法的，是殖民地心态的体现。

作为一个国家的公民、国民，有接触本国经典的义务。一个西方人，不管从事什么行业，在他经受的家庭、社会、学校教育中，起码诵读过、学习过荷马史诗，柏拉图或亚里士多德等希腊哲学，西塞罗等罗马政论，莎士比亚的文学作品等。这都是视为当然的，是他们的人文修养的基本功。一个中国人，也应当掌握好母语，具有中国文化的常识。可是今天在中国，如果我们让青少年读一点有关孔子、孟子、老子、庄子的书，会被认为是守旧复古、大逆不道。这是非常奇怪的事情。我认为作为一个中国人，要了解的最基本的经典是《四书》（《论语》、《孟子》、《大学》、《中庸》），还有《老子》、《庄子》、《六祖坛经》、《史记》、《汉书》、《诗经》、《楚辞》等。

三、国学与和谐社会的建构

近十多年来，我常常到我国台湾地区和韩国、日本去出席会议或讲学。总的感受是，那些地区或国家的民间社会的空间比较大，生活中，传统文化、礼俗的传承比我们好。今天，我国大陆地区的民间生活更加多元化了。企业、媒体、社群、宗教团体中需要而且也可以提供更多的社会资本与文化资本，包括本土文化资源。我们建设今天的文明，需要更多借鉴古代的文明。

国学的再发现，并不是复古，更重要的是，其中的价值观念能更多地渗透到现代人的意识之中。国学之一的儒家思想与制度也可以参与当代的制度安排与秩序设计中，例如"礼"之中就有不少，可以转化。儒家思想可以与现代政治自由主义、生态环保主义、女性主义对话。比方说，我们实行社会主义的市场经济，必须兼顾公平与效率，有关公平与社会公正，正是儒家的强项。又比方说，年轻人讲自由，其实，不管是政治的、哲学的、道德的、美学或艺术的等层面的自由，伯林讲的消极自由与积极自由，在儒释道各家的论说中都十分丰富，值得发掘。现代的政治法律制度，不可能不建立在德性伦理之上。我们的家庭伦理、社群伦理、工作伦理、企业伦理的建设，都可以在国学中找到资源。在生态伦理、文明对话、国家间与族群间的交往伦理方面，国学资源都大有可为。我们有责任做创造性转化的工作。就自由主义者必须具有的独立的批评能力和精神，必须具有的道德勇气、担当精神而言，就自由、理性、正义、友爱、宽容、人格独立与尊严等自由主义的基本价值而言，就民主政治所需要的公共空间、道德社群而言，就消极自由层面的分权、制衡、监督机制和积极自由层面的道德主体性而言，儒家和传统诸家都有可供转化和沟通的丰富的精神资源。儒家的道德主体为政法主体预定了位子。

德国特里尔大学的文学院长、汉学家波尔教授（他的中国名字叫卜松山）曾经在北京与特里尔多次郑重地对我说过："你们中国有很好的道德资源，特别是儒家文化中有很多很好的做人的道理，可惜你们放弃了，没有用这些本土的文化资源教育后代，这非常遗憾！"这值得我们警醒。

一个社会，如果没有基本的伦理共识，那是非常危险、非常可怕的。再严密的法律，代替不了社会的伦理道德；进一步说，健康的现代化的法治社会恰恰是建立在民众的底线伦理、民众的伦理共识的文化土壤之上的。今天我们所说的和谐社会，指的是现代化的民主法治、公平正义的市民社会。提倡和谐社会，针对的是现实上的不和谐、不协调。各国现代化建设过程中，不免会出现发展中的不平衡，地区、行业、城乡、贫富的差异。出现不平衡与差异是十分正常的。但一定要有一种自觉，即不断地克服或调整不平衡或太过悬殊的差异。中国传统社会充满着斗争与紧张，正因为如此，传统社会的知识人与民众期盼和谐，留下了大量的"和谐"思想资源，可以成为中国特色社会主义和谐文化建设的重要助缘。

在人与天的关系上，中国古代思想家认为：天、地、人、物、我，不是各自独立、相互对峙的系统，彼此之间有着不可分割的联系。它们同处于一个充满生机的气场或生命洪流之中。中国传统智慧主张人与自然万物，与草木、鸟兽、瓦石、山水，是密不可分的整体。古代的《月令》，特别重视人对动物、植物、山川、陂池的保护，涉及季节与人之养生、渔猎、伐木、农事的关系。中国的人文精神不与自然相对立，它讲求的是与自然的和谐共处。"天地与我并生，而万物与我为一"，"人与天地万物一体"的古代的观念、信仰，对于今天我们的科学的、全面的、可持续的发展观，仍有启发性。

在"己"与"人"的关系上，孔子主张"己欲立而立人，己欲达而达人"，"己所不欲，勿施于人"。成就自己是在成就别人的共生关系中实现的。成就自己，同时必须尊重别人；不尊重别人，也不能成就自己。

在人与内在自我的关系上，中国传统哲学家认为个体生存的意义世界，与个体人身心的涵养有很大的关系，可以帮助人心理上处于健康状态。道家、佛教主张身心神形的合一与超越，由此而建立起特有的修养论、工夫论、境界论。

中国古典的和谐智慧并不是否定对立、抹杀差异、矛盾的智慧。所谓"和而不同"，和不是同，也不是不同，是多样的统一。马克思深刻指出，差异、矛盾是普遍存在的，没有差异、矛盾，就没有社会的进步和人类的发展。构建社会主义和谐社会是一个不断化解社会矛盾的持续过程。因此，否认矛盾、害怕矛盾的态度是不可取的；但是，放任矛盾甚至扩大矛盾，同样是错误的，危险的。孔子治国安民的主张是"庶、富、教"，庶而后富，富而后教，肯定民生，强调藏富于民，把维护老百姓的生存权与受教育权看作是为政之本。孔子注意到分配正义、社会公正问题，反对贫富过于悬殊，指出："不患寡而患不均，不患贫而患不安。盖均无贫，和无寡，安无倾。"孟子主张保障老百姓的"恒产"，指出良好的政治一定是使老百姓有产业有收入、满足生活的基本需要的政治。儒家还关注养老、救济弱者、赈灾与社会保障的制度设计及其落实，强调整个社会应关注鳏、寡、孤、独等弱势群体。《礼记·礼运》更是假托孔子之口，描绘了"人不独亲其亲，不独子其子，使老有所终，壮有所用，幼有所长，鳏寡孤独废疾者皆有所养"的大同理想。

防止公共权力的滥用是珍惜民力、保护民生的重要内容。孔子说："政者，正也。""居敬以行简，以临其民，""博施于民而能济众，"反对以傲慢的态度对待人民，滥用权力，任意扰民，践踏民意，不顾民生。他提出以"敬"的态度谨慎地使用公共权力的问题，以安民济众、百姓平安为根本目的。孔子讲"行己有耻"。国学中有大量的荣辱观、廉耻观的思想传统与整饬吏治的办法，包括监察制等，对于我们的廉政建设和树立社会主义的荣辱观仍有借鉴意义。

重视和发掘中国传统智慧中的和谐思想的资源，决非要鼓吹全面复古，全盘照搬古代文化的整套东西，更不是试图以中国固有的传统去对抗、抵制现代的文化。我们提倡以批判继承的态度、多元开放的心态，对传统智慧的和谐思想资源进行创造性的转化。现代化在东亚各国的发展，不仅是受到西方刺激之后的反应，而且更为主要是自身内在的要求，有自身发展的逻辑。儒学思想史上，中、韩、日三国的经世思潮的发展，即是内在调适的一种表现。这实际上为东亚的现代化做了铺垫。明清以来中国商业的发展，与商人的价值理念有关。实际上，例如徽商、晋商等等的商业行为中，都有儒家价值、儒家伦理的渗透与融摄。近世以来，东亚三国迎接西方的挑战，内在思想的资源仍然是儒学。睁眼看世界并鼓动学习西方的人，包括马克思主义中国化的先驱、中国共产党人的前辈和近代以来的仁人志士，骨子里恰恰是入世的，进取的，主张变化日新的，是关切国事民瘼、向往大同世界的儒家情结最深的人。他们的为人为学、思想与行为方式，乃至杀身成仁、舍生取义的献身精神，无一不是儒家式的。儒学思想与现代化的调适，除了我们以上说的这些外，更深层次的即是仁、义、礼、智、信等基本价值的转化。孙中山先生特别提出"忠孝、仁爱、信义、和平"，强调心性文明的建构。①

罗伯特·贝拉（Robert N. Bellah）关于日本德川宗教的研究给我们多方面的启示。他说："存在于德川时期的中心价值系统在现代依然起着决定作用，也许是以更加强化的、理性化的形式而存在。将作为各个阶级的身份伦理而起作用的中心价值系统应用于现代，证明是十分有利于处理每个阶级所承担的新的经济责任。"② 贝拉关于中国的整合价值占首位，日本以重视政治或达到目标为特征，中国伦理是普遍主义的，日本伦理是特殊主义的等等论断，都是值得商榷的。但他具体分析了德川时代的中心价值，指出了这些价值在日本现代化道路与过程中的作用，是很有意义的。丸山真男曾对此作了中肯的评价。③ 中国大陆和中国台湾、中国香港，以及新加坡、韩国等国家与地区的现代化运动中，民间社会的儒家伦理的积淀起了积极的作用。在文化小传统中，勤俭、重教、敬业、乐群、和谐、互信、日新、进取的观念，无疑是经济起飞的文化资本。这些文化小传统，与儒家精英、文化大传统是密不可分的。从长远的、健康的、高品质的社会目标来看，儒家"仁爱"思想可以纯洁世道人心，整合社群利益，调整人与天、地、人、物、我的关系，克制自我中心和极端利己主义。"恕道"对于环境伦理、全球伦理的重建提供了重要的思想基础，有助于全球持续性地发展。"诚敬"、"忠信"思想有助于整顿商业秩序，增强企业内部的凝聚力并改善外部形象，提高效率，促进人的精神境界的提升。儒家的价值观、义利观和人格修养论，有助于克服拜金主义、享乐主义和坑蒙拐骗的行为。目前，这些价值至少对于中国大陆社会的整合，和谐社会的建构，具有极其重大的现实意义。

---

① 参见郭齐勇：《孙中山的文化思想述评》，《中国社会科学》1996 年第 3 期。

② 罗伯特·贝拉著：《德川宗教：现代日本的文化渊源》，三联书店与牛津大学出版社，北京，1998 年版，第 228 页。

③ 丸山真男：《评贝拉的〈德川宗教〉》，《德川宗教：现代日本的文化渊源》附录三，第 259～296 页。

从《四书》、《管子》、《荀子》和宋代以来在民间流行的蒙学读物来看，传统社会朝野共同承认的核心价值，大体上是以仁爱为中心的展开，重要的范畴有如仁、义、礼、智、信、孝、悌、忠、恕、诚、敬、廉、耻等等。传统道德仁、义、礼、智、信"五常"和礼、义、廉、耻"四维"是我国古代思想家对中华民族基本道德观念和道德准则的总结，源于春秋，确立于汉代，是安定国家、稳定社会的最普遍、最重要的道德规范。明清时代，"孝、悌、忠、信"与"礼、义、廉、耻"结合起来，称为"八德"。

儒学的中心价值系统或核心价值观念是仁爱、敬诚、忠恕、孝悌、信义、廉耻。仁爱是人性之本然，与世界各民族、各宗教伦理之精核可以相沟通、相对话。"己所不欲，勿施于人"；"己欲立而立人，己欲达而达人"；"亲亲而仁民，仁民而爱物"；"民吾同胞，物吾与也"；完全可以成为新的全球伦理的基石，成为化解宗教、民族、国家、文化间诸矛盾冲突的药方和协调人与自然关系的指南。敬与诚是人面对天、地、人、物、我的一种虔诚、恭敬的态度，一种责任意识和敬业精神，真诚无欺，真情自然。愚忠愚孝已被洗汰，而忠孝之心仍可以存于现代社会，化为孝敬父母，尊重前辈，老吾老以及人之老，幼吾幼以及人之幼的行为，化为对人类、民族、国家、社会、团体的忠诚奉献精神。持守道义，主持公道，讲求信用，言行一致，仍是我们做人的准则。

仁爱、敬诚、忠恕、孝悌、信义、廉耻等价值在当下和未来中国社会的发展中，不仅作为普遍性的道德理念，而且作为企业、商业、职业、社群、环境伦理，还将继续起着作用。传统伦理经过时代的转化、洗汰与我们自觉地批判继承，可以与现代化的新的伦理价值——个性自由、人格独立、人权意识等等——整合起来。儒家核心价值观念与现代人权、平等、尊严、理性、道义，不乏可以沟通之处。现代权利意识，现代法律生活，缺乏终极信念的支撑，缺乏深度、累积的社会资本和文化资本之支撑，很可能平面化与片面化地发展。

以上这些，都是我们建构社会主义核心价值体系的基础。

更多的人形成中华民族的文化认同是中华民族凝聚力的基础，这可以反对国家的分裂。面对西方文化铺天盖地的席卷域内和西方宗教的无孔不入的渗透，我们一定要有文化自觉与文化安全意识。目前，基督教、天主教在中国大陆特别是农村发展很快，势力很大；台湾当局"去中国化"日甚一日。还有民族分裂主义与恐怖主义者的活动等。因此，自觉发展国学，可以维护国家的文化安全，团结海峡两岸及海外华人，形成民族文化认同，增加凝聚力。振兴国学与国家的文化安全有密切关联。

总而言之，国家的兴盛与国学的复兴是一体两面的事情。国学是软实力。国学复兴有助于本国政治、经济、军事、文化、外交地位之提升，有利于建设文化大国及文化输出。国学也是文化产业的基础，但大众文化正在糟蹋民族传统。建设孔子学院是好的兆头，但绝不能只停留于教现代汉语，而应当讲中华文明，进行文明对话。不懂自己的国学、文化传统，拿什么与人家交流对话？

新时代的全球化的挑战，启示我们要有自己的民族文化认同和伦理共识。如果没有民族文化认同，中国这样一个多民族的国家就会在现代化的过程中散掉。如果没有伦理共识，也形成不了一个健康的法治社会。因为法治的背后有着信念信仰和伦理共识的支撑。未来社会的发展仍需要价值指导。面对人与自然、社群、天道、人心诸种复杂关系的调治问题，传统核心价值有重大意义。在人生的安立、精神的归属方面，在社群伦理乃至全球伦理、环境伦理的建设方面，仁义礼智信等核心价值观仍然是我们重要的精神资源。在做人做事的各方面，在人性修养，整饬吏治，加强廉政，降低管理成本方面，传统核心价值观仍有效用。仁义礼智信等价值仍在老百姓的生活与生命之中，极具草根性，只要我们有文化自觉，善于启导，协调整合，仍然会成为我们的软实力。人不可以没有文化理想。十年树木，百年树人。教育、培养一代代人风，是最为重要的工作。我们一定要从自己做起，同时着眼于民族文化生命的赓续。我们中华民族的文化因此而可大可久！

（2007 年）

【评 介】

郭齐勇（1947—），湖北省武汉市人，哲学史家，知名学者，武汉大学哲学院教授。1966年在武汉市十四中学高中毕业，1968年11月至1970年7月在湖北省天门县杨场公社插队落户，1970年7月至1978年10月在湖北省化工厂（厂址在应城）当工人。1978年考入武汉大学哲学系，1981年提前毕业，考上硕士研究生，师从萧萐父、唐明邦、李德永三教授。1984年12月毕业留校在哲学系任助教。1985年3月获武汉大学哲学硕士学位。1987年6月升任武汉大学讲师。1987年9月至1990年9月在职攻读博士学位，师从萧萐父教授。1988—1989年任哲学系副主任。1989年1月晋升为武汉大学副教授。1992年8月获武汉大学哲学博士学位。1993年3月晋升为武汉大学教授，同年10月增列为博士研究生导师，至今仍为武汉大学哲学学院教授、博士生导师。1994年至1999年任中国哲学教研室主任。1996年任武汉大学中国文化研究院副院长，2000年至今任教育部人文社会科学重点研究基地——武汉大学中国传统文化研究中心副主任。2000年12月至2003年8月任武汉大学人文科学学院院长，其间于2001年1月至2002年9月兼任哲学系主任。2003年8月至2007年9月任武汉大学哲学学院院长。曾任国家"十五"、"211工程"子项目"马克思主义哲学与中西哲学比较"的第一负责人，国家"985工程"（二期）创新平台"中国传统文化现代转型创新基地"的第二负责人。2001年至2007年兼任《哲学评论》主编，2004年至2007年兼任校重点研究基地——中西比较哲学研究中心主任。2003年至2005年任国际中国哲学会（ISCP）副会长，2005年至2007年任国际中国哲学会（ISCP）会长。2004年至今任武汉大学孔子与儒学研究中心主任。现社会兼职有：国务院第五届学位委员会哲学学科评议组成员，教育部高等学校哲学学科教学指导委员会副主任（第二任），国际儒学联合会（ICA）第二、第三届理事暨学术委员，国际中国哲学会（ISCP）中国大陆地区负责人，中国哲学史学会副会长（第二任），中华孔子学会副会长，湖北省哲学史学会会长（第二任），湖北省社联理事暨学术委员（第二任），中国人民大学孔子研究院与国学院、复旦大学儒学研究中心、厦门大学国学研究院的学术委员，《中国哲学史》、《孔子研究》、《江汉论坛》、《社会科学论坛》、《哲学门》、《Frontiers of Philosophy in China》、韩国《儒教文化研究》等刊物的编委，《河北学刊》顾问，《儒家文化研究》辑刊主编，《人文论丛》辑刊副主编等。

郭齐勇曾受邀到中国国家图书馆与北京大学、南京大学、中国人民大学、中山大学等校演讲，曾被邀请为美国哈佛大学访问学者（1998 年），德国特里尔大学客座教授（2001 年）和中国台湾政治大学客座教授（2002 年），日本关西大学招聘研究员（2003 年），曾到美国哈佛大学，德国慕尼黑大学、莱比锡大学、特里尔大学，俄罗斯科学院，日本东京大学、东北大学、早稻田大学、关西大学、大阪市立大学、国际日本文化研究所，韩国首尔大学、成均馆大学，中国台湾大学、中国台湾"中研院"、中国台湾"清华大学"、政治大学、师范大学、辅仁大学、东吴大学，香港中文大学等大学或学术机构演讲。他还曾获国家教委首届人文社会科学优秀成果二等奖（1995 年）、宝钢教育奖（1996 年）、国家图书奖荣誉奖和提名奖、湖北省政府优秀教学成果二等奖（1997 年、2001 年两次），湖北省有突出贡献的中青年专家（1997 年），湖北省政府社会科学优秀成果二等奖（2004 年），湖北省政府图书奖（2005 年），湖北省教学名师（2004 年），湖北省优秀研究生导师（2004 年），国家级教学名师（2006 年）称号。从 1993 年起至今，郭齐勇享受国务院特殊津贴。

郭齐勇主要从事中国哲学史的教学与研究，专长为先秦儒家哲学与 20 世纪中国哲学。他在海内外学术刊物上发表学术论文百余篇（被译为英文、俄文、日文、韩文的论文有近二十篇）。主要学术著作有：《熊十力思想研究》、《天地间一个读书人：熊十力传》、《中国哲学史》、《儒学与儒学史新论》、《传统道德与当代人生》、《郭齐勇自选集》、《文化学概论》等。与人合著有：《诸子学志》、《钱穆评传》、《梁漱溟哲学思想》等。另有《新编中国哲学史》（主编之一）、《中国古典哲学名著选读》（主编）、《儒家伦理争鸣集》（主

编)、《宋明儒学与长江文化》（主编）、《熊十力全集》（副主编）
等。他多年来主持和承担国家社科基金项目"近50年来出土简帛与
中国哲学史研究"、教育部人文社科重点研究基地重大项目"宋元明
时期长江中游的儒学研究"以及"十五"期间国家级重点教材《中
国哲学史》的编写（已由高等教育出版社出版）。郭齐勇现正在主持
大型多卷本《中国哲学史》（学术版）的编撰工作，独立撰著先秦
卷，并参与现代卷的撰写。

《时机与意义：国家的兴盛与国学的复兴》原载《中国社会科学
内刊》2007年2月第1期（创刊号）。在国学渐成社会关注的热点之
时，文章对"国学"的内涵、"国学热"的实质、"国学"的功能等
问题进行了冷静剖析。

文章充分肯定国学的现代价值，认为古代文明中的智慧思想，完
全应该渗透到现代人的意识中；我们建设今天的文明，需要更多地借
鉴古代的文明。但是，重视和发掘中国传统智慧中的和谐思想的资
源，并不是要鼓吹全面复古，全盘照搬古代文化的整套东西，更不是
试图以中国固有的传统去对抗、抵制现代的文化，而是提倡以批判继
承的态度、多元开放的心态，对传统智慧的和谐思想资源进行创造性
的转化。"儒学的中心价值系统或核心价值观念是仁爱、敬诚、忠
恕、孝悌、信义、廉耻。仁爱是人性之本然，与世界各民族、各宗教
伦理之精核可以相沟通、相对话。'己所不欲，勿施于人'，'己欲立
而立人，己欲达而达人'，'亲亲而仁民，仁民而爱物'，'民吾同胞，
物吾与也'，完全可以成为新的全球伦理的基石，成为化解宗教、民
族、国家、文化间诸矛盾冲突的药方和协调人与自然关系的指南。敬
与诚是人面对天、地、人、物、我的一种虔诚、恭敬的态度，一种责
任意识和敬业精神，真诚无欺，真情自然。愚忠愚孝已被洗汰，而忠
孝之心仍可以存于现代社会，化为孝敬父母，尊重前辈，老吾老以及
人之老，幼吾幼以及人之幼的行为，化为对人类、民族、国家、社
会、团体的忠诚奉献精神。持守道义，主持公道，讲求信用，言行一
致，仍是我们做人的准则。"从某种意义上说，国学可以看作一个国
学的软实力，国学的复兴有利于建设文化大国，有利于同其他文化的
交流，有利于国家地位的提升。

在"国学"相关问题的讨论中，不少学者在都持这种"批判继承"和"创造转化"的态度。周汝昌认为，"振兴国学不等于弘扬儒教，也绝不等于'读经'。这种错觉，似应先决澄清。办学不可以只是口号式的号召，重要的是具体的实际的举措安排。将'国学'作为民族精神命脉来向世界文化丛林中展示其独特的丰采，不是'复古'，不是临时的一个'博览会'，也不是'夜郎自大'、'孤芳自赏'的小事一段。"（《倡扬国学，警惕"复古"与"装扮"》，《社会科学报》2006 年 3 月 16 日）袁行霈也曾表示，"对待中国传统文化应当采取三种态度，即分析的态度、开放的态度、前瞻的态度。所谓分析的态度，就是要分清精华和糟粕，吸取其精华，剔除其糟粕。所谓开放的态度，就是要处理好中外的关系，既要吸取世界上各民族优秀的文化成果，也要让自己民族的优秀文化走向世界。所谓前瞻的态度，就是要正确对待古今的关系，立足当前面向未来，建立具有当代形态和前瞻意义的新国学。研究国学不是复古，是为了现在和将来。研究国学不是抱残守缺，现代化不是全盘西化。抱残守缺和全盘西化都是没有出路的。我们要把国学放到中国实现现代化的大格局中，放到经济全球化的大格局中加以研究，使之为中国的现代化做出应有的贡献。"（《国学究竟有什么用》，人民日报，2007 年 6 月 20 日）

"国学热"，从 20 世纪 90 年代开始。1992 年，北京大学中国传统文化研究中心成立，次年 3 月，《国学研究》杂志创刊。1993 年 8 月 16 日《人民日报》的一篇报道《国学，在燕园又悄然兴起》占用了整整一个版面，文章不仅介绍了《国学研究》出版的有关情况，还对诸多北大学者相关的专业研究作了深入浅出的介绍，最后该文"呼唤国学大师"的出现，认为"国学的再次兴起，是新时期文化繁荣的一个标志，它将成为我国文化主旋律的重要基础"。两天以后，该报又在头版"今日谈"专栏刊登《久违了，"国学"!》一文，其他报纸如《光明日报》、《文汇报》、《文艺报》等纷纷跟进，报道北大师生国学研究、国学讲座的情况。中央电视台《东方时空》也于当年的 11 月以"北大'国学热'的启示"为题作了焦点报道。自 1993 年开始，多家高校成立了专门的国学或传统文化研究机构，一些高校还成立了国学本科班、硕士班，还有的高校拟申报博士点；祭孔活动由民间主办变为官方主办，规模越来越大，甚至出现了在世界各地孔庙同时展开的"全球联合祭孔活动"；牟宗三的弟子王财贵推广的读经运动，从中国台湾来到中国内地，媒体报道读经人数达到2000万之多；面向企业界、银行界的成功人士和一部分政府官员的"天价"国学班在北京大学、清华大学、武汉大学等高校陆续开办；汤一介、李学勤、余敦康、庞朴等知名学者纷纷"触网"，推出"国学博客圈"（后改称"乾元国学博客圈"）；以孔子诞辰为教师节、把传统节日法定化、公祭孔子、公祭黄帝等类的呼吁也屡屡见诸报端……这一切，似乎都在说明"国学热"真的来了。

2004年9月5日，"2004文化高峰论坛"，向海内外同胞发表《甲申文化宣言》，宣称"中华文化注重人格、注重伦理、注重利他、注重和谐的东方品格和释放着和平信息的人文精神，对于思考和消解当今世界种种令人忧虑的现象，对于追求人类的安宁与幸福，必将提供重要的思想启示"；2005年5月26日，中国人民大学校长纪宝成在《南方周末》发表《重估国学的价值》呼吁"重新认识国学的价值，呼唤国学的回归，重建国学的学科"；2007年11月26日，知名学者、北京大学袁行霈教授以中央文史研究馆馆长的身份，在北京举行的国学论坛做报告时指出，"现在已经是重建国学的时候了"，如何更加自觉地发展与中国地位相称的、与时代发展相适应的先进文化，是一个"带有战略意义的重大问题"。这些言论，得到海内外的广泛关注，为"国学热"的升温起到了推波助澜的作用。

当然，并不是每个人都为"国学热"叫好。如《甲申文化宣言》和《重估国学的价值》就受到中山大学袁伟时教授的激烈批评。中国艺术研究院中国文化研究所所长刘梦溪教授也不赞成"国学热"，在他看来，"国学"是一个领域的学问，它应该是学者长期致力培养研究的事情。人文领域任何一门学科如果太热，对学问来讲都不是好现象。不过，他仍然提出，"千年的经验，百年的经验，五十年的经验，近二三十年的经验，有两条最重要：一条是历史不能割断，另一条是世界不能脱离。清代的问题就是它与世界相脱离，它闭上了大门，割断了对外交流的渠道。近三十年以来作为基本国策的改革开放，目标之一就是让我们进入世界的大家庭，不脱离开世界大势来孤立地考虑自己的问题。对历史的反思，对传统的承继，则是要整合自己的资源，为现代化建设所用。因此近年的传统文化受到重视，国学的提倡，当然是理所必至的好事情"（《什么是国学　什么是传统文化》，载《中国教育报》2007 年 5 月 23 日）。

与反对"国学热"不同的是，透过现象看本质，《时机与意义：国家的兴盛与国学的复兴》一文敏锐的指出，当前的所谓"国学热"，其实是假热，只是一些表象而已。文章认为，国学指中华传统文化的各个方面，也包含了历朝历代消化吸收了的各种外来文化。其内涵包括历史文化常识、学术与技艺、道德价值与人生意义、民族精神等四个层面。而学习国学，对这四个层面都要有所关注，要做到"把握中华人文精神与价值理念，了解中华民族与中华文化融会的过程，及其可大可久的所以然，堂堂正正地做一个中国人"。然而，"由于社会巨变所发生的诸多新问题，特别是强势的西化趋向的影响，百多年来文化观念与全民教育的某些失当，国人对于国学又相当地陌生、隔膜"，国民对国语、国文、国学，对本国历史文化传统的常识还不甚了了，更谈不上在学术与技艺、道德价值与人生意义等方面有很好的修为。

郭齐勇对国学的关注源于对现实的观察，他在《浅谈大学人文教育、国学教育的课程设置》（载《读书》2006 年第 4 期）一文中专门论述过当前令人忧虑的大学生人文素养教育的现状："由于教育体制本身的种种问题，由于揠苗助长式的幼儿教育、小中学教育片面地膨胀技术知识与过早的分科，使大学教育对象的东西方人文素养十分薄弱，特别是传统人文知识与人文精神之修养十分欠缺。中学文理分科太早，病患尤大，目前文、理、工、医、农科的大学生与研究生中，人文与科学素养双重贫乏，特别是使人文学科、社会科学的生源的水平下降了很多。从中学到大学，长期累层叠加的分科式教育与灌输的方法，使大学生的素养更加贫弱化或单面化，尤其是变得不会思考，没有思想和反思的本领与能力。这当然不可能培养出全面发展的高素养的国民，或平民化的公众知识分子。"

文章认为，其根本原因在于现行的教育体制。"体制内的，从幼儿到博士的教育制度安排，基本上是西化的，青少年学习英语的时间与精力大大超过了学习母语、国文的时间与精力，而体制内有关中国历史文化的教育又非常薄弱。"自2001年开始，郭齐勇就与同仁一道在武汉大学创办"国学试验班"，国学正规本科生已有七届，2005年开始招收国学硕士生，正积极筹办国学博士点。多年来他一直强调原著经典的研读与教学，又努力推动大学人文通识教育，弘大国学（特别是儒学）的研究与普及工作。在以他为主要倡导者和发起人的"国学试验班"，"通过古文字与古文献的初步学习，让学生背诵、准确理解一点经典，掌握读古书的方法，使同学们步入国学的门坎。培育国学本科生的方式并不是让他们进入研究，而是打基础。打好了基础，他们中有人日后有能力研究经学，有人有能力研究子学、史学或集部。有了这样的做学问的基础与方法训练垫底，即使不读硕士，出去就业照样能做好别的事业。其实很多事都是一通百通的，学哲学、学国学的同学毕业后就业，做什么工作都行，可能上手慢一点，但后劲足，潜力大"（《浅谈大学人文教育、国学教育的课程设置》，载《读书》2006年第4期）。

作为哲学史家，郭齐勇对国学、国学教育和"国学热"的看法是深刻的。他深刻体会到中国传统文化中的思想精华的价值，积极呼吁，并希望这些有价值的文化遗产能成为现代中国人的智慧源泉，成为全体中国人的精神财富；他冷静地看待当下此起彼伏的国学热潮，为传统文化的失落、人文精神的淡漠所痛心，积极分析和寻找原因所在。从趋势来看，"国学热"可能还将持续较长一段时间，那么，如何正确认识国学的当代价值，如何使传统文化的价值更好地在现代社会得到发挥，如何让更多的人在"国学热"中得到关于人文精神与价值理念的陶冶，都无疑是要认真思考的课题。尽管将当今国学热流于形式的多方面原因只归结为现行教育体制略有偏颇，但是他对于国学和国学教育的冷静观察和思考值得重视。

（陈卫星）

郭齐勇主要相关著述：
《熊十力及其哲学》，中国展望出版社，1985年。

《文化学概论》，湖北人民出版社，1990 年。

《熊十力思想研究》，天津人民出版社，1993 年。

《天地间一个读书人：熊十力传》，上海文艺出版社，1994 年。

《钱穆评传》（合著），百花洲文艺出版社，1995 年。

《熊十力学案》，中国社会科学出版社，1995 年。

《梁漱溟哲学思想》（合著），湖北人民出版社，1996 年。

《现代新儒学的根基——熊十力新儒学论著辑要》（主编），中国广播
　　电视出版社，1996 年。

《诸子学志》（合著），上海人民出版社，1998 年。

《传统道德与当代人生》，武汉大学出版社，1998 年。

《熊十力学术文化随笔》（主编），中国青年出版社，1999 年。

《郭齐勇自选集》，广西师范大学出版社，1999 年。

《中国现代学术经典：钱宾四卷（上、下）》（编校），河北教育出版
　　社，1999 年。

《郭店楚简国际学术研讨会论文集》（执行主编），湖北人民出版社，
　　2000 年。

《熊十力全集》（副主编），1 ~ 9 卷，湖北教育出版社，2001 年。

《儒学与儒学史新论》，台湾学生书局，2002 年。

《杜维明文集》（主编），1 ~ 5 卷，武汉出版社，2002 年。

《玄圃论学续集——熊十力与中国传统文化国际学术研讨会论文集》
　　（主编），湖北教育出版社，2003 年。

《新编中国哲学史（上、下）》（主编），人民出版社，2004 年。

《宋明儒学与长江文化》（主编），湖北教育出版社，2004 年。

《儒家伦理争鸣集——以"亲亲互隐"为中心》（主编），湖北教育
　　出版社，2004 年。

《中国古典哲学名著选读》（主编），人民出版社，2005 年。

《中国哲学史》，高等教育出版社，2006 年。

《儒家文化研究（第一辑，新出楚简研究专号）》（主编），三联书
　　店，2007 年。

（陈卫星　整理）

近三十年国学论著提要

1981

国学论文选集

罗联添编，台北：台湾学生书局印行，1981 年 11 月初版，1985年 9 月 3 版。作者是台湾大学中国文学系教授，在授课过程中，有感于当时国学专书过于繁难，不利于教师教学和学生掌握，于是集思广益，选录当时台湾著名学者所撰有关中国四部之学论文 33 篇，汇为一书，供学者参考。所选论文大都能深入浅出，有助于了解中国文化，或者有益于博闻。若有删节，则在删节处加了注明，并在篇末注明所出专书名称，及专书出版年月、机构，方便读者查考原文，对于原文中的脱误也进行了订补。全书首篇为总论，即钱穆《四部概论》；第二篇以下为专论。专论的篇次则按经、史、子、集排列。经学部分包括钱穆《中国儒学与文化传统》、蔡仁厚《儒家精神与道德宗教》、罗联络《孔门之礼乐与祭祀》、吴森《中国伦理的基本精神》、戴君仁《礼的转变与扩大》、戴君仁《春秋在群经中的地位》、朱炎《孝道》、周予同《经今古文学》等 8 篇文章。史学部分包括吕谦举《中国史学思想的概述》、钱穆《经学与史学》、钱穆《中国历史上的道德精神》、钱穆《中国历史上的地理与人物》、唐君毅《中国之人格世界》等 5 篇文章。子学部分包括钱穆《中国人的思想总纲》、钱穆《中国人的文化结构》、唐君毅《孔子以后之中国学术文化》、罗联络《儒道二家学说之境界》、黄锦铉《庄子的思想》、钱穆《魏晋玄学与南渡清谈》、巴壶天《禅宗的思想》、钱穆《宋明理学之总评骘》、钱穆《理学与艺术》、钱穆《朱子学术述评》、蒋梦麟《阳明学说之渊源及其影响》、钱穆《前期清儒思想之新天地》等 12

篇文章。集部之学部分包括钱穆《中国文化传统中之文学》、唐君毅《中国文学精神》、唐君毅《中国艺术精神》、方东美《中国艺术理想》、钱穆《中国散文》、钱穆《谈诗》、郑骞《词曲的特质》等 7篇文章。书末附有《国学论文选集勘误表》一页，订正了书中 28 处错误。

1982

中国古代的类书

胡道静著，北京：中华书局，1982 年 2 月出版，中华书局 2005年 5 月又出新 1 版。本书属于国学入门丛书之一。类书是我国古代特有的一种工具书性质的图书，被称作中国古代的百科全书。本书简明而又系统地介绍了我国类书的性质、起源、类型和作用，并详细介绍了魏晋南北朝至北宋时期的二十多种类书的编纂经过、体例、版本和流传情况以及各书的价值和作用。全书共分六章，第一章介绍了类书的性质、起源及类型；第二章对类书的作用、反作用和特殊作用一一进行了介绍；第三章至第六章依次以时间为序，介绍了曹魏、南北朝、隋、唐及北宋的重要类书，所论及的书目包括《皇览》、《寿光书苑》、《类苑》、《华林遍略》、《玄洲苑御览》、《圣寿堂御览》、《修文殿御览》、《瑒玉集》、《长洲玉镜》、《编珠》、《北堂书钞》、《艺文类聚》、《文思博要》、《三教珠英》、《海内珠英》、《兔园策府》、《类林》、《增广分类林杂说》、《初学记》、《白氏六帖事类集》、《白氏六帖事类添注出经》、《孔氏六帖》、《唐宋白孔六帖》、《六帖补》、《稽瑞》、《太平总类》、《太平御览》、《历代君臣事迹》、《册府元龟》、《一字题赋》、《事类赋》、《重广会史》等。

1983

国学治学方法

杜松柏著，台北：洙泗出版社，1983 年 3 月出版。本书借鉴前辈学人的治学方法、对治学研究资料与图书文物进行了广泛的搜集，并对前人的治学的思想特点都详备论列。全书共分七章，第一章"概论"分四节对治学应具备的能力，认清学术范围，治学二要与三事，治学十要目及其程序做了全面介绍。第二章"读书与治学"分四节对中国典籍亡佚的原因及概况，知书、藏书及读书之程序，一般读书方法，经史子集之研读法做了具体介绍，最后附录《梁任公读书次第表》。第三章"资料搜集与图书文物利用"分五节对资料搜集与引证，图书资料之搜集与利用，文物资料的搜集与利用，资料的登录及管理，资料之考证做了论述，并附有《各藏书家有关记载版本之书目要表》、《南北朝诸史校注步骤》。第四章"思维术与治学"分三节介绍了构成思想的要素，思维术的建立，分析、综合与推论。第五章"治学的基本方法"先对国学治学方法进行了概述，然后分七节具体介绍了批判法、归纳法、演绎法、宗派法、时代法、问题法、比较法。第六章"学术论文写作"分四节做了说明，即学术论文之体例与写作之基本原则、学术论文写作的程序、学术论文体例之决定、征引与附注附录，并附有《"管子评议"目录》、《"禅学与唐宋诗学"目录》。第七章"工具书的分类介绍"先对工具书做了概说，随后又用四节对查书，查文字、辞语，查人名、地理、年历，查名物制度的工具书做了具体介绍，最后附录《干支表、二十四气表》、《岁阴岁阳表》。2005 年 11 月，由中国人民大学出版社再版，属于"国学基础文库"之一。

1984

国学问答一千题

彭国祥著，台北：华联出版社，1984 年 7 月出版。本书从浩瀚繁复的中国古代文献中提炼出各种问题 1053 个，并作了简洁的解答。涉及经、史、子、集以及学术、小学等领域，大都是一些名词解说、基本常识介绍等。

增订四版中国学术通义

钱穆著，台北：台湾学生书局，1984 年 8 月出版。属于"当代学术丛刊"中的第八种。《中国学术通义》，亦可简称《国学通义》，汇集了作者在中国港、台时期近三十年中所撰写的有关讨论中国传统学术的独特性的论文。自第三版起增附了两篇，即《中国学术特性》和《我对于中国文化的展望》，全部为 14 篇。首篇《四部概论》分为"经学与历史"和"子学与文学"上、下两篇，主要是以儒学为中心对经史子集四部进行了讨论。第二篇《中国儒学与文化传统》，提出儒学是中国文化精神之中心，明白了古今儒学的流变便可以把握中国学术文化的古今之变。第三篇《朱子学术述评》，指出朱子之学是先秦以下中国学术关键。第四篇《中国文化中之史学》，基于"六经皆史"的论断，讨论了中国学术的独特性，与西方大不同。第五篇《张晓峰中华五千年史序》。第六篇《中国文化中之文学》，对章学诚所谓"后世集部即古代子部之流变"的观点进行了阐发。第七篇《中国学术特性》、第八篇《泛论学术与师道》、第九篇《有关学问之系统》、第十篇《学术与风气》、第十一篇《关于学问方面之智慧与功力》、第十二篇《学问与德性》、第十三篇《择术与辨志》，主要是对中国传统文化做宏观性的论述，涉及方法论的问题。第十四篇《我对于中国文化的展望》，对中国文化的特质做了讨论，并对其发展表示出期待。书末附有《本书著者出版著作一览》，共列举了50种。

中国近三百年学术史

钱穆著，北京：中华书局，1984 年 10 月影印上海商务印书馆初版出版。商务印书馆 1997 年 12 月出新一版。本书的讲稿来源于九一八事变骤起之时，作者身处故都，别有会心，因有此讲义。在钱穆看来，要将学术变为于中国文化建设有用之学，且能启发民众，拯救国难，发挥作用，在当时有一件事情要做，即是提倡宋学精神。本书跨越时间从 1573 年至 1911 年，以人物为纲梳理了近三百年的学术发展，共分十四章，涉及的人物有黄梨洲（附陈乾初、潘用微、吕晚村）、王船山、顾亭林（附马骕）、颜习斋、李恕谷、阎潜邱、毛西河（附姚立方、冯山公、程绵庄、胡东樵、顾宛溪）、李穆堂（附万孺卢、王白田、朱止泉、全谢山、蔡元凤）、戴东原（附江慎修、惠定宇、程易曰）、章实斋（附袁简斋、汪容甫）、焦里堂、阮芸台、凌次仲（附许周生、方植之）、龚定庵（附庄方耕、庄葆琛、刘申受、宋子庭、魏默深、戴子高、沈子敦、潘四农）、曾涤生（附罗罗山）、陈兰甫（附朱鼎甫）、康长素（附朱子襄、廖季平、谭复生）等，总结了中国文学在这一段时间所取得的艺术成就，是中国文学界一部重要的文学史。书末附有《中国近三百年学术史附表》。

1985

海潮音文库

慈忍室主人编辑,台北:新文丰出版股份有限公司,1985 年出版。初版是 1931 年在范古农大居士主持下,由上海佛学书局编辑的,所有文章都选自 1919 年创办的、民国时期最具影响和代表性的佛教刊物《海潮音》杂志,故名《海潮音文库》。该文库分为四编,共26 册,容量丰富。1 至 6 册为第一编"佛学通论",分为 12 类,共收录 227 篇文章,其中"科学"17 篇、"哲学"18 篇、"宗教"10 篇、"人生"30 篇、"国学"20 篇、"文化"21 篇、"进化论"8 篇、"社会学"19 篇、"道德学"21 篇、"教育学"28 篇、"政治学"21 篇、"论理学"14 篇。7 至 12 册为第二编"佛学本论",分为 8 类,共收录 148 篇文章,其中"法相宗"52 篇、"法性宗"16 篇、"真言宗"19 篇、"净土宗"25 篇、"律宗"9 篇、"禅宗"9 篇、"天台宗"12 篇、"贤首宗"6 篇。13 至 22 册为第三编"佛学足论",分为 9 类,共收录 529 篇文章,其中"经释"20 篇、"论释"23 篇、"在家学佛法"8 篇、"佛学历史"28 篇、"佛教传记"181 篇、"讨论集"67 篇、"演讲集"97 篇、"论文集"70 篇、"整理僧伽制度论"35 篇。23 至 26 册为第四编"佛学余论",分为 5 类,共收录463 篇文章,其中"文选"178 篇、"尺牍"207 篇、"笔记"65 篇、"诗选"7 篇、"小说"6 篇。2005 年 5 月,线装书局又影印出版了由北京崇福文化发展中心整理的 1931 年版。

国学概论

钱穆编著,台北:台湾"商务印书馆",1985 年 12 月出版。本书 1968 年 7 月初版,是作者在三十年前授国学课的讲义结集,为了便于讲讲,凡是引文和辩证之处,作者均散入小注,正文则为纲要。书前"再版附识"对再版情况做了说明,全书分为上、下两篇:上篇分为七章,第一章孔子与六经;第二章先秦诸子;第三章赢秦之焚书坑儒;第四章两汉经生经今古文之争;第五章晚汉之新思潮;第六章魏晋清谈;第七章南北朝隋唐之经学注疏及佛典翻译。下篇分为三章，第八章宋明理学；第九章清代考证学；第十章为最近期之学术思想。此书先后于 1997 年、2003 年 11 月、2004 年 8 月由商务印书馆重版。2005 年又出了上、下册两卷本。

1986

中国学术思想史随笔

曹聚仁著，北京：生活·读书·新知三联书店，1986 年出版，1995 年再版，2003 年、2005 年又重版。本书是曹聚仁先生的晚年之作，缘起于报章连载《听涛室随笔》，成书为《国学十二讲——中国学术思想随笔》。其后，章念驰先生综合二者，精心校订而成此书。全书以时序为经，以流派为纬，博引文献，共分十二部分，系统梳理了中国传统学术源流，从先秦诸子、魏晋玄学、宋明理学至清代朴学和民国余绪。

国学问题五百

李时编著，天津：天津古籍书店，1986 年 12 月出版。此书是影印民国二十四年（1935）再版的《国学问题五百》。2005 年又出版了崔曙凤的整理版，将原书的繁体改为简体字，并重新做了排版。对其中的一些笔误和错误，包括书中的引文和标点符号的使用，也重新做了整理。全书以问答体形式，对国学问题进行了提要钩玄，原书为四百题，后又增附妇女作家，增加为五百题。全书分为甲、乙、丙、丁四编，每编以经、史、子、集分目。经部列四部称名之始、四库之名、经书、六艺及其功用、六经五经、七经九经等共 73 题，另附有小学问答 24 题（74~97）；史部共录 79 题与史部有关的问题（98~176），另附有创作家问答 17 题（177~193）；子部录 75 题与子部有关的问题（194~268），另附有小说家问答 25 题（269~293）；集部录有 157 题与集部有关的问题（294~450），另附有妇女作家问答 50 题。书后附有梁启超《治国学杂话》与作者所著的《历代文学概论》。

1987

国学概论

章太炎讲演，曹聚仁整理，成都：巴蜀书社，1987 年 7 月出版。

近代西学东渐以来，为了区别于西学，于是称中国本有的学术为国学。清代学者论学术，将国学分为三类：一为义理为学，二为考据之学，三为词章之学。本书是章太炎先生 1922 年 4 月至 6 月在上海讲授国学的记录稿，由曹聚仁整理成书。章太炎早年潜心"稽古之学"，对中国古籍研读至深，有着深刻的理解和卓越的创见。他讲授的《国学概论》，比较系统地将我国的经学、哲学、文学进行阐述，可称为中国经学、哲学、文学的简史。全书共分五章，分别论述了国学的内涵以及研治国学的方法，系统介绍了传统经学、哲学（诸子学）、文学的流变，对各时期学术发展的特点、代表人物、著作，都有系统的评价。除第一章概论、第五章结论之外，中间三章分别将经学、哲学、史学列为专章。书后附录有五部分，依次是志疑、讨论白话诗、政治制度与政治精神、新诗管见（一）、新诗管见（二）。由于该书的巨大影响，后来又多次出版：1997 年 12 月上海古籍出版社出版了汤志钧的导读本；1999 年 7 月上海古籍出版社重版一次；2003 年 1 月中华书局出版了曹聚仁整理本（国学入门丛书之一）。2004 年再版。

1990

国学常识精要

邱燮友、张学波、田博元编著，台北：东大图书股份有限公司，1990 年 7 月初版，2007 年 5 月四版。本书主要是一部供高职、大学生以及喜爱中国文学的人参考的书，其中涉及的国学常识既可以丰富学识，又可以开拓视野。全书分为八部分，第一部分"国学的名称和范围"讨论了国学的名称、国学的范围；第二部分"国学典籍的分类"介绍了西汉刘歆《七略》的七分法、西晋荀勖《中经新簿》的四分法、南朝宋王俭《七志》的七分法、《隋书·经籍志》的四分法、清代《四库全书》的四分法、清代曾国藩的新四分法；第三部分"经学常识"首先讨论了经字的涵义、经书的范围，并依次对十三经作了概述，最后讨论了经学自汉代到清代的流传；第四部分"史学常识"首先进行概说，然后依次对纪传、编年、纪事本末、政书等四类史书作了介绍；第五部分"子学常识"首先进行概说，然后依次讨论了先秦诸子、两汉以后的子学；第六部分"文学常识"首先进行了概说，然后依次讨论了韵文、散文、骈文、小说等文学题材；第七部分"国学基本书目"分别开列了经学、史学、子学、文学研读书目；第八部分"国学常识题库"，就一些常识问题作了简明扼要的回答。

1991

儒学与维新

吴雁南著，开封：河南大学出版社，1991 年 5 月出版。属于"国学研究丛书"之一。本书收录了作者自 20 世纪 50 年代以来有关思想文化的二十篇论文：《清代经学的特点》、《明末清初的反理学潮流》、《清代理学探析》、《鸦片战争与中国古代传统学术思想》、《儒学与维新》、《经世之风的兴起》、《太平天国起义前洪秀全的政治思想渊源》、《试论洪秀全》、《儒家思想与太平天国》、《试论王韬的变法维新思想》、《经学与清末政治风云》、《"从洋"、"托古"、"参采中外"——十九世纪末康有为的思维逻辑》、《心学、今文经学与康有为的变法维新》、《传统学术与刘光第》、《黄兴与中国传统文化》、《孙中山与传统大同思想的基本终结——兼论孙中山"大同"思想的一些可行性问题》、《孙中山的"精神之建设"与"恢复一切国粹"》、《清末国粹主义思潮》、《清末无政府主义、虚无主义思潮》，主要是围绕"儒学与维新"这一主题，其中大部分是针对当时一些大肆散布民族虚无主义的文章撰写的。

金石丛话

施蛰存著，北京：中华书局，1991 年 7 月出版，2003 年 1 月再版。本书是"国学入门丛书"之一，主要对古代金石文化进行系列专题性的介绍，如"金石"、"文物"、"考古"的含义辨析、说碑、说帖、谈拓本、碑额、碑阴、碑侧、碑座、秦石刻文、先秦金文、汉代石刻文、魏晋南北朝石刻、摩崖、造像、唐碑、唐墓志、塔铭、经幢、金石小品等。

魏晋玄谈

孔繁著，沈阳：辽宁教育出版社，1991 年 11 月出版。本书是

"国学丛书5"。全书分为七部分,第一部分"汉末之清议"论述了汉末清议的兴起和党锢之祸,清流名士,以及品评人物的道德和精神标准三个主题。第二部分"汉末三国时期之人才鉴赏"论述了月旦评和唯才是举,《人物志》,建安风气三个主题。第三部分"正始之音和正始玄风"论述了正始玄学发生的历史背景,正始清谈,正始名士,玄学和品题,两晋人士对正始名士的追慕五个主题。第四部分"竹林七贤和竹林之风"论述了七贤的事迹及其不遵礼法、坦荡自然的行为,突出论述了嵇康、阮籍和竹林玄风的关联等主题。第五部分"西晋清谈和元康、永嘉玄风"论述了王衍、乐广、裴楷、谢鲲、卫玠、郭象、庾敳等名士事迹及其旷诞不羁的品行,郭象《庄子注》,崇有论,品藻人物的标准等内容。第六部分"东晋清谈和玄风盛炽江左"论述了王导、谢安、殷浩、刘惔、王濛、王羲之、孙绰、许询等名士,东晋清谈的特点和命题等内容。第七部分"名僧名士相交游和佛理引入清谈"论述了名僧名士交游的状况,佛学玄学化的过程等内容。书末附有《综合索引》。

先秦儒学

钱逊著,沈阳:辽宁教育出版社,1991年11月出版。本书是"国学丛书3"。全书共分为两部分,第一部分为"先秦儒学的基本思想",分为五章,依次介绍了先秦儒学的形成、发展的背景和环境,孔子、孟子、荀子、《易传》的思想;第二部分为"对儒学的认识和评价",包括两章,第六章提出了认识和评价先秦儒学的几个问题,并从先秦儒学对全世及中国文化的影响、其继承与差异、政治态度与学术贡献的差异、积极和消极两方面的影响、以及时代性、阶级性和现代意义等方面回答了这一问题。第七章介绍了儒学发展的命运和新文化建设。书末附有《后记》、《综合索引》。

谶纬论略

钟肇鹏著,沈阳:辽宁教育出版社,1991年11月出版。本书是"国学丛书4"。全书共分十一章,第一章"谶纬的起源及形成"讨论了谶纬的名义、起源、定性、兴衰等问题;第二章"谶纬篇目与纬书解题"对《易纬》、《诗纬》、《礼纬》、《乐纬》、《春秋纬》、《孝经纬》、《论语纬》、杂谶纬及《河图》、《洛书》做了解题;第三章"谶纬的实质和主要内容"讨论了谶纬和数术占卜的关系，及其思想来源和内容。第四章"谶纬中的孔子及其弟子"对相关的文献做了梳理；第五章"谶纬与汉代今文经学"讨论了《公羊传》、《春秋繁露》、今文《尚书》、《白虎通义》与谶纬的关系；第六章"谶纬与政治"讨论了谶纬和后汉政治、农民起义的关系；第七章"谶纬中的哲学思想"讨论了天人感应说、卦气说，分析了《周易·乾凿度》的思想；第八章"谶纬与宗教"讨论了谶纬的神秘性因素及其与佛、道的关系；第九章为"谶纬与历史及自然科学"；第十章"谶纬的流变和影响"讨论了谶纬与扶乩、扶乩与求签的关系，《推背图》中的谶纬。第十一章为"谶纬的辑佚和研究"。书末附有《综合索引》。

岐黄医道

廖育群著，沈阳：辽宁教育出版社，1991 年 11 月出版。属于"国学丛书"之一，全书分十三章，第一章"医学起源"讨论了本能、巫医关系、理论体系与各人的历史作用等问题；第二章"马王堆出土的医籍"就《阴阳十一脉灸经》、《五十二病方》、养生之道、房中术作了讨论；第三章"今本《黄帝内经》——《素问》与《灵枢》"分析了《黄帝内经》和今本《黄帝内经》的异同、今本的结构和成书年代。第四章"针灸疗法"论述了针灸的早期状况及其理论化，并介绍了俞穴的发展；第五章"脉诊发展演变之源流"介绍了买症法、古脉法、脉相法；第六章"古代解剖知识与医学理论"讨论了胆功能与"奇恒之腑"，代谢理论及"脉"的概念；第七章"'本草'与药物学体系的形成"讨论了本草之名的出现，早期本草著作，《吴普本草》及八家之说，《神农本草经》，陶弘景的本草著作等内容；第八章"伤寒旧论与温病新学"讨论了伤寒与温病的名称渊源，张仲景和《伤寒杂病论》，温病学派，及伤寒与温病之历史条件的异同等内容；第九章"医学与《易》学"讨论了二者的区别和联系；第十章"金元四大家"，介绍了刘完素的"火热论"、张从正的"攻邪论"、李杲的"脾胃论"、朱震亨的《养阴论》。第十一章"天花·人痘·牛痘"介绍了人痘接种法、牛痘法的流传、技术手段及理论；第十二章"西方医学传入与近代中医学变迁"分析了西医的传入及其影响；第十三章"历代医事制度"讨论了医学分科、医政组织和医学教育。书末附有《综合索引》。

国学今论

张岱年等著，沈阳：辽宁教育出版社，1991年12月出版。本书是"国学丛书1"。全书收录了当今传统学术研究大家的16学术论文：张岱年《论道统与学统》；汤一介《再论中国传统哲学的真善美问题》；金克木《主题学的试用——读〈大学〉》；胡道静《古籍普查和情报工作问题》；张政烺《"十又二公"及其相关问题》；王利器《谶纬五论》；李学勤《〈今古学考〉与〈五经异义〉》；周振甫《论史家部次条别之法》；刘梦溪《"了解之同情"——陈寅恪先生的阐释学》；庞朴《昭穆新考》；姜亮夫《智骞〈楚辞音〉跋》；谭其骧《中国历代政区概述》；傅璇琮《闻一多与唐诗研究》；方立天《儒佛人生价值观之比较》；梁从诚《不重合的圈——从百科全书看中西文化》；杜石然《明代数学和明代社会》。该书于1992年再版。

汉字说略

詹鄞鑫著，沈阳：辽宁教育出版社，1991年12月出版。属于"国学丛书"之一。共分五章：绪论对汉字学进行了回顾，对裘锡圭《文字学概要》进行了评述，并述及小学、金石器铭学、新文字学。第一章"汉字的起源"，讨论了文字与图画的界限、有关汉字起源的传说；第二章"汉字的演变"，历述商、西周、春秋、战国、秦系、隶书、草书、楷书的演变过程；第三章"汉字的结构"，讨论了传统六书、三书、新六书说、象形字、指示、象事、会意，形声字和变体字等；第四章"汉定的意义"，介绍了词汇的发展规律，汉字与词汇以及汉字的义项、本义、基本义、引申义和假借义；第五章"汉字的形音义的关系"，分析了同源字、假借字、古今字、异体字、同形字和繁简字等。书末附有《后记》、《综合索引》。

语文的阐释

申小龙著，沈阳：辽宁教育出版社，1991年12月出版。属于"国学丛书"之一，共分十五章，第一章中国语文研究传统之语言观；第二章是对汉语语法意识之源的介绍；第三章至第五章分别介绍了以语气、语义、语序为中心的汉语传统；第六章介绍了晚清维新派的语文宪章《马氏文通》；第七章对中西古典修辞学传统进行了文化比较；第八章介绍汉语的文化特征与汉语修辞学传统；第九章至第十一章对汉语修辞学传统的美学旨趣、伦理规范和语境分别作了阐释；第十二章是汉语传统语形观的断裂与反思；第十三章是汉语语义研究传统的现代转型；第十四章是汉语史的研究传统及其方法更新；第十五章介绍了文化语言学。

宋明理学

陈来著，沈阳：辽宁教育出版社，1991 年 12 月出版。本书是"国学丛书 6"。全书共分五章，引言部分介绍了宋明理学的内容，并对其进行正名和定位；第一章"宋明理学的先驱"，介绍了中唐儒学复兴的两个重要人物韩愈和李翱，以及北宋前期的社会思潮；第二章"北宋理学的建立与发展"，讨论了周敦颐、张载、程颢、程颐、邵雍、谢良佐等理学家的主要思想；第三章"南宋理学的发展"，主要介绍了杨时、胡宏、朱熹、陆九渊、杨简等理学家的主要思想；第四章"明代前期的理学发展"，介绍了曹端、薛瑄、胡居仁、陈献章等理学家的主要思想；第五章"明代中后期的理学"，介绍了王守仁、湛若水、罗钦顺、王廷相、李滉、王畿、王艮、罗汝芳和刘宗周等理学家的主要思想。书末附有《结束语》、《综合索引》。

天学真原

江晓原著，沈阳：辽宁教育出版社，1991 年 12 月出版。属于"国学丛书"之一。全书共分六章，第一章对天学的术语与概念以及本书的任务及完成作了介绍；第二章介绍天学的哲学基础：天人合一和天人感应；第三章对天学与王权的关系提出问题并作了解答；第四章介绍了它的性质、源流及其文化功能；第五章介绍了天学与传统文化的重要方面的内容；第六章是天学起源问题与域外天学的影响。

道经总论

朱越利著，沈阳：辽宁教育出版社，1991 年 12 月出版。本书是于"国学丛书 10"。全书共分八章，第一章"道经之源"，论述了道教对神仙信仰、道家哲学、五行学说、巫术、鬼神观念、自然崇拜、数术、儒家思想、佛教教义的吸收及其文字表达特点；第二章"道经的产生"，按历史顺序介绍了从两汉、六朝、隋唐五代、宋元、明清及近现代的道经；第三章"《道藏》编纂史"，对《开元道藏》、《万寿道藏》、《明道藏》的编纂史进行了疏理；第四章"道经分类"，对三洞、七部、十二类、三十六部做了介绍，同时对其局限作了说明并提出补救方法；第五章"道经目录"，按历史顺序罗列了自汉魏到清代的道经目录；第六章"敦煌道经"，对其概况、史学价值、文献价值作了介绍；第七章"藏外道经举例"，介绍了失收的道经、清代以后新出的道经、再续《道藏》的努力；第八章"道经的评价"，分别对道经的传播、版本价值、文献价值、及其对哲学、艺术、自然科学的影响做了分析。书后附有《进一步阅读书目》、《参考书目》以及《后记》、《综合索引》。

国故学讨论集

许啸天编辑，上海：上海书店，1991 年 12 月出版。该书根据群学社 1927 年版影印，分上、中、下三册。本书收录了关于国学的一系列讨论文章，共分为四集。第一集通论收录了梁启超《治国学的两条大路》、胡适《再谈谈整理国故》、吴文祺《重新估定国学之价值》、曹聚仁《国故学之意义与价值》、《春雷初动中之国故学》以及胡适《论国故学》等文章。第二集是关于学的讨论，主要收录文章有胡适《清代学者的治学方法》、梁启超《中国近三百年学术史》、章太炎《经学之派别》、张纯一《墨学讨论》、黄近春《中国文学史的大概》、吴一《儒家大国之义本于老子说》、曹子水《诗的文学》、许啸天《墨学的大概》、陈钟凡《论汉魏以来迄隋唐古诗》等文章。第三集是关于书的讨论，主要收录了查修《中文书籍分类法商榷》、张西堂《古书辨伪方法》、胡适《对于国学书的讨论》、许啸天《史记的研究》、《战国策研究》、顾颉刚《论诗经所录全为乐歌》、胡适《读楚辞》、吴虞《读荀子书后》、胡光炜《离骚文例》等文章。第四集是关于人的讨论，主要收录了甘蛰仙《宋明哲学家的人格活动》、范寿康《孔孟的根本思想》、唐钺《杨朱考》及《杨朱考补证》、张西堂《尸子考证》、许啸天《王阳明思想的研究》、《黄黎洲思想的研究》、《王船山思想的研究》、《顾亭林思想的研究》、《朱舜水思想的研究》、梁启超《颜李学派与现代教育思潮》、胡适《戴东原在中国哲学史上的位置》、杨筠如《伊川学说研究》等文章。该书于 2005 年再版。

1992

国粹·国学·国魂：晚清国粹派文化思想研究

　　郑师渠著，台北：文津出版社，1992 年 8 月出版。本书是作者 1991 年在北京师范大学师从龚书铎教授攻读中国近现代史专业博士学位时撰写的论文，随后收入文津出版社的"大陆地区博士论文丛刊"中出版，是第 24 种。全书分为八章，"序言"对以章太炎、刘师培、邓实、黄节等人为代表的晚清"国粹派"做了一个全面简要的描述。第一章"晚清国粹派的崛起"，从"国粹"一词说起，讨论了国粹派的界定及其在晚清的崛起。第二章"国粹派及国粹思潮出现的历史原因"讨论了 20 世纪初中国社会文化思潮的变动及国粹派出现的原因。第三章"国粹派的新学知识系统"主要讨论了国粹派进化论的宇宙观，以及对社会学理论的接受。第四章"国粹派的文化观"主要讨论了国粹派古学复兴运动及其西方文化观。第五章"国粹派的史学思想"主要对国粹派"通史致用，助益革命"的观点作了论述。第六章"国粹派的伦理思想"讨论了国粹派的自然人性论、道德观、新伦理观。第七章"国粹派的经学思想"主要针对"革命与改良，古文与今文"作了论述。第八章讨论了"国粹派的历史地位"。1997 年 11 月，本书以《晚清国粹派：文化思想研究》为名在北京师范大学出版社再版，并作了章节改动；此外，还增加了两个附录：附录一包括：《拟设国粹学堂启》、《拟国粹学堂学科预算表》、《拟设国粹学堂简章》，附录二包括：《晚清国粹派论孔子》、《晚清国粹派论清学》、《刘师培史学思想略论》、《章太炎刘师培交谊论》。

1993

国故新知：中国传统文化的再诠释

　　汤一介编，北京：北京大学出版社，1993 年 8 月出版。本书为"汤用彤先生诞辰百周年纪念论文集"，共收入论文 50 多篇，内容涉及中国古代文明的起源、中国哲学、佛学、道教、经学、理学等中国传统国学的诸多领域。

国学导读

邱燮友、周何、田博元编著，台北：三民书局印行，1993 年出版。该书既是一部实用性极高的参考书，也是一部工具书，旨在使学习中文者通盘了解当前中文各门类的内涵，进而能以新观念、新方法、新批评来研究中国学术，建立汉学研究的新里程碑。本书主要以目前台湾地区大学中文系开设的课程为主，请名家学者为其撰写导读，内容包括学习该科目的目的、研究的方法、应用的资料、前人的研究成果、未来开拓的空间和前瞻性，以及主要参考书等。全书共收62 篇导读，依学科的性质分成七大类，共五册。第一册总论、语言文字类，包括国学概论、治学方法、日本汉学、西方汉学、语言学、文字学、声韵学、国语语音学、训诂学、国文文法、修辞学、文献学12 篇导读。第二册经学类、史学类，包括经学概论、经学史、周易、诗经、尚书、礼记、左传、论语、孟子、学庸、尔雅、中国史学概论、史记、汉书14 篇导读。第三册哲学类（学术思想类），包括中国哲学概论、中国思想史、墨子、老子、庄子、荀子、韩非子、吕氏春秋、淮南子、宋明理学概论、佛学概论11 篇导读。第四册古典文学类，包括中国文学概论、中国文学史、文心雕龙、诗学、词学（林玫仪）、曲学、楚辞、乐府诗、昭明文选、历代骈文、历代散文、古典小说、敦煌学、吐鲁番学14 篇导读。第五册现代文学类以及书法、应用文，包括现代文学导读、文艺美学、比较文学、现代诗、现代散文、现代小说、现代戏剧、中国民间戏曲、民间文学概论、应用文、书法学11 篇导读。

国学研究（第一卷）

袁行霈主编，北京：北京大学出版社，1993 年 3 月出版。本卷卷首有南怀瑾先生撰写的创刊贺词，以张载"为天地立心，为生民立命，为往圣继绝学，为万世开太平"之语勉励学者，还有袁行霈撰写的发刊词。全卷共收录论文 23 篇：中国古代哲学中关于德力、刚柔的论争（张岱年）；天人合一与知行合一（张世英）；中国炼丹术思想试析（赵匡华）；袁宏与东晋玄学（楼宇烈）；陶渊明的哲学思考（袁行霈）；戴震伦理学述评（朱伯崑）；论龚自珍的"尊史"

思想（孙静）；论山水田园诗派的艺术特征（葛晓音）；从水浒戏看《水浒传》（林庚）；《说文》段注音辨（何九盈）；论《太一避兵图》（李家浩）；"礼治"秩序与士大夫政治的渊源（阎步克）；东三郡与蜀魏历史（田余庆）；吐鲁番出土唐西州某县事目文书研究（王永兴）；关于唐宋时期中原文化对于阗影响的几个问题（荣新江）；汤都垣亳说考辨（邹衡）；新疆青铜时代诸文化的比较研究——附论早期中西文化交流的历史进程（水涛）；西藏寺庙建筑分期试论——西藏寺庙调查记之六（宿白）；北京紫禁城在规划设计上的继承与发展（侯仁之）；马泽与《世说新语》商兑之余（周一良）；读散原精舍寺笔记（吴宓）；吴宓《读散原精舍寺笔记》书后（季镇淮）；记米万钟《勺园修禊图》（侯仁之）。卷末附《北京大学 1985—1992 届博士研究生国学论文题目》、《北京大学中国传统文化研究中心纪事》及《北京大学图书馆藏南宋四明楼氏家刻本《攻媿先生文集》书影、北京大学藏成周鼎。

柳诒徵评传

孙永如著，南昌：百花洲文艺出版社，1993 年 6 月出版。本书是"国学大师丛书 6"。柳诒徵（1880—1956），字翼谋，晚号劬堂，江苏镇江人，史学家、图书馆学家、杰出学者。本书共分七章，从特定的时代背景出发，全面地叙述了柳诒徵的生平事迹，介绍了他的学术发展历程及其主要学术贡献，展示了柳诒徵通过刻苦自学、勤奋努力成长为著名国学大师的人生道路，以实事求是的态度评价了他的主要学术成就，历史地考察了柳诒徵的学术思想、学术特色和治学精神，较为客观地评价了柳先生的学术得失。

蔡元培评传

张晓唯著，南昌：百花洲文艺出版社，1993 年 6 月出版。本书是"国学大师丛书 7"。蔡元培（1868—1940），字鹤乡，号子民，浙江绍兴人，教育家、著名学者。本书共分八章，以求实求信的科学态度对蔡元培先生作为中国新文化、新学风、新学府的开拓者，作为"戊戌"与"五四"两代学人的沟通者，作为中国现代伦理学的奠基者，以及作为近代中国学术文化史上学贯中西的"通人"的杰出代表，进行了全面的描述和评价。书后附有蔡元培生平学术年表以及蔡元培与东西文化融和的相关资料。

熊十力评传

宋志明编著，南昌：百花洲文艺出版社，1993年8月出版。本书是"国学大师丛书4"。熊十力（1884—1968），字子真，湖北黄冈人。本书共分十章，对熊氏入佛与出佛、关于治西学的思考、国学发微等论题进行了详实的论述，评述了作为"新儒学"主将的熊十力先生的人生道路、思想体系、学术传承，展现了熊氏的精神风貌及其独创的"新唯识论"哲学体系的精要。书后附有熊十力学术行年简表。

马一浮评传

马镜泉、赵士华著，南昌：百花洲文艺出版社，1993年8月出版。本书是"国学大师丛书5"。马一浮（1883—1967），名浮，号湛翁，别署蠲戏老人，浙江绍兴人。佛学家、书法家，杰出学者。本书共分20章，以详实的第一手材料，叙述了马一浮先生作为现代学术界中国学的集大成者，精深治学，淡泊清贫的一生。书后附有《马一浮学术行年谱》。

汤用彤评传

麻天祥著，南昌：百花洲文艺出版社，1993年8月出版。本书是"国学大师丛书8"。2007年由武汉大学出版社再版。汤用彤（1893—1964），字锡予，湖北黄梅人，教育家、著名学者。本书共分八章，以汤用彤思想发展为线索，追溯其文化观念形成的轨迹，论述了汤氏从"昌明国故，理学救国"至"中西互补，因革损益"的文化系统工程建设，汤氏对中国佛教史的研究、近代中国佛教史研究详略得失的比较、魏晋玄学研究以及印度哲学史的研究等，再现了由其学术思想的导引而开创的学术黄金时代。书后附有汤用彤先生学术行年简表。

廖平评传

黄开国著，南昌：百花洲文艺出版社，1993年8月出版。本书是"国学大师丛书10"。廖平（1852—1932），四川井研人，原名登廷，后改名平，字季平，先后自号四译、五译、六译先生，清末与近代著名的经学大师。本书分八章，透过廖平一生学经六变的内在逻辑，通过对其平分古今、尊今抑古思想和他的孔经人学、孔经天学的阐述，详尽地分析了廖平经学六变是如何由史到论，其论又如何以现实向空幻堕落的变化过程，揭示了廖平经学所体现出来的中国经学终结于近代的历史必然性，阐明了廖平经学多变与怪诞的原因所在，得出了廖平经学的价值在史不在论的基本结论。书中将廖平《知圣篇》、《辟刘篇》与康有为《孔子改制考》、《新学伪经考》进行细致的比较。书后附有廖平学术行年简表。

1994

林语堂评传

刘炎生编著，南昌：百花洲文艺出版社，1994 年 2 月出版。本书是"国学大师丛书 16"。林语堂（1895—1976），又名玉堂，福建龙溪人，著名语言学家、学者、文学家。本书分为 11 章，以林语堂一生的主要经历为经，以他的国学研究活动为中心内容，将他的社会批评活动和文学活动穿插其中，全面评述了他在语言学、文艺学、文化学、哲学、历史学等方面的观点和著述，阐述了他向西方弘扬中华民族文化的重要贡献。其中第五章是对他反对扼杀国学研究的内容介绍；第六章写林语堂到上海后的国学研究和对东西文明的态度。书后附有林语堂学术行年简表。

康有为评传

董士伟著，南昌：百花洲文艺出版社，1994 年 2 月出版。本书是"国学大师丛书.9"。康有为（1858—1927），字广厦，号长素，又名祖诒，广东南海人，思想家、教育家、杰出学者。本书共分三章，主要从思想学术角度记述了康有为的一生。作者将传主放在风雷激荡的时代思潮交汇点上，从旧学与新学、中学与西学的冲突融合中把握康有为一生思想、学术主张的演变与建树，从而给读者勾画出康有为不同以往的新形象。书后附有康有为学术行年简表及《关于康有为佚文〈戒缠足会启〉及其评价》。

严复评传

欧阳哲生著，南昌：百花洲文艺出版社，1994 年 2 月出版。本书是"国学大师丛书 11"。严复（1854—1921），字几道，福建侯官人，思想家、翻译家、文学家、著名学者。本书共分五章，展现了严复一生的心路历程和学术活动。书中着重对他早年求学经历、维新文化观、西学译述、老庄评语及其中西文化观等问题作了分析，重新解释了他的晚年思想，并在此基础上对新文化与传统文化的关系作了新的探索。书后附有严复学术行年简表。

中国文化史导论（修订本）

钱穆著，北京：商务印书馆，1994 年 6 月出版。本书写于抗日战争时期，是钱穆继其《国史大纲》后，第一部系统阐述他对中国文化看法的著作，也是他一生中重要的学术代表作。全书共分十章，书中就通史中有关文化史一端作导论，主要在专论中国方面，实亦兼论及中西文化异同问题。

国学研究（第二卷）

袁行霈主编，北京：北京大学出版社，1994 年 7 月出版。本卷收录有 27 篇论文：中国哲学中的心物问题（张岱年）；中国传统美学的现代意味（叶朗）；儒家思想与官僚文化（楼宇烈）；马王堆帛书易传与孔门易学（陈来）；王船山与黑格尔——兼论理性与超理性（张世英）；读《文心雕龙·杂文》（倪其心）；钟嵘《诗品》陶诗源出应璩说辨析（袁行霈）；皎然《诗式》版本新议（张少康）；试论苏轼的美学追求（孟二冬、丁放）；诚斋诗集版本述略（吴鸥）；"话本"释议（周兆新）；《喻世明言》校注札记（曦钟）；西周金文音系初探（郭锡良）；白居易诗词语诠释（蒋绍愚）；西汉轪国所在与文帝的侯国迁移策（李开元）；汉道、王道、天道——董仲舒《春秋》公羊说新探（陈苏镇）；有关《史记》崇儒的几个问题（祝总斌）；试论唐代前期的河西节度使（王永兴）；北宋贡举登科人数考（张希清）；关于元代宰相衔号的两个问题（张帆）；记英国伦敦所见四幅清代绘本北京城市地图（李孝聪）；中国环濠聚落的演变（严文明）；沙井文化研究（李水城）；包山二六六号简所记木器研究（李家浩）；印度眼科医术传入中国考（季羡林）；"杂藏"考（王邦维）；《经律异相》及其主编释宝唱（白化文、李鼎霞）。卷末附有《北京大学中国传统文化研究中心纪事》及北京大学图书馆藏宋江西地区刻本《孟东野诗集》书影、北京大学考古系藏白（伯）篕。

1995

钱穆评传

郭齐勇、汪学群著，南昌：百花洲文艺出版社，1995 年 1 月出版。本书是"国学大师丛书 14"。钱穆（1895—1990），字宾四，江苏无锡人，史学家、思想家、教育家、杰出学者。本书共分九章，全面介绍了国学大师钱穆的文化生命与学术生涯，评述了他独特的历史文化观、中西比较论、人生论及关于四千年中国文化史、学术思想史的研究成果、方法和卓越贡献。这是中国大陆第一部较全面评述钱穆思想与生平的研究专著。书后附有钱穆先生年谱简编。

梁漱溟评传

景海峰、黎业明著，南昌：百花洲文艺出版社，1995 年 5 月出版。本书是"国学大师丛书 19"。梁漱溟（1893—1988），初名焕鼎，字寿铭，祖籍广西桂林，生于北京。思想家、社会活动家、杰出学者。本书共分五章，以梁漱溟的人生经历为基本线索，着重叙述了其学术思想的演变和发展，揭示了作为国学大师的梁氏对 20 世纪中国文化与中国哲学的创造性发挥和独特的贡献。本书也从学术的角度，指证了他的一系列实践活动的理论意义和留给后人的无穷思索。书后附有梁漱溟学术行年简表。

古籍的阐释

董洪利著，沈阳：辽宁教育出版社，1995 年 6 月。本书是"国学丛书 12"。全书分为五章，第一章"概说"，分为"从经注说起"、"其他古籍的注释"、"训诂学与注释"三节内容，主要回顾了注释工作发展的历史，叙述到清代为止。此外，还论述了不能用训诂学的理论代替注释学。第二章"注释的目的"依次从"追求原意说"、"解释者与作品语言关系"、"作者与作品语言关系"、"以意逆志与视界融合"四个方面做了论述，说明注释是一种创造性的活动，在引用西方解释学、语言学的某些理论时略显生硬。第三章"注释的内容与方法（上）"分为"解释通假"、"解释词义"、"解释语法"、"分析句读"四节内容。第四章"注释的内容与方法（下）"分为"考证和介绍作者的生平思想、创作意图和书籍写作的历史背景"、"阐释和发挥作品的思想意义"、"考证、说明、补充历史事实和名物典故"、"文学作品的艺术分析"四节内容。第三、第四两章比较庞杂，旨在通过古今注释实例的分析，讨论如何对各种内容进行注释，主要着眼于实用性，理论不多。第五章"注释的体式"包括"集注"、"注疏"、"字注加串讲"、"考据性注释"、"校注"、"评注"、"译注"七部分内容，比较具体。书末附有《后记》和《综合索引》。

墨学通论

孙中原著，沈阳：辽宁教育出版社，1995 年 6 月。本书是"国学丛书 15"。书前的"引言"简单介绍了墨家及其学说，以及撰写此书的原因。全书分为七章，第一章为"千古华夏一显学：论墨学的创立和发展"，第二章为"考虑平民的利益：墨家的经济、政治、伦理和教育学说"，第三章为"走向真理之路：墨家的哲学"，论述了墨家的世界观、认识论体系，及其辩证的方法论；第四章"名辩学的高峰：墨家逻辑"，讨论了墨家逻辑的概念、范畴、基本规律、推理等。第五章"由工匠之巧中升华：墨家的自然科学和技术"，讨论了墨家的数学理论、力学理论、几何光学理论；第六章"积极防御战的经典：墨家的军事学"，讨论了非攻、救守、防御战术等内容；第七章"绝学重光待琢磨：墨学的命运和现代价值"，讨论了墨学的式微和重振的希望。书末附有《综合索引》、《参考文献》、《后记》。

公羊学引论

蒋庆著，沈阳：辽宁教育出版社，1995 年 6 月。本书是"国学丛书 16"。作者自言，本书立言行事，皆以公羊义理为准，因此是一部"公羊学著作"，而非客观研究公羊学之著作。公羊学发挥《春秋》旨意以千万计，区区此书于公羊义理渺如沧海一粟，故而称《引论》。全书分为六章，第一章"公羊学的性质"分"公羊学是区别于心性儒学的政治哲学"、"公羊学是区别于政治化儒学的批判儒学"、"公羊学是区别于内圣儒学的外王儒学"、"公羊学是在黑暗时代提供希望的时间儒学"四部分阐述了公羊学独特的内在实质。第二章"公羊学的创立与传承"分"公羊学创立于孔子"、"公羊学的传承"两部分，先为公羊学正名溯源，继而讨论了孟子、荀子、司马迁、董仲舒、何休等与公羊学在精神上的一脉相承的关系。第三章

“公羊学的基本思想（上）”分“《春秋》新王说”、“《春秋》王鲁说”、“孔子为王说”、“孔子改制说”四节内容做了论述。第四章“公羊学的基本思想（中）”分“天子一爵说”、“天人感应说”、“夷夏之辩说”、“经权说”四节内容做了论述。第五章“公羊学的基本思想（下）”分“张三世说”、“大一统说”、“通三统说”、“大复仇说”四节内容做了论述。第三、第四、第五章主要是基于历史上的公羊派的观点进行阐发的。第六章“公羊学散论”包括“儒家大一统的政治智慧与中国政治文化的重建”、“《春秋》孔子为王辩”、“公羊札记”三部分。

华学（第一辑）

饶宗颐主编，广州：中山大学出版社，1995年8月出版。《发刊词》指出本刊是在20世纪90年代中期国内涌起追求炎黄文化的热潮的环境中创办的，旨在从历史时间、地域空间、二者交叉错综等三个方面揭橥华学的趋向。本辑收录了中、法学者的25篇论文：读《老子想尔注》断想——从道家到道教思想接合点的探索（李锦全）；“情”的唤醒——论白沙心学在儒学发展史上的地位（冯达文）；摩尼教“三常”考——兼论景教碑“启三常之门”一句之释读（林悟殊）；青铜鼎与错金壶——道教语言在中晚唐诗歌中的使用（葛兆光）；儒学与评点之学（吴承学）；殷代的日祭与日书蠡测——殷礼提纲之一（饶宗颐）；说“揜函”——兼释甲骨文“櫓”字（裘锡圭）；《尚书·高宗肜日》与古代的鸟占（连劭名）；文王玉环考（李学勤）；论齐国“遷盟之玺”及其相关问题（曾宪通）；马王堆帛书《刑德》试探（[法] M. 卡林诺斯基 Marc Kalinowski）；马王堆汉墓星占书初探（刘乐贤）；简帛兵学文献军术考述（陈伟武）；五兵佩（孙机）；变文的南方源头与敦煌的唱导法匠（姜伯勤）；日本天理图书馆藏卷敦煌本《本际经》论略（万毅）；敦煌庶民与莫高窟的营造（马德）；秦汉虎患考（王子今）；汉魏拜亲跪妻之俗（胡守为）；述论两汉时期苍梧郡之文化（张荣芳、王川）；从碑刻资料论唐代粤西韦氏家族渊源（王承文）；《王会篇》海阳及摇毋余封海阳再考［附：饶宗颐函］（郭伟）；从“河图、洛书”、“阴阳五行”、“八卦”在西藏看古代哲学思想的交流［附：饶宗颐跋］（王尧）；对美索不达米亚文献中有关"火"的记载之解释［附：饶宗颐读后记］（［法］J. 蒲德侯 Jean Bottéro）；班菩文化遣址源流考（段立生）。

顾颉刚评传

顾潮，顾洪编著，南昌：百花洲文艺出版社，1995 年 11 月出版。本书是"国学大师丛书 15"。顾颉刚（1893—1980），名诵坤，字铭坚，号颉刚，江苏苏州人，著名历史学家。顾颉刚在 20 世纪 20 年代提出"层累造成的中国古史"观，主张推翻三皇五帝及禹的历史地位，恢复其神话地位，在中国史学界发生了革命性的震荡，成为古史辨学派的创始人。本书共分五章，以翔实的材料说明了顾氏学说产生的背景，他研究古史的独特方法以及对中国现代史学的贡献。同时还对他一生涉足的民俗学、历史地理学领域的研究成果及其重要学术活动予以评述。书后附有顾颉刚学术行年简表。

贺麟评传

王思隽、李肃东编著，南昌：百花洲文艺出版社，1995 年 11 月出版。本书是"国学大师丛书 12"。贺麟（1902—1992），字自昭，四川金堂人，著名哲学家、教育家、翻译家。对现代中国的学术思想的发展有着多方面的贡献。本书共分五章，追踪考察了贺麟一生的学术生涯和心路历程，对其博大精深的学术造诣着力进行了发掘和评析，旨在如实展现其纵横现代中国六十余年的重大学术建树，并揭示其中所包含的文化意蕴。书后附有贺麟学术行年简表。

郭沫若评传

谢保成著，南昌：百花洲文艺出版社，1995 年 11 月出版。本书是"国学大师丛书 13"。郭沫若（1892—1978），又名鼎堂，四川乐山人，文学家、历史学家，古文学家，考古学家。全书共分八章，从二十世纪学术文化发展的趋势出发，透过郭沫若一生的学术成就，揭示出他对中国现代学术文化发展的卓越贡献。重点考察他因"疑经"而探甲骨卜辞、青铜器铭，创通条例，开拓困奥；用实物证史，苏活古代文献生命；因史而论周秦诸子，考释诗词曲赋的"国学"研究体系。同时，发掘其治学的心理过程、学术风格，以展现"国学大师郭沫若"的风采。导语中论述了四个问题，其一是 20 世纪 20 年代国学状况概览；其二是国外思想学说的冲击；其三是本土文化遗存的发现与整理；其四是国学研究中的几个新流派。书后附有郭沫若学术行年简表。

欧阳竟无评传

徐清祥、王国炎编著，南昌：百花洲文艺出版社，1995 年 11 月出版。本书是"国学大师丛书 20"。欧阳竟无（1871—1943），名渐，字镜湖，江西宜黄人，杰出学者，佛教思想家。本书共分十三章，以时间为线索，详细叙述了欧阳竟无家乡佛教文化及家庭环境变故对其影响，较为系统地介绍了欧阳竟无的生平和思想及其弘扬佛学的历程，并对其佛学观点与研究成果作了全面的评价与探索。书后附有欧阳渐学术行年简表和支那内学院一览表。

章太炎评传

姜义华著，南昌：百花洲文艺出版社，1995 年 12 月出版。本书是"国学大师丛书 17"。章太炎（1869—1936），名炳麟，字枚叔，号太炎，浙江余杭人。思想家、杰出学者。本书共分八章，系统地叙述了章太炎学说的形成、成熟及嬗变的历史过程。一方面充分肯定了章太炎在革命史上的业绩，另一方面又结合其生平，重点突出了他的学术活动与学术成就，说明他来自旧学营垒，又适应时代潮流一步步成为 20 世纪中国思想史上、学术史的一位巨人。展现了近代中国国学的新的内涵及章太炎为中国国学所作出的巨大贡献。书后附有章太炎生平与学术行年简表。

国学文献选辑

陈廖安辑，台北：新文丰出版股份有限公司，1995 年 12 月出版。对于中国古代经、史、子、集四部的研读，必自目录开始入手，所谓"目录之学，学中第一紧要事"。本书即把历代的相关目录文献汇集在一起，并一一注名选自某书、某版，保持原版式样，只作文字的删节。全书编为上、下两册，分为上、中、下三编。上编"目录指引"包括姚振宗录《七略、别录佚文》、班固《汉书·艺文志序录》、阮孝绪《七录序》、长孙无忌《隋书·经籍志序录》、刘昫《旧唐书·经籍志序录》、欧阳修《唐书·艺文志序录》、脱脱等《宋史·艺文志序录》、张廷玉《明史·艺文志序录》、纪昀等《四库全书总目提要序录》、彭国栋《重修清史·艺文志序录》等十种目录；

另有附录一"私家庋藏书目举要",选录了晁公武《郡斋读书志自序》、黄宗羲《天一阁藏书记》、宋翔凤《铁琴铜剑楼藏书目录序》、李宗莲《皕宋楼书目序》、江标《海源阁藏书目序》、孙峻《八千卷楼书目序》、缪荃孙《善本书室藏书志序》、杨守敬《日本访书志序》八种,附录二"郑樵《通志·校雠略》",附录三"章学诚《校雠通义序》"。中编"经学序叙"收录了历代著名学者对十三经所做的序,《易经》收录孔颖达《周易正义序》、程颐《易传序》、朱熹《周易序》、凌廷堪《周易述补序》四种;《尚书》收录孔安国《尚书序》、孔颖达《尚书正义序》、蔡沈《书经集传序》、孙星衍《尚书今古文注疏序》四种;《诗经》收录《毛诗序》、郑玄《诗谱序》、孔颖达《毛诗正义序》、朱熹《诗经传序》、马瑞辰《毛诗传笺通释自序》、陈奂《诗毛氏传疏序》六种;《周礼》收录贾公彦《周礼正义序》、孙诒让《周礼正义序》两种;《仪礼》收录贾公彦《仪礼疏序》、张尔岐《仪礼郑注句读序》、罗惇衍《仪礼正义序》三种;《礼记》收录孔颖达《礼记正义序》、陈澔《礼记集说序》、朱彬《礼记训纂序》三种;《左传》收录杜预《春秋序》、孔颖达《春秋正义序》、洪亮吉《春秋左传诂自序》三种;《公羊传》收录何休《春秋公羊传疏序》、陈立《公羊义疏》;《穀梁传》收录范宁《春秋穀梁传序》、钟文烝《穀梁补注序》两种;《论语》收录何晏《论语注疏解经序》、朱熹《论语序说》、陈立《论语正义序》三种;《孝经》收录《郑玄序》、唐玄宗《孝经序》、邢昺《孝经注疏序》、邢昺《孝经正义御制序并注》、皮锡瑞《孝经郑注疏序》五种;《尔雅》收录郭璞《尔雅序》、邢昺《尔雅疏叙》、宋翔凤《尔雅义疏序》三种;《孟子》收录赵岐《孟子注疏题辞解》、孙奭《孟子正义序》、朱熹《孟子序说》三种;另有附录一朱熹《大学章句序》、附录二朱熹《中庸章句序》、附录三阮元《重刻宋版注疏总目录》。下编"四部辑要"收录孔颖达注《系辞"古者庖牺氏"章》、孔颖达注《礼记经解》、郭象注《庄子天下篇》、杨倞注《荀子非十二子篇》、高诱注刘安《淮南子要略篇》、司马迁《史记太史公自序》、王充《论衡自纪篇》、段玉裁注许慎《说文解字序》、洪兴祖补注王逸《楚辞离骚经章句》、刘勰《文心雕龙序志篇》、萧统《文选序》、钟嵘《诗品序》、徐陵《玉台新咏序》、陆法言《切韵序》、浦起龙注刘知幾《史通自序》、欧阳炯《花间集叙》、杨亿《景德传灯录序》、德异《六祖坛经序》、胡三省《新注资治通鉴》、李孝光《乐府诗集序》、茅坤《唐宋八大家文钞原叙》、袁褧《刻世说新语序》、臧晋叔《元曲选序》、宋应星《天工开物序》、绿天馆主人《古今小说序》、顾祖禹《读史方舆纪要总序》、黄宗羲《明儒学案原序、师说、发凡》、全祖望《宋儒学案序录》、康熙《御制全唐诗序》、姚鼐《古文辞类纂序目》、江藩《国朝经师经义目录》、王引之《经传释词自序》、王引之《经籍纂诂序》、阮元《畴人传序》、郝懿行《山海经笺疏叙》、崔述《考信录提要》、曾国藩《经史百家杂钞序例》、唐鉴《国朝学案小识叙》、梅启照《历代长术辑要序》、汪钟霖《九通分类总纂自序》、释智旭《阅藏知津序》、张元济等《影印续藏经启》、守一子《道藏精华录绪言》、王国维《最近二三十年中中国新发现之学问》、梁启超《论中国学术思想变迁之大势》；另有附录一陈梦雷《古今图书集成凡例》，附录二张之洞《书目答问略例》，附录三"国学书目举要"，包括胡适《一个最低限度的国学书目》（附梁启超和李笠评）、梁启超《国学入门书要目及其读法》（附李笠评）、章炳麟《中学国学书目》。

经子解题

吕思勉著，陈引驰校订，上海：华东师范大学出版社，1995 年12 月出版。本书是"二十世纪国学丛书"之一，主要介绍了四部分类中的经、子两部的相关作品。前有作者自序，经部首先是作者《论读经之法》，之后具体介绍了《诗》、《书》、《仪礼》、《礼记》、《大戴礼记》、《周礼》、《易》、《春秋》以及《论语》、《孟子》、《孝经》、《尔雅》等作品；其次是作者《论读子之法》，以下分列《老子》、《庄子》、《列子》、《荀子》、《晏子春秋》、《墨子》、《公孙龙子》、《管子》、《韩非子》、《商君书》、《尹文子》、《慎子》、《邓析子》、《吕氏春秋》、《尸子》、《鹖冠子》、《淮南子》等。

宋元戏曲史

王国维著，上海：华东师范大学出版社，1995 年12 月出版。本书属于"二十世纪国学丛书"之一。本书通过全面考察，追根溯源，回答了中国戏剧艺术的特征，中国戏剧的起源和形成、中国戏曲文学的成就等带根本性的问题。全书共分十六章，所立专题有上古至五代之戏剧、宋之滑稽戏、宋之小说杂戏、宋之乐曲、宋官本杂居段数、金院本名目、古剧之结构、元杂剧之渊源、元剧之时地、元剧之存亡、元剧之结构、元剧之文章、元院本、南戏之渊源及时代、元南戏之文章等。后附有《元戏曲家小传》、《曲录自序》（1908 年 8 月，1909 年 5 月）、《致铃木虎雄》（1912 年 12 月 26 日）、《致缪荃孙》（1913 年 1 月 5 日）、《宋元戏曲史》（1918 年）、《国学论丛王静安先生纪念专号序》（1927 年仲冬）、《王静安先生遗书序》（1934 年 6 月 3 日）、读《宋元戏曲史》（1936 年）、《鲁迅与王国维》（1946 年 9 月 14 日）。

国学演讲录

章太炎演讲，上海：华东师范大学出版社，1995 年 12 月出版。本书属于"二十世纪国学丛书"之一。全书主要收录了章太炎演讲稿中的小学略说、经学略说、史学略说、诸子略说以及文学略说。章太炎一生作过多次国学演讲，也有许多的演讲稿流传于世，其中以他晚年在苏州国学讲习会的讲演录最为系统。本书未包括他讲录中的《尚书》、《说文》等专书研究的内容，但国学的主要方面都涉及了。本讲稿由当时的国学会讲师王乘大、诸祖耿先生记录，孙世杨先生校订，20 世纪 80 年代初南京大学作内部资料翻印时又由吴永坤、程千帆先生重校，编入丛书时又改正了标点及一些明显错误。由于本书在国学研究中的影响极大，2007 年 4 月又由江苏文艺出版社再版（称章炳麟主编）。

国学研究（第三卷）

袁行霈主编，北京：北京大学出版社，1995 年 12 月出版。本卷收录有 25 篇论文：论中国传统文化的人文精神（楼宇烈）；蒙学与世俗儒家伦理（陈来）；《中庸》与荀学、《诗》学之关系（王博）；石头宗心性论思想述评（方立天）；苏轼的《东坡易传》（余敦康）；郝敬气学思想研究（［日］荒木见悟，李凤全译）；论《文选》中乐府诗的几个问题（曹道衡）；读稗散札（程毅中）；从"白体"到"西昆体"——兼考杨亿倡导西昆体诗风的动机（张鸣）；试论"逸

品"说及其封王渔洋"神韵"说的影响（丁放）;《墨经》"佴""言
昬""廉""令"四条校释（裘锡圭）;古文字杂论五则（李零）;谢
灵运《十四音训叙》辑考（王邦维）;有关《史记》歌颂汉王朝的
几个问题（祝总斌）;悬泉置、效谷县、鱼泽障的设与废（张传玺）;
袄教初传中国年代考（荣新江）;《贞观政要》与贞观君臣论治（吴
宗国）;唐代直官制初探（李锦绣）;《辩奸论》真伪问题的重提与再
判（邓广铭）;北宋苏州的士人家族交游圈——以朱长文之交游为核
心的考察（邓小南）;欧洲所藏部分中文古地图的调查与研究（李孝
聪）;中国早期原始文化的相对独立性及其成因（王幼平）;内蒙古
土默川、大青山的北魏镇戍遗迹（苏哲）;阿里地区札达县境的寺院
遗迹——《古格五国建筑遗址》和《古格故城》中部分寺院的有关
资料读后（宿白）;汉传佛教经济思想发展的重要阶段——试论禅宗
的农禅思想（赵靖）。卷末后附有《北京大学中国传统文化研究中心
纪事》、《征稿启事》、《来稿书写格式》、《后记》，以及彩图一《犀》
和彩图二《历代三宝记卷十三》。

1996

中国新文学的源流

周作人著，上海：华东师范大学出版社，1996年3月出版。属
于"二十世纪国学丛书"之一。全书共分五讲，"小引"部分作者简
单介绍了出版此书的缘由。第一讲"关于文学之诸问题"主要讲了
文学是什么、文学的范围、研究对象、起源、作用，以及研究文学需
要的知识。第二讲"中国文学的变迁"主要讲了两种潮流的起伏，
历代文学的变迁，明末的新文学运动，公安派及其主张，竟陵派的崛
起，公安和竟陵的结合等问题。第三讲"清代文学的反动
（上）——八股文"主要讲了清代文学总览，八股文的来源、作法，
试帖诗和诗钟，八股文激起的反动等问题。第四讲"清代文学的反
动（下）——桐城派古文"主要讲了桐城派的统系、思想、义法、
演变及其与新文学运动的关系，公安派的复兴，桐城派激起的反动等
问题。第五讲"文学革命运动"主要讲了清末政治变动给予文学的
影响，梁启超和文学改革的关系，白话文的出现，《新青年》杂志和

文学革命，文学运动与明末新文学运动精神的相同，用白话的理由等问题。最后附有《论八股文》，《沈启无选辑近代散文钞目录》，中书君、佚名、孙福熙、主的同名文章《中国新文学的源流》。

中国历史研究法

梁启超著，上海：华东师范大学出版社，1996年3月出版。本书属于"二十世纪国学丛书"之一。全书分为六章，第一章"史之意义及其范围"首先指出所谓"史"即是活动之体相、人类社会之赓续活动、活动之总成绩及其因果关系、现代一般人活动之资鉴；然后论述了要撰写一部现代中国人需要的中国史，必需注重的四个方面。第二章"过去之中国史学界"讨论了先秦、春秋时期的大部分史书实质或为官书，或为随笔，不足以成为著述，名副其实者为《国语》、《世本》，并对二者做了具体论述；其后对《史记》、《汉书》在史学上的开创之功给予高度评价，同时对后代的一些史书类型及其优劣作了讨论；归纳了过去史学对史料处理的特点；最后论及史评、史注、史实考证等问题。第三章"史之改造"首先论述了史书的创作要以"生人为本位"，要明确史书涉猎的范围，力求记录的客观性，要注重人类活动的情态，撰写过程中思想、语言的连贯性等问题；最后讨论了专门史、普遍史分类撰写的必要。第四章"说史料"首先论述了相对于其他学科的材料，史料易于散佚的特点，同时具体分析了从文字记录内、外获得史料的两条途径。第五章"史料之搜集与鉴别"首先讲到"搜集史料之法"，即要有敏锐的感觉、要耐烦，要注意各时期的"消极史料"，对于常见史料要爬梳、归纳，对于阙史、讳史要补正；其次讲到"鉴别史料之法"，即正误辨伪，并举例具体分析，归纳出十二种辨别伪书的方法，八种辨别伪事的方法。第六章"史迹之论次"指出理清史迹，说明因果的重要性，称许《史记》列表之法；从三方面分析了自然科学和历史的差异；并提出"史迹集团"的历史分析法。书末附有《研究文化史的几个重要问题》一文。

中国近三百年学术史

梁启超著，北京：东方出版社，1996年3月出版。本书是梁氏任教清华大学、南开大学等校所编讲义，约撰于1923年冬至1925年春之间。其中的《清代学者整理旧学之总成绩》曾于 1924 年 6 月至 9 月连载于《东方杂志》，并先后于 1929 年由上海民智书局、1936 年由中华书局出单行本。《中国近三百年学术史》1932 年被收入中华书局版《饮冰室合集》之"专集"中，一直被视为"关于清代学术发展史的名著"，"一本具有较高学术水平的有关清代学术的百科全书式的好书"。本书详细研究了 17、18、19 三个世纪的中国学术史，阐释了学术发展的不同阶段及其相互转化的原因，从哲学和思想层面分析清代的学派、代表人物和典型作品，提出了许多新见解，不仅总结和阐发了清代学术思想，而且对开清代学术先河晚明二十多年和作为清代学术的结束和蜕化的民国十余年的学术思想也有所涉猎。全书分为 16 章，全书以第十一章为界，分为两个独立的部分，体例完全不同。前十一章为一有机整体，分别从引论、总论、心学、经学、哲学、史学、程朱理学、颜李实学、自然科学等方面缕述"清学"，以学为中心，以分析为手段。十二至十五章被视为"梁启超一直从事的中国通史或中国文化史研究的清代部分"即"《清史·艺文志》部分"。第一章反动与先驱；第二、第三、第四章对清代学术变迁与政治影响作了细致的剖析，后附有近三百年学术史附表；第五章是对阳明学派之余波及其修正的介绍，后附孙夏峰、李二曲、余姚王学家、李穆堂等人的相关活动及思想；第六、第七章是对清代经学建设的介绍；第八章是对清初史学建设的介绍；第九章是对程朱学派及其依附者的介绍；第十章作者称为实践实用主义；第十一、第十二章是对其他学者的介绍；第十三、第十四、第十五、第十六章对清代学者整理旧学的成绩作了系统介绍，内容涉及经学、小学、音韵学、史学、方志学、地理学、谱牒学、历算学、乐曲学和其他科学等广泛的领域。由于此书影响巨大，先后由山西古籍出版社（2001 年 10 月）、天津古籍出版社（2003 年 5 月）、河北人民出版社（2004 年 3 月，书后附有点校后记）、东方出版社（2004 年 3 月）、生活·读书·新知上海三联出版社（2006 年 4 月）反复再版。

日本人视野中的中国学

[日] 沟口雄三著，李甦平、龚颖、徐滔译，北京：中国人民大学出版社，1996 年 9 月出版。本书是在 20 世纪末预感 21 世纪将为中

国的世纪这样一种心理背景中写的，研究了日本人在认识中国、研究中国史上的各种观点；反省对于中、日而言，近代化究竟意味着什么？今后的路应该如何走？全书分为三编，第一编分四章，依次为"考察'近代中国'的视点"、"重新认识中国的近代"、"'封建'与近代之中国"、"天下与国家，生民与国民"。第二编分四章，依次为"研究中国的方法"、"津田支那学与日本汉学和中国哲学"、"法国支那学与日本汉学和中国哲学"、"写在'儒教复兴'之际"。第三编分两章，依次为"近代中国形象没有歪曲吗？——洋务和民权及中体西用和儒教"、"反'洋务'的一个实例——关于刘锡鸿"。书末附有《沟口雄三教授著作目录》。

国学通览

中华孔子学会编辑委员会组编，北京：群众出版社，1996 年 9 月出版。全书涉及的专题为先秦以下至辛亥革命之前，各个学术领域中相对独立的学者。每一条目介绍国学一个学术领域的主要内容、发展流变及各个时期对这一学术领域研究的主要成果；正文后适当附研究该学术领域的参考书目，但正文中已涉及的不再附列。全书包括七十七个专题，即易学、先秦儒学、董学、理学、陆王心学、清初儒学、晚清儒学、老学、庄学、墨学、阴阳学、谶纬学、魏晋玄学、道教、内丹学、中国佛学、礼法学、申韩学、律学、《唐律》学、宋学、刑幕学、沈学、富国学、孙子兵法学、尚书学、三礼学、春秋学、四史学、通鉴学、三通学、谱牒学、方志学、甲骨学、简牍学、金石学、敦煌学、堪舆学、郦学、徐学、诗经学、楚辞学、唐诗学、杜诗学、词学、曲学、文选学、古文学、刘学、诗文学、红学、尔雅学、《说文》学（许学）、文字学、音韵学、训诂学、考试制、书院制、蒙学、音乐学、古代戏曲学、古代舞蹈、书法学、国画学、中国数学、天文学、中医学、中药学、农学、水利学、沈学、经学、考据学、版本学、目录学、校勘学。书末附有《后记》。

名辩学论

周云之著，沈阳：辽宁教育出版社，1996 年 9 月。本书是"国学丛书 18"。全书分为三编，第一编"绪论"包括三章，第一章"历代学者对'名辩学'之名的提出和理解"，分为四节，第一次详细地考察了名称的源流，考察了近代学者提出和使用"名学"、"辩学"、"名辩学"的原意和理解；第二章"从名辩代表作看名辩的对象、性质和体系"，依次对《公孙龙子·名实论》、《墨经·小取》、《荀子·正名》三篇作了分析；第三章"对中国古代名辩学的几点思考和结论"在第二章的基础上，综合了中国古代思想家的名辩学说，提出并论证了整个名辩学的理论体系，同时根据名辩学的性质、对象和理论体系，本书首次明确回答了名辩学与中国古代逻辑的关系。第二编"正名学（名学）"包括三章，第一章"正名哲学总论"，讨论了正名的主要对象、目的、作用、意义、认识论基础、客观标准及其与辞、说、辩的关系；第二章"制名之枢要——正名的基本原则"，分别从哲学、逻辑、语词三方面做了论述；第三章"破三惑——违反正名原则之乱名及制止办法"，分别对用名以乱名、用实以乱名、用名以乱实三种情况做了讨论，然后分析了几个典型的诡辩命题。第三编"论辩学（辩学）"包括五章，第一章"论辩哲学总论"，讨论了论辩学的对象、性质、目的、意义、作用，认识论基础、客观标准、道德原则、基本要求，及其与正名、达辞的逻辑关系；第二章"以辞抒意——命题学说"，分析了辞与意的关系、辞的种类和对当关系及其周延理论；第三章"以说出故——推理学说"，讨论了"以说出故"的基本范畴、各种具体论式，以及"以一知万"的枚举归纳法；第四章"以辩争彼——论证学说"，讨论了辩的基本形式、要求，及其主要方法和种类；第五章"论辩中的逻辑规律和规则"，讨论了同规律、矛盾律、排中律，并对推类规则作了论述。

词学通论

吴梅著，上海：华东师范大学出版社，1996 年 11 月出版。属于"二十世纪国学丛书"之一。全书分为九章，第一章"绪论"扼要论述了词的发展、创作时咏物和选题的不易。第二章"论平仄四声"。第三章"论韵"论述了填词用韵的特点。第四章"论音律"具体论述了八十四宫调。第五章"作法"具体论述了词的结构、字义、句法、结声字，最后杂述论及到词话。第六章"概论一：唐五代"分两节，"唐人词略"介绍了李白、张志和、韦应物、白居易、刘禹锡、温庭筠、皇甫松的词作特色，"五代十国人词略"介绍了后唐庄宗、南唐嗣主（李璟）、南唐后主（李煜）、和凝、韦庄（附列蜀中词人 12 家）、孙光宪、冯延巳的词作特色。第七章"概论二：两宋"分两节，"北宋人词略"首先介绍了晏殊、欧阳修、柳永、张先、苏轼、贺铸、秦观、周邦彦等词作大家，然后又介绍了王安石、晏几道、李之仪、周紫芝、葛胜中、黄庭坚、张耒、陈师道、程垓、毛滂、晁补之、晁端礼、万俟雅言 13 人；"南宋人词略"首先介绍了辛弃疾、姜夔、张炎、王沂孙、史达祖、吴文英、周密等词坛领袖，然后介绍了陆游、张孝祥、陈亮、刘过、卢祖皋、高观国、张辑、刘克庄、蒋捷、陈允平、施岳、孙惟信、李清照、朱淑真 14 人。第八章"概论三：金元"分为两节，"金人词略"介绍了金章宗、密国公璹、吴激、蔡松年、刘仲尹、王庭筠、赵可、刘迎、韩玉、党怀英、王渥、景覃、李献能、赵秉文、辛愿、元好问 16 人；"元人词略"介绍了燕公楠、程巨夫、杨果、仇远、王恽、赵孟頫、詹正、虞集、萨都剌、张翥、倪瓒、顾阿瑛、白朴、邵亨贞 14 人。第九章"概论四：明清"分为两节，"明人词略"介绍了刘基、高启、杨基、瞿佑、王九思、杨慎、王世贞、张綖、马洪、陈子龙 10 人；"清人词略"介绍了曹溶、王士祯、曹贞吉、吴绮、顾贞观、彭孙遹、陈维崧、纳兰性德、朱彝尊、李良年、李符、厉鹗、江炳炎、王策、史承谦、任曾贻、过春山、张惠言、周济、项鸿祚、蒋春霖、周之琦、戈载、庄棫、谭廷献、王鹏运、郑文焯 27 人。书末附有《后记》。

诗言志辨

朱自清著，上海：华东师范大学出版社，1996 年 11 月出版。本书属于"二十世纪国学丛书"之一。本书为朱自清先生诗论专著，被公认为中国现代学术经典之作。全书分为四部分，引用大量诗篇及诗论原著，着重从理据角度阐明了"诗言志"的中国诗学传统。第一部分"诗言志"从献诗陈志、赋诗言志、教诗明志、作诗言志四个方面对自春秋战国时的"诗言志"说到汉代的"诗教"说作了讨论。第二部分专门对"比兴"作了溯源和阐释。第三部分"诗教"从六艺之教、著述引诗、温柔敦厚三个方面作了论述。第四部分"正变"从风雅正变、诗体正变两个方面进行讨论。

文心雕龙札记

黄侃著，上海：华东师范大学出版社，1996 年 12 月出版。本书属于"二十世纪国学丛书"之一。本书是作者在北京大学讲授辞章学和中国文学史的讲义，对《文心雕龙》这部中国古代最重要的文学理论专著中的原道、征圣、宗经、正纬、骚、明诗、乐府、诠赋、颂赞、议对、书记、神思、全性、风骨、通变、定势、情采、熔裁、声律、丽辞、比兴、夸饰、事类、练字、隐秀、指暇、养气、附会、总术、序志等四十五篇作了细致深入的剖析，在中国文学史的研究中具有重要意义。研究者大都认为，中国古代文学批评史作为现代学科的确立，即是以黄侃在北京大学讲授《文心雕龙》课程并最终写成《文心雕龙札记》为标志的。

史记考索（外二种）

朱东润著，上海：华东师范大学出版社，1996 年 12 月出版。本书属于"二十世纪国学丛书"之一。本书为作者 1940 年前后为教授《史记》而历时六个月撰写的讲稿，一共十八篇，依次为：《史记》终于太初考、《史记》纪表书世家传说例、史赞质疑、《史记》序传质疑、楚人建置考、读《高祖功臣侯者年表》、《汉初匈奴大事年表》、《史记》徐广本异文考证、裴骃《史记集解》说例、司马贞《史记索引》说例、张守节《史记正义》说例、《史记正义》本异文考、邹诞生《史记音义》辑佚、刘伯生《史记音义》辑佚，以上十四篇包括论史例四篇、论史实三篇、论史注四篇、辑佚三篇；其他四篇主题不一，列为附录，包括：太史公年谱订证、"太史公"名称考、"史记"名称考、《史记》百十三篇伪窜考。外二种，一为《汉书考索》，包括班氏世系、《汉书》的特点、《史记》《汉书》所用史料考、马班异同四篇；一为《后汉书考索》，包括范晔作书的蓝本、范晔作书的特点、范晔作书的动机、更始皇帝刘玄、光武皇帝刘秀、范晔年表六部分。

中国中古思想史长编

胡适著，上海：华东师范大学出版社，1996 年 12 月出版。本书属于"二十世纪国学丛书"之一。本书共分七章，依次对齐学、杂家、秦汉之间的思想状态、道家、淮南王书、统一帝国的宗教、儒家的有为主义七个中国中古思想史主题进行研究讨论。本书在 20 世纪中国学术史上占有重要地位，其所开创的体例，也成为 20 世纪学术史的一种范例。

道教史

许地山著，上海：华东师范大学出版社，1996 年 12 月出版。本书属于"二十世纪国学丛书"之一。本书在中国道教研究史上具有重要的地位，"绪说"部分对道教的分类、修养学说等作了论述；正文七章依次从道底意义、道家思想底建立者老子、老子以后底道家、道家最初底派别、秦汉底道家、神仙底信仰与追求、巫觋道与杂术对道教的历史渊源和发展作了具体论述；书末附有《道家思想与道教》。

王国维评传

刘烜著，南昌：百花洲文艺出版社，1996 年 12 月出版。本书是"国学大师丛书 24"。王国维（1887—1927），字静安，晚号观堂，又号永观，浙江海宁人。全书共分十三章，重在总结王国维学贯中西、兼通古今的特点，阐明其科学研究的方法论，不回避有争议的问题，真实的展现他的友朋交往与生活情趣。其中第三章为《红楼梦评论》；第五章运用大量第一手材料并首次刊出《人间词话》手稿。书后附有王国维学术行年简表和《人间词话》手稿。

罗振玉评传

罗琨、张永山著，南昌：百花洲文艺出版社，1996 年 12 月出版。本书是"国学大师丛书 21"。罗振玉（1866—1940），号雪堂，浙江上虞人。近代古学先驱，教育家。全书共分八章，以大量第一手资料记述罗振玉的家世与他毕生殚力国学，致力于搜求、整理、刊布古代史料等学术活动。其中甲骨、简牍、敦煌文书等经其倡导研究，于今俱成显学。从他与王国维共同开创的"罗王之学"的形成过程中，展现了一代学人的成长、交往与感情经历。其中第五章殚力国学从四个方面进行论述：其一，从倡议建立国学馆到创办《国学丛刊》；其二，大库档案的抢救、保存和印行；其三，古籍佚书的搜集、刊布；其四，金石考古辟新途。书后附有罗振玉学术活动编年。

冯友兰评传

李中华著，南昌：百花洲文艺出版社，1996 年 12 月出版。本书是"国学大师丛书 25"。冯友兰（1895—1990），字芝生，河南省唐河县人，哲学家兼哲学史家。本书以冯友兰一生的学术活动为基本线索，按照历史与逻辑统一的原则，对冯友兰早期活动、留学生涯、教书生涯、著述生涯，进行了客观详实的介绍和评价，从而揭示出冯友兰作为一位学贯中西、融通新旧的学者，对中国哲学和中国文化作出的不朽贡献。本书文字晓畅，持论公允。作者怀着对历史的温情敬意和广阔的胸怀，拨云见日自然而然的接近了读者与传主及其所处的时代之间的距离，从而使本书具有独到的理论价值和现实意义。全书分十章，书后附有冯友兰学术行年简谱。

刘师培评传

方光华著，南昌：百花洲文艺出版社，1996 年 12 月出版。本书是"国学大师丛书 28"。刘师培（1884—1920），字申叔，号左盦，江苏仪征人，思想家、杰出学者。本书较详尽地考察了刘师培一生曲折多变的学术生涯，从时代高度揭示其从救亡始、到守旧终的悲剧命运。本书还分章评析了刘师培经学、史学、小学等国学各方面的成就，使得作为一个思想家和学者的刘师培第一次比较完善的被世人所知，从而填补了思想史、学术史上的一个空白。本书资料详实，立论公允，结构清晰，行文简洁，广采众论与自我新见集为一体。

钱玄同评传

吴锐编著，南昌：百花洲文艺出版社，1996 年 12 月出版。本书是"国学大师丛书 18"。钱玄同（1887—1939），原名师黄，字德潜。后改名夏，字中季。复更名玄同，别号疑古，字掇献。浙江吴兴人。现代著名语言文字音韵学家、经学家、启蒙思想家和教育家。本书共分九章，追溯了钱玄同从一个崇拜皇权、笃信经学的儒学家转变为一个激进的启蒙思想家的历程，系统评价了钱氏在新文学运动、新文化运动、国语运动、古史辨运动、音韵学、经学、国民启蒙教育等诸多方面的贡献，勾画了一位学术与道德完满结合，对学术界、对社会产生了巨大影响的国学大师的形象。书后附有钱玄同学术行年简表。

梁启超评传

吴廷嘉、沈大德著，南昌：百花洲文艺出版社，1996 年 12 月出版。本书是"国学大师丛书 22"。梁启超（1873—1929），字卓如，号任公，广东新会人，近代资产阶级维新运动领袖人物，戊戌变法倡导人，著名政治家、社会活动家与国学大师。本书以梁启超一生中的学术活动为中心线索，比较全面的揭示了他的学术发展道路，以及家学渊源、师友关系、学术研究方法、主要成果、巨大贡献与局限等，充分肯定了他作为近代学术的创始人及奠基者所起的重要作用，以及他在近代史学、政治学、社会学、文学等众多领域中的成就，揭开了深入研究梁启超的新局面。全书共分五章，书后附有梁启超活动大事年表和梁启超主要论著分类编目。

张君劢评传

刘义林、罗庆丰著，南昌：百花洲文艺出版社，1996 年 12 月出版。本书是"国学大师丛书 27"。张君劢（1887—1969），字嘉森，江苏嘉定人，哲学家、法学家、政治学家、杰出学者。本书分四章，全面深入地介绍了国学大师张君劢的文化理念与学术生涯，展示了张君劢的文化理念与政治之间往复游移的一生，评述了他卓尔不群的哲学理念、中西文化比较观、人生观及政治思想，尤其是宪政思想。作者以中国传统思想在中国现代化历程中的创造性转化为经，以张君劢纵横捭阖于哲学、文化、法学、政治等领域为纬，突现了一代学人在风云变幻的中国现代史上的风范。本书是中国大陆第一部全面评述张君劢思想与生平的研究专著。书后附有张君劢学术行年简表。

华学（第二辑）

饶宗颐主编，广州：中山大学出版社，1996 年 12 月出版。本辑收录了中国学者的论文 36 篇：吐火罗文 A《弥勒会见记剧本》第一幕第一张第一页译释（英文本）（季羡林）；谈饶宗颐教授在甲骨学研究上的贡献（刘钊）；商代礼制论丛（连劭名）；殷墟甲骨文"彗"字补说（裘锡圭）；验证饶解曾侯钟铭文"宿"和"索"（陈应时）；金文的"友"（赵诚）；燕国铭刻中的"泉"字（吴振武）；楚帛书论纲（刘信芳）；九店楚简日书研究（刘乐贤）；军器及其题铭与简帛兵学文献（陈伟武）；浅谈饶宗颐先生对湖南出土竹帛书的研究（周世荣）；简牍符号考述（李均明）；本字、正字、借字及其相互关系（姚孝遂）；二里头陶器的一个奇异符号（李学勤）；仙桥石璋——兼论先秦中原文化对岭南的影响（曾骐、邱立诚、吴雪彬）；选堂先生与荆楚文化研究（曾宪通）；从西汉南越王墓出土的玉器看秦汉时期岭南文化与中原文化的融合（张荣芳）；论《史记》的礼治思想——兼论"乐"与"仁"及大一统观（郭韦川）；《南齐书·魏虏传》书后（高敏）；论唐代广东文化（李庆新）；宋大峰祖师崇拜流行泰国述略（林悟殊）；暹罗人明贡使"谢文彬"事件剖析（陈学霖）；康雍朝营建川藏台站道与转变中边政态势的关系（马楚坚）；重理宗教与文学的因缘——关于中国大陆对佛教道教与文学关系的研究（葛兆光）；梵学的传人与汉语音韵学的发展——兼论饶宗颐先生对梵学研究的贡献（李新魁）；藏族四大诗人米拉日巴、萨迦班智达、宗喀巴、仓央嘉措合论（王尧、褚俊杰）；《南柯太守传》笺证（周绍良）；东坡乐府小笺（罗忼烈）；新编全像南北插科忠孝正字刘希必金钗记［1］（校注稿选登）（吴国钦）；奶女地券与早期道教的南传（刘昭瑞）；柏林印度艺术博物馆藏吐鲁番汉文佛典札记（荣新江）；敦煌戒坛与大乘佛教（姜伯勤）；戒坛流变史之研究（湛如）；唐判论略（向群）；承前启后独行远——观读《饶宗颐书画》有感（郭绍纲）；才人之诗·学人之诗·诗人之诗——《选堂诗词集》窥管（王素）。

1997

神话与诗

闻一多著，上海：华东师范大学出版社，1997年1月出版。本书属于"二十世纪国学丛书"之一。全书主要收录了作者讨论中国古代神话及其与诗歌关系的论文十六篇，包括《伏羲考》、《龙凤》、《姜嫄履大人迹考》、《高唐神女传说之分析》、《说鱼》、《司命考》、《道教的精神》、《神仙考》、《歌与寺》、《说舞》、《文学的历史动向》、《七十二》、《端午考》、《端节的历史教育》、《屈原问题》、《人民的诗人——屈原》。

张元济评传

张荣华著，南昌：百花洲文艺出版社，1997 年 3 月出版。本书是"国学大师丛书 26"。张元济（1867—1959），字筱济，号菊生，浙江海监人，著名学者，中国近代文化事业的奠基人。本书分五章，以时代与社会环境的变化为背景，依据张元济学术生涯的几个主要阶段，评述他确立思想宗旨后，在 20 世纪新文明事业中的广泛开拓与成就，着重探索张氏在烘托近代知识分子自由精神与独立理想方面取得的实质性进展及其清理民族文化遗产，为学术研究承前启后的非凡贡献，从中展示近代诸子春秋中独具特色的一章。本传记有以下几个特点：一、集中笔墨于戊戌变法前后至 20 世纪 30 年代。这是传主一生中，事业与学术活动最为频繁的时期；二、传记内容集中于学术活动、学术思想、学术成就以及对学术界的支持和影响诸多方面；三、本书对以前出版的几种传记和论文中较少注意到的方面，如关于《外交报》的历史地位，传主对汉语语言、文字、语音的观点等进行了探讨和论述。作者还将他近年的研究成果之一：张元济与严复的比较研究引入本书；四、运用当代德国思想家丁·哈贝马斯的"公共领域"概念，对传主和商务印书馆事业作了深刻的分析。传主生活在中国从封闭的封建王朝向开放的现代化国家转变的历史大变革时期，近代资本主义和上海特定的外部条件，使他摆脱了"非官则隐"的封建士大夫为人处世的模式，走出了一条与旧式文人学士风吹草迥然不同的事业与生活的道路，进而又运用商务的实力，推动了我国学术、教育、文化近代化进程。书后附有张元济学术行年简表。

国学导引

佘树声著，西安：三秦出版社，1997 年 5 月出版。本书不是一份国学书目清单，也不是一册国学书目提要，而是在对中国古代文献纵向发展脉络与横向学科建构实证性研究的基础上，对制约中国古代文献存在模式的深层文化根源的探索和揭示，并进行历史反思。全书分为三编，第一编"坯孽期中国古代文献"、第二编"发展期中国古代文献"、第三编"中国古代文献科学"。第一编分三章，第一章"中国古代文献坯孽期诸形式"讨论了甲骨契刻、金石刻辞、简牍帛书、典籍编纂等内容；第二章"中国古代文献坯孽期认知模式"讨论了建立在历史事件基础上的历史认知模式、建立在人际关系基础上的伦理认知模式和建立在天人关系基础上的八卦五行象数认知模式；第三章"中国古代文献载体形式的历史演变"讨论了记录古代文献信息物质载体手段、技术手段、符号文字形式的演变。第二编分五章，第一章"中国的丛书"介绍了丛书的产生过程、明清丛书尤其是《四库全书》、民国前后的丛书；第二章"中国的类书"介绍了类书的性质、起源，以及宋、明、清的类书；第三章"中国的方志"介绍了方志与国史的关系，魏晋、宋明、清代的方志发展特点，并具体介绍了章学诚的方志理论；第四章"中国佛教经典"介绍了佛教的传入和汉末直到宋代的佛经翻译，《大藏经》的编纂，以及敦煌佛经，并对重要的佛教史籍作了解题；第五章"中国道教经典"介绍了《太平经》和道教的产生，葛洪的道教思想，道教理论的发展完备，三洞四辅的形成以及《道藏》的编纂，并对道教经籍作了解题。第三编分四章，第一章"古代目录学（一）：目录学的三种构成"首先讨论了古代目录的起源，然后重点介绍了官修目录、私修目录、补史志目录，最后对重要的目录学文献作了解题；第二章"古代目录学（二）：目录学的多元分类体制"主要讨论了六分法、七分法和传统的四分法；第三章"古代校雠学"讨论了先秦萌芽时期的特点、刘向刘歆父子的奠基作用，校雠学理论和方法论，并对古代校雠学的成就做了概述；第四章"古代版本学"介绍了版本学的产生及其存在的可能。

梁启超国学讲录二种

陈引驰编校，北京：中国社会科学出版社，1997 年 6 月出版。全书分上、下两辑，上辑为《要籍解题及其读法》，收录了梁启超关于《论语》、《孟子》（附论《大学》、《中庸》、《孝经》等）的相关学术论著，《史记》、《荀子》、《韩非子》、《左传》、《国语》、《诗经》、《楚辞》、《礼记》、《大戴礼记》（附《尔雅》），上辑附录甲是梁著《国学入门书要目及其读法》，主要内容包括修养应用及思想史关系书类，政治史及其他文献书类，韵文书类，小学书及文法书类等（附录一《最低限度之必读书目》，附录二《治国学杂话》，附录三是梁著《一个最低限度的国学书目》）分别以工具书、思想史、文学史分部。下辑收录了梁著《古书真伪及其年代》分三卷论述，总论部分对辨伪及考证的必要性、伪书的总类及作伪的来历，辨伪学的发达，辨别伪书及考证年代的方法以及对伪书的分别评价。第二卷分论了《易》、《尚书》、《诗》、《三礼》等，卷三进一步论述《春秋》及其三传，《论语》、《孝经》、《尔雅》、《孟子》等，下辑后附有《中国历史研究法》、《论古籍辨伪》以及《中国近三百年学术史》、《论清代古籍辨伪学》。

国学概论

钱穆著，北京：商务印书馆，1997 年 7 月出版。本书是作者在三十年前授国学课的讲义结集，为了便于讲授，凡是引文和辩证之处，作者均散入小注，正文则为纲要。书前"再版附识"对再版情况做了说明，全书分为上、下两篇：上篇分为七章，第一章孔子与六经；第二章先秦诸子；第三章嬴秦之焚书坑儒；第四章两汉经生经今古文之争；第五章晚汉之新思潮；第六章魏晋清谈；第七章南北朝隋唐之经学注疏及佛典翻译。下篇分为三章，第八章宋明理学；第九章清代考证学；第十章为最近期之学术思想。

国学研究（第四卷）

袁行霈主编，北京：北京大学出版社，1997 年 8 月出版。本卷收录了 24 篇论文：史官之书主法之责与官僚政治之演化（阎步克）；《春秋》与"汉道"——董仲舒"以德化民"说再探（陈苏镇）；《左传》贾、服注与杜注比较研究（何晋）；"四姓"辨疑——北朝门阀体制的确立及其历史意义（陈爽）；五燕政权下的华北士族（罗新）；隋初与高句丽及东北诸族关系试探——以高宝宁据营州为中心（王小甫）；论唐代前期陇右节度（王永兴）；梁译《大乘起信论序》考证（徐文明）；关于朱子哲学中"心"的概念（陈来）；黄宗羲心学论（张学智）；释"惟人参之"——《文心雕龙》识小录之一（罗宗强）；从《文选》选诗看萧统的诗歌观（傅刚）；《兵要望江南》版本及作者考辨（王兆鹏）；《西昆》十题（曾枣庄）；朱熹《韩文考异》研究（莫砺锋）；出入"乾嘉"：李汝珍及其《镜花缘》创作（李时人）；石鼓文年代考辨（徐宝贵）；《中国字例》音韵释疑（何九盈）；中国北方的史前石镞（赵辉）；仙居韦羌山蝌蚪崖石刻考释（徐作生）；关于汉简《奏谳书》的几点研究及其它（张建国）；《大冶赋》考释与评述（华觉明、游战洪、李仲均）；纳西东巴骨卜和象形文骨卜书（戈阿干）；西夏本《孟子传》研究（聂鸿音）。卷末附有《北京大学中国传统文化中心纪事》及《北京大学赛克勒考古与艺术博物馆藏青铜鼎》（彩图一）、《福州东禅寺藏〈历代三宝纪书影〉》（彩图二）。

中国学研究（第一辑）

吴兆路、金伯昀主编，北京：中国书籍出版社，1997 年 9 月出版。本书收录了中、日、韩等国学者研究中国学的论文多篇，主要内容有：孔子对战国文学的繁荣；孔子艺术思想新探；关于二分《韩非子》"法"思想的"度"与"术"；论魏晋南北朝文学批评的学习和研究；阮籍"咏怀诗"的若干问题；沈约批评述论；从《文选》选诗看萧统的情感论——重视作家个人情感的流露但不喜欢艳情的表现；顾况《游仙记》与《莽墟赋》考释；论"吏治与文学之争"对盛唐前期诗坛之影响；关于杜牧与秦观间的继承关系；中晚唐咏史诗述论；苏轼散文创作的思想基础；苏轼以"东坡"命名之含意；试论《宣和遗事》的成书过程；性灵意蕴阐释；《马氏文通》"词""次"新论——马氏关于语义结构和语法结构的区分；词语意义及其文化因素；胡裕树与汉语主语、主题研究。

中华国粹大辞典

门岿、张燕瑾主编，北京：国际文化出版公司，1997 年 9 月出版。本书是一部中华大文化百科全书，集中反映了中华民族精神文明和物质文明的精华，分为政治、经济、军事、法律、教育、科技、哲学、宗教、文学、语文、历史、艺术、健身、风俗十四编，每一编又分为若干类，类下再分条。每一编类的编排基本以时代先后为序编排，并突出了其代表性、典型性，以及全面性、民族性；每一条的内容叙述到清代为止，个别延续到了当代，解说文字多寡不一，互相之间或有重复，且每一条末尾都注明了撰写者姓名，可备查考。"政治编"分为 6 类 139 条、"经济编"分为 5 类 148 条、"军事编"分为 6 类 418 条、"法律编"分为 4 类 105 条、"教育编"分为 5 类 396 条、"科技编"分为 17 类 849 条、"哲学编"分为 4 类 324 条、"宗教编"

分为 10 类 341 条、"文学编"分为 10 类 454 条、"语文编"分为 3 类
102 条、"历史编"分为 5 类 401 条、"艺术编"分为 17 类 1331 条、
"健身编"分为 4 类 274 条、"风俗编"分为 8 类 221 条。

钱基博学术论著选

钱基博著，曹毓英选编，武汉：华中师范大学出版社，1997 年
12 月出版。本书前有钱先生自传、《国学文选类纂》总叙、治学篇
（上、下）以及《十年来之国学商兑》等文章。《近代提要钩玄之
作者》分为九部分，主要包括导言、汤鹏 魏源、罗泽南 李续宾
王鑫、胡林翼 曾国藩 左宗棠、刘蓉 郭嵩焘、王闿运 阎镇
珩、邹代钧 罗正钧、谭嗣同 蔡锷 章士钊、余论。《经学通志》
部分包括自序；总志第一；周易志第二；尚书志第三；诗志第四；
三礼志第五；春秋志第六；小学志第七；《〈周易〉解题及其读法》
等。此外还收录钱先生《〈四书〉解题及其读法》序；孟子约纂
（节选）；孟子叙略；论语孟子约纂叙例；读《礼运》卷头解题记；
读《庄子·天下篇》疏记；总论等。《老子·道德经》及读法（节
选）；《史记》之分析与综合；《读史方舆纪要》跋；中国文学史
（节选）；现代中国文学史（节选）；《骈文通义》叙目；《〈文心雕
龙〉校读记》跋；《模范文选》叙目；钟嵘《诗品》校读记；《古
籍举要》序；韩愈志（节选）；近五十年许慎《说文》学流别考
论；《〈尔雅〉释补》序；《版本通义》叙目；《茹经堂外集》叙等
作品。

中华学初论

萧君和著，哈尔滨：黑龙江教育出版社，1997 年 12 月出版。本
书属于"中华学丛书"之一。全书分为五篇，"绪论篇"包括三章，
对中华学产生的原因、存在的可能性、个性表现作了论述。"中华
篇"包括三章，依次对中华的含义、构成、启迪意义作了论述。"中
华自然篇"包括五章，依次对中华自然的概念、内容、作用，及对
其保护和振兴等问题作了论述。"中华民族篇"包括五章，依次对中
华民族的形成、族体、灵魂、特性、发展作了论述。"中华文化篇"
包括四章，依次对中华文化的来源、特点、作用、走向作了论述。书
末附有《中华学论纲》、《关于创建"中华学"的若干问题》、《中华

学的建立与中华的发展》（华人）、《关于接受"中华学丛书"编委
会聘请的信》（程思远）、《中华学研究笔谈》、《一个崭新的理论视
角——关于新兴学科中华学的几点认识》（张星武）、《中华学与苗学
关系初探》（龙建刚）8 篇文章、报道。

中国近三百年学术史（上、下册）

钱穆著，北京：商务印书馆，1997 年 12 月出版。本书是作者在
"九一八"事变开始时所做的学术演讲，钱穆认为，文化是一国的气
运，文化亡天下也亡，要救国，维护民族文化是一个极大的问题。本
书时间跨度从 1573 年至 1911 年，其中涉及中国学术发展的许多重要
人物，主要包括黄梨洲、王船山、顾亭林、颜习斋、李恕谷、阎潜
邱、毛西河、李穆堂、戴东原、章实斋、焦里堂、阮芸台、凌次仲、
龚定庵、曾涤生、陈兰甫、康长素等，并附有相关人物介绍。全书总
结了中国文学在这一段时间所取得的艺术成就，对研究中国的学术历
史具有重要的作用。书后有《中国近三百年学术史附表》。

李福清论中国古典小说

李福清（B. Riftin）著，台北：洪叶文化事业有限公司，1997 年
出版。属于"国学精粹丛书 48"。本书作者是俄罗斯科学院通讯院
士，他在《自序》中指出俄罗斯研究文学的两个特点，即历史性强、
从世界文学发展角度来看各国文学，基于此，他把《西游记》、《金
瓶梅》、《三国演义》等中国古典的通俗小说与西方古代叙事诗相互
比较，分析二者的异同，提出了一些饶有趣味的问题。全书分为两部
分，第一部分为"小说与传说"，包括"三国故事与民间叙事诗"、
"《三国志平话》情节结构和行为型式研究"、"《三国演义》的文体
问题"、"《西游记》与民间传说"、"兰陵笑笑生和他的《金瓶梅》"、
"明清小说与古代神话"、"《三侠五义》与民间文学"、"中国大陆当
代小说中的传统因素"八篇文章。第二部分为"古典小说与外国文
学关系"，包括"印度故事在中国及其他国文学中之作用"、"中国章
回小说与话本的蒙文译本"、"十八世纪—十九世纪上半叶中国文学
在俄国"三篇文章。

1998

北京大学百年国学文粹（考古卷）

北京大学传统文化研究中心编，本卷主编李伯谦，北京：北京大学出版社，1998 年 4 月出版。袁行霈在《序言》称，整部"文粹"试图让读者从一个角度看到百年来整个国学发展的轨迹，并认为今天的国学研究，范围已经远远超出章太炎所撰《国学略说》的内容，观念已经几度更新，方法也更加科学化、系统化，而且一些新兴的学科（如敦煌学），进入了国学的疆域；考古学的新成果引起史学巨大的变化。因此将今天的国学称之为"新国学"，而和以往的国学区别开来。李伯谦在《前言》中主要介绍了北京大学考古研究室的发展历程，以及相关学者取得的成就；同时指出编辑本卷的目的一方面在于展示各时期北大考古学研究的成果，一方面在于鞭策现在的师生继往开来，创造新成绩。本卷主要包括 60 篇论文：汉石经概述（马衡）；燕下都发掘品的初步整理与研究（傅振伦）；略述内蒙古、新疆第一次考古之经过及发现（黄文弼）；两关杂考——瓜沙往谈之二（向达）；汉郎中郑固碑集释（容媛）；中国旧石器时代的文化（裴文中）；我国目前古生物学的研究工作（贾兰坡）；殷周的青铜武器（郭宝钧）；中国最近发现的波斯萨珊朝银币（夏鼐）；论中国新石器时代的分期问题——关于安特生中国新石器时代分期理论的分析（尹达）；关于考古学文化的区系类型问题（苏秉琦）；龟兹境内汉人开凿汉僧住持最多的一处石窟：库木土拉——考察西北石窟工作散记之二（阎文儒）；考古学上汉代及汉代以前的东北疆域（佟柱臣）；北魏洛阳城和北邙陵墓——鲜卑遗迹辑录之三（宿白）；古代的糙面陶具（安志敏）；郑州商城即汤都亳说（邹衡）；金牛山遗址 1993 年、1994 年发掘的收获和时代探讨（吕遵谔）；殷墟 5 号墓与殷墟考古上的盘庚、小辛、小乙时代问题（张光直）；宋代的八大窑系（杨根）；汉代诸侯王与列侯墓葬的形制分析——兼论"周制"、"汉制"与"晋制"的三个阶段（俞伟超）；我国谷物酿酒起源新论（李仰松）；居延、敦煌发现的《塞上蓬火品约》——兼释汉代的蓬火制度（徐苹芳）；说瓬甓与坏（吴荣曾）；从出土简帛经书谈汉代的今古文学（高明）；印度洋沿岸出土的中国文物（耿引曾）；火药的发明与中国炼丹术（赵匡华）；中国史前文化的统一性和多样性（严文明）；中国智人的远古性（陈铁梅）；华南早期新石器^{14}C 年代数据引起的困惑与真实年代（原思训）；中国古代文物的力学性质研究（王大钧）；汉墓壁画、画像石题材内容试探（夏超雄）；试论吴城文化（李伯谦）；关于敦煌藏经洞的几个问题（马世长）；寻觅湮没千年的东方摩尼寺（晁华山）；论北庄类型（张江凯）；齐家文化应属青铜时代——兼谈我国青铜时代的开始及其相关的一些问题（贾梅仙）；古玺文字考释两篇（葛英会）；中国新石器时代早期文化的发现、研究及相关问题的探讨（赵朝洪）；西汉诸侯王墓车马殉葬制度探讨（高崇文）；试析南方发现的唐代壁画墓（权奎山）；内蒙古朱开沟遗址兽骨的鉴定与研究（黄蕴平）；春秋时期丧葬制度中的葬月和葬日（刘绪）；内蒙古西北部秦汉长城调查记（唐晓峰）；寻找秦文化渊源的新线索（赵化成）；敦煌文书及敦煌石窟题名中所见的吐谷浑余部（齐东方）；试论夏商时期东方地区的考古学文化（王迅）；考古学发展史的回顾与思考（李水城）；侯马地区的东周陶器墓（张辛）；吐鲁番地区发现的联珠纹织物（薄小莹）；尼雅新发现的鄯善王童格罗伽纪年文书考（林梅村）；试论关中地区的商文化（徐天进）；成都十二桥遗址群分期初论（孙华）；博物馆藏品及若干相关概念的讨论（宋向光）；内蒙古土默川、大青山的北魏镇戍遗址（苏哲）；试论环境与华北晚期旧石器文化（王幼平）；尖状器实验研究（李卫东）；埃及福斯塔特遗址中发现的中国陶瓷（秦大树）；塔与支提窟（李崇峰）；良渚文化大墓试析（张弛）。每篇论文都注明了原始出处，并附有作者小传。卷末另有《北魏洛阳城里坊示意图》图版 1 幅。

国学研究（第五卷）

袁行霈主编，北京：北京大学出版社，1998 年 4 月版。本卷收录了 21 篇论文：吐火罗神祇考（林梅村）；周代棺椁多重制度研究（赵化成）；中国佛教"理"思想的拓展与演进（方立天）；王阳明致良知中道德理性和知识理性的结合（张学智）；《左传》与孔子（吴荣曾）；儒家不主张君主独裁专制（江荣海）；中国古代的诗歌发生论（孟二冬）；《文选》版本叙录（傅刚）；《玉台新咏》成书年代新证（跃进）；欧阳修求诗本义之方法探微（罗永新）；《礼记集说》版本考（沈乃文）；论乾嘉考据学派别之划分及相关诸问题（漆永祥）；试论我国古代吏胥的特殊作用及官、吏制衡机制（祝总斌）；北魏后宫子贵母死之制的形成和演变（田余庆）；青齐豪族在南北朝的变迁（韩树峰）；淮南之役与陈代南人政治之重组（张国安）；墨山国之路（罗新）；宋代士人家族中的妇女——以苏州为例（邓小南）；《无圈点老档》乾隆朝办理钞本始末（阎崇年）；中国传统社会道德法律化浅释（马小红）；中国烟火文化史料的钩沉（郭正谊）。卷末附有《北京大学中国传统文化研究中心1996年大事记》。

北京大学百年国学文粹（史学卷）

北京大学中国传统文化研究中心编，本卷主编王天有，北京：北京大学出版社，1998年4月出版。本卷包括81篇论文：张相文《成吉思汗陵寝辨证书》、孟森《清太祖由明封龙虎将军考》、王国维《殷周制度论》、际垣《火祆教入中国考》、刘师培《古学出于史官论》、邓之诚《谈军机处》、金毓黻《大元一统志考证》、李大钊《原人社会于文字书契上之唯物反映》、陈寅恪《顺宗实录与续玄怪录》、傅斯年《大东小东说》、胡适《诸子不出于王宫论》、黄文弼《古楼兰国历史及其在西域交通上之地位》、蒙文通《论墨学源流与儒墨汇合》、姚从吾《说阿保机时代的汉城》、董作宾《五等爵在殷商》、钱穆《荀卿考》、容肇祖《韩非的著作考》、朱希祖《汉唐宋起居注考》、翦伯赞《秦汉历史上的若干问题》、徐中舒《殷周文化之蠡测》、郑天挺《多尔衮称皇父之臆测》、向达《唐代长安与西域文明》、丁山《宗法才源》、唐兰《"商鞅量"与"商鞅量尺"》、赵万里《两宋诸史监本存佚考》、劳干《汉晋闽中建置考》、单士元《中国档案名称溯源》、邓广铭《〈辨奸论〉真伪问题的重提与再判》、齐思和《魏源与晚清学风》、商鸿逵《略论清初经济恢复和巩固的过程及成就》、万斯年《关于西安市出土唐天宝间银铤》、邵循正《成吉思汗生年问题》、侯仁之《王鸿绪〈明史·列传〉残稿》、何兹全《中古大族寺院领户研究》、王崇武《明初屯垦政策与井田说》、张政烺《秦汉刑徒的考古资料》、王玉哲《论先秦的戎狄及其与华夏的关系》、周一良《领民酋长与六州都督》、王永兴《敦煌唐代差科簿考释》、陈芳芝《东北之侵蚀》、杨志久《关于马可波罗离华的一段汉文记载》、汪篯《隋唐耕地面积问题研究》、杨翼骧《班固的史才》、陈庆华《关于石达开的评价问题》、王北辰《古代居延道路》、许大龄《读〈校对一条史料〉》、田余庆《说张楚——关于"亡秦必楚"问题的探讨》、王承祒《关于西周的社会性质问题》、张寄谦《晚清时期中国政治与思想的现代化过程》、张传玺《论中国封建社会土地所有权的法律思想》、袁良义《清兵入关的历史功绩》、吴荣曾《稷粟辨疑》、孙淼《论"文明"的含义以及进入文明时代的标志》、郑必俊《论两宋妇女在经济文化方面的贡献》、刘桂生《近代学人对"罢黜百家、独尊儒术"的误解及其成因》、祝总斌《陶渊明田园诗产生的历史、文化背景》、张广达《古代欧亚的内陆交通》、周良霄《"阇遗"与"孛兰奚考"》、张仁忠《略论明代官俸》、吴宗国《唐代进士考试科目和录取标准的变化》、顾德融《我国古代的人殉和殉节》、余大钧《阻卜考（节选）》、张衍田《"文献"正义》、王晓秋《清末政坛变化的写照——宣统年间〈汪荣宝日记〉剖析》、王天有《东林党和张居正——兼论东林党的发端》、刘俊文《唐律与礼》、张希清《宋太祖誓约与岳飞之死》、徐凯《清初逃人事件述略》、李孝聪《论唐代后期华北三个区域中心城市的形成》、邓小南《试论北宋前期任官制度的形成》、臧健《宋代家法与女性》、王小甫《七八世纪之交吐蕃人西域之路》、岳庆平《汉代"赋额"试探》、阎步克《论乐官、史官文化传承之异同及其意义》、陈苏镇《〈春秋〉与"汉道"——董仲舒"以德化民"说再探》、韩茂莉《宋代川陕地区农业生产述论》、荣新江《安禄山的种族与宗族信仰》、刘浦江《金代的一桩文字狱——宇文虚中案发覆》、张帆《关于元代宰相衔号的两个问题》。

北京大学百年国学文粹（文学卷）

北京大学中国传统文化研究中心编，北京：北京大学出版社，1998 年 4 月出版。本书收录了 58 篇论文：林纾《论文》、马其昶《论文三篇》、陈衍《序文三篇》、姚永朴《文学研究法（节录）》、黄节《论诗三篇》、林传甲《唐宋至今文体》、林义光《〈诗经通解〉》例略、鲁迅《魏晋风度以及文章与药及酒之关系》、吴梅《家数》、刘师培《南北文学不同论》、周作人《人境庐诗草》、刘毓盘《论慢词兴于北宋》、黄侃《文心雕龙札记（节选）》、胡适《红楼梦考证（改定稿）》、孙楷第《吴昌龄与杂剧西游记》、杨晦《关于中国早期文艺思想的几个问题》、游国恩《屈赋考源》、俞平伯《影印〈脂砚斋重评石头记〉十六回后》、冯沅君《〈南戏拾遗〉导言》、浦江清《屈原生年月日的推算问题》、吴组缃《论贾宝玉典型形象》、傅庚生《杜诗发展的基础与诗兴触发的契机》、季镇淮《韩愈的基本思想及其矛盾》、王瑶《论鲁迅作品与中国古典文学的历史联系》、赵齐平《关于〈红楼梦〉的成书过程》、林庚《〈天问〉中所见上古各民族争霸中原的面影》、冯钟芸《杜甫〈秋兴〉八首的艺术特点》、吴小如《〈诗三百篇〉臆札》、吕德申《钟嵘的诗歌理论》、陈贻焮《盛唐七绝刍议》、吕乃岩《史传与小说的融合——论〈水浒〉》、沈天佑《谈〈水浒传〉在我国小说艺术典型化方面的贡献》、孙静《从潘德舆的〈说诗牙慧〉稿本到〈养一斋诗话〉》、金开诚《〈离骚〉的整体结构和求女、问卜、降神解》、褚斌杰《论〈楚辞·九歌〉的来源、构成和性质》、孙钦善《论龚自珍的个性解放思想》、周强《〈三国演义〉与〈十七史详节〉的关系》、费振刚《梁玉菟园诸文士赋的评价及其相关问题的考辨》、周先慎《论〈水浒〉的思想倾向和艺术构思》、袁行霈《陶渊明享年考辨》、刘烜《王国维创造"新学语"的历史经验》、侯忠义《〈世说新语〉思想艺术论》、陈铁民《李华事迹考》、陈熙中《读脂批随札》、陈德礼《刘熙载的〈艺概〉及其辩证审美观》、葛晓音《创作范式的提倡和初盛唐诗的普及》、董洪利《"以意逆志"辨》、程郁缀《储光羲籍贯考辨》、卢永璘《意境理论胎萌于〈文心雕龙〉说》、夏晓虹《梁启超与日本明治小说》、张鸣《即物即理，即境即心》、孟二冬《韩孟诗派的创新意识及其与中唐文化趋向的关系》、钱志熙《表现与再现的消长互补》、刘勇强《明清邸报与文学之关系》、商伟《论宫体诗》、李简《论元明戏曲中"大团圆"结局的演化》、于迎春《"雅""俗"观念自先秦至汉末的衍变及其文学意义》。

北京大学百年国学文粹（语言文献卷）

　　北京大学中国传统文化研究中心编，本卷主编费振刚，北京：北

京大学出版社，1998 年 4 月出版。本卷收录了 70 篇论文：吴承仕
《〈经典释文〉撰述时代考〉、黄侃《音略》、沈兼士《声训论》、钱
玄同《古韵廿八部音读之假定》、刘复《余论——今日以前的四声
论》、赵荫堂《〈切韵指掌图〉撰述年代考》、林语堂《古有复辅音
说》、罗常培《〈通志·七音略〉研究》、王力《同源字论》、唐兰
《作册令尊及作册令彝铭文考释》、魏建功《论〈切韵〉系的韵书》、
陆宗达《王石瞿先生〈韵谱〉〈合韵谱〉遗稿跋》、杨伯峻《从上古
汉语几组同义词的考察试探在词汇方面古今分合现象的规律》、齐佩
瑢《语义和语音》、周祖谟《论段玉裁〈说文解字注〉》、朱德熙
《自指和转指》、梁东汉《从汉字的演变看文字改革》、林焘《日母音
值考》、李荣《从现代方言论古群母有一、二、四等》、唐作藩《论
清代古音学的审音派》、郭锡良《汉语第三人称代词的起源和发展》、
李庆荣《千锤百炼，溢采流光》、徐通锵《"阴阳对转"新论》、曹
先擢《〈说文解字〉的性质》、何九盈《商代复辅音声母》、胡双宝
《王安石〈字说〉辑佚序例》、马真《先秦复音词初探》、蒋绍愚
《关于汉语词汇系统及其发展变化的几点想法》、张双棣《〈吕氏春秋〉
词汇简论》、张联荣《谈词的核心义》、宋绍年《汉语结果补语式的
起源再探讨》、王若江《〈文选〉联绵词的语义问题》、王洪君《汉语
表自指的名词化标记"之"的消失》、耿振生《论近代书面音系研究
方法》、张猛《传统训诂方法的可行性及其局限》、刘勋宁《现代汉
语句尾"了"的来源》、余嘉锡《古书通例》、余嘉锡《四库提要辩
证序》、容庚《〈金文编〉序》、容庚《〈秦汉金文录〉序》、商承祚
《〈长沙古物闻见记〉自叙》、商承祚《〈说文中之古文考〉（卷首
语)》、商承祚《长沙发掘小记》、王重民《〈中国目录学史〉后记》、
向仍旦《中国古代文化结构》、白化文《试释如意》、朱天俊《独辟
蹊径，开示法门——鲁迅与目录学》、李鼎霞《北京大学图书馆藏
〈九九大庆〉全本简介》、马振方《是否蒲松龄所作——庆应大学所
藏十五种抄本真伪考议》、倪其心《关于〈文选〉和文选学》、考裘
锡圭《古发现的秦汉文字资料对于校读古籍的重要性》、陈宏天《〈苏
辙集〉前言》、孟昭晋《曹丕与图书》、严绍璗《中国古代文献典籍
东传日本考略》、安平秋《〈史记〉版本述要》、杨忠《苏轼全集版本

源流考辨》、马秀娟《欧阳修〈诗本义〉与宋代〈诗经〉研究》、王锦贵《试论〈通典〉的问世及其经世致用思想》、李家浩《王家台秦简"易占"为〈归藏〉考》、李零《"太一"崇拜的考古研究》、肖东发《汉文大藏经的刻印及雕版印刷术的发展》、王邦维《谢灵运〈十四音训叙〉辑考》、高路明《古籍目录与中国古代学术》、吴鸥《尤袤小考》、吕艺《〈河图〉生八卦之谜破解》、李国新《论中国传统目录结构体系的哲学基础》、姚伯岳《试论中国古籍分类的历史走向》、刘玉才《朱彝尊诗文词的结集与刊布》、顾歆艺《〈四书章句〉集注成书考略》、王岚《〈唐庚集〉版本源流考》。

国学大师论国学（上、下）

胡道静主编，上海：东方出版中心，1998 年 4 月出版。本书选录的标准是 20 世纪以来国学大师、名家从宏观上论述国学及某一领域的作品，不包括具体论述某人、某书和某学派的作品。全书分为国学通论、哲学与文化、史学（含地理）、文学艺术、汉语汉字、古籍整理等六大类。国学通论部分收录了章炳麟、胡适、孙德谦、梁启超、王国维、胡朴安、鲁迅、马一浮、何炳松、梅光迪、陈寅恪、郭沫若、汤用彤、许地山、毛子水、嵇文甫、钱穆、成仿吾、张岱年、唐君毅和任继愈等人论国学的作品。哲学与文化收录了季羡林、陈寅恪、胡适、林语堂、张岱年、李泽厚、梁启超、熊十力、范文澜、周予同、汤志钧、梁漱溟、冯友兰、朱光潜、任继愈等人的作品。史学部分收录梁启超、何炳松、柳诒徵、吕思勉、张舜徽、周振甫、杨殿洵、杨廷福、谭其骧、侯仁之、王以中、朱士嘉等人的作品。文学艺术方面收录有钱穆、朱自清、施蛰存、郑天挺、钱仲联、徐永瑞、郑振铎、林庚、夏承焘、任二北、龙榆生、赵景深、俞平伯、王季思、程千帆、林语堂、凌叔华、徐复观、钱钟书、陈从周等的作品。汉语汉字部分收录了陈寅恪、殷孟伦、刘师培、许地山、张世禄、周祖谟、罗常培、陆宗达、杨树达等人的作品。古籍整理方面收录了郭沫若、郑振铎、杨树达、朱希祖、胡道静、张舜徽、任继愈、邓广铭、黄永年、吴晗、翦伯赞、裘锡圭、胡怀琛、余嘉锡、屈万里、赵万里、程千帆、蒋礼鸿和蒋伯潜等人的作品。

基督教大学与国学研究

陶飞亚、吴梓明著，福州：福建教育出版社，1998 年 5 月出版。属于"基督教教育与中国社会丛书"第一辑中的一种。本书是关于 13 所新教大学和天主教会的辅仁大学对中国历史文化的教学和研究的成果，也就是 20 世纪以后人们习称的国学。全书按历史顺序展开论述：第一，早期传教士、教会学校到教会大学究竟是如何对待中国文化的；第二，它们教学和研究政策前后所发生的变化及其原因；第三，具体地探讨各个教会大学在国学研究方面所开展的活动，它们的成绩和它们的局限，以及一些著名学者的活动；第四，讨论以国学教研为重点的，教会大学适应中国社会的努力及外在政治因素对学术发展的影响；最后回顾对教会大学学术遗产的评价。全书共分十章，分别为"源头：早期传教士对中国文化的研究"、"晚清教会大学的教育方针：西学为体？"、"冲击与反应：民初教会大学国学教育的改革"、"燕京大学国学教育与研究的崛起"、"辅仁大学：以国学为重点"、"三十年代教会大学的国学热"、"抗战时期教会大学的国学教育与研究"、"大变动时代的学人和学术"、"新政治与旧学术"、"结论"。书后有"教会大学的部分国学师资"、"教会大学三种主要学报目录"、"主要外国人名译表"、"主要参考书目"四个附录。

北京大学百年国学文粹（哲学卷）

北京大学传统文化研究中心编，本卷主编叶朗，北京：北京大学出版社，1998 年 5 月出版。

本卷分为上、下两编，共收录了 50 篇论文。上编包括 32 篇：严复《救亡决论》、陈黻宸《经术大同说》、蔡元培《五十年来中国之哲学》、李大钊《东西文明根本之异点》、陈独秀《孔子与中国》、章士钊《名学三论》、杨昌济《论语类钞》、刘师培《理学字义通释》、熊十力《论中国文化与中国哲学》、马叙伦《〈列子〉伪书考》、黄侃《汉唐玄学论》、黄子通《孔子哲学》、胡适《中国哲学史大纲导言》、许地山《国粹与国家》、汤用彤《魏晋玄学流别略论》、顾颉刚《战国秦汉间人的伪造与辨伪》、张申府《文明和文化》、梁漱溟《儒佛异同论》、蒙文通《治学杂语》、邓以蛰《书法之欣赏》、林志钧《周易略论》、钱穆《关于〈老子〉成书年代之一种考察》、傅斯年

《谁是〈齐物论〉之作者》、嵇文甫《左派王学的历史评价》、冯友兰《中国哲学与未来世界哲学》、宗白华《中国艺术意境之诞生》、容肇祖《何心隐及其思想》、周叔迦《行深般若的第一步》、朱谦之《中国人的智慧——易经》、贺麟《中国哲学的调整与发扬》、温公颐《墨辩逻辑思想的发展》、邓艾民《朱熹与〈朱子语类〉》。下编包括18篇：张岱年《中国文化与中国哲学》、周辅成《孔子的伦理思想》、任继愈《论中国古代儒教即国教》、张世英《天人合一与知行合一》、朱伯崑《从王韩玄学到程朱理学》、汤一介《〈太平经〉的成书及其思想》、楼宇烈《中国近代佛教的融和精神及其特点》、张文儒《论中华文化意识的整体性格》、许抗生《简论中国传统文化的儒道思想互补》、叶朗《中国传统美学的现代意味》、魏常海《阳明"致良知"与东亚阳明学》、李中华《裴頠及其〈崇有论〉新探》、王守常《墨家宗教思想辨析》、陈来《儒学传统中的神秘主义》、张学智《王阳明致良知中道德理性和知识理性的结合》、王宗昱《道教的"六天"说》、陈少峰《王弼的本体说及其对于〈庄子〉义的发挥》、王博《论〈黄帝四经〉产生的地域》。

国学沉思——史学随笔

赵吉惠著，杭州：浙江人民出版社，1998年8月出版。本书是一部以国学、主要是中国学术思想史为主题的随笔著作。内容包括"国学今昔"、"典籍发微"、"儒学反省"、"荀学新解"、"诸子漫议"、"传统转化"六部分，共五十多篇短文。反映了作者20世纪80年代以来研究国学，主要是研究中国学术思想史、传统文化的一部分见解。有的来源于读书札记，有的选裁于报刊发表的短文，有的取之于师友往返信函。

胡适论争集（全三册）

耿云志主编，北京：中国社会科学出版社，1998年9月出版。胡适是现代历史上的自由主义思想大师，本书共分三卷，从新文化运动时期的文学革命之争、思想与道德革命之争、自由主义与马克思主义的交锋，到学术上的井田制有无之争、新旧红学之争、整理国故之争；从文化上的东西文化的数次大论争，到政治上的人权问题之争、民主与独裁之争、学生运动之争等。本书以详尽的史料，展现了胡适思想的精髓，是目前为止国内出版的有关胡适论争的较全面的专集。其中上卷第六部分是对传统文化的再评估，主题是整理国故之争，其中包括《国故的含义与国故学的价值》、《整理国故的方法》、《整理国故的社会反响》等重要篇章。

国学论衡（第一辑）

甘肃中国传统文化研究会主办，杨子彬主编，兰州：敦煌文艺出版社，1998 年 10 月出版。作为甘肃中国传统文化研究会的会刊，《国学论衡》首先秉承钱穆学术"为文化导先路"的宗旨，来研究中国传统文化而论衡国学；其次，也特别注意域外国学研究的动态；再次，《国学论衡》还特别注意关于风俗层面之传统文化在现实生活中的影响、作用、价值、功能的研究。因此，《国学论衡》的征稿面向中国大陆、台港澳地区及其他国家的华人。本辑共分特稿、传统文化与当代现实、探源与析流、研究与诠释、学术论辩、美学与艺术、孟子思想研究、传统养生之道、体用研究、现代儒学人物等 10 个栏目，收录了 31 篇文章。书末附有《编后感言：敢问路在何方》一文。

东风与西风

罗志田、葛小佳著，北京：生活·读书·新知三联书店，1998 年 11 月出版。本书是作者文化研究的相关论文，其中所收多数文章的内容涉及中国文化、西方文化，或是兼及两者的异同。作者称上一代人已对中国传统甚感模糊，以后更是每况愈下，因而造成了一些有影响的学者拿西方文化作我们的"传统"、而我们的"国学"家"后学"家也依稀难辨的严重错位现象。作者认为人类文化族群自有个性，认为孔子提倡的"和而不同"和庄子主张的"以不齐为齐"更适合于不同文化的族群共处，也更有实现的可能。其中《学术研究的游击战倾向及"后学"与"国学"的异曲同工》对国学的特点有所涉及。

华学（第三辑）

饶宗颐主编，北京：紫禁城出版社，1998 年 11 月出版。本辑收录了中国学者的论文 32 篇："贞"的哲学（饶宗颐）；礼的道德意义（王启发）；《邓析子》非伪书考辨（董英哲）；孟子思想的历史命运及其双重的社会效应（李锦全）；象数哲学与古代人体学说（詹鄞鑫）；纬书的远古圣王及其文化创造（张广保）；征服与转化——五至七世纪中国思想史中的佛教（葛兆光）；景教在唐代中国传播成败之我见（林悟殊）；临济义玄河北传法考（杨曾文）；宋明儒家的"祠祀"观念与书院、会讲之发展（陈来）；关于《药地炮庄》的撰写之期（彭迎喜）；乾嘉学派成因新论——从清代的家学与经学谈起（陈居渊）；著作考据之争与焦循易学——焦循"徒托空言"发微（程钢）；《清儒学案》杂识（陈祖武）；《石鼓文·车工》篇"弓兹以寺"考释（徐宝贵）；侯马、温县盟书历朔的再考察（李学勤）；《尧典》星象、历法与帛书《四时》（邢文）；帛书黄帝五正考释（魏启鹏）；楚帛书月名新探（王志平）；楚简《老子》校释之一（廖名春）；《归藏》与夏启的传说——兼论台典祭坛的关系及钓台的地望（王明钦）；骑兵和甲骑具装二论（杨泓）；战国燕王戈研究（冯胜君）；尹湾汉墓出土历谱及其相关问题（刘乐贤）；中国画的得意、写意和会意（杨新）；张骞与马其顿音乐的传入（杨共乐）；汉魏南北朝的俳优（胡守为）；分裂的局面与礼坏的社会——略论魏晋南北朝的社会政治与思想风气（郭伟川）；晋武帝"罢州郡兵"问题辨析（高敏）；萨宝府制度源流论略——汉文粟特人墓志考释之一（姜伯勤）；德国"吐鲁番收集品"中的汉文典籍与文书（荣新江）；八思巴《彰所知论》诸问题考补（王启龙）。

1999

宋词研究述略

崔海正著，台北：洪叶文化事业有限公司，1999 年 3 月出版。属于"国学精粹丛书"之 54。本书通过对宋代七大词人及其他几个重要问题研究状况的综述与评点，概括了当时十年间大陆宋词研究的基本态势，并由此映现出词学研究者在观念、方法等方面进行历史性的变化和轨迹，既有资料价值，又有一定的学术价值。"绪论"部分主要对宋、元、明、清、民国及至近现代的宋词研究情况做了概说，"余论"部分则对宋词研究现状作了总结和展望。正文十章依次为：宋词繁荣原因研究扫描、宋词分期问题研究扫描、柳永词研究扫描、苏轼词研究扫描、周邦彦研究扫描、李清照词研究扫描、辛弃疾词研究扫描、姜夔词研究扫描、吴文英此研究扫描、宋代词论研究扫描。附录包括《宋词与宋代理学》、《宋代齐鲁词人考论》两篇文章。

鲁迅国学文选

弘征选编，长沙：岳麓书社，1999 年 3 月出版。本书的内容选自鲁迅的各文集，主要收录的作品有《儒术》、《在现代中国的孔夫子》、《估〈学衡〉》、《古书与白话》、《读书忌》、《隐士》、《四库全书珍本》、《论"旧形式的采用"》、《魏晋风度及文章与药及酒之关系》、《汉文学史纲要》、《古小说钩沉》序、《宋民间之所谓小说及其后来》、《中国小说的历史的变迁》、《小说旧闻钞》序言及再版序言等。此外还有其他考证性的文章和一系列序、跋文章、墓志、碑铭及作品的校记、后记等。鲁迅的有些文章如《文化偏至论》虽然也涉及国学，但作者以为非重点未收；《中国小说史略》本是专著，因而本书也未选入。作者在选编中大致按内容归类，类中则以写作先后为序；每篇末附有"小识"，或略加提要，或引相关材料辅助阅读。

庄子哲学辨析

张京华著，沈阳：辽宁教育出版社，1999 年 4 月出版。本书是"国学丛书 21"。本书旨在对庄子的哲学学说进行系统的研究，重点讨论了庄子哲学学说中抽象思辨的本体论部分，试图对《庄子》一书中包含的丰富思想尽可能做一种合乎原意的叙述。因此，作者书中用较多的篇幅论述了庄子的社会观和人生观，比较了早期儒家思想和老子的哲学思想，还对比了西方哲学思想，由此凸显了庄子哲学的独特体系。全书分为十章，第一、二、三章依次对庄子哲学的"认识论"、"本体论"、"社会观"做了论述；第四章"儒家理想与原则的奠立：孔子和孟子"，分别对孔、孟的思想做了分析；第五章"儒家的发展：《礼记》和《易传》"，对两书中的儒家思想做了分析；第六章"儒家思想的转变：荀子和韩非子"，对二人的师承和思想做了分析；第七章"早期儒家学说的政治实践"，讨论了汉仪的制定、汉代的学术以及罢黜百家的实质；第八章"庄子和老子的比较"，主要从直觉认识论、古代物理学、道论方面做了对比，指出了二者哲学目的和社会观的对立；第九章"庄子哲学的后世影响和后世对庄子哲学的改造"，以荀子、韩非、司马谈、司马迁、郭象等人物为主讨论了庄子哲学的变化；第十章"庄子哲学的思想体系"，指出其封闭性和开放性的双重特点，同时又与西方的相对论物理学、天体物理学、量子力学进行了对比。书末"附录"包括《庄学通览》、《部分引用和参考书目》，另有《后记》一篇。

百家出入心无碍——劳思光教授

吴有能著，台北：文史哲出版社，1999年4月出版。属于吴有能、郑靖时、耿志坚主编的"国学大师丛书"之一。劳思光（1927— ），湖南长沙人，本名荣玮，号韦斋，思光为笔名。高中毕业后到北京大学哲学系进修。著述范围颇广，文、史、哲以及金石考证皆有论述，《新编中国哲学史》影响极大，已有英文、韩文译本。治学之余，亦关心社会、文化，时常发表政论、时论，精辟敢言，有《中国之路向》、《中国文化路向问题的新检讨》、《思光时论集》、《解咒与立法》诸书。喜数术，能吟诗，有《思光诗选》。全书分为四部分，第一部分为"大师小传"。第二部分为"请益专访"，劳思光本为作者的硕士导师，此一部分即为二人的问答语录，其中劳教授就作者提出的问题谈到了自己的重要经历、人生转折点、在北大的学习情况、治学方法、对哲学史的认识、治学成就和愿望、中国哲学研究中的重要问题、对后学的期待等。第三部分"学术成果推介"，从哲学的功能与中国哲学的基源问题、最高自由与心性论、重德文化精神、文化的继承与创新等四个方面重点介绍了劳思光的哲学研究以价值主体或自觉主体为出发点，进而推衍出整个道德文化体系。第四部分为"劳思光教授著作简目"，分专书目录、24种，论文目录15种。书末附录《进路与视域——为劳思光先生的哲学进一解》。

出经入史绪纵横——王静芝教授

吴彩娥著，台北：文史哲出版社，1999年4月出版。属于吴有能、郑靖时、耿志坚主编的"国学大师丛书"之二。王静芝（1916—2002），本名大安，以字行，号菊农，笔名王方曙，出生于辽宁沈阳。父亲为国民党将领王锡钧。王静芝早年毕业于北京辅仁大学国文系，治学范围广泛，于义理、史学、文学等方面均有成就，著有《经学通论》、《诗经通释》、《韩非子思想体系》、《欧阳修传记》、

《国学导读》、《中华民国建国史话》等书。全书分为四部分，第一部分为"大师小传"。第二部分为"请益专访"，王静芝是作者的硕士导师，此一部分即为二人的问答语录，分"治学历程"、"治学方法"、"论学成就"、"对国学界的展望"、"对学习中国文化者的启迪"五个方面。第三部分为"学术成果推介"，分四小节依次评介了《诗经通释》、《国学导读》、《韩非子思想体系》、《经学通论》。第四部分为"王静芝教授著作简目"，学术论著包括著作 7 种、期刊 30 种；文艺创作包括散文 3 篇、小说 1 部、戏剧 37 种。

文论说部居泰山——王梦鸥教授

林明德著，台北：文史哲出版社，1999 年 4 月出版。属于吴有能、郑靖时、耿志坚主编的"国学大师丛书"之三。王梦鸥（1906—2002），福建长乐人。1930 年留学早稻田大学文研所，1940 年任教于厦门大学，1956 年任教于台湾政治大学中文系。老不辍笔，论著丰富，有《礼记今注今译》、《礼记校正》、《古典文学的奥秘——文心雕龙》、《文艺美学》、《中国文学理论与实践》、《古典文学论探索》、《传统文学论衡》、《唐人小说研究》、《唐人小说校释》。全书分为四部分，第一部分为"大师小传"。第二部分为"请益专访"，王梦鸥是作者的硕士导师，此一部分即为二人的问答语录，包括治学经历、治学方法、对国学的展望、对中文系学生的建议、国学界的大轶闻五大主题。第三部分为"学术成果推介"，重点介绍了礼学研究、《文心雕龙》研究、美学和文学理论及批评、唐人小说研究。第四部分为"王梦鸥教授著作简目"，分为专书 30 种，论文 93 篇。

敦煌石窟写经生——潘重规教授

游志诚著，台北：文史哲出版社，1999 年 4 月出版。属于吴有能、郑靖时、耿志坚主编的"国学大师丛书"之四。潘重规（1908—2003），本名潘崇奎，小名梦祥，章太炎为之改名重规，黄侃为之取字袭善，晚年自号石禅，今江西婺源人。早年就读于国立中央大学，受教于王伯沆、黄季刚。毕业后曾在武昌湖北高中、中央大学、东北大学任教。1939 年结识姜亮夫，开始了敦煌学的研究。抗战前后，任职于四川大学、安徽大学等校。著述丰厚，有《敦煌变文集新书》、《敦煌坛经新书》、《敦煌词话》、《敦煌云遥集新书》、《敦煌俗字谱》、《红学论集》、《红楼梦新解》、《中国文字学》、《乐府诗粹笺》、《钱谦益投笔集校本》、《亭林诗考索》等。全书分为四部分，第一部分为"大师小传"。第二部分为"请益专访"，主要就治学经历、方法、感言等做了问答。第三部分为"学术成果推介"，依次介绍了《敦煌坛经新书》、《龙龛手鉴新编》、《红楼梦新解》、《乐府诗粹笺》、《敦煌俗字谱》、《亭林诗考索》。第四部分为"潘重规教授著作简目"，包括专书 29 种，论文 119 篇。

古今文海骑鲸客——苏雪林教授

黄忠慎著，台北：文史哲出版社，1999 年 4 月出版。属于吴有能、郑靖时、耿志坚主编的"国学大师丛书"之五。苏雪林（1899—1999），原名苏小梅，雪林为字，曾用过绿漪、杜若、野隼、老梅等笔名，其中"绿漪"最为有名，安徽太平县人。毕业于北平高等女子师范，后赴法留学，归国后担任大学教席近五十年。笔耕不辍，著述丰富，涉及范围极广，包括小说、戏剧、传记、文艺批评、翻译、学术研究等，主要作品有《诗经杂俎》、《天问正解》、《屈原与九歌》、《遯斋随笔》、《玉溪诗谜正续合编》、《雪林散文集》、《屈赋论丛》、《中国二三十年代作家》、《我论鲁迅》、《唐诗概论》、《中国文学史》、《犹大之吻》等。全书分为四部分，第一部分为"大师小传"。第二部分为"请益专访"，就胡适、鲁迅等人物，五四运动事件，以及治学方法和领域做了问答。第三部分为"学术成果推介"，依次介绍了《屈原与九歌》、《楚骚新诂》、《屈赋论丛》、《中国文学史》、《唐诗概论》、《玉溪诗谜正续合编》。第四部分为"苏雪林教授著作简目"，包括专书 25 种，论文 64 篇。

清代学者整理旧学之总成绩

梁启超著，北京：商务印书馆，1999 年 7 月出版。本书是梁启超《中国近三百年学术史》的一部分，是作者在清华学校授课时所编。作者的目的是为了对近三百年的学问做一下总结。本书则以清代学者所整理的成绩为主，分为上、中、下三册，上册主要收录了梁著经学、小学及音韵学方面的内容；中册收录了梁著校注先秦子书及其他古籍、辨伪书、辑佚书的内容；下册则收录了梁著史学、方志学和传记谱牒学方面的内容。书中章目中分子目者，必先略述此学过去的历史以及它在明末清初的形势；每章末又附以作者自己的见解，说明此学清人没有见到或无暇顾及的还有几点应该整理，有些地方还附有作者对整理方法的论述。

国史大纲（修订本）（上、下）

钱穆著，北京：商务印书馆，1999年9月出版。此书系钱穆先生于抗战期间写成。全书五十余万字，是一部中国通史，因用大学教科书体例写成，不得不力求简要，仅举其大概。书中对中国历史的发展大势及各时期的特点都进行了阐述，具体内容对学术思想、政治制度、社会风气、国际形势等兼有涉及。本书共分八编，各编以时间段自动分开，主旨在于发明其相互影响及先后的演变发展。第一编论述上古三代，第二编论述春秋战国，第三编论述秦汉时期，第四编论述魏晋南北朝，第五编论述隋唐五代，第六编论述两宋，第七编论述元明时期，第八编论述清代。

国学研究（第六卷）

袁行霈主编，北京：北京大学出版社，1999年11月出版。本卷收录了23篇论文：影印《续资治通鉴长编纪事本末》序言（邓广铭）；民国史学与新宋学——纪念邓恭三先生并重温其史学（张春树）；北朝隋唐粟特人之迁徒及其聚落（荣新江）；《贞观政要》之日本流传与其影响（池田温）；两宋官绅家族妇女——千篇宋代妇女墓志铭研究（邓必俊）；金元六部及相关问题（张帆）；试析清代幕业"绍兴帮"的经营状况（郭润涛）；康熙敕谕抚远大将军王胤祯档（王钟翰）；陶渊明四言诗之承传与开拓（王国璎）；论晋宋文人对传统山水文化的创造性发展（钱志熙）；论朱熹的文学理论（莫砺锋）；魏了翁词编年考（谢桃坊）；说元杂剧《货郎旦》（邓绍基）；七言诗的起源（丁邦新）；汉语动结式产生的时代（蒋绍愚）；试论使成式的来源及其成因（刘承慧）；《兼爱上》、《非攻上》、《节用上》为墨子早期思想著作的论证（张涅）；关于儒家道德理想主义的理论根据上的内在矛盾问题的若干思考（周继旨）；"江山虽邈，理契即邻"——关于慧远与鸠摩罗什的佛学对话（曹虹）；唐代禅宗史上几个问题的考证（杨曾文）；峡江地区的先秦文化（孙华）；秦骃祷病玉版的研究（李零）；北京大学国学研究八十年：1918—1998（郭建荣）。卷末附有《北京大学中国传统文化研究中心大事记（1997年）》、《征稿启事》、《来稿书写格式》，以及《北京大学赛克勒考古与艺术博物馆藏簋》（彩图一）、《北京大学图书馆藏宋刊本说苑书影》（彩图二）。

国学与汉学——近代中外学界交往录

桑兵著，杭州：浙江人民出版社，1999年11月出版。本书属于"20世纪学术大师交往系列"著作之一，一共分为八章。在"绪论中"作者介绍了本书写作的缘起，以及对学术史和研究方法的看法。第一章"四夷偏向与本土回应"主要讨论了"由域外到本部"、"方法与文献"、"欧美风雨论高下"、"发现与发明"、"了解之同情"五个问题。第二章"欧美汉学界与中国学者"主要对"巴黎学派正统"、"西北欧各国"、"从沙俄到新俄"、"新大陆的影响"四个方面做了说明。第三章"沟通欧洲汉学的先进"主要从"留学与随使"、"折冲樽俎"、"私债风波"、"保台到革政"、"楚材晋用"五个方面对陈季同这一近代中欧文化关系史上的重要人物做了述论。第四章"伯希和与中国学术界"主要从"敦煌劫宝"、"礼尚往来"、"文雅的树敌艺术"、"盖棺定论"四个方面做了论述。第五章"胡适与国际汉学界"主要从"留学结缘"、"贵族与帝师"、"来华同好"、"欧游识名家"、"关怀东亚"、"彼岸炎凉"六个方面做了论述。第六章"东亚各国的学术交流——以中国研究为中心"主要从"游历与新兴东洋学"、"中日学术交往"、"朝鲜与蒙古"、"由媒介而通道"、"魏建功与金九经"、"还期相敬莫相轻"六个方面做了阐发。第七章"近代日本留华学生"主要讨论了"留学乎？间谍乎？"、"学问的留学生"、"学习和生活"三个问题。第八章"梁启超的国学研究与日本"主要从"肇始与先驱"、"'耳痛'的书评"、"角逐东方文化事业"三个方面做了论述。书末附有《征引文献》和《人名索引》。

柳诒徵说文化

柳诒徵著，上海：上海古籍出版社，1999年12月出版。本书主要收录了国学大师柳诒徵论述中国文化史、国学的相关文章，其中包括：中国文化史；中国文化史绪论；国史要义；史化；柳诒徵史学论文集；华化渐被史竘堂题跋；国学之界说等。

新国学（第一卷）

项楚主编，成都：巴蜀书社，1999 年 12 月出版。该刊是由四川大学中国古典文献学博士点创办的一种纯学术集刊，主要发表中外学者研究历史、哲学、语言、文学、艺术、宗教、民俗、考古和其他中国传统学术的论文，注重提倡新材料的发掘，新方法的应用，新领域的开拓。该卷包括 26 篇文章：书绅录（程千帆语录，其弟子蒋寅、巩本栋、张伯伟整理）；淮南鸿烈简端记（向宗鲁遗著，屈守元整理、黎孟德辑录）；述古堂影宋钞本《集韵》二三事（赵振铎）；宋代刊本《李善注文选》剽窃和利用了《五臣注》（［日本］冈村繁）；《隋书·经籍志》的错讹和改订复原法（［日本］清水凯夫）；策问与对——对一种考试文体的文学与文化研究（吴承学）；论顾炎武的遗民心态（郭英德）；寒山诗籀读札记（项楚）；唐宋昭君诗的文献学意义（［台湾］张高评）；金滕若不启、忠信谁明之——李诗发覆（安旗）；《伊川击壤集》三题（吕肖奂）；论仲殊、道潜、惠洪的山水诗（陶文鹏）；语言与意义——九至十世纪禅思想史的一个侧面（葛兆光）；试论禅宗语言的乖谬性及其宗教意义（周裕锴）；唐五代时期禅宗牧牛喻探析——以南岳法系为考察中心（蔡荣婷）；唐代成都府净众寺历史沿革考（张子开）；敦煌写本《佛顶心观世音菩萨救难神经验》研究（郑阿财）；试论变文中的叙事套语（陆永峰）；永青文库藏敦煌本《文选注》补笺（罗国威）；东坡文《贺时宰启》受主考（张志烈）；苏轼尺牍六首作年考（何江南）；苏诗笺证举例（王克让）；苏文二篇作时新考（刘黎明）；"鬼谷"解（熊宪光）；北宋"方田"考（王晓波）；区分中古汉语俗语中字和词的界限的重性（［美国］梅维恒著，张子开译）。在书后《编后记》中，四川大学中文系《新国学》编委会表达了筚路蓝缕的辛苦，以及对赐稿学者们的感谢，同时对所收论文做了简单的主题概括。

2000

国学通鉴

梁知编著，合肥：安徽人民出版社，2000 年 2 月出版。书前附有孔子、荀子、韩非子、刘向、诸葛亮、李世民、康有为、蔡元培的像。全书讨论的经典著作包括《周易》乾坤二卦、《道德经》、《论语》、《左传》（吴季札观乐）、《孙子兵法·谋攻》、《墨子·非攻》、《孟子·梁惠王上》、《韩非子·主道》、《韩非子·二柄》、《列子·力命》、《庄子·逍遥游》、《楚辞·渔夫》、《荀子·王霸》、《吕氏春秋·察今》、《战国策》（说燕昭王）、《礼记·礼运》、《中庸》、《新书·治安策》、《史记·太史公自序》、《说苑·政理》、《人物志·九征》、《人物志·八观》、《诸葛亮集·前出师表》、《世说新语·任诞》、《坛经·行由品第一》、《贞观政要·君道》、《反经·君德》、《反经·臣行》、《昌黎先生集·诤臣论》、《苏东坡全集·前赤壁赋》、《苏东坡全集·后赤壁赋》、《苏东坡全集·贾谊论》、《文山先生集·正气歌》、《阳明全书·传习录》、《菜根谭》、《弢园文录外编·变法自强》、《盛世危言·学校》、《蔡元培全集·就任北京大学校长之演说》、《大同书·初设公议政府为大同之始》、《饮冰室合集·少年中国说》、《建国方略·建国大纲》、《中国人的精神·序言》、《文学改良刍议》、《中国文化要义·绪论》、《毛泽东诗词·沁园春雪》。在对每一经典作品进行解释之后，作者又阐释了其中的蕴含重要的哲学思想、人生哲理等。

近代新学：中国传统学术文化的嬗变与重构

王先明著，北京：商务印书馆，2000 年 3 月出版。新学的民族定位及其体系和基本内容是中国近代史领域和思想文化史研究中的重要问题，长期以来，学术界认为"新学即西学"。本书借助文化社会学和社会史的研究方法，从宏观着眼、微观着手，将实证研究与理论思辨相结合，从新学的民族定位、旧学走向新学的内在动因、戊戌新学的内容与特征、新学的制度化内容、新学的历史命运及其在近代化过程中的作用等方面论述，力求全面系统地展示近代新学的历史进程、时代特征及其在近代化进程中所起的作用。全书共分八章，第一章是对新学民族性问题的再思考；第二章写旧学走向新学的内在动因；第三章认为洋务运动是沟通"中西"学的桥梁，其切入点是"致用"；第四章以戊戌"新学"为近代"新学"的初步形成；第五章从兴学堂探讨近代"新学"的制度化建设；第六章通过新学与旧学的比较探讨了"新学"形成发展的历史轨迹；第七章以中体西用为近代新学的文化模式；第八章是对新学与社会文明转型的几点思考。

理解与对话

朱立元著，武汉：华中师范大学出版社，2000 年 6 月出版。一般认为，20 世纪初的几十年与世纪之末的几十年，是我国文学理论发展的较好时光。世纪之初，梁启超标榜诗界革命、小说革命，把文学与当时救国救民的任务结合起来。王国维在 19 世纪德国哲学的影响下，摆脱了我国几千年的政教文学观，主张文艺为人生，提出文学的独立性与自主性问题，这较之稍后的美国与俄国的形式主义者的文学自主性理论，在论说上既早且要深入得多。但是，文学理论发展的趋势，并不是完全以个人的学识、审美趣味为依归的。本书收录了作者的一系列文艺理论作品，其中《怎样看待八十年代的"西学热"》和《"国学热"刍议》两篇是作者对国学发展的认识。书后附有作者小传、主要著作与学术反响。

国学研究（第七卷）

袁行霈主编，北京：北京大学出版社，2000 年 7 月出版。本卷收录了 22 篇论文：《汉书·艺文志》释疑（钟肇鹏）；先秦名字、爵号、谥号、庙号与避讳论略（虞万里）；南朝北方边境地区的豫州豪族（韩树峰）；西安景教碑有关景寺数量词句考释（林悟殊）；试论宋朝的"祖宗之法"：以北宋时期为中心（邓小南）；金代主要农作物地理分布与种植制度（韩茂莉）；女真的汉化道路与大金帝国的覆亡（刘浦江）；关于元代四等人制下的科举取士（余大钧）；流寓中国的中亚史国人（罗丰）；武则天的《华严经》佛王传统与佛王形象（古正美）；柳宗元以来的《文子》研究评述（张丰乾）；朱彝尊与《经义考》（沈乃文）；熊十力的《春秋》学及其时代意义（林庆彰）；论李善注《文选》版本（傅刚）；南北书肆与古代通俗小说（潘建国）；姚鼐拜师戴震见拒考论（王达敏）；"强韵"考论（余恕诚、张柏青）；南宋三种监修《广韵》版本源流考（余乃永）；《切韵》韵目取字问题研究（黄耀堃）；阜阳双古堆汉简与《孔子家语》（胡平生）；顺治律版本考（苏亦工）；华佗与本草学——兼论华佗在中国医学史上的地位（范家伟）。卷末附有《征稿启事》、《来稿书写格式》、《北京大学中国传统文化研究中心大事记》（1998 年、1999年）、《北京大学赛克勒考古与艺术博物馆藏铜鼓（彩图一）》、《北京大学图书馆藏京本点校附音重言重意互注周礼（彩图二）》。

近代经学与政治

汤志钧著，北京：中华书局，2000 年 8 月出版。本书是中华近代文化史丛书中的《近代经学与政治》分册，全书共分八章，主要讲述了近代经学与政治的关系等方面的内容，有助于读者对我国近代经学思想有一个全面的了解，同时对两者的关系有一个更新的认识。第一章导论分别对经和经学、今文和古文进行了辨别，同时对经学史中的派别和近代经学的特点进行介绍；第二章汉学的复兴对汉学的形成和转变、宋学的高踞庙堂和今文经学的复兴进行了细致介绍；第三章疏理了经学的递变过程，其中特别提到龚自珍和魏源两人；第四章经学的锢蔽分别写到曾国藩的"汉宋兼容"与邵懿辰和戴望；第五章是对经学的改造，具体内容有康有为与经古今文学，《新学伪经考》和《孔子改制考》，康有为和廖平、皮锡瑞，变法维新和"离经畔道"；第六章对"旧学"和"新学"进行了比较性的研究；第七章"革政"和革命，其中第五节特别提到"国学"和《国粹学报》，对中国近代国学研究进行了较好的诠释；第八章是经学的终结。书后另有附录。

华学（第四辑）

饶宗颐主编，北京：紫禁城出版社，2000 年 8 月出版。本辑收录了中、法学者撰写的论文 34 篇：册祝考、册伐与地理——论工典及有关问题（殷礼提纲之一）（饶宗颐）；续释甲骨文中的"毛"、"舌"、"祜"——兼及舌（昏）的结构、流变以及其它古文字资料中从舌诸字（赵平安）；《甲骨文合集补编》校勘记之一——评《资料来源总表》和《释文》缀合按注（沈建华）；殷代的日界（黄天树）；论甲骨缀合（曾毅公遗作）；论虎簋盖二题（李学勤）；古兵二题（杨泓）；石鼓文渔猎研究（徐宝贵）；郭店楚简《缁衣》篇引《诗》考（廖名春）；郭店楚简识小录（陈伟武）；郭店楚墓竹简考释补正（陈斯鹏）；释楚简文字"廋"（李天虹）；《穷达以时》与

《吕氏春秋·慎人》（刘乐贤）；爱亲与尊贤的统一——郭店简书《唐虞之道》思想论析与考证（丁四新）；睡虎地秦简中的楚《日书》（胡文辉）；《神乌赋》零笺（王志平）；吐鲁番出土沮渠氏北凉真兴年间"画可"文书初探（王素）；黑城出土《宋淳熙九年壬寅岁（1182年）具注历日》考（邓文宽）；政治及哲理与宋代古文字学（[法]麦里筱）；希腊上古线形文字说略（刘以焕）；中国史前时代的筑城（钟少异）；姬周族的起源及其与夏文化的关系（江林昌）；地问——"天圆地方"考（董楚平）；《论语·述而》"文莫吾犹人也"章商兑兼释"广莫"、"子莫"（俞志慧）；《老子》索隐六则（张丰干）尹文学说的内容和特色（董英哲）；《荀子平议》平议（骆瑞鹤）；《史记索隐》引韦昭《汉书音义》考实辨正（李步嘉）；隋朝之统一乃建基于南北文化之统一——兼论儒家礼治在南北统一进程中的作用（郭伟川）；唐代首所景教寺院考略（林悟殊）；景教在中古中国的命运（陈怀宇）；华夏与《真赏斋帖》（施安昌）；阮元实学思想述评——兼论阮元对人生"三不朽"的价值取向（李锦全）；关于康有为公羊学的渊源（陆振岳）。

中华学

萧君和著，民族出版社，2000年8月出版。本书属于作者主编的"中华学丛书"之一，以历史的、分析比较的眼光对中华文化进行宏观理论性分析。第一章"绪论"提出了中华学建立的必要性、可行性，及其研究宗旨和理论体系。第二章"中华学的学科论"用五个小节对中华学的含义和实质、研究对象和范围、性质和特征、基本范畴、与其他学科的关系做了讨论。第三章"中华学的方法论"用三个小节分析了研究中华学的理论指导和精神引导、角度和方法、任务和关键。第四章"中华学的作用论"用两个小节讨论了中华学的功能和建立的意义。第五章"中华论要"用四个小节阐释了"中华"的含义、构成、根本规律及其启迪。第六章"中华自然论要"用五个小节分别讨论了提出"中华自然"的原因、内容、作用、保护和振兴的问题。第七章"中华民族论要"用五个小节分析了中华民族的形成、族体、灵魂、特性、发展。第八章"中华文化论要"用四个小节分析了中华文化的来源、特征、作用、走向。第九章

"余论"用两个小节来说明这项研究及其群众性。书末《后记》简要说明了这项研究缘由和对结果的期望。

《新国学》(第二卷)

项楚主编,成都:巴蜀书社,2000年10月出版。该卷包括28篇论文:21世纪先秦文学文献研究构想(许志刚);文献与学术(刘石);归于平淡后的思考(刘跃进);《淮南鸿烈》简端记(续)(向宗鲁遗著,屈守元整理、黎孟德辑录);《庐山远公话》新校(项楚);苏诗"联翩阅三守"考辨(马德富);《杜家立成杂书要略》及其相关问题研究(王三庆);晏殊《类要》研究(陈尚君);汉乐府的艺术体制(钱志熙);季子多金与青云自致——从高适诗看盛唐士风的一个方面及其精神来源(王红);杜甫边塞诗及其价值评判(刘艺);理学家的诗情——论朱熹的诗歌创作(莫砺锋);论南宋蜀僧宝昙居简的文学成就(祝尚书);高启死因试探(房锐);清代两种对立的宋诗观述评——《宋诗钞》与《石洲诗话》比较研究(吕肖奂);南方经济文化的兴起与宋词的繁荣(金诤);元代咏物词初探(刘惠萍);俄藏敦煌写本《杂字》研究(朱凤玉);敦煌文献中的佛教礼忏仪(汪娟);《贤愚经》与文学及壁画的关系(梁丽玲);论隋唐三阶教与净土教的关系(刘长东);选官不如选佛——试论唐代后期政治与佛教之消长及其原因(谭伟);《宋书·夷蛮传》与夷夏论(范家伟);《太平寰宇记》史料价值述略(廖幼华);论南宋灭亡的主要原因不在财政问题——以二王流亡政权的物资来源为例(张金岭);世界华侨华人寺庙宫观研究的开拓性成果——评段立生教授的新著《泰国的中式寺庙》(张子开)。书末的《编后记》首先对程千帆先生的逝世表示了沉痛哀悼;声明自第二卷以后,该刊将改由四川大学中国俗文化研究所编辑出版,但学术宗旨和学科范围不变,欢迎关于中国俗文化的稿件。卷末附有《约稿》启事。

群经要略

黄寿祺著,上海:华东师范大学出版社,2000年10月出版。属于"二十世纪国学丛书"之一。全书分为十一篇。第一篇"经名与本枝篇",论述了经名的由来及其支裔的繁衍。第二篇"《周易》篇"论述了《易》的名称、产生时代、作者及各派师承,附有《〈周易〉

名义考》、《论易学之门庭》论文两篇。第三篇"《尚书》篇"论述了《尚书》的名称、产生的时代、传承源流及派别，后代文体与《尚书》的渊源，篇末论及《今文尚书》，并附有《孔壁〈古文尚书〉与伏生〈今文上书〉篇数异同表》、《伪〈古文尚书〉与伏生〈今文尚书〉篇第异同表》、《孔壁〈古文尚书〉与〈伪古文尚书〉对照表》、孙星衍《〈尚书〉篇目表》。第四篇"《诗经》篇"论述了诗歌的效用，"六义"的旨意，《诗经》的传承源流，《诗序》的作者，《齐诗》的"五际六情"说，《诗经》的作者及其创作年代，《诗经》的修辞及其用韵等问题，并附有《毛诗序》、《晋挚虞〈文章流别论〉所列举各诗》、《〈诗经〉修辞举例》、《顾炎武〈日知录〉所论古诗用韵之法》、《〈诗经〉篇目表》。第五篇"三礼篇"首先论述了"三礼"的名称、产生的时代，然后论述了《仪礼》的作者、师承源流，《周礼》的名称、作者、师承源流及其政书的特点；《礼记》传承源流、类别，《大戴礼记》的篇第、内容；最后总论"三礼"与史学的关系。第六篇"《春秋三传》篇"首先论述了《春秋》的名称、孔子作《春秋》的意义、三传的创作缘起、汉儒对《春秋》的重视；然后论述了《左传》的文辞特色、三体五情说及阅读的方法，《左传》和《公羊》、《穀梁》、《国语》的关系，历代对《左传》的怀疑；其次论述《公羊》的传承源流、三科九旨之说、文辞特色；再次论述了《穀梁》的传承源流、对《春秋》的阐释、文辞特色；最后总论"三传"的文辞特色、与后世史书的关系，以及《春秋》大义与国家民族的关系。第七篇"《孝经》篇"论述了《孝经》的作者、传承源流、今古文的争论、大义、各代的重视和实践、历代的非议等。第八篇"《论语》篇"论述了《论语》的名称及其作者、传承源流、内容大要及其文辞。第九篇"《孟子》篇"论述了《孟子》的作者、传承源流、与群经的关系、内容要旨、与史学的关系等问题。第十篇"《尔雅》篇"论述了《尔雅》的作者、与群经的关系、传承源流、体例及功用、后世有关《尔雅》的著作等问题。第十一篇"总论篇"论述了经之时代、群经皆史、群经与政教、群经与诸子、群经为文体所承、群经为文法所本六个问题。

目录学研究

汪辟疆著，上海：华东师范大学出版社，2000 年 11 月出版。本书属于"二十世纪国学丛书"之一。全书分为六部分。第一部分"目录与目录学"首先列举了有关目录学概念的四种说法，辨析之后指出其实质为目录家之目录、史家之目录、藏书家之目录、读书家之目录，最后归纳出了一个全面的概念。第二部分"唐以前之目录"首先分"七略时期：两汉"、"四部时期：魏—晋"、"四部与七略互竞时期：宋—隋"三节做了详细讨论，然后一节做出结论说"目录之学，创始于两汉，改进于魏晋，极盛于六朝"。第三部分"论唐宋元明四朝之目录"分官书目录、私著目录、史志目录三个类别做了论述，并附有《汉唐以来目录统表（汉魏—明末）》，包括《官书目录表》、《私家目录表》、《史家目录表》。第四部分"七略四部之开合异同"大约分七略时期、四部时期、七略与四部并行时期，最后又加以列表，且对史部与经书的开合、诸子与兵书术数方技的开合、诗赋与文集名异实同、诸子始终独立专部、图谱始终未能独立专部、佛道二家的分合无定等六个问题做了论述。第五部分"丛书之源流类别及其编索引法"首先讨论了丛书的历史源流，列出《丛书书目分类表》并做了举例；然后又列举了《丛书书目索引略例》六条，样张两张。第六部分"汉魏六朝目录考略"依次对刘向《七略别录》、刘歆《七略》、班固《汉书·艺文志》、袁崧《后汉书·艺文志》、郑默《中经》、荀勖《晋中经新簿》、李充《晋元帝四部书目》、邱渊之《晋义熙以来新集目录》、殷淳《四部书大目》、谢灵运《宋元嘉八年秘阁四部目录》、王俭《宋元徽四部书目录》、王俭《七志》、王亮等《齐永明元年秘阁四部目录》、殷钧《梁天监六年四部书目录》、刘尊《梁东宫四部目录》、刘孝标《梁文德殿四部目录》、阮孝绪《七录》、佚名《魏阙书目录》、佚名《陈秘阁图书法书目录》、佚名《陈天嘉六年寿安殿四部目录》、佚名《陈德教殿四部目录》、佚名《陈承香殿五经史记目录》、牛弘《开皇四年四部目录》、佚名《开皇八年四部目录》、王劭《开皇二十年书目》、佚名《香厨四部目录》、柳𦎎《隋大业正御书目录》、许善心《七林》等 28 种书目作了介绍。书末附录包括《读书举要》、《读书说示中文系诸生》、

《工具书之类别及其解题》三篇文章。

国史要义

　　柳诒徵著，上海：华东师范大学出版社，2000 年 11 月出版。本书属于"二十世纪国学丛书"之一。本书是一部极具参考价值的史学方法论著，将传统史学的理论与史学方法重新整理和分析，所述皆国史根本要义，且多为刘知幾、章学诚辈著作所未论及。全书分十篇，依次论述了史原、史权（附汉之《尚书》）、史统、史联、史德、史识、史义、史例、史术、史化。书末附有《新版后记》。

2001

晚清文化保守思潮研究

　　喻大华著，北京：人民出版社，2001 年 1 月出版。本书以辩证唯物主义和历史唯物主义为指导，主要采用传统的治史方法，以分析、论述、归纳为主，兼采社会学、文化学、哲学及其他科学的理论与方法，纵横比较、前后照应、由点到面，全面提示晚清文化保守思潮的历史。全书有十章，分前言、上篇（五章）、下篇（五章）、结束语四部分。其中上篇五章为"潮流篇"：第一至第四章为"线"，论述该思潮的发展历程，第五章为"点"，通过对文化保守人物"师友关系"的提示来深入认识该思潮；下篇五章为"专论篇"，其中第一章"性格品德论"力图刻画晚清文化保守者们的直观形象，第二章力图揭示文化保守思潮与其他思潮的关系，第三至第四章力图揭示晚清文化保守思潮对儒学、史学、哲学、国学、古史辨派等领域或学派的影响，以此反映文化保守思潮的具体成果及对文化转型的作用。最后一章，评判晚清文化保守思潮的是非得失。书后附有《参考文献举要》和《晚清以后的文化保守思潮概述》。

国学略说

　　章太炎著，上海：上海文艺出版社，2001 年 1 月出版。属于"学者讲坛系列"十种之一。本书是作者晚年在苏州宣讲国学的记录，反映了他这一时期的学术思想。内容包括"小学略说"、"经学略说"、"史学略说"、"诸子略说"、"文学略说"。后附有潘重规撰写的《国学略说跋》和林尹撰写的《章炳麟之生平及其学术文章》。

中国学研究（第四辑）

吴兆路、林俊相、甲斐胜二主编，济南：济南出版社，2001 年 5 月出版。该刊所收录的论文稿件，内容涉及中国文学、语言学、历史学、哲学、艺术学和宗教学等。其撰写人员一般是博士毕业或具有副教授以上专业技术职务的大学教师或专职研究人员，在中国留学即将毕业的国外优秀博士生的论文也在遴选之列。本辑收录了中、日、韩等国作者的论文 32 篇，包括：论《史记》对古代散文的影响（俞樟华）；六朝文体论的形成及其背景（［日］甲斐胜二）；谢灵运鲍照山水诗之比较（韩文奇）；《文心雕龙·章句》"明"、"局"二字训（牟蠡）；齐诗与汉代政治（谭德兴、杨光熙）；《文心雕龙》折衷思想论（马晓坤）；魏晋士人生活方式的考察（王淑琴、刘月）；关于唐传奇的几个特点（［韩］姜廷锡）；宋人论诗情对诗歌品质的决定作用（张思奇）；朱熹探索佛道的本质（李士金、汪运平）；方回志行考辨（姚大勇）；《张协状元》的创作和写作年代（［韩］张丙椿）；明代山人群体的文化特征及其在文坛的影响（郑利华）；汤显祖"贵生"思想初探（［韩］崔洛民）；李贽"泄愤"说的具体含义及其意义（［韩］崔丙学）；归有光文学作品思想的特征：合一精神（［韩］朴璟兰）；浅析柳如是诗歌创作的反性别特征（杨丽莹）；试论李渔戏曲中的妇女形象（卢寿荣）；论袁枚对乾嘉诗坛的历史贡献（石玲）；"脂评每浅一层，本文又深一层"（程敬）；郭沫若自叙小说中虚构的时空（［日］武继平）；香港六十年代至八十年代文学发展概览（周丽娟、朱自奋）；"V 得"后主谓结构的语义分析（范晓、张豫峰）；《雷雨》中二价动词的使用情况分析（［韩］权裕璃）；语境研究综述（曹京渊）；刘师培训诂学成就简论（王如晨）；《黄庭坚年谱新编》献疑（崔铭）；评《中国古典小说在韩国之传播》（马美信）；汉语语言的深层透视——读《汉语语源义初探（曾昭聪）；韩国二十世纪以来中国语学研究情况简介（［韩］孔在熙崔宇锡）；韩国著名汉学家许世旭教授》（［韩］崔宇锡）；日本著名汉学家冈村繁教授（［日］甲斐胜二）。

现代中国学术论衡

钱穆著，北京：生活·读书·新知三联书店，2001 年 6 月出版，

2005 年 3 月再版。本书分宗教、哲学、科学、心理学、史学、考古学、教育学、政治学、社会学、文学、艺术、音乐等十二目，汇集了钱穆主政新亚书院十五年中对学生的讲演及文稿，书中作者对近现代中国学术的新门类作了简要的概评，既从中西比照的角度，指出了"中国重和合会通，西方重分别独立"这一中西美术乃至思想文化之根本区别；又将各现代学术还诸旧传统，指出其本属相通及互有得失处，使见出"中西新旧有其异，亦有其同，仍可会通求之"。作者从大处着眼，又具体论证，剖析了现代中国学术的复杂处境及其未来走向，鼓励青年立志，提倡为学、做人并重，讲述传统文化之精要，阐述大学教育之宗旨，体现其失志不渝且终身实践的教育思想。

国学研究（第八卷）

袁行霈主编，北京：北京大学出版社，2001 年 10 月出版。本卷收录了 17 篇论文：试论唐代的诗坛中心及其作用（陈铁民）；《文镜秘府论》"证本"考（卢盛江）；见于《永乐大典》的六十一种宋集考（孔凡礼）；汪端的诗歌创作与批评初论（蒋寅）；"桓"字与真山楚官玺（李学勤）；王仁事迹与世系考（潘吉星）；隋唐五代时期的生态环境（徐庭云）；祈雨与唐代社会研究（雷闻）；《登科记考》补正（孟二冬）；《续资治通鉴长编》神宗朝记事校勘补正（高纪春）；敦煌历日与当代东亚民用"通书"的文化关联（邓文宽）；敦煌先唐诗考（徐俊）；由功利到信仰——墨子思想重估（赵峰）；玄学"有无"之辨与士人名教自然之择（宁稼雨）；王安石的儒学思想（杨柱才）；聂双江思想研究（杨立华）；二十世纪中国《尔雅》学研究（胡锦贤）。卷末附有《北京大学国学研究院 2000 年大事记》、《征稿启事》、《来稿书写格式》。

国学

曹毓英著，武汉：长江文艺出版社，2001 年 10 月出版。本书属于"中华故事全书"之一。全书以讲述中华固有的学术文化故事的形式，全面展示了中华的魅力，内容涉及国食、国色、国俗、国殇、国史、国学等多方面的知识。全书以甲、乙、丙、丁四部分开，采用传统的经、史、子、集的分类方式。其中甲部主要收录了《周易》、《尚书》、《诗经》、三礼、《春秋》、《论语》等国学典籍中的经部故事；乙部以史部故事为主，内容包括中国最古的两部编年体史书、《史记》、《汉书》、《后汉书》、《三国志》、《晋书》、南北朝诸书、两唐书、新旧《五代史》、《宋》《辽》《金》三史、《元史》、《明史》、《清史稿》以及《资治通鉴》等史书编纂过程中的史实和故事传说；丙部为子部故事，主要涉及儒家诸子、道家诸子、墨家、阴阳家、名家、法家诸子、杂家诸子等；丁部为集部故事，包括楚辞的代表作家、汉代登高能赋者、三曹七子、两晋玄风与田园诗、竟陵八友与《昭明文选》、绝代女诗人上官婉儿、将山水诗推上巅峰的王孟、诗仙与诗圣、文学革新的首领韩柳，诗文革新运动的旗手欧苏，元曲的杰出代表关汉卿，然后总结了文学流派林立的朝代以及清代的诗、词、文各分两派，最后是国学盛事。

晚清民国的国学研究

桑兵著，上海：上海古籍出版社，2001 年 10 月出版。属于"晚清民国学术书系"中的一种。除了绪论之外，全书共分十一章，分别为国学研究与西学、近代中国学术的地缘与流派、大学史学课程设置与学风转变、"五四"新文化运动的国际反响、东方考古学协会、陈寅恪与清华研究院、陈垣与国际汉学界、厦门大学国学院风波、胡适与《水经注》案探源、近代学术传承：从国学到东方学。各章内容基本独立，采取了总论或者分论的形式，每一章大都用三到四个小节进行阐述。全书主要以民国时期的重要学者如陈寅恪、陈垣、胡适、傅斯年，以及主要研究机构如清华研究院、厦大国学院为中心，比较全面地阐述了晚清民国的中西学术交流和国学研究状况。书后附有《征引文献》，包括资料、著作、论文、报刊，涉及到中文、外文，这些信息有助于读者扩大视野和知识面。

季羡林文丛——学问之道

季羡林著，胡光利、姜永仁编，沈阳：沈阳出版社，2001 年 12 月出版。本书是季羡林先生七十年来治学经验的集大成，书中不但总结了先师王国维、梁启超、胡适、陈寅恪、汤用彤、朱光潜等人的治学精神、态度和方法，而且发前人未发之覆，创立了独树一帜的治学新观点和新方法。季先生预言世界文化发展的新趋势，提出人文社会科学领域弘扬中华民族传统文化的重要性，在全面阐述学术理论的同时，还具体地介绍了治学方法和必备条件。其中收录季氏《国学漫谈》一文，书末附有《季羡林先生大事年表》。

华学（第五辑）

饶宗颐主编，广州：中山大学出版社，2001年12月出版。本辑收录了中、法学者的论文27篇：由出土银器论中国与波斯、大秦早期之交通（饶宗颐）；西安北周萨保安伽墓图像研究——北周安伽墓画像石图像所见伊兰文化、突厥文化及其与中原文化的互动与交融（姜伯勤）；《道教灵验记》——中国晚唐佛教护法传统的转换（［法］傅飞岚）；候风鸟与相风鸟——论绍兴306号墓铜屋上柱与鸟功能（刘昭瑞）；尧舜禹伐三苗的综合研究与夏代始年的讨论（江林昌）；觊民、苗民考（饶宗颐）；《甲骨文合集补编》校勘记（二）——读所收《怀特》、《东京》、《天理》甲骨文和释文（沈建华）；叔多父盘与《洪范》（李学勤）；吴王光编钟铭文的再探讨（曾宪通）；楚帛书"德匿"以及相关文字的释读（刘信芳）；江陵望山楚简"青帝"考释（袁国华）；秦王政时期历法新考（黄一农）；谈春成侯盉与少府盉的铭文及其容量（李家浩）；从马王堆星占文献看《河图帝览嬉》（刘乐贤）；"阻"字上古音归部说（麦耘）；试论出土古文字资料之拟补（陈伟武）；郭店简《老子》校释札记（廖名春）；《老子》异文例释——以郭店简本为中心（李若晖）；简帛《五行》"经文"比较（梁涛）；试论"文子"与孟尝君的关系（张丰干）；关于上博所藏楚简论诗者是谁的讨论（杨泽生）；郭店楚简文字研究综述（陈斯鹏）；周公称王与周初礼治——《尚书·周书》与《逸周书》新探（郭伟川）；论《朱子家礼》在朝鲜时代的播迁（彭林）；试论元代民族思想的演变和发展（周少川）；响应新知的旧学——晚清对于中国古典的重新诠释二：诸子学（葛兆光）。

新国学（第三卷）

项楚主编，成都：巴蜀书社，2001年12月出版。本卷依然坚持传统与现代、朴学与西风相融合的特色，除了海外学者的研究成果之外，还收录了大陆学者辩驳勾稽、抒发己见的论文，一共19篇。越南访书札记（王小盾）；王国维"大毛公作《故训》小毛公作《传》"说辩（宗静杭）；《焦氏易林》与《诗经》浅谈（杜志国）；

司马迁对易理的承传之管窥（韩伟表）；司马迁汉赋研究发微（踪凡）；魏晋名士谈玄辨理（周裕锴）；曹子建诗卓荦举隅（朱晓海）；嵇康山涛绝交考（祁伟）；《文镜秘府论》对属论札记（卢盛江）；论乾淳"太学体"（祝尚书）；陈三立诗学思想蠡测（闵定庆）；唐代前期史化小说与唐代小说的兴起（韩云波）；《夷坚志》"莆田处子"故事研究（刘黎明）；略析敦煌文献中所见的念佛法门（张子开）；庞居士之遗迹与传说考——兼谈古迹传说与民间文化（谭伟）；苏词《渔家傲》一首系年考略（张志烈）；乾隆朝禁毁戏曲曲目考（赵维国）；吕南公里籍考——读《直斋书录解题》札记（何广棪）；历史与文化的互动——一个赣南客家家族制度的个案研究（刘晓春）。卷末的《编后记》对现行学术制度进行了反思，对本卷的编辑情况进行了说明。附有《稿约》启事。

2002

清华国学研究院史话

孙敦恒编著，北京：清华大学出版社，2002 年 1 月出版。本书属于"北京高等教育丛书"之一。清华国学研究院只存在了短短的四年，但其在人才培养方面功不可没，是中国传统文化发展过程中辉煌的一刻。全书共分为九章，主要回顾了清华国学研究院的创办经过、发展历程等情况，对推进科教兴国不无裨益。第一章"创办旨趣"，主要是在风起云涌的近代史背景中，围绕《研究院缘起》以及吴宓撰写的《清华开办研究院之旨趣及经过》展开论述。第二章"筹建经过"，主要讲述吴宓担任国学研究院筹备处主任之后，招揽王国维、梁启超、陈寅恪、赵元任所谓"四大导师"的经过，以及各自的成就；中间还征引了国学院制定的章程、选考科目表等史料。第三章"艰辛历程"，主要描述了研究院创办初期师生们筚路蓝缕的艰辛以及取得的不俗的成绩，有第一、二期毕业学生的成绩表和毕业论文目录为证；同时，历史性地描述了王国维投湖自尽、梁启超因病辞职之后国学院的发展状况。第四章"教学概况"，分别介绍了四大导师以及吴宓、蔡元培、李济等导师开设的课程及其特色。第五章"科研硕果"，着重介绍了"四大导师"的著述情况，简要提及了学生们的学术活动和论文发表情况。第六章"师生情意",除了四大导师之间的互相尊重和赏识,还论述了他们与马横、周传儒、陆侃如、朱自清、姚明达等学生的情谊。第七章"华夏增辉",本章主要是搜集相关史料,介绍了清华国学研究院部分毕业生的生平、成就,包括姚明达、吴其昌、吴金鼎、王庸、罗根泽、刘盼遂、方壮猷、陈守寔、蓝文徵、刘节、杨鸿烈、陆侃如、卫聚贤、谢国桢、杜钢百、王力、高亨、王静如、徐中舒、姜亮夫、周传儒、戴家祥。第八章"继往开来",主要讲述了梅贻琦接任校长后,按照"大学者,非谓有大楼之谓也,有大师之谓也"的理念,四方延聘名师,如朱自清、闻一多、杨树达、吴晗、张荫麟、雷海宗,等等。同时,也着重论述了陈寅恪、赵元任、李济等元老们继往开来的勇气和热情。第九章"撰述感想",主要总结了清华研究院的几点经验及其对现代教育的启发。

国学典籍精读

余斯大主编,武汉:华中师范大学出版社,2002 年 4 月出版。本书获中南地区大学出版社 2001—2002 年优秀学术著作二等奖。本书分为上、下两编,上编从国学经典中选取《周易》、《论语》、《孟子》、《庄子》、《史记》、《世说新语》六部代表作,讲解我国传统文化精神;下编收录了以上六部经典作品的节选。

国学论衡(第二辑)

杨子彬主编,兰州:兰州大学出版社,2002 年 5 月出版。本辑收录了 30 篇文章:人生三步骤(钱穆);新孔学基础论文(王静厚);孔教论(陈焕章);论孔教——为《孔教论》正名(杨子彬);读杨子彬先生《为孔教论正名》有感(鞠曦);我所理解的儒学(蒋庆);儒学:中华民族的哲学与宗教(汤恩佳);儒家思想在传统文化中的历史地位(喻博文);辛亥革命与中体西用(范鹏);论李泽厚思想的新动向——兼谈近年来对李泽厚思想的讨论(黄克武);新世纪与中国传统文化(孟庆焜);从西方儒学研究的新趋向前瞻 21 世纪的儒学(彭国翔);现代化与全球化(陈春文);孔子鄙视妇女吗?——"唯女子与小人为难养也"辨析之一(杨子彬);从孔子的"知"谈其"正名"的逻辑思想(颜华东);《中庸》用中论析义

（王庆中）；"孔颜乐处"，乐在何处？（刘凌）；新儒学经济活动中五行始生之序（林国雄）；漫谈孔子学说与市场经济（蒙培元）；段正元儒学思想论略及其哲学反思（鞠曦）；段正元论《大学》的亲民之道（姜彧）；论道德学社的性质和意义（白山）；般若智慧与禅道治疗学（张新民）；经说·经传·经变——再说"变文"之"变"（陇菲）；"隐机"义证（李槐子）等。另有甘肃中国传统文化研究会《沉痛悼念杨子彬先生》的撰文、高尔基《老实人》、唐文明《在通往理想的途中——杨子彬先生的四条道路》三篇纪念文章；还有石碑《继承优秀文化传统，弘扬孔子哲学思想》、陇菲《文心一脉，不绝如缕——贺国学论衡第一辑出版》；最后是《孔子研究》对本会的介绍和《国学论衡》第一辑出版的贺文等。

国学研究（第九卷）

袁行霈主编，北京：北京大学出版社，2002 年 6 月出版。本卷收录了 16 篇论文：正确认识和评价八股文取士制度（祝总斌）；上博楚简校读记之三：《性情》（李零）；召公奭、燕国始封及相关史事的考察（孙庆伟）；翰林学士及其活动与中唐文学（马自力）；宋朝路制研究（李昌宪）；天趣——中国诗学的追求（袁行霈）；屈原咏叹伍子胥的文化内涵（黄灵庚）；从《世说新语》看汉语同义词聚合的历史演变（杨荣祥）；对敦煌俗文学中讲唱文学作品的一些思考（白化文）；唐代的宦官与佛教（孙昌武）；阳明后学综述（吴震）；从经筵讲论看乾隆时期的朱子学（陈祖武）；"鍮石"考述（周卫荣）；火之为药——《本草纲目·火部》考证（李建民）；《岑嘉州集》版本知见录（胡海帆）。其中每篇论文前都有提要，使读者对作者论述的问题和结论一目了然。卷末附有《北京大学国学研究中国传统文化研究中心大事记（2001 年）》、《征稿启事》、《来稿书写格式》。

中国学研究（第五辑）

吴兆路、林俊相、甲斐胜二主编，济南：济南出版社，2002 年 6 月出版。该刊所收录的论文稿件，内容涉及中国文学、语言学、历史学、哲学、艺术学和宗教学等。其撰写人员一般是博士毕业或具有副教授以上专业技术职务的大学教师或专职研究人员，在中国留学即将毕业的国外优秀博士生的论文也在遴选之列。本辑分专家论坛、文学与哲学、古代诗文研究、古代小说研究、古代文论研究、文化美学研究、现当代文学研究、现代汉语研究、民族风俗、国外汉学家介绍、中国学论著论坛等 11 个专题，共收录中、日、韩等国作者的论文 43 篇。

中国现代学术研究机构的兴起——以北大研究所国学门为中心的探讨

陈以爱著，南昌：江西教育出版社，2002 年 8 月出版。本书属于"鹅湖学术丛书"之一。作者以北大研究所国学门为中心，阐述了北大国学门的历史。书中一开始就指出：国学门的成立，是整理国故运动中一个重要的环节，而这一学术运动的兴起与扩展，同样是现代学术文化史的中心课题，因此本书的目的并不仅仅是为了说明现代学术体制建立和发展的相关问题。全书分为四章：第一章是北大文科整理国故运动的形成，从桐城派的没落与太炎门生的崛起、文化启蒙与考证学风、"国故"与"整理国故"等几个方面论述；第二章是北大国学门的创建与发展，历述了国学门创建的背景、组织结构、各学会的创立与活动以及法国东方学与日本东洋学对民初学术界的冲击；第三章是北大国学门整理国故的方向，介绍了《国学季刊·发刊宣言》和《国学季刊》、《国学门周刊》、《国学门月刊》等以及学术新领域的开拓；第四章是北大国学门对现代学术发展的影响，分别从新学术研究基地的建立和整理国故运动的扩大两方面展开。

国学举要·儒卷

汤一介主编，蒙培元、任文利著，武汉：湖北教育出版社，2002年 9 月出版。本书属于国家"九五"重点图书选题出版规划《国学举要》丛书之一，该丛书以介绍中国传统文化为主，共分为"儒"、"道"、"佛"、"文"、"史"、"艺"、"医"、"术"八卷，每卷又分概要、精要、辑要等三篇。编者在《总序》中说，所谓"举要"，大体上说应能把某一主题的基本内容的要点介绍给读者，并且方便读者了解其内容，所以它在一定程度上又可以作为工具书使用。内容包括三部分。以历史概要以时间发展为序，分别介绍了儒学的发生与初期发展——先秦儒学；儒学的经典化及其与道、佛的斗争——汉唐儒学；儒学的复兴与衰落——宋明儒学；儒学的近代化——当代新儒学。思想精要部分别论述了"道"的学说、"命"的学说、"理"的学说、"气"的学说、"心"的学说、"性"的学说、"情"的学说、"仁"的学说、"知"的学说、"礼"的学说、"诚"的学说、"敬"的学说、"乐"的学说、"教"的学说以及"天人合一"说。知识辑要部分包括儒学人物简介及儒学著作简介两部分。

国学举要·佛卷

汤一介主编，洪修平著，武汉：湖北教育出版社，2002 年 9 月出版。本书属于国家"九五"重点图书选题出版规划《国学举要》丛书之一，共分三部分。第一部分是历史概要，主要介绍了佛教的历史及其发展过程，概述中提及中国佛教三大系及印度佛学的中国化与中国化的佛学；中国佛学的印度之源对印度的原始佛学、部派佛学、大乘佛学和密教思想进行了介绍；第三写了汉代佛学以安世高、支娄迦谶为代表的两大佛学系统；此外以时间为序，详细介绍了魏晋佛学与玄学、南北朝佛教学派、隋唐佛教宗派之学、入宋后佛学的衰微以及近现代佛学的复兴。最后将藏传佛教和云南上座部佛教列为专节进行了探讨。本书的第二部分是思想精要，介绍的佛学基础有缘起论、无我说、四谛、八正道、五蕴、十二因缘、三法印和三学六度等；其次主要学派的理论介绍了小乘禅数学、大乘般若学、涅槃佛性论、毗昙学、摄论学、成论学和地论学；主要宗派的理论主要有性具实相说、诸法性空论、法相唯识学、法界缘起论和修心见性论；另将藏传佛教与云南上座部佛教思想也列为专题，最后对中国佛教思想的特点与精神进行了归纳总结。本书的第三部分是知识辑要，记录了佛教重要人物及经典著作。

国学举要·文卷

汤一介主编，王先霈著，武汉：湖北教育出版社，2002 年 9 月出版。本书属于国家"九五"重点图书选题出版规划《国学举要》丛书之一，内容分为三部分。历史概要部分有三个方面的内容，其一是中国古代文学思想的文化背景和文学背景；其二是中国古人对文学的几种基本态度，包括以文为用、以文为哭、以文为戏等；其三是中国古代文学思想发展的几个阶段。思想精要部分主要论述了三不朽、诗言志、诗缘情、美刺、风教、文以载道、发愤抒情、兴、观、群、怨、养气、辞达与意在言外、以意逆志、知人论世、中和、用志不分，乃疑于神、体道、才性、赋、比、兴、神、味、悟、兴会、意境、阳刚阴柔、设身处地、提掇敷演等文学思想。知识辑要包括著名人物和重要著作两部分。

国学举要·医卷

汤一介主编，陈可冀、林殷著，武汉：湖北教育出版社，2002年9月出版。本书属于国家"九五"重点图书选题出版规划《国学举要》丛书之一，内容包括三部分。历史概要介绍了中国传统医学的起源、早期的医药卫生实践、传统医学理论体系的初步形成、传统医药学的全面发展、传统医学的突出成就、传统医药的创新发展、中国传统医学研究进展和趋势。思想精要部分介绍了中国传统医学的基本理论与学说以及学术流派与争鸣。知识辑要部分包括中国传统医学著名医家简介及中国传统医学经典著作简介两部分。

国学举要·史卷

汤一介主编，田昌五著，武汉：湖北教育出版社，2002年9月出版。本书属于国家"九五"重点图书选题出版规划《国学举要》丛书之一。全书分为三部分。历史概要部分论述了从巫史不分到巫史分离的先秦史学发展观念及其成就；黄老思想与汉初的史学；汉儒思想与经学、史学；儒、释、道交融碰撞与史学思想的演变；多元思想下的史学、实学与经世致用思想下的史学等。思想辑要部分主要论述了司马迁与黄老史学思想、儒经史思想、刘知幾《史通》思想、司马光的史学思想及其理学精神、明清实学与史学、章学诚《文史通义》思想、近代史学思潮述评。知识辑要部分分别对纪传体史籍、编年体史籍、纪事本末体史籍、典志体史籍、方志体史籍和史地体史籍进行了辑要。

国学举要·术卷

汤一介主编，杨文衡、陈美东、郭书春著，武汉：湖北教育出版社，2002年9月出版。本书属于国家"九五"重点图书选题出版规划《国学举要》丛书之一。全书分为三部分。历史概要部分以时间为线索，先后介绍了先秦、秦汉、三国两晋南北朝、隋唐五代、宋元、明清各时期的科技思想，并对中国科学史进行简介；第二部分思

中国科技史与科技训诂、自然哲学等四个方面展开。书中三篇代表性论文是《科技文化学的基本概念》、《中国的家国主义时代与科技文化》、《同异机发论——中国宇宙学公理解说》。分别着重阐述：文化及其基础——科技是社会发展的主导；中国从秦朝到清朝的社会是高于封建的家国主义社会，其主导意识形态——儒学有不可否定的永恒真理部分；为促进马克思主义的中国化和现代化，对中国传统哲学进行扬弃，总结出"同异机发论"体系。

国学举要·艺卷

主编汤一介，张涵著，武汉：湖北教育出版社，2002年12月出版。本书是国家"九五"重点图书选题出版规划《国学举要》丛书中的艺卷。全书分为三部分：第一部分历史概要分别对中华传统艺术的独特精神、基本特征、历史概貌进行了系统归纳；第二部分思想精要主要集中在艺术理论方面，作者将艺理总论归纳为"大象无形"、"立象以尽意"、意境论、情景论、"凡文字者，六艺之宗"以及"游"的艺术境界等几个方面，其中涉及的具体理论有音乐理论，诗文理论，绘画理论，书法理论，建筑、工艺及雕刻理论，园林艺术，戏剧艺术和舞蹈艺术理论；第三部分知识辑要主要对艺术领域内的重要人物和代表著作进行介绍。

国学常识

曹伯韩著，北京：生活·读书·新知三联书店，2002年12月出版。本书1947年2月由上海文光书店初次刊行。三联书店将其纳入"三联精选"重版，除了纠正原版中明显的错讹之外，还改繁体直排为简体横排、在旧式注音符号后加注汉语拼音、删掉了附在原版书后的索引。本书前有十条"编例"，说明了该书的读者对象、材料来源、术语处理、章节划分、写作规范等内容。全书共分十三章，第一章"概说"，首先对国学的概念进行了阐述，然后重点对清代以来的学术概况进行了说明。第二章"语文"、第三章"古物"、第四章"书籍"，这三章内容主要是使读者了解考证学和考古学的一些成果，进而稍微掌握治学的工具和方法。第五章"经学"、第六章"史地"，这两章作者根据章学诚"六经皆史"的观点按照讲史的方法来讲，认为经史之学是其他一切学术的背景和源泉。第七章"诸子"、第八章"佛学"、第九章"理学",这三章同属于哲学领域,作者按照学术演变阶段排列三者,意在使读者寻绎其中的脉络。第十章"诗赋词曲"、第十一章"散文和骈文"、第十二章"新被重视的文学",这三章为文学部分,由所谓的纯文学一直介绍到戏曲等民俗文学,从中可以看到文学范围的变化。第十三章"科学和艺术",介绍了各类自然科学,阐释了科学和迷信的关系,最后介绍了中国传统的艺术。

新国学 (第四卷)

项楚主编,成都:巴蜀书社,2002 年 12 月出版。本卷收录了中、日、韩学者的 21 篇论文:关于诗与"本事"、"本意"以及"诗谶"——论中国古代文学作品接收过程中的本文与语境的关系([日]浅见洋二);古赋与文赋刍论(万光治);诸子"小说"正义(饶龙隼);徜徉于历史与传说之间——从文献来源观唐人咏史诗(王红);"新题乐府"与"新乐府"之辨析——以杜甫与白居易的创作为例(祁伟);唐五代声诗与曲子词混杂现象试析(汤君);略论"白马非马"、"仁者爱人"等命题的语言逻辑(谭世宝);从虚词的使用看敦煌本《坛经》的成书时代(陈宝勤);中国禅宗白话诗源头——试论中国禅宗正式确立之前楞伽师们的禅诗(张子开);庞居士在韩、日的影响(谭伟);伏牛自在与《三伤歌》——浅谈佛教通俗诗歌的经典化(陆永峰);读《叶净能诗》(罗宁);傅霁事迹杂考——读《直斋书录解题》札记(何广棪);《三国志·魏书》拾误(刘黎明);《张之洞全集·劝学篇》标点商兑(彭忠德);《陶弘景文集》版本源流考(王京州);读《辽史》、《元史》札记(王福利);敦煌民歌所反映的唐代女性服饰([韩]金贤珠);宋代巫术邪教犯罪与法律惩禁考述(赵章超);六朝时期太湖流域地理学的发展(李秀花);2001 年澳门"六祖慧能思想学术研讨会"述评(张子开)。卷末附有《约稿》启事。

2003

华学 (第六辑)

饶宗颐主编,北京:紫禁城出版社,2003 年 6 月出版。本辑收录了 36 篇论文,起首 6 篇专门对出土的一个青铜器的铭文做了讨论;

另有 15 篇就楚简、汉简作了讨论；其他 15 篇则广泛讨论了由先秦至明清的文史问题。

梁启超、章太炎解读中华文化经典

庆善、于唐编，沈阳：辽海出版社，2003 年 1 月出版，2006 年 2 月再版。全书分上下册，共十章，第一章为治国学杂话；第二章为最低限度之必读书目，第三章为评胡适的《一个最低限度的国学书目》，并附有《一个最低限度的国学书目》一文；第四章是国学入门书要目及其读法；第五章为要籍解题及其读法；第六章是小学略说；第七章是经学略说；第八章为史学略说；第九章为诸子略说；第十章为文学略说。书后附有章太炎的《国学概论》。

国家与学术：清季民初关于"国学"的思想论争

罗志田著，北京：生活·读书·新知三联书店，2003 年 1 月出版。本书采取回向原典的方式，认真阅读和思考这一系列论争的文字，既重视各方（参与论争者通常不止"双方"）观念本身的异同，也关注不同观念竞争的过程。本书也力图将这一系列论争置于当时思想言说之中进行考察，特别注重其延续性。相对而言，本书考察清季观念竞争的各个面相更为详细（既存研究论述较清晰而个人也大致同意之处则尽量简略），希望能使我们对清季思想言说的认识稍更深入，也借此为检讨民国思想论争作铺垫，以利于对后者的理解。

古书句读释例

杨树达著，北京：中华书局，2003 年 1 月出版。本书是国学入门丛书之一，书中针对古书断句中存在的各种问题，分误读的类型、贻害、原因、特例等几个方面进行归纳、举例、评述。全书分甲、乙、丙、丁四部共十五项，作者将经典例句的多种注疏逐一进行列举、对比，最后判明是非、取之以理，这些例句全来自《诗经》、《礼记》、《尚书》等古代经典，共 168 条。

汉语音韵

王力著，北京：中华书局，2003 年 2 月出版。本书是国学入门丛书之一，2007 年 10 月中华书局再版。王力（1900—1986）是中国当代著名的语言文字学家，著有《古代汉语》、《汉语史稿》、《汉语音韵学》、《诗词格律》、《王力古汉语字典》等。《汉语音韵》一书从介绍现代汉语的语音学常识，语音系统入手，逐步把反切韵书、字母、等韵、古音等古代音韵学知识、用声母、韵母、声调等现代语言学的理论和术语进行比照、解读，并列举了大量字音实例予以说明。全书共分八章，第一章语音学常识；第二章现代汉语的语音系统；第三章反切；第四章韵书；第五章字母；第六章等韵；第七、八章介绍了古音知识。

经典常谈

朱自清著，北京：中华书局，2003 年 3 月出版。本书是国学入门丛书之一。为了启发人们对经典的兴趣，作者给想"漫游"经典的读者当向导，以亲切自然的随笔风格描述了十三部经典的典故源流和"胜景佳境"。全书共列十三个专题，第一是《说文解字》；第二是《周易》；第三是《尚书》；第四是《诗经》；第五是三礼；第六是《春秋三传》（附《国语》）；第七是四书；第八是《战国策》；第九是《史记》和《汉书》；第十是诸子；十一是辞赋；十二是诗；十三是文。

校注人间词话

王国维著、徐调孚校注，北京：中华书局，2003 年 4 月出版。本书是国学入门丛书之一。

王国维是我国近代的著名学者之一，本书是王国维接受了西洋美学思想的洗礼后，对中国旧文学所作的评论，全书分上、下卷和人间词话补遗，内容熔中国古典文论和西方哲学、美学于一炉，以发挥前者为主，建立起自己的一套文艺理论体系。本书由徐调孚先生校注，其中引用了王氏文中提到的诗词原文，被认为是最为完备的《人间词话》版本。

宋元话本

程毅中著，北京：中华书局，2003 年 4 月出版。本书是国学入门丛书之一。"说话"是古代一种生动的艺术形式，相当于现代的说书。话本是说话的记录，它把说话人的口头创作，经过写定，加以刻印，宋元时期特别发达。本书对宋元话本的产生与流传、题材和体制作了介绍，并对它的艺术特色与文学地位进行了精当的评析。全书共分五章：第一章说话和话本，对说话的渊源、宋元的说话、话本的编写和流传进行了介绍；第二章讲史介绍了讲史的名目、体制、题材、主题思想、其历史真实和艺术真实等；第三章小说对小说的题材、篇目、体制、思想性、艺术性作了介绍；第四章说经及其他介绍了《大唐三藏取经诗话》与《西游记平话》、说诨话与《问答录》；第五章系统介绍了宋元话本在文学史上的地位，对话本的历史意义、话本在小说发展中的作用以及话本对其他文学作品的影响都有细致的描述。

史部要籍解题

王树民著，北京：中华书局，2003 年 4 月出版。属于"国学入门丛书"之一。本书是一部介绍中国历史古籍的普及读物，共分二十五部分，介绍了从春秋战国开始到清代的各种史书，范围比较广泛，其涉及的史书有《左氏春秋》、《国语》、《战国策》、《竹书纪年》、《世本》、《史记》、《汉书》、《反汉书》、《三国志》、《晋书》、《宋书》、《南齐书》、《梁书》、《陈书》、《魏书》、《北齐书》、《周书》、《隋书》、《五代史志》、《南史》、《北史》、《旧唐书》、《新唐书》、《旧五代史》、《五代史记》、《宋》、《辽》、《金》三史、《元史》、《新元史》、《明史》、《清史稿》、《前汉纪》、《后汉记》等，其中对纪传体的二十四史和编年体的《资治通鉴》着重进行了介绍，另外像纲目体、纪事本末体、会要体以及史评、史论、方域史、学术史、地理、方志、目录等类史书也给予适当的评论。

裂变中的传承：20 世纪前期的中国文化与学术

罗志田著，北京：中华书局，2003 年 5 月出版。清季民初之时，传统的中断与传承并存、断裂与延续交织，这些都反映在士人的愿望之中，本书是作者对中国文化与学术状态的思考。全书分为十章，其中第二章对中国古代儒学、诸子与黄帝的国学进行探讨，从而认定国学是集大成之学的国学；第七章探索学术与思想之间的历史，对清季民初关于"国学"的思想论争进行了系统探讨，其中包括思想史与学术史的梳理和清季民初关于国粹、国故与国学的思想论争；第八章以国学为五四前后中国人心目中的"科学"一例，对中国国学向史学转移后唯物史观的兴起作了自己的阐释。

中国古代韵书

赵诚著，北京：中华书局，2003 年 5 月出版。本书是国学入门丛书之一。古人写诗填词制曲，均需借助当时的韵书。现代人要想深入了解古代诗词曲赋，必须掌握相关的韵书知识。中国古代的韵书对于探索不同时期的汉语语音系统、研究汉语语音发展的历史和规律等，都有帮助。本书系统介绍了各种韵书的体制、特点、作用、影响，以及它们之间的继承关系，可以视为韵书史略，是了解韵书知识较好的读本。全书共分八章，分别对韵书产生的条件、萌芽和发展、韵书的定型、修订、增补、官韵的形成、正统韵书的改革、《中原音韵》系统的韵书、平水韵和诗韵、词曲韵书等作了系统的介绍。后附有《四家韵书分韵表》、《广韵》《集韵》韵目用字、次序及韵目下所注同用独用例差异表、《韵会举要》七音三十六类表和主要词韵韵目的比较表。

唐人传奇

李宗为著，北京：中华书局，2003 年 6 月出版。本书是国学入门丛书之一。传奇是深为世人喜爱的一种小说体，它始自唐代裴铏所撰短篇小说集《传奇》，多以神怪、剑侠、爱情为题材，是宋以后历代文言短篇小说的主要样式，常为后世说唱和戏剧所取材。本书较为全面系统和具体地介绍了唐人传奇由兴起直至衰落的演变过程，进而归纳出它在各个发展时期的特点，探讨了唐人传奇的基本性质及兴盛和衰落的原因，对于传奇的思想性、艺术性亦多有阐发。全书共分六章，以传奇的发展历程为线索，分别对其发展初期、盛期、中期、晚期的不同特征进行了介绍，最后对唐人传奇与某些文艺现象的关系及其性质进行了总结。书后附《今存主要作品创作年代简表》及《明清丛书所收传奇集作品简表》等资料。

经书浅谈

文史知识编辑部编，北京：中华书局，2003 年 6 月出版。本书是国学入门丛书之一。

这套文库力求以历史的高度，把悠久而灿烂的中华文化放到整个人类文明背景中审视，展示五千年文化的各个方面。这里谈的"经书"，其实就是"十三经"，它是宋朝以来确定的，到今天还引以为常，有《十三经白文》、《十三经索引》、《十三经注疏》等可以为证。

古文字学初阶

李学勤著，北京：中华书局，2003 年 6 月出版。本书是国学入门丛书之一。

本书从汉字的形音义，文字起源，甲骨文，以及金文，战国文字研究等方面介绍了古文字学，并提出了研究古文字学的方法和戒律，开列了最低限度的书目和 15 个研究课题。

古典目录学浅说

来新夏著，北京：中华书局，2003 年 10 月出版。本书是国学入门丛书之一。该书于 1981 年 10 月出第 1 版，本书是新 1 版。作者在书中概说了目录学的界定、类别、体制和作用，评述了两汉至明清的重要目录学著作和著名目录学家，并对古典目录学的相关学科如分类学、版本校勘学等作了较详尽而具体的论述，据此还提出了古典目录学领域研究的前瞻设想。第一章目录学概说，分别介绍了目录与目录学、古典目录书的类别、体制、作用等；第二章以时间为序，从两汉官修目录与史志目录的创始到魏晋南北朝的"四分"与"七分"，到隋唐五代官修目录和史志目录的发展，宋、元时期私家目录的勃兴，再到明、清时期古典目录学的昌盛，梳理了古典目录学著作和目录学家；第三章对古典目录学的相关学科，如分类学、版本学、校勘学等进行了分类介绍；第四章对古典目录学的研究趋势进行了展望。

唐诗杂论

闻一多著，北京：中华书局，2003 年 6 月出版。本书是国学入门丛书之一。闻一多先生是我国著名的诗人、学者。本书涉及文章体裁，著名诗人、诗人年谱以及诗歌的翻译等诸多方面，包括类书与诗、宫体诗的自赎，四杰、孟浩然、贾岛、少陵先生年谱会笺，岑嘉州系年考证，杜甫，英译李太白诗等。其中作者对类书与诗的优劣，宫体诗的堕落与自赎，年谱的整理与考订，尤其是对唐朝一些著名的诗人"初唐四杰"、孟浩然、贾岛、岑参、杜甫、李白等人的诗歌成就有独到的见解和分析。

国学研究（第十一卷）

袁行霈主编，北京：北京大学出版社，2003 年 6 月出版。本卷收录了 14 篇论文：墨子大小取章句释义概说（钟肇鹏）；中晚明的现成良知之辨（彭国翔）；王阳明史迹论考（钱明）；黄道周的生平与思想（陈来）；一分为二、二合为三——浅介刘咸炘的哲学方法论（庞朴）；《管子·轻重》篇成书年代新论（张固也）；论《周官新义》与宋代学术之演进（刘成国）；魏晋之赋首——成公绥考论（范子晔）；唐宋诗歌转折中被遗忘的一环——对唐末江南诗人群及其诗风的考察（曾祥波）；试论宋代文学对高丽文学之影响（周裕锴）；秦汉时期的法医检验（闾晓君）；《算数书》初探（郭书春）；《攻媿集》宋本、文渊阁四库全书本、武英殿聚珍本之比较（张玉范）；西夏书籍的编纂和出版（史金波）。其中每篇论文前都有提要，使读者对作者论述的问题和结论一目了然。卷后附有《北京大学国学研究院 2002 年（7—12 月）大事记》、《征稿启事》、《来稿书写格式》。

中国字典史略

刘叶秋著，北京：中华书局，2003 年 10 月出版。本书是国学入门丛书之一。中国的字书，源远流长，种类很多，我们可借以探讨文字训诂，研究古代汉语，甚至以其为线索查找有关文史研究的材料。本书以时间先后为次第，以体例相近为类型，介绍了从战国至近世界常用的字书，尤其对《说文解字》、《尔雅》、《东言》、《广雅》、《释名》等影响较大的字书作了重点解析，详细论述了各书的源流和用法。全书共分七章，第一章介绍了文字的变迁与字书的演进；第二章介绍了字典的萌芽，涉及的字书有《说文解字》、《尔雅》、《小尔雅》、《方言》、《通俗文》、《释名》；第三章介绍了魏晋南北朝字书的继承与演变，涉及的字书有《玉篇》、《广雅》；第四章介绍了唐宋元时期字书的建设；第五章介绍了明清时期字书的进化；第六章介绍了古代字书的别体——韵书；第七章介绍了近代字书的演变与改革。

中国学研究（第六辑）

吴兆路、林俊相、甲斐胜二主编，济南：济南出版社，2003 年10 月出版。该刊所收录的论文稿件，内容涉及中国文学、语言学、历史学、哲学、艺术学和宗教学等。其撰写人员一般是博士毕业或具有副教授以上专业技术职务的大学教师或专职研究人员，在中国留学即将毕业的国外优秀博士生的论文也在遴选之列。本辑分为专家论坛、哲学与文学、文化美学研究、古代诗文研究、古代小说研究、古代文论研究、翻译·港台文学研究、语言与修辞、历史文化研究、版本与考证、国外中国学研究、国外汉学家推介、中国学论著论坛 13 个专题，收有中、日、韩等国作者的论文 47 篇。

国学原典导读

戴伟主编，成都：巴蜀书社，2003 年 12 月出版。本书选取中国古代文化典籍中的部分内容进行了导读，内容涉及《尚书》、《周易》、《楚辞》、《诗经》、《左传》、《仪礼》、《礼记》、《论语》、《孟子》、《庄子》、《韩非子》、《吕氏春秋》、《孙子兵法》、《荀子》、《战国策》、《国语》等重要经典。后附有《增广贤文》及《朱子家训》。

国学研究（第十二卷）

袁行霈主编，北京：北京大学出版社，2003 年 12 月出版。本卷为"《国学研究》创刊十周年纪年专号"，收录了 20 篇文章：继往开来、求实创新——《国家研究》纪念专号献辞（吴同瑞）；中华文明的始原和早期发展（严文明）；古代政治文明的历史典范——秦汉时期中央集权制度的创建与推行（张传玺）；在整合中创新——隋至明中叶文明发展的趋势（袁行霈）；在深刻反思中走向近代文明——16 世纪至 20 世纪初中国文明的发展与转型（楼宇烈）；读《宋史》札记（邓广铭）；论故绛与唐（邹衡）；由"比秩"论战国秦汉禄秩序列的横向扩张（阎步克）；《唐尚书省郎官石柱题名考》增补（吴浩）；《再生缘》作者的母族桐乡汪氏（周清澍）；《公孙龙子》与公孙龙的哲学（陈来）；《庄子》内篇的思想特点及其与"外杂篇"的关系（张涅）；"为善无近名，为恶无近刑"诸家注平议——兼谈庄子的养生思想（雍繁星）；王夫之《四书》阐说中的心与思——以《孟子·尽心》为中心（张学智）；魏晋南北朝的"述宾补"式述补结构（蒋绍愚）；今古视野下的汉代四家诗——以《毛诗》之归属为中心（刘立志）；论《玉台新咏》的编辑体例（傅刚）；旧题李樊龙《唐诗选》在日本的流传和影响——日本接受中国文学的一个侧面

（蒋寅）；《轮回醒世》考述（程毅中）；胡适的词学研究（刘石）。其中每篇论文前都有提要，使读者对作者论述的问题和结论一目了然。卷末附有《北京大学国学研究院 2003 年（1—6 月）大事记》、《征稿启事》、《来稿书写格式》。

2004

经典常谈

朱自清著，北京：北京出版社，2004 年 1 月出版。本书是朱自清先生介绍中国古代文学、历史、哲学经典的启蒙读物，内容包括说文解字、周易、尚书、诗经、三礼、春秋三传、四书、战国策、史记汉书、诸子、辞赋、诗、文十三篇。全书见解精辟，通俗流畅，深入浅出，已成为读者了解中国古代文化典籍的入门指南。作者朱自清是我国现代散文家、诗人、文学研究家，他认为："经典的价值不在实用，而在文化。"我国古代经典，浩繁艰深，为使一般人有兴趣去接近它，作者在书中用十三篇文字要言不烦地介绍了华夏民族文化遗产中的菁华。常谈不囿于陈腐的旧学框架，尽量采择近人新说，读来亲切自然，通俗易懂。该书先后由复旦大学出版社（2004 年 7 月，后附有叶圣陶 1980 年重印《经典常谈》序）、上海古籍出版社（2006 年 4 月）、江苏文艺出版社（2007 年 4 月）再版。

谈治学（全三册）

邓九平主编，北京：大众文艺出版社，2004 年 3 月出版。本书由著名学者钟敬文、张岱年先生任名誉主编，张岱年亲题书名"名人书系"。其中"谈治学"汇集了众多当代名人谈论治学之道，治学之理。其中收入《国学概论》、《治国学的两条大路》两文是国学研究的重要文献。

国学经典（全四册）

国学经典：诗

杨小亮编著，北京：北京出版社，2004 年 4 月出版。本书共分四编，第一编对诗歌简史进行了脉络清理；第二编个体诗人及其诗作以时间为线索，选择了一些有代表性的诗人进行了具体赏析；第三编是对群体诗作的总体性分析，其中涉及《诗经》、两汉乐府诗、古诗十九首、南北朝民歌和明代民歌；第四编诗律浅说介绍了诗歌的分类和近体诗律。

国学经典：词

吴洋编著，北京：北京出版社，2004 年 4 月出版。本书第一编整理编撰了词肇兴于唐、盛于宋、中衰于元明、复兴于清的简要历史；第二编选择了历代最具代表性的词人词作，并进行了感悟式的赏析；第三编介绍了词的一些基本术语和常识。

国学经典：赋

陈洪治编著，北京：北京出版社，2004 年 4 月出版。本书共分四编，第一编略述赋的演变历史；第二编选辑了重要赋家及其辞赋作品作具体赏析；第三编主要介绍赋体常识，包括赋的特征、赋体的分类和赋的作用；第四编选录了近世学者的赋学论文，其中有郭绍虞的《赋在中国文学史上的位置》、谭正璧的《赋论》和褚斌杰《论赋体的起源》。

国学经典：曲

李佳行编著，北京：北京出版社，2004 年 4 月出版。戏曲艺术在中国文学史上乃至整个中华文化中都占有非常重要的地位，提到曲，人们一般都认为就是指元曲，实际上在这里谈到的曲是广义的戏曲。本书共分为五编，第一编介绍了戏曲的发展史略；第二编选择一些重要戏曲作家及其作品进行赏析；第三编对散曲发展史进行了介绍；第四编收录了一些重要的散曲作家及其作品；第五编则是对戏曲知识的介绍。

校勘学释例

陈垣著，北京：中华书局，2004 年 5 月出版。本书属于"国学入门丛书"之一。校勘之学起因于文件传写中的错误率太高，文件越古，传写的次数越多，错误的机会也越多。校勘学的任务就是要改正这些传写中出现的错误，恢复一个文件的本来面目，或使它和原本差别最微。本书原名《元典章校勘释例》，是国学大师陈垣在校勘《元典章》基础上，分条陈列旧刻至误的类例，总结概括了校勘学中一些带有普遍性的现象与校勘方法，是校勘学上一部带有总结性的重要著作。

史讳举例

陈垣著,北京:中华书局,2004 年 5 月出版。本书属于"国学入门丛书"之一,1962 年 7 月由中华书局出版,本书是中华书局所出的新 1 版,2006 年 3 月又出版了第二次印刷本。避讳学是研究中国历史所不可缺少的知识。辛亥革命以前,遇到当代帝王或所尊者之名时必须回避。但因各朝所讳不同,避讳方法也不一致,因此史书上常有因避讳而改易文字的地方,甚至改变前人姓名、官名、地名、书名、年号等,使得史书淆乱不清。本书是陈先生在避讳学方面的一部总结性的著作,全书共分八卷,分别介绍了避讳所用的方法、种类、因避讳而改史实、因避讳而生讹误、避讳学应注意的事项等,并举了八十多例,分析并说明了历代避讳的利用及与避讳有关的问题。后附有《校勘学释例》、《史讳举例》简体横排标点本说明。

国学研究(第十三卷)

袁行霈主编,北京:北京大学出版社,2004 年 6 月出版。本卷收录了 15 篇论文:二南:南方的乐钟与雅音(陈致);曹植《洛神赋》写作的年代及成因(俞绍初);"无弦琴"的认同与启示[上篇]——论陶渊明"无弦琴"在唐代形成的基本内涵(孟二冬);论唐代旧题乐府的入乐问题(吴相洲);试论唐代非写实小说中三大类型的发展与演变(李鹏飞);从敷演佛经到敷演戏曲——一个失落了的戏剧史环节(康保成);"十月成胎"与"七日一变"——印度胎相学说的分类及其对我国的影响(陈明);频婆果考——中国苹果栽培史之一斑(张帆);庄子籍贯故里问题考辨(刘生良);阴阳学说的发展历程及其思想意蕴(侯宏堂);复社的思想和学术(何宗美);论"草原丝绸之路"(田广林);"闾左"考释(何晋);关于香港新见吐鲁番契券的一些问题(张传玺);从春在堂到秋荔亭——俞樾和俞平伯诗中的家族史(徐雁平)。其中每篇论文前都有提要,使读者对作者论述的问题和结论一目了然。卷末附有《北京大学国学研究院 2003 年(7—12 月)大事记》、《征稿启事》、《来稿书写格式》。

晚学盲言(上、下册)

钱穆著,桂林:广西师范大学出版社,2004 年 6 月出版。本书是作者在 86 岁时患眼疾时口述,由夫人记录,然后口诵耳听一字一

句修改而成，书成时 92 岁高龄，因而题名《晚学盲言》。全书共 90
篇，分上、中、下三部，一为宇宙天地自然之部，次为政治社会人文
之部，三为德性行为修养之部。虽篇各一义，但各篇相贯相承，主旨
为讨论中西方文化传统的异同。

训诂学概论

齐佩瑢著，北京：中华书局，2004 年 7 月出版。本书属于"国
学入门丛书"之一。古代的"训诂"知识揭示了语言文字意义的源
流演变、语义与语音间的种种联系，达到训释考证古书语词含义的实
用效能。这本《训诂学概论》展示了训诂学史的基本轮廓，在众多
细小而具体的案例支撑之下，比较全面地讨论训诂学研究中的基本问
题，提出了不少独到的见解。全书共分四章，第一章对训诂学的定
义、起因、效用及工具作了系统介绍；第二章训诂的基本概念介绍了
语义和语音、语义的单位、演变和种类；第三章训诂的施用方术介绍
了音训、义训和相关术语；第四章训诂的源渊流派，清理了实用的、
理论的训诂学，并介绍了训诂学的中衰和复兴。

内藤湖南研究

钱婉约著，北京：中华书局，2004 年 7 月出版。本书属于严绍
璗主编的"北京大学 20 世纪国际中国学研究文库"之一，该文库是
北京大学比较文学与比较文化研究所回应和总结三十年来中国人文学
术在关注国际学术界"Sinology"发展趋势而进行的专题性研究。
"日本编"作为第一编出版。内藤湖南（Naito Konan，1866—1934），
日本历史学家。生于日本秋田县鹿角郡毛马内（现为鹿角市）。本名
虎次郎，字炳卿，号湖南。青年时代曾任记者，1907 年至 1926 年间
任教于京都大学，教授东洋史。从历史观、史学理论、史学方法的角
度看，他对中国史的研究都有突出的贡献。他关于中国历史最著名的
理论是"唐宋变革期"，这一理论被后来的日本学者继承，成为日本
人研究中国历史的基本观念。该书是我国学者首次对内藤湖南进行系
统的学术梳理和解析的学术性著作，对其一生与中国的密切关系做了
精细的解读。导论"中国学研究视野中的内藤湖南"首先对内藤湖
南做了全面介绍，正文分为十章，第一章"时代风云中的时论记者"
论述了内藤湖南中国学的思想立场，第二章"近代日本中国学的京

都学派"阐述了其中国学的学派特色，第三章"江山异域久神游"描述了其中国学的本土体验，第四章"宋代近世说"分析了他的中国历史观，第五章"文化中心移动说"分析了他的中日文化观，第六章"清史研究的滥觞"论述了其清朝历史研究成绩，第七章"时论其表、史论其里"分析了其中国时事论特点，第八章"辨章学术、考镜源流"分析了其与中国近代学术的关系。书末附录包括《内藤湖南年谱》和《参考文献》。

吉川幸次郎研究

张哲俊著，北京：中华书局，2004 年 8 月出版。本书属于严绍璗主编的"北京大学 20 世纪国际中国学研究文库"之一。吉川幸次郎（Yoshikawa Kojiro，1904—1980），号善之，中国文学和历史研究家。1923 年考取京都帝国大学，师从著名汉学家、"京都学派"创始人狩野直喜教授学习中国文学。1928 年留学北京大学，专攻中国音韵学，1938 年回母校任教。采用"会读"，即师生共聚一堂，公开讨论的方式授课。在《中国文学史》一书中，他将中国文学同西方文学和日本文学进行比较研究，归纳出中国文学的七大特色，至今为学者认同。晚年曾担任日本外务省中国问题顾问，为中日文化交流做出了一定贡献。本书是第一部对这位具有声望的学者进行较为系统的学术梳理和解释的专著，"绪论"部分讨论了吉川幸次郎汉学的意义，正文分为七章，第一章"吉川幸次郎与中日学术界"，包括"吉川幸次郎的生平与日本学术界"、"吉川幸次郎与中国学术界"两节。第二章"吉川幸次郎文学史研究的方法论"包括"吉川的学术研究方法"、"中国文学的比较文学研究方法"两节。第三章"吉川幸次郎的中国文学史观"包括"吉川幸次郎的中国文化观"、"吉川幸次郎的中国文学史观"两节。第四章"先秦汉魏六朝文学的研究"包括"先秦文学的研究"、"三国六朝文学的研究"两节。第五章"唐宋文学与杜甫研究"包括"唐代文学的研究"、"作为诗圣的杜甫"、"宋代文学研究"三节。第六章"吉川幸次郎的元曲研究"包括"《元杂剧研究》"、"元杂剧的观众"、"元杂剧的作家"、"元杂剧的题材与语言的形式"四节。第七章"元明清的诗歌研究"包括"元明清的诗歌研究"、"明代诗歌概说"、"清代诗歌研究"三节。书末附有

《吉川幸次郎年谱》。

国学论坛精华录

王晓冰、王乙主编，北京：中国社会出版社，2004 年 8 月出版。本书是"国学论坛"网上的原创性文章、见解独特的言论的汇编，所选文章或者具有理性锋芒，或者意趣生动。充分考虑了内容的学术性和思辨性，所收文章基本不做刊改，尊重发帖者的原意，但对其中的引用文献做了核实，文辞字句进行了规范整理。全书遴选了十大专题，分别为：国学发微、哲学研究、史海钩沉、文献稽考、小说批评、戏曲杂谈、诗文浅说、小品论语、红学漫谈、网络诗集，收录了40 余位作者，近 40 万字的网络论坛文章。

清代学术概论

梁启超著，夏晓虹点校，北京：中国人民大学出版社，2004 年 9 月出版，2006 年 4 月新版。本书属于"国学基础文库"第一辑十种之一。本书收录了《论中国学术思想变迁之大势》、《清代学术概论》、《新史学》和《学与术》四篇文章，比较全面地阐述了梁启超的学术思想。《论中国学术思想变迁之大势》分为八章，作者将中国学术思想史分为胚胎时代、全盛时代、儒学统一时代、老学时代、佛学时代等七个时期，以学术思潮和演变为依据，简要论述了各时期学术发展状况。《清代学术概论》将清代学术史分为四个时期，分别加以论述。《新史学》依次对中国之旧史学、史学之界说、历史与人种之关系、正统、书法、纪年作了论述。《学与术》从理论角度论述了梁启超的学术思想。

中国中古文学史讲义（含《汉魏六朝专家文研究》、《经学教科书》、《两汉学术发微论》）

刘师培著，北京：中国人民大学出版社，2004 年 9 月出版，2006 年 4 月再版。本书属于"国学基础文库"第二辑十种之一。本书所收录的四部书着重对汉魏、魏晋文学的变迁以及宋齐梁陈文学概况作了论述，同时对历代经常研究的渊源流派以及两汉政治学、种族学、伦理学等也进行了深入地考究与探讨。作者综贯群书，把近代西方社会科学研究方法和成果吸收到中国传统文化研究中来，以西学诠释中学，比较南北学风，区别汉魏六朝，开拓了传统文化研究的新境界。《中国中古文学史讲义》包括概论、文学辨体、论汉魏之际文学变迁、魏晋文学之变迁、宋齐梁陈文学概略五课内容。《汉魏六朝专家文研究》包括绪论、各家总论、学文四忌、论谋篇之术、论文章之转折与贯串、论文章之音节、论文章有生死之别、史汉之句读、蔡邕精雅与陆机清新、论各家文间与经子之关系、论文章有主观客观之别、神似与形似、文质与显晦、文章变化与文体迁讹、汉魏六朝之写实文学、论研究文学不可为地理及时代之见所闻、论各家文章之得失应以当时人之批评为准、洁与整、论记事文之夹叙夹议及传赞碑铭之繁简有当、轻滑与蹇涩、论文章宜调称等二十一课内容。《经学教科书》包括经学总述、经字之定义、古代之六经、西周之六经、孔字定六经、孔子弟子之传经等篇章。

人间词话

王国维著，北京：中国人民大学出版社，2004 年 9 月出版。本书属于"国学基础文库"第一辑十种之一。本书是文学批评的代表作，在中国近代文学批评史上占有重要的地位，具有划时代的意义。它是王国维在接受西洋美学思想的熏陶后，以崭新的眼光对中国旧文学所作的评论，熔中国古典文论和西方哲学、美学于一炉，建立了一套新的文艺理论体系。全书包括《人间词话》定稿、删稿、附录、拾遗四部分内容。

真现实论

太虚大师著、周学农点校，北京：中国人民大学出版社，2004 年 9 月出版。本书属于"国学基础文库"第一辑十种之一。本书是太虚大师为揭示佛教为一种面向现实的宗教所做的理论论证，是建构其"人生佛教"理论基础的重要著作。全书分宗依论、宗体论、宗用论三编。其中，宗依论即 1927 年大师在杭州灵隐寺撰写的《现实主义》，依次论述了能知现实之方法、所知现实之事、所知现实蕴素、所知事素之关系、能知所知之抉择五方面的内容。宗体论是 1938 年起大师在汉藏教理学院讲授的内容，在世时仅讲出第一章"现实之理"。宗用论是编辑大师的有关论文而成。本书收录了"宗依论"和"宗体论"两部分。

史学方法导论：傅斯年史学文辑

傅斯年著、雷颐点校，北京：中国人民大学出版社，2004 年 9 月出版。本书属于"国学基础文库"第二辑十种之一。本书收录了作者写于 1918 年至 1941 年的十三篇有关史学问题的学术文章，包括《史学方法导论》、《中国历史分期之研究》、《与顾颉刚论古名书》、《史记研究》、《战国子家叙论》、《本所发掘安阳殷墟之经过》、《战国文籍中之篇式书体》、《考古学的新方法》、《明成祖生母记疑》、《夷夏东西说》、《说〈广陵之曲江〉》、《谁是〈齐物论〉之作者》、《谁是〈后出师表〉之作者》，在一定程度上反映了傅斯年先生的史学思想。其中，《史学方法导论》是作者论史学的代表性作品，主要讨论了直接史料与间接史料、官家记载与民间记载、本国记载与外国记载、近人记载与远人记载、无意记载与有意记载、本事与旁涉、直说与隐喻、口说史料与文字史料的相对价值，同时讨论了各种史料的发掘、鉴定与应用方法，强调了"史学的工作是整理史料"的一贯观点。

近百年湖南学风（含《经学通志》）

钱基博著、傅道彬点校，北京：中国人民大学出版社，2004 年 9 月出版。本书属于"国学基础文库"第一辑十种之一。本书采用传记体，分群别类为汤鹏、魏源、罗泽南、李续宾、王鑫、胡林翼、曾国藩、左宗棠、刘蓉、郭嵩焘、阎镇珩、邹代钧、罗正钧、谭嗣同、蔡锷、章士钊 16 位湖南学人做了传记，并借此对辛亥革命以前湖南学术思想发展变迁作了论述，彰显了湖南学人独立自由的思想，坚强不磨的志节，及其在学术史上的一直持续到现在的广泛影响。《经学通志》分为两部分，第一部分包括总志、《周易》志、《尚书》志、《诗》志、《三礼》志、《春秋》志、小学志七篇文章；第二部分包括汉儒显真理惑论、近五十年许慎《说文》学流别考论、十年来之国学商兑、吾人何以自处、治学篇上、治学篇下六篇文章。

目录学发微（含《古书通例》）

余嘉锡著，北京：中国人民大学出版社，2004 年 9 月出版。本书属于"国学基础文库"第一辑十种之一。本书在"辩章学术，考镜源流"这一思想的指导下，分四章依次对目录学概览、目录书体制、目录学源流考、目录类例作了详尽的探讨。《古书通例》分案著录、明体例、论编次、辨附益四卷做了讨论，篇幅不多但有助于读者举一反三。

文心雕龙札记

黄侃著，北京：中国人民大学出版社，2004 年 9 月出版。本书属于"国学基础文库"第一辑十种之一。本书是作者在北京大学讲授辞章学和中国文学史的讲义，对《文心雕龙》这部中国古代最重要的文学理论专著中的原道、征圣、宗经、正纬、骚、明诗、乐府、诠赋、颂赞、议对、书记、神思、全性、风骨、通变、定势、情采、熔裁、声律、丽辞、比兴、夸饰、事类、练字、隐秀、指瑕、养气、附会、总术、序志等四十五篇作了细致深入的剖析，在中国文学史的研究中具有重要意义。研究者大都认为，中国古代文学批评史作为现代学科的确立，即是以黄侃在北京大学讲授《文心雕龙》课程并最终写成《文心雕龙札记》为标志的。

中国戏曲概论

吴梅著、冯统一点校，北京：中国人民大学出版社，2004 年 9 月出版，2006 年 4 月新版。本书属于"国学基础文库"第一辑十种之一。本书是吴梅在戏曲理论方面的主要著作，包括《顾曲麈谈》和《中国戏曲概论》两部分，探究了戏曲理论、曲律、曲谱，论述了元、明、清三代的杂剧、传奇和散曲。资料丰富、论述精当，是为"专家之学"。《顾曲麈谈》分为四章，第一章"原曲"分四节讨论了宫调、音韵、南曲和北曲作法；第二章"制曲"分两节讨论了作剧和作清曲的方法；第三章"度曲"讨论了五音、四呼、四声、出字、收声、归韵、曲情等具体问题；第四章"谈曲"对自元代起直到清代的有关的讨论作了梳理和分析，从中可见曲的发展脉络。《中国戏曲概论》分为三卷，"卷上"分为五节，首先对金、元戏曲作了概论，然后讨论了诸杂院本、诸宫调以及元人的杂剧和散曲；"卷中"分四节，首先对明代的戏曲概况作了论述，然后依次对杂剧、传奇、散曲进行了具体论述；"卷下"分四节，首先对清代的戏曲概况进行了论述，然后依次对杂剧、传奇、散曲进行了具体论述。

清儒得失论：刘师培论学杂稿

刘师培著，北京：中国人民大学出版社，2004 年 9 月出版。本书属于"国学基础文库"（第一辑）十种之一。刘师培是晚清著名学者，其祖、父均为经学家，刘师培继承家学乃至大成。本书辑有其所作《古书疑义举例补》、《古历管窥》、《〈春秋左氏传〉答问》、《群经大义相通论》、《理学字义通释》、《字义起于字音说》、《转注说》、《古政原始论》、《汉宋学术异同论》、《南北学派不同论》、《清儒得失论》、《近代汉学变迁论》、《近儒学术统系论》、《舞法起于祀神考》、《原戏》等评论古今学术思想和"小学"、经学、校释群书等方面的著述，从多个方面体现了他的学术思想和成就。

诗经讲义稿（含《中国古代文学史讲义》）

傅斯年著，北京：中国人民大学出版社，2004 年 10 月出版。本书属于"国学基础文库"（第一辑）十种之一。《诗经讲义稿》首先论述了自西汉到明代后的《诗经》学，并指出研究《诗经》的方法；其后对《周颂》、《大雅》、《小雅》、《鲁颂》、《商颂》、《国风》的来源、内容等问题作了具体的论述；最后对《诗》的时代、周诗系统、《诗》的影响、语言特点作了分析。《中国古代文学史讲义》首先作了拟目和说明，并对中国古代文学史进行了泛论，然后分史料论略、论伏生所传《书》二十八篇之成分、诗部类说、最早的传疑文人——屈原，宋玉，景差、楚辞余音、贾谊、儒林、五言诗之起源等八个专题对文学史上的某一领域或某一突出人物作了论述，因此呈现出中国文学史的一种面貌。

现代中国文学史

钱基博著、傅道彬点校，北京：中国人民大学出版社，2004 年 10 月出版。本书属于"国学基础文库"（第一辑）十种之一。本书所谓"现代"，指的是 1911 年到 1930 年间近二十年的历史时期。全书分四部分，"绪论"对文学、文学史、现代中国文学史的概念和内容作了论述；"编首"首先对古文学作了概述，然后具体对上古、中古、近古、近代文学作了整体介绍；"上编：古文学"则具体对近代学者，如王闿运、章炳麟、刘师培、孙德谦、王树枏、马其昶、樊增祥、陈三立、朱祖谋、王国维等学者的文、诗、词、曲研究情况作了具体论述，"下编：新文学"则具体对康有为、梁启超为代表的"新民体"创作，严复、章士钊为代表的"逻辑文"创作、胡适为代表的"白话文"创作作了论述。全书旨在阐述中国现代文学兴衰得失递变的轨迹，其中也广泛涉及民国以来的学术文化和政治民俗，是一部广义性质的文学史著作。另外，书末还附有跋语、四版增订识语。

津田左右吉研究

刘萍著，北京：中华书局，2004 年 11 月出版。本书属于严绍璗主编的"北京大学 20 世纪国际中国学研究文库"之一。津田左右吉（1837—1961）是日本史学家。他的史学思想对传统文化极具破坏力，开创了日本近代文化思想史上的"津田史学"，影响深远。但是由于语言的差异以及津田著述的丰厚，国内鲜有学者对他的学术进行论述，本书的问世则填补了这一空白。全书分为六章，以津田左右吉对日本传统的"记纪文化（神话）"的批判和对中国儒道文化的批评为中心展开全面论述，研究已经深入到了其思想的核心部分。第一章"津田左右吉学说研究史"、第二章"津田左右吉学说的文化语境研究（上）"、第三章"津田左右吉学说的文化语境研究（下）"、第四章"津田左右吉的'记纪'批判研究"、第五章"津田左右吉的中国道家文化研究"、第六章"津田左右吉的《〈论语〉与孔子思想》研究"。书末有《津田左右吉年谱》、《津田左右吉论著目录》、《津田左右吉任职早稻田大学期间授课科目一览》、《本书部分章节主要引文原文》四个附录。

玄学的诗学

徐国荣著，北京：中国社会科学出版社，2004 年 11 月出版。属于"暨南国学丛书"之一。本书从魏晋时玄学的大背景中立论，以文学史案例证之，以玄学影响到相关艺术和艺术理论为根据，说明玄学与诗学不可分离的关系。全书包括正文十三章，依次为引论："玄学和诗学"名义解析、玄学和文学的对立与对话、汉晋名士的事数标榜、中国文学自觉的契机及代价、汉魏诗歌艺术传统的断层化、从《世说新语》看玄言诗的世俗底蕴、寒人的崛起与玄学诗学之式微、"竹林七贤"及其构成考论、嵇阮和庄学品格的实践化、嵇康父子价值取向的玄理依据、嵇康之死和"索琴而弹"的意蕴、玄学与艺术意境理论的逻辑生成、音乐与魏晋玄学，作者自言此书非一时之作，所以各章之间难免有重复之处。另有附论两篇和《古风（代后记）》一篇。

中国绘画史

陈师曾著、徐书城点校，北京：中国人民大学出版社，2004 年 11 月出版。本书属于"国学基础文库"（第二辑）十种之一。陈师曾（1876—1923），名衡恪，以字行，别号槐堂、朽道人，生于湖南。他既有丰富的创作经验，又有精深的理论研究，是一代书画大师。本书为其代表作，分为三编，第一编"上古史"分六章，依次讨论了三代、汉代、六朝、魏晋、南北朝、隋朝的绘画，每章用数百或千字总结了一代绘画的特点，及代表作家、作品。第二编"中古史"分四章，第一章"唐朝之绘画"分"唐朝文化概论"、"唐朝前期之绘画"、"唐朝后期之绘画"、"李思训一家"、"王维"、"鞍马画家"、"中唐及晚唐之绘画"、"周昉与赵公祐一家"、"花鸟画与论画"九节对唐代绘画的文化背景、专家及特色做了具体论述。第二章"五代之绘画"分"五代绘画概论"、"南唐之绘画"、"前后蜀之绘画"、"五代之山水画"四节对五代绘画的特点作了论述。第三章"宋朝之绘画"分"宋朝文化总论"、"宋朝之画院"、"宋朝画派之沿革"、"宋朝之论画"四节对宋代绘画作了论述，尤其详论了画派源流。第四章"元朝之绘画"分"元朝文化概论"、"元代绘画之变迁"、"四大家"、"题款及道释画"四节对元代绘画的特点、流派作了讨论。第三编"近世史"分两章，第一章"明朝之绘画"分"明朝文化概论"、"明朝之画院"、"山水画之沿革"、"院体画之一派"、"吴派"、"道释风俗画之变迁"、"花鸟及杂画"、"闺秀妓女之绘画"九节对明代画坛及各类画作、画家、画派作了具体论述。第二章"清朝之绘画"分"清朝文化概论"、"清朝之山水画"、"人物画之变迁"、"花鸟及杂画"四节对清代的画坛总体及各类画作了概述。附录包括《文人画之价值》、《清代山水之派别》、《清代花卉之派别》、《中国人物画之变迁》、《绘画源于实用说》、《中国画是进步的》六篇文章。

传薪集——深圳大学国学研究所二十周年文选 1984—2004

景海峰编，北京：北京大学出版社，2004 年 12 月出版。本书包括三部分，共收录了 24 篇论文。"历史回眸"部分包括《20 世纪的"西哲东渐"与未来中国哲学的发展》、《李石曾与赴法勤工俭学运动》、《"另一个"唐高宗》、《中国传统价值观念的诠释——以"生死"与"命"为中心》、《陈白沙与明代儒学的转折》、《道德自主与文化习俗——综论北美儒学研究中的情境主义取径》。"现场卮言"部分包括《现代中国哲学的身份意识和形态特征》、《熊十力与牟宗三》、《萧公权的学术精神与中国现代学术伦理的形成》、《王道政治与当代中国的发展》、《论道教与王权之合作——以东汉末年、唐朝和清朝三个时期为案例分析》、《克里普克〈命名与必然性〉研究》、《"自然"之意义——一种海德格尔式的诠释》、《孔子孟子对管仲评价之比较分析》、《儒家伦理的自然主义架构》、《先秦文体观念论略》、《试论〈太玄〉研究中的几个外围问题》、《李植〈杜诗批解〉的文学批评观》。"客座讲演录"部分包括《对立和鼎立》、《和合哲学论纲》、《儒家传统的现代转化》、《"理"范畴理论模式的道家诠释》、《儒家思想传统与公共知识分子——兼论现代中国知识分子的公共性与专业性》、《中国周代的仪礼与王权——略谈册命、朝觐、聘问之礼》。书末附有《中国文化与中国哲学》总目。

国学研究（第十四卷）

袁行霈主编，北京：北京大学出版社，2004 年 12 月出版。本卷收录了 14 篇论文：成都王颖督区幕佐和文化倾向之考释（林校生）；新见鸽子洞元代契约识读（张传玺）；中唐学术思潮新变与孟子地位之变迁（李峻岫）；吴澄太极思想论述（方旭东）；王心斋后人的思想与实践——泰州学派研究中被忽略的一脉（彭国翔）；唐代乐部研究（王小盾、孙晓晖）；竹枝词考辨（刘航）；"无弦琴"的认同与启示［下篇］——论陶渊明"无弦琴"的内涵在唐代之后的继承与发展（孟二冬）；《纂异记·齐君房》文本考异（马振方）；隆万文坛上的王世贞（孙学堂）；戴震转语理论研究（蔡锦芳、崔富章）；趋向动词"来/去"与语法化——兼谈"去"的词义转变及其机制（徐丹）；论王国维的"古雅"说（李铎）；东吴三惠著述考（漆永祥)。其中每篇论文前都有提要,使读者对作者论述的问题和结论一目了然。卷末附有《北京大学国学研究院(2003 年底—2004 年 6 月)大事记》、《征稿启事》、《来稿书写格式》。

华学(第七辑)

华学编辑委员会编,广州:中山大学出版社,2004 年 12 月出版。本辑乃为庆祝饶宗颐先生"米寿"而编,一共收录了 40 篇文章。前半部分包括黄达人《大学与大师》等 12 篇庆贺文章,主要介绍了饶先生的治学领域的特点;后半部分者包括李学勤《再论家谱刻辞》等 28 篇学术论文。

2005

孔子做人做事的中庸之道

王少农著,北京:当代世界出版社,2005 年 11 月出版。属于"王少农国学大系"之一。在《序》中,作者对孔子的家世、生平进行了介绍,重点提出"孔子做事最推崇中庸之道"的观点。全书围绕这一主题,从第一讲"自觉做事已经成功"到第四十八讲"容忍别人,更要容忍自己",分别从做事、做人、学习、交友等各方面讨论了现代社会生活中应该讲究的道理,对现代人不无启发意义。

谁是唐诗

孟听茶编,北京:中国戏剧出版社,2005 年 1 月出版。本书是国学密码丛书之一,共分六章,对中国唐诗进行了多角度的观照。其中第一章写其相思主题;第二章写深闺艳事;第三章写文人雅趣、名士风姿;第四章写寄情山水的壮志情怀;第五章写了反映在唐诗中的政变权谋;第六章则反映生活中的陈规旧俗,并对其风格进行了概述。

谁是元曲

贺贝贝编,北京:中国戏剧出版社,2005 年 1 月出版。本书是国学密码丛书之一。元代是第一个入主中原的中国少数民族封建王朝,大汉民族的文人雅客自感怀才不遇,愤世愤情,他们将满腔的满腹的忧愁尽倾于元曲之中。本书共分六章,分别对元曲中才子佳人、名人雅士的表现主题,奇风异俗的诙谐格调以及无常变幻的世情进行了分类揭示。

逻辑

金岳霖著，北京：中国人民大学出版社，2005 年 2 月出版。本书属于"国学基础文库"之一。本书主要介绍了逻辑中的演绎法，作者以深厚的学术功底、缜密的逻辑思维，将貌似枯燥的逻辑理论娓娓道来，读来令人豁然开朗。全书分为四部分，第一部分"传统的演绎逻辑"主要介绍了直接推论，间接推论、三段论式法，间接推论；第二部分"对于传统逻辑的批评"主要介绍了直接推论，对于间接推论的批评；第三部分"介绍—逻辑系统"从未解析的命题的推演，由未解析的命题到类与关系的推演，类与关系的推演三方面介绍了一个现代西方数理逻辑系统；第四部分"关于逻辑系统之种种"主要讨论了逻辑系统通论，界说方面的种种，逻辑系统的基本概念和命题。

论道

金岳霖著，北京：中国人民大学出版社，2005 年 2 月出版。本书属于"国学基础文库"之一。本书完成于抗日战争期间，是中国现代哲学中系统最完备、最富有创造性的本体论专著。金岳霖先生用中国传统哲学中的最高概念"道"将"式"、"能"统括出来，成为其哲学的"最上的概念"、"最高的境界"。全书分为八章，依次为"道，式一能"、"可能底现实"、"现实底个体化"、"共相底关联"、"时——空与特殊"、"个体底变动"、"几与数"、"无极而太极"，书中有意使用无极、太极、理、势、体、用、几、数等中国传统哲学术语，并赋予新解，通过逻辑的推演建构出独特的本体论。本书的问世使中国学术史产生了方法论上的革命，在重感悟而轻逻辑的中国文化圈中有划时代的意义。

中国哲学小史

冯友兰著，北京：中国人民大学出版社，2005 年 2 月出版。本书属于"国学基础文库"之一。本书可以说是一部为中国哲学史奠定基础框架、指明方向的著作。通过接纳和吸收西方哲学的模式和方法，冯友兰先生从形而上学、人生哲学和方法论三个角度切入，分十三章系统地研究了孔子、墨子、孟子、老子、庄子、惠施、公孙龙、墨子、荀子等先秦诸子，五行、八卦、佛教、道教、道学等哲学思想，以及以周濂溪、邵康节、张横渠、二程、朱子、陆象山、王阳明等代表的宋明理学思想，并将其视做中国哲学传承和发展的主流加以梳理、阐释。附录包括《为什么中国没有科学——对中国哲学的历史及其后果的一种解释》、《中国哲学之贡献》、《泛论中国哲学》、《中国中古近古哲学与经学之关系》、《怎样研究中国哲学史?》、《在各国传统社会基础的哲学》六篇文章。

历史人物（含《甲申三百年祭》）

郭沫若著，北京：中国人民大学出版社，2005 年 2 月出版。本书属于"国学基础文库"之一。《历史人物》一书对屈原（附离骚今译）、曹植、万宝常、王安石四位历史人物进行了研究和评价。《甲申三百年祭》一书则对李自成、李言、夏完淳、鲁迅、王国维、郁达夫、闻一多等处于不同历史时期的重要人物进行了研究和评价。两部书在对大量文献资料进行分析的基础上，提出了科学而又独到的见解，突出反映了作者以人为本的文艺观。

青铜时代

郭沫若著，北京：中国人民大学出版社，2005 年 2 月出版。本书属于"国学基础文库"之一。本书是郭沫若先生关于秦前社会和学术思想的一部重要论文集，向来与《十批判书》并称为姊妹篇。全书包括《先秦天道观之进展》、《〈周易〉之制作时代》、《由周代农事诗论到周代社会》、《驳〈说儒〉》、《墨子的思想》、《公孙尼子与其音乐理论》、《述吴起》、《老聃、关尹、环渊》、《宋钘尹文遗著考》、《〈韩非子·初见秦篇〉发微》、《秦楚之际的儒者》、《青铜器时代》12 篇文章，都具有重要的学术价值，是历来相关研究者所不可忽略的参考资料。书末附录了《〈两周金文辞大系〉序》、《周代彝铭进化观》、《彝器形象学试探》三篇关于钟鼎彝器研究的文章。

奴隶制时代

郭沫若著，北京：中国人民大学出版社，2005 年 2 月出版。本书属于"国学基础文库"之一。本书是郭沫若先生关于史学和考古学的学术论文集，文章大都创作于解放初期，主要围绕着中国古代史中奴隶制时代和封建制时代的分期问题展开论述。在解放初的史学界，关于奴隶制和封建制交替时间的界定，并没有清楚的定论。郭沫若先生通过对井田制的兴废、殷周人殉的史实、奴隶与农奴的区分、汉代政权的实质，以及古文字的发展等众多的关键问题进行深入研究，先后撰写了本书所收入的 16 篇文章，包括《中国古代史的分期问题——代序》、《奴隶制时代》、《蜥蜴的残梦——〈十批判书〉改版书后》、《读了〈记殷周殉人的问题〉》、《申述一下关于殷代殉人的问题》、《关于周代社会的商讨》、《关于奴隶与农奴的纠葛》（补记：黑劳士与莫里司）、《墨家节葬不非殉》、《发掘中所见的周代殉葬情形》、《〈侈靡篇〉的研究》、《希望有更多的古代铁器出土——关于古代分期问题的一个关键》、《汉代政权严重打击奴隶主——古代史分期分歧论中的又一关键性问题》、《略论汉代政权的本质——答复日知先生》、《关于中国古史研究中的两个问题》、《古代文字之辩证的发展》、《驳〈实庵字说〉》，以资料的翔实性，论证的严密性和推理的科学性力驳众说，将中国古代史上奴隶制与封建制的分界确定在春秋与战国之交。本书不仅为后来的史学研究在认识上开辟了新的局面，同时在方法上提供了科学的范例，从而也奠定了郭沫若先生在史学史上的重要地位。

文化学概观

陈序经著，北京：中国人民大学出版社，2005 年 2 月出版。本书属于"国学基础文库"之一。本书是陈序经教授在西南联大讲授"文化学"课的讲稿的基础上撰写成的，是中国文化学研究的奠基之作。全书分为四册，每册分为两编。第一册第一编分为现象的分类、文化的意义、文化与文明、文化学史略四章，第二编分为研究的先然、人类学研究、社会学研究、其他的研究四章；第二册第一编分为伦理的观点、宗教的观点、政治的观点、经济的观点四章，第二编分为地理的基础、生物的基础、心理的基础、社会的基础四章；第三册第一编分为文化的性质、文化的重心、文化的成分、成分的关系四章，第二编分为文化的发生、文化的发展、文化的层累、发展的方向四章；第四册第一编分为一致与和谐、回顾与前瞻、自由与平等、模仿与创造四章，第二编分为个人与社会、国家与世界、东方与西方、南方与北方四章。全书综合探讨了文化学与人类学、社会学、经济学、政治学、哲学、心理学、生理学等学科的关系，并从学科建设的角度搭建了文化学的理论架构。书中采用了作者在国外留学期间收集的大量文化学研究资料，旁征博引，融贯中西，其中一些观点在今天仍具备一定的理论价值。

中国学研究（第七辑）

吴兆路、林俊相、甲斐胜二主编，济南：济南出版社，2005 年 3 月出版。该刊所收录的论文稿件，内容涉及中国文学、语言学、历史学、哲学、艺术学和宗教学等。其撰写人员一般是博士毕业或具有副教授以上专业技术职务的大学教师或专职研究人员，在中国留学即将毕业的国外优秀博士生的论文也在遴选之列。本辑分为专家论坛、哲学与文学、古代诗文研究、古代小说研究、现当代文学研究、戏曲研究、语言学研究、历史文化研究、国外中国学研究、中国学论著论坛10 个专题，收有中、美、日、韩等国作者的论文 48 篇。

新国学（第 5 卷）

项楚主编，成都：巴蜀书社，2005 年 3 月出版。本卷收录了中、日学者的 24 篇论文，内容涉及文学、历史、宗教、民俗、语言、文献整理等学科，其中不少文章具有跨学科研究的特点。包括：虚实相济：在考据与辞章之间找寻义理——以《通鉴胡注表微》为例（曾祥波、刘进）；中国古代民谣的界定（吕肖奂）；汉镜铭文中的七言诗刍论——兼谈七言诗的起源问题（富世平）；相和歌杂考（孙尚勇）；北宋"转踏"刍议（张若兰）；宋代画赞研究（刘佩伟）；读三史《儒林列传》札记（[日]何广棪）；司马彪《庄子注》研究（李晶）；中国古代山岳崇拜与笔记小说中的岳神形象（刘正平）；盂兰盆文献所反映的中土民间信仰若干概念的变化（[日]土屋太祐）；《南岳夫人内传》、《南岳魏夫人传》考（罗宁、武丽霞）；女仙杜兰香故事源流考——兼与李剑国等先生商榷（胡蔚）；"昭明太子十学士"与《文选》编纂（王立群）；尤刊《李善注文选》中五臣注的来历——兼驳冈村繁先生"宋刊李善注本盗用五臣注"说（范志新）；《文选·齐竞陵文宣王行状》校读杂记（罗国威）；要知在欲是行禅，火聚荷花颜色鲜——宋代僧侣狎妓纳室风气及其原因剖析（陈自力）；宋南渡之际武夷诗人群体的人员构成及其交游（王利民）；从"寺"自"官寺"义向"佛寺"义的演化看佛教在中国的传播与发展（陈宝勤）；魏晋南北朝文与汉文佛典对"恐惧"义的选择（陈秀兰）；"乐饥"与"食医"（徐刚）；叶、沈二家《刘孝标〈世说注〉引书目录》补正（陈庆）；《全唐诗补编》订误（袁津琥）；《全宋诗》诗录唐人诗偈举隅（谭伟）；辽、金、元三史《乐志》献疑（王福利）。卷末的《编后记》对所收录的论文作者群做了交代，简单归纳了若干论文的讨论主题，同时也表达了坚持编辑本刊的决心和信心。

画说宋词

朱建毅选注，西安：太白文艺出版社，2005 年 4 月出版。本书属于"国学画库"之一。《国学画库》首选教育部中小学语文教学大纲推荐篇目，以辅助教学为宗旨，在此基础上扩展最具代表性的名家篇，融文学性、历史性、艺术性于一体。丛书对经典的诠释也不再局限于单一的文学角度，而是用大历史的方法再现其创作过程，以事实和证据重构准确的时间和空间，把作者及作品放回到当时的社会大背景下，同整个时代扣合起来，使读者能够透过真实的历史框架从宏观上把握作品主旨。本书收录了宋代王禹偁、潘阆、寇准、林逋、范仲淹、柳永、张先、晏殊、张昇、宋祁、叶清臣、欧阳修、王安石、王观、晏几道、张舜民、苏轼、李之仪、黄庭坚、秦观、贺铸、周邦彦、毛滂、叶梦得、朱敦儒、赵佶、李清照、吕本中、向子諲、陈与义、张元幹、岳飞、韩元古、朱淑真、陆游、范成大、杨万里、严蕊、张孝祥、辛弃疾、陈亮、刘过、姜夔、史达祖、刘克庄、吴文英、文及翁、李好古、刘辰翁、周密、邓剡、文天祥、王沂孙、蒋捷、张炎等五十多人的词作。

画说唐诗

朱建毅选注，西安：太白文艺出版社，2005 年 4 月出版。本书属于"国学画库"之一，收录了唐代骆宾王、李峤、王勃、贺知章、陈子昂、张九龄、王之涣、孟浩然、王翰、王湾、王昌龄、王维、高适、崔颢、李白、常建、杜甫、刘长卿、岑参、柳宗元、贾岛、张继、韩翃、韦应物、卢纶、孟郊、崔护、韩愈、刘禹锡、白居易、胡令能、李绅、元稹、李贺、杜牧、杜秋娘、李商隐、温庭筠、薛莹、黄巢、曹松、罗隐等人的诗作。

画说元曲

朱建毅选注，西安：太白文艺出版社，2005 年 4 月出版。本书属于"国学画库"之一，收录了元好问、杨果、刘秉忠、商道、杜仁杰、王和卿、盍西村、商挺、胡祗遹、刘因、徐琰、王恽、卢挚、赵岩、陈英、关汉卿、白朴、姚燧、马致远、赵孟頫、王实甫、滕斌、邓玉宾、冯子振、珠帘秀、贯云石、鲜于必仁、张养浩、白贲、刘唐卿、郑光祖、范康、曾瑞、睢景臣、周文质、赵禹珪、乔吉、刘时中、阿鲁威、虞集、薛昂夫、吴弘道、赵善庆、张可久、任昱、钱霖、徐再思、孙周卿、王仲元、吕止庵、真真、查德卿、吴西逸、朱庭玉、李德载、程景初、李致远、张鸣善、杨朝英、王举之、贾固、周德清、宋方壶、钟嗣成、周浩、汪元亨、杨维桢、倪瓒、刘庭信、汤式、刘燕哥、施耐庵、无名氏等曲作家的曲作。

中国伦理思想研究

张岱年著，南京：江苏教育出版社，2005 年 4 月出版。本书属于"国学书库·哲学类丛"之一。中国素称礼仪之邦，中国哲学中伦理思想比较丰富，所涉及学派以及问题都纷纭错综。因此，本书除了第一章总论之外，还依次用中国伦理学说的基本问题、道德的层次序列、道德的阶级性与继承性、如何分析人性学说、仁爱学说评析、评"义利"之辨与"理欲"之辨、论所谓纲常、意志自由问题、天人关系论评析、道德修养与理想人格、整理伦理学说史料的方法等十一章对中国伦理的诸多问题作了全面而深刻的研究，使中国伦理思想史学科日臻成熟，同时也为深入系统地研究中国伦理思想史指明了方向。

中国哲学大纲

张岱年著，南京：江苏教育出版社 2005 年 4 月出版。本书属于"国学书库·哲学类丛"之一。本书是作者的早年力作，以问题为纲，叙述中国哲学的源流发展，展示其整个的条理系统，阐明其发展过程。除了序论，本书还包括宇宙论、人生论、致知论、结论四部分。序论讨论了哲学与中国哲学、中国哲学之区分、特色、发展四个问题。第一部分宇宙论，首先讨论了中国宇宙论的发生，然后分本根论、大化论两篇进行分析。第二部分人生论，首先讨论了人生论在中国哲学中的位置，然后分天人关系论、人性论、人生理想论、人生问题论四篇做了分析。第三部分致知论，首先讨论了中国哲学中的致知论，然后分知论、方法论两篇进行了分析。第四部分结论，讨论了中国哲学中的死哲学和活哲学。具体而言，对每一篇的每一问题，本书都按照时间顺序，分述了从先秦至清中期诸家学说，并分析其传承流变，因而整体上也可以看做是一本中国哲学问题史。另外，书末附有补遗。

中国学术史讲话

杨东莼著，南京：江苏教育出版社，2005 年 4 月出版。本书属于"国学书库·文史类丛"第一辑十种之一。杨东莼先生是我国著名的哲学家、史学家，曾被誉为"三四十年代中国八大史学家之一"，本书是其代表作之一。全书分为十二讲，依次论述了学术思想的萌芽、学术思想的解放与分野、学术思想的混合与儒家的独尊、道教的兴起与变革、自然主义的特盛、佛教的输入及其在中国的发展与影响、理学未兴前学术思想界的倾向、儒学的大转变——理学、西学东渐、朴学、今文学与维新运动、新文化运动等专题，对中国学术的源流与变迁进行了比较全面地梳理，勾勒了一幅清晰的中国学术脉络图。

中国古代文化常识

王力主编，南京：江苏教育出版社，2005 年 5 月出版。本书属于"国学书库·文史类丛"第一辑十种之一。本书是一部关于古代文化常识的小册子，分十四章依次对天文、历法、乐律、地理、职官、科举、姓名、礼俗、宗法、宫室、车马、饮食、衣饰、什物等有关古代社会"物质文明"的主题作了介绍，通过具体的文献作品，重构了中国古代文化生活的图景。

思潮与学派：中国近代思想文化研究

郑师渠著，北京：北京师范大学出版社，2005 年 5 月出版。本书属于"当代中国史学家文库"之一。本书是郑师渠教授从以往发表的著述、论文中选出的思想文化史方面的专题出版物，集中探讨了近代中国的文化思潮与学派。全书内容主要包括五个方面：一、社会文化思潮的变动与近代的文化民族主义；二、传教士、西学与风习的变迁；三、国粹派与国粹主义；四、学衡派与新人文主义；五、梁启超、严复、章太炎、钱玄同、杜亚泉、吴宓等重要学者文化思想的个案研究。全书注重社会与文化的互动，尤其关注鸦片战争前后、20世纪初期与欧战后等几个重要的转折时期。其中对国粹派的介绍专章，提及从中国教育会到国学保存会、国粹派的主要代表人物及其崛起的历史机缘，剖析了晚清国粹派的文化观和经学思想，另对晚清国粹派与社会学、新史学、清学的关系作了探讨。

思想者说

王小波、李银河著，北京：文化艺术出版社，2005 年 5 月出版。本书收集了作者一系列与思想有关的论著，其中《我看国学》、《智慧与国学》两篇是作者对国学与思想关系的阐发。

新国学研究（第一辑）

汕头大学新国学研究中心编，北京：人民出版社，2005 年 5 月出版。"新国学"是在原有的"国学"概念的基础上提出来的，是与原有"国学"相对举的，但却不是相对立的，它既包括对中国古代历史和中国古代文化史料的整理和研究，也包括对中国现代历史和现代文化史料的整理和研究；既包括中国学者对本民族历史和本民族文化史料的整理和研究，也包括中国学者对外国历史和外国文化史料的翻译、介绍、整理和研究，同时也把中国学者对现实实践问题和现实理论问题的思考和研究纳入到这个学术概念的涵盖范围之中。《新国学研究》旨在重建中国学术的整体观念，并在这种新的整体观念的基础上更加主动积极地、更加有效地从事各个不同领域、不同学科和不同专业的学术研究。本辑收录了 6 篇论文：王富仁《"新国学"论纲》，赵园《刘门师弟子》，何红斌、王田葵《舜文化的阐释与演进》，任洪渊《汉语改写的西方诸神：水仙花何时开放?》，陈方竞《断裂与承续：对"五四"语体变革的再认识》，彭小燕《存在主义视野下的列夫·托尔斯泰和他的小说人物》。

国学研究（第十五卷）

袁行霈主编，北京：北京大学出版社，2005 年 6 月出版。本卷收录论文 15 篇：关于中华文明史的理论思考（袁行霈）；周文王

"三分天下有其二"说质疑（陈立柱）；《梁书·何敬容传》"宰相皆文义自逸"句考释（祝总斌）；中古士族的容止崇尚与古代选官的以貌取人（阎步克）；唐代慕容氏家族研究（余静）；辽代《韩德昌墓志铭》和《耶律（韩）高十墓志铭》考释（刘凤翥、清格勒）；论"象思维"、"易逻辑"与中国传统思维模式的基本特征——关于由《周易》一书所确立的中国哲学的基本趋向的思考（周继旨）；胡宏、张栻儒学思想研究（杨柱才）；《左传》赋诗现象分析（王清珍）；论东汉迁都之争与京都赋的创作（曹胜高）；胡应麟与王世贞交谊考——吴晗《胡应麟年谱》补正（王嘉川）；《野叟曝言》光绪壬午本为增补本考辨（潘建国）；梁启超的文类概念辨析（夏晓虹）；《管锥编》论《左传》之叙事与记言——钱钟书之《左传》学（张高评）；稿钞本清诗话经眼录（蒋寅）。其中每篇论文前都有提要，使读者对作者论述的问题和结论一目了然。卷末附有《北京大学国学研究院大事记（2004 年 7—12 月）》、《征稿启事》、《来稿书写格式》。

中国哲学十讲

李石岑著，南京：江苏教育出版社，2005 年 6 月出版。本书属于"国学书库·哲学类丛"之一。本书是作者的代表作之一，也是最早在"中西比较"的框架下梳理中国哲学发展脉络的著作之一。全书根据作者 1932 年在福建省教育厅暑期讲学会上的讲稿整理而成，共分为十讲。第一讲"中国哲学和西洋哲学的比较研究"分别从发展过程和思想实质两方面做了论述，列举出双方的诸多共通之处。其余九讲依次为儒家的伦理观、墨家的尚同说及其实践精神、道家的宇宙观、名家之观念论的辩证法与形式论理、《中庸》的哲理、禅家的哲理、什么是理学、体用一源论、生的哲学，主要以辩证唯物论为指导思想和方法论对各派观点进行了评论，并在论述的过程中穿插了西方哲学的相似观点。

国学初步

郭尚民著，济南：山东人民出版社，2005 年 7 月出版。这是一本介绍我国传统文化的简明教材。全书分为三个单元，第一单元为"国学概说"，依次介绍了文字学、经学、史学、子学、文学；第二单元"《论语》"分四节,首先对《论语》一书作了概说,然后具体讨论了其对自我完善、家庭秩序、和谐社会的借鉴意义;第三单元"《诗经》"分两节介绍了其中的基本常识和爱情诗;第四单元"《春秋》和《左传》"分为三节,先对两本著作的概况作了论述,然后讨论了《左传》的文学价值及对后世的影响。书末附有专题研究,包括《〈论语〉的读法》、《反本——〈论语〉的逻辑基石》两篇文章,以及《国学推荐阅读书目》、《主要参考文献》。

走在历史的路上——顾颉刚自述

顾颉刚著,南京:江苏教育出版社,2005 年 7 月出版。本书属于"国学书库·文史类丛"第一辑十种之一。本书收录了顾颉刚撰写的两篇文章,第一篇《古史辨自序》(第一册)叙述了自己求学的经过、生活的感受,以及倾心于古史考证、辨伪、民俗学的原因。第二篇《孟姜女故事研究》分孟姜女故事历史的系统、地域的系统、研究的结论三部分做了论述。另外,书中还收录了王煦华撰写的《顾颉刚先生主要学术活动年表》,可以使读者了解顾先生一生的学术活动。

词曲史

王易著,南京:江苏教育出版社,2005 年 8 月出版。本书属于"国学书库·文史类丛"第一辑十种之一。朱自清先生曾认为王国维《宋元戏曲史》、鲁迅《中国小说史略》、刘毓盘《词史》、王易《词曲史》是西学东渐之后,在中国文学史上具有代表意义的四部著作。本书为 20 世纪 20 年代作者执教于心远大学时所撰写的教材,共分为十篇,以明义、溯源、具体、衍流、析派、构律、启变、入病、振衰、测运为序讨论了词曲这种文体形式的发展演变过程。作为一部教材,本书在具体的论述过程中,介绍了许多著名的词曲作家,举例分析了大量的词曲作品,使读者在感受词曲之美的同时,容易获知词曲之道,避免了纯粹理论的枯燥乏味。

中国文明的开始

李济著,南京:江苏教育出版社,2005 年 8 月出版。本书属于"国学书库·文史类丛"第一辑十种之一。本书收录了 1954 年至 1972 年间李济撰写的关于中国上古文明与文化研究的重要论文,展示了其学术思想和观点及其发展，在中国文明起源的研究领域具有开创性和指导意义。书前收入了五十帧精美图片，及《李济关于中国民族及文化发展的初始的几点看法》和张光直撰写的《人类学派的古史学家——李济先生》两篇文章。全书共八篇，第一篇《中国文明的开始》分三讲，以殷墟发掘成果，尤其是对殷墟陶器、青铜器的研究为基础，对中国文明的起源进行了探究。《安阳的发现对谱写中国可考历史新的首章的重要性》、《从中国远古史的几个问题谈起》、《试论中国文化的原始》、《人之初》、《古代中国文明》、《再谈中国上古史的重建问题》、《踏入文明的过程——中国史前文化鸟瞰（待定稿）》等7篇在肯定安阳发掘对中国历史重要性的基础上，对远古文化以及中国文化的起源进行了重新认识，尤其在古史料的收集、选择、整理以及古史的写作等各方面提出了中肯的建议，提出了中国上古史的重建问题。

民国学案（第一卷）

张岂之主编，长沙：湖南教育出版社，2005年8月出版。本书记述了民国时期著名学者及其学术思想，全书共分六卷，以学案体著述而成：其中第一卷为哲学类，第二卷为史学类，第三卷为经学考古类，第四卷为语言文学美学类，第五卷为版本目录、历史地理、宗教等类，第六卷为教育、科技、艺术等类。各卷中案主学术研究涉及多个学科领域的，以其主要学科成就归类。本书系共著录案主254人，分个案、合案，案主的排列以出生年份先后为序。案主学术的文字引用和成果收录，大体保持原貌。本书编写体例大致为：（一）案主行状；（二）学术旨要；（三）案主主要著述目录；（四）研究案主学术成果要目（收录时间以2000年底为限）。本书为第一卷，绪论介绍了创变中的民国学术，涉及的案主有辜鸿铭、吴稚晖、杜亚泉、陈独秀、杨明斋、马一浮、师复、谢元量、熊十力、张东荪、张君劢、丁文江、李大钊、杜国庠、李达、戴季陶、胡适、李石岑、张申府、梁漱溟、嵇文甫、金岳霖、冯友兰、瞿秋白、朱谦之、贺麟、陈序经、华岗、赵纪彬、艾思奇等。

民国学案（第二卷）

张岂之主编，长沙：湖南教育出版社，2005年8月出版。本书系收录民国时期著名学者学术思想的学案体著述，内容涵盖哲学、历史学、语言学、文学、美学、经学、训诂学、考古学、图书版本目录文献学、地理学、方志学、宗教、社会学、法政、经济学、新闻学、教育学、科技史、艺术、军事学等学科，在各个学科内又有代表人物，共254位。在每个学案里既有人物生平、学术思想、学术著作的介绍，又有学术旨要的介绍（以下各卷同）。本书为第二卷，主要收录了50位民国时期著名学者及其学术思想。包括沈曾植、柯劭忞、夏孙桐、夏曾佑、孟森、梁启超、张尔田、连横、柳诒徵、李剑农、陈垣、吕思勉、岑仲勉、冯承钧、金毓黻、何炳松、陈寅恪、郭沫若、范文澜、顾颉刚、洪业、蒙文通、姚从吾、蒋廷黻、钱穆、傅斯年、简又文、容肇祖、翦伯赞、周谷城、罗根泽、向达、陈恭禄、杨东莼、吕振羽、谢国桢、雷海宗、萧一山、尚钺、方国瑜、贺昌群、郭廷以、韩儒林、侯外庐、张荫麟、何干之、谢兴尧、李平心、吴晗、胡绳等。

民国学案（第三卷）

张岂之主编，长沙：湖南教育出版社，2005年8月出版。本书是第三卷，主要收录的案主有马其昶、康有为、姚永朴、叶德辉、唐文治、章太炎、丁惟汾、刘师培、吴承仕、杨树达、黄侃、沈兼士、蒋伯潜、马宗霍、周予同、罗振玉、王国维、马衡、徐旭生、黄文弼、郭宝钧、容庚、董作宾、李济、于省吾、杨钟健、徐中舒、唐兰、吴金鼎、商承祚、裴文中、梁思永、尹达、贾兰坡、曾昭燏、孙海波、夏鼐、胡厚宣等。

民国学案（第四卷）

张岂之主编，长沙：湖南教育出版社，2005年8月出版。本书是第四卷，主要收录的案主有卢戆章、陈衍、高步瀛、经亨颐、胡朴安、鲁迅、吴梅、夏丏尊、钱基博（［附］钱钟书学案）、钱玄同、黎锦熙、陈望道、刘半农、赵元任、郭绍虞、吴宓、林语堂、茅盾、任中敏、曹靖华、宗白华、朱光潜、丰子恺、朱自清、郑振铎、闻一多、罗常培、阿英、夏承焘、王力、俞平伯、夏衍、赵景深、胡风、姜亮夫、张世禄、梁实秋、冯雪峰、陆侃如、冯沅君、李健吾、周扬、丁声树等。

民国学案（第五卷）

张岂之主编，长沙：湖南教育出版社，2005 年 8 月出版。本书是第五卷，主要收录的案主有张元济、傅增湘、余嘉锡、王云五、袁同礼、杜定友、刘国钧、姚名达、王重民、李敏修、冼玉清、王献唐、杨守敬、张相文、朱士嘉、谭其骧、欧阳竟无、蒋锥乔、丁福保学案、李叔同、陈撄宁、苏曼殊、太虚、汤用彤、吕澂、陈国符、陶孟和、张竞生、邓初民、孙本文、陈达、李景汉、易君左、潘光旦、林惠祥、杨堃、费孝通、沈钧儒、王宠惠、马叙伦、周鲠生、张友渔、钱端升、吴景超、王亚南、千家驹、黄远生、张季鸾、邵飘萍、戈公振、邹韬奋等。

民国学案（第六卷）

张岂之主编，长沙：湖南教育出版社，2005 年 8 月出版。本书是第五卷，主要收录的案主有：杨昌济、张伯苓、黄炎培、王拱璧、林砺儒、晏阳初、陶行知、廖世承、郑宗海、陈鹤琴、孟宪承、杨贤江、肖孝嵘、成仿吾、潘菽、陈东原、李俨、李仪祉、梁思成、黄宾虹、徐悲鸿、刘海粟、潘天寿、张大千、常书鸿、萧友梅、王光祈、青主、刘天华、杨荫浏、黄自、冼星海、聂耳、欧阳予倩、田汉、蒋百里、杨杰、郭化若等。本卷后有民国学术史系年并附案主索引。

中国传统法学述论——基于国学视角

俞荣根、龙大轩、吕志兴编著，北京：北京大学出版社，2005 年 8 月出版。本书按照国学的思路将传统法学划分为礼法学、刑名学、律学、唐律学、刑幕学、宋（慈）学、沈（家本）学七大类，七篇之前冠以"中华法系学"，书末附以"简牍学"之称。各篇先论其立学之根据，再明该学的内涵、外延及研究对象，然后详述其沿革，介绍各时期主要学术成就，尤其是对近二十多年来的国内外有影响的论著，进行了一一介绍，最后概览其研究热点及未来趋向。

旅游与国学通论

陈敏华著，北京：人民出版社，2005 年 9 月出版。本书是作者在博士论文的基础上修改、完善而成的一部从国学角度展开对旅游文化探讨的学术著作。作者从旅游文化学出发，运用中学为体、西学为用的方法，着眼于国学与旅游两大领域的结合，站在中国旅游业可持续发展与中华民族传统文明复兴的高度，以国学知识和国学精神为骨架，通过追溯和考察中国传统旅游活动的历程，探讨旅游活动的文化本质，论证和说明国学在旅游活动与旅游业发展中的重要地位和作用。全书共分五章：第一章国学为我国旅游之灵魂；第二章国学与旅游资源；第三章国学与旅游者；第四章国学与旅游经营；第五章国学与旅游的可持续发展。全书主要结合旅游专业理论，对国学与旅游资源、国学与旅游者、国学与旅游企业经营、国学与旅游可持续发展之间的互动互补关系进行了梳理和阐释，并对当前中国旅游活动和旅游业的发展进行反思和前瞻，勾勒出了国学与旅游的内在关系及其理论体系架论。

文人与画：正史与小说中的画家

严善錞著，南京：江苏教育出版社，2005 年 9 月出版。本书属于"国学书库·书画论丛"五种之一。全书分为四章，第一章"图画、艺术与画家的一般概念"，第二章"正史小说与画家"，第三章"画品、画史、画论与画家"，第四章"从顾恺之到董其昌——文人画家的几个类型"，主要论述了中国绘画在其发展过程中，由于文人的参与，使得它的美学观念、趣味标准、形式风格，乃至历史的撰写方式，在许多方面都展示出与西方绘画的不同，因此，中国画家的文化身份和社会地位也不同于西方。"附编"包括《理想的模式与现实的困境——"道"、"艺"研究》、《人伦鉴识与艺术品评——"逸品"研究》、《分宗别派的战略意图——董其昌研究》、《价值的终结与图式的转换——潘天寿研究》四篇文章。书目附有《参考书目》、《后记》。

中国绘画理论

傅抱石编著，南京：江苏教育出版社，2005 年 10 月出版。本书属于"国学书库·书画论丛"五种之一。中国绘画理论是中国绘画精神理想、观念内涵与形式技法等特质的归纳、探究和阐发。本书即辑录了历代先贤名家关于中国绘画的精辟论述，共分为三部十六论，对中国画界、美术界产生过深刻影响，是一部美术史上的代表作。"泛论之部"泛论中国绘画所涉及的一切，直接明其精神，间接助其笔墨，分为五部分，依次为一般论、修养论、造意论、神韵论、俗病

论。"总论之部"分为六部分，依次为造景论、布置论、笔墨论、设
色论、临摹论、款题论。"分论之部"分为五部分，依次为林木论、
山石论、皴擦论、点法论、装饰论。

尔雅台答问

马一浮著，南京：江苏教育出版社，2005 年 10 月出版。本书属
于"国学书库·哲学论丛"之一。全书包括正编一卷、续编六卷、
补编二卷，收录了作者在复性书院讲学期间答复院内、外学者的书
信，以及平时对学生的示语和批语，是其教育实践的重要组成部分。
全书多论及书院教育的性质和特色，对儒学的研究和理解，以及治学
方法。书末附有《马一浮先生年表》。

复性书院讲录

马一浮著，南京：江苏教育出版社，2005 年 10 月出版。本书属
于"国学书库·哲学论丛"之一。复性书院旨在"讲明经术，注重
义理，欲使学者知类通达，深造自得，养成刚大贞固之才"。1939
年，作者受聘为复性书院主讲，到 1941 年 5 月讲学停止，前后将近
两年。《复性书院讲录》即为当时的讲稿，共六卷。卷一为总纲，包
括《开讲日示诸生》、《学规》、《读书法》、《通治群经必读诸书举
要》四篇，告诫学者为学之目的、内容、方法和途径。卷二为《群
经大义总说》、《论语大义》，卷三为《孝经大义》，卷四为《诗教绪
论》、《礼教绪论》，卷五为《洪范约义》，卷六为《观象卮言》，对
儒家经典进行了深入独到的阐释。

衍义的"气韵"：中国画论的观念史研究

邵宏著，南京：江苏教育出版社，2005 年 10 月出版。本书属于
"国学书库·书画论丛"五种之一。本书主要讨论了"气韵"这个词
的内涵在中国传统的人论、画论、文论中复杂而又漫长的演变过程，
同时描叙了该词传到了西方后，西方汉学界对它的兴趣和分析。全书
"导论"部分论述了"美术"概念入华的历史过程和英译"六法"，
其后附有《"美术"入华主要事件年表》。正文八章依次为顾恺之"传
神"说的语境、谢赫《画品》的文化来源、"六法"断句小学考、
"气"与"音乐"的西汉问题、从"逸韵"到"逸格"、"韵"：文化
与画论的共享概念、"经营"的风格学意义、书画的"同源"与"同

法",并附有清代严可均《全齐文·古画品》稿本影印件、日本川上泾《谢赫六法欧美译语表》、Michael Sullivan《六法英译表》、"永字八法"图示,"结论"部分对整个研究作了总结。书末附有《主要参考文献》、《索引》。

中国历代画论采英

杨大年编著,南京:江苏教育出版社,2005年10月出版。本书属于"国学书库·书画论丛"五种之一。本书辑录了我国自战国以来历代画论著作的名篇或精彩段落,并按照内容进行了分类,其性质主要是画理、画法、画史、画品等。全书分为二十章,各章均按照作者时代先后排列,大致反映了某一理论问题在不同时代的讨论情况。在每章的末尾,作者都撰有《本章说明》,总结本章的理论问题,阐释原文的主要论点,指出其对绘画实践的指导意义。对于书中所选画论原文,作者都一一注明出处,以便稽考,必要时还对个别字句作了简要的注释,帮助读者理解。第一章"论绘画的功能",第二章"论绘画的修养"分为敦品、读书、贯通三部分,第三章"论绘画的体察",第四章"论绘画的继承",第五章"论绘画的格法"分为本论、支论两部分,第六章"论绘画的理意"分为明理、立意两部分,第七章"论绘画的构思",第八章"论绘画的形神",第九章"论绘画的气韵",第十章"论绘画的境界",第十一章"论人物画(附肖像)"分为人物、肖像两部分,第十二章"论山水画(附界画)"分为总论、画树木法、画山石法、画水泉法、画苔法、画时景法、界画七部分,第十三章"论花卉翎毛画",第十四章"论畜兽虫鱼画"分为畜兽、虫鱼两部分,第十五章"论绘画的章法"分为总论、分论两部分,第十六章"论绘画的笔法",第十七章"论绘画的墨法",第十八章"论绘画的设色",第十九章"论绘画的款印"分为题款、印两部分,第二十章"论绘画的鉴藏"。书末附录《历代画论作者小传》,可供参考。

画禅室随笔

董其昌著,南京:江苏教育出版社,2005年10月出版。本书属于"国学书库·书画论丛"五种之一。本书是一部关于书画创作、评鉴的理论著作。全书分为四卷,卷一包括论用笔、评法书、跋自书、评旧帖四节；卷二包括画诀、画源、题自画、评旧画四节；卷三包括记事、记游、评诗、评文等内容，卷四包括杂言、楚中随笔、禅悦等内容，皆为有关作者行实的文章。作者论书法主张"以意背临"，谓书家妙在能合，神在能离；论画以南北宗论为中心，提倡文人画，尊崇文人书画传统所凝成的韵致。其画论对清代"四王"画派具有决定性的影响。书末附录一包括《康熙十七年刊本引言》、《康熙五十九年刊本序言》、《乾隆三十三年刊本序言》，附录二包括《寿玄宰董太史六十序》、《董尚书其昌》、《董其昌》、《董文敏》、《董文敏传》、《董其昌传》、《董其昌》、《董思白为人》等传记资料，附录三为《主题索引》，附录四为《人名索引》。

中国民族的形成

李济著，南京：江苏教育出版社，2005 年 11 月出版。本书属于"国学书库·文史论丛"第一辑十种之一。本书分为三部分，第一部分包括《李济关于中国民族及文化发展的初始的几点看法》、张光直撰写的《人类学派的古史学家——李济先生》两篇文章。第二部分为作者在美国攻读博士时撰写的论文《中国民族的形成——一次人类学的探索》，这是第一部科学研究中国人种学的著作，也是第一部中国人写的现代人类学著作。全文分为八章，对中国人种作了"我群"和"你群"的分类，并在此基础上做了分析讨论；附录选入了《我在美国的大学生活（节录）》、《中国的若干人类学问题》、李光谟《罗素与青年李济》、《李济致胡适的信》、李光谟《"三十余年前"的学生论文》《中国的若干人类学问题》等相关附件。第三部分包括作者晚年的两篇文章，即《再论中国民族问题》、《中国人的种族历史》，在一定程度上体现了其学术思想的发展。

国学导读

刘兆祐、江弘毅等著，北京：中国人民大学出版社，2005 年 11 月出版。本书属于"国学基础文库"之一。本书分为五篇，第一篇概说部分介绍了国学的名义及其内涵、研治国学的方法和资料以及研治国学所需修读的基本学科，旨在论述国学的内涵以及国学研究的方法，获取资料的方式与研修国学的基本常识。第二、三、四、五篇分为经、史、子、集四大部分，每部分对相关的国学名著与典籍作了细致的介绍与梳理，并对国学的基本论著、基本流派与学术观点作出点评。

国学入门

朱维焕著，北京：中国人民大学出版社，2005 年 11 月出版。本书属于"国学基础文库"之一。本书是由作者讲授"国学入门"的讲义精华整理而成。书中首先阐明何为"国学"，接着从考据之学、词章之学、义理之学和历史之学四个方面加以详细考察，疏证剖析。全书共分五章：第一章绪论，对国学的名义和范围、典籍的刊印和藏书的灾厄进行概说；第二章详论考据之学，其中包括目录学、图书馆学、版本学、校勘学、辨伪学、辑佚学、文字学、声韵学和训诂学；第三章是词章之学，分别介绍了诗学、词学、曲学、文章学和小说学；第四章是义理之学，基本上按时间顺序对先秦经学和子学、两汉的经学、魏晋的玄学、隋唐佛学、宋明理学以及清代的考据学进行系统介绍；第五章是历史之学，分别列举了纪传体、编年体、纪事本末体、政制史、学术史等史书专题。

新国学研究（第二辑）

汕头大学新国学研究中心编，北京：人民出版社，2005 年 11 月出版。"新国学"是在原有的"国学"概念的基础上提出来的，是与原有"国学"相对举的，但却不是相对立的，它既包括对中国古代历史和中国古代文化史料的整理和研究，也包括对中国现代历史和现代文化史料的整理和研究；既包括中国学者对本民族历史和本民族文化史料的整理和研究，也包括中国学者对外国历史和外国文化史料的翻译、介绍、整理和研究，同时也把中国学者对现实实践问题和现实理论问题的思考和研究纳入到这个学术概念的涵盖范围之中。《新国学研究》旨在重建中国学术的整体观念，并在这种新的整体观念的基础上更加主动积极地、更加有效地从事各个不同领域、不同学科和不同专业的学术研究。本辑收录了 8 篇论文：杨义《感悟通论》，王福仁《老子哲学的逻辑构成》，陈仲庚《规范尊从与一元独尊》，木成舟《性体的回归：心本论的近代命运》，李山《周初诗歌创作考论》，董晓萍《牛津大学藏西人搜集出版的部分民俗书籍》，严修鸿《闽客方言与"脖子与下巴之间的部位"意义有关的本字》，谢晓霞

《1910—1920 年〈小说月报〉大事年表》。

国学研究（十六卷）

袁行霈主编，北京：北京大学出版社，2005 年 12 月出版。本卷收录了 15 篇论文。论先秦道家的隐逸思想（萧玉峰）；《庄子》"外杂篇"对于《应帝王》篇的思想发展（张涅）；阳明学在浙西的传播与发展——"隐儒"董沄［附董谷］的个案研究（钱明）；王夫之的《春秋》观（张学智）；回到常识：关于国学研究的一种方法论的思考（俞志慧）；《三礼》郑注"字之误"类征（虞万里）；郑玄注《三礼》之"读为"、"读曰"例考辨（杨天宇）；围棋与中国文化（齐东方）；关于曹魏的侍中尚书（徐冲）；唐宋诸使机构职掌考（赵冬梅）；作为记忆的诗：《诗》及其早期诠释（［美］柯马丁）；明代话本小说地域色彩的凸显（刘勇强）；明清传奇开场角色考（元鹏飞）；汤显祖交游和诗文创作年代补考（吴书荫）；今存《史记》版本简明目录（张兴吉）。其中每篇论文前都有提要，使读者对作者论述的问题和结论一目了然。卷末附有《〈国学研究〉第一至十五卷论文分类目录》、《征稿启事》、《来稿书写格式》。

2006

中国文字与书法

陈彬龢著，南京：江苏教育出版社，2006 年 1 月出版。本书属于"国学书库"之一。全书分为四编，第一编"文字源流"包括三章，依次为"绪言"、"文字之渊源及其发达"、"古代文字研究之程序"主要考察了中国文字的源流。第二编"书体沿革"只有一章，依次介绍了古文、大篆、小篆、隶书、八分、章草、楷书、行书、草书等九种书体及其沿革。第三编"书法述评"分为两章，第一章"书法总评"依次评述了三代人、秦人、两汉人、三国人、六朝人、王羲之、唐人、宋元明人、清人等各个时期的书法；第二章"南北书派论"论述了南北书法各派及其理论发展。第四编"书法研究"分为五章，依次为"学书概说"、"执笔"、"用笔"、"结构"、"习字"，论述并系统地讲解了学习书法的技法。书末附录《历代书家小传》、《重要碑目》。

30 部必读的国学经典

郭川、李金影编著,北京:北京工业大学出版社,2006 年 1 月出版。本书主要是对中国古代经典的推介与导读,涉及的主要作品有《论语》、《道德经》、《庄子》、《孟子》、《墨子》、《荀子》、《韩非子》、《孙子兵法》、《左传》、《楚辞》、《吕氏春秋》、《史记》、《汉书》、《论衡》、《嵇康集》、《陶渊明集》、《世说新语》、《文心雕龙》、《六祖坛经》、《韩昌黎文集》、《资治通鉴》、《苏东坡全集》、《四书章句集注》、《传习录》、《焚书》、《日知录》、《明夷待访录》、《读通鉴论》、《龚自珍全集》和《人间词话》。

中国文化的边界

薛涌著,昆明:云南人民出版社,2006 年 1 月出版。本书是作者对中、西学及相关文化传统、学术的系列文章,其中《国学不要大跃进》、《国学院的缘起要深究》两篇是与国学研究有关的思索。

中国文化之精神价值

唐君毅著,南京:江苏教育出版社,2006 年 1 月出版。本书属于"国学书库·哲学类丛"之一。在港台学者研究中国文化的众多著作中,本书是起了引领风气及开先河的一部,它力图通中西文化之争中的"中体西用"与"全盘西化"之两极,以西方文化思想中之异于中国者为背景,对中国文化的基本精神作宏观的概论式描述。全书分为十七章,依次为"中西文化精神形成之外缘"、"中西文化精神形成之外缘"、"中国文化与宗教之起源"、"中国哲学之原始精神"、"孔子以后之中国学术文化精神"、"中国先哲之自然宇宙观"、"国先哲之人心观"、"中国先哲之人生道德理想论(上)"、"中国先哲之人生道德理想论(下)"、"中国人间世界——日常生活社会政治与教育及讲学之精神"、"中国艺术精神"、"中国文学精神"、"与中国人格世界对照之西方人格世界"、"中国之人格世界"、"中国之宗教精神与形上信仰——悠久世界"、"中国文化之创造(上)"、"中国文化之创造(中)"、"中国文化之创造(下)",一方面纵论了中国文化的历史发展,一方面又横论了中国文化中的自然宇宙观、心性观、人生道德理想、宗教精神与形上信仰、文学艺术的精神以及人间世界、人格世界、形上信仰的悠久世界,同时还讨论中西文化融会贯通等问题。

花落春仍在：俞樾和他的弟子

张欣著，广州：广东教育出版社，2006 年 1 月出版。本书属于"国学传承丛书"之一。俞樾（1821—1907），字荫甫，号曲园。晚清著名文学家、教育家。先后执教于苏州紫阳书院、杭州诂经精舍，弟子门人众多，包括大名鼎鼎的章太炎。其学术和教育思想影响了同治、光绪年间的许多学者，有五百卷的《春在堂全书》传世。当年科举，以一句"花落春仍在"深得曾国藩的赏识，而此句也就成了俞樾一生精神境界的良好写照。全书分为八章，书前的"引言"对俞樾的一生和学术过程做了全面的勾勒。第一章"末世华章"包括"淡烟疏雨落花天"、"无可奈何花落去"、"乱世飘零抱遗经"三个小节。第二章"坐拥皋比"包括"师友点拨辟蹊径"、"皋比一席早安排"、"两载紫阳结文缘"三个小节。第三章"精舍传经"包括"湖山胜地讲经术"、"精舍课艺传家法"、"经史门秀三千士"三个小节。第四章"俞楼雅集"包括"'徐辟'、'彭更'成俞楼"、"殷殷唱和弟子情"、"最是相知有花农"三个小节。第五章"桃李门墙"包括"后学畏友戴子高"、"宋予燕生识绝伦"、"沧海门生问字来"三个小节。第六章"薪火相接"包括"不拘门户惟求是"、"通经致用容汉宋"、"开启学术新纪元"三个小节。第七章"著述传后"包括"群经诸子两平议"、"吴山越水著述留"、"名山著述可能传"三个小节。第八章"右台归真"包括"茶香雅室寄真情"、"右台仙馆存真我"、"一曲小园遗家风"三个小节。书末附有《俞樾生平与学术行年》、《主要参考书目》，《后记》对该书的写作缘由做了简单说明。

理则学（修订版）

牟宗三著，南京：江苏教育出版社 2006 年 2 月出版。本书属于"国学书库·哲学类丛"之一。本书是牟宗三先生的代表作之一，出版后相当长时期内一直作为中国台湾省高校逻辑课程的首选教材。全书按逻辑学的发展脉络分别对传统逻辑、现代逻辑作了详尽而系统的论述，共分三部分：第一部分传统逻辑，分为八章，依次为论概念、论命题、AEIO 的构造及其对当关系、周延原则与 AEIO 的直接推理、正称与反称的 AEIO：八种关系、二分法与思想律、间接推理之一：三段推理、间接推理之二：假然推理及其他；第二部分符号逻辑，分为三章，依次为逻辑代数、真值函蕴系统、严格函蕴系统；第三部分方法学，只有一章，即归纳法。附录两章，分别为辩证法、禅宗话头之逻辑解释（傅成纶）。书末为"新修订版附录"，及邝锦伦《牟宗三的逻辑哲学》一篇。

国学入门

孔祥骅著，上海：上海人民出版社，2006 年 3 月出版。本书为作者多年学习国学的总结，它集众多经典为一书，采集提炼群经诸子的最具代表性的经典话语，同时吸取了近百年许多国学大师的心得，并且结合本人的研究心得和新时代人群之需求，对众多国学经典作出简明而直接的诠释。全书分为上、中、下三篇，绪论部分对什么是国学、国学的分类及其重要性、怎样学国学都作了具体的说明。上篇《群经略说》共分为九章，分别涉及《诗经》、《尚书》、《三礼》、《周易》、《春秋》经传、《大学》、《中庸》、《论语》、《孟子》等国学经典；中篇《诸子略说》分六章，分别介绍了孔子、孟子与儒家、墨子与墨家、老庄与道家、商鞅、韩非与法家、兵家、阴阳、纵横、名、杂诸家；下篇《史学略说》分别介绍了正史、编年史、纪事本末体、政书体、史评和学术史附录以及《诗史略说》等，后附有梁启超《国学入门书要目及其读法》。

国学大师的养生智慧

余开亮、李满意编著，北京：东方出版社，2006 年 3 月出版。本书从众多的国学大师中遴选出梁漱溟、冯友兰、金岳霖、钱穆、赵朴初、张岱年、启功、蔡尚思、张中行、季羡林十位妇孺皆知的高寿者，从养生的角度对他们的日常生活进行了介绍。

中国哲学史史料学

冯友兰著，南京：江苏教育出版社，2006 年 4 月出版。本书属于"国学书库·哲学类丛"之一。本书是为初学中国哲学史的人介绍史料学的一部作品，共分为十四章，第一、二章主要对史料学的范围、内容和相关的目录进行了说明；第三至十四章则分商至西周、春秋战国、汉至晋、唐至清以及近代时期五个历史阶段对中国哲学史史料进行了分类，并就每一阶段的主要史料的具体内容、著作版本以及相关注释作了详细地介绍。附录"《中国哲学史史料学》参考资料"对各阶段的重要史料作了摘录。

新国学研究（第三辑）

汕头大学新国学研究中心编，北京：人民文学出版社，2006 年 4 月出版。"新国学"是在原有的"国学"概念的基础上提出来的，是与原有"国学"相对举的，但却不是相对立的，它既包括对中国古代历史和中国古代文化史料的整理和研究，也包括对中国现代历史和现代文化史料的整理和研究；既包括中国学者对本民族历史和本民族文化史料的整理和研究，也包括中国学者对外国历史和外国文化史料的翻译、介绍、整理和研究，同时也把中国学者对现实实践问题和现实理论问题的思考和研究纳入到这个学术概念的涵盖范围之中。《新国学研究》旨在重建中国学术的整体观念，并在这种新的整体观念的基础上更加主动积极地、更加有效地从事各个不同领域、不同学科和不同专业的学术研究。本辑收录了 6 篇论文：王富仁《孔子社会学说的逻辑构成》、李青《楼兰鄯善魏晋南北朝时期绘画与雕塑艺术源流考论》、周星《百年中国电影现实题材综述》、李贵苍《华裔美国人文化认同的几种理论视角》、刘九生《论黎澍之路：思想与人》、赵娟《闽西土楼浅论》。

传统与现代：人文主义的视界

陈来著，北京：北京大学出版社，2006 年 4 月出版。本书是作者论述其文化观的代表作品，主要内容是围绕儒学价值传统在现代社会的意义，对近代以来有关的文化讨论和社会科学研究进行的一种深度反思。作者在揭示"反传统主义和反—反传统主义"的对立中，谋求化解近代以来传统与现代的紧张，肯定中国文化特别是儒学价值传统在现代社会仍有其意义，对全盘反传统的文化观进行了比较全面的分析和批判。其中《90 年代步履维艰的"国学"研究——"国学热"与传统文化研究的问题》一篇是对 20 世纪 90 年代的国学研究的一种思考。

黄侃国学讲义录

黄侃著，黄延祖重辑，北京：中华书局，2006 年 5 月出版。本书主要收录黄侃《说文解字序讲义》（黄侃讲疏孙世扬编次）、《文字学笔记》（黄侃讲黄焯记）、《声韵学笔记》（黄侃讲黄焯记）、《训诂学笔记》（黄焯撰集）等作品。书后有黄延祖所作《重辑后记》，并列有国学讲义录细目。

黄侃国学文集

黄侃著，黄延祖重辑，北京：中华书局，2006 年 5 月出版。黄侃（1886—1935），字季刚，号量守居士，蕲春青石岭大樟树人。1900 年中秀才；1903 年考入武昌文普通学堂；1905 年，他被湖广总督张之洞以"故人子"，给予官费留学日本早稻田大学；同年，他在东京加入中国同盟会；1910 年秋，归国组织反清活动；1911 年初，黄侃在武汉参加"共进会"与"文学社"的反清活动，写时评《大乱者救中国之妙药也》；民国建立后，黄侃在上海主办《民生日报》；1914 年秋，应聘为北京大学教授；1919 年后，相继执教于武昌高等师范学校、武昌中华大学、北京大学、东北大学、南京中央大学等校，讲授词章、训诂及经史之学，前后凡 22 年。黄侃治学勤奋，主张"为学务精"、"宏通严谨"，所治文字、声韵、训诂之学多有创见，自成一家。在音韵学方面对古音作出了切合当时言语实际的分类。晚年主要从事训诂学之研究。其重要著述有《音述》、《说文略说》、《尔雅略说》、《集韵声类表》、《文心雕龙》、《日知录校记》等。本书即收录了黄侃的《说文略说》、《音略》、《声韵略说》、《声韵通例》、《尔雅略说》、《春秋名字解诂补谊》、《蕲春语》、《讲尚书条例》、《礼学略说》、《汉唐玄学论》等。书前有章太炎所作序，书后附有日记残叶两则、重辑后记、六四年版《杂著》校勘纪要。

清代学术概论

梁启超著，北京：中国书籍出版社，2006 年 5 月出版。本书属于"国学名家选粹"之一。作者自言撰写此书的动机有两个，其一是胡适认为他参与了对思想界影响至大的晚清"今文学运动"，应该有所记述；其二是蒋震撰成《欧洲文艺复兴时代》后向他索序，有意截取中国历史中对应的时代相印证，互较短长而自淬厉。清代学术，在前半期为"考证学"，在后半期为"今文学"，而今文学又实从考证学衍生而来，就此，全书分三十三部分对此两种潮流作了论述，同时也旁及其他问题。

中国学研究（第八辑）

吴兆路、甲斐胜二、林俊相主编。济南：济南出版社，2006 年 5 月出版。该刊所收录的论文稿件，内容涉及中国文学、语言学、历史学、哲学、艺术学和宗教学等。其撰写人员一般是博士毕业或具有副教授以上专业技术职务的大学教师或专职研究人员，在中国留学即将毕业的国外优秀博士生的论文也在遴选之列。本辑分为专家论坛、哲学论坛、古代诗文研究、唐代文学研究、宋代文学研究、明清文学研究、现当代文学研究、语言文字学研究、文学文献学研究、文化研究、国外中国学研究等 11 个专题，共收录中、俄、日、韩、新加坡、塞尔维亚等国作者的论文 62 篇。

国学研究（第十七卷）

袁行霈主编，北京：北京大学出版社，2006 年 6 月出版。主要包括 15 篇论文：买地券文广例（张传玺）；隋朝之"隋"非隋文帝所造说（胡锦贤）；论北宋后期文臣与宦臣共同统军体制的流弊（陈峰）；宋代州县官府的榜谕（高柯立）；论《千字文》（潘吉星）；文章"义法"与"春秋笔法"关系考（李洲良）；《神乌传》与《离骚传》（李若晖）；"诗妖"之研究（徐公持）；唐中宗中兴的社会反省思潮与文学精神的转变（李俊）；论宋元以前的船台演出（康宝成）；《孙子兵法》"十三篇"之"穷寇勿迫"乃后学缀入考（韩伟表）；戴震与江永交游考（蔡锦芳）；许衡著述版本考（许红霞）；马廉的藏书及其小说研究（潘建国）；图景的重现：清道光以来金陵书院与文人活动考论（徐雁平）。其中每篇论文前都有提要，使读者对作者论述的问题和结论一目了然。卷末附有《北京大学国学研究院 2005 年大事记》、《征稿启事》、《来稿书写格式》。

中国近代史大纲（外二种）

蒋廷黻著，南京：江苏教育出版社，2006 年 6 月出版。本书属于"国学书库"之一。虽然作者自言这本书的性质只是个"初步报告"，但它依然是作者关于中国近代史研究的代表作。全书共分为四章，依次为剿夷与抚夷、洪秀全与曾国藩、自强及其失败、瓜分及民族之复兴，主要对 19 世纪到 20 世纪早期的中国历史进行了审视和省思，力图对中国近代的历史进行梳理，从中探究近代中国的现代化历程。外二种分别为《琦善与鸦片战争》、《最近三百年东北外患史（从顺治到咸丰）》，后者包括俄国的远东发展、中俄初次在东北的冲突、尼布楚交涉、东北一百五十年的安宁、俄国假道出师与胁诱割地、俄国友谊之代价六部分，并附有《资料评叙》、《清太祖太宗征服的边境民族考》、《释"俄罗斯察罕汗"》、《〈尼布楚条约〉之条文考》四篇文章。

先秦七大哲学家

韦政通著，南京：江苏教育出版社，2006 年 6 月出版。本书属于"国学书库·哲学类丛"之一。先秦是中国思想史上的一个活跃时期，产生了孔、孟、老、庄、荀、墨、韩非等伟大的哲学家。对他们的思想或褒或贬，代不乏人，本书作者主要从七位哲学家所处的历史背景及其人格和行为出发，分七章依次阐释了他们思想的意义及价值，并将其与现代哲学和思想联系起来，以现代人的观点对其予以审视，挖掘出新的内涵。另外，每章前页均有插图，使得整部书有了图文并茂的效果。

经子解题

吕思勉著，北京：中国书籍出版社，2006 年 6 月出版。本书属于"国学名家选粹"之一。全书用文言文写成，但简雅洁净，而非古奥艰深，是一部真正导引读者了解经学、子部要籍的书。著名学者黄永年教授曾直言是《经子解题》把他引进了学术之门，而且还从中学到了大量有关中国古代文史领域所不可短缺的知识。全书分为两部分，"论读经之法"依次对《诗》、《书》（附论《逸周书》）、《仪礼》、《礼记》、《大戴礼记》、《周礼》、《易》、《春秋》、《论语》、《孟子》、《孝经》、《尔雅》作了解题和阅读方法指导；"论读子之法"依次对《老子》、《庄子》、《列子》、《荀子》、《晏子春秋》、《墨子》、《公孙龙子》、《管子》、《韩非子》、《商君子》、《尹文子》、《慎子》、《邓析子》、《吕氏春秋》、《尸子》、《鹖冠子》、《淮南子》作了解题和阅读方法指导。

中国小说研究

胡怀琛著，北京：中国书籍出版社，2006 年 6 月出版。本书属于"国学名家选粹"之一。对于中国小说的概念和范围，作者有自己的理解，不管经、史、子、集，只要认为是小说的，就拿来研究。然后，又把来自晋、唐以后的小说，和宋、元以后的小说，清以来的小说，和那从经、史、子、集中取来的材料，并在一起研究。全书分四章：第一章"绪论"，分三节讨论了"何谓小说"、中国小说二字的来历及其解释、中国小说的分类法及研究法等问题；第二章"中国小说实质上之分类及研究"分三节依次讨论了神话、寓言、稗史；第三章"中国小说形式上之分类及研究"将小说分为记载体、演义体、描写体、诗歌体四类，并进行了具体论述；第四章"中国小说在时代上之分类及研究"将小说按照周秦、晋唐、宋元、清、最近的历史顺序进行了分阶段研究。

中国哲学文献选编

陈荣捷编著、杨儒宾等译、黄俊杰校阅，南京：江苏教育出版社，2006年7月出版。本书属于"国学书库·哲学类丛"之一。本书英文初版名为《A Source Book in Chinese Philosophy》，1963年由美国普林斯顿大学印行。作者研究中国哲学数十年，在新儒学方面成就斐然，为儒家思想学说在西方学术界的传播做出了杰出的贡献，被誉为"北美大陆的儒学拓荒者"。书前有《自序》及黄俊杰撰写的《陈荣捷先生的学问与志业》、《出版前言》，全书包括四十三章，第一章总论"人文精神之发展"，然后依次介绍了孔子、孟子、《大学》、《中庸》、荀子、老子、庄子、墨子、名家、阴阳家、法家、《易经》、董仲舒、扬雄、王充、《淮南子》、《列子》及《杨朱篇》、新道家、佛教早期七宗、僧肇、三论宗、唯识宗、天台宗、华严宗、禅宗、韩愈和李翱、周敦颐、邵雍、张载、程颢、程颐、陆象山、朱熹、王阳明、王夫之、颜元之、戴震、康有为、谭嗣同、张东荪、冯友兰、熊十力中国历史上各派先哲的重要观点，首此将张东荪、冯友兰、熊十力等人纳入中国哲学史的体系之内，对中国哲学的发展脉络做了深入探索。

周易现代解读

余敦康著，北京：华夏出版社，2006年7月出版。本书属于"北京大学乾元国学教室丛书"之一。本书旨在站在现代人的角度，适应现代人的需要把艰深晦涩的《周易》变为人人都能读懂之书，把易学的智慧变为人人都能掌握的精神财富，基本性质属于普及性的通俗解读。全书前沿依次讲述了《周易》的性质、核心思想、基本知识，然后分别解释了六十四卦的意义，最后解释了《系辞传》、《说卦传》、《序卦传》、《杂卦传》。

汉宋易学解读

余敦康著，北京：华夏出版社，2006 年 7 月出版。本书属于"北京大学乾元国学教室丛书"之一。本书主要针对汉代、宋代关于《易经》的若干问题撰写而成，分为两篇。上篇"汉代《易》学"分六章依次论述了"汉《易》象数之学的兴起"、"孟喜、京房的卦气理论与文化理想"、"《易纬》的卦气理论与文化理想"、"东汉《易》学的发展"、"郑立的《易》学"、"荀爽的易学"，末附王弼的《周易略例》；下篇"宋代《易》学"分九章依次介绍了李觏的《易论》、欧阳修的《易童子问》、司马光的《温公易说》、苏轼的《东坡易传》、周敦颐的《易》学、邵雍的《易》学、张载的《易》学、程颐的《伊川易传》、朱熹的《易》学。

国学经典

钱玄溟编撰，北京：中国长安出版社，2006 年 7 月出版。本书编著者从四书五经、诸子百家、蒙学等传统领域中选取其中具有代表性的《大学》、《中庸》、《论语》、《孟子》、《道德经》、《三字经》、《千字文》、《弟子规》、《朱子家训》、《名贤集》、《百家姓》十一部著作加以编辑整理。全书力求在忠于原著本旨的基础上进行注释。译文生动，同时精心选取了大量国学知识以及国学典故，有助于读者更深刻地领悟国学。

乾隆时期自况性长篇小说研究

王进驹著，中国社会科学出版社，2006 年 7 月出版。属于"暨南国学丛书"之一。本书是由作者的博士论文修改增订而成的，从中国小说和文学发展的实际出发，运用本民族的文学批评思想和范畴，去概括和探究了中国小说创作的独特现象。全书包括绪论、正文七章，书末附有参考书目和《后记》。绪论主要以揭示《红楼梦》、《儒林外史》等小说的产生为切入点，梳理了"自况"的历史过程，并借此阐发了全书的论述主旨。第一章"'自况'性：乾隆时期文人长篇小说对传统的超越和转化"，用三节内容来把握《红楼梦》等发展到艺术高峰的长篇小说创作的共同特征，并将其置于中国小说史和文学史的相关背景下审视，探讨其中包含的规律和意义。第二章"盛世的代价：'自况'性长篇小说产生的社会根源"，用三节内容具体考察了处于"盛世"中的文人困境，揭示自况性长篇小说产生的社会根源，最后附录"从《读书堂西征随笔》看汪曾祺的思想品格和变态心理"。第三章"品评士林与自我鉴赏"，用三节内容论述了《儒林外史》的文体新变和文化精神，最后附录"论《儒林外史》喜剧表现形态的构成"。第四章"曹雪芹'不像'巴尔扎克"，用三节内容辨析了《红楼梦》的创作方法和思维特征。第五章"《绿野仙踪》：'自寓'与道教修行小说的创新和发展"，用三节内容做了论述。第六章"《野叟曝言》：小说类型多元化与'自寓'"用七节内容论述了《野叟曝言》对英雄传奇小说、历史演义小说、神魔志怪小说、世情小说、才子佳人小说的模仿，及其自况性和多元性。第七章"嘉庆至清末：自况性小说的发展"用三节内容考察了自况性小说的后期发展。

新国学研究（第四辑）

汕头大学新国学研究中心编，北京：人民文学出版社，2006 年 7 月出版。"新国学"是在原有的"国学"概念的基础上提出来的，是与原有"国学"相对举的，但却不是相对立的，它既包括对中国古代历史和中国古代文化史料的整理和研究，也包括对中国现代历史和现代文化史料的整理和研究；既包括中国学者对本民族历史和本民族文化史料的整理和研究，也包括中国学者对外国历史和外国文化史料的翻译、介绍、整理和研究，同时也把中国学者对现实实践问题和现实理论问题的思考和研究纳入到这个学术概念的涵盖范围之中。《新国学研究》旨在重建中国学术的整体观念，并在这种新的整体观念的基础上更加主动积极地、更加有效地从事各个不同领域、不同学科和不同专业的学术研究。本辑收录了 10 篇论文：王富仁《从孔子到孟子——孟子国家学说的逻辑构成》，卓振英《〈楚辞〉新考五十例》，赵斌、张睿丽《秦汉中国北方游牧民族服饰研究》，张惠民

《四库馆臣之词学观》，李定广《由中晚唐诗词关系看曲子词的演变轨迹》，沈卫威《学分南北与东南学风——现代大学学术的南北差异》，王宏志《"毕竟是文章误我，我误文章"：论卞之琳的创作、翻译和政治》，熊金才《独立董事制度移植的文化悖论》，张寿洪《香港语文校本课程发展的起源和实践》，鲍国华《鲁迅中国小说史研究系年》。

民歌与国学：民国早期"歌谣运动"的回顾与思考

徐新建著，成都：巴蜀书社，2006 年 7 月出版。本书共九章。首章论述歌谣运动从发起徵集到并入国学的基本脉络，同时对前期的"北大中心"予以简评。第二章与第三章相互关联，均由官、士、民"三级结构"的分析报告文学手，集中讨论民国时期知识界发起歌谣运动的自身缘由以及相关的历史背景。第四章叙述"新国风"与"新文学"及"新史学"的关系，揭示知识界如何通过从文艺到学术的"民间转向"，投身于国民塑造与国史建构之中。第五章和第六章分别论述同一时期音乐、民俗和人类学界对歌谣运动的参与，力图跳出单一学科的圈子局限，较为全面地认识那时代"民歌研究"的整体面貌。第七章论述的角度有所转移，先是加入了对歌谣运动中"官方传统"的强调，并将其与常在以往文人叙事中扮演主角的"学界传统"比照。第八章把目光移出本土，从中外互动的角度，分析"东洋"、"西洋"如何同样参与到中国学界近代以来的"民间转向"之中。第九章作尾，收而未结，突出朱自清的个案意义，试图再从微观的层面追溯已经逝去的歌谣运动"背影"。

华学（第八辑）

饶宗颐主编，北京：紫禁城出版社，2006 年 8 月出版。本辑起首两篇文章为庆贺饶先生九十华诞的贺词。其后收录了 36 篇论文，主要讨论了商周的文字和历史，以及以上海博物馆楚竹简为代表的出土文献的字词意义。

中国学研究（第九辑）

吴兆路、甲斐胜二、林俊相主编。济南：济南出版社，2006 年 8 月出版。该刊所收录的论文稿件，内容涉及中国文学、语言学、历史学、哲学、艺术学和宗教学等。其撰写人员一般是博士毕业或具有副教授以上专业技术职务的大学教师或专职研究人员，在中国留学即将毕业的国外优秀博士生的论文也在遴选之列。本辑分为专家论坛、古代讲学纵横、古代文论漫笔、古代小说研究、古代戏曲研究、传统文化与文献等 6 个专题，共收录中、俄、日、韩、新加坡、塞尔维亚等国作者的论文 49 篇。

国学道德经典导读

熊春锦著，北京：中央编译出版社，2006 年 8 月出版。本书共分八章，系统地阐释了我国汉文字具有的天人合一性、全息性、载德性、喻意性、慧智性、诵读性等特征，并以此论证古代传统经典诵读理论的科学性。书中还引证了大量古今中外成功的育才例证，分析对比了我国当前教育模式的现状与弊端。全书分七章，依次为：未来教育的根本——慧与智同步开发、上善治水论德慧智教育、中华经典是德慧智同步开发的能量源泉、运用德慧智教育塑造德治社会和德道人生、理通法随论德慧智经典诵读、胎婴养虚、婴儿期德慧智教育是黄金时期、幼儿养性。通览了道学、易学、儒学精髓，以老子《道德经》为主线，以《周易》中的象数理气为科学方法，以《黄帝内经》中明示的"天德养性，地谷养命"为根据，提出了"居道〇、用德一、运于二、演于三"的唯德大系统理论，并以"一气含三论"、"三因论"、"唯德辩证法"、"三生万物论"、"中气以为和"等理论为根基，以"一元四素"科学方法论为用，提出了以经典诵读为主的"德慧智"教育理念模式和科学实践方法论。附录"经典诵读实践效应反馈实录"，主要是一些关于试点教育实践的报告。

群经要义

陈克明著，北京：中国人民大学出版社，2006 年 9 月出版。本书属于"国学基础文库"之一。"十三经"系指被儒家奉为经典的十三部古籍，即《周易》、《尚书》、《毛诗》、《周礼》、《仪礼》、《礼记》、《左传》、《春秋公羊传》、《春秋穀梁传》、《论语》、《孟子》、《孝经》、《尔雅》，是中国传统文化的构成核心，数千年来，深刻地影响着中国人的文化内涵和民族性格。本书主要对"十三经"的形成变迁、内容构成以及后世的研究成果进行了全面分析和总结，是当代经学研究的重要收获，也是研治传统文化的一本极佳读物。

群经概论

周予同著，北京：中国书籍出版社，2006 年 9 月出版。本书属于"国学名家选粹"之一。本书的导论、本论部分对经学的发展史做了概述，然后依次对《易经》、《尚书》、《诗经》、《三礼》、《春秋》、《论语》、《孝经》、《尔雅》、《孟子》作了论述。

诸子概论

陈柱著，北京：中国书籍出版社，2006 年 9 月出版。本书属于"国学名家选粹"之一。全书分六编，对先秦诸子的重要派别——作了论述。第一编"儒家"首先对儒家作了全面扼要的论述，然后介绍了晏子、孟子、荀子的思想；第二编"道家"首先对道家作了全面扼要的论述，然后介绍老子、庄子的思想；第三编"阴阳家"对阴阳家作了全面扼要的论述；第四编"法家"首先对法家作了全面扼要的论述，然后重点介绍了韩非子的思想；第五编"名家"首先对名家作了全面扼要的论述，然后介绍了公孙龙子、惠子的思想；第六编"墨家"重点介绍了墨子的思想。

宋元戏曲史

王国维著，北京：中国书籍出版社，2006 年 9 月出版。本书属于"国学名家选粹"之一。凡一代有一代之文学：楚之骚，汉之赋，六代之骈语，唐之诗，宋之词，元之曲，皆所谓一代之文学。本书是戏曲史研究的开山之作，包括上古至五代之戏剧、宋之滑稽戏、宋之小说杂戏、宋之乐曲、宋官本杂居段数、金院本名目、古剧之结构、元杂剧之渊源、元剧之时地、元剧之存亡、元剧之结构、元剧之文章、元院本、南戏之渊源及时代、元南戏之文章、余论等 16 章。从中可知。我国戏剧自汉、魏以来与百戏合，至唐而分为歌舞戏、滑稽戏两种，宋代滑稽戏尤盛；又逐渐借歌舞来缘饰故事，于是发展为歌舞戏；不以歌舞为主，而以故事为主，至元杂剧出现而体制遂定；南戏出而变化更多，于是我国始有纯粹之戏曲；然而其与百戏及滑稽戏的关系，亦非全绝。

管理者必备国学知识手册

申明编著，北京：企业管理出版社，2006 年 9 月出版。本书共分七部分，第一部分以管理者为什么要了解国学为主题，回答了国学是怎么热起来的、原因有哪些、什么是国学、其文化价值体现在哪里、由投票评出的"我心目中的十位国学大师"有哪些突出贡献以及管理者为什么必须了解国学等一系列问题；第二部分讨论了国学智慧与管理的关系；第三部分提出修身对管理者可持续发展的关键作用；第四部分提出成功之道在于善用中国式谋略；第五部分提出应对变局的智慧在于妙用传统的权变术；第六部分讨论借鉴历史取长补短、未雨绸缪的心智；第七部分说明洞明转型中的国人心理是用人处世的关键。

元曲概论

贺昌群著，北京：中国书籍出版社，2006 年 9 月出版。本书属于"国学名家选粹"之一。本书分九章，依次为汉代乐舞与外国音乐的关系、隋唐间的乐舞、宋辽金的杂剧院本、元曲的渊源及其与蒙古语的关系、元曲的作法、元曲的艺术、元曲的作家、元曲对于明清小说戏剧的影响、元明杂剧传奇与京戏本事的比较，首先从元曲的渊源、创作等方面作了论述，然后从比较的角度讨论了元曲与明清小说、杂剧、传奇等俗文学题材的关系。

群经概论

周予同著，北京：中国书籍出版社，2006 年 9 月出版。本书是《国学名家选粹》丛书之一。中国经学就时间方面说，有二千一百余年的历史；就分量方面说，仅据《四库全书总目》经部著录，已经有一千七百七十三部、二万零四百二十七卷；经学的学派大致可分为四派："西汉今文学派"、"东汉古文学派"、"宋学派"和"新史学派"。本书所录的群经，主要包括《易经》、《尚书》、《诗经》、《三礼》、《春秋》、《论语》、《孝经》、《尔雅》、《孟子》。

元曲概论

贺昌群编，北京：中国书籍出版社，2006 年 9 月出版。本书是《国学名家选粹》丛书之一。中国文学因受数千年礼教的束缚，无论是楚辞、汉赋、唐诗、宋词，虽然都具有丰富的时代精神，而于一个"情"字，却都未尝有深刻的描写，尽情的抒发。元曲算打破了这种桎梏，把男女相悦的心灵的深处，赤裸裸地表现了出来。本书对元曲产生之前的乐舞，元曲的渊源、作法、艺术与作家都作了分类介绍。

全书共分九章，第一章是汉代乐舞与外国音乐的关系；第二章写了隋唐间的乐舞；第三章是对宋辽金的毁剧院本的介绍；第四章研究元曲的渊源及其与蒙古语的关系；第五章是元曲的作法；第六章写元曲的艺术；第七章介绍元曲作家；第八章写元曲对于明清小说戏剧的影响，第九章则将元明杂剧传奇与京戏本事进行了比较。

诸子概论

陈柱著，北京：中国书籍出版社，2006 年 9 月出版。本书是《国学名家选粹》丛书之一，书中所论述的诸子，以司马谈所论阴阳、儒墨、名、法、道德六家为限。第一编儒家分四章，介绍了晏子、孟子、荀子等人；第二编道家分为三章，介绍了老子、庄子等人；第三编阴阳家；第四编法家介绍了韩非子；第五编名家介绍了公孙龙子、惠子等人；第六编墨家介绍了墨子。

国学 365

罗安宪编，北京：同心出版社，2006 年 9 月出版。本书从对中国文化产生重要影响的传统典籍《论语》、《孟子》、《大学》、《中庸》、《周易》、《荀子》、《老子》、《庄子》、《孙子兵法》、《墨子》、《韩非子》等书中广泛吸取材料，选取具有极大价值和普遍意义的名句、警句 365 条，对其字句作简明注释，并将其翻译成现代汉语和英语。每日一条，既可扩充知识，也可提高修养，提升自己的道德境界。该书前有张立文代序《日知日新》。

经传诸子语选

张舜徽纂集、周国林译注，北京：中国人民大学出版社，2006 年 9 月出版。本书属于"国学基础文库"之一。本书是张舜徽先生年轻时以"进德修业"为宗旨而纂辑的一部书，几十年间，总是置之案头以备观省。是书所录，既有情理交融的立身箴言，又有刚柔相济的致治良策。经周国林教授精审校勘，并详加注译，便于读者潜心读之。全书分为两编，内编为"修己篇"，外编为"治人篇"。辑录的资料来源于《周易》、《毛诗》、《尚书》、《伪古文尚书》、《逸周书》、《春秋左传》、《国语》、《礼记》、《大戴礼记》、《论语》、《孟子》、《韩诗外传》、《春秋繁露》、《管子》、《晏子春秋》、《墨子》、《老子》、《庄子》、《列子》、《鹖冠子》、《商君子》、《慎子》、《尹文子》、《荀子》、《韩非子》、《吕氏春秋》、《淮南子》、《法言》、《论衡》、《潜夫论》、《申鉴》、《中论》、《人物志》、《抱朴子·外篇》、《颜氏家训》、《中说》等 35 种书。

陈维崧年谱

陆勇强著，北京：中国社会科学出版社，2006 年 9 月出版。本书属于"暨南国学丛书"之一。本书是作者 1984 年攻读硕士时的毕业论文，此后直到出版，二十几年不断地增补、完善，成为了一部具有高度学术价值的著作。全书分为凡例、传略、年谱、引用资料目四部分，书末附有《后记》对撰写经过作了简单描述。

多元视野下的中国：首届世界中国学论坛

王荣华主编，上海：学林出版社，2006 年 9 月出版。本刊是 2004 年 8 月 21、22 日，由上海市人民政府主办、上海社会科学院承办的"首届世界中国学论坛"的论文集。其中分为 4 个部分，收录中、法、美、英、德、俄、日、韩、意大利、巴西、澳大利亚、以色列、埃及、古巴、越南等国学者的 59 篇文章。第一"中国学专题部分"包括《俄国汉学——俄中文化交流的促进因素》（［俄］米哈伊尔·季塔连科）等 8 篇；第二"文史部分"包括《梳理传统与文化自觉》（熊月之）等 18 篇；第三"经济社会部分"包括《东亚福利战略与中国社会福利模式的选择》（［日］沈洁）等 26 篇；第四"政治、国际关系部分"包括《作为国际化城市的上海：运用象征互动和性别研究方法来理解崛起中的中国全球化城市》（［日］刘雅格）等 7 篇。所有的论文都附有英文标题、摘要和作者简介，供读者浏览。书末附有《编者结语》对论文集的编辑做了说明。

中国传统译论范畴及其体系

张思洁著，上海：上海译文出版社，2006 年 10 月出版。本书围绕"中国传统译论的范畴及其体系"论题以及该论题所指向的"传统翻译理论难题"展开研究，依次形成以下六个结论。一、就传统译论范畴的言说对象而言，本书基于前人研究的成果，着重借助经学考据方法，在考察传统译论与国学关系基础上首先对中国传统译论进行重新界定。二、本书提出了判定传统译论范畴的五项依据和三条原则等，其深层意义在于为传统译论的现代转型提供基础。全书共分为八章，第一章绪论介绍了传统译论范畴的相关问题；第二章介绍了传统译论范畴及其源流；第三章系统介绍了传统译论的本体论范畴；第四章介绍了传统译论认识论范畴；第五章对传统译论审美过程论范畴进行了系统介绍；第六章介绍了传统译论范畴体系及其蕴涵范式；第七章对本项研究总体进程进行了回顾，揭示了本项研究的发现及其意义，并对其存在的问题给予了评价。

庄子学院：庄子的逍遥处世

秦榆著，北京：长安出版社，2006 年 10 月出版。本书属于"现代国学大讲堂"系列之一。

第一章"庄子其人其书"全面介绍了庄子及其思想。第二章"生命不能承受之重"从"不要让名利遮住眼睛"等 11 个方面论述了人生态度。第三章"随风逍遥，快乐人生"从"快乐是一种自我感觉"等 16 个方面论述了人生态度。第五章"无欲无求，平常心态"从"用平常心态看得失"等 10 个方面论述了处世心态。第六章"随遇而安，知足常乐"从"学会享受此时此刻"等 10 个方面论述了生存之道。第七章"适时无为，则无不为"从"放弃也是一种洒脱"等 13 个方面论述了做事之道。第八章"厚积薄发，水到渠成"从"关注每一个细节"等 16 个方面论述了做事之道。第九章"不将不迎，顺应自然"从"把嘲笑当作对生命的洗礼"等 8 个方面论述了处世之道。第十章"大巧若拙，大智若愚"从"做人应保持低调"等 10 个方面论述了做人之道。第十一章"君子之交，清淡如水"从"君子之交需以诚相待"等 11 个方面论述了交际之道。

韩非子学院：韩非子的法制统治

秦榆著，北京：长安出版社，2006 年 10 月出版。本书属于"现代国学大讲堂"系列之一。全书共分为十章，比较全面地揭示了韩非子的为人处事的思想和道理，并结合现代社会生活作了阐述，具有一定的指导性。第一章"法家学派与法家智慧"主要介绍了韩非子其人、其书、其法家思想。第二章"精明为人，积极处世"从"君子求名要取之有道"等 10 个方面论述了韩非子的为人处世之道。第三章"运用之妙，存乎一心"从"做人要懂得进退之道"等 7 个方面论述了韩非子的心计谋略。第四章"得人才者得天下"从"不拘一格用人才"等9个方面论述了韩非子的人才观。第五章"让下属甘心为你服务"从"收买下属的心要用不同的方法"从10个方面论述了韩非子的领导术。第六章"统御臣民，富国强兵"从"执法不应避开权贵"等11个方面论述了韩非子的"法制"思想。第七章"说话说到点子上"从"直谏不如婉谏"等8个方面论述了韩非子的说话艺术。第八章"谋事在人，成事也在人"从"办事要注意细节"等11个方面论述了韩非子的办事技巧。第九章"小人是针，沾着穿心"从"认清小人真面目"等9个方面论述了韩非子的防小人术。第十章"知人者智，自知者明"从"凡事要留有余地"等9个方面论述了韩非子的智慧箴言。

老子学院：老子的无为而治

秦榆著，北京：长安出版社，2006年10月出版。本书属于"现代国学大讲堂"系列之一。全书共分为十章，比较全面地揭示了老子的为人处事的思想和道理，并结合现代社会生活作了阐述，具有一定的指导性。第一章"老子与《老子》"介绍了老子其人、其书、其思想。第二章"快乐生存的智慧"从"追求快乐但不追求享乐"等9个方面做了论述。第三章"做立身敦厚的大丈夫"从"勇于承担责任"等9个方面作了论述。第四章"高人一筹的做事法则"从"不可锋芒太露"等14个方面作了论述。第五章"动静由心的人际交往"从"不要轻许诺言"等6个方面作了论述。第六章"微妙的语言艺术"从"沉默是金"等5个方面作了论述。第七章"高明的教育思想与学习方法"从"善于向他人学习"等7个方面作了论述。第八章"保养生命的智慧锦囊"从"养生关键要心态好"等7个方面作了论述。第九章"无为无不为的管理之道"从"礼贤下士"等8个方面论述了老子的管理思想。第十章"无往不胜的商战韬略"从"诚信为本"等9个方面作了论述。

孟子学院：孟子的仁政思想

秦榆著，北京：长安出版社，2006年10月出版。本书属于"现代国学大讲堂"系列之一。全书共分为八章，比较全面地揭示了孟子的为人处事，以及为政领导的思想和道理，并结合现代社会生活作了阐述，具有一定的指导性。第一章"中华民族的亚圣"介绍了孟子其人、其书、其民主思想。第二章"要管理先修身"从"培养浩然正气"等10个方面论述了领导者的自我修炼。第三章"从孟子的民本思想看现代企业人本管理"从"软硬兼施,才是最佳手段"等11个方面作了论述。第四章"以德服人的领导艺术"从"不要吝啬赞美"等11个方面作了论述。第五章"尊贤使能"从"用人要以品德为先"等12个方面论述了孟子的用人之道。第六章"打造无敌团队,营造良好气氛"从"木桶定律原理"等11个方面论述了孟子的团队合作思想。第七章"没有规矩不成方圆"从"要规矩,同时也要避免官僚主义"等9个方面论述了孟子的制度观。第八章"从孟子的通权达变看现代企业创新管理"从"通权达变,弃旧图新"等9个方面作了论述。第九章"抓住机遇,主动出击"从"冒险就意味着机遇"等7个方面论述了孟子的机遇观。

荀子学院:荀子的人定胜天

秦榆著,北京:长安出版社,2006年10月出版。本书属于"现代国学大讲堂"系列之一。全书共分为十章,比较全面地揭示了荀子的为人处事思想和道理,并结合现代社会生活作了阐述,具有一定的指导性。第一章"中国的亚里士多德"介绍了荀子其人、其书、其"性恶"思想。第二章"将命运掌握在自己手中"从"用行动改变命运"等10个方面论述论荀子"人定胜天"论的现代意义。第三章"这样做人最讨人喜欢"从"追求功名不要弃君子之道"等12个方面论述了荀子智慧与人性之辩。第四章"有心人,天不怕"从"活用你的知识"等12个方面论述了荀子的做事方式。第五章"人情练达皆学问"从"宽厚待人,与人为善"等8个方面论述了荀子的为人处世之道。第六章"赢在口才"从"良言一句三冬暖"等11个方面论述了荀子智慧与言谈技巧。第七章"交友宁缺勿滥"从"你最深爱的人,伤你也许最深"等10个方面论述了荀子智慧与交际。第八章"人不可貌相"从"识才先识德"等12个方面论述了荀子的智慧与识人术。第九章"水可载舟,亦可覆舟"从"得民心者得天下"等8个方面论述了荀子的智慧与用人之道。第十章"做好老板的'腹中虫'"从"忠诚最可贵"等9个方面论述了荀子的思想与现代企业的评价体系。

墨子学院：墨子的兼爱非攻

秦榆著，北京：长安出版社，2006 年 10 月出版。本书属于"现代国学大讲堂"系列之一。全书共分为八章，比较全面地揭示了墨子的生活处事的思想和道理，并结合现代社会生活作了阐述，具有一定的指导性。第一章"伟大的平民圣人"介绍了墨子其人其事，及其《墨经》中的思想，并与老子、孔子作了对比。第二章"兼爱"从"像爱自己一样去爱别人"等 17 个方面阐述了墨家的这一人生最大的艺术。第三章"战"还是"不战"从"'非攻'的智慧"等 14 个方面讨论了墨子对做人的启示。第四章"机智与愚钝"从"莫因小利而失大益"等 12 个方面讨论了墨子的人际交往智慧。第五章"俭节则昌、淫佚则亡"从"强本节用"等 15 个方面讨论了墨子的生活智慧。第六章"做自己命运的主人"从"自信才能成功"等 19 个方面讨论了墨子的非命观。第七章"尚贤"从"实力胜于资历"等 10 个方面论述了墨子的现代人才观。第八章"学思并重"从"学习要劳逸结合"等 12 个方面讨论了墨子的学习与教育思想对现代人的启示。

孔子学院：孔子的忠恕之道

秦榆著，北京：长安出版社，2006 年 10 月出版。本书属于"现代国学大讲堂"系列之一。全书共分为十一章，比较全面地揭示了孔子的为人做事的思想和道理，并结合现代社会生活作了阐述，具有一定的指导性。第一章"两千年来知识分子的楷模"介绍了孔子其人其书，及其《论语》中的仁、礼思想。第二章"内智外愚"从"做人不可无志气"等十一个方面阐述了孔子的做人绝学。第三章"一以贯之的忠恕之道"从"学会宽恕"等十二个方面阐述了孔子的中庸智慧。第四章"成大事也有捷径"从"在行动上见功夫"等十二个方面阐述了孔子做学问与做事的诀窍。第五章"练就火眼金睛"从"君子重义、小人重利"等八个方面阐述了孔子如何看待小人。第六章"中庸之道，过犹不及"从"态度决定一切"等十个方面阐述了孔子的思想与现代人追求成功的心态。第七章"口才决定成败"从"把握好说话的时机"等九个方面阐述了孔子关于说与不说的学问。第八章"开开心心的生活"从"知足常乐"等十二个方面阐述了孔子的思想与现代人生活的态度。第九章"以德服人、以礼待人"从"敢于纳谏"等十个方面阐述了孔子的做官学问。第十章"读书要掌握方法"从"温故知新"等八个方面阐述了孔子的教育思想与学习的法门。第十一章"管好你的家庭"从"现代人更应谨守孝道"等七个方面阐述了孔子的智慧与现代家庭的和谐。

孙子学院：孙子的兵战谋略

秦榆著，北京：长安出版社，2006 年 10 月出版。本书属于"现代国学大讲堂"系列之一。全书共分为章，比较全面地揭示了孙子的为人处世、生存创业的思想和道理，并结合现代社会生活作了阐述，具有一定的指导性。第一章"东方谋略"介绍了孙子其人，及其《孙子兵法》一书。第二章"做人不妨活一点"从"动人心者先以情"等 10 个方面论述了孙子与现代人的处世之道。第三章"创业凭什么"从"人脉即财脉"等 9 个方面论述了孙子教你走出创业之路。第四章"商者，诡道也"从"市场竞争不相信眼泪"等 11 个方面论述了孙子的谋略与现代商战的制胜之道。第五章"精心策划，不打无准备的商战"从"广告策划，常用常新"等 9 个方面论述了孙子的谋略与现代商战的策划之道。第六章"知己知彼，百战不殆"从"巧用信息，先发制人"等 9 个方面论述了孙子对现代商业的信息战的启示。第七章"上下同欲者胜"从"企业文化要符合人情和人性"等 9 个方面论述了孙子与现代企业的团队精神。第八章"形象宣传懂谋略"从"赞助公益，让形象来推销你"等 17 个方面论述了孙子与现代企业的形象塑造。第十章"得人才者得天下"从"用人只用聪明人"等 10 个方面论述了孙子的用人之道。第十一章"攻心为上"从"巧妙地调动客户兴趣"等 10 个方面论述了孙子与现代商家赢得顾客的谋略。第十二章"'将'听吾计则必胜"从"不战而屈人之兵"等 7 个方面论述了孙子谋略与政治智慧。

现代国学大师学记

卞孝萱著，北京：中华书局，2006 年 10 月出版。本书是一部记人述学之作，按年代先后逐次介绍了十二位现代国学大师：章炳麟、章士钊、刘师培、黄侃、柳诒徵、陈垣、吕思勉、邓之诚、陈寅恪、钱穆、章钰、卢弼、张舜徽。本书不仅揭示大师们的学术业绩，而且表彰其爱国情操。全书所载十二位国学大师，按其生平分三部分编排：上篇介绍了章炳麟、章士钊、刘师培、黄侃四人，其中章炳麟后附有"《訄书详注》表微"；章士钊后附有"《柳文指要》中章士钊自述"。中篇收录了柳诒徵、陈垣、吕思勉、邓之诚、陈寅恪五人，柳诒徵后附有"《中国文化史》为有益于社会国家而作"；吕思勉后附有《陈霸先论》；陈寅恪后附有《假李香君，真柳如是——〈柳花扇〉与〈柳如是别传〉之比较研究》、《侯方域论》。下篇收录了章钰、卢弼、张舜徽三人，其中张舜徽后附有"《四部备要》的实用价值"、"《四部备要》辑校"、"监造人考"。附录与正文参证互补。全书遵薪火相传之义，旨在从国学大师的治学方法中吸取营养，重在继承，同时对其不足之处也加以说明。

中国近三百年学术史论

章太炎、刘师培等撰，罗志田导读，徐亮工编校，上海：上海古籍出版社，2006年10月出版。中国传统学术，经历清后期的低迷徘徊之后，从清末民初起，涌现出了一批大师级的学者。本书辑取了《章太炎论中国近三百年学术史》和《刘师培论中国近三百年学术史》两部垂范后世的经典之作，并加上了罗志田先生的导读语，道咸"新学"与清代学术史研究。章太炎论中国近三百年学术史收录了章氏的一系列作品，包括：清儒（一）、清儒（二）、说林（上）、说林（下）、悲先戴、清代学术之系统、与吴检斋论清代学术书、蓟汉昌言·连语（节选）、汉学论（上）、汉学论（下）、今古文辨义、学隐（一）、学隐（二）、蓟汉微言（节选）、论修《清代朴学家列传》与人问答书、颜学、正颜、释戴、与李源澄论戴东原书、与刘师培书、高先生传、俞先生传、孙诒让传、瑞安孙先生伤辞、孙仲容先生年谱序、孙太仆年谱序、清故龙安府学教授廖君墓志铭、驳皮锡瑞三书、蓟汉微言（节选三则）、与邓实书、致国粹学报社书、自述学术次第、救学弊论等。刘师培论中国近三百年学术史主要内容有：近儒学术统系论、清儒得失论一、近代汉学变迁论、论近世文学之变迁、汉宋学术异同论、南北学派不同论·南北考证学不同论、近儒之《易》学、近儒之《书》学、近儒之《诗》学、近儒之《春秋》学、近儒之《礼》学、近儒之《论语》学（附《孟子》、《学》、《庸》）、近儒之《孝经》学（附《尔雅》）、六儒颂序、近儒学案序、习斋学案序、幽蓟颜门学案序、并青雍豫颜门学案序、东原学案序、王艮传、刘永澄传、孙兰传、徐石麒传、蔡廷治传、颜、李二先生传、朱泽沄传、汪绂传、全祖望传、戴震传、崔述传、田宝臣传、戴望传等。书后附有国学今论、明末四先生学说（节选）、最近二十年间中国旧学之进步等内容。

学苑春秋：20 世纪国学大师档案

任士英主编，郑州：河南人民出版社，2006 年 11 月出版。本书是在近数年来方兴未艾的"国学热"的大文化环境中编写的，旨在向大众普及国学的有关知识，传承大师们的学术精神和道德品格，唤起社会尤其是青少年对文化的温情和敬意。同时，书中有关的传记资料、逸闻趣事，对于读者都是富有意义的。全书述及 38 位国学大师，包括俞樾、刘师培、严复、康有为、王国维、辜鸿铭、梁启超、廖平、章太炎、黄侃、鲁迅、钱玄同、罗振玉、蔡元培、沈兼士、傅斯年、柳诒徵、吕思勉、张元济、胡适、汤用彤、马一浮、熊十力、陈寅恪、范文澜、陈垣、林语堂、郭沫若、吴宓、顾颉刚、赵元任、金岳霖、梁漱溟、冯友兰、钱穆、牟宗三、钱锺书、张岱年，每人单独成篇。每一篇基本上都包括平生故事、国学春秋、治学精神、名家评判、相关阅读书目推荐五个部分，不关注对人物的臧否，而注重于学术发掘。当然，大师们的事迹丰富，学术成就博大精深，限于体例和篇幅，作者的描述在有些地方还是粗线条的。书末的《后记》对本书的选题的策划，以及具体的写作分工做了详细说明。

国学大师之死：百年中国的文化断裂

同道著，北京：当代中国出版社，2006 年 11 月出版。本书以 13 位国学大师的死为主线，对中国百年国学发展进行了追索，内容从康有为到冯友兰，时间中跨度近百年。关于"国学"的定义，目前存在两种意见：一种是延续章太炎的定义，即包括文字学、经学、史学，学术界多持此论；另一种是比较通俗的理解，即"国学"就是传统文化。本书认为，"传统文化"的说法失之宽泛，而文字学、经学、史学的说法又过于学术化，不能兼顾社会各阶层的知识水平。本书在这两种观点的基础上提出："国学"是一种以文字学、经学、史学等学术知识为载体，以知识阶层的思想观念为代表的社会主流价值观体系。

新国学（第六卷）

项楚主编，成都：巴蜀书社，2006年11月出版。本书收录了22篇论文，内容涉及了史学和思想史、宗教和民俗信仰、文献整理、语言学等，重点仍是对历代文学的讨论。包括：《本事诗》作者孟启家世生平考（陈尚君）；《史记》兼具官私混合性质考辨（晏选军）；"遗民"词义的演变与"遗民"观念的形成与发展（李瑄）；晚明学术思想的世俗倾向（雍繁星）；毗沙门天王崇拜源流及其造像艺术（朱刚）；宝志十一面观音信仰与相关故事产生时间新议（李静）；作为忌日的生辰———一个独特词汇中蕴藏的佛教理念与民俗信仰（周裕锴）；论文传的产生与演变（罗宁、武丽霞）；唐五代道教法术与道教小说（刘正平）；仙人王乔传说考（罗云丹）；《世说新语》女性形象研究（刘妍）；中国古代民谣的文学意义研究———中国古代民谣的形式、发展及其与文人创作关系（吕肖奂）；北宋转踏题材研究（张若兰）；刘克庄的梅花诗与梅花词（侯体健）；李之仪的相思词（韩华）；古代散文意象创造的最高成就———晚明小品意象研究（徐艳）；《越南汉喃文献目录提要》商榷（刘玉珺）；沈佺期诗《校注》商补（谭伟）；《唐代墓志汇编》覈校（曾良）；林国赓《〈北堂书钞〉续校记》未刊稿本（段筱春、杨春燕）；从"姑"、"姨"看中国古代的宗亲关系（吴艳丽）；俗语词"叫花子"探源（陈宝琴）。卷末《编后记》对本卷论文的主题范围做了说明和分类。

中华国学·史学卷

张岱年、汤一介、庞朴主编，北京：新世界出版社，2006年12月出版。全书依次讨论了17个专题，分别是"尚书学"、"史记学"、"春秋学"、"通鉴学"、"谱牒学"、"堪舆学"、"方志学"、"甲骨学"、"简牍学"、"金石学"、"考据学"、"辨伪学"、"文献学"、"敦煌学"、"郦学"、"徐学"、"徽州学"，介绍了各学科发展变化之历程，以及各学科的主要内容、代表人物和各时期学术研究的成果，以独特的视角诠释国学。

国学与人生

东方夫子编著，北京：海潮出版社，2006年12月出版。本书以国学源头为底蕴，将中国传统的古典哲学家们的理论汇集在一起，让孔子的"仁德"、老子的"道德"、墨子的"兼爱"、荀子的"阴阳"来引导人们的人生之路。本书汇集了中国传统的国学思想，就一些读者感兴趣、学说精髓发表见解，表达一种选择的意向。全书共分为11章，第一章"孔子论人生——成德之教，为己之说"分别讨论了仁德、义利、宽容、立志、忠恕、言和、旷达、坚持、中庸、忍让、用人、教育、学习等13个主题。第二章"老子论人生——行'大道'，无为而无不为"分别讨论了道、无为、实惠、祸福、刚柔、动静、进退、宠惑、拙巧、治乱、仕隐等11个主题。第三章"墨子论人生——不失本色兼爱世人"分别讨论了贵贱、兼爱、功利、志功、非攻、非命、实用、尊天、修身、尚贤、求真等11个主题。第四章"孟子论人生——浩然正气，贵真求善"分别讨论了迂阔、仁爱、名实、磨难、真色、达练、进取、王道、人道、穷达等10个主题。第五章"庄子论人生——高洁旷达，逍遥自在"分别讨论了逍遥、道、真我、旷达、和谐、应变、放弃、利害、平常、参透、用处等11个主题。第六章"荀子论人生——人定胜天，积极进取"分别讨论了信仰、制度、风格、权衡、戒律、荣辱、修身、礼法、阴阳、性情等10个主题。第七章"韩非子论人生——治国安邦，法治为一"分别讨论了法、术、势、利害、务实、道理、德与法、六反、有度、用人等10个主题。第八章"管子论人生——知天得道，以民为本"分别讨论了天地、道、天与人、治国、爱民、农商、礼节、价值观、人才观、用人等10个主题。第九章"孙子论人生——大智大愚，谋略为上"分别讨论了慎战、全胜、诡道、奇正、虚实、主动、绝境、庙算、了解、神速、大患、博爱等12个主题。第十章"鬼谷子论人生——纵横捭阖，应变有术"分别讨论了捭阖术、反应术、内楗术、抵巇术、飞箝术、忤合术、揣情术、摩意术、量权术、谋虑术、决物术等11个主题。第十一章"《易经》与人生——宇宙万象，哲理之源"分别讨论了易象、四义、阴阳辩证、八卦类比、六十四卦、达人、使命、天道、悟道、蓄聚等10个主题。

禅与文化

季羡林著，北京：中国言实出版社，2006 年 12 月出版。本书是季羡林先生对佛教、禅学与中国传统文化思考而成的系列作品结集。其中《国学漫谈》一篇是季氏对国学研究的思考。

国学研究（第十八卷）

袁行霈主编，北京：北京大学出版社，2006 年 12 月出版。本卷包括 15 篇论文：《晏子春秋》的虚拟成分与文类辨析（马振方）；武则天朝诗歌系年考（彭庆生）；晚唐律赋题材的拓展与闽地律赋创作的繁荣（翟景运）；王荆公诗"作贼"说质疑——试探唐宋及其以前指斥诗歌剽窃的标准问题（祝总斌）；永嘉学派《诗经》学思想述论（钱志熙）；论僻音字的今音误注现象（范新干）；"回向"的定义及其源流（邱震强）；孔子先世流亡事迹考（王志）；试论朱熹《诗》说的美学意义（侯宏堂）；王夫之与黄宗羲的民族思想比较研究（孙宝山）；戴东原学述（陈祖武）；陈奂与高邮王氏四世交游述略（柳向春）；中国古籍定级标准之我见（李致忠）；元代坊刻与学术的互动关系初探——以刘叔简日新堂为中心（顾永新）；两件契丹大字木牍之研究（刘凤翥、丁勇、孔群、白玉）。其中每篇论文前都有提要，使读者对作者论述的问题和结论一目了然。卷末附有《北京大学国学研究院大事记（2006 年 1—6 月）、《征稿启事》、《来稿书写格式》。

新国学研究（第五辑）

汕头大学新国学研究中心编，北京：人民文学出版社，2006 年 12 月出版。"新国学"是在原有的"国学"概念的基础上提出来的，是与原有"国学"相对举的，但却不是相对立的，它既包括对中国古代历史和中国古代文化史料的整理和研究，也包括对中国现代历史和现代文化史料的整理和研究；既包括中国学者对本民族历史和本民族文化史料的整理和研究，也包括中国学者对外国历史和外国文化史料的翻译、介绍、整理和研究，同时也把中国学者对现实实践问题和现实理论问题的思考和研究纳入到这个学术概念的涵盖范围之中。《新国学研究》旨在重建中国学术的整体观念，并在这种新的整体观念的基础上更加主动积极地、更加有效地从事各个不同领域、不同学科和不同专业的学术研究。本辑收录了 9 篇论文：赵园《明清之际的所谓"有用之学"》，郭剑鸣《灾疫政治研究：从晚清绅士的善举看知识的权力化》，王振复《中国美学范畴史的动态三维结构》，陈方竞《中国现代文学批评发展中的左翼理论资源》，彭小燕《重塑现代人类的生命信仰》，［新加坡］王润华《郑和登陆马六甲以后：中华文化的传承与创新》，［新加坡］许福吉《文化身份与后殖民思考》，郑松辉《潮汕近代海洋文化的形成与发展》，李春雨《中国近现代中长篇小说连载一览》。

当代国外中国学研究

何培忠主编，北京：商务印书馆，2006 年 12 月出版。本书是中国社会科学院 A 类重大课题的研究成果，涉及 18 个国家有关中国研究的历史与现状，反映出当代国外中国学研究的全貌。书中对"汉学"、"中国学"学术脉络的梳理以及对 20 世纪 80 年代后国外中国学研究领域变化的分析，为目前学术界关注的热点。全书共分十六章，第一章是总论部分，对国外的"汉学"与"中国学"进行定义区分，对当代国外中国学的发展及其启示发表了作者自己的见解；第二章介绍了美国的中国学及其发展过程；第三章介绍了加拿大的中国学的发展及其研究概况；第四章介绍了德国的中国学缘起、发展及其研究现状；第五章是法国的中国学发展及其研究；第六章对英国的中国学研究进行分段描述；第七章是荷兰中国学的历史发展、主要机构及 20 世纪 80 年代以来的研究概貌；第八章对北欧四国（瑞典、丹麦、挪威、芬兰）的中国学研究进行了介绍；第九章以时间分段对俄罗斯的中国学进行了介绍；第十章是澳大利亚的中国学，内容涉及背景与指导原则、研究体制与机构、研究力量与趋势、协会与出版物、图书馆资源与人才培养等多个方面；第十一章是新西兰的中国学发展概述及其研究概貌；第十二章是日本的中国学研究发展历程、研究特点及其发展趋势；第十三章是韩国的中国学研究概述、发展及成果、研究机构和研究刊物等；第十四章是对越南的中国学研究概述、发展历程、特征与研究现状的介绍；第十五章是新加坡的中国学研究；第十六章是以色列的中国学研究。

三言二拍传播研究

程国赋著，北京：中国社会科学出版社，2006 年 12 月出版。本书属于"暨南国学丛书"之一。全书分为六章，第一章"三言二拍版本流传"勾勒了三言二拍从明末到清代的刊刻情况。第二章"三言二拍的选本"分为"选本叙录"、"选本研究"两节，以《今古奇观》、《觉世雅言》、别本《二刻拍案惊奇》、《人中画》、《今古传奇》、《警世选言》、《警世奇观》、《再团圆》、《幻缘奇遇小说》、《西湖拾遗》、《二奇合传》、《今古奇闻》、《续今古奇观》、《海内奇谈》14 种选本作为研究对象，归纳出了它们与三言二拍的内在联系，分析了这些选本大量出现的原因，总结了选本所呈现的总体特征，并通过选本探讨了明末至清代小说观念的演变，阐述了选本与原作之间存在的文本差异。第三章"三言二拍的改变现象"分为"三言二拍改编作品考述"、"明末以来疑与三言二拍题材相关的其他作品考述"、"改编作品所体现的创作倾向"、"叙事艺术的新变"四节，重点讨论了改编作品体现的"情"与"礼"的统一、时事化、文人化倾向，及其新变。第四章"传播主体研究"首先从三言二拍传播的三个历史时期着手，讨论了传播主体的心理状态，然后分析了传播主体与明清文学流派尤其是苏州学派之间的关系。第五章"传播地域研究"主要讨论了三言二拍传播的地域分布及其特点，并结合当时的社会背景、经济、文化的发展作了总结。第六章"传播环境研究"首先对三言二拍传播的历史阶段作了划分，然后讨论了清代禁毁小说运动对其传播的影响。附录三种，分别为《三言二拍改编作品一览表》、《明末以来疑与三言二拍题材相关的其他作品一览表述》、《二十世纪以来三言二拍研究资料索引》。

2007

未学斋中香不散：钱穆和他的弟子

陆玉芹著，广州：广东教育出版社，2007 年 1 月出版。本书属于"国学传承丛书"之一。钱穆（1895—1990），原名钱思镕，字宾四，笔名公沙、梁隐、与忘、孤云。江苏省无锡人，中国现代历史学家、教育家，其夫人和弟子将其著述整理为 1700 万字的《钱宾四先生全集》传世。全书包括 10 章，另有"余论"。开卷的"序言"则简单介绍了钱穆的学术特点，及其有影响的弟子。第一章"为往圣继绝学，为万世开太平"用"幼秉家教，自学成才"、"承继前人，独树一帜"、"志在国学，著作等身"三个小节做了论述。第二章"史学立场，淹通四部"用"以史证经，破除门户"、"以史证子，自成系统"、"以史论文，弘扬传统"、"以史释理，还原朱子"四个小节依次对钱穆的《刘向歆父子年谱》、《先秦诸子系年》、《中国文化史导论》、《朱子新学案》四部著作进行了分析。第三章"立足杏坛，教读一生"用"喜好创新，择善而从"、"口耨舌耕，讲学各地"、"筚路蓝缕，创办新砸"三个小节做了论述。第四章"学术独立，经世救国"用"不避师友，学术争鸣"、"拳拳之心，书生爱国"两个小节做了论述。第五章"潜移默化，爱国一生"用"读书一生，爱国一生"、"上下求索，择善固执"两个小节介绍了钱穆与何兹全的师生关系。第六章"随侍讲筵从游之乐"用"随侍讲筵，从游之乐"、"经济史领域的佼佼者"两个小节介绍了钱穆与李埏的师生关系。第七章"二流路线，一流学者"用"珞珈求学，受用终身"、"现身说法，指点迷津"、"朴实沉潜，充实光辉"三个小节介绍了钱穆与严耕望的师生关系。第八章"衣钵传人，患难之交"用"新亚情怀"、"继承与超越"、"剽窃案风波"、"'现代新儒家'的争议"四个小节介绍了钱穆与余英时的师生关系。第九章"晚岁弟子，得意门生"用"从《中国思想通俗讲话》讲起"、"携录音机听课"、"另一种解读"三个小节介绍了钱穆与戴景贤的师生关系。第十章"鹣鲽情深，患难与共"用"一生婚姻多坎坷"、"亦生亦友亦知己"两个小节介绍了钱穆的情感及其与胡美琦的师生、夫妻关系。"余论"部分"立德立功立言"包括"隐入历史"、"叶落归根"、"立德立功立言"三个小节。书末附有《钱穆先生生平与学术活动年表》、《本书主要参考书目》，《后记》主要说明了整部书的撰写过程。

读史入门

许凌云著，北京：中国人民大学出版社，2007 年 2 月出版。本书属于"国学基础文库"之一。本书以"辨章学术，考镜源流"为主旨，追溯了史学各类知识的发展流变，为初学历史的人打开登堂入室之门。作者不单对史部要籍作了推本溯源，更浓墨重彩地讲述了传统史学的传统、特点和成就，以及校雠考辨之方法，中间更渗透了作者精研史学多年的独特心得与评价。全书分为上、中、下三编，上编"谈史籍"包括十一章，第一章"史部渊源与史部目录"重点介绍了史部目录；第二章"纪传体正史"介绍了《史记》、《汉书》及其他断代诸史；第三章"编年体史书"重点介绍了《资治通鉴》及其续编各书；第四章"纪事本末体史书"介绍了其源流和代表作；第五章"政书"主要介绍了"十通"和历代会要；第六章"史评和学术史"主要讨论了二者的联系；第七章"地理和方法"主要介绍了地理沿革、方志等内容；第八章"实录"主要介绍了《明实录》和《清实录》；第九章"别史与杂史"；第十章"金石与甲骨"；第十一章"群经、诸子、文集"。中编"谈史学"包括六章，依次为"史学概说"、"关于中国史学史"、"修史制度"、"史学传统"、"经学与史学"、"史家选谈"。下编"谈校读"包括三章，依次为"读史常识"、"校读知识"、"读史工具书"。

无奈与逍遥：庄子的心灵世界

王博著，北京：华夏出版社，2007 年 4 月出版。本书属于"北京大学乾元国学教室丛书"之一。全书是根据作者在北京大学为乾元国学教室的学员讲授《庄子》的录音整理而成，分为十讲，依次为读书有法、隐士与寓言、从生活世界开始、行路难、游刃有余的可能性、无我与无知、残疾与分裂、无奈与达观、逍遥之路、顺应与勉强。

隋唐佛教史稿

汤用彤著，南京：江苏教育出版社，2007 年 4 月出版。本书属于"国学书库·文史类丛"之一。全书分为五章，第一章"隋唐佛教势力之消长"包括七节，隋朝、唐高宗和唐太宗、玄奘法师、永徽至元和间、韩愈与唐代士大夫之反佛、会昌法难、隋唐之僧伽等关键时期和关键人物作了讨论。第二章"隋唐传译之情形"包括三节，分别讨论了传译的人物、西行求法之运动、翻译之情形等问题。第三章"隋唐佛教撰述"包括五节，依次介绍了注疏、论著、纂集、史地编著、目录等佛教界的文献资料。第四章"隋唐之宗派"包括十节，首先依次论述了三论宗、天台宗、法相宗、华严宗、戒律、禅宗、真言宗、三阶教，然后作了综述。第五章"隋唐佛教之传布"。附录一为《隋唐佛教大事年表》，附录二为《五代宋元明佛教事略》，包括本期佛教之势力、本期朝廷对于佛教之法令两部分内容。

国史要义

柳诒徵著，北京：中国人民大学出版社，2007 年 5 月出版。本书属于"国学基础文库"之一。本书论述了"史"的方方面面，共分为十篇，条分缕析，探求史学之精微，文理缜密，堪称对传统史学进行全面总结的代表作。《史原》篇讨论了中国历史记述及史学源于礼，礼是数千年全史之核心；《史权》篇论述史官的职权及社会责任；《史统》篇论述国史所宣扬的正统论，及在此问题上古今史家的不同观点；《史联》篇论述纪传体史书纪、表、志、传之间在记述史事上的相互补充、相互衬托的关联作用；《史德》篇讨论史家的修养心术问题，不仅要保持"敬恕"的态度，还要修养道德；《史识》篇讨论撰史者与读史者都要具备史识，今人要在积累前人经验的基础上谋创新；《史义》篇讨论史之义在天，在善善恶恶，在天下为公、不私一姓，这一点贯彻于今古史学；《史例》篇从中国古代史书的丰富凡例出发，论述史书撰写应遵循的范围、取舍、体裁、书法等义例问题；《史术》篇论述史学增长知识、知类通达、垂训鉴戒等作用；《史化》篇讨论中国古代的教育与教化的历史经验，以及经史之学巨大的教化作用。

老子国学院

常桦著，北京：中国纺织出版社，2007 年 2 月出版。本书全方位解读老子的自然无为、柔弱不争、崇俭节欲等思想，帮助人们正确地处理人际关系，调节心理状态，选择行动方案，豁达地面对人生道路上的许多问题。全书分为十章，依次为"大哲之思，老子的道家思想"、"圣人之治，功遂身退才能天长地久"、"无之为用，滋养万物而不主宰"、"孔德之容，善行无辙重视涵养于道"、"天下神器，治国应该任其自然"、"大巧若拙，行不言之教的大智慧"、"圣人之心，以天下人之心为己心"、"含德之厚，以赤子情怀长存天地间"、

"三宝器长，以身作则可使天下享太平"、"信言不美，不能拘泥于事物的表象"。书末附有《参考文献》。

国学研究（第十九卷）

袁行霈主编，北京：北京大学出版社，2007 年 6 月出版。本卷包括 15 篇论文：新蔡简楚先祖"某熊"当为"宾（肉）熊"即"鬻熊"、"妳（芈）熊"考（李开、顾涛）；君臣通用与如王之服：《周礼》六冕的再考察（阎步克）；级别、类型与品味、职位——论唐前期职事官的经济待遇结构（叶炜）；论晚唐五代的试官（朱溢）；南唐登科考——附考：吴、蜀、南汉、吴越、北汉、契丹（孟二冬）；明中期徽州绩溪鱼鳞图册初探（汪庆元）；《历代法宝记》的二十九祖说与菩提达摩多罗（屈大成）；宋初禅宗的思想与临济宗黄龙派的革新（土屋太祐）；《阮籍集》版本源流考（张建伟）；韩愈"破体"为文与唐人的文体革新精神（余恕诚）；北郭诗社考辨——兼论元末明初三大诗人群体（何宗美）；唐代和五代墓室壁画中的山水画（李星明）；刘歆之学及后世的评述（郜积意）；陈奂与胡培翚交游述略（柳向春）；清末民初国学救国论的形成与发展——以章太炎为中心的探讨（陈学然）。其中每篇论文前都有提要，使读者对作者论述的问题和结论一目了然。卷末附有《北京大学国学研究院2006 年大事记》、《征稿启事》、《来稿书写格式》。

国学备览

赵敏俐、尹小林主编，北京：首都师范大学出版社，2007 年 1月出版。本书共 12 册，光盘 1 片，内含 81 种国学经典，全文检索光盘。第一册包括《大学》、《中庸》、《论语》、《孟子》、《诗经》、《尚书》、《仪礼》7 种。第二册包括《周易》、《春秋左传》、《尔雅》、《孝经》4 种。第三册包括《山海经》、《穆天子传》、《国语》、《战国策》4 种。第四册包括《史记》1 种。第五册包括《水经注》、《洛阳伽蓝记》、《贞观政要》3 种。第六册包括《史通》、《文史通义》、《书目答问》3 种。第七册包括《老子》、《庄子》、《公孙龙子》、《韩非子》、《淮南子》、《列子》6 种。第八册包括《墨子》、《荀子》、《孙子兵法》、《吕氏春秋》、《尹文子》、《新书》、《扬子法言》、《鬼谷子》、《颜氏家训》9 种。第九册包括《黄帝内经素问》、

《九章算术》、《近思录》、《阴符经》、《周易参同契》、《黄庭内景经》、《黄庭外景经》、《太上感应篇》、《金刚经》、《四十二章经》、《心经》、《六祖坛经》、《茶经》、《乐府杂录》、《洛阳牡丹记》、《棋经十三篇》、《林泉高致》、《搜神记》、《世说新语》、《游仙窟》20种。第十册包括《楚辞》、《六朝文絜》、《唐诗三百首》、《绝妙好词》、《古文观止》5种。第十一册包括《聊斋志异》、《西游记》、《水浒传》、《三国演义》、《红楼梦》5种。第十二册包括《文心雕龙》、《诗品》、《二十四诗品》、《六一诗话》、《人间词话》、《西厢记》、《窦娥冤》、《牡丹亭》、《三字经》、《百家姓》、《千字文》、《千家姓诗》、《增广贤文》、《声律启蒙》14种。

国学知识讲话

毕宝魁著，沈阳：沈阳出版社，2007年1月出版。本书主要是对国学相关知识的介绍，可分为四大部分，即文字、文献、史学和文学。全书共有十六讲，基本上是由内到外，将国学知识进行了简明扼要的叙述。作者认为，国学的范围是经、史、子、集；核心是文、史、哲；国学的基石是文字，所以本书第一讲就从文字说起，介绍了汉字的起源和发展；然后从文献学方面入手，介绍了"书籍制度"、"目录学"、"版本校勘学"三个方面的内容；其后是对国学内容大致的浏览；"百家争鸣"和"四书五经"两讲对经学作了大致的扫描，对经学的缘起及主要内容都有所涉及；其后三讲是史学与文学，将最主要的知识和内容都纳入其中；最后一部分是关于国学的相关知识，如治国学必备的天文历法、历代职官、古代地理知识等。

国故新知

钱文忠著，上海：上海书店出版社，2007年1月出版。本书是一本散文随笔集，是复旦大学教授钱文忠走出象牙塔，书写性灵，议论时事的文章结集。其中既有对宏观学术研究的讨论，也有对自己内心感悟的抒发，还有一组为大众读者写的谈对联的文字，让读者体会到钱文忠作为学人的另一面。其中《"国学大师"是怎样炼成的？》对国学有所论述。

梁著国学入门

梁启超著，北京：中国工人出版社，2007年1月出版。本书收录了多篇梁启超对国学问题的讲演和研究文章。其中《国学入门书要目及其读法》一文分五大类列举了 141 部"国学"书目，范围较全面，并且几乎在每本书后都有梁先生所作的导读式的说明。在《治国学的两条大路》一篇中，梁启超对"文献"和"德性"两大学问研究方法作了精彩的分析和生动的讲解。此外，读书的方法、中国国学基本知识等问题也可在本书中寻到答案。全书主要内容包括：《国学入门书要目及其读法》、《最低限度之必读书目》、《治国学的两条大路》、《治国学杂话》、评胡适之的《一个最低限度的国学书目》等众多国学论文。书后附有胡适《一个最低限度的国学书目》、《清华周刊》记者来书、《胡适答书》以及涉及经学、史学、子学、小学和文学等几个方面的中国国学问答。

国学简史（经典插图本）

张恩富著，重庆：重庆出版社，2007 年 2 月出版。在中国文化传统中，经学、诗学、史学、蒙学、书画学一直是国学的主干。本书以分卷阐述的方式，按经学、诗学、史、子学、蒙学、书画学分为六卷，各卷又以时间排序，对中国古代的国学简史进行了清理。其中经学部分又将楚辞学、唐诗学、宋词学进行了专题介绍。"经学"部分首先依年代顺序介绍了早期的经学、魏晋隋唐时期的经学、宋代经学、明代经学、清代经学，然后介绍了著名经学著作、楚辞学、唐诗学、宋词学。"史学"部分介绍了中国史学的发端、两汉时期的史学、魏晋南北朝史学等内容。"诗学"部分介绍了诗经学、汉代诗经学的建立、宋以来的诗经学、唐宋元明的清史学等内容。"子学"部分依次介绍了先秦子学、九流十家、汉代子学、清代子学、民国以来的子学。"蒙学"部分介绍了蒙学的起源和发展、中华蒙学探究两方面的内容。"书学"部分介绍了书学的发展过程。

国学管理

申明、柯林娟编著，南昌：江西人民出版社，2007 年 2 月出版。本书以道、术结合为宗旨，从思想、实践、制度三个方面，全面展示了国学管理精深微妙的管理艺术，以求为管理者解决实际管理问题提供理论和工具两方面的帮助。全书分三篇，第一篇分为五章，分别介绍了经世致用的儒家管理思想、"道法自然"的道家管理思想、"法、术、势"的法家管理思想、道、天、地、法、将的兵家管理思想、其他学派的管理思想等内容。第二篇是国学管理实践篇，分别介绍了中国式的创业类型、传统中国的变革模式、中国成功领导者的守业模式、亡国之君的历史教训、治国安邦的管理智慧等。第三篇国学管理制度篇对中央政府的行政管理体制、监察制度与控制管理体制、任吏与考核制度、地方行政管理制度等都有介绍。后附有《中国古代管理高手经验谈》以及《现代名人谈中国文化》。

何新国学经典新解系列

何新著，北京：时事出版社，2007 年 2 月出版。何新是名振中外的著名学者，其在政治、经济、国际关系方面的研究早已索为人知。"何新国学经典新解"收入近二十年来，何新研究古学的全部重要著作。一套十二册，收入了何新《尚书新解》、《易经新解》、《论语新解》、《诗经（情诗）新解》、《诗经（史诗）新解》、《老子新解》、《天问新解》、《楚帛书与夏小正新解》、《楚辞新解》、《孙子兵法新解》、《孔子年谱》、《谈龙说凤》、《诸神的起源》、《龙·神话与真相》、《雄·汉武大帝新传》十五方面的内容。

三大师谈国学

梁启超、章太炎、朱自清著，北京：生活·读书·新知三联书店，2007 年 2 月出版。国学一说，产生于西学东渐之后，作为西学的对立物在东西方文明冲突中与西方文明对垒。二三百年来，国学是屡战屡败又屡败屡战，西学则"西风落叶下长安"，欧风美雨满乾坤。国学是产生于农业小生产基础之上的一套理论，它规范了人际关系的准则，维护了漫长的封建社会的稳定，对于中华民族的形成、凝聚和发展立下过大功劳。但是，它从一开始就几乎把全部注意力都集中于政治和伦理，而忽视了对自然界的探索；过于注重内心的求索和人格的塑造，缺乏向外开拓的勇气和兴趣；过于注重现存秩序的稳定，而害怕变革。它经过两千多年的自我改造而臻于完善，成为中华民族坚固的文化——心理构造，渗透进了人们思维习惯和行为准则。重读梁启超、章太炎、朱自清三位大师对国学的经典论述，有助于理解中国国学的精髓。本书收录了梁启超的《清代学术概论》、章太炎的《国学概论》和朱自清的《经典常谈》三部作品。

国学词典

谢谦编著，北京：中国人民大学出版社，2007 年 4 月出版。本书属于"国学基础文库"之一。本书是一部可以随意翻阅的读本，也是一部辨疑解惑的工具书。主要通过对中国文化"关键词"的阐释，为非文史专业的普通读者提供一部"中国读本"，力图从"旧学新知"的角度，通过现代诠释，将传统学术或文化变为现代中国人新的知识结构。本书以"词典"的形式，随笔式的文字介绍关于"国学"的基本知识，融现代感、通俗性、可读性为一体。全书分为八个专题，"宗教学"包括儒教关键词 19 个（附经学 30 个）、道教关键词 40 个、佛教关键词 40 个；"伦理学"包括人伦关键词 13 个、修养关键词 14 个、品格关键词 18 个；"礼俗学"包括礼制关键词 22 个、礼节关键词 11 个、习俗关键词 12 个、节日关键词 16 个；"政治学"包括学说关键词 26 个、国家关键词 28 个、制度关键词 21 个、人物关键词 34 个；"经济学"包括学说关键词 14 个、制度关键词 13 个、人物关键词 7 个；"文学"包括文体关键词 22 个、流派关键词 23 个、文论关键词 15 个、文集关键词 25 个、文人关键词 24 个，附语言学关键词 22 个；"史学"包括史部关键词 7 个、体裁关键词 14 个、史籍关键词 30 个、史家关键词 11 个；"哲学"包括范畴关键词 14 个、命题关键词 16 个、学派关键词 9 个、人物关键词 19 个、论著关键词 16 个。

季羡林讲国学

季羡林著，季羡林研究所编，北京：中国书店，2007 年 4 月出版。作者在代前言中说"国学就是汉族文化"，他认为后来融入到中国文化的外来文化，都属于国学的范围，儒家、道家是传统文化，不应该排除在国学之外。据此思想，本书共分为三章，第一章国学漫谈主要是从宏观理论上对国学的相关问题进行阐述，其中有对 21 世纪国学研究的瞻望和对国学研究的看法、中国传统文化的内涵及其特点、从宏观上看中国文化、东方文化和西方文化、"天人合一"思想及再思考、国外中国学研究以及饶宗颐先生的为人与为学等几个方面；第二章是对国学的细述，谈到了伦理道德、孝、老子在欧洲、思想家与哲学家、神韵、中国知识分子的爱国传统、中国姓氏文化、中国散文、竹枝词、成语和典故以及对《孙子兵法》、《四库全书存目丛书》、《儒林外史》等几个论题的研究；第三章是佛教与中国文化的专题研究，其中谈到佛教教义的发展与宗派的形成、佛教与儒道的关系，唐初统治者对宗教的态度、中国禅宗、佛教对宋代理学的影响、中国弥勒信仰、《列子》与佛典、《西游记》与《罗摩衍那》等。

国学讲演录

章炳麟主编，南京：江苏文艺出版社，2007年4月出版。章炳麟是中国传统语言学的集大成者，他博通经史，精研文字、音韵、训诂之学，在使传统的小学脱离经学附庸的地位而成为独立的语言科学方面起了巨大的作用。本书是章炳麟的国学讲演录，内容包括：《小学略说》、《经学略说》、《史学略说》、《诸子略说》和《文学略说》几部分。

国学通论讲义

詹杭伦编著，北京：中国人民大学出版社，2007年4月出版。本书是高等院校本科学生基础素质课教材。全书共分八编三十三章，讲授了国学学科的基本性质和内容，传授国学治学的基本理念和方法，介绍经史子集的国学体系和国学要籍，引导学生认识国学学科涵盖的学术领域。主要内容包括国学基础，经、史、子、集分类述要，宗教文化，天文历法和社会习俗，海外汉学等。

"自己讲"、"讲自己"：中国哲学的重建与传统现代的度越

张立文著，北京：北京师范大学出版社，2007年4月版。本书分为上中下三篇，上篇为中国哲学的"自己讲"、"讲自己"和中国哲学重建的思考，以及中国哲学"自己讲"讲什么和合学的回应；下篇为传统与现代的度越；中篇为国学的新诠释，包括《国学的新视野和新诠释》、《儒学价值理想的追求》、《儒家中和思想的现代价值》、《佛教与宋明理学的和合人文精神》、《儒佛之辩与宋明理学》、《道家思想与中国传统文化》等文章，通过对中国儒、释、道三教思想的体认，对国学是什么、国学自西周以来的演变以及近代对国学的诠释作了疏解。

国学解码商道

张利、林天著,北京:机械工业出版社,2007 年 5 月出版。全书融会中国传统文化精神,以《孙子兵法》、《论语》、《老子》等中国古代经典哲学著作为武器,结合最新欧美企业经营管理理论,透视现代商业,对中国文化背景下的从商之道作了探讨和解读。本书第一章国人回归国学,从国学经典与国学与商道的关系切入,选读了《论语》、《大学》的部分内容及孔子的生平,作者认为《论语》是美德的最高文本,并提供了《大学》的背景材料;第二章从孔子、老子、孟子论"利",解码了企业的财与利;第三章从孙子、毛泽东论"谋",介绍以如何以谋争取主动权;第四章从孙子、老子、鬼谷子、毛泽东论"胜",解码了企业的成与败;第五章从孙子论"势"解码了企业的功与势;第六章从孙子论"将",解码了企业的主与将;第七章从老子、孙子论"道",解码了企业的长与久,并选读了老子《道德经》的部分内容。

国学五千年

黄玉石著,北京:群言出版社,2007 年 5 月出版。全书开卷为"卷首篇:日出东方事事新,独怜国学风雨多",对儒家思想文化发展的历史起伏过程做了全面的概览。其他五十六卷大致按照历史发展的顺序展开论述,从"上古文明儒学源"一直讲到当前儒学在佛、道文化昌盛的环境中所面临的挑战。本书是一部融文学性、知识性为一体的大众文化读本。书中运用翔实的史料,以通俗易懂的语言,多层次、多角度地再现了儒家思想文化的历史面貌,并力图借此纠正长期以来由于种种原因人们对儒家思想的误读,使读者能够在历史画卷中了解中国国学的主体——儒家思想文化。

国学六百问

乔继堂、王槐茂编著,呼和浩特:内蒙古大学出版社,2007 年 5 月出版。本书按传统的经、史、子、集部分类,以问答的形式,对国学的基本问题给予简明的阐释。全书集中了国学的 600 多个基本问题,包括学理、人物、著述等,大体上涵盖了国学的核心内容。其中对什么是国学、国学主要研究些什么、国学的提倡和发展概貌、关于国学有过的争论、梁启超"治国学的两条大路"指什么、章太炎怎样谈治国学的方法、胡适是怎样谈研究国学的、学习国学的入门书、有关国学的丛书有哪些、章太炎《国学概论》、钱穆《国学概论》、朱自清《经典常谈》、曹伯韩《国学常识》、蒋梅笙《国学入门》的概貌、《国学研究》有何特色、朱剑芒《经学提要》大概如何、《经书浅谈》大概如何、吕思勉《经子解题》有何特点、张舜徽《中国古代史籍举要》大概如何、顾颉刚《中国史学入门》有何特点、柴德赓《史籍举要》大概如何、梁、胡开列了怎样的国学书目、《要籍解题及其读法》介绍了哪些要籍等都有相关述论。

世纪大讲堂：国学

凤凰卫视出版中心编，北京：中国友谊出版公司，2007 年 5 月出版。本书是"友谊凤凰丛书"之一的"世纪大讲堂（国学）"专著，收录了 17 篇文章，即《在热闹处安静听》、《儒家的礼乐教化之道》、《中国古代文明起源的探索》、《道教之真精神》、《周易之象》、《禅宗哲学象征》、《佛教智慧的真义》、《佛教与中国文人》、《佛教与现代社会》、《文明的冲突与共存》、《中医与传统文化》、《中医的传统和出路》、《千年古墓之谜》、《风水学与中国生态智慧》、《理想人居——天地人神的和谐》、《审视传统文化的另一个视角》、《星占学的科学考察》。

国学课

邱燮友、田博元、张学波、李建崑编著；简松兴增补，北京：生活·读书·新知三联书店，2007 年 6 月出版。本书是一部实用的参考书，旨在供高中、高职、大学生以及一般喜爱中国学术的社会人士自我研读及进修之用。本书的内容属于国学基本常识，主要分为六部分。第一部分为"国学的名称和范围"。第二部分为"国学典籍的分类"，主要论述了西汉刘歆《七略》、南朝王俭《七志》的七分法，西晋荀勖《中经新簿》、《隋书·经籍志》、清代《四库全书》的四分法，以及清代曾国藩的新四分法。第三部分为"经学常识"主要包括经学的涵义和范围、十三经概述、经学的流传等内容。第四部分"史学常识"首先概说了史的意义、分类和史家四长，然后对纪传、编年、纪事本末、政书等四类史书作了具体介绍。第五部分"子学常识"首先对先秦诸子的涵义、产生的背景、与王官的关系、流派

和发展等做了概述，然后又对两汉以后子学做了概述。第六部分
"文学常识"首先对文学的内涵、文体的分类做了概说，然后分类介
绍了韵文、散文、骈文、小说。此外，还按照经、史、子、文的分类
法开列"国学基本书目"便于读者依此研读。书末附有"国学题
库"、"国学名称、范围及分类测验题"、"经学常识测验题"、"史学
常识测验题"、"子学常识测验题"、"文学常识测验题"以及"国学
题库解答"。

国学：多学科的视角

袁行霈主编，北京：北京大学出版社，2007 年 6 月出版。袁行
霈主编的期刊《国学研究》的出版被认为是国学兴起的标志，它容
纳了文学、语言学、文字学、音韵学、训诂学、目录学、版本学、校
勘学、史学、哲学、宗教学、考古学、历史地理学、中西交通史、艺
术史、科技史等多个学科。其研究对象是同一个国学，但研究的视角
是多种多样的。本书是汇集了国学研究多方面的成果结集而成，其主
要包括 26 篇学者论文：中国古代哲学中关于德力、刚柔的论争；王
船山与黑格尔——兼论理性与超理性；一分为二、二合为三——浅介
刘咸炘的哲学方法论；论中国传统文化的人文精神；中国佛教"理"
思想的拓展与演进；从经筵讲论看乾隆时期的朱子学；蒙学与世俗儒
家伦理；从水浒戏看《水浒传》、陶渊明的哲学思考；试论唐代的诗
坛中心及其作用；七言诗的起源；魏晋南北朝的"述宾补"式述补
结构；读《宋史》札记；北魏后宫子贵母死之制的形成和演变；有
关《史记》崇儒的几个问题；中古士族的容止崇尚与古代选官的以
貌取人；宋代士人家族中的妇女——以苏州为例；西藏寺庙建筑分期
试论——西藏寺庙调查记之六；论故绛与唐；中国环濠聚落的演变；
西夏书籍的编纂和出版；北京紫禁城在规划设计上的继承与发展；中
国炼丹术思想试析；中国烟火文化史料钩沉；王仁事迹与世系考；印
度眼科医术传入中国考。

国学宗师钱穆

陈勇著，北京：北京大学出版社，2007 年 7 月出版。本书属于
"中国学术大师系列"之一。传记分为十二章，依次为：七房桥的世
界、仅接受的中小学教育、从小学教师到中学教师、从燕京到北大、

北平八年师与友、西南联大铸辉煌、入蜀后的文化沉思、退居边缘、香江兴学、与新儒家的交往、晚年的学术新生命、最后的彻悟。主要以钱穆的生平阅历为主线，将其思想、学术、人格、才情融入其中，力求全方位、多层面地展现这位来自乡村，完全靠自学成才，成为大学名教授，成为一代学术大师的人生经历和学术贡献。

中国学研究：现状、趋势与意义

王荣华、黄仁伟主编，上海：学林出版社，2007 年 7 月出版。本书收录了第二届中国学论坛中"中国学研究的现状与趋势"和"当代中国发展的世界意义"这两个研究报告的全文和中、英文摘要，以及论坛的 18 个专题讨论和 3 个圆桌会议的学者观点评述。这两个课题的研究报告和中、英文摘要主要分析了中国发展的世界意义，凸显了中国和谐理念与和平发展道路。除了《中国学研究与科学发展观》、《中国发展的世界意义：和谐、和平》两篇序言和《第二届世界中国学论坛闭幕词》的跋语之外，全书分为"第一辑：中国学研究的现状与趋势"、"第二辑：当代中国发展的世界意义"、"第三辑：第二届世界中国学论坛学者观点评述"三个部分，书末附有《后记》。

新加坡国宝诗人潘受

徐持庆著，北京：中国社会科学出版社，2007 年 7 月出版。本书属于"暨南国学丛书"之一。全书分为上、下两编，上编"潘受诗研究"分为四章，第一章"飘泊与奋斗的一生——潘受生平寻踪"介绍了潘受的生平家世。第二章"根植中华而叶茂于海外——潘受诗歌的文化根柢与创作环境"通过对潘受诗歌的概述，讨论了其诗歌产生的背景与发展历程，从而探求了中华文化精神、形式在海外环境中的生存状态和海外华人的文化心理，揭示了新、马华文传统诗词文学作为区域文学与中国传统诗词文学之间的关系。第三章"思入风云逐太虚——潘受诗歌内容分类评述"分五节具体研究了潘受的纪事诗、纪游诗、咏怀诗、题画诗、集句诗等五类古典体诗词作品，发掘了它们在现代社会的艺术价值和现代意义，拓宽了中国古代文学研究的学术视野和研究领域。第四章"出地皆奇万斛泉——潘受诗歌的艺术特色"分五节论述了潘诗的想象力与构思技巧、对仗、用典、"诗史"特征，以及其中的新意象与新意境的创造。下编"潘受诗选注"，主要对潘诗的代表作做了注解，并在"结语"中做出了分析。附录一为《潘受生平年表》，附录二为《潘受照片与墨迹》。书末附有《参考资料》、《后记》。

中国学研究（第十辑）

吴兆路、甲斐胜二、林俊相主编，济南：济南出版社，2007年7月出版。该刊所收录的论文稿件，内容涉及中国文学、语言学、历史学、哲学、艺术学和宗教学等。其撰写人员一般是博士毕业或具有副教授以上专业技术职务的大学教师或专职研究人员，在中国留学即将毕业的国外优秀博士生的论文也在遴选之列。本辑分专家论坛、古代文学思想研究、六朝唐宋文学研究、明清文学研究、近现代文学研究、中国文学古今演变研究、语言文字学研究、古代文献学研究、传统文化研究、国外汉学家等10个专题，共收录中、日、韩、新加坡、越南、马来西亚等国作者的论文64篇。

章太炎国学讲义

章太炎著，北京：海潮出版社，2007年7月出版。本书收录了章太炎先生1922年及1935年两次公开讲学记录，较系统地展示章氏深厚的国学素养。《国学概论》分为五章，依次为"概论"、"经学之派别"、"哲学之派别"、"文学之派别"、"结论：国学如何进步"，对中国传统经学、哲学、文学进行精到而系统的简述。《国学略说》也分为五章，依次为"小学"、"经学"、"史学"、"诸子"、"文学"，主要是章太炎先生晚年的治学心得，集聚章氏毕生功力，借此可以了解章氏思想及其国学的进阶。

国学启蒙

朱子律编撰，北京：中国长安出版社，2007年8月出版。蒙学类书籍是千百年来家喻户晓的国学通俗读本，它是人们从长期生产生活实践中总结出的人生哲学、处世方略，易学易懂，贴切实用，最直接、最具体、最真切地体现了中国传统文化的精神。本书主要对传统的蒙学书籍作了解读。

传世名著

朱子律著，北京：中国长安出版社，2007年8月出版。本书属于"国学经典文库"之一。

《传世名著》内容涉及习俗、礼仪、天文、地理、农学、医学、思想、心理、信念等。包含有大量的社会、民众、制度、生活的内涵。

经学子籍

朱子律著,北京:中国长安出版社,2007 年 8 月出版。本书属于"国学经典文库"之一。全书对《易经》、《老子》、《孙子兵法》、《鬼谷子》、《六祖坛经》等中国传统的经、子典籍做了解读。

国学大讲堂 I:老子、庄子的做人绝学

王少农著,北京:中国戏剧出版社,2007 年 8 月出版。本书共二册,包括《老子、庄子的做人绝学》、《四大名著中的做人绝学》。《老子、庄子的做人绝学》通过对老、庄的生存智慧、做人绝学和处世的介绍,让人们对老、庄的思想进行了了解,进而活学活用。

国学大讲堂 II:四大名著中的做人绝学

张大振著,北京:中国戏剧出版社,2007 年 8 月出版。全书包括四部分,以个人的观点分别对《红楼梦》中的王熙凤、《西游记》中的唐僧、《三国演义》中的刘备、《水浒传》中的宋江的做人绝学做了细致分析。

国学巨匠——张宗祥传

郑绍昌、徐洁著,杭州:浙江人民出版社,2007 年 8 月出版。本书属于"浙江文化名人传记丛书"之一。全书分为十二章,依次为:夫子三绝得名早、一代名师育俊彦、千元丽宋皆经眼、服官浙江行德政、雪抄露纂笑书呆、壮年奔走乱离中、盼煞晨曦一线光、耄耋春回见大同、重振印社长西泠、书筈高与阆风齐、病榻遗愿付后人、国学巨匠张宗祥。书末附有《张宗祥大事年表》、《张宗祥著作目录》、《张宗祥手抄、校、注书目录》以及《交游录(叙略)》。

国学入门

龚鹏程著,北京:北京大学出版社,2007 年 8 月出版。本书分为"门径篇"与"登堂篇"两部分。"门径篇"分名义、材料、方法、语言、文字、训诂、经、史、子、集、儒、道、佛、余论等十四章内容,对国学做了比较全面的概述。"登堂篇"评述民国初叶国学运动中的人物与教育，第一章"国学书目"中提及胡适与梁启超；第二、三、四章"国学讲说"，则分别对康有为、章太炎、马一浮等人的国学思想及实践进行了探讨；第五章"国学教育"则以清华国学院为例，探讨了其中蕴涵的各种问题，同时对现今教育问题也多有品评。

国史精讲

樊树志著，上海：复旦大学出版社，2007 年 8 月出版。本书是大学本科生的通识教育教材。全书从史前时代历史写到清朝政治兴衰，将人类起源到人类文明发展历史中发生的历史事件作了一个概要的梳理，共分十四讲。依次为"史前史与传说时代"、"夏与商——历史时期的开端"、"西周与春秋——Feudalism 时代"、"从战国到秦——中华帝国的建立"、"西汉与东汉——帝国规制的完备化"、"三国与两晋——统一王朝消失的时代"、"北朝与南朝——走向再统一的时代"、"从隋到唐——帝国的再建"、"从晚唐到五代十国"、"北宋——划时代的新阶段"、"南宋与金对峙时期"、"元——蒙古建立的王朝"、"明——中华文明的余晖"、"清——末代王朝的兴与衰"。书末有《后记》一篇。

国学研究论稿

［菲］陈永栽、黄炳辉著，上海：上海古籍出版社，2007 年 9 月出版。本书一部论文集，收录了作者几十年来讨论中国传统文化的 70 篇文章，依次分为文化审视、经史滴沥、古赋撷英、佛家禅语、文学思辨、见闻附录六个专题。

读史举要

苏渊雷著，北京：人民大学出版社，2007 年 9 月出版。本书属于"国学基础文库"之一。本书作于 20 世纪五六十年代，是著名文史研究学者苏渊雷教授论述文史研究方法的一部著作。作者从读史要义、史料学的若干问题、国史弱点、文史研究的方法等方面，阐述读史、治史的意义与精要所在。同时，又分章节择其要点介绍了对于史学研究有重要作用和影响的人物思想及著作，包括《诗经》、《尚书》、《春秋》三传、诸子百家、司马迁与班固及其史著、《资治通鉴》、刘知幾、郑樵、章学诚，以及隋唐佛学思想等。全书共分十章。第一、二章介绍了读史以及史料学方面的相关问题；第三、四章介绍了《诗三百篇》、《尚书》、《春秋》三传；第五章诸子论纲，对诸子研究进行了探讨，并附有《孔学演变过程及其在历史上的作用》一部分；第六章对《史记》、《汉书》及其作者马、班进行了比较，后附有《司马迁及其文章风格》；第七章《资治通鉴》简论对其著书动机及编纂过程、体例和特点都有所提及；第八章是对刘知幾、郑樵、章学诚等人史学成就的介绍及其异同比较；第九章论及汉唐佛学对于中古哲学和文学的影响；第十章对文史研究方法进行了总结。

国学精粹

王克忠主编，北京：中国纺织出版社，2007年10月出版。本书从中国传统典籍中精选了名言警句和趣味典故，共分为六篇。"蒙学篇"包括《三字经》、《百家姓》、《千字文》、《弟子规》、《朱子家训》、《曾国藩家书》；"经篇"包括《大学》、《中庸》、《孟子》、《诗经》、《尚书》、《礼记》、《易经》、《春秋左传》；"史篇"包括《国语》、《战国策》、《史记》、《汉书》、《后汉书》、《三国志》、《资治通鉴》；"子篇"包括《老子》、《庄子》、《管子》、《晏子春秋》、《荀子》、《孙子兵法》、《列子》、《鬼谷子》、《韩非子》、《墨子》、《商君书》、《吕氏春秋》、《孔子家语》；"集篇"包括《楚辞》、《淮南子》、《韩诗外传》、《说苑》、《抱朴子》、《省心录》、《菜根谭》、《小窗幽记》、《围炉夜话》、《劝忍百箴》、《忍经》、《官经》、《名篇杂选》；"国学雅趣篇"包括经典传承、名人轶事、古源辨析、古典常识、史典集萃。全书行文言简意赅，融知识、趣味、文化于一炉，有助于读者了解古代文化，传承古代经典。

话说诗经

王彬著，成都：四川人民出版社，2007年10月出版。本书属于"话说国学"系列之一。全书分为四话，第一话"神秘之诗，生活之诗"依次从普通人的日常生活、以诗心观世界、"风"靡江河、并不单纯的民歌搜集者四个方面进行了论述；第二话"凡人歌，圣人诗"依次从孔子删诗的传说、凡人的歌唱、女人与女神、还《诗经》以"颜色"四个方面作了论述；第三话"问往事·远古时代的流行"依次从我本多愁亦有忧、"风"行天下、雅韵得失、天命于王四个方面作了论述；第四话"想唱就唱"依次讨论了《关雎》、《卷耳》、《螽斯》、《汉广》、《鹊巢》、《摽有梅》、《野有死麕》、《柏舟》、《击鼓》、《谷风》、《简兮》、《墙有茨》、《载驰》、《氓》、《木瓜》、《采葛》、《将仲子》、《有女同车》、《出其东门》、《野有蔓草》、《硕鼠》、《蒹葭》、《无衣》、《月出》、《蜉蝣》等诗歌。

话说庄子

王珏著，成都：四川人民出版社，2007 年 10 月出版。本书属于"话说国学"系列之一。全书分为十五篇，首先对庄子其人作了介绍，然后介绍了庄子对于伦理、价值、情感、治国、战争、技术、知识、工作、死亡的认识及对现代人的启发，最后对中国政治、世俗生活、宗教、文学、艺术中的庄子形象作了全面的分析。

话说论语

张意著，成都：四川人民出版社，2007 年 10 月出版。本书属于"话说国学"系列之一。全书包括十一篇，首先对孔子其人作了介绍，然后分"情，一往而深"、"孝：亲情之爱"、"把心带回家"、"快乐和自由地学习"、"照亮人的心智"、"君子的'志'和'度'"、"努力做个自由人"、"师徒问答，生机盎然"、"大美为美"、"漫山遍野都是今天"十一个主题阐发了《论语》中包含的思想。

章太炎讲国学

章太炎著，张昭军编，北京：东方出版社，2007 年 10 月出版。章太炎一生数次讲演国学，讲演稿或出自他本人之手，或者为其弟子笔录整理而成。本书收录了他四次国学讲演文稿，并据此分为四编。对于各编以及其中的序、跋等文字的来源和特点，张昭军都做了说明。第一编《国学讲习会略说》，包括"论语言文字学"、"文学论略"、"诸子学略说"三章，另有章士钊"国学讲习会序"。本编是章太炎东京国学讲习文稿，它奠定了章氏国学演讲的基本框架，一定程度上可视为《国故论衡》一书的总论；原由东京秀光社于 1906 年出版，同年以"章绛"为名在《国粹学报》上连载。第二编《国学概论》，除了曹聚仁撰写的"自序"、"小识"，包括"概论"、"国学的派别——经学之派别"、"国学的派别——哲学之派别"、"国学的派别——文学之派别"、"结论——国学之进步"等五章。本编是章氏

1922 年 4 月至 6 月在上海国学讲演的记录稿，由曹聚仁整理，1925
年由上海泰东书局出版。该书基本上反映了章氏对国学的整体认识，
对国学派别、研治方法的见解。第三编《章氏星期讲演会记录》，由
王謇、王乘六、吴契宁、诸祖耿记录，包括"说文解字序"、"白话
与文言之关系"、"论读经有利而无弊"、"论经史实录不应无故怀
疑"、"再释读经之异议"、"论经史儒之分合"、"论读史之利益"、
"略论读史之法"。本编 1935 年演讲于苏州，涉及了小学、经学、史
学、文学等方面的问题，重在转移当时的学术风气。第四编《章氏
国学讲习会讲演记录》，包括"小学略说"、"经学略说"、"史学略
说"、"诸子略说"、"文学略说"等五章，另有诸祖耿"序言"、潘
重规"跋"。本编是章氏 1935 年冬、1936 年春之间在苏州的演讲，
是其晚年治学的心得，由王乘六、诸祖耿记录，孙世扬校。书后附录
《自述学术次第》、诸祖耿《记本师章公自述治学之功夫及志向》两
篇文章。

朱自清讲国学

朱自清著，长春：吉林人民出版社，2007 年 10 月出版。朱自清
先生是我国现代文学史上著名的诗人、散文家、学者。本书选取朱自
清著作中有关国学经典与古诗赏析作为主体，以朱自清的视角，介绍
华夏民族文化中的精华。全书包括朱自清讲经典和朱自清赏诗两部
分：经典部分涉及《说文解字》、《周易》、《尚书》、《诗经》、三
《礼》、《春秋》三传（附《国语》）、"四书"、《战国策》、《史记》、
《汉书》、诸子、辞赋、诗、文等。赏诗部分包括古诗十九首、十四
家诗钞、曹植九首、阮籍十五首、陶潜十五首、谢灵运十五首、鲍照
十首、谢（脁）十首、李白十六首、杜甫二十首、王维十首、孟浩
然十首、韩愈七首、白居易十首、李商隐十六首和杜牧十四首。

现代视觉中的国学

曲庆彪等著，大连：辽宁师范大学出版社，2007 年 10 月出版。
本书旨在弘扬国学，重构精神体系。全书分为八篇，包括大道之
原——《周易》的理论思维，孔子儒学的人生境界，老子与《道德
经》，赏心唯良知——《孟子》真义的现代阐释，从容与超越：魏晋
哲思、言辩与神韵，道通天地有形外思人风云变态中，理学：中国古

代思想文化的深层探索与知识界的社会关切，病专制社会之混浊扬民族文化之精魂——《红楼梦》与中华文化，从神玉到民玉。

章太炎讲国学

章太炎著，张昭军编，北京：东方出版社，2007 年 10 月出版。章太炎一生多次讲演国学，其中影响最大的有四次，即日本东京讲学、民国初年北京讲学、1922 年上海讲学、晚年苏州讲学。讲演稿形式不一，或出自他本人之手，如《国学讲习会略说》；或为弟子记录整理而成，如晚年苏州讲学记录；或专为演讲而作，如《国学概论》；或与学术专著合一，如《国故论衡》。语体也不尽一致，或用文言，或用白话。本书收录了章太炎四次国学讲演文稿，即《国学讲习会略说》、《国学概论》、《章氏星期讲演会记录》、《章氏同学讲习会讲演记录》等，基本反映出他国学讲演的整体面貌。为便于理解章太炎学术思想脉络，书后附录《自述学术次第》、《记本师章公自述治学之功夫及志向》，并辑入章士钊《国学讲习会序》、曹聚仁《国学概论》五版自序，诸祖耿、潘重规所作序、跋。

大师与传统——中国文化与传统 40 小讲

刘梦溪著，北京：中国青年出版社，2007 年 11 月出版。本书分四卷，卷一包括"国学与传统文化"、"国学概念的再检讨"、"信仰与传统"、"传统与记忆"、"传统的误导"、"传统的流失与重建"、"礼仪与文化传统的重建"等内容，新作较多，主要以阐释国学和传统文化为主。卷二是关于学术思想的随笔，以及对新世纪的文化展望，侧重现代，稍涉明清。卷三是一组谈论古今文事的文化批评，有感而发，即使论古也难掩"今情"。卷四是几篇序跋和讲词。

钱选国学名著

（宋）朱熹、（明）王守仁等集注，崔存明等校订，北京：首都经济贸易大学出版社，2007 年 12 月出版。1978 年，香港中文大学新亚书院设立"钱宾四先生学术文化讲座"，钱穆本人作为第一个主讲人，在演讲中列出了一个"中国人所人人必读的书"的国学书目。该书目包括七部书，即《论语》、《孟子》、《老子》、《庄子》、《近思录》、《传习录》和《坛经》。这七部典籍中，《论语》、《孟子》是先秦儒家思想的代表作；《老子》、《庄子》是先秦道家思想的主要著作；《近思录》为理学思想之集粹；《传习录》为心学思想的精华；《坛经》则为中国佛教最主要宗派禅宗的经典。这七部典籍篇幅虽不大，但包容性极强，为读者提供了国学的入门蹊径。

李叔同讲国学

李叔同著，长春：吉林人民出版社，2007 年 12 月出版。李叔同是我国新文化运动的前驱，近代史上著名的艺术家、教育家、思想家、革新家。作为中国新文化运动的早期启蒙者，他一生在音乐、戏剧、美术、诗词、篆刻、金石、书法、教育、哲学、法学等诸多文化领域中都有较高的建树，并先后培养了一大批优秀艺术人才。本书选取李叔同先生有关佛学著作和艺术论著，其中包括 "李叔同说佛" 和 "李叔同谈艺" 两部分。"说佛篇" 包括：李叔同讲佛经，《般若波罗蜜多心经》讲录，《佛说无常经》叙，普劝净宗道侣兼持诵地藏经，李叔同讲佛理，关于对佛教的误解，问答十章，佛法大意，佛法十疑略释，佛法宗派大概，佛法学习初步，授三归依大意，敬三宝，净土法门大意，净宗问辨，药师如来法门略录等。"谈艺篇" 包括：浅谈国画缘起（从隋唐至清代），浅谈书法缘起（包括五大书体及其流派、历代书法家及其作品），谈写字的方法（包括明代和清代篆刻）。

（林日波　吴福秀　陈卫星　整理）

近三十年国学大事记

1980 年

◇ 邵祖平著《国学导读》由台湾商务印书馆出版

邵祖平（1898—1969），字潭秋，江西南昌人。幼时因家境贫寒，未入正式学校，自学成才，后从章太炎习小学，先后任教东南大学、之江大学、浙江大学及苏州章氏国学讲习会。抗战时期入蜀任中央大学（内迁）、四川大学教授，1954 年调北京中国人民大学。后被划为"右派"，下放青海民族学院，1965 年退休返杭州定居。著有《培风楼诗》、《文字学概论》、《词心笺评》、《观人学》等。《国学导读》一书初版于 1947 年 6 月，此系重印，2005 年再版。

◇《中国社会科学》第 2 期发表《孔子再评价》一文

1980 年《中国社会科学》第 2 期发表了李泽厚先生《孔子再评价》一文，引起了学术界的广泛关注。李先生认为，孔子在中国哲学史的创举是以"仁"释"礼"，将社会外在的规范化为内在的自觉，为汉民族的文化心理结构奠定了基础。他认为仁有四个层面：血缘基础、心理原则、人道主义、个体人格。四个层面相互制约，构成有机整体，其精神特征为"实践（用）理性"。

该文的重要意义还在于，代表了学界对待儒家文化以及中国传统文化观念上的大转折。一时间，孔子要平反、孔子再研究、孔子再评价成为学术界热点话题。

◇ 孔子讨论会在山东曲阜师范学院召开

10 月 28—11 月 4 日，孔子讨论会在山东曲阜师范学院召开。全国共有 100 多位代表参加。本次会议讨论了孔子的时代背景、阶级属性、哲学思想、教育思想、教育方法等方面的内容。大会倡议成立孔子学术研究会。

1981 年

◇经学史家周予同逝世

1981 年 7 月 15 日，经学史家周予同在上海病逝。周予同，原名周毓懋，浙江温州瑞安人。他少拜晚清朴学大师孙诒让为师，后又投史学大家陈介石门下，国学造诣精深。1916 年周予同以第一名优异成绩考人北京高等师范学校国文部（北京师范大学前身）。在"五四"运动中，以"火烧赵家楼"的非凡壮举而名播天下。毕业后，周予同长期在上海从事编辑、教学、著述工作。1945 年以后，他一直在复旦大学任教。生平著作主要有《孔子》、《朱熹》、《群经概论》、《教材之研究》（合著）、《中国现代教育史》、《中国学校制度》等，主编有《中国历史文选》、《开明初中本国史》、《开明新编国文课本》（与叶圣陶等合编）等。

1982 年

◇第一次孟子学术讨论会在山东邹县举行

1982 年 7 月，第一次孟子学术讨论会在山东邹县举行。此次会议共有 60 多名代表出席，主要讨论了孟子的大一统思想、道德遗产、教育思想，王道仁政学说以及性善论等问题。

◇8 月，《中华大藏经》整理出版工程正式启动

1982 年 3 月 7 日至 24 日，在北京召开了规模空前的全国古籍整理出版规划会议，集中全国有关专家及海外学者共商古籍整理出版大计。这是以国家名义召开的，向全国、全世界宣布"四人帮"被粉碎后，告别极左思潮，中国政府重视古代文化，有计划、有步骤地以科学方法清理中国古籍的大会。古籍规划讨论中，对传统的经史子集都作出近期、远期整理出版规划，人力物力都作了安排。在这样的背景下，《中华大藏经》整理出版工程在国务院古籍整理规划小组支持下立项起步，由任继愈先生主持，组成《中华大藏经》编辑局进行编辑。

《中华大藏经》共收录典籍 1939 种，1 亿多字。经过了 13 年、

先后 160 人的艰苦努力，1994 年底全书编纂完成，1997 年由北京中华书局出齐全部 106 册，2004 年又出版了《总目》。《中华大藏经（汉文部分）·正编》是中华人民共和国成立以后我国学术界对浩繁的佛教文献进行集中整理出版的一个重大成果，先后获得全国古籍整理成果一等奖、全国图书奖荣誉奖、中国社会科学院优秀科研成果荣誉奖，还被列入国家领导人出访赠礼的备选目录。

《中华大藏经（汉文部分）·正编》完成后，主编任继愈先生决定根据以往历代编纂大藏经的传统做法，继续组织力量整理编纂《中华大藏经（汉文部分）·续编》。《中华大藏经（汉文部分）·续编》总字数在二亿六千万字左右，是《正编》的一倍多；将收入历代大藏经中未为《正编》所收录的部分和藏外佛教相关文献。计划分设下列各部：1. 印度典籍部；2. 南传典籍部；3. 藏传典籍部；4. 汉传注疏部；5. 汉传撰著部；6. 史传地志部；7. 忏仪部；8. 疑伪经部；9. 论衡部（中国历史上儒释道三家相互论议佛教之作）；10. 外教部；11. 目录音义部。各部中再分作若干类，并提供各种必要的检索手段。

◇中国文化史研究学者座谈会召开

12 月 16—19 日，由《中国文化》编委会和联合国教科文组织《人类科学文化史》中国编委会发起，邀集北京、上海、天津、山东、广东等地学术界人士，于上海复旦大学举行"中国文化史研究学者座谈会"。中国社会科学院李学勤、张琢，北京大学历史系周一良、严绍璗，北京师范大学刘家和，北京师范学院宁可，中国历史博物馆史树青，联合国教科文组织《人类科学文化史》中国编委会负责人庞朴，复旦大学周谷城、蔡尚思、杨宽、章培恒、朱维铮、姜义华、汤纲以及华东师范大学陈旭麓、上海图书馆顾廷龙、上海社科联罗竹风、上海人民出版社胡道静、中国大百科全书出版社王元化、南开大学刘泽华、山东大学祝明、暨南大学朱杰勤等著名学者济济一堂，畅所欲言，学术气氛非常活跃。这是新中国成立以来第一次关于中国文化史研究的专题性学术会议。截至当时，全国以文化史命名的研究机构，只有中国社会科学院近代史研究所中国近代文化史研究室和复旦大学历史系中国思想文化史研究室两家，全国高校中仅北京大学中文系和复旦大学历史系开设了中国文化史课程，专家们呼吁，这是中国学术界必须填补的巨大空白点。与会专家就文化与文明、文化史的对象与范围、文化形态问题、文化中心问题、中国文化传统的估计、中外文化交流、中国文化史研究方法等诸多问题展开了热烈的讨论，并提出了一些有益的建议与设想。

◇ **"全国首届东西方文化比较"研讨会召开并成立"上海东西方文化比较研究中心"**

12月20—27日，上海中青年理论工作者召开了"全国首届东西方文化比较"研讨会，与会者就"文化及东西方文化的概念"、"东西方文化比较的意义"等问题展开了热烈的讨论。在此基础上，成立了"上海东西方文化比较研究中心"，周谷城任名誉主席，王元化任主席。

◇ **船山学社重建大会在长沙举行**

此次会议的宗旨是"团结学术界同志，研究船山思想，继承祖国优秀文化遗产，建设社会主义精神文明"。重建大会选出由17人组成的理事会，推选吴立民为社长。

1983 年

◇ **1月，大型甲骨文资料汇编《甲骨文合集》全部出版完成**

《甲骨文合集》郭沫若（1892—1978）主编的一部甲骨文集大成性的资料汇编。由胡厚宣任总编辑，中国社会科学院历史研究所《甲骨文合集》编辑组编纂。编辑工作从1960年正式开始。本书选录80年来已著录和未著录的殷墟甲骨拓片、照片和摹本41956片，经过辨伪、去重、断片缀合、分期、分类的科学整理，分装为13册，前12册是拓片及原骨照片，第13册为摹本。书前附有彩色图版8版。

本书从1979年10月起由中华书局出版，到1983年1月全部出齐。《合集》采用分期分类的编排方式，先将甲骨分为5期：第一期，武丁及其以前；第二期：祖庚、祖甲；第三期：廪辛、康丁；第四期：武乙、文丁；第五期：帝乙、帝辛。每期又依社会历史内容分为：阶级和国家、社会生产、思想文化、其他几大类21个小类，便于查检。

本书是中华人民共和国成立后我国历史科学的重大成果之一，为今后甲骨学的发展奠定了坚实的基础。

◇**程发轫著《国学概论》再版**

程发轫（1898—1975），字旨云，湖北大冶人。1912 年考入武昌私立中华大学，次年转国立武昌高等师范学校国文部，后并入史地部学习。毕业后任教于江苏省立六中、南京女中、杭州高中凡 15 年。1949 年后任台湾师范大学国文系教授、主任。著有《春秋要领》、《春秋左氏传地名图考》、《战国策地名考释》、《国学概论》等，主编《六十年来之国学》，皆名世之作。

《国学概论》是作者平生力作，由中国台湾省"国立编译馆""部定大学用书"编审委员会主编，共上、中、下三册，约 95 万字，台北正中书局 1972 年初版，此系再版。上册分《导言》、《经学》、《诸子概说》三章，中册分《两汉学术》、《魏晋学术》、《佛学》、《宋元理学》、《明代理学》、《唐宋元明之经学》、《结论》七章，下册分《清代考证学》、《近世学术之趋势》、《民国思想家》（包括孙中山、章太炎、梁启超、胡适等 10 位）、《结论》四章。

◇**4 月 20 日，全国孔子学术研讨会在曲阜举行**

本次会议由中国教育学会、中国教育史研究会和曲阜师范学院联合举办。共有 180 多位代表参会。此次会议集中讨论了孔子的时代和阶级属性、孔子思想影响和评价、孔子思想的批判和继承以及如何把孔子研究引向深入等问题。

1984 年

◇**《中国文化》（《中国文化研究集刊》）创刊**

本刊是中国社会科学院近代史研究所中国近代文化史研究室、复旦大学历史系中国思想文化史研究室共同主办的学术研究集刊。书脊题《中国文化》，封面、扉页、版权页均题《中国文化研究集刊》，于光远、刘大年、李新、周谷城、胡绳、顾廷龙、梅益、黎澍、谭其骧、蔡尚思任顾问，丁守和、方行主编，编委有王学庄、刘志琴、朱维铮、汤纲、李华兴、耿云志、姜义华、黄沫等。第一辑于 1984 年

3月由复旦大学出版社出版。全书分作通论、专论、资料与回忆、文摘与辑览四个部分，共收录文章四十余篇，其中有周谷城《中国文化史研究的意见和希望》，楼宇烈《开展对中国文化总体上的综合研究》，张岱年《论中国文化的基本精神》，蔡尚思《论中国文化的几个重大问题》，冯友兰《对于中国文化前途的展望》，汤一介《关于〈太平经〉成书问题》，胡道静《〈徐文定杂著〉的初步探索》，来新夏《清代前期商人和社会风尚》，金庸《海上杂说》、庞朴《"火历"续探》，刘泽华、王连升《论先秦的人性说与君主专制主义理论——关于先秦思想文化质的探讨之一》，刘志琴《晚明城市风尚初探》，吕景琳《李贽与明末三教合一思潮》，金冲及《中国近代思想史研究中的几个问题》，王庆成《太平天国的天堂、地狱和赏善罚恶》，杨宏勋《建筑文化丛谈》，周振鹤、游汝杰《方言和文化史研究》等。

之后各辑均由复旦大学出版社出版，时间分别是：第二辑，1985年2月；第三辑，1986年11月；第四辑，1987年1月；第五辑，1987年6月。

◇深圳大学国学研究所成立

深圳大学国学研究所创办于1984年9月，聘北京大学哲学系汤一介教授任所长，并先后从国内重点大学调入数名研究人员。国学所成立后，主要做了以下工作：第一，创办了大型国际性学术集刊《中国文化与中国哲学》，先后出版4辑，发表论文百余篇，在国内外学术界产生了广泛影响。第二，搜求古旧书刊，购进《碛砂藏》等珍本特藏，建起了小型文史资料馆。第三，召开第一次全国东西方文化比较研究协调会议，集中北京、上海、武汉、广州等中心城市的知名学者共商大计，制定规划，对20世纪80年代后期国内的文化大讨论起了重要作用。第四，与国家教委古籍整理委员会联合举办了两届国际中国学研讨班，为全国几十所高校培训了一百多名从事比较文化和汉学研究的青年教师。第五，和海外学术界建立广泛联系，特别是与香港几所大学的相关机构在项目合作、资料交换等方面保持着实质性的交往。第六，与北京大学合作，为深圳大学定向培养了数名中国哲学专业的研究生。第七，在古籍整理方面开展了一系列工作，参与广东高校"岭南丛书"大型文献出版项目，并在古籍整理的电子化方面做了一些有益的尝试。第八，参与中文系的初创和学科建设工作，为中文专业学生开设了国学系列课程。

◇**中国孔子基金会创立**

中国孔子基金会是由国家拨款作为启动资金，通过募集基金等形式，团结与组织学术界对孔子、儒家和中国传统文化进行科学研究的群众性学术组织，旨在弘扬祖国优秀传统文化，增进海内外华人团结，促进各国文化交流，为建设有中国特色的社会主义精神文明服务。1984年9月22日（旧历八月二十七日孔子诞辰2535周年）中国孔子基金会在原国务院副总理谷牧指导下经中共中央批准在山东曲阜市成立，1996年8月经中央批准由北京转会济南，受中共山东省委领导。谷牧任名誉会长，南京大学名誉校长匡亚明任会长。下设学术委员会、基金委员会、孔子与儒学文物研究委员会、信息委员会、出版委员会、《孔子研究》编辑部等机构，分别执行该会工作任务。

中国孔子基金会成立后，在组织和推动孔子、儒学及中国传统文化研究方面做了大量工作。（1）围绕孔子、儒学研究的热点及当代相关社会问题，举办了一系列全国性、国际性学术会议，主要有：1985年10月、1986年春，在曲阜市召开了两次由国内学者参加的学术讨论会；1987年8月，与新加坡东亚哲学研究所在曲阜联合举办了儒学国际学术讨论会；1988年10月，与联邦德国阿登纳基金会在波恩联合举行了儒学国际学术讨论会；1989年10月，与联合国教科文组织在北京、曲阜联合举办了孔子诞辰2540周年纪念与学术讨论会；1990年8月，《孔子研究》编辑部与《东北之窗》杂志社在大连联合举行了孔子思想讨论会；同年10月，与福建武夷山朱熹研究中心在福州联合举办了朱子诞辰860周年国际学术讨论会；1991年10月，在曲阜主办了海峡两岸首次儒学学术讨论会，与浙江省社会科学院、衢州市人民政府在衢州联合召开了儒学与浙江文化研讨会。此外还在曲阜、北京举办了10多次不同类型的学术研讨会、恳谈会等，就孔子、儒学的热点问题，特别是儒学与现代化问题进行了多层次、多角度的探讨。（2）编辑出版了一批孔子、儒学研究著作和期刊，包括《中国孔子基金会文库》和《孔子研究》。（3）赞助国内部分学术机构、学术团体的建立及其活动，发起筹建了国际儒学联合会。(4)组织和参与了众多海内外学术交往活动,先后同德国阿登纳基金会、韩国成均馆、日本筑波大学、新加坡国立大学东亚研究所、美国国际中国哲学学会、加拿大文化更新中心、俄罗斯东亚研究所等机构建立了牢固联系。(5)与北京远望公司联合制作发行了孔子金像,与新华社山东分社合作出版发行了金版《论语》,与曲阜师范大学合办孔子文化大学,编辑《儒学年鉴》,筹备中国儒学文化出版社和《大众儒学》的出版,不断扩大优秀传统文化建设事业。

◇10 月,中国文化书院在京创办

中国文化书院是由著名学者冯友兰先生与北京大学哲学系张岱年、朱伯崑和汤一介等几位教授共同发起,联合了北京大学、中国社会科学院、中国人民大学、北京师范大学、清华大学、北京师范学院等单位及台、港和海外的数十位著名教授、学者一道创建的一个民间的学术研究和教学团体。中国文化书院院长由汤一介担任,院务委员会主席由季羡林担任,副主席是谢龙导师和王守常导师。中国文化书院设学术委员会,负责书院学术研究、学术交流及教学活动的规划与实施。导师庞朴担任学术委员会主席,导师魏常海担任学术委员会副主席。张岱年先生担任中国文化书院名誉院长。

中国文化书院的宗旨是:通过对中国传统文化的研究和教学活动,继承和发扬中国的优秀文化遗产;通过对海外文化的介绍、研究以及国际性学术交流活动,提高对中国传统文化的研究水平,并促进中国文化的现代化。

书院以培养从事中国传统文化、哲学、历史、文学等研究的中外青年学者为主要目标。使他们通过书院所组织的各种教学与研究活动,加深对中国文化的理解和内在的感受能力;同时,在熟悉中国文献的基础上,较为系统地掌握中国传统文化发展、演变的脉络及其精神内涵。

该院在 1985 年至 1989 年间连续开办了大规模的中国传统文化与中外文化比较等方面的讲习班、进修班、函授班等,邀请梁漱溟、冯友兰、张岱年诸前辈和美国杜维明、成中英等学者公开讲学。1987年秋、1990 年底在北京,中国文化书院还分别举办了梁漱溟、冯友兰思想国际学术会议。

此外，中国文化书院还组织编订了"神州文化丛书"100 本，其中包括了《中印文化交流史》（季羡林）、《伏尔泰与孔子》（孟华）、《中国文化在朝鲜半岛》（魏常海）、《中国文化在俄罗斯》（李明滨）、《利玛窦与徐光启》（孙尚扬）等重要跨文化研究著作。

◇西北大学思想文化研究所成立

西北大学中国思想文化研究所正式建立已经有 56 年历史，其前身是 1952 年著名历史学家侯外庐来西北大学任校长时组建的中国思想文化研究室，1984 年在张岂之教授领导下成立了直属于学校的独立科研实体——中国思想文化研究所。现任所长为张岂之教授，副所长谢阳举教授。

该学科点 1978 年批准为硕士点，1983 年评为博士点，1987 年评为国家级重点学科，1995 年获准设立博士后流动站，1997 年列入211 工程重点建设学科点，2004 年批准为陕西省高校哲学社会科学重点研究所。

侯外庐思想史研究学派的特点是重视跨单位、跨学科的联合攻关，先后完成了《中国思想通史》（5 卷 6 册）、《宋明理学史》（上下卷）等巨著。研究所同仁继续发扬侯外庐学派的优良学风和研究传统，在张岂之教授带领下组织全国知名高校完成了《中国历史》6卷本、《中国思想学说史》6 卷 13 册、《中国学术思想编年》6 卷本，始终处于国内中国思想史研究领先地位，培养了近百名优秀硕士、博士、博士后人才。

◇8 月 8—13 日，我国首次孔子法律思想讨论会在山东济南举行

首次孔子法律思想讨论会由中国法律史学会、山东大学法律系、山东社会科学院联合发起，在济南市仲宫召开。全国各高等政法院校、科研单位及新闻出版界的专家、学者 70 余人参加了会议，著名学者有蔡尚思、杨向奎、李光灿、张国华、张晋藩等，提交论文 50多篇。主要讨论了孔子法律思想的核心，孔子法律思想的特征和孔子法律思想对后世的影响等问题。会后选辑论文 20 篇，由山东人民出版社于 1986 年 2 月出版《孔子法律思想研究》论文集。

1985 年

◇2 月，首次全国性的文化讲习班在中国文化书院开班

此次文化讲习班的主题是"如何认识中国传统文化"，来自全国各地 200 多名学员聆听了讲座。演讲者有梁漱溟、冯友兰、吴晓铃、牙含章等老一代学者，也有五六十岁的成名学者如李泽厚、庞朴、戴逸、朱伯崑、汤一介等，还有较年轻的学者如孙长江和包遵信等，同时也邀请了海外学者杜维明。

◇4 月，"全国东西方文化比较研究协调会议"在深圳召开

深圳大学国学研究所的汤一介、乐黛云、庞朴等人召集国内学者，在深圳召开"全国东西方文化比较研究协调会议"，讨论如何面对古今中西之争，寻找出一条能够结合传统与现实的具有深刻人文意义的新路，这次协调会揭开了 20 世纪八十年代后期国内"文化热"的序幕。

◇中华孔子研究所成立大会暨第一届学术讨论会召开

6 月 10 日至 14 日，中华孔子研究所（中国老年历史研究会孔子研究所）在北京孔庙举行成立大会，并主持召开了孔子思想学术讨论会。全国各地的专家、学者 160 多人参加了这次会议。

会议讨论的中心问题是"正确地看待历史上的'尊孔'与'批孔'和科学地评价孔子"。与会者比较一致地认为，研究孔子和儒学的目的，不是为研究孔子而研究孔子，也不是为了好古，而是为了建设社会主义精神文明，总结历史经验。并从政治、经济、教育、伦理、道德和新时期的统一战线五个方面，阐述了当前研究孔子和儒学的现实意义。会议还听取了美籍学者对国外研究孔子情况的介绍。会后由教育科学出版社出版会议论文集《孔子研究论文集》。

中华孔子研究所由周谷城任顾问，孔德懋、冯友兰、侯外庐、董一博任名誉所长，张岱年任所长。

◇周谷城主编"中国文化史丛书"陆续出版

本丛书的设想是：从各个层面各个角度来探索中国文化的奥秘，诸如区域文化、民族文化、考古学文化、科学工艺、生活起居、思想学说、语言文字、文学艺术、体育武术、宗教神话、文化制度、文化

事业、文化运动、文化交流与比较等。均由上海人民出版社出版，主要有：吴浩坤、潘悠著《中国甲骨学史》（1985 年 12 月），郑为著《中国彩陶艺术》（1985 年 12 月），沈福伟著《中西文化交流史》（1985 年 12 月），葛兆光著《禅宗与中国文化》（1986 年 6 月），吴淑生、田自秉著《中国染织史》（1986 年 9 月），周振鹤、游汝杰著《方言与中国文化》（1986 年 10 月），张正明著《楚文化史》（1987 年 8 月），葛兆光著《道教与中国文化》（1987 年 9 月），胡奇光著《中国小学史》（1987 年 11 月），余英时著《士与中国文化》（1987 年 12 月），孙昌武著《佛教与中国文学》（1988 年 8 月），刘旭著《中国古代火炮史》（1989 年 1 月），傅起凤、傅腾龙著《中国杂技史》（1989 年 9 月），陶阳、钟秀著《中国创世神话》（1989 年 9 月），马学良等著《彝族文化史》（1989 年 12 月），王毅著《园林与中国文化》（1990 年 5 月）。

◇钱穆《国学概论》再版

钱穆（1895—1990），字宾四，江苏无锡人，国学大师、新儒学代表人物之一。1930 年发表《刘向歆父子年谱》以驳康有为《新学伪经考》之误，震动北京学术界，受聘为燕京大学国文讲师，后历任北京大学、清华大学、北平师范大学教授。抗日战争时期，先后在西南联合大学、华西大学、四川大学、齐鲁大学任教。1949 年去香港，创办新亚书院，任院长。1967 年移居台北，任"中国文化学院历史所"教授、中国台湾"中央研究院"院士、台北"故宫博物院"特聘研究员。

《国学概论》是作者 1923—1927 年在无锡江苏省立第三师范和苏州省立中学任教时的讲义。前半部写于无锡，后半部著于苏中，全书在苏州完成，1931 年由上海商务印书馆初版，1985 年 12 月台湾"商务印书馆"再版，以后又于 1997 年、2003 年、2004 年、2005 年重版。全书分上、下两篇，上篇七章，第一章《孔子与六经》，第二章《先秦诸子》，第三章《嬴秦之焚书坑儒》，第四章《两汉今经古文之争》，第五章《晚汉之新思潮》，第六章《魏晋清谈》，第七章《南北朝隋唐之经学注疏及佛典翻译》；下篇三章，第八章《宋明理学》，第九章《清代考证学》，第十章《最近期之学术思想》。

◇ 《丛书集成初编》 重新出版

《丛书集成初编》共 4107 种 4000 册，王云五主编。1935 年至
1937 年商务印书馆排印、影印本。该丛书系择宋代至清代重要丛书
100 部，去其重复，重新分类编排而成。已出 3467 册。未出者 533
册。1985 年，中华书局分批重印已出部分，并将未出的 500 余册陆
续编辑出版，以成全帙。全书分类汇辑古代文献典籍，包括总类、哲
学类、宗教类、社会科学类、语文学类、自然科学类、应用科学类、
艺术类、文学类、史地类等，选择标准以实用和稀见为主，古代文史
研究所需的常备典籍大都包罗在内。另有《丛书集成初编目录》一
册，后附四角号码书名索引。

1986 年

◇ 《孔子研究》 创刊

《孔子研究》于 1986 年创刊，编辑部分设于北京、济南，编辑
部办公室设于曲阜师范大学内。1996 年编辑部合二为一，设于济南，
2001 年编辑部办公室迁至济南，与编辑部合署办公。季刊。自 2000
年改为双月刊。

《孔子研究》由中国孔子基金会主办，是专门反映孔子、儒学和
中国传统思想文化诸方面最新最重要研究成果及学术动态的国际性中
文学术期刊。坚持致力于推动孔子、儒学及中国传统思想文化的研究
工作，总结继承古代丰富、珍贵的文化遗产，繁荣学术，"古为今
用"，为建设有中国特色的社会主义文化服务。

4 月，《孔子研究》与中国孔子基金会在曲阜联合举行了春季学
术讨论会。

◇ 《中国文化与中国哲学》 创办

本书为深圳大学国学研究所主办的大型国际性学术论集，原拟名
《国学集刊》，第一辑于 1986 年 12 月由北京东方出版社出版，改名
为《中国文化与中国哲学》，约请海内外名家为编委，主编汤一介，
副主编金春峰、李学勤、严绍璗，委员有丁伟志、宁可、牟钟鉴、李
泽厚、庞朴、陈鼓应、蒙培元、赵令扬（中国香港）、杜维明［美
国］、成中英［美国］等。内容颇丰富，主要有：张岱年《中国文化

与中国哲学》、冯天瑜《中国古代文化的类型》、田昌五《关于尧舜禹的传说与中国文明的起源》、胡厚宣《殷卜辞中所见四方受年与五方受年考》、庞朴《说"无"》、〔美〕李绍昆《墨子评儒》、李泽厚《庄子美学札记》、李学勤《银雀山简〈田法〉讲疏》、金春峰《"月令"图式与中国古代思维方式的特点及其对科学、哲学的影响》、刘元彦《〈吕氏春秋〉是先秦各家思想最大的综合者》、任继愈《论魏晋南北朝社会思潮的交融》、孔繁《魏晋南北朝文论对情性问题在创作中的作用的认识》、牟钟鉴《魏晋南北朝时期上层集团对儒释道三教的认识与政策》、〔美〕陈荣捷《朱子言体用》、蒙培元《论朱熹哲学的范畴体系》、冯契《"自我"开始觉醒——论龚自珍的哲学思想》、朱维铮《历史的孔子和孔子的历史》、〔澳大利亚〕姜允明《熊十力与陈献章》、方立天《试论中国佛教之特点》、梁漱溟《儒佛异同论》、马一浮《玄义诸书举略答贺昌群君》、冯友兰《论禅宗》、〔加拿大〕冉云华《原人的探求——〈原人论〉的历史背景与思想》、汤一介《论道教的产生和它的特点》、刘述先《由中国哲学的观点看耶教的信息》，等等。

本书从第二辑开始转由北京三联书店出版，书名仍旧，每年出版一辑。1988 年 8 月出版 1987 年号，1990 年 12 月出版 1988 年号，1991 年 1 月出版 1989 年号。

◇**国际中国文化学术讨论会召开**

"国际中国文化学术讨论会"在上海举行，参加的学者有谭其骧、杜维明、朱维铮、刘志琴等学者。次年由上海人民出版社出版《中国传统文化的再估计——首届国际中国文化学术讨论会文集》。

◇**中华孔子学会成立**

中华孔子学会是经中华人民共和国民政部注册登记，教育部主管，以研究孔子、儒家学说和中华传统文化为主旨的全国性民间学术社团，具有独立法人资格。前身是 1985 年 6 月 10 日在北京成立的中国老年历史学会中华孔子研究所，承蒙著名学者任继愈、季羡林、赵光贤、周谷城、冯友兰、梁漱溟、张申府、贺麟、陈岱荪、白寿彝、邓广铭等前辈大力支持，并得到中国社会科学院、北京大学、清华大学、中国人民大学、北京师范大学、山东大学、陕西师范大学、曲阜三孔文管所等单位众多学者积极响应和参与。1986 年更名为中国孔子学会，首任会长张岱年先生，现任会长汤一介先生。学会的宗旨是坚持实事求是的科学态度，贯彻"百花齐放，百家争鸣"的方针，采取"文化综合创新"的方法，推动孔子、儒家学说和中华传统文化的研究，多次举办大规模的学术研讨会，组织专家编纂高层次的学术论著，会刊《中国儒学》（每年两辑）由商务印书馆出版，面向社会和大众介绍儒学，使儒学在现代生活中发挥更大的作用。

1987 年

◇10 月 31 日，"梁漱溟思想国际学术讨论会" 召开

由中国文化书院主办的梁漱溟 95 寿辰、从教 70 周年纪念暨梁漱溟思想国际学术讨论会在北京召开，众多知名学者、教授与会，纷纷发言、著文，对梁漱溟的学术造诣表示由衷的敬佩。其时，梁漱溟旧作一版再版，山东人民出版社正式准备出版多卷本《梁漱溟全集》。

1988 年 6 月 23 日，梁漱溟先生在北京逝世，享年 95 岁。

1988 年

◇南京大学中国思想家研究中心成立

1986 年 11 月 4 日，国家教委批准南京大学建立中国思想家研究中心。1988 年 5 月，南京大学中国思想家研究中心正式宣告成立，其宗旨是通过对中国历代思想家的认真研究，探寻中国传统思想的底蕴，揭示其发展规律，做出实事求是的科学总结，为建设有中国特色的社会主义精神文明做出贡献。中心任务是：联系海内外老中青学者，分工合作，力争在 15—20 年内，完成一套 200 部的《中国思想家评传》撰写工作；在探求各历史时期和各领域思想文化风貌的基础上，撰写综合性学术专著 10—20 部；培养中国思想史、文化史学科的硕士研究生和博士研究生，充实中国传统思想文化的教学研究队伍；与国内外高等学校和学术机构进行广泛的交流与合作，提高科研水平。

中心名誉主任匡亚明，主任辛冠洁，副主任阎韬、卢央。学术委

员由 37 人组成，主任委员匡亚明，副主任委员辛冠洁、茅家琦、吴新雷、余敦康。

1989 年

◇北京大学《中国古代文化史》（一）出版

阴法鲁、许树安主编，北京大学出版社 1989 年 11 月出版。本书集中了北京大学研究中国传统文化的精英，由 30 余位专家分工撰写，主要有于希贤、向仍旦、许树安、阴法鲁、陈连开、罗哲文、裘锡圭等。第一册共十章：第一章《中国文化的起源与中华民族的形成》，第二章《历史上一些少数民族的形成和对中国文化的贡献》，第三章《中国古代的宗法制度和家族制度》，第四章《汉字的起源和演变》，第五章《中国古代书籍制度的发展》，第六章《儒家的经书和经学》，第七章《中国古代地理学的发展》，第八章《中国古代的行政区划沿革》，第九章《中国古代的交通工具》，第十章《中国古代兵器的发展》。

本书第二册 1991 年 5 月由北京大学出版社出版，也分为十章：第十一章《中国古代的礼仪制度》，第十二章《中国古代婚姻制度的发展》，第十三章《中国古代丧葬制度的发展》，第十四章《中国古代的礼器和日用器物》，第十五章《中国古代的音乐文化》，第十六章《中国古代的绘画艺术》，第十七章《中国古代的书法艺术》，第十八章《中国古代的建筑艺术》，第十九章《中国古代的陶瓷工艺成就》，第二十章《中国古代的髹漆工艺成就》。

第三册于 1991 年 11 月由北京大学出版社出版，共十一章：第二十一章《中国古代货币制度和货币形态的演变》，第二十二章《中国古代度量衡制度的演变》，第二十三章《中国古代天文历法的演变》，第二十四章《中国古代农业生产成就》，第二十五章《中国古代科学技术成就》，第二十六章《中国古代职官制度的沿革》，第二十七章《中国古代的选举和科举制度》，第二十八章《中国古代的神道观念和主要宗教》，第二十九章《中国古代民间神鬼信仰》，第三十章《中国古代的禁忌习俗》，第三十一章《中国古代的重要节日》。

◇10 月 3—5 日，纪念孔子诞辰 2540 周年暨中华孔子学会第三届年

会和国际学术讨论会举行

中华孔子学会在北京中国人民大学举行纪念孔子诞辰 2540 周年暨中华孔子学会第三届年会和国际学术讨论会，中国及美国、苏联、联邦德国、日本等国家的著名专家学者近 200 人参加了会议，会议收到学术论文 102 篇。讨论的中心议题是"儒家学说和中国传统文化与现代化的关系"，围绕这一主题，与会学者就孔子的"仁"学、儒家思想对中国传统文化及世界文化的影响、传统文化与现代化的关系等问题进行了深入的研讨。会长张岱年指出："我们纪念孔子，不是重新回到以孔子之是非为是非的立场，而是以社会发展的观点来正确认识孔子，正确评论孔子。研究以孔子为代表的儒家思想，汲取传统文化中的优秀内容，为我国现代化服务，已为社会所公认。"台湾孔孟学会会长陈立夫为大会发来贺词。

◇**10 月 7—10 日，孔子诞辰 2540 周年纪念与学术讨论会召开**

中国孔子基金会和联合国科教文组织在北京和曲阜联合举行了盛大的孔子诞辰 2540 周年纪念会与学术讨论会。世界五大洲 25 个国家和地区的 300 余位学者出席了这次学界盛会。这次纪念活动与学术讨论会受到党和国家领导人的重视，吴学谦副总理出席开幕式并宣布会议开始；中国人民政治协商会议全国委员会副主席、中国孔子基金会名誉会长谷牧在开幕式上致词；中共中央总书记江泽民会见了部分与会学者并发表了重要讲话。

学术讨论会的中心议题是"孔子儒家思想的历史地位和对现代社会的影响"。与会学者提交论文 180 余篇，有 150 余位学者在大会与分组会上作了学术报告和发言。会议重点讨论了三个问题：孔子的思想及评价，包括孔子的"人学"思想，孔子的仁与礼、智，孔子的中庸思想；儒家思想及评价，包括儒学总论及其基本特征，儒家政治学说，儒家道德论，儒家教育思想；儒学与现代化，包括当代社会面临的问题，儒学是促进还是阻碍现代化，儒学自身现代化问题。会后，编辑出版了《孔子诞辰 2540 周年纪念与学术讨论会论文集》。

◇ **"现代新儒学与当代中国"学术讨论会在广州召开**

1990 年 12 月中旬，由中山大学李锦全教授和南开大学方克立教授共同主持的国家"七五"重点项目"现代新儒学思潮研究"课题组与广东省中国哲学史研究会在广州中山大学联合举办了"现代新儒学与当代中国"学术讨论会。参加会议的有广东、北京、上海、天津、武汉、南京等地的专家学者数十人。会议围绕新儒学与中国近代思潮、新儒学发展的未来导向、现代新儒学的定位、对现代新儒学的估价等四个问题展开了讨论。

1991 年

◇ 《国学丛书》首批著作出版

本丛书由张岱年任主编，编委有王利器、方立天、刘梦溪、李学勤、汤一介、张政烺、庞朴、杜石然、金克木、周振甫、傅璇琮等。张岱年代表编委会撰写《国学丛书序》，梳理了国学的基本范畴："国学是中国学术的简称。20世纪初年，国内一些研治经史的学者编印《国粹学报》，其后章太炎著《国故论衡》，又作了《国学概论》的讲演，于是国学的名称逐渐流行起来。称中国学术为国学，即所谓是本国之义，这已是一个约定俗成的名称了。中国传统学术内容丰富，包罗宏广。清代以来，许多学者论学术，将国学分为三类：一义理之学，二考据之学，三词章之学。用今天的名词来说，义理之学即是哲学，考据之学即是史学，词章之学即是文学。……总起来说，中国传统学术包括哲学、经学、文学、史学、政治学、军事学、自然科学以及宗教、艺术等。其中自然科学有天文、算学、地理、农学、水利、医学等，其中最发达的是医学。这些都是国学的内容。"本丛书的宗旨与编辑旨趣是：承继前贤志业，融汇近代以来国学研究成果，以深入浅出的形式，介绍国学基础知识，展现传统学术固有风貌及其在当代世界学术中之价值与意义。

首批出版十本，第一本为张岱年等著《国学今论》，辽宁教育出版社1991年2月出版。包括张岱年《论道统与学统》、汤一介《再论中国传统哲学的真善美问题》、金克木《主题学的试用——读〈大学〉》、胡道静《古籍普查和情报工作问题》、张政烺《"十又二公"及其相关问题》、王利器《谶纬五论》、李学勤《〈今古学考〉与〈五经异义〉》、周振甫《论史家部次条别之法》、刘梦溪《"了解之同情"——陈寅恪先生的阐释学》、庞朴《昭穆新考》、姜亮夫《智骞

〈楚辞音〉跋》、谭其骧《中国历代政区概述》、傅璇琮《闻一多与唐诗研究》、方立天《儒佛人生价值观之比较》、梁从诫《不重合的圈——从百科全书看中西文化》、杜石然《明代数学和明代社会》。

首批书还有詹鄞鑫著《汉字说略》、申小龙著《语文的阐释》、钱逊著《先秦儒学》、钟肇鹏著《谶纬论略》、孔繁著《魏晋玄谈》、陈来著《宋明理学》、江晓原著《天学真原》、廖育群著《岐黄医道》、朱越利著《道经总论》。

1990 年 11 月 3 日《光明日报》的"国学丛书"介绍说："'国学丛书'愿承继前贤未竟志业，融汇近代以降国学研究成果，以深入浅出形式，介绍国学基础知识，展现传统学术固有风貌及其在当代世界学术中之价值意义，期以成为高层次普及读物。"

◇ "中国传统思想文化与二十一世纪"国际学术研讨会召开

1991 年 6 月 28 日至 7 月 1 日，由匡亚明教授主持在南京大学召开"中国传统思想文化与二十一世纪"国际学术研讨会，来自新加坡、法国、前苏联、美国、德国，以及中国台、港、澳和内地各省市的著名学者安子介、王赓武、费德林〔前苏〕、吴德耀〔新〕、汪德迈〔法〕、曾祥铎、张岱年、金景芳、吴泽、李慎之、冯其庸、张岂之、庞朴、萧萐父、沈善洪、刘梦溪、冯天瑜等近百名代表参加大会。会议对中国传统思想文化的内容和特点、精华与糟粕、中国传统思想文化中的"人学"、中国古代自然科学、文学艺术的批评和继承等进行了坦诚而热烈的讨论，会后出版了论文集。

1992 年

◇北京大学中国传统文化研究中心成立

1 月 5 日，北京大学中国传统文化研究中心成立。该中心是直属于北京大学，囊括中文系、历史系、哲学系、考古系在内的综合性学术研究机构，中文系袁行霈教授任中心主任，社会科学处处长吴同瑞教授任副主任兼秘书长，委员有哲学系主任朱德生教授、历史系主任马步垚教授、历史系祝总斌教授、中文系主任孙玉石教授、哲学系陈来教授、哲学系副主任楼宇烈教授、考古系主任严文明教授。以后因各系主任换任，委员人选亦有相应的调整。

北京大学中国传统文化研究中心的成立,是中华人民共和国成立后高校国学教育研究机构之滥觞。此后,国内一些高等院校相继成立了中国文化研究院、传统文化研究中心等类似机构。

1月15日,《北京大学中国传统文化研究中心章程草案》提交讨论,规定中心旨在充分发挥北大文、史、哲、考古等学科雄厚的学术力量,发掘并弘扬中华民族的优秀传统文化,组织并推动中国传统文化(以文、史、哲、考古为主)的高水平研究工作,培养研究中国传统文化的人才,促进国内外学术交流,选编出版有关的研究论著和资料,提供关于中国传统文化的咨询服务。其主要研究方向是:中国传统文化的跨学科综合研究、中国传统文化的专题研究、中国传统文化在国外、中国古典名著和今人研究著作的外文翻译、中国传统文化研究的回顾与展望。中心开展教学、研究、出版及对外学术交流等活动,并决定编辑《国学研究》年刊。

2月18日,中心确定首批13个资助和规划项目:林庚教授《中国文学简史》(下)、褚斌杰教授《楚辞要论》、周强教授《〈三国演义〉版本考述》、何九盈教授等《汉字文化大观》、于迎春讲师《中国古代士史》、袁良义教授《清一条鞭法》、孙淼教授《中国文明的起源》、王小甫副教授《唐·吐蕃·大食政治关系史》、陈来教授等《宋儒与佛教》、许抗生教授主编《中国道教思想资料汇编》(第一卷)、宿白教授《藏传佛教寺院的考古学考察》、葛音会副教授《战国文字研究》、王迅博士《东夷和淮夷文化研究》。

3月23日,中心举行扩大会议,讨论与美国南海有限公司联合举办《中国文化系列讲座》事宜。此举目的在于弘扬中华民族优秀传统文化,促进国际间的文化交流,扩大北大的学术影响,推出高质量、高水平的音像制品,参与世界文化市场竞争。9月2日组建"中华文化讲座"电视系列片编导机构,袁行霈任顾问,总导演为吴同瑞等,拟定第一批100个题目,涉及中国哲学、宗教、文学、语言、历史、考古、天文、地理、科技、中外文化交流、中外文化比较等学科。

5月8日,"北京大学中国传统文化研究中心第一次学术研讨会"召开,宣读论文的有:朱伯崑教授《戴震伦理学中的几个问题》、葛晓音教授《论山水田园诗派的艺术特征》、阎步克副教授《礼治秩序与士大夫阶层的政治文化渊源》、赵化成讲师《汉代墓葬等级分类与等级制度研究》。

5月23日，中心审议第二批资助和规划项目：季镇淮教授《韩愈研究》、李零副教授《〈孙子〉古本研究》、荣新江副教授整理已故向达教授遗稿《敦煌余录》、王永兴教授《敦煌吐鲁番出土的唐代军书研究》、吴宗国教授整理已故汪篯教授《汉唐史论稿》、林华国教授《义和团运动史实考》、杨辛教授《泰山美学研究》、张文儒教授《中国古代军事哲学》、齐东方讲师《宋元时代金银器皿的分区和分期研究》，共9项。考古学系邹衡教授主持编写的《天马——曲村遗址发掘报告》列为特殊资助项目。

9月22日，中心审议第三批资助和规划项目：费振刚教授《汉赋辞典》、王永兴教授等《唐代财政史稿》（上）、吴组缃教授《红楼梦吴批》、季镇淮教授《来之文录》、乐黛云教授《中国传统文论术语概念翻译研究》、郑必俊教授《传统文化与中国古代妇女》、王锦贵副教授《中国纪传体文献研究》、王晓秋教授《晚清改革史研究》，共8项。

◇ **《国学大师丛书》陆续出版**

钱宏总编，江西百花洲文艺出版社出版，1992年8月—1997年3月陆续推出，共28册，分别是：章青著《胡适评传》，吴俊著《鲁迅评传》，汪荣祖著《陈寅恪评传》，孙永如著《柳诒徵评传》，张晓唯著《蔡元培评传》，宋志明编著《熊十力评传》，马镜泉、赵士华著《马一浮评传》，麻天祥著《汤用彤评传》，黄开国著《廖平评传》，董士伟著《康有为评传》，欧阳哲生著《严复评传》，刘炎生编著《林语堂评传》，郭齐勇、汪学群著《钱穆评传》，景海峰、黎业明著《梁漱溟评传》，王思隽、李肃东编著《贺麟评传》，谢保成著《郭沫若评传》，顾潮、顾洪编著《顾颉刚评传》，徐清祥、王国炎编著《欧阳竟无评传》，姜义华著《章太炎评传》，吴锐编著《钱玄同评传》，罗琨、张永山著《罗振玉评传》，吴廷嘉、沈大德著《梁启超评传》，孔庆茂著《辜鸿铭评传》，刘烜著《王国维评传》，刘义林、罗庆丰著《张君劢评传》，李中华著《冯友兰评传》，方光华著

《刘师培评传》，张荣华著《张元济评传》。

1993 年

◇《国学研究》创刊

北京大学中国传统文化研究中心主办，北京大学出版社 1993 年 3 月出版。袁行霈主编，编委有王天有、吴同瑞、祝总斌、孙静、陈来、邹衡、蒋绍愚、楼宇烈、严文明等。本卷收录的论文有：张岱年《中国古代哲学中关于德力、刚柔的论争》、张世英《天人合一与知行合一》、赵匡华《中国炼丹术思想试析》、楼宇烈《袁宏与东晋玄学》、袁行霈《陶渊明的哲学思考》、朱伯崑《戴震伦理学说述评》、孙静《论龚自珍的"尊史"思想》、葛晓音《论山水田园诗派的艺术特征》、林庚《从水浒戏看〈水浒传〉》、何九盈《〈说文〉段注音辨》、李家浩《论〈太一避兵图〉》、阎步克《"礼治"秩序与士大夫政治的渊源》、田余庆《东三郡与蜀魏历史》、王永兴《吐鲁番出土唐西州某县事目文书研究》、荣新江《关于唐宋时期中原文化对于阗影响的几个问题》、邹衡《汤都垣亳说考辨》、水涛《新疆青铜时代诸文化的比较研究——附论早期中西文化交流的历史进程》、宿白《西藏寺庙建筑分期试论——西藏寺庙调查记之六》、侯仁之《北京紫禁城在规划设计上的继承与发展》、周一良《马译〈世说新语〉商兑之余》、吴宓《读散原精舍诗笔记》、季镇淮《吴宓〈读散原精舍诗笔记〉书后》、侯仁之《记米万钟〈勺园修禊图〉》。书前有南怀瑾先生撰写的弁言、袁行霈《发刊辞》，书后附北京大学 1985—1992 届博士研究生国学论文题目、北京大学中国传统文化研究中心纪事、北京大学图书馆藏南宋四明楼氏家刻本《攻媿先生文集》书影（彩图一）、北京大学藏成周鼎（彩图二）。

《国学研究》是新时期第一家国学研究专门刊物，它的出版被认为是当代"国学兴起的标志"，从创刊之日起即得到国内外学术界的高度关注，北大专家、学者、研究生以及国外的访问学者、留学生将其视为研讨国学的阵地，踊跃撰稿，世界汉学家们亦视为了解中国学的权威刊物，这些都在很大程度上促进了国学研究的深入发展。有学者评价说："这是我国当代国学研究方面高层次、高水准、经得起历史检验的第一等的学术!"《国学研究》一至八卷均为年刊,自2002年第九卷起改为半年刊。

◇ 多家媒体报道"国学热"

8月16日,《人民日报》整版刊发了"国学,在燕园悄然兴起"的报道,提出"国学的再次兴起,将成为我国文化主旋律的重要基础";两天后又在头版刊发了"久违了,'国学'!"的专文。随后,《光明日报》、《文汇报》等重要媒体亦发表了类似报道。中央电视台作了题为"北大'国学热'的启示"的专题报道。

◇ 北京大学中国传统文化研究中心参与制作的电视系列片《中华文化讲座》完成

北京大学中国传统文化研究中心与美国南海有限公司联合制作的旨在全面介绍中华传统文化的电视系列片《中华文化讲座》完成。选取中华文化精粹,以讲座的形式拍摄,共100集,每集讲述一个主题,涉及哲学、宗教、文学、历史、地理、民俗、语言及中外文化交流等领域,配以丰富的图片、实物和实景,深入浅出、生动活泼地向观众介绍中华文化的深刻内涵,熔学术性、知识性、趣味性于一炉。该系列片于1996年荣获中国国家教委与新闻出版署颁发的首届全国优秀教育音像出版物一等奖,深受海内外人士欢迎。

◇ 曲阜师范大学孔子研究所更名为孔子文化学院

孔子文化学院是曲阜师范大学设立的专门从事孔子、儒学、传统思想文化研究、教学和文化交流的学术机构,是国内高校最早成立的孔子及儒学研究的专门机构。其前身是1979年创建的孔子研究室,1983年改为孔子研究所,1993年升格为孔子文化学院。

自1986年以来,本学科学者发表了2000余篇学术论文,出版了《鲁国史》、《中国儒学史》(七卷)、《鲁文化史》、《周公事迹研究》、《稷下学史》、《孔子思想与当代社会》、《孔门弟子研究》、《孔氏家族全书》、《诗论解义》、《古文献与古史考论》、《尚书注训》、《儒家文献与早期儒学》、《孔子家语通解》、《论语新校释》、《大戴礼记汇注校释》、《出土文献与儒家学术研究》等高水准学术专著;编辑出版《孔子资料汇编》、《孔子弟子资料汇编》、《石头上的儒家文献——曲阜碑文录》等大型文献资料集;先后获国家级、省部级奖励 50 余项，承担《儒家理论及其现代价值研究》、《六经之教与孔子遗说》、《二十世纪儒学研究大系》、《论语汇校集释》、《出土文献与早期儒学研究》、《汉魏孔氏家学研究》、《〈孔子家语〉综合研究》等国家级、省部级科研课题 100 余项，并与韩国、日本、美国、德国、印度尼西亚、马来西亚、沙特阿拉伯等 10 多个国家和地区的学术团体、科研机构、专家学者建立了密切的学术联系。单独或联合举办了"国际孔子与儒学研究讨论会"、"全国孔子与儒学研究讨论会"、"儒学与民族精神学术研讨会"、"儒学与现代文明学术研讨会"、"曲阜汉魏碑刻考察研讨会"等十多次大型学术会议，邀请匡亚明、孔德懋、李学勤、杜维明等百余名专家学者讲学，接待海内外团队或个人来访 200 余次，有力地促进了孔子文化的研究与传播。学院还经常举行学术讲座，聘请知名专家每周二作"学术前沿"讲座；以研究生为主体，每周五开办"洙泗讲堂——中华元典会讲"，吸引了广大师生踊跃参与，为深入研究、大力弘扬儒学和传统文化做出了积极贡献。2005 年创刊《孔子文化》，得到数十个国家和地区的广泛赞誉。

目前孔子文化学院拥有山东省省级重点学科专门史（思想史）博士学位授予点、专门史硕士点、历史文献学硕士点及山东省人文社会科学研究基地"山东省儒学研究基地"，设有孔子与早期儒学研究室、儒家与相关思想文献研究室、中国儒学史研究室、齐鲁文化研究室、比较文化研究室、文献情报研究室。现任院长为杨朝明教授，并聘清华大学李学勤教授、日本深见东州先生为名誉院长，李学勤、杜维明、方克立、葛荣晋、刘蔚华、远藤哲也、崔根德等 30 余位国内外知名学者为兼职教授。

1994 年

◇孔子诞生 2545 周年国际学术研讨会暨国际儒学联合会成立大会在北京人民大会堂召开

1994 年 10 月 5 日，纪念孔子诞生 2545 周年国际学术研讨会暨国际儒学联合会成立大会在北京人民大会堂隆重召开，近 30 个国家和地区的专家学者参加了此次盛会。全国政协主席李瑞环、国务院副总理李岚清、中国孔子基金会名誉会长谷牧出席会议并发表重要讲话。会议期间，国家主席江泽民接见部分代表并合影留念。会议选举产生第一届理事会，推举谷牧先生为会长，新加坡内阁资政李光耀先生为名誉理事长，韩国崔根德先生为理事长。

国际儒学联合会（英文名称为 International Confucian Association，简称 ICA）是由中国、韩国、日本、美国、德国、新加坡、越南等国家和中国香港、中国台湾地区儒学研究学术团体共同发起、经中国民政部注册登记、具有法人地位的国际性学术团体，永久会址设在中国北京。

国际儒学联合会的宗旨是：研究儒学思想，继承儒学精华，发扬儒学精神，以促进人类之自由平等、和平发展与繁荣。

◇11 月 12 日至 15 日，"禅宗与中国文化学术研讨会"，在禅宗发源地、弘忍大师的故乡湖北省黄梅县召开

由武汉大学、中国文化书院、中国佛教文化研究所、《禅学研究》编辑部和黄梅县政府等九家单位联合举办的"禅宗与中国文化学术研讨会"，于 1994 年 11 月 12 日至 15 日，在禅宗发源地、弘忍大师的故乡湖北省黄梅县召开。参加这次会议的有来自全国各地的专家学者任继愈、石峻、萧萐父、吴立民、方立天、赖永海等 73 人。萧萐父先生主持了大会并致开幕词。与会学者就禅宗的形成和东山法门的定位、禅的本质和禅学研究方法、禅宗的发展和中国文化的相互影响、禅的现代化和禅学生命的弘扬等问题进行了深入的讨论。

◇12 月 5—7 日，中国国学研究会学术研讨会在湖南郴州召开

本次研讨会是应国内部分国学研究者的倡议，由湖南郴州教育学院、郴州师范学校联合主办的，来自全国部分高校、科研单位、新闻出版部门的 48 名学者出席了会议。开幕式由四川大学中文系宋永培博士主持，湖南师范大学科研处处长钱宗武致开幕词，中国训诂学会、新疆师范大学中文系、中南民族学院中文系、湖南省语言学会、湖南省文史研究所等单位发来了贺信、贺电。南京师范大学李灵年教授、吴金华教授，广西师范大学梁扬教授、林仲湘教授，湖南师范大学蒋骥骋教授，国家古籍整理小组学术委员、岳麓书社夏剑欣社长等先后发言。

与会学者分析了国内和海外国学研究的现状，一致认为国学研究的任务是面向 21 世纪，努力从事有根基的、富有创造性的深入研究，吸取国外学术研究的经验，实现中国语言文字学、文学、历史学、哲学、文化学等学科的整体贯通，为社会主义现代化建设服务。

研讨会上成立了中国国学研究会筹备机构。中国国学研究会是由四川大学、广西大学、湖南师范大学、苏州大学、南京师范大学、扬州大学、河南大学、兰州大学等 20 余所高校有关人员发起筹备的学术机关，拟办会刊《国学导报》。

◇**12 月 23—27 日，"道家、道教与中国文化学术研讨会"召开**

由中国香港青松观道教学院、北京大学中国哲学与中国文化研究所、四川联合大学宗教学研究所共同举办的"道家、道教与中国文化学术研讨会"，于 12 月 23 日至 27 日在成都召开。与会的有我国大陆、港台和新加坡等地的学者共 150 人。会议就道家思想及道家、道教文化的现实意义、道教与中国文化等多方面问题进行了研讨。

◇**《东方文化集成》工程启动**

由季羡林先生主持并担任主编的《东方文化集成》工程于本年启动。由季羡林先生倡导，中国东方文化研究会和北京大学东方学研究院组织著述的《东方文化集成》丛书，计划出版 500 种，分为东方文化综合研究编、中华文化编、日本文化编、朝鲜·韩国·蒙古国文化编、东南亚文化编、南亚文化编、伊朗·阿富汗文化编、西亚·北非文化编、中亚文化编、古代东方文化编，内容涵盖了东方各国，是一部多学科的大型学术性丛书。内容涉及政治、经济、文化、历史、民族、宗教、哲学、文学、艺术等领域。这套丛书力图客观反映和深入探讨东方文化复兴的历程及其时代特征，并作出了理论性概括。丛书出版后，受到国内外专家学者的普遍关注。我国有学者指出："《东方文化集成》是一套具有战略眼光的丛书，既是一百年来对东方文化讨论的总结，也是对 21 世纪东方文化可能作用的期待，对于新的世纪而言，这是一套奠基之作，同时也是对上一个百年东西文化交流不平等以及欧洲中心主义的一个回应。"日本共同社发专稿称赞该丛书"将取代迄今以欧洲为中心所编写的文化、文明史"。

1997 年出版第一本书，至 2007 年已经出版共计 100 种，丛书作者达 150 余位。

◇钱穆《钱宾四先生全集》54 册出版

凡甲、乙、丙三编，计 56 种 54 册，约 1500 万字，1994—1998 年由台北联经出版事业公司陆续出版。各册均为国学研究力作，其中第一册为《国学概论》，第二册《四书释义》、《论语文解》，第三册《论语新解》，第四册《孔子与论语》、《孔子传》，第五册《先秦诸子系年》，第六册《墨子》、《惠施公孙龙》、《庄子纂笺》，第七册《庄老通辨》，第八册《两汉经学今古文平议》，第九册《宋明理学概述》，第十册《宋代理学三书随札》、《阳明学述要》，第十一至十五册《朱子新学案》，第十六至十七册《中国近三百年学术史》，第十八至二十三册《中国学术思想史论丛》，第二十四册《中国思想史》、《中国思想通俗讲话》、《学钥》，第二十五册《中国学术通义》、《现代中国学术论衡》，第二十六册《周公》、《秦汉史》，第二十七至二十八册《国史大纲》，第二十九册《中国文化史导论》、《中国历史精神》，第三十册《国史新论》，第三十一册《中国历代政治得失》、《中国历史研究法》，第三十二册《中国史学发微》、《读史随札》，第三十三册《中国史学名著》，第三十四至三十五册《史记地名考》，第三十六册《古史地理论丛》，第三十七册《文化学大义》、《民族与文化》，第三十八册《中华文化十二讲》、《中国文化精神》，第三十九册《湖上闲思录》、《人生十论》，第四十册《政学私言》、《从中国历史来看中国民族性及中国文化》，第四十一册《文化与教育》，第四十二册《历史与文化论丛》，第四十三册《世界局势与中国文化》，第四十四册《中国文化丛谈》，第四十五册《中国文学论丛》，第四十六册《理学六家诗钞》、《灵魂与心》，第四十七册《双溪独语》，第四十八至四十九册《晚学盲言》，第五十册《新亚遗铎》，第五十一册《八十忆双亲》、《师友杂忆》，第五十二册《讲堂遗录》，第五十三册《素书楼馀渖》，第五十四册为总目（总序目、总目次、索引）。

◇王财贵教授在台湾发起青少年读经运动

本年，现代新儒学大师牟宗三的弟子、台中师范大学王财贵教授在台湾发起青少年读经运动，倡导教育从读经开始，诵读中国文化乃至世界一切文化的经典。这个活动开始只限于中国台湾，后来发展到中国香港、新加坡、马来西亚和中国内地，北美、东南亚华人社会随后亦开展了儿童读经活动。新浪网曾以"王财贵带动2000万人读四书五经"为题，报道了他在祖国大陆推行读经运动的情况。

2001年以后，北京、上海、广东、湖南等省市越来越多的城市掀起读《论语》、《孟子》、《礼记》、《史记》、《三字经》等传统文化经典的"诵读中华经典"热潮。2008年2月22日，国家语委等部门决定，从本年起，清明、端午、中秋和春节等传统节日期间，在社会上广泛开展中华经典诗文诵读活动。国家语委副主任王登峰说，之所以推出这项活动，首先是为了推广普通话和推行规范汉字，同时也是借助现在社会上出现的文化热，让公众通过诵读经典诗文，起到弘扬中华传统文化的目的；中华经典诗文诵读，既包括诗，也包括文，除唐诗以外，还有传统文化中的精华，如《礼记》、《论语》、《孟子》等，都是可以用来诵读的内容。国家语委还将向社会公开征集可供清明、端午、中秋、春节四大传统节日诵读的有关诗词歌赋。

1995 年

◇1月，《丛书集成续编》由上海书店出版

《丛书集成续编》是《丛书集成初编》（中华书局）的后续之作，上海书店出版。《丛书集成续编》根据"实用"和"稀见"的原则，在《初编》之外，收录明、清及民国时期的丛书100部，包含各类图书4500种，删去重复，约在3200种。《续编》所收之书，全部按经、史、子、集四部分类法重新编排，采用影印方法，以保留原书面貌。

◇《中华文明之光》在海内外播出

北京大学中国传统文化研究中心与中央电视台联合制作的150集大型电视系列片《中华文明之光》在海内外播出。这是一套由北大知名学者面向普通百姓系统介绍中华传统文化的节目，以中华文明发展的历史脉络为序，展示了各民族在不同历史时期所创造的优秀文化成果。北京大学组织了包括季羡林、张岱年等著名学者在内的一百多位专家为之撰稿。这是我国第一次在电视屏幕上全面展现中华民族优

秀的传统文化，具有重大的现实意义。国务院副总理李岚清专门致贺信予以鼓励："你们利用现代化传播媒介，把大学课堂延伸到了社会，把高雅文化普及到了大众，以优秀的传统文化去陶冶人的情操、鼓舞人的斗志，这种努力值得充分肯定。"

◇**4月，《大中华文库》（汉英对照）出版工程立项**

4月，国家新闻出版署正式批复《大中华文库》（汉英对照）出版工程立项，随后把这个项目列入国家重点图书出版规划之中。《大中华文库》（汉英对照）工程是我国历史上首次系统地全面地向世界推出外文版中国文化典籍的重大出版工程，1995年正式立项，计划从我国先秦至近代文化、历史、哲学、经济、军事、科技等领域最具代表性的经典著作中选出100种，由专家对选题和版本详细校勘、整理，由古文译成白话文，再从白话文译成英文。

《大中华文库》几乎涵盖了中国五千年文化的精华，包括：《论语》、《孟子》、《老子》、《庄子》（全2册）、《荀子》（全2册）、《儒林外史》（全3册）、《牡丹亭》（全2册）、《西厢记》、《陶渊明集》、《楚辞》、《墨子》（全2册）、《汉魏六朝诗三百首》（全2册）、《红楼梦》（全6册）、《西游记》（全6册）、《水浒传》（全5册）、《三国演义》（全5册）、《孙子兵法·孙膑兵法》、《搜神记》（全2册）、《颜氏家训》、《长生殿》、《关汉卿杂剧选》、《汉魏六朝小说选》、《南柯记》、《封神演义》（全4册）、《儿女英雄传》（全2册）、《菜根谭》、《文心雕龙》（全2册）、《邯郸记》、《镜花缘》（全2册）、《老残游记》（全2册）、《浮生六记》、《管子》（全4册）、《吕氏春秋》（全3册）、《六韬》、《吴子·司马法·尉缭子》、《唐太宗李卫公问对·黄石公三略》、《黄帝内经素问》（全3册）、《列子》、《新编千家诗》、《阮籍诗选》、《四元玉鉴》（全2册）、《商君书》、《唐诗三百首》、《宋词三百首》（全2册）、《元曲三百首》、《初刻拍案惊奇》（全4册）等。参加这项工程的出版社现有14家：外文出版社、湖南人民出版社、新世界出版社、中华书局、商务印书馆、外语教学与研究出版社、译林出版社、高等教育出版社、军事科学出版社、世界图书出版公司、广西师范大学出版社、辽宁教育出版社、中国中医药出版社、岳麓书社。

另外，100 种现当代经典名著的汉英对照文库也将列入出版计划。除了英文版本，《大中华文库》还计划推出法文和西班牙文版本。

◇《中国社会科学院研究生学报》开辟"国学与时代精神"栏目

《中国社会科学院研究生学报》第 5 期开辟"国学与时代精神"专栏，表示对"国学热"的关注。在专栏前面，编辑按语说明开辟这一栏目的初衷："我国在 90 年代出现了'国学热'，近来又有'第二次文化热'的说法。作为一种社会文化现象，学者们对其有不同的认识和评论，这是完全正常的。为了建设中国社会主义新文化，必须处理好马克思主义和国学（中国文化或特指中国传统文化）、西学（西方文化或特指西方近现代资本主义文化）三者的关系。我们希望本院师生和学术界的朋友们能就此进行深入研究和具体探讨，本刊将本着'百花齐放、百家争鸣'的精神，为学者们精湛的短评和深刻的专论提供发表园地。"

1996 年

◇武汉大学中国文化研究院成立

武汉大学文学、史学、哲学等学科长期以来在学术上互相渗透，形成了以中国传统文化研究为中心的学术交流与协作关系，在中华文化史、明清思想文化史、楚地出土文献与思想研究等方面具有优势，1996 年 4 月武汉大学中国文化研究院成立。

◇8 月，儒家教育理念与人类文明国际学术研讨会暨岳麓书院创建 1020 周年纪念会在岳麓书院召开

此次会议由岳麓书院和国际儒学联合会、中国孔子基金会、香港孔教学院等联合召开。来自中国、美国、韩国、日本等国家的 120 多名学者出席了会议。李学勤、狄百瑞、杜维明、庞朴、沈青松等著名学者在会上宣读了论文。

◇中国国学研究会成立

9 月，中国国学研究会成立。学会性质是全民性民间社团组织，以坚持弘扬中国传统文化与艺术为宗旨，以推动国学（指以儒学为主体的传统文化与艺术，如诗词、书画、中医理论、曲艺、武术、易

学、气功等）发展为目标，为专家学者、国学爱好者提供一个交流平台，促进华夏国学的复兴。从宗旨、活动以及会员构成来看，该研究会着力于传统文化艺术的弘扬与传播，而无意关注国学相关学术研究。

◇《国学通览》出版

中华孔子学会编辑委员会组编，张岱年作序，群众出版社1996年9月出版。本书范围上起先秦，下迄辛亥革命之前，将各个学术领域内相对独立的学科，按哲学、宗教、法律、经济、军事、历史、地理、文学、语言文字、教育、艺术、自然科学、综合等知识门类编排，把国学研究的内容分为《易》学、《春秋》学、《尔雅》学、《楚辞》学、庄学、四史学、训诂学、简牍学、版本学、敦煌学、唐诗学、红学、国画学、天文学、农学、法学等77个门类，是国学研究体系中最为详备的学术分类。

◇曲阜孔子研究院建立

为了"汲取孔子思想精华，弘扬民族优秀文化"，国务院办公厅以国办函［1996］66号文批准在曲阜建立孔子研究院，1996年9月28日孔子诞辰2547年纪念日举行了奠基仪式。

孔子研究院具有五项功能：一是博物展览，与孔庙、孔府、孔林等地面建筑及库存文物统一规划，举办孔子生平展和孔府文物精品展，使其成为充分显示东方文化特色的"孔子文化博物馆"。二是文献收藏，搜集、整理、汇编、存储古今中外孔子及儒学文献资料，建成现代化的综合性孔子文献资料中心。三是学术研究和学术交流，接受国内外学者长期、短期、临时性学术访问，举办各种专题的国际性、双边性学术讨论会。四是信息交流，运用现代化手段收储孔子及儒学研究动态，向国内外专家学者提供研究信息。五是人才培训，聘请国内外知名人士担任导师、研究员，开设多层次、多规格的培训班，为国内外学者提供良好的学习研究条件。

孔子研究院工程规划由中国科学院院士、工程院院士、清华大学吴良镛教授设计，总体布局以方和圆作为基本母题进行构图，用隐喻方式表达中国文化内涵，将儒学"仁"、"和"观念融人规划之中，借鉴"河图"、"洛书"、"九宫"格式及风水学理论，将现有地段匠心独运地合理布局。规划占地面积 9.5 公顷，建筑面积 26000 平方米，分两期完工。院门两侧，杏花摇曳，各为 36 株，取孔子杏坛设教、弟子三千贤者七十有二之意。园林设计取意于古代书院，多矗立于山林之中，环境优美。西北部堆山，象征"尼山"，上立"仰止亭"，喻"高山仰止"之意；东北部掘池理水，象征"洙泗"，取《论语·雍也》"知者乐山，仁者乐水"之意；南面小沂河对岸垒土植树，喻"案山"，上设对景建筑，以喻"杏坛"。整个建筑格局充分体现了孔子思想的文化内涵，融民族性、时代性、纪念性于一体，成为城市、建筑、园林、绘画、书法、雕塑、工艺美术有机结合的仿古建筑群，昭示着肃穆庄严的"圣地"氛围。

几年来，孔子研究院坚持边建设、边开放、边研究的原则，成功举办了"党和国家领导人暨外国政要在曲阜"、"大哉孔子"、"孔府精品文物"、"世界孔庙"、"铜板圣迹图"、"金版四书"、"全国名家书画"等十几项展览；先后接待一大批国家领导人及日本、韩国、俄罗斯、奥地利、几内亚、葡萄牙、西班牙、瑞士等国驻华大使及华裔、外国友人来访；编撰出版了 21 卷 1200 万字的《20 世纪儒学研究大系》、《大哉孔子》、《中国儒学入门》等图书；与韩国国学振兴院、韩国儒道会、日本斯文会、台湾中华孔孟学会等学术团体建立了学术联系，与中国人民大学孔子研究院、山东大学儒学研究中心、山东省社会科学院、曲阜师范大学孔子文化学院等机构开展了学术合作，开通了"中国孔子研究院网"（www.confucius.gov.cn），展示了孔子研究院在孔子及儒家思想研究方面的独特优势。

1997 年

◇**10 月 26—28 日，"冯友兰与中国传统文化"国际学术讨论会召开**

"冯友兰与中国传统文化"国际学术讨论会由河南省社会科学院、河南大学、大象出版社、中国哲学史学会和国际儒学联合会共同主办，于 1997 年 10 月 26 日—28 日，在河南郑州和开封召开。来自中国大陆、韩国、瑞典、法国、美国，以及港台地区的专家、学者共70 余人参加了会议，大会收到论文 40 多篇。与会者围绕"冯友兰与中国传统文化"这一主题展开了讨论。

◇12 月，章太炎《国学概论》由上海古籍出版社再版

本书为"蓬莱阁丛书"之一。"出版说明"曰：中国传统学术，经历清后期的低迷徘徊之后，从清末民初起，涌现出一批大师级的学者，他们以渊深的国学根底，融通中西，不仅擘画了学术研究的新领域，更开创了一种圆融通博且富于个性特征的治学门径与学术风范。本丛书辑取其中尤具开创性而篇幅不大者，约请当今著名专家为之导读，不仅梳理其理论框架，剔抉其精义要眇，更着重揭橥其学术源流、历史文化背景，及撰作者当时特定的情境与心态，从而在帮助读者准确理解原著的同时，凸现大师们的学术个性。原著是垂范后世的经典之作，导读为鞭辟入里的精赅之论，珠联璧合，相得益彰，这是本丛书有别于坊间同类丛书不可替代的特点。汉人把庋藏图书要籍的馆阁比作道家蓬莱仙山，有"汉家石渠阁，老氏蓬莱山"之称，后世遂称藏书阁为"蓬莱阁"，因借取为本丛书名。

本书是章太炎 1922 年 4 月—6 月在上海公开教授国学的记录稿，曹聚仁整理，汤志钧导读。全书共五章，第一章《概论》，第二章《国学的派别（一）——经学的派别》，第三章《国学的派别（二）——哲学的派别》，第四章《国学之派别（三）——文学之派别》，第五章《结论——国学之进步》。书前有曹聚仁 1922 年 6 月 1 日写于上海的《小识》，书后附邵力子《志疑》、曹聚仁《讨论白话诗》、裘可桴《政治制度与政治精神》、曹聚仁《新诗管见》（一）（二）五篇文章。

本书为国学经典名著，1999 年 7 月由上海古籍出版社重版；此前有四川成都巴蜀书社于 1987 年 7 月出版；此后又作为"国学入门丛书"之一于 2003 年 1 月由北京中华书局出版，2004 年再版。

◇12 月，北京语言文化大学中华文化研究所与《中国文化研究》杂志联合举办"国学与中国当代学术"研讨会

中国社会科学院和首都主要高校从事中国传统文化研究的著名学者李学勤、曹道衡、褚斌杰、聂石樵、余敦康、孔繁、牟钟鉴、阎纯德、陶文鹏、姜广辉等 40 余人出席。会议由北京语言文化大学中华文化研究所所长彭庆生教授主持，北京语言文化大学副校长崔永华教授讲话。

与会学者一致认为，在世纪之交，研究"国学与中国当代学术"问题，对于弘扬中国传统文化，推动中国文化走向世界，具有深刻的现实意义。"国学"的概念产生在"西学"传入中国之后，是一个完全意义上的现代学术语境的产物，其内容则包括所有的传统学术和文艺，而不一定限制在儒学或经学的范围内。国学的对象虽然是传统的，但作为一门学问却是全新的。由于"国学"概念的提出是对外开放的产物，所以必然受到外来文化的影响。国学的研究方法不应当只限于中国传统的方法，还应该有现代的方法，甚至西方的方法。要研究国学，离不开西方哲学，国学要走向世界，同时也不能失去自我，既要重视传统的"汉学"的方法，也要讲"义理"，要学习西方的学术规范和"阐释"之学。

1998 年

◇《中华文化通志》出版

这是中华炎黄文化研究会会长萧克将军于 1990 年创意，组织全国百余位专家学者通力撰写的一部大型文化专志。1991 年在全国范围内进行了两次论证，1992 年组成编纂委员会，公推萧克将军为主任，主持这一浩大的文化工程，编委有：李学勤、宁可、王尧、刘泽华、孙长江、庞朴、陈美东、刘梦溪、汤一介、姜义华、陈昕、朱金元、张国琦。全书共十典百志，1998 年 10 月由上海人民出版社出版。

第一典：《历代文化沿革典》，李学勤主编。包括田昌五撰《中华文化起源志》，齐文心、王贵民撰《商西周文化志》，吕文郁撰《春秋战国文化志》，熊铁基撰《秦汉文化志》，李力、杨泓撰《魏晋南北朝文化志》，孙昌武撰《隋唐五代文化志》，叶坦、蒋松岩撰《宋辽夏金元文化志》，商传撰《明代文化志》，陈祖武、汪学群撰《清代文化志》，杜文君、胡维革撰《现代文化志》，全典 10 卷。

第二典：《地域文化典》，宁可主编。包括葛承雍撰《秦陇文化志》，单远慕撰《中原文化志》，乔志强、李书吉撰《晋文化志》，杜荣泉、谢志诚等撰《燕赵文化志》，王恩田撰《齐鲁文化志》，袁庭栋撰《巴蜀文化志》，张正明、刘玉堂撰《荆楚文化志》，董楚平、金永平撰《吴越文化志》，方宝璋、方宝川撰《闽台文化志》，张磊、李锦全等撰《岭南文化志》，全典10卷。

第三典：《民族文化典》，王尧主编。包括黄庆印、王伟等撰《壮、布依、傣、仡佬、京族文化志》，关捷、杨惠萍等撰《满、锡伯、赫哲、鄂温克、鄂伦春、朝鲜族文化志》，蔡志纯、范玉梅撰《蒙古、东乡、土、保安、达斡尔族文化志》，何星亮撰《维吾尔、柯尔克孜、哈萨克、乌兹别克、塔吉克、塔塔尔、俄罗斯、裕固、撒拉族文化志》，丹珠昂奔撰《藏族文化志》，陈康、和少英等撰《彝、纳西、拉祜、基诺、傈僳、哈尼、白、怒族文化志》，张永祥、曹翠云等撰《苗、瑶、畲、高山、布朗、德昂族文化志》，曹诗翠、们发延等撰《土家、景颇、羌、普米、独龙、阿昌、珞巴、门巴族文化志》，邱树森撰《回族文化志》，杨权、郑国乔等撰《侗、水、毛南、仫佬、黎族文化志》，全典10卷。

第四典：《制度文化典》，刘泽华主编。包括常建华撰《宗族志》，葛金芳撰《土地赋役志》，刘佛丁、李一翔等撰《工商制度志》，李治安、孙立群撰《社会阶层制度志》，王超、高文俊、谢青撰《中央职官志》，周振鹤撰《地方行政制度志》，宁欣撰《选举志》，刘健清撰《社团志》，郭建、殷啸虎、王志强撰《法律志》，兰书臣撰《兵制志》，全典10卷。

第五典：《教化与礼仪典》，孙长江主编。包括陈谷嘉、吕锡琛等撰《社会理想志》，陈少峰撰《德育志》，朱汉民撰《智育志》，毕世明撰《体育志》，邱明正、于文杰撰《美育志》，袁征撰《学校志》，胡戟撰《礼仪志》，徐梓撰《家范志》，王春瑜撰《交谊志》，葛荃撰《政德志》，全典10卷。

第六典：《学术典》，庞朴主编。包括许道勋、徐洪兴撰《经学志》，郭齐勇、吴根友撰《诸子学志》，李存山、邝柏林、郑家栋撰《哲学志》，瞿林东撰《史学志》，申小龙撰《语言文字学志》，张分田、萧延中撰《政治学志》，赵靖撰《经济学志》，王宏志、郭成伟撰《法学志》，李军等撰《教育学志》，刘庆、皮明勇撰《军事学志》，全典10卷。

第七典：《科学技术典》，陈美东主编。包括江晓原、钮卫星撰

《天学志》，杨文衡撰《地学志》，汪子春、范楚玉撰《农学与生物学志》，余瀛鳌、蔡景峰撰《医药学志》，王渝生撰《算学志》，戴念祖撰《物理与机械志》，周嘉华、王治浩撰《化学与化工志》，何堂坤、赵丰撰《纺织与矿冶志》，常青撰《建筑志》，周魁一、谭徐明撰《水利与交通志》，全典10卷。

第八典：《艺文典》，刘梦溪主编。包括皮复旺撰《艺文理论志》，张伯伟撰《诗词曲志》，陈平原撰《散文小说志》，廖奔撰《戏曲志》，彭德撰《美术志》，董锡玖、刘峻骧、秦序撰《乐舞志》，薛宝琨、鲍震培撰《曲艺杂技志》，谷长岭撰《新闻志》，李致忠、周少川、张木早撰《典籍志》，吴必虎、刘筱娟撰《景观志》，全典10卷。

第九典：《宗教与民俗典》，汤一介主编。包括方广锠撰《佛教志》，胡孚琛、陈耀庭等撰《道教志》，秦惠彬撰《伊斯兰教志》，卓新平撰《基督教犹太教志》，马西沙撰《民间宗教志》，林乃燊撰《饮食志》，黄能福、陈娟娟撰《服饰志》，岳庆平撰《婚姻志》，黄景略、吴梦麟、叶学明撰《丧葬陵墓志》，高丙中撰《民间风俗志》，全典10卷。

第十典：《中外文化交流典》，姜义华主编。包括严绍璗、刘渤撰《中国与东北亚文化交流志》，王介南撰《中国与东南亚文化交流志》，薛克翘撰《中国与南亚文化交流志》，芮传明撰《中国与中亚文化交流志》，沈福伟撰《中国与西亚非洲文化交流志》，朱学勤、王丽娜撰《中国与欧洲文化交流志》，李明滨撰《中国与俄苏文化交流志》，冯承柏撰《中国与北美文化交流志》，刘文龙、赵长华、黄洋撰《中国与拉丁美洲大洋洲文化交流志》，高丙中撰《海外华侨华人文化志》，全典10卷。

1999 年

◇1月11日至14日，"《中国思想家评传丛书》与传统思想文化学术讨论会"举行

由南京大学中国思想家研究中心发起并主办的"《中国思想家评传丛书》与传统思想文化学术讨论会"在南京大学举行，会议的目

的是：结合总结前 100 部中国思想家评传的编撰经验，进一步加强对中国传统思想文化和中国思想发展史的深层次探讨。参加会议的有来自全国 17 个省市（包括港台地区）的 80 余名学者和部分《丛书》作者，清华大学张岂之教授就《评传丛书》的特色与 20 世纪中国思想史的研究发表了自己的看法。南京大学中国思想家研究中心研究人员在会上结合对《评传丛书》工作进行初步总结的体会，首次阐述了经集体讨论形成的"多学科综合研究中国思想史"的学术观点。本次会议共收到 60 余篇论文，会后出版了《杰出人物与中国思想史》一书。

◇ **6 月，华东师范大学中国现代思想文化研究所成立**

本研究所是以华东师范大学哲学系中国哲学研究队伍为主体，整合文学、历史学等学科而成立的综合性研究机构，学术定位是：推动中国现代思想文化的研究，促进中西思想文化的高层次对话，为当代中国文化建设服务。下设中国近现代思想史研究室、中国近现代学术史研究室、当代中国文化建设研究室、中外思想文化交流研究室。现任所长杨国荣教授，常务副所长童世骏教授。

研究所以现代思想文化的发展和建设为重心，同时注重传统的溯源及中外思想的比较研究。从总体上看，中国现代思想的演化涉及哲学、历史、文学等不同领域，现代思想史上的重要人物往往一身而兼哲学家、历史学家、文学家等多重身份。这种复杂性决定了研究方式不能采用单一的路径，而必须兼顾不同学科相互渗透，惟其如此，才能全面揭示中国现当代思想的发展历程。基于这一前提，研究所致力于哲学、史学、文学等学科的相互结合，既确认学科研究的相对独立性，又力图通过不同学科的沟通，具体把握中国现当代思想发展的完整而又真实的形态。

研究所主办《思想与文化》辑刊，注重学术性、思想性与理论性的统一。2003 年 3 月开通"思与文"网站（http：//www.chinese-thought.org），先后举办了"全球对话中的中国文化"、"全球正义与文明对话"、"公共知识分子与现代中国"、"罗蒂实用主义与中国哲学"、"冯契与二十一世纪中国哲学"等国际学术研讨会，邀请哈贝马斯、杰姆逊、理查德·伯恩斯坦、查尔斯·泰勒、理查德·罗蒂、迈克·哈特、安东尼·耐格里、曼威·卡斯特、南乐山等学者来所交流，其研究成果在学术界具有相当影响。研究所于2000年被评为教育部人文社会科学重点研究基地，2001年该所中国哲学学科点被评为上海市重点学科。

◇12月，《新国学》集刊创刊

四川大学中国古典文献学博士点创办，四川大学汉语史与中国古典文献学211工程资助，巴蜀书社出版发行。项楚教授主编，执行主编为周裕锴教授。《发刊词》曰："本集刊发表研究中国传统学术的论文，研究对象包括历史、哲学、语言、文学、艺术、宗教、民俗、考古和其他学科，要求扎实的根柢和沉潜的考索，同时提倡新材料的发掘，新方法的运用，新领域的开拓。本集刊提倡学术上的自由争鸣，力求兼收并蓄。希望得到海内外学人的支持，把本集刊办成高品位、高质量的学术集刊。"

第一集刊发的文章有：程千帆《书绅录》、向宗鲁遗著《淮南鸿烈简端记》、赵振铎《述古堂影宋钞本〈集韵〉二三事》、［日本］冈村繁《宋代刊本〈李善注文选〉剽窃和利用了〈五臣注〉》、［日本］清水凯夫《〈隋书·经籍志〉的错讹和改订复原法》、吴承学《策问与对策——对一种考试文体的文学与文化研究》、郭英德《论顾炎武的遗民心态》、项楚《寒山诗籀读札记》、张高评《唐宋昭君诗的文献学意义》、安旗《金滕若不启，忠信谁明之——李诗发覆》、吕肖奂《〈伊川击壤集〉三题》、陶文鹏《论仲殊、道潜、惠洪的山水诗》、葛兆光《语言与意义——九至十世纪禅思想史的一个侧面》、周裕锴《试论禅宗语言的乖谬性及其宗教意义》、蔡荣婷《唐五代时期禅宗牧牛喻探析——以南岳法系为考察中心》、张子开《唐代成都府净众寺历史沿革考》、郑阿财《敦煌写本〈佛顶心观世音菩萨救难神经验〉研究》、陆永峰《试论变文中的叙事套语》、罗国威《永青文库藏敦煌本〈文选注〉补笺》、张志烈《东坡文〈贺时宰启〉受主考》、何江南《苏轼尺牍六首作年考》、王克让《苏诗笺证举例》、刘黎明《苏文二篇作时新考》、熊宪光《"鬼谷"解》、王晓波《北宋"方田"考》、［美国］梅维恒《区分中古汉语俗语言中字和词的界限的重要性》。

《新国学》得到海内外诸多学者的热情关注，已出版六卷约 180万字。该刊具有三大特点：一是作者队伍阵容强大，年龄上汇集老中青三代专家，地域上包括海峡两岸、东亚欧美汉学家。二是论文内容丰富多彩，涉及哲学、宗教、文学、语言、历史、民俗、文献整理等多种学科，其中不少论文涉及国际汉学界的前沿研究课题。三是学术风格的多元化，既有高屋建瓴的理论把握，又有探幽洞微的实证考据。

◇北京大学出版社先后出版横排简体字版《十三经注疏标点本》和竖排繁体字版《十三经注疏整理本》

北京大学出版社于 1999 年 12 月出版了 32 开本横排简体字版《十三经注疏标点本》（全 21 册）；2000 年 12 月，出版了 16 开本竖排繁体字版《十三经注疏整理本》（全 26 册）。

儒家"十三经"是中国传统文化中最重要的典籍，对中华民族传统文化产生过巨大的影响。《十三经注疏》416 卷，收录儒家十三部经典以及汉至宋代经学家对十三经的注疏。"十三经"经文有过多种整理本，但其历代注疏却从未进行过系统全面的整理。此次出版的全新整理本《十三经注疏》以清阮元校刻本为基础进行整理，整理工作包括三方面：校勘全面吸收了阮元《十三经注疏校勘记》和孙诒让《十三经注疏校记》的成果，近现代学术界有关"十三经"及其注疏的校勘、辩证、考异、正误等方面的成果也择要吸取；对全书进行统一规范的标点；对全书文字进行仔细的甄别和严格的处理。

2000 年

◇ "国学网"创建

"国学网"由首都师范大学与北京国学时代文化传播有限公司合作，创建于 2000 年 1 月，是国内第一个以弘扬中国传统文化为己任的大型公益学术网站，也是向海外华人传播中国文化的一个重要窗口，网址为：www.guoxue.com，融国学信息、专题研究、虚拟社区功能于一体，辟有专题部、文献部、学人部、学术部、服务部 5 大板块，开设了国学资讯、国学论坛、国学图库、国学产品、国学园、今人新著、新书推荐等栏目。其中国学论坛是国学网提供网友自由言谈的网上空间，旨在传播个人对国学的感悟与品评，自开通以来已先后创办 12 个学术专题、45 个专栏，注册会员 5 万人，成为国学爱好者首选的信息交流平台。

国学网创办之初就确立了以信息产业为方向、以弘扬传统文化为宗旨的定位，在古籍数字化和专业网络建设方面有独特的优势，2005年推出了中华古籍全文检索数据库《国学宝典》网络版，把先秦至晚清 4000 余部传世原典的古籍全文数据库推上了互联网，总字数约 10 亿字，规模超过了《四库全书》50%，是全国最大的专业古籍数据库，也是迄今为止唯一经标点整理、适用于互联网的古籍全文数据库，所收入的电子文献均为自己录入、校对、整理，具有合法知识产权，没有版权纠纷。

◇北京大学中国传统文化研究中心更名为北京大学国学研究院

1992 年北京大学中国传统文化研究中心成立伊始，就声称要"在条件成熟的时候，筹建北大国学研究院"。2000 年 1 月 5 日，为了推动文科学科建设，创建世界一流大学，北京大学决定重点建设几个跨学科、有特色的研究机构，其中北京大学中国传统文化研究中心更名为北京大学国学研究院，袁行霈教授任院长，吴同瑞教授任常务副院长。

北大国学研究院是一个跨学科的虚体性学术研究机构，报刊媒体描述它的性质是"一个横跨中文、历史、哲学、考古四专业的综合性文化研究机构，它只是一个'虚体'，却能办成引人注目的实事。它使人看到传统文化旺盛的生命力"。

国学研究院多年来一直秉承"龙虫并雕"的方针，除了致力于专深的学术研究外，还注重文化普及工作。袁行霈院长曾说，"研究院的宗旨就是把大学文化延伸到社会，把高雅文化普及到大众，以将中国传统文化延续和发扬"。截至 2007 年年底，国学研究院组织撰写、编辑的书刊超过了 2000 万字，其中大型学术刊物《国学研究》已出版 20 卷；完成规划项目 25 项，资助项目 8 项；积极开展文化普及工作，系统介绍中国传统文化；设立博士班，培养眼界开阔的跨学科博士生；组织国际性汉学会议，举办多次学术讲座，取得了任何单一学科都不可能完成的业绩。

◇孔子文化大学在孔子故里成立

5月15日，中国第一所以孔子名字命名的大学——孔子文化大学在孔子故里山东曲阜成立，山东省政协主席、中国孔子基金会会长韩喜凯，中共山东省委常委、宣传部部长陈光林为孔子文化大学与山东省儒学研究基地揭牌。

孔子文化大学是由中国孔子基金会、曲阜师范大学联合海内外热心于中国传统文化的捐资者们共同创办的。中国孔子基金会会长韩喜凯任名誉校长，著名学者李学勤、方克立、楼宇烈、葛荣晋等在揭牌仪式上受聘为客座教授。

◇武汉大学中国传统文化研究中心成立

其前身是1996年4月成立的武汉大学中国文化研究院，经重新组建后，于2000年12月被国家教育部正式批准为第三批普通高等学校人文社会科学重点研究基地，更名为中国传统文化研究中心。该中心为跨学科研究中国文化的机构，下设中国社会变迁与文化转型研究室、中国思想文化研究室、楚文化与楚地出土文献研究室等机构，创办有《人文论丛》辑刊。著名哲学史专家萧萐父教授担任中心顾问和学术委员会主任，现任主任为冯天瑜教授，郭齐勇教授任副主任。

中心以历史学一级学科博士点（特别是中国古代史博士点）、中国哲学博士点、中国语言与文字学和中国现当代文学博士点为依托，培养中国文化研究的高级专门人才。其中冯天瑜教授开设"中国文化史"、"元典精神与文化"、"明清文化史"、"文化史研究方法论"，郭齐勇教授开设"儒家哲学"、"哲学史方法论"，陈伟教授开设"楚地出土文献研读"、"先秦历史地理与文化研究专题"，徐少华教授开设"楚文化研究"，陈锋教授开设"清代经济史"、"清代财政史"，张建民教授开设"中国经济思想史专题"、"区域社会史研究"，陈文新教授开设"明清文学专题研究"，李维武教授开设"人文科学概论"，谢贵安教授开设"中国文化史史料介绍"，杨华教授开设"先秦文化史"等课程。1996年以来，中心先后招收硕士研究生83名、博士研究生64名，段超、丁为祥、丁四新等博士已崭露头角，迅速成为学界后劲。

中心以研究中国传统文化为重心，相继承担国家级省部级重点项目、国际资助重大科研课题、企业委托课题 45 项，主要有"战国时期楚系简牍的综合研究"、"近 50 年出土之哲学文献与中国哲学史"、"清代财政政策与货币政策研究"、"从国门打开到甲午战争前中日西学传入之比较"、"20 世纪中国哲学学派与思潮"、"中国 20 世纪文学与外国文学的相互关系研究"等；1996 年以来出版学术著作 58 部，主要有萧萐父著《明清启蒙学术流变》、《吹沙二集》，冯天瑜著《明清文化史散论》、《人文论衡》，陈伟著《包山楚简初探》，郭齐勇、吴根友著《诸子学志》，陈锋等著《中国俸禄制度研究》，杨华著《先秦礼乐文化》，昌切著《清末民初的思想主脉》等，受到同行专家关注。

2001 年

◇ "自然国学宣言"发表

《汉字文化》2001 年第 4 期发表《"自然国学"宣言——为中华科技传统走向未来敬告世界人士书》。该《宣言》由中国社会科学院哲学研究所刘长林执笔，参与签名者有中国大百科全书出版社孙关龙、京港学术交流中心杨伟国、总参工程兵第四设计研究院李世辉、中国科学院自然科学史研究所宋正海、中国文联周明、中国社会科学院英语中心袁立、中国地震局地质研究所徐道一、北京国际汉字研究会徐德江、中国科学院古脊椎动物与古人类研究所徐钦琦。签署时间是 2001 年 6 月 7 日。

《宣言》指出："我们明确提出并强调'自然国学'这个研究领域，是想通过大家的共同努力来说明：（1）中国古代不仅具有领先世界十多个世纪的科学技术成就，而且科学形态与西方迥异，自成独立体系。而在人类历史上，不同科学体系的优势互补乃是各国以至世界科学发展的重要源泉。（2）中国固有的科学传统、科学理念和认识方法，在现代和未来具有广阔的发展前景，对于解决人类当今面临的重大问题，对于社会的可持续发展具有巨大的不可替代的意义。"在新的历史时期，通过吸收西方科学思想营养和现代科技成果，在充分发挥自己特长的情况下，自然国学经过创新，一定会为人类做出更大的贡献，一定会再度焕发出夺目之光。

◇武汉大学开办国学试验班本科

由武汉大学高级研究中心、武汉大学人文学院共同创办，办学宗旨及培养目标是："继承中国传统文化之精髓，探求中华民族文明之渊源，培养一批扎实掌握我国传统文学、史学、哲学、经学、小学的基本知识，熟悉中国古典文献和相关的外文资料，深刻理解国学的基本典籍及治学之道，把握当今世界人文学科走向，掌握计算机、互联网等现代化手段的国学研究或推广人才，为国学的再度兴旺搭建一个多彩的平台。"其办学理念比较开放，手段亦颇灵活，主干课程由本校文学院、历史学院、哲学学院副教授以上教师担任，北京大学、复旦大学、南京大学等著名学府和台湾、香港、国外资深学者长期讲学。专业教材全部采用原籍原典，英语、日语必修，鼓励选修德语、希腊语、拉丁语。学制四年，凡被录取的学生，本学年第二学期转入国学专业学习，完成规定学分后，授予文学学士学位。

教授内容主要是小学，包括古文字学、音韵学、训诂学等，以及古文献方面的课程，包括导读"四书"、《老子》全书及《诗经》、《楚辞》、《周易》、《左传》、《庄子》、《荀子》、《史记》、《汉书》、《后汉书》、《资治通鉴》的选本等。2001 年制定的国学试验班培养方案中，原著经典课较多，经过几届培养，发现国学班学生还应提高综合、理论能力，故 2006 年上半年由杨逢彬、覃启勋、郭齐勇等制定修改方案，经国学教研室程水金、何德章、谢贵安、丁四新等集体讨论通过，报校教务部备案，于 2006 年下半年起执行。新方案明确办学特色是"旨在培养一批对我国传统经学、史学、子学、小学、文学的基本知识、基础典籍和治学门径有较深刻理解，能熟练阅读中国古典文献和外文，且熟悉当今世界人文学科的大致走向，并掌握计算机、互联网等现代化手段的复合型人才"。在教学模式上参酌中国古代书院和英国牛津大学、剑桥大学导师指导阅读及讨论的方法，教材选用力求直接采用原典原著，考核方法则采用闭卷与课程论文写作相结合的形式。学制四年，150 学分，专业主干课有《国学通论》、《四书》、《诗经》(《附楚辞》)、《史记》、《汉书》、《老子》、《庄子》、《左传》、文字学、音韵学、训诂学、文献学、目录学、中国哲学、西方哲学、中国通史、世界通史、中国古代文学史等。

国学实验班从本校各专业一年级新生中挑选，每届 16—18 人不等。其中 2001 级 16 人，2002 级 17 人，2003 级 18 人，2004 级 18 人，2005 级 18 人。2002 年 3 月，武汉大学高级研究中心从在校一年级学生中遴选了 15 名成绩优异者，正式开办了国学班。2005 年 9 月武汉大学首届国学硕士班开班，并表示在可能的情况下拟办国学博士班。首届国学硕士班有 9 位硕士生，第二届国学硕士班（2006 级）有 8 位硕士生，均挂靠该校文学院古代汉语硕士点。

◇7 月，《中国儒学年鉴》创刊

中国儒学年鉴社在青岛成立，2001 年《中国儒学年鉴》首卷创刊。《中国儒学年鉴》经国家新闻出版总署批准，由中国孔子基金会主管、主办，向国内外公开发行，是一部权威性的年刊，其宗旨是积极推进儒学和中国传统文化的学术研究，为建设具有中国特色的社会主义和贯彻落实中共中央"以德治国"战略方针服务，为促进国内外文化学术交流服务。

《中国儒学年鉴》除发行至国内各省、市、自治区外，还发行至中国香港、中国澳门、中国台湾地区以及韩国、日本、朝鲜、新加坡、马来西亚、印度尼西亚、菲律宾、越南、澳大利亚、美国、加拿大等国家。国内外总发行量 1 万册。

◇9 月 7 日—9 日，"熊十力与中国传统文化国际学术研讨会"召开

由武汉大学中国传统文化研究中心、武汉大学人文学院哲学系、湖北教育出版社联合举办的"熊十力与中国传统文化国际学术研讨会"在武汉大学珞珈山庄召开。会议第一天举行了隆重的《熊十力全集》首发式。湖北教育出版社于本年 8 月成功推出了迄今为止海内外第一部完整的《熊十力全集》权威定本，由萧萐父教授、郭齐勇教授主编，共十大本，校勘精湛，资料搜罗完备。与会专家认为，《熊十力全集》的出版，是对 20 世纪重要文化遗产的发掘。方克立教授称这次会议的召开与全集的出版意味着熊十力研究的中心在武汉，意味着熊十力研究在新世纪进入了新的起点。

参加会议的有来自中国大陆与台港澳地区及美国、德国、韩国、日本等国著名学者 70 余人，包括著名学者任继愈、汤一介、方克立、萧萐父、陈来、郭齐勇、高瑞泉、卜松山、吾妻重二、林安梧等，提

交论文 40 余篇。与会学者就"全球化与中国文化"、"当前熊十力研究的时代文化背景"、"熊十力哲学的创新与限制"、"熊十力、其他新儒家与西方哲学比较研究"、"当代新儒家未来发展走势"等论题发表了各自的见解,展开了激烈而富有成效的讨论。会议成果代表了近几十年来国际熊十力研究的水平,同时也标志着 21 世纪中国哲学与世界哲学在新的层次上的对话。

◇10 月,《中华文化复兴宣言》发表

张岱年、季羡林、侯仁之等 86 位中华文化研究者发表《中华文化复兴宣言》。《宣言》说:"当今世界文化的冲突、战争的不断、邪教的泛滥、宗教的极端、自然的破坏、人性的恶化、科学的负面性等,都是社会安定和发展的阻力。然而要消除和解决这些问题和矛盾,中国文化具有西方文明无法取代的作用。因此,大文豪萧伯纳信中曾写道:'等到一天中国把世界各国的各种人全吸收尽了,归化尽了,同化尽了,理想中的天堂便人人可登了。'著名历史学家汤因比说:'中国如果不能取代西方成为人类的主导,那么整个人类的前途是可悲的'。"《宣言》最后表示:"当新世纪的曙光出现在地平线上,我们一定能自豪地向全世界宣告:21 世纪必将是中华文化复兴的时代!"

2002 年

◇3 月,《续修四库全书》编纂出版工作完成

在大批专家学者倾心竭力遴选编辑和各界人士鼎力协助下,国家重点出版工程《续修四库全书》全部 1800 册的编纂出版工作历时 8 年终告完成。

《续修四库全书》作为迄今为止中国最大型丛书《四库全书》的续编,其收录范围包括《四库全书》成书前传世图书的补选和《四库全书》成书后著述的续选。补选之书目主要是被《四库全书》遗漏、摒弃、禁毁,或列入"存目"而确有学术价值的图书,以及《四库全书》虽收录但版本残劣,有善本足可替代的书籍;续选书目尽可能选收了乾隆中期以后至辛亥革命以前各学术门类和流派的代表

性著作。《续修四库全书》共收书 5213 种，比《四库全书》增加了51%。从工作正式启动到全书出齐，历时 8 年。全书 5213 种 1800册，无论从价值还是规模上，都堪称皇皇巨制，被誉为盛世修书、弘扬祖国优秀传统文化的重大成果。

1994 年 7 月，中国出版协会同国家古籍整理出版规划小组、上海古籍出版社、深圳市南山区政府成立了续修四库全书工作委员会和编委会，决定编纂出版《续修四库全书》。1997 年，《续修四库全书》经部 260 册完成出版，1999 年 1 月史部 670 册完成出版，2000年初子部的 370 册完成。本年 3 月，集部 500 册全部出版，意味着这项建国后最大的古籍整理出版项目宣告完成。

8 月，中共中央政治局常委、全国政协主席李瑞环在出席在京举行的出版座谈会上说，《续修四库全书》和《四库全书》相配套，构筑起一座中华传统文化的大型书库。他称编纂《续修四库全书》是"功在当代，泽及后世"的盛举，是一项了不起的工程，对保存、研究和弘扬中华民族的传统文化，必将产生重大影响。

◇中国传统文化与 21 世纪国际学术研讨会暨书画笔会举行

6 月 6 日，中华书局为庆祝成立 90 周年，在纪念大会之后召开了"中国传统文化与 21 世纪国际学术研讨会"，部分国际学者、全国著名专家、中华书局编辑等共两百人参加了此次学术研讨会。在蔡义江先生的主持下，王钟翰、程毅中、卞孝萱、董乃斌等著名专家学者作了发言。

6 月 7 日，与会人员按照研讨主题分为四个小组，分别就"中华书局与古籍整理、学术研究"、"中国传统文化研究"、"中国传统文化的现代化"、"中外文化交流"等问题进行交流讨论。会议共提交论文八十余篇。

6 月 8 日，在香山饭店多功能厅举行了简短的闭幕式，郭预衡、汤一介、成中英、吴宗国、吴宏一、李裕民、严绍璗、王东、崔丕等先生作了有关发言。

与此同时，中华书局还邀请苗重安、王成喜、杨再春、姚俊卿等数十位全国著名书画大家，在香山饭店举办了一次书画笔会。书画家们相互交流创作心得，并即兴创作了数十幅书画作品。

会后，由中华书局出版了《中国传统文化与 21 世纪国际学术研讨会论文集》。

◇ **首届华人中华文化经典诵读友谊赛在曲阜举行**

首届华人中华文化经典诵读友谊赛于 2002 年 9 月 18 至 22 日在山东曲阜孔子研究院隆重举行。这项活动由华夏文化纽带工程组委会、中国文化报、中国教育报主办，由北京四海儿童经典导读教育中心和山东济宁市人民政府承办，国际儒学联合会、中华孔子学会、中国孔子基金会、中国台湾华山书院、中国香港孔教学院等单位给予了支持。

开幕时，国务院副总理钱其琛、全国人大常委会副委员长王光英、全国政协副主席万国权、周铁农、王文元发表贺信。山东省领导王修智、蔡秋芳，济宁市领导周齐、贾万志等出席开幕式。全国人大科教文卫委员会副主任、原《人民日报》总编辑、范仲淹的后代范敬宜，中国香港孔教学院院长汤恩佳，中国台湾净化社会文教基金会董事长释净耀，中国台湾著名人士柳松柏、赵雪芹、谢启大，中国香港企业家吴大雍，以及中国台湾儿童读经活动倡导者台中师范大学教授王财贵等参加了这项活动。大陆知名学者、清华大学教授钱逊、羊涤生，北京师范大学教授郭齐家，首都师范大学教授欧阳中石，中央民族大学教授牟钟鉴，北京大学教授魏英敏，中国人民大学教授张立文、葛荣晋，中国社会科学院研究员李存山、司马云杰、王中江、李长莉，山东师范大学教授刘示范，山东社会科学院研究员陈启智，中央教育科学研究所教授程方平等作为嘉宾或评委参予了这项活动。

友谊赛的参赛者主要是中小学学生和幼儿园的孩子，最小的年龄仅 3 岁。他们来自中国大陆的西安、上海、厦门、南京、广州、北京、长沙、佳木斯、深圳、江阴和山东曲阜、平原、东营等地，以及中国台湾省、香港特别行政区；教师也与孩子们同台表演。范敬宜为大会作了诵读示范，朗读了范仲淹的《岳阳楼记》。经典诵读表演的内容以中国文化经典为主，有《论语》、《大学》、《中庸》、《易经》、《老子》、《三字经》、《千字文》、《诗经》和唐诗、宋词等，表演的形式有个人或集体朗诵、唱歌、跳舞、小品、相声等，内容深邃健康，形式生动活泼。古老的优秀文化通过成长中的现代青少年的诚挚演唱，焕发出新的生命光辉，感动着在场的人们。曲阜市实验中学和小学的千人诵读《论语》，整齐嘹亮，气势磅礴，使人振奋激昂。比赛表演由中央电视台著名节目主持人敬一丹和山东电视台王俐、中国台湾赵雪芹共同主持。

活动期间，参加者还到黄帝出生地寿丘、少昊陵举行了祭祖仪式。学者和部分代表在孔子研究院参加了"海内外经典诵读与素质教育高层研讨会"，研讨会由华夏文化纽带工程组委会秘书长李靖和北京四海儿童经典导读教育中心主任冯哲主持，与会者对儿童经典诵读活动的意义和主要经验进行了总结，并对今后的活动提出了许多宝贵的意见和建议。

◇北京大学国学研究院开始招收中国传统文化博士生

北京大学国学研究院聘请文学、史学、哲学、考古方面7位学有专长的著名学者共同担任导师，提供有利于诸学科融汇交叉的课程安排、学习形式及论文指导，在"中国传统文化"的大方向下，鼓励学生选择多方向交叉的博士论文选题，以培养知识结构和学术视野较为开阔、能够进行跨学科综合研究的博士生。学制3—4年，第一学期不固定导师，第二学期确定方向及导师，学生修满学分，并通过论文答辩，即可授予博士学位。首届博士生只招收3位，分别是：师从袁行霈先生的曹胜高、师从严文明先生的员雪梅、师从楼宇烈先生的王玮。

◇中国人民大学孔子研究院成立

为弘扬中华民族优秀传统文化，大力彰显孔子思想学说，加强人文学科建设，促进国内外学术界、文化界、教育界的广泛交流与合作，2002年11月30日，中国人民大学成立了孔子研究院。这是中国高校中创设的第一个孔子研究院，中国孔子基金会会长谷牧、北京大学教授张岱年为孔子研究院揭牌。成立仪式暨"孔子与当代国际学术研讨会"同时举行，研究院网站"孔子在线"（www. confucian. ruc. edu. cn）亦于本日开通。

中国人民大学孔子研究院是直属于中国人民大学领导的研究机构，校内以中国人民大学人文学院为依托，按校内科学研究基地模式运作和管理。建院宗旨是："继承优秀传统文化，宏扬孔子思想精华，提高国民人文素质，建设人类美好未来。"组织机构由理事机构、学术机构和行政机构三部分组成，其中理事机构包括中国人民大学孔子研究基金和中国人民大学中国文化推广基金；学术机构为中国人民大学孔子研究院学术委员会，职能是决定研究院的学术定位与发展战略，评议审查科研项目与科研成果，下设中国儒学研究中心、日本儒学研究中心、韩国儒学研究中心、越南儒学研究中心、欧美儒学研究中心；行政机构实行院长负责制，中国人民大学校长纪宝成担任孔子研究院名誉院长兼基金理事会理事长，著名哲学史专家张立文教授担任院长兼学术委员会主席，著名学者方立天、中国人民大学副校长冯俊、人文学院院长陈桦担任副院长。研究院下设研究交流部、教学培训部、市场推广部和办公室。

中国人民大学孔子研究院立足于高起点、高水准、高规格的发展战略，拟创办学刊，设立研究专题，出版儒家学术典籍，举办系列学术会议和学术讲座，设立国学研究奖、奖学金和助学金，创建研究网站，在大学生中进行中国传统文化知识的讲习活动，力求通过多层次、多渠道来开展学术研究和学术推广活动。

张立文院长积极倡导编纂中华第一部《儒藏》，因为对中国传统文化影响最大的儒、释、道三家中，道家有《道藏》，佛教有《大正藏》等，2000多年来惟独儒家一直没有《儒藏》。编纂《儒藏》是保存儒家文化遗产的需要，是功在当代、利在后世的伟业。按照初步构想，《儒藏》计划编成300—500卷，以孔子研究院为组织机构，集聚全国文、史、哲研究力量，力争10—20年完成。

◇中华书局出版《国学入门丛书》

2002年，中华书局出版了一套《国学入门丛书》，共12册。分别是：《古典目录学浅说》（来新夏）、《古书句读释例》（杨树达）、《古文字学初阶》（李学勤）、《国学概论》（章太炎）、《金石丛话》（章太炎）、《经典常谈》（朱自清）、《经书浅谈》（文史知识编辑部）、《史部要籍解题》（王树民）、《校勘学释例》（陈垣）、《校注人间词话》（王国维）、《中国字典史略》（刘叶秋）。

◇"中华再造善本工程"启动实施

目前，全国仅图书馆系统即收藏古籍2750万册，其中善本250

万册。现存古籍善本中传世孤本只有 45000 余种，准孤本（仅存两部）约 4100 种。出于保护古籍的需要，它们基本封存于深阁大库，利用率较低。财政部、文化部于 2002 年启动实施的"中华再造善本工程"，以"继绝存真、传本扬学"为宗旨，利用现代出版印刷技术，把这些分藏于各地的珍贵的古籍善本有计划地复制出版。再造工程将古籍孤本"克隆"，目的是通过系统地复制出版，合理保护、开发、利用善本古籍，使其化身千百，为学界所应用，为大众所共享。

《中华再造善本》丛书是此项工程的主要成果。丛书由国内知名的古籍版本学家遴选书目，共收录 1300 余种珍贵善本，采用仿真原大影印，原有的题跋、批校、印鉴悉仍其旧，装帧方式也一如古书原貌。丛书凡五编，为《唐宋编》、《金元编》、《明代编》、《清代编》及《少数民族文字文献编》，每编之下以经、史、子、集丛编次。《唐宋编》正在陆续出版印制之中，以影印宋版古籍善本为主，共 433 种，具体选录标准为：1. 中国书籍史和版印史上具有代表性的珍贵典籍；2. 海内外仅存的孤本或流传稀少、具有重要版本价值的典籍；3. 流传有序，递藏分明，有众多学者、藏书家题跋批校的珍贵典籍；4. 经典性著作的珍贵版本和具有独特历史文献价值的特藏古籍。本丛书还将为入选的各书分别撰写简明的提要，合编为《总目提要》，以方便读者查阅。

2003 年

◇南京大学中国国学院成立

11 月，南京大学中国国学院成立。由长期跟随著名教育家、理论家匡亚明先生从事国学研究的南京大学中国思想家研究中心和南京大学国学研究所为主要基础扩充形成，是致力于研究与弘扬中国传统文化的学术、文化、教育机构。基本宗旨是：对国学即以儒、释、道、易为代表的中国传统文化进行系统研究，发扬光大，为更好地繁荣优秀的中华文化、推进人类文明发展做出贡献。下设学术委员会、事业发展委员会、儒学研究所、易学研究所、佛学研究所、道教道家研究所、经学研究所、艺文民俗研究所、企业文化研究所、传统养生文化研究所、经济合作研究所、环境文化策划研究中心、易学应用研究中心、培训资格认证中心等；在香港、北京、广东、上海等地设有联络处，并投资成立南京元璞文化发展有限公司、国学规划设计有限公司等经营实体。研究院院长石连同教授兼企业文化研究所所长，副院长阎韬教授兼儒学研究所所长，副院长卢央教授兼易学研究所所长，学术委员会主任周继旨教授兼佛学研究所所长。

本院与国内外研究中国国学的相关团体如国际儒学联合会、国际易学联合会、中国孔子基金会、俄罗斯孔夫子基金会、德国阿登纳基金会、韩国儒教学会、韩国孟子学会、马来西亚孔子研究会、中国台湾孔孟学会、中国香港孔教学院、新加坡易经学会、马来西亚吉隆坡易经学院、中国台湾"中央大学"、中国香港中文大学、中国澳门科技大学、美国西来大学、新加坡国立大学、美国普林斯顿大学及国内高校、科研机构、研究团体建立了广泛的学术联系或合作关系，在儒学、易学、佛教哲学、道家道教、经学、企业策划等方面的研究取得了丰硕成果。

◇12月6日—8日，"徐复观与20世纪儒学发展"海峡两岸学术研讨会召开

2003年是湖北籍现代新儒学大师、著名爱国主义学者徐复观先生的百年诞辰。为纪念徐复观先生百年诞辰，弘扬他热爱中国文化、热爱中华民族的精神，推进对徐复观思想及现代儒学的研究，促进海峡两岸学术交流，武汉大学哲学学院、武汉大学中国传统文化研究中心于2003年12月6日至8日在武汉大学珞珈山庄联合举办了"徐复观与20世纪儒学发展"海峡两岸学术研讨会。出席这次会议的有海峡两岸的专家学者80余人，会议收到学术论文60余篇。与会学者以徐复观思想为中心并对二十世纪儒学发展问题展开了深入研讨。12月7日，与会学者与会议工作人员90余人，前往徐复观先生故里——湖北省浠水县团陂镇徐坳村祭扫了徐复观先生墓园。

2004 年

◇4月2日—6日，"当代儒学国际学术研讨会"在杭州举行

"当代儒学国际学术研讨会"由浙江省社会科学院主办，国际教育基金会、佛光人文社会学院、杭州师范学院、宁波社会科学研究院

参与合办，国际儒学联合会、中国孔子基金会、中国香港孔教学院提供赞助，浙江省社会科学院国际阳明学研究中心具体承办。来自海内外的专家学者汇集一堂，共同探讨当代儒学发展的诸多问题，对于儒学的当代价值和具体实现给予了较多关注。来自美国、加拿大、日本、韩国、新加坡以及中国香港、中国台湾、中国大陆的 120 余名专家学者参加了会议，提交了 70 多篇学术论文。

◇**北京科技职业学院成立中国国学院**

这是中国职业技术学院系统第一个以中国国学命名并以开展中国国学教学研究为基本任务的机构，以继承和弘扬中国优秀的传统学术文化为己任，不断创新，为培养有关中国国学的各类人才，营造有利于优秀人才脱颖而出、人尽其才的良好机制而不懈努力。

成立大会于 6 月 29 日在北京举行，200 余名学者应邀出席。国学泰斗季羡林、著名文物专家史树青、红学家冯其庸、作曲家乔羽任名誉院长，中国人民大学教授、北京人文大学校长周宏兴出任院长，聘请北京大学、清华大学、中国人民大学、北京师范大学、首都师范大学、中央民族大学、北京联合大学、中央美术学院、天津美术学院等高校不同学科的教授直接参与教学和研究活动。

中国国学院拥有国文系、文博系、哲学系、美术系、民族音乐舞蹈系 5 个系 10 个专业，同时设易经研究所、长城文化研究所、民族精神研究所、人文奥运研究所、指墨艺术研究所、美术研究所、戏曲研究所等科研机构。近期规划有：建立国学发展基金，举办国际中国国学论坛，出版国学系列丛书，在八达岭山麓建立中国国学大师塑像长廊，以及抢救国学遗产等。各专业除招收三年制专科（以高中毕业生及同等学力学生为对象）和五年制大专预科（以初中毕业生及同等学力学生为对象）外，还筹备举办东方管理文化、国画、书法等多种高级研修班，并组建一个民族歌舞团和一个国际交流中心。

◇**8 月 25 日至 27 日，"傅斯年与中国文化国际学术研讨会"在山东聊城举行**

由聊城市政协、聊城大学主办的"傅斯年与中国文化国际学术研讨会"在山东聊城举行。参加这次学术会议的有中国社会科学院、中华书局、光明日报社、北京大学、中国人民大学、北京师范大学、中央民族大学、南开大学、湖南大学、河南大学、河南师范大学、中山大学、华中师范大学、山东大学、山东师范大学、青岛大学、聊城大学等学术研究单位的学者 140 多人。山东省政协副主席周鸿兴、原山东省人大常委会副主任苗枫林、聊城市市长张秋波、聊城市委副书记霍正气、聊城市政协主席赵振兰、聊城大学校长宋益乔、北京大学原副校长李安模等出席会议。来自中国台湾的原台湾大学校长孙震和近代史专家张玉法、历史语言专家王汎森等知名学者和企业界人士 30 多人也参加了研讨会。会议收到论文 40 多篇。在为期三天的研讨会期间，与会学者就傅斯年学术思想与中国文化等进行了广泛的研讨并在聊城参观了傅斯年陈列馆、山陕会馆、光岳楼、海源阁和聊城大学。会后出版了《傅斯年与中国文化：傅斯年与中国文化国际学术研讨会论文集》。

◇《甲申文化宣言》发布

2004 年（时值干支甲申）9 月 3 日，以许嘉璐、季羡林、杨振宁、任继愈、王蒙等 5 位名流倡议，由中华民族文化促进会主办，约请国内外 72 位学术界、文化界著名人士，在北京举行"2004 文化高峰论坛"，主题是"全球化与中国文化"。9 月 5 日论坛闭幕式上，通过并公开发布了《甲申文化宣言》，向海内外同胞、向国际社会表达他们的文化主张。

如此郑重的关于中国文化的宣言，在 20 世纪曾有过两次。第一次是 1935 年 1 月 10 日，王新命、何炳松、武堉干、孙寒冰、黄文山、陶希圣、章益、陈高佣、樊仲云、萨孟武十教授联名发表了题为《中国本位的文化建设宣言》。第二次是 1958 年元旦，牟宗三、徐复观、张君劢、唐君毅四教授发表《为中国文化敬告世界人士宣言》。《甲申文化宣言》是 70 年间的第三份，参加签名的人数最多，但文字却最短，只有 1500 字。

宣言主张，每个国家、民族都有权利和义务保存和发展自己的传统文化，都有权利自主选择接受、不完全接受或在某些具体领域完全不接受外来文化因素，同时也有权对人类共同面临的文化问题发表自己的意见。"我们为世界上许多古老民族、经济次发达地区的文化命运深感忧虑。国家不论大小、历史不论长短、国力不论强弱，在文化

交往和交流方面均享有平等权利。我们反对文化沙文主义和文化歧
视，并认为此类行为是反文化的。"华夏 56 个民族共同创造的中华
文化，"至今仍是全体中国人和海外华人的精神家园、情感纽带和身
份认同"，中华文化五千年生生不息、绵延不断的重要原因，"在于
她不但有自强的力量，而且有兼容的气度、灵变的智慧"。面对当今
世界恶性竞争、掠夺性开发、文化霸权主义势力的拓展，中国不能不
采取捍卫的对策和积极的措施。"当是时也，我们应当与时俱进，反
思自己的传统文化，学习和吸收世界各国文化的优长，以发展中国的
文化。"《宣言》认为，弘扬中华文化，不懈地努力，就必能取得捍
卫的成果。"我们确信，中华文化注重人格、注重伦理、注重利他、
注重和谐的东方品格和释放着和平信息的人文精神，对于思考和消解
当今世界个人至上、物欲至上、恶性竞争、掠夺性开发以及种种令人
忧虑的现象，对于追求人类的安宁与幸福，必将提供重要的思想启
示"。

　　《甲申宣言文化》虽然以温和的态度、委婉的措辞发布，但因该
宣言由最富影响力的一批文化精英共同倡议，所表现出来的社会指导
性意义十分明显，因而对政府和各种民间文化力量都产生了强大的影
响，使人们无法不重视传统文化的重新回归。《宣言》标志着国学复
兴活动进入了一个新的阶段。

　　9 月 21 日，《南方都市报》发表中山大学哲学系教授袁伟时《评
〈甲申文化宣言〉》，通过对民国以来类似"文化宣言"的回顾，对此
次"宣言"提出了批评意见。随后各种报刊媒体纷纷反应，《甲申文
化宣言》受到社会的广泛关注。

◇ 第一所海外孔子学院成立

　　7 月，国家宣布开展"汉语桥"工程，内容包括在海外建立孔子
学院和国家对外汉语教学基地等 10 个项目。11 月 21 日，中国国家
对外汉语教学领导小组办公室（简称国家汉办）委托韩国韩中文化
协力研究院建立的中国第一所海外"孔子学院"在韩国首尔汉语水
平考试办事处举行了挂牌仪式。中国教育部部长周济和中国驻韩国大
使李滨等出席了挂牌仪式。周济发表讲话说，目前全世界学习汉语的
热情高涨，韩国的"孔子学院"是中国在海外第一家挂牌的"孔子

学院”，中国教育部将尽全力支持“孔子学院”的运作，为在韩国推广汉语教学和促进中韩关系做出贡献。

截至 2007 年 9 月底，全球已有孔子学院（包括孔子学校、孔子课堂）180 所，分布在 50 多个国家和地区。目前，全世界孔子学院正以每 4 天诞生 1 所的速度在增加。

◇首届“世界中国学论坛”在上海举行

8 月 21 日至 22 日，由上海市人民政府主办、上海社会科学院承办的世界学术盛会首届“世界中国学论坛”在上海国际会议中心召开。来自国内外的专家学者 300 余人出席了会议。上海市委常委、市委宣传部部长王仲伟出席论坛开幕式并致辞。市政协副主席、上海社会科学院党委书记兼院长王荣华，市委宣传部副部长郝铁川参加了本次论坛。

论坛的主题为“和而不同：多元视野下的中国”。围绕这个主题，论坛以“全球化与中国复兴”、“经济发展与人文关怀”、“社会发展与社会转型”、“文化发展与文明对话”、“传统与现代：中国之道”、“城市进步与上海经验”等为议题在六个分会场举行了 24 场专题研讨。与会专家学者讨论的问题包括：各国的文化有没有先进落后之分？评判文化优劣的标准是什么？中国文化复兴的途径是什么，是确立文化自觉观念，还是仰仗中国经济的发展？中国的传统文化与时代要求相比，存在哪些不足、应该怎样改进？中国的文化能给发达国家和发展中国家带来哪些启迪？“中国学”的含义是中国问题之学，还是中国 56 个民族的历史文化之学等。

会后，学林出版社于 2006 年出版了论文集《多元视野下的中国：首届世界中国学论坛》。

◇9 月 28 日，“纪念孔子祭祀大典”在孔子故里山东省曲阜市孔庙举行

2004 年是孔子诞辰 2555 周年，9 月 28 日，纪念孔子祭祀大典在孔子故里山东省曲阜市孔庙举行。本次祭孔大典最引人注目的是，自中华人民共和国成立后首次出现了公祭。公祭仪式由曲阜市副市长袁炳新主持。曲阜市市长江成肃立大成殿前，诵读了孔子诞辰 2555 年祭祀大典祭文。曲阜市政府官员，社会各界代表，以及来自海内外的

孔、孟、颜、曾姓氏祭孔代表团及教师代表 3000 多人参加了祭孔仪
式，并分别向孔子敬献花篮，纪念这位中国古代伟大的思想家、教
育家。

海内外华人世界同时以各种方式祭孔，如美国孔孟学会、香港教
育界都于本月举行了盛大的纪念活动。

◇ **南开大学中国思想与社会研究创新基地设立**

南开大学中国思想与社会研究创新基地于 2004 年 12 月设立，是
教育部批准的南开大学"985"二期工程基地建设项目的一个组成部
分。旨在整合优势学科，通过多学科交叉，在深入、系统地把握中国
思想与社会基本特质的基础上，进一步推动中国思想与社会的整体
性、统一性及其互动关系的探索，弘扬中华民族优秀文化，厘清当代
中国在社会、思想层面所面临的重大问题，并以特定的视角探索解决
之道，切实推进南开大学的国学研究。

南开大学中国思想与社会研究创新基地自设立以来，围绕着中国
思想与社会研究主题，实施历史学、文学、哲学、社会学、法学、经
济学、政治学等相关学科的大整合，搭建 21 世纪新型学科建设和学
术创新大平台，相关的研究内容包括 6 个方面：一、思想与社会互动
关系的理论范式与方法；二、中国思想产生、演进、更新的历史过程
及其影响社会的内在机制；三、中国重要社会变动的历史过程、规律
及对思想体系的影响；四、中国传统思想体系的构成、内核和精髓及
其在现代化、全球化进程中的创造性阐释；五、当代中国在社会与思
想层面所面临的重大问题；六、中国思想文化传统的当代意义与价
值。

南开大学中国思想与社会研究创新基地以著名中国思想史家刘泽
华教授、中国文学思想史家罗宗强教授为首席专家，以南开大学常务
副校长兼文学院院长陈洪教授、历史学院院长李治安教授为基地负责
人，拥有专兼职研究人员 70 余人，形成了一支实力强劲、水平卓绝
的学术队伍。

◇ **《原道》杂志创刊十周年讨论会**

12 月 18 日至 19 日，《原道》杂志创刊十周年，主编陈明以"共
同的传统：'新左派'、'自由派'与'文化保守主义'视域中的儒

学"为主题,在北京燕山大酒店召集了40多位学界人士,讨论儒学和中国文化传统问题。与会学者有清华大学廖名春、北京师范大学于述胜、首都师范大学邓小军、中国社会科学院刘乐贤、中国人民大学罗安宪、中共中央党校赵峰、中国政法大学杨阳、西北大学方光华、湖南大学朱汉民等。在会上发言的有:中国艺术研究院刘军宁、中国社会科学院韩德强、中国科学院康晓光、北京大学杨帆、中国人民大学刘海波、中国社会科学院刘东超、陕西师范大学韩星、中国人民大学彭永捷等。

◇12月3—6日,"儒家思想在世界的传播与发展"国际学术研讨会召开

由中国人民大学和韩国高等教育财团联合主办的"儒家思想在世界的传播与发展"国际学术研讨会12月3日—6日在北京召开。出席研讨会的中外学者认为:人类进入21世纪,在这个多民族、多国别、多文明的异彩缤纷的世界,在各种文明冲突和秩序重建过程中,儒家是中华民族伟大复兴、联系亚洲共同价值观、推动世界东西方文明对话的重要精神力量。

全国人大常委会副委员长许嘉璐、民进中央名誉副主席楚庄、孔子后裔孔德懋、韩国高等教育财团总裁金在烈、日本国土馆大学理事长西原春夫、日本家庭教育振兴协会会长永池荣吉、马来西亚南方学院院长祝家华、上海合作组织秘书处副秘书长扎哈罗夫、香港孔教学院院长汤恩佳、中国人民大学校长纪宝成、校务委员会主席程天权、中国人民大学副校长冯俊、中国人民大学孔子研究院院长张立文,以及来自新加坡、越南、柬埔寨、巴西、瑞典、俄罗斯及中国台湾和国内各高校、学术机构代表等150多人出席会议。

国内外儒学专家围绕儒家与东亚文化、儒家与西方文化、儒家及其现代价值、韩国儒家研究、儒家与儒学史、孔子思想与哲学精神、儒学与儒教、儒家与现代文明、儒学及其现代转型展开了广泛的讨论。

2005 年

◇清华大学召开国学研究院成立80周年学术讨论会

清华大学国学研究院成立于1925年,正式名称为清华大学研究院国学门，聘请著名国学大师王国维、梁启超、陈寅恪、赵元任为导师，李济任讲师，吴宓教授出掌行政。研究院注重"正确精密之方法"，亦即后来所谓的科学方法，并参考借鉴"欧美学者研究东方语言及中国文化之成绩"，研究"中国固有之文化"，培养"以著述为毕生事业"的国学人才。清华国学院在清华大学历史上虽然只存在了短短的 4 年，但由于其辉煌的学术成就和对一大批国学大师的培育，使之成为清华人文学科发展史上的一座丰碑，王力、吴其昌、刘盼遂、姜亮夫等著名学者皆毕业于此。1928 年，清华大学国学研究院宣布结束，陈寅恪、李济、吴宓等转入新成立的历史系、中文系，清华文史学科从此进入了一个新的建制化发展时期。

2005 年 4 月 22 日，清华大学在创新大厦召开"清华国学研究院与 21 世纪中国学术——纪念清华国学研究院成立八十周年学术讨论会"，来自中共中央文献研究室、中国社会科学院、北京大学、北京师范大学、中国人民大学、南开大学、复旦大学等 10 数所重点高校及科研机构的 50 多位著名学者济济一堂，就清华国学研究院王国维、梁启超、陈寅恪、赵元任诸导师及吴宓、李济先生的生平与学术，20 世纪中国新史学与西方史学的关系，现代学术转型与当前学术发展等问题，进行了广泛而热烈的讨论。

会议由历史系主任李伯重教授主持，资深专家何兹全教授、张岂之教授、李学勤教授、谢维和教授、中国台湾清华大学黄一农教授等分别发言，高度评价"国学研究院为清华奠定了人文传统的深厚基础，她的精神后来为清华中文、外文、历史、哲学等人文学科群所继承和发扬"，"纪念清华国学研究院最好的办法就是继承她的事业，中国人有责任弘扬国学，使全世界人民都接受她"。94 岁高龄的学界泰斗季羡林先生特意发来贺信，强调一流的大学必须有一流的文科，特别是研究中国自己的历史文化；中国文化是世界上最灿烂的文化之一，研究好中国文化是对世界文化的重大贡献。

◇《儒藏》首批成果出版

《儒藏》是四川大学古籍整理研究所编辑的大型丛书，广收历代儒学文献，预计收书 5000 余种，分装 500 余册，计划 10 年内出齐。

历史上从来是儒释道三教并列，早有人将佛道典籍及其注疏演绎等文献编辑为《佛藏》、《道藏》，但从未有过一部可以相提并论的儒学大藏。明代文学家曹学佺曾发出"二氏有藏，吾儒独何无？"的慨叹，并提出了编辑"儒藏"的设想。清代乾隆年间一批学者也倡议过编纂《儒藏》，结果促成了另外一部巨著《四库全书》的产生。但《四库全书》修完之时，已无力再修工程浩大的《儒藏》了。这个梦想一直悬搁了400年后方由四川大学古籍整理研究所完成，舒大刚教授主编的《儒藏》首批成果50册于2005年5月由四川大学出版社出版。

《儒藏》的体例按"三藏二十四目"编辑。"三藏"即"经"、"论"、"史"三部，每部下分设不同的目，共24目。此次面世的50册《儒藏》为"史部"的一部分，内容为儒学史文献的收集与整理，包括"孔孟类"、"学案类"和"碑传类"三部分，收书80余种。中国人民大学孔子研究院院长张立文教授称《儒藏》"堪称千古儒学第一藏"，无儒藏的慨叹彻底成为了历史。40多家新闻媒体发布了消息，影响轰动中外。有权威学者称："《儒藏》出版的意义和价值，怎样评价都不为过。"此项目曾列入国家"211工程"、"985工程"、"中国孔子基金会重大项目"。

8月5日，"《儒藏》首发式及学术研讨会"在北京中苑宾馆举行。原轻工部部长、国际儒联常务副会长杨波，原文化部部长、国际儒联常务副会长刘忠德，中国孔子基金会副理事长兼国际儒学联合会副会长张树骅，中国香港孔教学院院长汤恩佳博士，国家图书馆荣誉馆长任继愈以及李学勤、汤一介、张立文、钱逊、蒙培元、刘示范、葛荣晋、龚鹏程、郭齐家、罗志田、李申、廖名春、郑万耕、蔡德贵、单纯、张希峰等50余名学者出席会议，对《儒藏》的编纂工作及其成果给予了高度评价。

◇《新国学研究》第1辑由人民文学出版社出版

5月，由汕头大学新国学研究中心编纂的《新国学研究》第1辑由人民文学出版社出版。《社会科学战线》于本年开设"新国学"栏目，并于第1、2、3期连载王富仁的长篇文章《"新国学"论纲》。

"新国学"由鲁迅研究专家、现代文学研究的知名学者王富仁教授提出。王富仁认为，现在所通常理解的经院文化的"国学"其实只是"其中的一个领域，而不是全部学术领域的总称"。而这种狭隘的"国学"理解，"把大量不同学术领域以及在这些领域从事学术研究的中国知识分子他者化，异己化了"。"新国学"则不是任何一个学术派别的标识，而是以研究和发展中国文化为唯一宗旨的。它视中国文化为一个结构整体，中国古代文化与中国现当代文化都是我们必不可少的文化资源。它们之间不应该是相互排斥的，而应当是相互激发、相互促进的。这要求每一个研究者都要有中国文化的整体观念，并在这样一个整体观念的基础上意识自己门类研究工作的作用和意义。各研究门类之间的相互促进、共同发展应该是"新国学"的基本观念。

《新国学研究》的创办，旨在重建中国学术的整体观念，并在这种新的整体观念的基础上更加主动积极地、更加有效地从事各个不同领域、不同学科和不同专业的学术研究。"新国学"不排斥任何一个有价值的研究成果，也不否认学术争鸣、学术讨论的必要性，但这种争鸣和讨论的目的却不在争论双方一时一事的胜负，而在各自认识的深化以及对整个民族学术事业的丰富和发展。《新国学研究》中的任何一篇文章都不是作为"新国学"这个学术概念的样板而刊发的，它只是给各种不同的学术研究成果提供一个发表的阵地，并以它的包容性和严肃性体现为王富仁教授等人对"新国学"这个学术概念的具体理解。截至 2006 年，《新国学研究》已出版 5 辑。

然而，"新国学"的提法暂未得到学界的认同。2006 年 10 月 13 日至 14 日，在大连召开的中国现代文学研究会第九届年会专门分组讨论"新国学"问题，严家炎、陆耀东、朱栋霖等学者均表达了不同的意见。更有学者提出，"新国学"研究值得重视的原因在于，"新国学"研究是依托汕头大学及李嘉诚基金会在人力、财力支持下，通过学术媒体、大众传媒、新闻出版及相关基地、中心、学会等学术组织合力制造出来的学术奇观，它标志着现代学术生产机制在当代中国已经发展到新的阶段。

◇中国社会科学院世界宗教研究所儒教研究中心揭牌

6 月 14 日，中国社会科学院世界宗教研究所儒教研究中心揭牌仪式在北京隆重举行。国家宗教事务局叶小文局长出席了成立典礼并致贺词。会议由世界宗教研究所副所长张新鹰主持，世界宗教研究所所长卓新平、研究员余敦康、中国人民大学彭永捷教授在中心成立大会上致辞。曹中建、金泽、吕大吉、牟钟鉴等资深专家、各高校代表80 余人出席会议。中心荣誉主任、中国香港孔教学院汤恩佳院长在会上发表了"儒教对中国的伟大贡献"的专题演讲。

早在 1978 年任继愈先生担任世界宗教研究所所长时，就提出了中国儒学是一种宗教的观点，这一提法开创了从宗教学角度来理解儒学的致思路径。随着全球化的推进，宗教在文化认同、政治认同、个体认同方面的意义和影响越来越受到重视。世界宗教研究所原已设有"儒教研究室"，与其相比，"儒教研究中心"最大的区别是作为一个较为独立的组织机构而存在的，它将独立开展各种儒教研究交流活动，整合儒教研究资源，从文化立场上、从学术分歧上对儒教做踏踏实实的研究，超越过去对传统、对宗教片面的理解，从现代性、全球化下对儒教的文化认同问题、民主宪政等问题进行探讨。与过去的研究相比，"儒教研究中心"立场会更加注重现实。

"儒教研究中心"的领导机构是学术委员会，聘中国香港孔教学院院长汤恩佳博士任名誉主任，中国社会科学院世界宗教研究所余敦康、吕大吉、中央民族大学牟钟鉴为学术顾问，主任卢国龙（中国社会科学院世界宗教研究所），秘书长陈明（中国社会科学院世界宗教研究所），学术委员 17 名，分别是：康晓光（中国人民大学农业与农村发展学院）、干春松（中国人民大学哲学学院）、彭永捷（中国人民大学哲学学院）、廖名春（清华大学历史系）、唐文明（清华大学哲学系）、孙尚扬（北京大学宗教学系）、杨立华（北京大学哲学系）、李景林（北京师范大学哲学系）、魏长宝（《中国社会科学》杂志社）、王心竹（中国政法大学人文学院）、方光华（西北大学文博学院）、韩星（陕西师范大学儒教研究所）、黄玉顺（四川大学哲学系）、林宏星（复旦大学哲学系）、王志跃（中国社会科学院宗教研究所）、单纯（中国社会科学院宗教研究所）、郭沂（中国社会科学院哲学研究所）、王中江（中国社会科学院历史研究所）、梁涛（中国社会科学院历史研究所）。

"儒教研究中心"成立之后的主要任务是编辑内部交流刊物《儒

教研究通讯》，除了与中国港台地区相互交流外，还将与东南亚华人地区的儒教研究机构和组织机构进行交流，并筹备首届"全国儒教学术研讨会"。中心秘书长陈明博士在接受记者采访时说："儒教研究中心"的成立，可能会导致外界有不同的看法，一些人也许会认为这是对儒学的一种夸大，但我认为儒教不是一种盲目的信仰，而是对儒学的准确把握和定位。我以前也反对把儒学当作儒教来看待，但是随着我对宗教的深入理解，对国外宗教的调查增多，认为儒学具备多维度，它可能包括人生哲学、政治哲学，同时也包括了宗教哲学，更像一个千层饼。今天我们从宗教的角度去理解儒学的发展程度，其实是对传统、对宗教冷静和客观的理解。儒教不只是知识或学术，它对于现代社会有很大的意义。"儒教研究中心"将把儒教问题的研究放在广阔的中国文化背景之下，从中国历史文化发展之一贯性以及儒学与民族生命存在之内在性出发，进行全面系统的梳理。

◇中国首届国学博士研究生毕业

6月30日，北京大学国学研究院中国传统文化研究中心博士班首届博士生毕业典礼隆重举行。虽然毕业生只有三位，但典礼上仍然大师云集。国学研究院导师、北京大学常务副校长林建华教授，研究生院负责人及国学研究院秘书处各位老师，国学研究院2003级、2004级学生参加了毕业典礼。林建华校长称赞"国学研究院以北大最强的学术资源培养国学方面的高层次人才，拓展了国学跨学科研究的新途径，为北大的传统文化研究作出了突出贡献"。国学研究院导师田余庆教授以"高筑墙，广积粮，不称王"勉励毕业生要学重功底、常思贵有源头活水和明白学海无王的道理；导师严文明教授以"治学要博而约，要敢于在学术前沿拼搏"的谆谆话语鼓励毕业学子；袁行霈教授以李白、杜甫的两句名诗"文章辉五色"、"心迹喜双清"赠别学生。

三年期间，国学研究院的导师们为博士生开设了两门独立课程。一是《专书选读》，每学期由一名导师讲授一部原典名著，其中楼宇烈先生讲授《荀子研读》，袁行霈先生讲授《陶渊明集研读》，陈来先生讲授《中庸研究》。国学研究院常务副院长吴同瑞教授谈到教学设置时介绍说，"传统文化的原典著作是最具代表性的，有益于国学研究基本功的锻炼。古代文献很多都是哲学、文学、史学相通的，这正与我们培养文、史、哲相通的人才的目标相一致"。

国学研究院开设的第二门独立课程是《中国传统文化专题研讨》。课程秉承"教学相长"的精神，每学期由一位导师每周上一次讨论课，讲授当前传统文化的前沿问题、最新状况，师生共同探讨。其中有田余庆先生开设的《拓跋史研究》、阎步克先生开设的《中国古代官制研究》、严文明先生开设的《考古学基础》、裘锡圭先生开设的《先秦考古资料与文献整理》等课程，使博士生们受益匪浅。

三位首届国学博士毕业后均从事相关工作，曹胜高应邀赴东北师范大学筹建亚洲文明研究院，这是该校组建的跨学科研究机构，期望培养一批有深厚国学根底并能从事亚洲文明研究的专业人才；做过八年文物考古工作的员雪梅进入国学研究院选择的是考古学及博物馆学博士，毕业后进入中国地质大学任教；王玮进入中联办广东办面向港澳地区继续从事中国传统文化的传播与交流工作，弓冶箕裘，薪火相传。

◇**中国人民大学国学院成立**

5月29日，中国人民大学正式宣布，该校决定成立国学院，承担国学专业的教学研究和人才培养工作，并聘请81岁高龄的著名红学家冯其庸担任院长。

早在2002年11月，中国人民大学就在国内高校中率先建立了孔子研究院，专门从事孔子及儒家思想的研究。之后，研究、挖掘、保护中国传统文化，被人大视为神圣的责任，这一责任直接促使了国学院的诞生。中国人民大学校长纪宝成认为，"研究国学、重振国学将对恢复我国文化自信力，提高民族文化素质和中国人文学术创造力具有巨大推动作用"。

6月1日，纪宝成在《南方周末》上发表《重估国学的价值》，指出："国学有广义与狭义之分，广义的国学即胡适所说的'中国的一切过去的历史文化'，思想、学术、文学艺术、数术方技均包括其中；狭义的国学，则主要指意识形态层面的传统思想文化，它是国学的核心内涵，是国学本质属性的集中体现，也是我们今天所要认识并抽象继承、积极弘扬的重点之所在。"此后，纪宝成还在《光明日报》、《新京报》等媒体上发表文章，或登载记者访谈录，以"重倡国学，是为延续中国文脉"为主题的宣传攻势异常猛烈。媒体的积极介入，使国学复兴的学术实践更加热闹。

6月1日，《新京报》发表了记者对纪宝成的访谈《重倡国学，是为延续中国文脉》。6月9日，该报又以整版篇幅刊登了中山大学哲学系袁伟时教授的评论文章《评纪宝成校长的"重振国学"论》，从"史实错误之一：新文化运动摧毁了'国学'"、"史实错误之二：所谓二三十年代'国学热'"、"史实错误之三：'国学'在现代化过程中的作用"、"我们已经做了什么？还该做什么？"四个角度批评了纪宝成的观点。

10月9日，中国人民大学国学院正式挂牌，10月10日开始上课。人大国学院是国内高校开设的第一个旨在培养国学人才的大学学院，它的成立将国学复兴推到了一个新高度。继2004年《原道》杂志十周年纪念、"读经热"之争、甲申文化宣言（分别代表学界、民间以及官方的不同表达）后，此事被看作又一份国学重兴的宣言。

中国人民大学国学院常务副院长孙家洲对外界宣布，国学院设置为6年本科、硕士连读制，9月中下旬以人民大学校内学生转专业和重新选择志愿的方式，同时组建2004、2005两个年级。2004级国学班采取校内2004级学生自愿报名参加选拔考试，以转专业方式组建，规模在20—30人；2005级国学班则采取新生入校后重新征集志愿进行选拔的方式组建，新生进校后一周内报名参加国学班的考试选拔，最终组成30人左右的2005级国学班。每届学生经过两年国学基础课程学习后，三年级进入导师制学习阶段，选定研究方向和导师。

10月19日《光明日报》等媒体报道：经过半年多的精心组织，备受海内外人士和社会舆论关注的中国人民大学国学院日前举行了开学典礼暨揭牌仪式。此次招生过程中共收到近百名学生申请，甚至有5名2003级学生自愿降级，主动申请入读。国学院最终录取了58名学生，其中男生20人，女生38人，同时组建2004级和2005级两个班，采取6年制的本硕连读学制，主要课程有"元典研读"（如《〈论语〉研读》、《〈左传〉研读》等）、"国学概论"、"海外汉学研究"等。除院长冯其庸为著名红学家外，人大原有的文、史、哲三院系相关教师同时受聘于国学院。与此同时，由季羡林、饶宗颐、何兹全、任继愈、叶嘉莹五位学界泰斗组成的顾问委员会，与国学院专家委员会一道，共同负责指导国学院的教学研究。国学院拟成立西域文化研究所、简帛研究所、海外汉学研究所等研究机构。

◇**中国孔子基金会季羡林研究所成立**

8月6日，是当代学界泰斗季羡林先生94岁生日，季羡林研究所于是日在北京揭牌成立。该研究所由中国孔子基金会发起成立，是国内"季学"研究的专门组织机构。

季羡林先生是我国当代学界泰斗，其道德文章、学问人品早为国内外学人所称道。此次成立的"季羡林研究所"设在山东大学，学者汤一介、乐黛云、刘梦溪等为高级顾问，全国有兴趣研究季羡林先生的教师和科研人员都可以成为该所兼职研究人员。

◇**"第七届当代新儒学国际学术研讨会"召开**

"第七届当代新儒学国际学术研讨会"由武汉大学中国传统文化研究中心、武汉大学哲学学院联合台湾《鹅湖》杂志主办，于9月10日—9月12日在武汉大学召开。

由《鹅湖》月刊社与东方人文学术基金会主办的第一、第二届当代新儒学国际研讨会，于1990年、1992年在台北召开；第三届、第五届当代新儒学国际研讨会是他们分别与香港中文大学、中国孔子基金会与山东大学合作，于1994年12月在香港中文大学、1998年9月在山东济南举行的；第四届、第六届会议，仍在台湾举行。

这次会议的召开，意在推进当代新儒学的研究，进而探讨中国传统思想文化的现代性问题。会议的主题：儒学、当代新儒学与当代世界。会议的子题：熊十力、牟宗三与现当代新儒学三代代表人物的学术思想，当代新儒学与宋明儒学，当代新儒学与西方哲学，当代新儒学与佛学，儒家伦理的特殊性与普遍性及其创造性转化，儒学与东亚社会的现代性，儒学在当代的作用与意义，儒学与文明对话，儒学与当代各种思潮，儒学与启蒙心态，儒学的宗教性与草根性，当代新儒学如何深入发展等等。

出席这次会议的有130余位学者，包括来自美国、加拿大、日本、韩国、澳大利亚、以色列、比利时、新加坡等8个国家的20余位外籍学者，来自我国台湾的近30位学者，来自我国香港的近20位学者，来自我国大陆近20个省市自治区的50位学者。其中有美国杜维明、成中英，我国台湾刘述先、蔡仁厚、戴琏璋、曾昭旭、杨祖汉、钟彩钧、李明辉、林安梧，我国香港霍韬晦、卢雪昆，我国大陆陈来、吴光以及加拿大DanielBell（贝淡宁）、陈荣灼，韩国梁承武、金炳采、李明汉、金白铉，日本吾妻重二、藤善真澄、三浦国雄，以色列Gad C Isay（伊塞），澳大利亚John Makeham（梅约翰）等。

◇**山东大学儒学研究中心成立**

山东是儒学的发源地，山东大学历来重视传统文化尤其是儒学的研究，形成了优良的学术传统，高亨、杨向奎、童书业等老一辈学者在儒学研究领域成就卓著，蜚声中外。在全球一体化的形势下，儒学的地位和作用日益凸显，儒学的走向等问题成为学术界讨论的热点话题。在这样的背景下，山东大学决定成立儒学研究中心，以凝聚全校儒学研究力量，进一步拓展和推进儒学研究工作。2005年4月开始筹备，9月16日正式成立，聘美国哈佛大学燕京学社社长杜维明教授任名誉主任，中国社会科学院庞朴研究员为主任。

中心是一所学术性的研究实体，直属山东大学，有独立编制，不承担教学任务，以儒学研究为专业。下设儒学原理、儒学历史和儒学文献三个研究室，采取项目招标和人员合作的开放式发展策略，先后召开了"儒学全球论坛（2005）暨山东大学儒学研究中心成立大会"、"郭店竹简与思孟学派研究座谈会"、"孔学与退溪学国际学术研讨会"等高级别的儒学研究国际会议，引起了学界的强烈反响；启动《先秦儒家学案》（前儒学案、孔子学案、孔门弟子学案、孟子学案、荀子学案）、《两汉隋唐学案》和《儒学与现代文明对话》丛书（计10册）等项目；编辑出版《儒林》，发表有关儒学研究的文稿与信息，并以电子形式编辑《儒学宝典》资料库，为研究儒学提供检索之便。中心还创设了儒学研究网站，以推动儒学研究、联系各路学人。

◇**山东曲阜政府举办祭孔活动**

9月28日孔子诞辰2556周年纪念日，山东曲阜祭孔活动由政府举办，公祭由曲阜市市长主持。号称"全球首次联合祭孔活动"在世界各地孔庙同时展开。上海、浙江衢州、甘肃武威、云南建水举行了盛大而隆重的纪念活动。中央电视台与海内外多家电视台合作，联合推出大型直播特别节目"2005全球联合祭孔"，央视新闻频道做了长达四个小时的直播。

◇苏州"菊斋私塾"正式开课

在政府大力提倡和谐社会，通过包括开放宗教信仰等手段来重建社会道德伦理的同时，传统儒学也以民间自发推动的形式，逐渐显示其顽强的生命力。10月29日，苏州"菊斋私塾"正式开课。

苏州菊斋私塾是某文化传播有限公司的一项业务。公司几个合伙人都爱好古典文学，喜欢古典诗词创作，于是想到了开办一个私塾，而"现在对开私塾没有统一规范，因为它不是学校也不是培训机构，相当于家教性质"，所以"只好先成立一个文化传播公司，取得合法资质，'私塾'算是公司的业务"。

以传统文化为主要学习内容，对少年进行培育，这在苏州乃至全国都不是始作其俑，但因为主办者首次明确挂出了"私塾"的招牌，所以吸引了各种舆论的关注，进而联系到国学热、"要不要读经"等争论，成为了一起公众性的文化事件。批评者质疑其初衷、功能和效果，称为"国学迷恋者的精神返祖"，是传统文化崇拜者们的一次精神自慰，甚而至于扣上"文化蒙昧主义"的帽子。支持者认为，现代私塾的出现，蕴含着一个值得深思的问题，那就是面对不同的客体，究竟存不存在一种放之四海而皆准的教育理念和手段？呼吁给现代私塾一个空间——生存的空间、话语的空间、发展的空间，探索其能否成为现代教育一种有益的补充。

菊斋私塾在一片争议声中开课，学制一年，周末上三节课，传授蒙学、经学、韵文，也教授古乐、书画、茶道等，目的在于弘扬国学，培养儿童的古典文化底蕴和优雅情怀。授课形式也尝试复古，身穿传统汉服的主讲先生在开学仪式上点了一炷香用以计时，而后向学生介绍孔子生平，带领学生向挂在正前方墙上的孔子像三鞠躬，并朗读《开班文》："华夏文风，首开三代，校庠以传，孝悌以载……"

菊斋私塾主讲张志义老师介绍教学内容说，蒙学讲授《弟子规》、《三字经》、《千字文》、《幼学琼林》、《治家格言》、《声律启蒙》等蒙学知识，培养儿童的传统道德观念，增强其文化素养；经学讲授《论语》、《孟子》、《中庸》、《大学》、《易经》、《老子》、《庄子》等经典，加深儿童对传统文化的了解，培养其文化内涵及自身修养；韵文则讲授赋体、唐诗、宋词、元曲、对联等传统韵文的鉴赏及书写技巧，培养儿童的书写能力，为写作及审美打下良好的基础。私塾还开设古琴班，由琴师专门讲授琴道。

针对有关媒体的报道，苏州教育部门人士说，就目前情况看，所谓的现代私塾还不必作为一个问题来谈，因为它还只是一个处在萌芽期的个案，不足以成为研究对象，更不会对苏州的教育市场造成什么影响。

◇ **北京大学"乾元国学教室"开班**

"乾元"一词出自《周易·象传》："大哉乾元，万物资始，乃统天。"道出了天是宇宙万物的本原，"乾道变化，各正性命，保和太和，乃利贞，万国咸宁"。天道立万物以位正恒久，育万物永荡冲和之气。这是乾元国学名称的来历。

北京大学"乾元国学教室"是由北京大学哲学系主办、经北京大学继续教育部批准的独立的国学培训项目。2005 年 11 月开办，直接面向社会各界招生，凡大学本科以上学历、企业中高级管理人员、国家机关及事业单位处级以上干部均可报名，为国内高校成人国学培训之首创。其办学宗旨俨然就是一篇文采斐然的"国学宣言"：

> 国学，东方文明的代表。她是以我国先秦经典及诸子学为根基，涵盖了两汉经学、魏晋玄学、隋唐佛学、宋明理学和同时期的汉赋、六朝骈文、唐宋诗词、元曲与明清小说并历代史学等一套特有而完整的文化、学术体系，构成了恢弘的经、史、子、集四部。
>
> 国学，是炎黄儿女的魂魄，华夏文明的根基，是我们生存与生活的支柱。"自强不息"、"厚德载物"不是《周易》里简单的八个字，而是整个民族精神的象征。"为天地立心，为生民立命，为往圣继绝学，为万世开太平"，也不仅是张载个人的理想，而是中国知识分子伟大心灵的体现。国学不是书斋里发霉的

书本，不是博物馆里的古董，更不是竹简上难懂的文字，她更象是孟子说的混混原泉，一朝掬饮，终身受用。

国学，贯道器以为一。她蕴藏着恒久的治世之道与管理智慧。能够掌握、传习、运用国学的综合思维，并与现代社会的政治、经济、科学技术等实现跨学科结合的复合型人才，实现东方传统与西方现代文明的对话，开启管理人的困惑，正是现今信息时代极为渴求和企盼的。

为此，我们开设"乾元国学教室"。

"乾元国学教室"希望和大家一起跟随专家学者走进国学的殿堂，聆听先生们的传道、授业、解惑，品味圣贤们的道德、事功、文章。在聆听和品味之中，我们可以感到知识的增加，智慧的开启，灵魂的沐浴，精神的充实。我们也就会真切感受到"乾元国学教室"的宗旨："返本开新，转识成智，崇德广业，明体达用。"

《北京青年报》2005 年 11 月 20 日报道：11 月 19 日，北京大学"乾元国学教室"正式开课，学员中大多数为企业界、银行界的成功人士和部分政府官员，共计 40 人，进行为期一年的国学精粹学习，课程包括《四书》、《道德经》、《庄子》、《周易》、《坛经》等。一年届满还可以升入二年级，课程有《诗经》、《论语》、《史记》、《资治通鉴》，以及佛教、道教、阴阳家等。

"国学乾元教室"采取滚动开班的形式，三至四月招收一期。师资以北京大学哲学系为主，兼聘北大中文系、历史系、中国社会科学院、清华大学等单位的一流学者为导师，其中有北京大学哲学系教授、东方哲学研究室主任楼宇烈，北京大学哲学系教授、中国哲学史学会副会长陈来，北京大学哲学系教授、中国文化书院副院长李中华，中国社会科学院研究员、中国易学研究会副会长余敦康等。每年级学制为一年，每月一个周末集中授课。一年级开设的课程有：国学概说、史料学经典、《四书》精读、《道德经》精读、《庄子·内七篇》精读、《周易》精读、《商君书》精读；二年级开设的课程有：儒教与《诗经》、名士与玄学、佛学与佛经、史学与《史记》、兵家

之《孙子兵法》、唐宋词赏析、《红楼梦》哲学解读；三年级开设的
课程有：三礼之《礼记》、三传之《左传》、宋明儒家——理学两学
派、明清及近现代思想家、本土宗教——道教、古典文学名作赏析、
中国美学。截至目前为止，"乾元国学教室"已成功开办八期，第九
期将于 2008 年春夏举办，其中一年级班于 2008 年 5 月 10 日开班，
每月第一个周末上课；二年级班于 2008 年 7 月 12 日开班，每月第二
个周末上课；三年级班于 2008 年 4 月 19 日开班，每月第三个周末上
课。

◇12 月 17—18 日，首届"全国儒教学术研讨会"在广东从化召开

随着全球化进程的推进和现代化进程的深化，中国社会的文化认
同、身心安顿以及政治改革诸问题日益凸现，传统文化的价值和意义
也越来越受到学界的关注。如果说对于一个正在复兴的民族来说这一
切乃是必然的话，那么，这种关注聚焦于儒教则是其需要特别重视之
处。有鉴于此，中国社会科学院世界宗教研究所儒教研究中心与广东
信孚教育集团联合举办首届"全国儒教学术研讨会"，对"五四"以
来尤其是最近围绕儒教问题展开的争论和研讨进行清理，同时对作为
当代文化问题出现的"儒学宗教论"、"儒学国教说"、"公民宗教
说"及相关理论逻辑进行深入探讨。

会议邀请了中国思想界的代表人物参加，包括被视为内地新儒家
的阴明精舍山长蒋庆，著名学者徐友渔（中国社会科学院哲学研究
所研究员）、杨阳（中国政法大学政治与公共管理学院教授）、任剑
涛（中山大学政治与公共事务管理学院教授），宗教学研究专家何光
沪（中国人民大学宗教学系教授）、傅有德（山东大学哲学与社会发
展学院教授）、李向平（上海大学文学院教授）等，以及中国港台儒
学研究专家刘国强（中国香港中文大学教育行政与政策学系教授）、
林安梧（中国台湾师范大学国文系教授）、霍韬晦（中国香港法住文
化学院院长）、汤恩佳（中国香港孔教学院院长）等。

12 月 17 日，"全国儒教学术研讨会"正式召开，中国社会科学
院儒教研究中心主任卢国龙致辞。信孚集团信力建董事长宣布成立
"信孚国学院"、建立"社学基金"，邀请社科院儒教研究中心秘书
长、《原道》主编陈明副研究员出任国学院院长。信力建董事长认

为，在少儿读经春潮涌动，人大国学院、北大国学班纷纷开办，国学研究引起社会广泛关注的今天，"坚信教育完善人生、深孚民族振兴期望"的信孚集团聘请国内知名学者成立国学院，就是要更好地贯彻落实自己一以贯之的教育理念，把传统文化的价值和智慧融汇到信孚的教育体系中，去承担这一责任、实现这一目标。国学院的工作，包括对信孚的师资进行国学培训，使他们在知识上、意义上对国学有所认知、有所体会，进而对学生的行为方式、思维模式起到潜移默化的熏陶作用；为信孚的学生编写适合其心理特点、理解能力的国学教材；借鉴传统书院的会讲、讲座方式，邀请有造诣的专家教授对国学和当代文化中的一些基本问题、热点问题进行磋商、辩论，使之成为国学的重要讲坛。

会议围绕"儒教中的神灵"、"儒教社会功能评议"、"儒教在当代社会和文化格局中的真实状况"、"儒教与民族文化复兴的相关性"等问题进行了充分讨论。

儒教研究中心秘书长陈明做了一个"即用见体说儒教"的报告。"即用见体"是陈明近年提出的一个传统思想分析框架，与其他内地新儒家观点不同的是在于通过传统的历史情景去理解传统思想，而并不预设传统思想的绝对有效性。即用见体说儒教，就是把儒教作为人的生存活动而存在的一套话语系统、一种工具或文本，放在其与民族生命、社会环境以及与之并立的思想体系的互动关系之中来解读、评价和建构。这其实是一种文化人类学、文化现象学的研究路径。

台湾师范大学国文系暨研究所教授、《鹅湖》主编暨社长林安梧做了题为"'父'与'权'：中国文化传统中'孝道'与'皇权'的纠结"的主题发言。认为中国传统政治社会共同体之建立，与宗教、理性之诞生相伴而生，而这与"皇权"、"孝道"相应，皆与"血缘性的纵贯轴"密切相关。

蒋庆在题为"关于重建中国儒教的构想"报告中指出，儒学只是儒教的一个具体内容，儒教的历史长于儒家，"圣王合一"、"政教合一"、"道统政统合一"是儒教的本质特征，也是儒教的追求目标。春秋、战国、秦汉之际儒教退出中国文化权力中心，边缘化为儒家，汉武帝"独尊儒术"后儒家又回到中国文化权力中心的位置上升为儒教，一直到 1911 年儒教崩溃，儒教又退出中国文化权力中心的位置下降为儒家。中国儒教的复兴是伟大而艰巨的事业，涉及到很多方面，单靠分散的个人力量难以完成，必须通过"中国儒教协会"这样组织化的力量才能完成。

◇ **媒体称 2005 年为"国学年"**

2005 年末媒体上出现了"国学年"的说法。这一年，中国人民大学组建了国学院，北京大学举办了"乾元国学教室"，中国社会科学院成立了儒教研究中心，关于国学复兴的话题引起了各大媒体的广泛关注。在大众文化层面，以孔子诞辰为教师节、把传统节日法定化、公祭孔子、公祭黄帝之类的呼吁也屡屡见诸报端。联合国教科文组织不失时机地批准设立了国际"孔子教育奖"，并发起全球首次联合祭孔活动。

2006 年

◇ **《光明日报》国学版创刊**

2005 年 11 月下旬，《光明日报》编委会作出了创办国学版的决定，并草拟了"国学版办刊方案"，包括国学定位、读者对象、办刊方针、办刊方式等。12 月 9 日，这个方案得到批准实施，国学版进入筹备阶段，得到北京大学哲学系汤一介教授、国学研究院袁行霈教授、国家图书馆荣誉馆长任继愈先生、中国社会科学院余敦康研究员等资深专家的大力支持，提出了许多中肯的意见。首都师范大学著名书法家欧阳中石为国学版题写刊名。

2006 年 1 月 10 日，经过一个多月的筹备，《光明日报》正式推出《国学》版。"致读者"说："国学是中国人的精神家园。这个'家'很大。它不仅凝聚了五千年的文明历史，也将承载十三亿中国人的未来。经过一个月的紧张筹备，国学版从今天起正式推出了。我们愿和广大读者共同品味在'家'的感觉。"除主要文章外，国学版还设有"国学百科"、"国学漫谈"、"国学家藏"等小栏目，介绍有关国学的知识，为读者解疑释惑。专版还经常报道境内外有关国学的讯息。

◇**1月12日，安徽大学中国传统文化研究院成立**

以继承和弘扬中国优秀传统文化，整合学术资源，促进学科建设为宗旨，安徽大学中国传统文化研究院1月12日正式挂牌成立。中国文字学会会长、安徽大学校长黄德宽教授兼任研究院院长，中华古代文明探源工程首席科学家、清华大学教授李学勤应邀担任学术顾问。

作为安徽省属的唯一一所国家"211工程"重点建设大学，安徽大学在中国传统文化研究领域有着很好的积累，文史哲相关学科研究成果斐然，拥有汉语言文字学国家级重点学科和教育部重点人文社科研究基地徽学研究中心，以及3个省级高校人文社科重点研究基地和多个高水平研究机构。为进一步加强对中国传统文化的研究，加强学校学科建设，以此更好地为现代化建设、为和谐社会的发展、为改革开放服务，安徽大学决定整合学校学术资源，成立中国传统文化研究院。

研究院将学校原有的汉语言文字研究所、徽学研究中心、中国哲学与安徽思想家研究中心、古籍整理研究所等研究机构归并管理。实行带课题进院机制，凡是获得省、部级课题的本校研究人员，由相关研究所提出聘任申请，由院长根据课题完成所需时间聘任，课题完成后，聘期结束。同时，研究院将根据社会发展和学科建设需要，提出研究规划，并付诸实施；有计划地出版研究著作，建立有特色的中国传统文化研究学术资料库；在一定范围内开展中国传统文化和特色学科的高层培训和咨询工作；组织中国传统文化和特色学科的国际学术交流、考察活动；举办综合性的学术研讨会；兴办综合性的或特色学科的学术刊物；开设面向全校高层次的人文系列讲座。

◇**复旦大学儒学文化研究中心成立**

1月17日，复旦大学儒学文化研究中心正式宣告成立，复旦大学党委副书记燕爽为中心揭牌。

该中心是一个开放的学术研究机构，挂靠于复旦大学高等教育研究所，由复旦大学主管，旨在弘扬中华民族传统文化，推动儒学文化研究。中心将通过学术研究和学术交流活动来达到增进学术、传承文明、团结同仁、促进交流、扩大影响的目的。主要任务包括：一、开展学术研究，侧重研究儒学的历史传承与演变、儒学的基本理论与经典、儒学的传播与交流、儒学与其他思想文化之关系、儒学的社会影响与作用、儒学的发展可能性与方向等基本问题。二、开展学术交流，定期举行国内或国际儒学文化研讨会。三、编辑出版《儒学文化研究》集刊，支持出版"儒学文化研究丛书"。

复旦大学儒学文化研究中心实行理事会领导下的主任责任制，理事会设理事长一人：孙莱祥；副理事长一人：卫民权；理事三人：徐洪兴、熊庆年、谢惠琼。孙莱祥任中心主任，徐洪兴、熊庆年任副主任。下设学术委员会，由11人组成：陈来（北京大学）、陈卫平（上海师范大学）、杜维明（美国哈佛大学）、甘阳（香港大学）、郭齐勇（武汉大学）、李明辉（台湾中央研究院）、吴震（复旦大学）、小岛毅（日本东京大学）、徐洪兴（复旦大学）、杨国荣（华东师范大学）、张汝伦（复旦大学），徐洪兴任学术委员会主任。

复旦大学儒学文化研究中心不设专职研究人员，作为一个开放性的学术研究机构，中心面向全国聘任兼职研究员。根据课题研究的需要，兼职研究员的聘任可以是长期的，也可以是流动的。首批兼职研究员是：白奚（首都师范大学）、陈居渊（复旦大学）、丁为祥（陕西师范大学）、董平（浙江大学）、方旭东（上海大学）、郭建（复旦大学）、郭晓东（复旦大学）、梁涛（中国社会科学院）、林宏星（复旦大学）、彭永捷（中国人民大学）、杨泽波（复旦大学）、杨志刚（复旦大学）。

10月，中心推出"儒学文化丛书"首批四部著作，均由复旦大学出版社出版，分别是：杨泽波著《牟宗三三系论论衡》、朱义禄著《儒家理想人格与中国文化》、郭晓东著《识仁与定性——工夫论视域下的程明道哲学研究》、徐洪兴主编《鉴往瞻来——儒学文化研究的回顾与展望》。

◇ **"百度国学"开通**

百度作为全球最大的中文网站、全球第四大互联网网站，受到所有华人以及中文搜索引擎者的欢迎。百度一直致力于再现中文之美，并希望通过百度这个搜索平台，让更多的人汲取中华文化的精华。1月9日，"国学频道"悄然上线。1月12日，百度在北京中华世纪坛宣布"国学频道"正式开通,网址是:guoxue.baidu.com。

百度产品市场部总监边江介绍说,"百度国学"是全球第一个国学搜索频道,其数据主要由专业国学网站——"国学网"提供,为网友提供免费的国学典籍在线阅读以及搜索服务。该频道目前有 10 多万网页,约 1.4 亿字,收录上起先秦、下至清末 2000 多年间以汉字为载体的历代典籍,其内容将随着用户的需要而不断扩大。与其他产品不同的是,国学频道的搜索只在频道内部进行,不会出现网页的搜索结果。国学频道因此成为一个比较"干净"的搜索频道,有利于国学知识的搜索、学习和研究。

百度董事长兼首席执行官李彦宏指出,在互联网时代,是沉寂百年的国学得以复兴的最佳时机,而百度作为全球最大的中文搜索引擎,有责任担负起复兴中文、弘扬国学的历史使命。将来的国学频道,不仅仅是文字的,还包括图片、拓片甚至古典音乐等,将百度国学打造成一个"当代的四库全书"。

著名电子文献专家、国学网 CEO(Chief Executive Officer 的缩写,首席执行官)尹小林表示,这次和百度的合作,也是看中了百度在中文搜索领域的地位与号召力,能够让更多的人关注国学,了解国学。百度国学频道的开通,对国学的普及、传播与弘扬大有裨益。

发布会后,召开了题为"互联网时代的国学复兴"高峰论坛。中国艺术研究院著名红学家冯其庸先生、中国人民大学国学院副院长孙家洲教授、中文系主任叶君远教授等国学界专家作为嘉宾,就"国学的基因是否太脆弱"、"国学是该成为收藏品还是日用品"、"国学的大众化"等话题展开了讨论。

◇中国人民大学面向全球高薪招聘国学教授

2 月 8 日,《北京日报》报道,从即日起到 3 月 16 日,中国人民大学以优厚的待遇招聘国学教授,以充实新成立的国学院师资及研究力量。其中西域古代语言文字研究方向计划招聘特聘教授 1—2 人,年薪 20 万元,中国古代哲学、经学、中国古代宗教研究、文献学、古文字学、音韵学、先秦两汉文学、唐宋文学、中国古代历史、海外汉学研究、简帛研究等研究方向特聘教授 1—2 人,年薪 10 万—15 万元,科研启动费面议。同时招聘教授若干,可以校内优惠价格购买世纪城住宅一套。凡海内外具备博士学位、年龄不超过 50 岁、从事相关研究的学者均可报名，学术成就斐然、影响巨著者，年龄可适当放宽。

◇ "北京国学大讲堂" 首场讲座在中国现代文学馆开讲

3 月 23 日，"北京国学大讲堂" 首场讲座在中国现代文学馆开讲。300 多名来自政府机关、教育系统的听众聆听了九三学社中央副主席、北京大学金开诚教授的演讲《中庸中和的当代价值》。

"北京国学大讲堂" 由北京市教育考试指导中心和北京大学人才研究中心联合举办。北大人才研究中心常务副主任雷原教授说，举办 "国学大讲堂" 的目的，是以专家讲座的形式，面向社会弘扬祖国的优秀传统文化，古为今用，给优秀传统文化赋予新的时代内涵，以提高人们的思想、道德和文化修养，从而为传承文化、净化心灵、构建和谐社会起到推动作用。

◇孔祥骅著《国学入门》出版

孔祥骅，生于 1941 年，山东曲阜人，孔子后裔。曾任华东师范大学学报（哲学社会科学版）编审，发表《论孔子的 "仁学" 思想对血缘关系的超越》、《先秦儒学起源巫史考》、《洙泗儒学分派考》、《"六艺" 出自巫史考——兼论孔子与六经之关系》、《子夏氏 "西河学派" 初探》、《子夏氏 "西河学派" 再探》、《子夏与〈诗经〉的传授》、《子夏与〈春秋〉的传授》、《子夏与〈周易〉的传授》等国学研究论文 20 余篇，著有《孔子大辞典》、《孔子本纪·孔子百问》、《万世师表：文圣孔子》、《国学入门》等著作。

《国学入门》于 2006 年 3 月由上海人民出版社出版。本书为作者多年研习国学的总结，特点是提炼群经诸子中最具代表性的经典话语，吸取诸多国学大师的研究成果，对国学经典作出简明扼要的诠释，以便于初学者入门。《绪论》阐述 "什么是国学"、"国学的分类"、"国学的重要性"、"怎样学国学" 等。上篇为《群经述略》，包括《诗经》、《尚书》、"三礼"、《周易》、《春秋》、《大学》、《中庸》、《论语》、《孟子》等九章。中篇为《诸子略说》，包括《孔子、孟子与儒家略说》、《墨子与墨家略说》、《老庄与道家略说》、《商鞅韩非与法家略说》、《兵家略说》、《阴阳、纵横、名、杂诸家》六章。

下篇为《史学略说》，包括正史、编年史、纪事本末、政书、史评和学术史五章，附录《诗史略说》。

◇《中华文明史》由北京大学出版社出版

4月，北京大学国学研究院组织36位专家，历时七载撰写的学术著作《中华文明史》，由北京大学出版社出版。全书共四卷，由中文系袁行霈教授、考古文博学院严文明教授、历史系张传玺教授、哲学系楼宇烈教授担任主编。首印11000册，一个月内销售一空，随即加印，半年内共印22000册，广受好评。

本书是一部具有当代意识和前瞻性、多学科交叉融合的学术巨著，最大的特点是突出文明史既是人类的创造史、也是人类的演进史这一观点，将物质文明、政治文明和精神文明，分别对应人与自然的关系、人类社会的组织方式以及人的心灵世界，展示其错综复杂的关系，做出总体性的描述，以突出中华民族的创造力及中华文明生生不息的过程。行文论述中充分注意文物考古资料与文献资料的结合，力求史笔、议论、才情三者相得益彰。全书将中华文明分为四个时期，以中华文明史上重大的转型作为分期的依据，细致地描绘了各个时期文明的特点、亮点及其承上启下的关系，彰显那些对文明发展做出重大贡献的人物，探讨对文明发展起关键作用的各种因素，从而全面论述了中华文明发展的历程，揭示了若干发展规律和历史经验，将中华文明放到世界格局中进行考察，展示了中华文明在世界文明进程中所处的地位。这一成果既凸现了北大深厚的人文底蕴，最大限度地整合了人文学科的学术资源，又为中国传统文化的研究、国人学习了解中华文明提供了宝贵的精神财富。国务委员陈至立致贺信说："这部巨著是各位教授潜心研究多年的智慧结晶，不仅对学术研究是一个重要贡献，而且对继承中华民族优秀传统文化、弘扬民族精神、增强民族凝聚力，以及构建和谐社会都将发挥积极作用。"

◇百度国学频道、国学网和中国人民大学国学院联合举办"我心目中的国学大师"评选活动

4月11日上午，由百度国学频道、国学网和中国人民大学国学院联合举办的"我心目中的国学大师"评选活动正式启动。经国学网和人大国学院的专家建议，百度国学频道向网友提供了50名已故

国学大师候选人，标准是：1900 年 1 月 1 日—1999 年 12 月 31 日期间辞世的学人；有深厚的国学功底，在学术领域取得重大成就，有专著传世；有独特的思想价值观，对中国文化发展进程产生过重要影响。按卒年为序排列，分别为：俞樾、孙诒让、杨守敬、王先谦、刘师培、严复、沈曾植、康有为、王国维、辜鸿铭、梁启超、廖平、黄侃、章太炎、鲁迅、钱玄同、吴梅、罗振玉、蔡元培、沈兼士、傅斯年、余嘉锡、柳诒徵、吕思勉、胡适、汤用彤、陈梦家、马一浮、熊十力、张君劢、蒙文通、陈寅恪、范文澜、陈垣、郭沫若、唐君毅、顾颉刚、吴宓、赵元任、徐复观、金岳霖、王力、高亨、夏承焘、梁漱溟、钱穆、冯友兰、任中敏、牟宗三、钱锺书。评选活动在全球范围内开展，宣传的热潮一浪高过一浪。

评选活动受到广大网友的极度关注，引发了包括台湾、香港及海外华人学者在内的广泛讨论，通过网络、邮寄、短信等方式，共收到来自两岸三地及海外华人 120 多万张选票。6 月 22 日，全世界华人在 50 名候选人中选出了 10 位 20 世纪最杰出的文化巨匠，按实际得票多少，"十大国学大师"分别是：王国维、钱锺书、胡适、鲁迅、梁启超、蔡元培、章太炎、陈寅恪、郭沫若、冯友兰。其中北京大学 4 位：蔡元培、鲁迅、胡适、冯友兰（早年考入北京大学文科中国哲学门，曾任清华大学文学院院长兼哲学系主任、校务会主席，1952 年后一直为北京大学哲学系教授）；清华大学 3 位：王国维、梁启超、陈寅恪。

◇**4 月 15 日，"儒学与都市文明的对话"论坛在上海师范大学举行**

本次论坛由上海师范大学都市文化研究中心、上海高校都市文化 E—研究院、光明日报社"国学版"等单位联合主办。与会学者就"中国哲学的'都市'与'田野'"、"儒学分层与都市文明的地方经验"、"儒家礼仪与当代都市文明"、"儒学的世俗化与后现代的大众文化"等问题展开了广泛而深刻的讨论。

◇**福建省文史研究馆、福建省社会科学院等单位联合举办"闽台学者联手弘扬国学"系列活动**

5 月 17 日，由福建省文史研究馆、福建省社会科学院等单位联合举办的"闽台学者联手弘扬国学"系列活动，在著名女作家冰心先生的故里长乐市启动，来自闽台两地的 30 余位学者应邀担任国学讲堂的主讲人。其中福建方面的著名学者有孙绍振教授、刘登翰教授、张帆教授、杨国桢教授、陈支平教授、易中天教授等；中国台湾方面的著名学者有《国文天地》杂志总编陈满铭教授、"中央研究院"院士郑直教授、金门采风学会会长黄振良先生等。学者们在国学讲堂上演讲的内容涵括了佛学、易学、经学、理学以及闽台文化渊源等诸多层面。

下午，来自中国台湾金门等地、中国香港、福建省福州市文史学界的专家学者以及福建师范大学、福州大学、福建工程学院等高校相关院系的负责人，共同在《闽台学者弘扬国学合作书》上签名。大家呼吁，闽台两地借助"五缘"之利，联办"国学大讲堂"，共同推荐主讲人，传播国学文化；每年举行一次海峡两岸国学研讨会，探寻向闽台大众传播国学的内容与方法，交流信息与经验；联合出版介绍国学的论著与刊物；联合组织青少年"国学讲习所"或国学夏令营，不定期举行讲座，推进国学在青少年中的普及；"国学大讲堂"还将适时到台湾开讲，扩大影响；邀请更多知名学者加盟国学讲堂、参与国学著作出版活动。

中国香港人民出版社董事长蔡敦祺、金门采风学会会长黄振良在接受《福州晚报》记者采访时说，中国台湾、中国香港在国学方面始终坚持着专门的学术化研究的特色，现在大陆再次掀起了国学热潮，双方可以更多合作，唤起青年一代对国学、对于两岸三地共同的民族意识的美好记忆。

◇ **"国学的历史、现状与未来"学术研讨会召开**

中国人民大学国学院主办，5 月 28—29 日在京召开。来自全国 20 所高校和科研机构的 40 余位学者，对国文与国学教育、国学研究相关问题、国学在现行教育体制中的定位等问题，展开了富有学术意义的讨论。其中，"国学学位"问题成为讨论的热点，多位教授在发言中呼吁有关领导部门尽快批准设立国学专业，以适应国学教育发展的需要。

2005 年被称为"国学年"，其中人大国学院的成立是社会舆论关注的焦点，尚有若干大学有意创办国学院、系，或试办国学专业。与会者指出，对于有志于兴办国学教学、科研机构的学校来说，所面临的问题是共同的，如不同学术理念造成的舆论困惑，国学教育在现行教育体制中的定位，教育经费投入的特殊性等。国学是现代西学影响下的一门研究中国传统学术的学问与学科，理所当然应将西方学术分科兼容并包。与会者认为，在国学教学的学科基础课中，应当引入中国通史、中国哲学史、中国文学史等学科，主要在于与元典研读和小学知识相互发明，相得益彰。

在国务院学位委员会制定并颁布的《研究生学科专业目录调整方案》中，国学作为学科门类列置其中。这是一个历史性的突破，但《方案》对国学的学科定位有两个层次：其一，定为"学科门类"，其二，定为"一级学科"，列入"哲学学科门类"之下。这样的定位是按西方学界的观念来划分中国传统国学，引起了国学界专家们的争论，认为国学列于哲学之下是"倒挂"现象。

北京大学国学研究院副院长吴同瑞教授指出，国学本来就涵盖文史哲，超出了哲学的范围，放在哲学学科下操作很困难。中国传统文化的特色就是文史哲打通，正因为哲学不能代替国学才出现了国学，如果把国学放在哲学下面，就没有必要再设立一个小学科，这不符合中国学术实际。

中国人民大学国学院常务副院长孙家洲教授说，作为国学教育先行一步的人大国学院，面临发展进程中的许多问题，其中国学学位的设立是最关键的问题。学位问题如果得不到解决，不论哪个学校兴办国学教育，招收学生时都只能以权宜之计"挂靠"在文史哲专业下。这对国学教育而言，可能会成为正常发展的一个瓶颈。孙家洲反对将国学设在某个学科下面而因此受制于某学科，他希望将国学列为单独的学科门类，其下设置的一级学科也是国学，使国学取得与文、史、哲三个学科对等的地位。将国学列为一级学科而隶属于哲学学科是不合理的，例如"中国哲学"本来应该属于国学的重要组成部分，两者的学术层次关系是清晰无误的，现在"倒挂"的局面势必影响学术研究。

武汉大学哲学学院院长郭齐勇教授也认为，国学应该单独设置一个门类。因为现在大学的学科分类是按西方的学科体制来分类的，而国学的涵盖面很广，用西方的分科方法根本就无法作整体把握，设立单独的国学学科大有必要。他建议逐步建立融进中国千百年文化传承的一个有效的分类法，国学囊括经史子集，有很多属于现在社会学、人类学的内容，与社会生活紧密联系，比如"三礼"就有许多今天历史学、社会学、人类学、宗教学、伦理学的内容，分门别类的分科研究很容易将这些内容肢解，甚至于面目全非。国学学习的目的就是弘扬我们民族的优良传统，与现代化生活接轨并进行创造性转化，郭齐勇认为现在正是大好时机，将国学作为一个门类，对传统文化进行整合研究，数千年的中华文明才能有效地继承并发扬光大。

进入 6 月份以后，关于国学定位的讨论更加深入。专家们纷纷指出，国学学位的培养目标应该是：熟练掌握国学基本典籍和基础知识，能够在科研单位、大专院校和政府部门从事国学研究与教学，能从事文化交流、文博管理、编辑出版等专业性工作。具体要求为：熟悉并理解中国古典文献；掌握中国古代学术文化的治学方法；了解世界汉学研究发展趋势；了解西方古典文化，并能融会贯通；具有较强的写作能力和较高的外语、计算机水平。他们建议，将国学作为一级学科，下设经学、子学、国史、国文、国艺、小学、中国少数民族与边疆地区文化研究 7 个二级学科。希望国家有关部门尽快组织力量，就国学设立学位问题进行充分的调研论证。

◇ 第二届中国学论坛举行

9 月 21 日至 22 日，第二届中国学论坛在上海举行。本次论坛以"中国与世界：和谐、和平"为主题。中共上海市委副书记殷一璀，市委常委、宣传部长王仲伟，上海市副市长杨晓渡，上海市政协副主席王荣华出席了论坛开幕式。

国务院新闻办公室主任蔡武发表了题为《中国学研究与科学发展观》的书面演讲。中央党校前常务副校长、中国改革开放论坛理事长郑必坚发表了题为《中国和平发展道路与中华文明的复兴》的演讲。李君如、王荣华、吴建民、汤一介、谭中［印度］、卜励德［美国］、米亚什尼可夫［俄罗斯］等知名人士，分别从中国的政治、外交、文化、经济等领域探讨了中国和平发展的意义。与会代表的发言指出，从"和而不同"到"和平、和谐"，说明中国学研究向深度和广度发展，反映了科学发展观的深刻影响，"和谐世界"理念正在成为各国学者研究中国、理解中国的重要指向。

在为期两天的论坛活动中，来自31个国家和地区的500多名学者，其中包括120位海外代表，就21个专题发表了大约250篇论文，其中包括10个大会演讲，三个圆桌会议的40个演讲，涵盖了政治、经济、外交、城市、文学、历史、资源能源、世界博览会等多个领域。与会者普遍认为，中国学的创新得益于中国文化与世界文明的结合。中国学的研究正走向深入，正从历史中国向现代中国转移。这将使世界能够更加客观地认识中国，将促进中国自身的发展和中华文明的复兴，也将使中国更好地成为"世界的中国"。

中国学论坛计划每两年举办一次。本届论坛是第一届世界中国学论坛"和而不同：多元视野下的中国"主题的延续和深化，第三届论坛将延续"中国文化"的脉络，进一步深入研讨中国与中国学。

◇**10月5日，我国首家国际儒学院在中国政法大学成立**

国内首家国际儒学院在中国政法大学正式成立。学院由中国政法大学和国际儒学联合会合办，学生分为学历教育和非学历教育两类，学历教育学生在学校研究生院的统一管理下，由学院自主制定培养计划和设置课程；非学历教育学生由学院开设儒学研修课程和开展培训。国际儒学联合会由中国、韩国、日本、美国、德国、新加坡、越南等国家和中国香港、台湾地区与儒学研究有关的学术团体共同发起，于1994年10月5日在北京成立，是具有法人地位的国际性学术团体。联合会永久会址设在北京，现任会长叶选平。学院将本着"从事儒学教育，培养儒学人才，开展儒学研究，弘扬儒学精神"的宗旨，联合海内外儒学专家，努力推动儒学走向世界，使学院成为杰出的儒学研究和教育机构。

◇**湖南大学成立岳麓书院国学研究基地**

7月11日，湖南大学为了进一步发挥岳麓书院传统的教育学术功能，成立了岳麓书院国学研究基地，这是国内高校首家依托古代书院组建的现代国学研究基地。

岳麓书院始建于北宋开宝六年（973年），与江西庐山白鹿洞书院、湖南衡阳石鼓书院、河南商丘应天书院并称为"四大书院"。岳麓书院一直是中国传统文化传播的重镇，也是湖湘文化的主要发祥地。岳麓书院国学研究基地近期目标是以中国思想文化、中国制度史、中西文化比较、儒佛道与文学艺术、历史文物与文献、书院文化、湖湘文化为学术研究方向，力争 5 年内承担若干国家重大科研项目，获得若干国家和部省级社会科学成果奖，形成湖南大学人文社会科学博士学科群，10 年内建设成为教育部人文社会科学研究基地或"985 工程"哲学社会科学创新基地，20 年内建成国际上有重大影响、在国内居于领先地位的国学研究基地。

◇**7 月 28 日，新浪网开通"乾元国学博客圈"**

这是一批热爱国学的志愿者与新浪网联合组建的网络机构，最传统的国学与最现代的网络技术实现了最完美的结合。6 月 30 日开始策划，7 月 28 日正式开通。截至 2006 年底，共有北京大学哲学系教授汤一介、楼宇烈、陈来、王守常，清华大学历史系教授李学勤、廖名春、彭林、哲学系教授王中江、胡伟希，中国社会科学院研究员庞朴、余敦康、姜广辉、叶舒宪，中国人民大学教授孙家洲、张立文、方立天、葛荣晋、干春松、黄兴涛，北京师范大学教授萧放、周桂钿，首都师范大学教授左东岭、邓小军、白奚，中共中央党校教授王杰，中央民族大学教授牟钟鉴，南开大学教授李翔海、卢盛江、张荣明，山东大学教授蔡德贵、陈炎、曹锋，南京大学教授杨德睿，南京师范大学教授赵生群，复旦大学教授徐洪兴、王德峰，华东师范大学教授杨国荣、田兆元，上海师范大学教授孙逊、谢维扬，安徽大学教授李霞、朱万曙，武汉大学教授冯天瑜、郭齐勇，华中师范大学教授邢福义、汪国胜等全国 40 所重点高校及科研单位的 134 位学者加盟，学术领域涉及经学、史学、哲学、文学、诸子学、玄学、理学、文献学、民俗学、音韵学、语言文字学等专业学科，组成了迄今为止新浪网最重量级的博客圈，给正在全国范围内持续升温的"国学热"注入了新的活力。

《光明日报》报道说，"乾元国学博客圈"的推出，实现了国学这一中国传统文化与现代网络技术的结合，为广大国学爱好者构建了一个巨型的互动平台，为进一步推动国学的普及和研究提供了便捷的方式。"乾元国学博客圈"从创意到组建历时不到一个月，在此期

间，学者们给予了热情的支持，表现出当代国学学者们高度的文化担
当意识和社会责任感。而更有力的支持则来自广大网民，据新浪网博
客负责人介绍，"乾元国学博客圈"在此前试营运的十余天内，虽然
还没有正式发布，但网友的点击率已近 50 万次。

乾元国学博客圈的推出，使古老的国学走出了书本和课堂，打破
了时间和空间的限制，以自由、方便的形式走进大众，贴近生活，在
网络和社会上引起了轰动效应。截至 8 月 9 日下午 16：30 分，乾元
国学博客圈的独立 IP 访问量已达到 500 万，总访问量超过 2500 万，
掀起了一股网络国学热潮。到年底，博客圈在 5 个月内共接收博客文
章 850 篇，陆续推出了 5 期嘉宾访谈，北京大学哲学系教授汤一介、
中央民族大学哲学与宗教学系教授牟钟鉴、中国人民大学哲学院教授
干春松、中国社会科学院宗教所研究员余敦康、清华大学历史系教授
彭林、首都师范大学文学院教授左东岭、中国社会科学院语言所研究
员郑张尚芳等著名学者，都曾先后应邀作为嘉宾走进新浪视频直播
间，就"国学与博客"、"国学的源头"、"当代中国礼乐文化的缺失
与重建"、"四大名著在当下的境遇及对人和社会的影响"、"中国古
代的普通话"几个话题，直接与网友进行现场交流，倾吐国学感悟，
传播国学知识，深受网友喜爱和欢迎，每次都吸引了上万名网友积极
参与。

◇8 月，南京大学中国思想家研究中心《中国思想家评传丛书》200
部整体出版

早在 1938 年，已故南京大学名誉校长、国务院古籍整理规划小
组组长匡亚明教授在延安杨家岭亲耳聆听了毛泽东同志的教诲。毛泽
东提出："从孔夫子到孙中山，我们应当给予总结，继承这一份珍贵
的遗产。"这对匡亚明影响很大，于 20 世纪 80 年代提出了组织撰著
《中国思想家评传丛书》的规划，得到国家教委的支持，1986 年 11
月批准在南京大学建立由匡亚明任名誉主任的中国思想家研究中心，
作为组织编撰《中国思想家评传丛书》的研究机构和办事机构。
1989 年 11 月，中共中央宣传部、国家教委又联合发文，要求各有关
单位协助做好编著《中国思想家评传丛书》的工作。

编撰《中国思想家评传丛书》（以下简称《丛书》），既是一项

大型的世纪工程、系统工程，更是一项学术精品工程。为组成强有力的研究队伍，匡亚明先生到处奔走，邀请丁光训、王元化、王朝闻、冯友兰、任继愈、刘海粟、安子介、孙家正、杜维明〔美〕、杨向奎、苏步青、李侃、吴泽、张岱年、罗竹风、赵朴初、席文〔美〕、程千帆、谭其骧、滕藤等数十位海内外著名学者担任学术顾问，约请近300名专家和学有专长的中青年学者担纲撰著。加上副主编、审稿专家、责任编辑和中心自身的科研人员，形成了一支300多人的《丛书》学术群体。主编：匡亚明；副主编：卞孝萱、任天石、巩本栋、茅家琦、周勋初、林德宏、洪修平、蒋广学、潘富恩；终审小组：茅家琦、周勋初、林德宏。

经过近20年的辛勤努力，《中国思想家评传丛书》全部编撰完成，由南京大学出版社整体出版并向海内外隆重推出。《丛书》总计200部，涉及270多位著名的思想史人物，历史跨度2500年，达6000万字，全面总结了从孔子至孙中山的中国传统思想的演进历程，展示了中国文化传统的深厚底蕴和发展规律。包括匡亚明著《孔子评传》，杨善群著《孙子评传》，陈鼓应、白奚著《老子评传》，邢兆良著《墨子评传》，郑良树著《商鞅评传》，杨泽波著《孟子评传》，杨俊光著《惠施公孙龙评传》，颜世安著《庄子评传》，郭维森著《屈原评传》，孔繁著《荀子评传》，洪家义著《吕不韦评传》，施觉怀著《韩非评传》，于琨奇著《秦始皇评传》，张大可、徐日辉著《张良萧何韩信评传》，王兴国著《贾谊评传》，王永祥著《董仲舒评传》，王云度著《刘安评传》，庄春波著《汉武帝评传》，晋文著《桑弘羊评传》，张大可著《司马迁评传》，徐兴无著《刘向评传》，卢央著《京房评传》，王青著《扬雄评传》，钟肇鹏、周桂钿著《桓谭王充评传》，陈其泰、赵永春著《班固评传》，许结著《张衡评传》，刘文英著《王符评传》，葛志毅著《郑玄评传》，黄朴民著《何休评传》，郑建明著《张仲景评传》，张作耀著《曹操评传》，余明侠著《诸葛亮评传》，王晓毅著《王弼评传》，高晨阳著《阮籍评传》，童强著《嵇康评传》，王晓毅著《郭象评传》，魏明安、赵以武著《傅玄评传》，杨耀坤、伍野春著《陈寿裴松之评传》，卢央著《葛洪评传》，郭廉夫著《王羲之评传》，瞿林东、李珍著《范晔评传》，许抗生著《僧肇评传》，曹虹著《慧远评传》，钟国发著《陶弘景评传》，潘富恩、马涛著《范缜评传》，李锦全著《陶潜评传》，程维荣著《拓拔宏评传》，陈桥驿著《郦道元评传》，杨明著《刘勰评传》，曹道衡、傅刚著《萧统评传》，郭文韬、严火其著《贾思勰王祯评传》，郑学檬、卢华语等著《李世民评传》，潘桂明著《智𫖮评传》，强昱著《成玄英评传》，傅新毅著《玄奘评传》，申屠炉明著《孔颖达颜师古评传》，干祖望著《孙思邈评传》，严杰著《颜真卿评传》，洪修平、孙亦平著《慧能评传》，陈永革著《法藏评传》，许凌云著《刘知幾评传》，郭锋著《杜佑评传》，周勋初著《李白评传》，莫砺锋著《杜甫评传》，蹇长春著《白居易评传》，卞孝萱、张清华、阎琦著《韩愈评传》，孙昌武著《柳宗元评传》，卞孝萱、卞敏著《刘禹锡评传》，王步高著《司空图评传》，王素著《陆贽评传》，郝润华著《鉴真评传》，齐涛、马新著《刘晏杨炎评传》、许祖良著《张彦远评传》，孙亦平著《杜光庭评传》，方健著《范仲淹评传》，姜国柱著《李觏评传》，黄进德著《欧阳修评传》，梁绍辉著《周敦颐评传》，唐明邦著《邵雍评传》，龚杰著《张载评传》，李昌宪著《司马光评传》，张祥浩、魏福明著《王安石评传》，祖慧著《沈括评传》，王水照、朱刚著《苏轼评传》，黄宝华著《黄庭坚评传》，卢连章著《程颐程颢评传》，龚延明著《岳飞评传》，陈祖美著《李清照评传》，徐有富著《郑樵评传》，潘富恩、徐余庆著《吕祖谦评传》，祁润兴著《陆九渊评传》，董平、刘宏章著《陈亮评传》，张义德著《叶适评传》，张立文著《朱熹评传》，张瑞君著《杨万里评传》，巩本栋著《辛弃疾评传》，邱鸣皋著《陆游评传》，许志刚著《严羽评传》，郝润华、武秀成著《晁公武陈振孙评传》，唐代剑著《王喆丘处机评传》，杨建新、马曼丽著《成吉思汗忽必烈评传》，刘晓著《耶律楚材评传》，陈正夫、何植靖著《许衡评传》，商聚德著《刘因评传》，方旭东著《吴澄评传》，修晓波著《文天祥评传》，陈美东著《郭守敬评传》，王瑞明著《马端临评传》，李占鹏著《关汉卿评传》，周瀚光、孔国平著《刘徽评传》，黄冕堂、刘锋著《朱元璋评传》，周群著《刘基评传》，王春南、赵映林著《宋濂方孝孺评传》，王尧、褚俊杰著《宗喀巴评传》，李焯然著《丘濬评传》，黄明同著

《陈献章评传》，张祥浩著《王守仁评传》，方祖猷著《王畿评传》，龚杰著《王艮评传》，高令印、乐爱国著《王廷相评传》，胡发贵著《罗钦顺评传》，吴震著《罗汝芳评传》，吴震著《聂豹罗洪先评传》，丰家骅著《杨慎评传》，周群、谢建华著《徐渭评传》，李锦全著《海瑞评传》，刘志琴著《张居正评传》，范中义著《戚继光评传》，唐明邦著《李时珍评传》，许苏民著《李贽评传》，贾征著《潘季驯评传》，徐朔方著《汤显祖评传》，马涛著《吕坤评传》，邢兆良著《朱载堉评传》，步近智、张安奇著《顾宪成高攀龙评传》，李剑雄著《焦竑评传》，周群著《袁宏道评传》，孙振玉著《王岱舆刘智评传》，陈卫平、李春勇著《徐光启评传》，潘吉星著《宋应星评传》，朱钧侃、潘凤英、顾永芝著《徐霞客评传》，东方朔著《刘宗周评传》，胡益民著《张岱评传》，罗炽著《方以智评传》，葛荣晋、王俊才著《陆世仪评传》、王瑞昌著《陈确评传》，俞为民著《李渔评传》，李甦平著《朱之瑜评传》，许苏民著《顾炎武评传》，徐定宝著《黄宗羲评传》，萧萐父、许苏民著《王夫之评传》，魏宗禹著《傅山评传》，方祖猷著《万斯同评传》，王永健著《全祖望评传》，董莲池著《段玉裁评传》，韩林德著《石涛评传》、吴正岚著《金圣叹评传》，李迪著《梅文鼎评传》，朱义禄著《颜元李塨评传》，孟昭信著《康熙评传》，袁世硕、徐仲伟著《蒲松龄评传》，陈美林著《吴敬梓评传》，李广柏著《曹雪芹评传》，徐振贵著《孔尚任评传》，周积明著《纪昀评传》，李开著《惠栋评传》，李开著《戴震评传》、王英志著《袁枚评传》，赵兴勤著《赵翼评传》，王同书著《郑燮评传》，叶建华著《章学诚评传》，张涛、邓声国著《钱大昕评传》，姚伯岳著《黄丕烈评传》，吴量恺著《崔述评传》，陈居渊著《焦循阮元评传》，陈铭著《龚自珍评传》，林庆元著《林则徐评传》，陈其泰、刘兰肖著《魏源评传》，崔之清、胡臣友著《洪秀全评传》，梁绍辉著《曾国藩评传》，熊月之著《冯桂芬评传》，张礼恒著《何启胡礼垣评传》，孙占元著《左宗棠评传》，王兴国著《郭嵩焘评传》，丁凤麟著《薛福成评传》，张海林著《王韬评传》，谢世诚著《李鸿章评传》，冯天瑜、何晓明著《张之洞评传》，谢俊美著《翁同龢评传》，黄升任著《黄遵宪评传》，李贵连著《沈家本评

传》，经盛鸿著《詹天佑评传》，易惠莉著《郑观应评传》，皮后锋著
《严复评传》，卫春回著《张謇评传》，马洪林著《康有为评传》，蒋
广学、何卫东著《梁启超评传》，姜义华著《章炳麟评传》，朱庆葆、
牛力著《邹容评传》，萧致治著《黄兴评传》，茅家琦等著《孙中山
评传》。

《丛书》突破了以往的研究传统，在传主选择上，一改过去主要
以哲学史为主、以哲学家思想为主的模式，从历史上众多杰出人物中
筛选出 270 余位思想家，除孔子、孟子、荀子、老子、庄子、墨子、
韩非子等先秦诸子外，董仲舒、周敦颐、邵雍、张载、程颐、程颢、
朱熹、王阳明、王艮、王畿、顾炎武、黄宗羲、王夫之、颜元、康有
为等哲学思想家，王弼、嵇康、阮籍、郭象等魏晋玄学家，司马迁、
班固、陈寿、范晔、刘知幾、司马光等史学家，商鞅、嬴政、张良、
刘彻、曹操、诸葛亮、拓拔宏、李世民、成吉思汗、忽必烈、朱元
璋、爱新觉罗·玄烨、孙中山等政治家，孙武子、岳飞、戚继光等军
事思想家，葛洪、僧肇、慧远、陶弘景、玄奘、慧能、鉴真、宗喀巴
等宗教家，张衡、张仲景、贾思勰、僧一行、郭守敬、李时珍、宋应
星、梅文鼎等科学家，刘向、郑玄、陶渊明、刘勰、萧统、李白、杜
甫、白居易、韩愈、柳宗元、刘禹锡、司空图、范仲淹、欧阳修、王
安石、苏轼、黄庭坚、辛弃疾、陆游、宋濂、汤显祖、金圣叹、曹雪
芹等文学家，郦道元、徐霞客等地理学家，陆续在《丛书》中亮相。
《丛书》紧扣他们身上所体现出的注重人文修养、重视民生疾苦的
"人学"思想这一中心，深入探讨和评述他们事功、业绩的思想内
涵。正如匡亚明在《丛书》总序中指出："凡是在各个不同时代不同
领域和学科中取得成就者，大多是那些在当时历史条件下，自觉或不
自觉地认识和掌握了该领域事物发展规律的具有敏锐思想的人。"尽
管中国传统文化在不同历史时期"因时而变"，"因势而更"，但中华
民族天人合一的理念、自强不息的精神、仁民爱物的情怀、崇道贵德
的风范、和谐共生的思想始终贯穿其中。历代仁人志士"民胞物与"
的胸怀，"为天地立心，为生民立命，为往圣继绝学，为万世开太
平"的理想、"天下兴亡，匹夫有责"的责任和使命从未消失。《丛
书》是对 270 位思想家进行个案研究而撰成的宏篇巨帙，全面总结

了从孔夫子到孙中山的思想历程，展现了中华文化博大精深的特质，进而强化了中华民族的思想精魂和民族精神，被誉为世纪之交"规模最大的中国传统思想文化研究工程"。

《丛书》受到学术界和国家领导人的高度评价，1996 年夏江泽民主席为《丛书》题词："总结与继承民族优秀传统文化，繁荣和发展社会主义精神文明。"2006 年 9 月 2 日，南京大学和中共江苏省委宣传部在南京金陵饭店召开"《中国思想家评传丛书》200 部整体出版座谈会"，国务委员陈至立专程出席并发表重要讲话，赞扬《丛书》是中国传统文化研究中一项重大原创性、基础性工程，将对继承和弘扬我国优秀历史文化传统、建设先进文化产生深远的重大影响，对普及优秀传统文化知识，开展优秀传统思想文化教育，提高公民文化素质将发挥积极的作用。

◇8 月 7—9 日，"儒学与东亚文化"国际学术研讨会在山东师范大学召开

"儒学与东亚文化"国际学术研讨会开幕式在山东师范大学齐鲁文化研究中心举行。省政协副主席、山东师大副校长、齐鲁文化研究中心主任王志民教授，山东社科联党组书记刘德龙，韩国孔子学会前会长郑璇先生，山东大学儒学研究中心教授庞朴先生，齐鲁文化研究中心学术委员会主任安作璋先生，中国孔子基金会秘书长张树骅等出席开幕式。来自韩国、日本、越南等国家和中国台湾、国际图书馆、复旦大学、山东大学、四川大学、郑州大学、上海财经大学、延边大学的 40 多位学者参加了研讨会。会议期间，中外学者围绕儒学的形成、特征、未来发展、儒学与东亚文化的关系、东亚意识与儒家文明、东北亚文化共同体等相关问题展开了热烈的讨论和友好的交流。

◇8 月 16—18 日，"纪念章太炎先生逝世七十周年国学国际研讨会"在山西大学召开

会议由山西大学主办，杭州章太炎纪念馆协办，山西大学文学院承办。来自中国社会科学院、中国艺术研究院、清华大学、北京师范大学、山东大学、南开大学、南京大学、复旦大学以及日本东京大学、韩国全南大学等国内外 30 余所高校及科研单位的专家学者共 60 余人出席大会，提交论文 40 余篇，展示了近年来章太炎研究及国学

研究的热点问题和最新成果。会议讨论的问题主要分为三部分，一是章太炎研究，二是国学研究，三是国学相关问题研究。

国学是除章太炎研究之外本次会议的一大主题，也是争论最为激烈的一大议题。山西大学文学院草拟了一份《国学宣言》，提出："如果说章太炎先生他们那一代哲人是站在民族主义的立场提出'国学'概念的话，那么我们则是在世界文化大视野下发现的'国学'，我们不仅像上一轮的国学倡导者那样'保持自我'，同时要在世界性的人类文化大选择中展现中国文化的风采。'科技'运载人类肉体登上了月球，却将人类精神委之于地。我们则要在'科技'无法涉足的广阔之域，载负起将'人类精神'引向天府的重荷，并拯人类于现代文明设置的罪恶陷阱之中。这是中国传统士大夫以天下为己任的社会责任感与道德责任感给予我们的榜样，也是数千年文化的深厚积蓄给予我们的自信与自觉。"

以《国学宣言》为切入点，与会代表对以下问题展开热烈、广泛而深刻的讨论：什么是"国学"？国学究竟是学术还是一种信仰？是属于知识形态还是价值形态？怎样处理"国学"与"西学"的关系？如何积极地继承"国学"、弘扬传统文化？山西大学文学院院长刘毓庆教授的观点颇有代表性，他认为国学是中国文化精神的载体，中国文化具有天人合一的哲学理论、贵和执中的处世思想、贵义贱利的价值判断、勤俭知足的生活观念、君子人格的人生目标、仁心义举的道德追求、天下为公的大同理想、礼乐教化的理想政治这八个方面的基本素质。这八种基本素质所具有的共生共存共荣的天下观念与世界精神，有利于从根本上消除人类危机，对未来的世界和平及协调发展必将发挥积极作用。

提交此次会议与国学相关的讨论内容涉及经、史、子、集诸多方面，与会学者从不同角度提出了一系列值得重视的见解和新的课题。

◇ **"国学现代化与构建和谐社会国际论坛"在四川德阳举办**

由中国孔子基金会、中国人民大学孔子研究院、中国孔庙保护协会、四川省社会科学院、中国香港孔教学院、中共德阳市委、德阳市人民政府联合举办的"国学现代化与构建和谐社会国际论坛"，8月24日—26日在四川省德阳市举办。

四川省委常委、省委宣传部长王少雄在书面讲话中指出，研究国学，要立足本土，继承和弘扬优秀传统文化，通过注入时代精神，吸取外部营养，激发自身活力，促使传统文化资源发生创造性转化，为建设社会主义和谐文化、发展社会主义先进文化发挥积极作用。香港孔教学院院长汤恩佳博士认为：国学不仅是帮助现代中国人提高道德品质的教程，更重要的是中国56个民族凝聚一体的精神支柱，是炎黄子孙一统华夏的文化源头。国学能促进世界和平，提升道德素质，能与世界多元文化共存，它是中国56个民族、13亿人口的精神轴心。

◇ 苏双碧关于国学反思的文章引发争议

8月28日，《北京日报》刊发原《光明日报》理论部主任、《求是》杂志原副总编苏双碧《从"文化热"到"国学热"的反思》一文，认为："推崇国粹、国学，在中国近代史上曾不止一次地出现过，其结果都被历史拖进保守思潮的行列，起了负面作用。""一些革命者，当他们热衷于研究革命理论时，他们就会朝气蓬勃；而当他们不注重学习革命的理论，而醉心于读古文，醉心于以古学治国，从古书中寻找斗争的武器时，就常常会把革命引入歧途，这在历史上也时有出现。十年动乱中，几乎每个运动中心，都是以古学、古人、古事开道，什么'海瑞罢官'、评法批儒、评《水浒》；什么孔子、秦始皇、李斯，等等，以这些古代的历史事件和历史人物为靶子或作武器，虽然也能得势于一时，但终归不可能把革命引上正途，只会给革命事业带来损失。"

苏双碧的文章发表以后，引起了很多学者的质疑。他们认为，苏双碧先生把古代优秀文化传统与近现代的革命传统对立起来，显然其思维方式仍然是过去时的。作为当年率先反思"文革"极左思潮、提倡解放思想的苏双碧先生，何以思想又陷入了僵化呢？乾元国学博客圈特此转发苏双碧先生和学者们的文章，以期能掀起一场对"国学热"的讨论，明辨是非，辟除国学发展的羁绊。

陕西师范大学哲学系主任丁为祥教授，华东师范大学中文系博导田兆元教授，中国历史文献研究会会长、华中师范大学历史文化学院周国林教授，南开大学哲学系博导乔清举教授等纷纷撰文予以批评。

这场争论不仅仅是针对一篇文章一个观点的简单问题，而是涉及怎样对待国学、怎样认识当前国学复兴热的意识形态问题。归纳起来，主要有支持、反对和担忧三种态度：

支持者提出学习传统文化可以培养人的道德，提高人的素质。国学里有很多精华，是现代化建设所需要的，有利于提升个人修养，规范社会秩序，追求社会和谐。将国学复兴比作文艺复兴，并不是复古和唯国学独尊，而是对传统文化的重新估价，是以传统文化为根底汲取更加丰富的营养，是现代中国文化的全面繁荣和新发展。

反对者认为，重提国学是复古和倒退，社会是向前发展的，四书五经在过去促进了社会的发展，但是未来社会的发展肯定还得依靠新知识。中国传统文化典籍汗牛充栋，专心研读，有埋头故纸堆不问世事、与当今潮流背道而驰之嫌。

对国学热持忧虑态度者亦大有人在。有人认为在世界"全球化"历史进程中，过度张扬"本土化"会带有保守主义倾向；有人担心以传统文化研究寻求精神价值重建会冲淡马列主义的指导性；有些学者虽然欢迎微观学术研究对宏观思想史研究的纠偏，但又担心会影响学术探讨的思想深度；有些学者认为现代化带来的"重利轻义"的实用理性在扫掉许多坏东西的同时，也带来了许多新的坏东西；有人指出国学会张扬精英意识和启蒙精神，使知识分子又钻故纸堆，不与大众文化"合谋"，从而走向孤独乃至自我独立；从事国学研究的学者一方面认为国学研究并不"热"，而实际上是"冷"，另一方面也担心国学研究染上过多的意识形态色彩。中山大学哲学系袁伟时教授这样评论国学热的升温："'国学'的倡导者们关注的重点不是学或对中国传统文化的研究，而是要把'国学'变为意识形态。"

◇ **《中华伦理范畴》首批十册出版**

儒家的伦理学说和道德规范培养了中华民族仁民爱物、尊老敬贤、重信守义、中正宽厚的道德品质和自强不息、积极进取的精神风貌，它所蕴含的超越历史、超越民族、超越国界的思想文化精华，对于当代中国乃至世界的发展进步仍将发挥重要的作用。本丛书酝酿于1995年9月中国农民战争史研究会第九届学术讨论会期间，基本设想是"一个字（也就是一个范畴）一本书"，对每个范畴的起源、生成和演变过程作精心梳理，力求历史与逻辑的高度统一，以弘扬中华民族优秀的传统道德，为当今社会主义经济开发和文化建设提供有益的参鉴。经过数年紧锣密鼓的筹备，2002 年春丛书正式启动，由曲阜孔子研究院具体策划，傅永聚、韩钟文、曾振宇为总编，邀集国内一批学有建树的学者共襄盛举，分工撰写，至 2006 年初前 10 卷陆续完稿。从最初的构想到最后付梓，前后历时整整十载，真正意义的"十年磨一剑"。

2006 年 10 月首批十册作为第一函由中国社会科学出版社出版，傅永聚、齐金江、修建军主编，包括滕新才、曾超、曾毅著《仁》，仝晰纲、查昌国、于云瀚著《义》，曾振宇、齐金江著《孝》，修建军著《和》，傅礼白著《信》，孔繁岭著《善》，柴洪全、董伟著《慈》，任怀国、陈新刚、李秀英著《俭》，张涛、项永琴著《廉》，李玉洁、任亮直著《耻》。每册 30 万字左右，第一函共计 304 万字。全国政协副主席叶选平题写封面"中华伦理范畴"，96 岁高龄的学界泰斗季羡林扉页题词"中华伦理，源远流长，东方智慧，泽被万方"，中国人民大学孔子研究院院长张立文为丛书撰写了长达 3 万言的总序。

丛书待完成的范畴还有《礼》、《智》、《忠》、《诚》、《悌》、《德》、《修》、《节》、《爱》、《博》、《勇》、《忧》、《志》、《明》、《中》、《圣》、《美》、《正》、《行》、《谦》、《刚》、《真》、《敏》、《恭》、《直》、《宽》、《恕》、《温》、《良》、《恭》、《让》、《惠》、《勤》、《省》、《恒》、《群》、《公》等 50 册。

◇台湾王贵财博士在内地设立的华山书院分院揭牌

10 月 6 日，由全球国学经典诵读首倡者王贵财博士在内地设立的第一家（也是目前惟一的一家）华山书院分院在太原碑林公园揭牌。

◇ "走出疑古时代"遭受质疑

2006 年是顾颉刚《古史辨》第一册出版的第 80 个年头。这场以顾颉刚为代表的发生于 20 世纪初的"疑古"运动在 20 世纪末被以李学勤为代表的"走出疑古"思潮所取代，甚至被视为新世纪"史学研究新方向"。但是，李学勤的"走出疑古时代"的口号及其标志性的"夏商周断代工程"在新世纪也同样遭遇到不少质疑。

2006年10月21日,"上古史重建的新路向暨《古史辨》第一册出版八十周年国际学术研讨会"在山东大学召开,在这场被誉为"'疑古'和'走出疑古'两派学人同聚一堂对话交锋"的会议上,学者就"走出疑古"影响下的学术研究、疑古与释古、疑古与信古等相关问题展开了热烈的讨论。

2006年借纪念《古史辨》第一册出版社80周年之际,《文史哲》杂志从第2期始推出了"疑古与释古"专栏。对"走出疑古时代"的问题展开讨论。9月,《中华读书报》以《"走出疑古时代"遭遇大规模学术质疑》为题进行了专题报道。

◇**12月22日,厦门大学国学研究院复办**

厦门大学国学研究院于1925年开始筹备,1926年10月10日召开成立大会,校长林文庆任院长,曾经荟萃了鲁迅、林语堂、沈兼士、顾颉刚、俄国人类学家史禄国、法国汉学家戴密微等中外著名学者。厦门大学国学研究院成立之初就提出,"研究古学必得地质学、人类学、考古学、古生物学等等作为参考",强调注意研究对象所蕴藏的区域、注意调查和研究"闽南各种方言社会以及民间一切风俗习惯",并指出学习欧西的科学精神、对研究对象条分缕析的重要性。这代表了"五四"后国学研究的新理念,在中国文学、中国史学、方言研究、地域文化研究和中西文化交流等方面取得了重要成果,开创了闽南文化等独特的研究领域,是20世纪前半叶全国国学研究重镇,也是继北京大学国学门、清华大学国学院之后成立的专门国学研究机构。但厦门大学国学研究院开办之际,适逢陈嘉庚企业遭遇意想不到的挫折而造致经济拮据,加上主要学者相继离去等原因,1927年,校方无可奈何地宣布停办工科、医科、矿科和国学研究院。

在新时期国学复兴一浪高过一浪的形势下,厦门大学不失时机地提出了复办国学研究院的构想,2006年10月10日召开"厦门大学国学研究院成立80周年纪念大会",向社会各界公开复办信息。从10月8日开始,学校举行系列学术活动,为复办厦大国学研究院营造声势。这些活动包括由本校专家和海外专家主讲的国学学术讲座(主要有人文学院院长陈支平教授《国学研究的多元化趋势》、哲学系主任詹石窗教授《易学的人文智慧与科技进步》、北京大学陈鼓应教授《道家的人文精神》、哲学系乐爱国教授《朱熹的理学与科学》、陈鼓应教授《庄周梦蝴蝶和濠上观鱼的哲学意涵》、中文系贺昌盛博士《国学院体制与现代中国学术的知识构成》、陈鼓应教授《道家的社会关怀》、人文学院副院长朱水涌教授《厦门大学国学院历史始末》、历史系盛嘉博士《胡适提出整理国故的学术脉络》、历史系主任刘钊教授《考古发现与古史研究》、哲学系何乃川教授《孔子的"仁"与"和"》等)、人文学院中文系与新加坡南洋理工学院联合举办的"国学与西学"国际学术研讨会、人文学院历史系主办的全国"史学研究与史学方法"学术讨论会、《厦门大学学报》特辟的"厦门大学国学研究院创办 80 周年特辑"。

12 月 22 日,时隔 80 年之后,厦门大学国学研究院复办典礼在厦门大学克立楼会议厅隆重举行,来自教育部、福建省、厦门市的领导和海内外著名高校、重要研究机构的国学专家代表及厦门大学师生参加了典礼。国家教育部社科司副司长袁振国、福建省政协副主席王耀华、厦门市副市长郭振家、中国人民大学孔子研究院院长张立文出席典礼并讲话。典礼后举行了庄严的"厦门大学国学研究院"揭牌仪式。

复办后的厦门大学国学研究院由校长朱崇实兼任院长,以"萃取国学精华,弘扬中华文化"为宗旨,秉承"兼容并蓄、开拓创新"的学术精神,继承厦大国学研究的传统,发挥多学科交叉整合优势,突出地域文化,把闽学特别是台湾文化作为研究重点,建构国学研究的东南风格。

◇12 月 22 日,"东方哲学与文化"国际学术研讨会在中国社会科学院召开

会议由中国社会科学院亚洲研究中心主办、中国社会科学院哲学所承办。出席会议的著名专家学者有黄心川、巫白慧、李景源、王邦维、李甡平、卜崇道、孙晶、姚卫群、王家瑛、李振中、何成轩、黄夏年、魏道儒、姜日天等,同时还有辛正根、金汉相等外国学者参加。这是中国第一次召开主题为东方哲学与文化的高水平的国际研讨会。会议论文全面涉及了南亚、西亚、东亚的古今哲学与文化,检阅

了我国东方哲学研究的最高研究水平，表现出广（主题广泛）、高（水平高）、新（角度新、领域新）、尖（反映出前沿与热点）等方面的特色。会议还看到一个可喜现象，一批年轻学者已经成长起来，提供了高质量的论文。与会的东方哲学老中青三代专家济济一堂，告诉人们中国东方哲学研究的黄金时代已经到来。

中国社会科学院哲学所所长李景源在开幕式上说，探讨"东方哲学与文化"对当前中国的新文化建设有理论意义。我国提出建设社会主义新文化，而新文化建设包括文化体制、文化产业、公共文化服务等三个重要工程，但文化是通过塑造人的心灵来改造世界的，精神文化的建设相对于器物文化、制度文化建设具有更为紧迫的意义。一个民族的文化心理结构在一定程度上影响到民族对发展道路的选择。这次会议讨论的主题，一方面从哲学层面与视角讨论东方各区域的文化，为研究不同文化提供平台；另一方面对中国文化发展道路提供前瞻性思考。

2007 年

◇ "国学与和谐社会发展"南北论坛

3 月 18 日，中国人民大学国学院与复旦大学人文学院联合举办的"国学与和谐社会发展"南北论坛在上海证大丽笙酒店宴会厅举行，北京、上海两地学者就"国学与和谐社会发展"这一话题进行了思想切磋。

中国人民大学纪宝成校长在论坛上发表了《从建设和谐社会看国学的现实意义》的主题报告，提出"重振国学可以呼应我国和谐社会建设"的观点，认为"没有文化的复兴就没有民族的复兴"。随后有 12 位教授就国学的由来、国学的定位、国学的复兴、国学教育等相关议题分别阐述了各自的观点。教授们统一身着体现中国传统文化的唐装服饰，与国学主题浑然一体，论坛整体氛围和谐融洽。

◇ 第一部国学年鉴《年度国学 2006》出版

《光明日报》国学版与湖南大学岳麓书院联合主编《年度国学 2006》一书，由首都师范大学出版社 2007 年 5 月出版。

2006 年是国学发展蓬勃兴盛的一年，《年度国学 2006》以类似年鉴的方式展示了这一年度国学界的总体发展状态。全书 39.8 万字，分五个部分。第一部分为"国学感言"，《光明日报》社总编辑苟天林、湖南大学党委书记刘克利、中国人民大学校长纪宝成、北京大学哲学系教授汤一介、中国社会科学院研究员庞朴、清华大学历史系教授李学勤、中国社会科学院研究员余敦康、北京大学国学院院长袁行霈、中国人民大学国学院院长冯其庸、湖南大学岳麓书院教授姜广辉、北京大学哲学系教授陈来、美国哈佛大学燕京学社社长杜维明、美国夏威夷大学哲学系教授成中英等知名人士，从不同角度对国学在当代发展中所面临的各种关系、各种问题阐发了自己的见解。他们的国学感言，言简意赅，发人深省，有助于读者理性地认识国学的历史作用与当代价值。

第二部分是"年度报告"，以详实的材料和客观的态度，全面评述了 2006 年国学发展的总体格局、基本问题、主要特点及发展趋势。报告认为，以中国人民大学国学院、光明日报国学版及新浪网乾元国学圈为核心事件的 2006 年国学发展大势表明，当代国学研究在理性中正逐步走向成熟。

第三部分是"国学方阵"，介绍全国 27 家国学研究机构 2006 年的工作业绩，分别是：北京大学国学研究院、清华大学历史系、中国社会科学院哲学所中国哲学研究室、中国人民大学国学院、中国人民大学孔子研究院、北京师范大学哲学与社会学学院中国哲学专业、吉林大学古籍研究所、东北师范大学文学院古籍整理研究所、南开大学中国思想与社会研究创新基地、复旦大学儒学文化研究中心、华东师范大学哲学系中国现代思想文化研究所、上海师范大学人文与传播学院、浙江大学古籍研究所、武汉大学孔子与儒学研究中心哲学学院及中国传统文化研究中心、华中师范大学语言与语言教育研究中心、南京大学中国思想家研究中心、安徽大学哲学系、山东大学、香港中文大学哲学系中国哲学与文化研究中心、中山大学文化研究所、深圳大学国学研究所、西北大学中国思想文化研究所、国际儒学联合会、新浪网乾元国学圈、国学网、湖南大学岳麓书院、《光明日报》国学版。

第四部分是"成果摘编"，摘录了首都师范大学东方文化研究所白奚研究员、山东大学犹太教与跨宗教研究中心蔡德贵教授、山东大学日本研究中心曹峰教授、东北师范大学文学院曹书杰教授、复旦大学文物与博物馆学系陈淳教授、湘潭大学哲学与历史文化学院陈代湘教授、中华书局陈虎编审、北京大学哲学系陈来教授、福建师范大学协和学院陈庆元教授、复旦大学中文系陈尚君教授、上海师范大学哲学系陈卫平教授、山东大学文学与新闻传播学院陈炎教授、暨南大学艺术学院陈志平副教授、武汉大学中文系程水金教授、河北大学哲学系程志华教授、浙江大学古籍研究所崔富章教授、首都师范大学文学院邓小军教授、陕西师范大学哲学系丁为祥教授、浙江大学哲学系董平教授、清华大学历史系方朝晖教授、中国政法大学哲学系方尔加教授、哈尔滨师范大学中文系傅道彬教授、中国人民大学哲学学院干春松研究员、中国人民大学哲学学院葛荣晋教授、福建师范大学文学院郭丹教授、武汉大学人文学院哲学系郭齐勇教授、清华大学哲学系胡伟希教授、烟台大学中国学术研究所江林昌教授、中国社会科学院历史研究所姜广辉研究员、苏州大学哲学系蒋国保教授、深圳大学国学研究所景海峰教授、南京大学哲学系李承贵教授、中国社会科学院哲学研究所李存山研究员、北京师范大学哲学与社会学学院李景林教授、安徽大学哲学系李霞教授、中山大学哲学系李宗桂教授、清华大学历史系廖明春教授、黑龙江大学文学院刘冬颖教授、上海师范大学中国美学研究中心刘士林教授、香港中文大学哲学系刘笑敢教授、南开大学文学院卢盛江教授、安徽大学哲学系陆建华教授、中央民族大学哲学与宗教学系牟钟鉴教授、北京师范大学历史系宁欣教授、清华大学思想文化研究所彭林教授、安徽大学高教研究室钱耕森教授、北京语言大学钱婉约副教授、南开大学哲学系乔清举教授、湖北大学历史系任继昉教授、同济大学法政学院邵龙宝教授、河北大学人文学院时永乐教授、中国人民大学书报资料中心宋志明教授、中国人民大学国学院孙家洲教授、北京大学马克思主义学院孙熙国教授、首都师范大学文学院陶东风教授、华东师范大学中文系田兆元教授、中共中央党校哲学部王风讲师、上海师范大学人文与传播学院王纪人教授、中共中央党校哲学部王杰教授、四川师范大学党委宣传部王启涛教授、深圳大学人文学部王兴国教授、北京师范大学历史系王子今教授、中山大学中文系吴承学教授、武汉大学哲学系吴根友教授、浙江省社会科学院哲学研究所吴光研究员、中国社会科学院历史研究所吴锐研究员、中国艺术研究院音乐研究所项阳研究员、北京师范大学文学院萧放教授、北京大学历史系辛德勇教授、华中师范大学语言研究中心邢福义教授、复旦大学哲学学院徐洪兴教授、四川大学文学与新闻学院徐建新教授、北京师范大学教育学院徐梓教授、黑龙江大学文学院薛瑞兆教授、华东师范大学哲学系杨国荣教授、武汉大学历史系杨华副教授、复旦大学中国语言文学研究所杨明教授、中国社会科学院文学研究所叶舒宪研究员、山东大学文艺美学研究中心曾繁仁教授、山东大学文史哲研究院张富祥教授、清华大学历史系张国刚教授、吉林大学古籍研究所张鹤泉教授、中国人民大学继续教育学院张践教授、中国人民大学哲学院张立文教授、南开大学历史学院张荣明教授、华中师范大学文学院张三夕教授、浙江大学古籍研究所张涌泉教授、南京师范大学文学院赵生群教授、中国社会科学院语言研究所郑张尚芳研究员、北京师范大学哲学系周桂钿教授、华中师范大学历史文化学院周国林教授、南京大学中国思想家研究中心周群教授、四川大学文学与新闻学院周裕锴教授、湖南大学岳麓书院朱汉民教授、北京大学中文系朱庆之教授、首都师范大学文学院左东岭教授一共 96 位专家 2006 年度的主要学术成果，集中反映了当代国学研究的丰富性与广泛性，代表着国学界最新学术进展。

第五部分为"大事记"，概述了 2006 年度国学界发生的重大事件。

◇北京大学国学研究院成立 15 周年纪念座谈会召开

6 月 17 日，北京大学百年讲堂内，沁人心脾的古琴演奏为北大国学研究院成立 15 周年纪念座谈会拉开了序幕。袁行霈院长总结了 15 年来取得的成绩："15 年来，我们撰写和编辑的书籍、刊物超过 2000 万字，编写的大型学术刊物《国学研究》已出版了 19 卷；撰写的《中华文明史》四卷本首次印刷 11000 册，一个月就售罄，随即加印，半年之内共印了 22000 册；我们先后和有关机构合作，拍摄了《中华文化讲座》100 集、《中华文明之光》150 集，出版了《中国历史文化知识丛书》50 种和配图本《中华文明大视野》一套 8 册，系统地介绍了中华传统文化；我们招收了 6 届博士研究生，目前已有两届毕业；我们召开了有国际一流学者参加的汉学研究国际会议，还在校内外举办多次公益性学术讲座。"全国人大常委会副委员长韩启德出席了座谈会并讲话，高度评价国学研究院"充分发挥北大文、史、哲、考古等人文学科的雄厚学术力量，龙虫并雕，一方面做研究，一方面做普及，取得了很大的成绩。这种'虚体办实事'的作风值得大力提倡"；国学研究院"通过学科交叉出精品，所保持的平和的学术心态，都是学术界值得总结的经验"。

国家图书馆荣誉馆长任继愈、著名作家金庸、历史学家李学勤、中华书局原总编辑傅璇琮等著名学者出席了座谈会。他们表示，北大国学研究院为发掘和弘扬中华优秀传统文化作出了有目共睹的贡献。中华传统文化有着悠久的历史，弘扬中华优秀传统文化，不仅能够提高中华民族的自尊心、自信心、民族凝聚力和培养爱国主义思想，而且对于当前和谐社会、和谐世界的建设也具有积极意义，中华优秀传统文化应当在中国的现代化和全人类文明的进步中作出应有的贡献。

全国政协副主席罗豪才，文化部副部长、故宫博物院院长郑欣森为北大国学研究院成立 15 周年发来贺信。96 岁高龄的著名学者、北大教授季羡林先生因病住院不能出席座谈会，但执意不让秘书代笔，用时两天亲笔书写了《国学日益为全世界所重视但仍任重而道远》的贺信，这是季先生近期以来所写的最长一篇文字。

◇**7 月 28 日，武汉大学"乾元国学讲堂"开班**

由武汉大学文学院主办，汇集了武汉大学哲学学院、历史学院冯天瑜、郭齐勇、尚永亮等近 20 名博士生导师担纲主讲，并聘请北京大学、清华大学、中国社会科学院学者为授课导师。乾元国学讲堂是武汉大学面向社会中坚层人士开展的一个重点项目，招生对象定位为大学本科以上学历、企业中高级管理人员、国家机关及事业单位处级以上干部以及其他国学爱好者，学制一年，每月第四个双休日集中授课，共计 24 天 180 学时，学时届满颁发武汉大学结业证书。

乾元国学讲堂的课程内容涵盖经史子集国学精华，涉及中国传统文化的诸多方面。课程安排如下：1. 国学概说——国学是什么、中华元典精神（6 课时）；2. 群经之首——《周易》的"和谐"与管理预测学（24 课时）；3. 儒家的修身与治世之道——《四书》核心思想精解（36 课时）；4. 道家的"自然"、"无为"与"道法自然"——《道德经》、《庄子》核心思想精解（33 课时）；5. 说文解字——汉字的起源、义理与审美（21 课时）；6. 正说三国——凝聚战略、战术、决策，荟萃文学、哲学、历史（21 课时）；7. 流芳千古的文学盛世——唐宋诗词品析（24 课时）；8. 佛禅义理——《坛经》、《金刚经》（15 课时）。重点在传授古代先哲具有恒久普适价值的思想智慧，帮助学员在博大深邃的国学宝库中寻找出适合自己的生命方式。走进经典并不是回归古代，返本开新、学以致用才是开办国学讲堂的目的。

　　7 月 28 日的首堂课由文学院陈文新教授讲授，内容按《庄子》到《红楼梦》这两本经典名著间的时代跨越，从"仁义、女性、隐士"三个角度评析不同时代的文艺特点和文化变迁。

◇8 月 21 日，"禅文化与和谐世界"国际学术研讨会在京召开

　　由北京大学外国语学院世界文学研究所、北京大学东方学研究院、中国中外文艺理论学会、中国禅学丛书编委会主办的"禅文化与和谐世界"国际学术研讨会在北京大学召开。中国佛教协会副会长兼秘书长学诚法师出席了开幕式。

　　此次研讨会是为加强中国禅学研究者的国际交往，提高禅学研究的理论水平，拓展和深化与禅学研究相关的理论课题，同时，也为庆祝中国禅学丛书编委会主编季羡林先生 96 岁华诞而举办的。来自国内各大学及日本、德国、韩国等国的近 60 位学者参加了会议。

　　中国佛教协会副会长兼秘书长学诚法师在开幕式上致辞表示，佛教以平等与和谐的态度来处理人与人之间关系，对我国构建和谐社会具有积极意义。年事已高的国宝级学术大师季羡林虽未莅会，但通过组织者先期拍摄的一段视频录像同与会者就本次研讨会的主题进行了交流。季羡林曾就读并获博士学位的德国哥廷根大学校长发来贺信，向季羡林博士送上最衷心的祝福，并祝愿本次研讨会在禅的研究领域取得相互间富有教益的交流。中国国家图书馆名誉馆长、禅学造诣颇深的学术大师任继愈向研讨会发来书面贺辞称，儒、释、道三教是中国传统文化的三大支柱，唐宋以后禅文化得到很大发展，成为佛教的主流，唐末五代以后禅文化与儒教文化逐渐合流，禅对儒教文化起着重要的、不可忽视的影响，直到今天，禅文化的价值并没有消失。任继愈提出，自学和学术交流是禅宗行之有效的教育方法，禅文化中这两个好的传统值得现代教育借鉴。

众多学者在发言中纷纷指出禅文化中强调和谐、慈悲为怀、宽宏大量的特点，肯定其对构建和谐社会的积极意义。本次会议分"禅文化的内涵"、"禅与中国艺术精神"、"禅与诗"、"禅与绘画"、"禅与建筑"、"禅宗公案与人生智慧"、"禅与东西方文化交流"、"季羡林关于禅与文化关系的思想"和"禅与人类文化的发展前景"九个专题，以大会报告的形式，进行相关的专题学术交流。

◇ "2007 武夷山国学研讨会"举行

9 月 15 日—18 日，"2007 武夷山国学研讨会"在朱子理学发祥地福建武夷山召开，由中国人民大学国学院、武夷山市政府主办，福建省对外文化交流协会、东南（福建）汽车工业有限公司协办。中国人民大学国学院武夷山教学科研基地也于当日揭牌。

来自海峡两岸三地的 35 位专家学者参加了研讨会，以"国际视野下的国学研究"为主题，围绕着"国学研究的当代价值"、"国学研究与当代教育"、"国学与汉学的互动"、"国学教育与国学发展趋势"等议题展开了深入探讨。中华书局原总编傅璇琮编审、中国台湾南华大学校长龚鹏程教授、北京师范大学历史学院王子今教授等著名学者作了重要发言，呼吁国学教育对青少年人格塑造最重要的任务，是落实到自由思想、民本理念、实学精神和环境意识等方面，以及对中国传统文化健康内容的继承。

◇9 月 28 日，中国（曲阜）国际孔子文化节开幕

文化节以"走近孔子、喜迎奥运、同根一脉、共建和谐"为主题，以弘扬中华优秀传统文化和吸引全球华人华侨参与为重点，举办走近孔子——世界华人华侨相聚孔子故里、两岸孔子文化交流周、世界华人华侨同祭孔、第二届联合国教科文组织"孔子教育奖"颁奖盛典、亚太地区全民教育工作会议、世界儒学大会发起国际会议等系列活动。

◇首都师范大学"国学传播中心"成立

10月10日，首都师范大学国学传播中心成立大会在北京隆重举行。全国人大副委员长许嘉璐、中国《诗经》学会会长夏传才教授、北京大学哲学系汤一介教授、北京大学信息管理系白化文教授、北京大学中文系乐黛云教授、中国辞书学会会长曹先擢教授、南开大学中文系罗宗强教授、中山大学中文系黄天骥教授、中国科学院自然科学史研究所林文照研究员等著名学者约100余人出席了成立大会。许嘉璐任学术顾问委员会主任，北京大学季羡林教授、北京师范大学何兹全教授、国家图书馆荣誉馆长任继愈先生、香港中文大学饶宗颐教授、陕西师范大学霍松林教授、南京大学卞孝萱教授、中国人民大学国学院院长冯其庸先生、中国《诗经》学会会长夏传才先生、中国人民大学戴逸教授、北京大学汤一介教授、首都师范大学宁可教授、首都师范大学欧阳中石教授、中国社会科学院庞朴研究员、北京大学白化文教授、北京大学乐黛云教授、中国辞书学会会长曹先擢教授、南开大学罗宗强教授、中国人民大学方立天教授、北京市建筑研究所傅熹年研究员、中华书局傅璇琮总编、清华大学李学勤教授、山东大学董治安教授、复旦大学章培恒教授、中山大学黄天骥教授、北京大学袁行霈教授、中国科学院林文照研究员、四川大学项楚教授均为学术顾问。

近年来，首都师范大学在国学研究与传播方面做了大量的工作：与北京国学时代文化传播有限公司合作创建了国学网，开发研制了大型古籍电子文献数据库《国学宝典》，编撰出版了《国学备览》丛书，成立了电子文献研究所，并向北京市教委申报了"国学教育基地"大型研究项目，在社会上产生了广泛影响，显示了首都师范大学在国学传播中的努力。首都师范大学在此基础上成立国学传播中心，以推动国学的普及、研究、传播、交流为手段，以文化产业化、科研市场化为突破口，以提升中华传统文化的影响力、建设和谐社会为主要目标，积极探索传统文化走向现代化的有效途径。

首都师范大学国学传播中心是继北京大学国学研究院、中国人民大学国学院之后又一家以弘扬国学为宗旨的研究机构，虽然都以弘扬国学为宗旨，但又各具特色：北大国学院以学术研究著称，人大国学院以培养人才见长，而首都师大国学传播中心则以传播和交流为重，它的成立对首都师范大学探索科研体制改革、加大文化传播力度、促进产学研结合，都将起到积极的推动和示范作用。

国学传播中心的工作思路和建设目标是：充分利用国学网、中国诗歌研究中心、电子文献研究所、传统文化数字化中心、四库全书研究中心、文学院、历史系等校内教学科研机构的优势资源，努力加强同海内外高等学府、科研机构、文化产业、网络传播、新闻出版等机构的交流合作，构建适应现代社会、具有良性运行机能的新型文化传播平台。利用各种社会资源，加强横向联合，多出成果，快出成果，出高质量的成果。积极开展国学应用研究工作，多渠道、多形式地做好国学普及工作，真正使国学既根源于民族文化传统，又服务于当代精神文化活动和社会实践；努力探索国学产业化的有效模式，创造条件，促进科研、教学成果向社会应用方面的转换，争取让优秀成果在取得社会效益的同时，也能取得经济效益，使国学文化产业走向良性循环的发展轨道。国学传播中心将充分继承和发扬传统学术中求真务实的优良学风，整合国学资源，挖掘国学精萃，重点开展国学的应用研究，编辑出版国学系列书籍，组织国学普及教育活动，更好地把国学渗透到人们的道德、习俗以及生活方式之中，使国学对当代社会起到潜移默化的积极规范作用。

◇"'国学热'与国学的定位和前瞻"学术研讨会暨北京师范大学辅仁国学研究所揭牌仪式举行

由《中国社会科学》杂志社、北京师范大学辅仁国学研究所、中国实学研究会共同主办的"'国学热'与国学的定位和前瞻"学术研讨会暨北京师范大学辅仁国学研究所揭牌仪式于 2007 年 10 月 28 日在北京师范大学举行。出席会议的近 30 名专家学者主要来自北京地区著名高校和科研机构，学科背景涵盖中国哲学、西方哲学、马克思主义哲学以及史学、文学等不同研究领域，大家就当前"国学热"产生的原因、走向、意义，国学的当代价值、历史脉络、学术定位，国学与马克思主义、西学及其他学科的关系以及国学教育等问题，进行了深入的对话和交流。

◇中国人民大学拟申报国学学位

10 月 15 日，中国人民大学草拟"关于设立国学学位的论证报告"二稿，邀请李学勤等 6 位国学专家进行讨论，准备在年底向国务院学位办申报国学学位。

与会专家一致认为，根据目前的教育发展要求，设立国学学位是非常重要和必要的，但是在国学学位与文史哲学科的学科关系、国学学科的二级学科如何设置等两个方面还面临着一些难题。论证报告强调，设立国学学位是振兴国学、彰显国学特色、国学教育与人才培养的必然要求，是现有学科体制的改革与完善。人大国学院常务副院长孙家洲透露，目前的设想是将国学论证申报成为学科门类，这也是最高级别的学科，下设一个一级学科，即国学，二级学科中拟设"经学"、"子学"等细化的学科方向。

◇11 月 10 日，"2007 国际儒学高峰论坛"在上海举行

"2007 国际儒学高峰论坛"11 月 10 日在上海师范大学举行，国际儒学联合会会长叶选平出席并致词。本次论坛的主题是"儒学与民族精神"，由国际儒学联合会与上海师范大学共同主办。来自国内部分省市和台湾地区，以及美国、加拿大、瑞典、澳大利亚、日本等国的 50 多位专家学者，围绕儒学经典文本解读、儒学与宗教、儒学与伦理、儒学与中国社会政治等问题，展开了深入的讨论。国际儒学联合会常务副会长刘忠德，上海市政协副主席、上海社科院院长王荣华等出席会议。

◇11 月，北京师范大学开办国学博士课程班

作为一所百年名校，北京师范大学在国学研究方面有着悠久的历史传统和深厚的学术底蕴，形成了"学为人师，行为世范"的校训和淳朴笃实的学风，李大钊、鲁迅、黎锦熙、陈垣、张岱年、启功、钟敬文等国学大师在此弘文励教，创造了非凡的学术成就，培养了一批又一批优秀的学者。为满足社会各界有识之士渴望掌握传统思想文化精髓、追索价值关怀的迫切需要，北京师范大学哲学学院、社会学学院以两个一级学科、15 个博士点为依托，整合优质教学资源，萃取最具典范意义的课题，以系统讲授与专题研讨相结合的形式，开办了国学博士课程班，面向对国学感兴趣的企业管理层、国家机关公务

员、大学从教人员招生。

主要课程有：儒学与传统文化、易学与现代管理、佛学与佛教、道家与道教、中国民俗与民间信仰、堪舆风水在中国传统建筑中的表现、儒家原典选讲、佛教要籍概观、道学精华、《圣经》与西学东渐、传统文化的现代转型问题、《孙子兵法》与商战谋略。师资以北京师范大学自身学术力量为主，所有主讲者均具有博士生导师资格。其中有韩震、唐伟、张曙光、周桂钿、郑万耕、李景林、王德胜、张奇伟、徐文明等知名专家，并聘北京大学张世英教授、美国夏威夷大学成中英教授、孙子兵法研究会洪兵会长等参与教学。学制两年半，每两个月集中授课 3 天，总计 240 学时，第一、二学年集中授课，后半年在导师指导下撰写结业论文。学员修满规定学分，按要求提交研修结业论文，由北京师范大学哲学学院、社会学学院颁发《北京师范大学国学博士研修生结业证书》；符合在职申请学位条件者，通过审查，可向研究生院推荐考试，申请博士学位。

◇**11 月 26 日，中央文史研究馆国学论坛开讲**

11 月 26 日，为期两天的中央文史研究馆国学论坛在北京举行，主题是"国学的当代形态和当代意义"，共收到学术论文 44 篇，来自中央文史研究馆、中国社会科学院、北京大学、中国人民大学等学术单位，以及香港、澳门、台湾地区的 50 多名专家学者，立足于弘扬和创新中华文化，结合时代特点和自身研究领域，全方位、多角度、多视野地对国学进行了交流和研讨。

中央文史研究馆馆长袁行霈作主题报告，国务院参事室党组书记、主任崔占福出席论坛并讲话。中央文史研究馆主办的国学论坛拟从本年起每年举行一次，旨在推动国学研究学术化、常规化。

论坛开幕式上，袁行霈以馆长身份做了长达六千余言的主题报告。指出：18 世纪末 19 世纪初，正当西方文明实现了向近代化的转型、中华文明急需吸取其营养奋起直追的历史关头，清朝政府实行闭关锁国政策，丧失了历史性的机遇。当今又是一个继往开来的时代，中国在和平发展的道路上突飞猛进，经济总量已跃居世界前列，在这种情况下，如何自觉地发展与中国地位相称的、与时代发展相适应的先进文化，是一个带有战略意义的重大问题，国学研究也应当以一种全新的、富有时代特色的形态出现。国学的当代意义是围绕着弘扬中华民族优秀传统文化这个宏伟目标来实现的，并在很大程度上取决于我们的研究态度。研究国学，应当以传承中华民族优秀的传统文化为己任。国学作为传统文化中深层的、学术的部分，与中华民族的复兴密切相关。因此，对待国学应抱三种态度，即分析、开放、前瞻的态度，要分清国学中的精华和糟粕，正确处理古今关系，立足当前面向未来，建立具有当代形态和前瞻意义的新国学。他呼吁，当代国学已经具备了各方面的有利条件，足以使之成为不同于以往的新国学，"现在已经是重建国学的时候了"。他强调，研究"国学"不是复古倒退，也不是抱残守缺。继承传统文化，要有所取舍，不能复古倒退；吸取其他民族的文化成果，要取舍由我，不能不分优劣，全盘西化。复古倒退和全盘西化都丧失了文化自主创新的立场，都是没有前途的。自觉地创造我们自己的、具有时代性和前瞻性的新文化，乃是中华文明复兴的关键所在。

◇11 月 30 日，"儒学与 21 世纪中国文化建设"学术研讨会召开

2007 年 11 月 30 日，"儒学与 21 世纪中国文化建设"学术研讨会在北京语言大学召开，研讨会由北京语言大学中华文化研究所主办。来自中共中央编译局、北京大学、中国社会科学院、北京师范大学、中国人民大学、山东大学、复旦大学、浙江大学等高校和科研机构的专家学者共 60 余人参加会议，就孔子及儒学的核心价值、儒学与中国当代文化建设等问题展开了热烈的讨论。北京语言大学副校长韩经太教授致开幕词，学者曾繁仁、周桂钿、葛荣晋、许树安等作了大会主题发言。研讨会收到论文 70 余篇。学者们普遍认为，孔子及儒学体现了中国文化的核心价值，如何在 21 世纪建立包含孔子及儒学的中国新文化体系，对于中国走向未来，有着非常重要的意义，孔子及儒学思想的基本观点符合人类的普世价值。在 21 世纪中国新文化建设和和谐社会建设过程中，孔子及儒学文化是宝贵的文化资源，需要我们认真研究，对其加以吸收利用。

◇12 月 3 日，"三字经文化学术研讨会"在广东顺德区陈村镇召开

由广东省社科联主办的"三字经文化学术研讨会"在广东顺德区陈村镇召开，70 余位内地及香港专家对《三字经》的文化内涵及

其当代意义进行了探讨。

本年 9 月，自广东省社科联和佛山市顺德区历史文化研究会在光明日报刊登"《三字经》文化学术研讨会征文启事"以来，引起国内外学术界的关注，共收集 50 余篇论文。论文的作者包括了基层教育工作者、地方文献研究人员、国内外高校和研究机构的教授专家、国际知名的学术权威，日本学者鹤岛俊一郎也撰文，对流传在日本的不同时代版本进行考证并叙述《三字经》在日本的流行情况。

有关部门选出其中的 30 多篇论文，在这次研讨会上进行了广泛的交流讨论。出席研讨会的专家和学者还包括香港历史学会会长吕元骢、四川大学曾枣庄教授等。他们就《三字经》的作者问题、在不同时代不同国家的流传与影响、《三字经》的文化内涵、《三字经》对当代文化建设的现实意义以及如何开发利用等问题进行了深入探讨。

◇12 月 11 日，第二届全球孔子学院大会在京召开

第二届孔子学院大会 11 日在北京开幕，来自世界 64 个国家和地区的孔子学院代表相聚一堂，交流经验、沟通信息，共同为孔子学院的建设与发展献计献策。国务委员、孔子学院新一届理事会主席陈至立在会议上提出，坚持孔子学院作为汉语教学推广基地的办学宗旨，认真制定孔子学院可持续发展的规划，花大力气提高办学质量，中外双方要相互尊重、精诚合作、互利共赢。会议期间，还举办孔子学院合作院校校长和孔子学院院长论坛活动。"孔子学院"秉承孔子"和为贵"、"和而不同"理念，为推动中外文化的交流与融合，建设持久和平、共同繁荣的和谐世界做出了积极的努力。

（滕新才　吴海燕　李朝平　整理）